economía
y
demografía

I0127407

pedro lópez díaz (coordinador)

la crisis
del capitalismo
teoría
y práctica

uriel aréchiga / cesare giuseppe galván /
fausto burgueño / alberto spagnolo / antonio
sacristán colás / bolívar echeverría / gilberto
argüello / esperanza fujigaki / elsa gracida /
leonel corona / theotonio dos santos / andrés
varela garcía / pedro lópez díaz / firdaus
jhavbala / gonzalo arroyo / pedro paz / juan
carlos bossio / américo saldívar / adolfo gilly
/ orlando caputo / rosa cusminsky / agustín
cueva / arturo huerta / jorge castañeda /

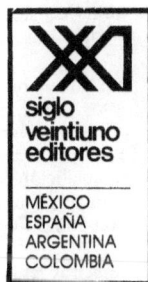

XXI

siglo
veintiuno
editores

MÉXICO
ESPAÑA
ARGENTINA
COLOMBIA

siglo veintiuno editores, sa
CERRO DEL AGUA 248, MEXICO 20, D F.

siglo veintiuno de españa editores, sa
C/PLAZA 5, MADRID 33, ESPAÑA

siglo veintiuno argentina editores, sa

siglo veintiuno de colombia, ltda
AV 3a. 17-73 PRIMER PISO. BOGOTA, D.E. COLOMBIA

esta obra se publica por convenio especial con la universidad nacional autónoma de méxico, la universidad autónoma de sinaloa y el centro de investigación y docencia económicas

portada de maría oscos

primera edición, 1984
© siglo xxi editores, s.a. de c.v.
en coedición con
© universidad nacional autónoma de méxico
isbn 968-23-1237-x

ÍNDICE

PRESENTACIÓN

El presente libro es el resultado de un seminario organizado por el Departamento de Doctorado de la División de Estudios de Posgrado de la Facultad de Economía, bajo la denominación de "Teoría y práctica de la crisis del capitalismo", que se llevó a cabo bajo la coordinación del Prof. Pedro López Díaz. La recesión generalizada de los principales países capitalistas en 1974-1975 hacía constatar la presencia de un ciclo depresivo del capitalismo que se ha venido confirmando hasta nuestros días. Es en este contexto histórico de crisis capitalista, donde se ubican las reflexiones y escritos de connotados especialistas que se reunieron durante un semestre para confrontar sus puntos de vista. Los resultados, el lector los tiene en sus manos, constituyen —nos atrevemos a afirmar— un esbozo de interpretación de la crisis del capitalismo, a partir de la óptica de los países dependientes, especialmente de México y América Latina.

Estas cuantas líneas nos permiten recordar que el seminario "Teoría y práctica de la crisis del capitalismo" se llevó a cabo durante la dirección de nuestro posgrado del joven y prometedor historiador Gilberto Argüello, cuya vida quedó truncada antes de presenciar los resultados de una parte de sus valiosos esfuerzos y solvente dedicación académica.

Queremos dejar constancia, asimismo, de que la presente edición contó con el invaluable apoyo del Programa de Apoyo a las Divisiones de Estudios de Posgrado del Consejo de Estudios de Posgrado de la UNAM, así como de la Universidad Autónoma de Sinaloa y del Centro de Investigación y Docencia Económicas.

MA. EUGENIA ROMERO IBARRA

PRÓLOGO

PEDRO LÓPEZ DÍAZ

El capital mismo es la contradicción, ya que constantemente procura suprimir el tiempo de trabajo necesario *(y esto implica, a la vez, la reducción del obrero a un mínimo* id est, *su existencia como mera capacidad de trabajo viva), pero el* tiempo de plustrabajo *sólo existe antitéticamente, sólo en antítesis con el tiempo de trabajo necesario, por cuanto el capital pone el tiempo de trabajo necesario como* necesario *para la condición de su reproducción y valorización. Un desarrollo de las fuerzas productivas materiales —que al mismo tiempo es desarrollo de las fuerzas de la clase obrera— al alcanzar cierto punto* suprime al capital mismo.

Karl Marx, *Elementos fundamentales para la crítica de la economía política*, México, Siglo XXI, 1972, tomo II, p. 35.

I. LA CRISIS Y LA ACTUALIDAD DEL PENSAMIENTO TEÓRICO DE MARX

¿Por qué Marx como punto de partida? Tal parece que las crisis periódicas por las que ha atravesado el capitalismo en el presente siglo, en tanto conmociones que dislocan la objetivación de las relaciones económicas, de alguna manera afectan e inciden en el pensamiento económico de la época. Y es en el ambiente de confusión propio de estos momentos cruciales, en el que todo aparece invertido, en el que la anormalidad se convierte en cotidianidad y la lucha social de las clases se convierte en dato regular, cuando el viejo Marx se aparece cada vez más rejuvenecido. Su crítica de la economía política, lejos de toda intención de constituir "un discurso económico paralelo" al burgués, encuentra en cada crisis la posibilidad real de traducirse en *discurso de revolución*, y no precisamente porque exista una lógica mecánica entre los dos momentos, sino en tanto que la crisis reconfirma las contradicciones del sistema capitalista y señala soluciones alternativas de transformación, ya en su tiempo postuladas por el discurso crítico de Marx.

1. De la posibilidad de la crisis a su realidad capitalista

La crisis, como objeto de conocimiento, como síntesis del conjunto de las contradicciones del capitalismo, tiene en la obra de Marx un estatuto teórico especial, ya que, en principio, es estudiada de manera múltiple y, además, su análisis se desarrolla conforme a los diferentes niveles del proceso de conocimiento, es decir, desde sus expresiones o *condiciones más abstractas* —y por lo tanto *generales*— hasta sus *formas concretas* de manifestación, sin perder de vista *la relación causa y efecto*. Esta última constituye, en lo fundamental, el campo de la polémica a lo largo de toda la historia del marxismo: las causas de la crisis, sus diferentes tipos, el carácter de su periodicidad, las contratendencias y sus efectos tanto estrictamente económicos como sociales, y las diversas formas de su manifestación, que tienen que ver con su *concreción histórica*. De esta condición no están ausentes los autores[1] que en este libro ubican su preocupación en el tratamiento dado por Marx a la crisis, trabajos que sirven como una introducción teórica y metodológica a los análisis que se desarrollan posteriormente en torno a la *crisis actual del capitalismo*.

Marx parte de la circulación simple de mercancías, como un proceso que implica la metamorfosis de éstas a través de la mediación del dinero. Este movimiento no hace más que expresar las contradicciones de carácter social que la mercancía contiene: unidad contradictoria de *valor y valor de uso*; de *trabajo social y trabajo privado*; de *trabajo concreto y trabajo abstracto*. Así, la producción de mercancías, aun sin llegar a ser capitalista, es decir, general a la sociedad en su conjunto, implica una *contradicción del trabajo que las crea consigo mismo*.

La circulación mercantil simple implica varios supuestos reales: la existencia de productores privados e independientes, el desarrollo de la división social del trabajo y la producción de una parte del producto para el intercambio. La forma en que opera el intercambio mercantil encierra la *posibilidad* de su interrupción, es decir, la *no realización* de la mercancía en un momento dado, la *interrupción de su metamorfosis*. Esta *posibilidad* se expresará en *forma desarrollada* y de *manera específica* cuando la producción de mercancías históricamente se transforme cualitativamente en el régimen capitalista de producción: la crisis

---

[1] Véase el trabajo de Uriel Aréchiga compilado en esta obra: "Notas en torno a la teoría de la crisis en *El capital*", así como el de Fausto Burgueño: "La baja de la tasa de ganancia y crisis del capitalismo".

adquirirá carta de naturalización, se convertirá en forma periódica de resolver las contradicciones del sistema, en momento necesario de su periódica reestructuración interna.

a) Producción y acumulación de capital

El eje central del análisis del capitalismo que le sirve a Marx para desentrañar las leyes de su comportamiento lo constituye el proceso de producción y acumulación de plusvalor. El capital, como una relación social de producción históricamente determinada en tres clases sociales antagónicas, tiene una forma de ser y existir, de reproducirse. El capital, como valor que se valoriza, significa asimismo una relación social de producción que se conserva y reproduce en el tiempo, o sea, que incesantemente tiende a expandirse, a desarrollarse o, si se quiere, a acumularse.

Las dos clases fundamentales de la sociedad contemporánea establecen recíprocamente sus relaciones en el ámbito de la producción social, dado un proceso de *objetivación material* de las mismas. Así, todos los elementos humanos y técnicos de la producción no constituyen otra cosa que *formas de existencia del capital.* Hombres y cosas revisten, de este modo, formas de existencia diferentes del capital. La fuerza social de trabajo de la clase obrera empleada en el proceso de producción constituirá el elemento vivo generador del valor y del plusvalor, dada una relación de explotación, y fungirá como forma de capital bajo la denominación de *capital variable.* Los medios para producir y el conjunto de las condiciones materiales inmediatas que harán posible su funcionamiento constituirán la otra forma de existencia del capital productivo: el *capital constante.*

La relación primaria entre estas dos formas de existencia del capital en el ámbito de la producción social radicará en la necesidad intrínseca de incrementar permanentemente la producción del plusvalor a partir del incremento de la productividad del trabajo social comandado por el capital, como condición necesaria de su acumulación. De esta manera, puede comprenderse la tendencia al desarrollo de las condiciones materiales de la producción, es decir, la necesidad de un desarrollo autosostenido de las fuerzas productivas. Sin embargo, el otro aspecto del problema radica en que esta tendencia se verá siempre *limitada* por la forma que revisten las relaciones de producción en la sociedad capitalista. Ello significa que al mismo tiempo, dada la tendencia a incrementar la productividad, se reduce *relativamente* el volumen de trabajo asalariado, *trabajo vivo, capital variable,* empleado en la producción material, única fuente generadora del plusvalor y elemento primordial de la acumulación. La relación contradictoria de estas dos tendencias, a decir de Marx, se resuelve periódicamente al interior mismo del sistema capitalista a través de las crisis. No obstante, como tal, el proceso no logra expresarse más que mediante una visión de conjunto del *capital como movimiento*, donde entra en consideración no sólo el *proceso inmediato de producción*, sino también el de la circulación del mismo, su *proceso global de reproducción*.

b) La forma de manifestación de la crisis

La contradicción esencial entre la necesidad del desarrollo permanente de las fuerzas productivas bajo el dominio del capital y la tendencia a la disminución relativa de la única fuente generadora del plusvalor: la fuerza de trabajo, se expresará en el proceso de reproducción del capital de múltiples maneras, y ello constituye, a nuestro juicio, la base objetiva de las diversas interpretaciones en torno al pensamiento de Marx sobre las crisis.

Sobreproducción. La crisis se expresa como la existencia, en un momento dado, de una masa de mercancías que no encuentra realización en el espacio del mercado. De ahí la forma o manera de caracterizarla como *crisis de realización*. La contradicción interna de la mercancía expresada en cuanto a su movimiento en la interrupción del proceso de su metamorfosis, tal y como lo caracterizó Marx en la producción mercantil simple, se expresará en la propia *metamorfosis del capital*, es decir, en su interrupción. Habría, pues, un exceso de mercancías, pero esta vez en forma de capital. Visto el problema desde otro punto de vista, la producción capitalista no tiene otro resultado más que la producción de plusvalor, expresado éste en su primera forma: la de capital-mercancías. Su naturaleza, en cuanto a su estructura de valor de uso, no será otra cosa que nuevos medios de producción y nuevos medios de consumo. Así, en un momento dado, se habrá producido de más mercancías que, en cuanto a su consumo, no serán más que *capital productivo en potencia*, bajo la forma de mercancías. Ello quiere decir que se habrá dado una *sobreproducción de capital*.

Otro factor decisivo de este mismo fenómeno es el proceso anárquico de la producción capitalista, que determina, y ello se observa a primera vista, un permanente proceso de desequilibrio entre los diversos sectores que componen el aparato productivo, situación que puede conducir a *crisis parciales de desproporcionalidad*.

La ganancia y la crisis. Sin embargo, no es suficiente plantear el problema de la crisis en su principal aspecto esencial, pues ésta se manifiesta en la superficie fenoménica del sistema, a partir del ritmo de la producción y acumulación de plusvalor, que siempre encontrará un límite manifiesto en el comportamiento tendencial y cíclico de la tasa de ganancia, que expresa en la superficie fenoménica del sistema el grado alcanzado por la tasa de explotación del trabajo asalariado. La tendencia periódica a la baja de la ganancia sólo puede ser explicada a partir de la relación estructural que, a nivel de la producción material, existe entre el *trabajo vivo* –productor de plusvalor– y la masa total de medios de producción existente; en otras palabras, de la composición orgánica del capital. Esta relación determina el nivel alcanzado de la productividad, del trabajo social bajo el mando del capital, así como el monto del plusvalor producido y, al mismo tiempo, el volumen del excedente económico que se transformará en capital.

La tasa de ganancia, por sí misma, dice todo y nada. Todo, por cuanto constituye un indicador económico-social que sintetiza las tendencias y leyes que, en conjunto, regulan el comportamiento de la producción capitalista, y, en esta misma dimensión, expresará los mecanismos que el sistema establece para dar salida a las contradicciones que él mismo genera. Nada, por cuanto un nivel determinado de la tasa de ganancia, por sí mismo, poco explica la tendencia a la crisis si no se le relaciona con el proceso de valorización del capital que la tasa de ganancia expresa. Veamos más de cerca esta determinación.

La reproducción del capital social tiene dos momentos; el primero: la necesidad de reproducir el capital existente en términos de valor; el segundo: la expansión del capital mediante la acumulación a partir de la producción de plusvalor. El primer momento significa que, en el tiempo, la masa de capital a reproducirse tiende a ser mayor. Este proceso va acompañado de modificaciones técnicas importantes, que tienen como finalidad más relevante la tendencia a la elevación de la productividad del trabajo social, lo que significa, al mismo tiempo, el mantenimiento y desarrollo de la producción de plusvalor relativo, condición básica de la valorización y de la acumulación del capital. El avance tecnológico también implica cambios en la composición del capital productivo, mayor masa de capital constante a ser reproducida y menor masa relativa de capital variable.

En cuanto a la acumulación, como segundo momento de la reproducción del capital social, su tendencia conlleva la necesidad de ampliar permanentemente la parte del plusvalor que deberá ser reinvertida en el campo de la producción. Es, en este sentido, que el capital tiende a encontrar sus límites de expansión en su propia naturaleza; la producción de plusvalor encuentra así su finalidad y su limitación en sí misma, más allá de toda consideración extraeconómica. Analizado este proceso tendencialmente, siempre la relación entre la masa de ganancia y la masa de capital empleado cíclicamente se expresará en términos de su disminución. Sin embargo, el mismo proceso va acompañado de tendencias contrarrestantes a la baja de la tasa de ganancia, las cuales hacen que el proceso de acumulación sea fluctuante y cíclico. La productividad del trabajo social determinada por los cambios en la composición del capital productivo se expresará en una tendencia a su desvalorización y a cambios en el proceso de trabajo, procesos ambos que constituirán una de las condiciones materiales del relanzamiento de la acumulación del capital.

La crisis constituirá, así, una necesidad intrínseca a la naturaleza del capital, tanto como relación social de producción como proceso en movimiento. La crisis cancela y da solución al proceso contradictorio entre las tendencias a la producción incrementada de plusvalor y los límites que ella encuentra en la necesidad de su acumulación acrecentada. No obstante, parecería que estamos frente a un pensamiento circular de vigencia intemporal. Esta apariencia queda resuelta a partir de una visión histórica del desarrollo del capitalismo, marcado por *fases* que implican la modificación de las formas en que las tendencias y leyes se manifiestan. Una es la tendencia general a la crisis y otra las formas tanto históricas como concretas en que se manifiesta. De ahí que sólo el análisis concreto arrojará luz sobre las modificaciones que el capitalismo ha experimentado en su desarrollo histórico. El problema *aparentemente* resuelto en el campo de la teoría general, en cuanto a la determinación de la crisis, en la realidad siempre quedará *abierto*, y ello queda demostrado por los propios avances del conocimiento teórico y de las luchas sociales que lo acompañan; todo ello, desde luego, no exento de polémica ni de lucha política. Después de todo, la crisis es un hecho social contradictorio en todo momento, condicionado por el presente histórico.

II. HISTORIA, CAPITALISMO Y CRISIS

Una de las características de la crisis contemporánea del capitalismo es su incidencia directa en el campo del pensamiento teórico, determinación que va más allá de la reflexión coyuntural. Toda crisis general plantea la exigencia de mirar hacia el pasado, en un intento por explicar el presente. Parecería que lo que da continuidad en el desarrollo de la explicación teórica sobre el régimen capitalista no son precisamente los lapsos o fases del ascenso y estabilización relativa del desarrollo económico, sino aquellos momentos en que las contradicciones del sistema afloran en el espacio temporal de las crisis. La continuidad se resuelve a través de la crisis, de las exigencias de cambios en el espacio de la producción material, en la readecuación de *la necesidad de corres-*

pondencia entre el desarrollo alcanzado por las fuerzas productivas y las formas que revisten, en su conjunto, las relaciones sociales de producción. Esto, y no otra cosa, determina la vuelta al pasado, a recomenzar una interpretación nunca acabada del capitalismo, sobre todo si cada nueva crisis pone en evidencia nuevos elementos del comportamiento del sistema. Todo queda involucrado en el campo del pensamiento teórico en cada intento de reestructuración del sistema planteado por la crisis. Quizás, en primer lugar, la vuelta a los clásicos, exigencia no sólo válida para los marxistas, sino también para los intelectuales orgánicos del *establishment;* en segundo lugar, la visión retrospectiva de las crisis anteriores vinculadas a los intentos de periodización del capitalismo en su conjunto; y, en tercer lugar, la revisión de las polémicas anteriores en el campo del pensamiento teórico y de la lucha política.

1. Marx, ¿un pensador de la técnica?

Hay una constante en el análisis marxista sobre el desarrollo del capitalismo, y es el papel que juega en todo momento el desarrollo de la *fuerza productiva del trabajo social* como lo determinante en la producción de *plusvalor relativo* y, en consecuencia, en sus posibilidades de desarrollo a partir de su *acumulación* y, por lo tanto, de su *reproducción social.* Podríamos decir que en esta tendencia radica el elemento activo de su desarrollo; sin embargo, su impulso real se ve periódicamente violentado por el significado que las fuerzas productivas tienen al interior del sistema. Así, la fuerza productiva del trabajo social comandado por el capital marcará la pauta de su valorización en el espacio de la producción material; su limitación coyuntural estará siempre dada por la forma que reviste la organización de la producción y por su finalidad: la obtención de plusvalor. Por un lado, mayor cantidad de valores de uso en un mismo tiempo, y, por el otro, la misma magnitud de valor. De ahí la necesidad de convertir el trabajo necesario en trabajo excedente. Es en este contexto que siempre será válido y necesario estudiar las fuerzas productivas *in situ,* con respecto a su estructura y funcionamiento, y en sus posibilidades y autolimitación, en cuanto a su desarrollo.

Por ello la importancia del trabajo de Leonel Corona,[2] que intenta una retrospectiva histórica de su desarrollo, siempre en conjunción con el propio análisis de las crisis. Su método de análisis parte de la consideración —ubicación— de tres elementos fundamentales para la compren-

---

[2] Véase, en la segunda parte de esta compilación, el trabajo de Leonel Corona: "Fuerzas productivas, ciclo económico y crisis".

sión de la naturaleza de la crisis capitalista: *los cambios en el proceso de trabajo, el proceso de internacionalización del ciclo del capital y las mudanzas de las formas de competencia.* No se trata, pues, de hacer unilateral el análisis de las fuerzas productivas, sino de emprenderlo siempre en correlación con los cambios que se van produciendo en las formas de existencia de las relaciones de producción. De esta manera, el *hilo conductor de una periodización del capitalismo* radicará en el análisis de la crisis como proceso de reordenación y necesaria concordancia entre los tres elementos antes citados.

Con relación al primer factor, el capitalismo describe todo un largo proceso de reordenamientos y cambios periódicos de los medios de producción: desde la organización artesanal de la producción, en la que los instrumentos y medios de trabajo constituyen simples extensiones del trabajador —apropiación formal del trabajo por el capital—, pasando por la organización manufacturera y llegando al maquinismo en sus diversas etapas, siendo la última la *producción automatizada*, que tiene como significado fundamental la apropiación y regulación del proceso productivo por la misma máquina, todo ello con base en la revolución informática. Este proceso constata mediante la información factual las tendencias enunciadas ya por Marx en *El capital*. En la fase contemporánea del capitalismo el hombre como trabajador directo es sustituido por el obrero colectivo, que en mucho traspasa las fronteras de la fábrica, y la ciencia se convierte en *potencia productiva* bajo el mando del capital.

El proceso de tecnificación del aparato productivo va acompañado de —o encuentra sus condiciones de desarrollo en— las tendencias de concentración y centralización industriales, formas cada vez más crecientes de la producción del capital social. De esta manera, la relación de los capitales entre sí atraviesa diversas formas de competencia. Según Leonel Corona, estas formas corresponderían a los niveles alcanzados por el desarrollo de las fuerzas productivas: *libre competencia, competencia monopólica y competencia del capitalismo monopolista de Estado.* La competencia, como forma de la relación externa entre los capitales, es determinada por el proceso interno de su desarrollo. Ella no expresa otra cosa que la relación contradictoria de la *tendencia a la baja de la tasa de ganancia* y las contratendencias que se generan en cada forma histórica que la competencia reviste: desvalorización del capital en su conjunto y de la fuerza de trabajo asalariado en particular.

En todo momento debemos cuidar muy bien de no caer en una generalización de la técnica como factor explicativo y omnipresente de la naturaleza contradictoria de la forma en que el capital se desarrolla. Es, sí, la técnica, pero *referida a*; es decir, un medio a la vez que una forma de existencia del capital frente a otra que reviste la fuerza de trabajo en el proceso productivo; una contradicción del capital consigo mismo. La técnica como contenido del capital constante es un medio y al mismo tiempo condición material por excelencia para incrementar la productividad del trabajo social, la cual constituye a su vez un medio para la valorización del capital, un medio que encuentra sus propios límites en el objetivo que se persigue: el plusvalor.

En este contexto, el capital debe ubicarse en una dimensión histórica en cuanto a su desarrollo: surge al interior de las formas de producción que le preceden; las subordina formalmente en un principio, hasta hacerlas estallar, imponiendo su naturaleza al conjunto de la sociedad. Es a partir de su relativa hegemonía nacional que el capital va expandiéndose a otras áreas, reproduciendo el mismo proceso. El capitalismo, pues, tiende a convertirse en un modo de producción internacional, a partir de la configuración y el desarrollo del mercado mundial. Los límites nacionales que en un momento dado encuentra en los países centrales son superados, en una primera etapa, por su proceso de expansión internacional. Es a partir de esta dinámica como es posible entender los cambios en la organización y la naturaleza del mercado mundial. Para Leonel Corona, estos cambios están marcados por la preponderancia que reviste cada una de las formas del capital en su proceso de circulación; en otras palabras, el capital se internacionaliza a partir de un orden lógico e histórico: *capital-mercancías, capital-dinero y capital productivo*. Este proceso conlleva cambios importantes en la división social del trabajo en el ámbito internacional. Así, estos cambios dan lugar a la modificación del aspecto social y económico en que las crisis se desenvuelven; no habrá, pues, una crisis idéntica a otra, aunque su naturaleza siga siendo la misma mientras el capitalismo exista. En todo caso, habría que rescatar una permanente preocupación de Marx, bastante explícita en los *Grundrisse*, en cuanto al aspecto óptimo de manifestación de la crisis: *el mercado mundial.*

2. ¿Crisis cíclica versus crisis general del capitalismo?

Una de las discusiones teóricas más importantes que se tuvieron en el pasado en torno a la crisis del capitalismo fue la que se dio en el ámbito del movimiento comunista internacional a partir del triunfo de la revolución de octubre, que con el transcurrir del tiempo fue relativamente olvidada en el Occidente capitalista, y es la que se refiere a la categoría *crisis general del capitalismo.*[3]

---

[3] Véase, en la tercera parte de esta obra, el trabajo de Andrés Varela: "La teoría de la crisis general del capitalismo".

En realidad, a pesar de que el concepto queda enunciado con cierto grado de generalidad en el VI Congreso de la Internacional Comunista —como producto de todo un debate anterior—, no cabe duda de que la base de esta interpretación la podemos ubicar en los trabajos de Lenin sobre el imperialismo. La necesidad de conceptuar en el plano de la teoría la nueva fase del capitalismo, si bien tiene un bien definido objetivo político: ubicar las nuevas condiciones históricas en que la revolución se da, también es cierto que el análisis tiene sus propios puntos lógicos de partida, que fundamentan la nueva visión del capitalismo. Así, para Lenin, la *nueva fase es un estadio superior*, pero al mismo tiempo constituye una *fase de transición*, en la cual con mayor fuerza se manifiestan las contradicciones del sistema y en la que las formas de su reproducción no hacen sino preparar las condiciones de su transformación. La socialización creciente de la producción social encuentra su límite en el surgimiento y desarrollo de los monopolios, por cierto ya planteado de alguna manera por Marx en los *Grundrisse*. El imperialismo, como *fase de transición*, sienta las bases para asociar a su surgimiento la inauguración de su *crisis general* como límite histórico de su desarrollo. Esta interpretación se gesta en consonancia con la revolución socialista de octubre, lo que obliga a ubicar en el plano de la política, en aquel momento, las nuevas contradicciones que se generan en el sistema capitalista en su conjunto y que, en lo fundamental, son de tres tipos: interimperialistas; países capitalistas desarrollados y mundo colonial; y socialismo *versus* capitalismo. En realidad la interpretación quedó trunca en cuanto a su desarrollo; a decir verdad, sólo en el campo socialista mantuvo vigencia, aunque en gran medida con un alto grado de manipulación política. Quizás lo más importante de rescatar con respecto a la conceptuación de la *crisis general del capitalismo* sea la necesidad de volver al planteamiento clásico leninista, para tratar de cancelar o superar una visión subyacente del imperialismo, presentada en muchas interpretaciones contemporáneas, que lo tratan de convalidar como una fase de nueva racionalidad del sistema, pero en la que sus contradicciones encuentran nuevos cauces de solución, más que como *fase de transición*, como *fase de agotamiento histórico* de sus posibilidades de desarrollo. Y ello no sólo por una consideración de estricto carácter político —existe el campo socialista—, sino también a partir del esfuerzo por ubicar el análisis teórico en la perspectiva del conocimiento concreto del desarrollo, pero también de las limitaciones recurrentes y cíclicas, de la *nueva fase imperialista*. Esto tiene mucho que ver con la necesidad existente de reformular, en esta dimensión histórica, la visión de Marx en cuanto al carácter cíclico de la reproducción del capital social a través de las crisis. Lo cierto es que esta relación no se ha desarrollado. Se trataría, en todo caso, de encontrar las modificaciones del ciclo y las crisis del capitalismo en la fase imperialista, teniendo siempre presente su definición como una *fase de transición*. Si bien las revoluciones socialistas posteriores al octubre rojo nos hacen recordar de alguna manera el planteamiento de Lenin, la última fase de ascenso y expansión del capitalismo en la posguerra tendió a ocultarlo y a infravalorarlo, por la evidente expansión del capitalismo en este periodo.

3. Imperialismo y crisis

En su primera etapa la nueva fase del capitalismo se acompaña de su propia ruptura como sistema económico mundial único, y tan sólo doce años después atraviesa su primera gran crisis. Todo hacía pensar, entonces, que las perspectivas de su transformación global, o al menos en los países centrales, era una tarea histórica del momento. Los conceptos que la teoría había desarrollado en torno a la crisis general del capitalismo se convirtieron en frases hechas. Así, después de la crisis del '29 todo podía esperarse, menos la recuperación histórica del capitalismo, que con el transcurrir del tiempo se daría a partir del cambio de hegemonía y de otra guerra mundial, aunque, desde luego, sin olvidar en este contexto la ulterior expansión del campo socialista. El periodo de entreguerras, con una profunda crisis de por medio, debilitó al sistema en su conjunto, y lo *nacional* resurgió con inaudita fuerza. La crítica keynesiana a los neoclásicos y sus proposiciones intervencionistas respondían a las condiciones de la nueva etapa: la reproducción del capital social a partir del alto grado de concentración y centralización alcanzado en el espacio de la nación determinó un nuevo papel del Estado en este proceso.

Para el marxismo la situación era diferente: creyó ver en este ciclo recesivo la comprobación *literal* de los límites del capitalismo en su fase imperialista —esto en lo que respecta a la teoría del derrumbe— y, al mismo tiempo, no estuvo exento de posiciones que interpretaban los hechos con la perspectiva de la transformación gradual del sistema, resonando así los ecos del reformismo en el campo de la práctica política.

La segunda guerra mundial, expresión nítida de las contradicciones interimperialistas, cumplió a su manera la función de crisis devastadora del capital, *recompone un nuevo sistema de hegemonía* y de alianzas nacionales entre los estados capitalistas desarrollados, sienta las bases de una nueva relación entre los países centrales y un mundo colonial en desintegración que se abre paso a través de una lucha política de liberación nacional, y, con ello, se abre un *nuevo ciclo económico de recuperación y pujante expansión.* Sin tener en cuenta lo anterior sería difícil desentrañar el pensamientó económico que acompaña a este proceso. Es este encuadramiento histórico lo que permite comprender el contenido de aquellas teorías que postularon un supuesto *capitalismo poscíclico,*[4] en cuya lógica interna se cancela la necesidad de las crisis como forma de su desarrollo. Del capitalismo del bienestar al capitalismo de la opulencia, de la política económica del Estado intervencionista a los modelos del desarrollo económico, todo se convertía en una lógica cerrada que prefiguraba un pensamiento económico en alto grado utilitarista y programático. Después de todo, algo del núcleo racional, en cuanto a la interpretación del funcionamiento del sistema, había captado la crítica keynesiana y desarrollado ulteriormente sus discípulos.

Paralelamente, el pensamiento crítico marxista retoma de múltiples maneras el hilo conductor del análisis de la nueva fase imperialista, que para su relativa consolidación había atravesado dos guerras mundiales y el desprendimiento de un número importante de países que se abrieron paso a la transición socialista.

Monopolios, Estado y capital financiero tomaron de nueva cuenta carta de naturalización en el análisis crítico, en su búsqueda de una reinterpretación del capitalismo en una etapa no-precisamente difícil y sí de evidente expansión, análisis que encontrará un nuevo impulso a partir de la erupción de una nueva crisis, que abarcará el conjunto del sistema y que comenzará a prefigurarse a finales de la década de los sesenta.

4. La crisis y su interpretación

En el contexto de una reiterada afirmación en cuanto a una *crisis del marxismo,* bajo la cual se entiende un conjunto de procesos de diversa índole —que van desde el cuestionamiento a la actual conformación del así denominado *socialismo real* hasta el evidente *impasse* por el·que atraviesa la lucha revolucionaria en la mayoría de los países capitalistas avanzados—, lo cierto es que en el campo de la *crítica de la economía política* se ha hecho evidente un proceso de producción teórica caracterizado por el desarrollo y la profundización del conocimiento crítico sobre las fases del imperialismo y de la crisis global por la que atraviesa. Está por demás decir que este enriquecimiento de la *crítica de la economía política* conlleva una viva discusión: implica un regreso a los clásicos y reedita viejas polémicas, modifica antiguos

---

[4] Véase, en la tercera parte de esta compilación, el trabajo de Theotonio Dos Santos: "El estado actual de la discusión sobre el capitalismo contemporáneo".

criterios y cuestiona viejos dogmas. Difícil es en este espacio abarcarlo todo; bastará hacer algunos señalamientos, sobre todo en cuanto a la discusión en torno a la crisis actual del imperialismo.

En realidad el referente teórico de las interpretaciones, vigentes en gran medida, sigue siendo el pensamiento de Marx, en tanto que las distintas posiciones, a nuestro entender, se distinguen entre sí por el énfasis que cada una de ellas hace en torno a los diversos momentos del análisis teórico que Marx desarrolló sobre la crisis. Al decir *momentos* estamos aludiendo no sólo a la *causalidad* de la crisis, sino también al *mecanismo* de la misma, es decir, a sus formas de manifestarse, a sus efectos sobre el conjunto del cuerpo social, así como a las nuevas contratendencias a la crisis que el sistema ha generado en su devenir histórico.

A partir de la visión de que el capitalismo se desarrolla en forma cíclica, y siendo la crisis una de las fases del ciclo, no pocos autores ubican la crisis como un momento de la *contradicción entre salarios y ganancia*. En la fase de ascenso del ciclo económico el proceso de acumulación, a pesar de sustentarse en un nuevo nivel de la composición orgánica del capital, genera una ampliación de la demanda de fuerza de trabajo, lo que constituye una presión objetiva al desbloqueamiento del ejército industrial de reserva, que a su vez determina una variación relativa de la tasa general de salarios hacia el alza, provocando un incremento de los costos de producción y la generación paulatina de una limitante coyuntural del nivel de la tasa de ganancia. Colateralmente, en el plano de lo social el proceso puede ser acompañado de una elevación de la lucha reivindicativa de los trabajadores, en defensa del nivel salarial alcanzado en la fase de ascenso. La contradicción estalla en el momento en que el nivel de salarios bloquea el proceso de acumulación, expresándose en una declinación tendencial de la tasa de ganancia.

En otra dirección, en cuanto a la determinación de la *causalidad de la crisis*, pero manteniendo la importancia de la declinación del nivel de la ganancia, otros autores señalan la importancia que tiene el incremento de la composición orgánica del capital, como resultado de la acumulación y de la determinación que ello implica de elevar la productividad del trabajo social. El trastocamiento de la composición del valor del capital y, a decir de Marx, aun acompañado de una elevación de la tasa de explotación, determina, dada una disminución relativa del trabajo vivo, la baja de la tasa de ganancia y, como consecuencia, la crisis misma. En la fase del ciclo económico que antecede a la crisis no se descartan, desde luego, contratendencias a la baja de la tasa de ganancia, ya que en términos absolutos la masa de trabajo vivo crece y, por lo tanto, la masa de ganancia. Asimismo, el incremento de la productividad del trabajo social determina en forma relativa un abaratamiento del capital constante. Como síntesis, el planteamiento define la crisis como una *sobreproducción de capital* con respecto al grado de explotación alcanzado.

Existe, también, una corriente interpretativa que, a la par que establece una tipología de las crisis: *crisis de desproporción, crisis crónicas de realización, crisis del proceso de acumulación*, encuentra para cada tipo de crisis uno o varios *factores de causalidad*, y se preocupa por señalar los mecanismos específicos de respuesta a las mismas, tanto por lo que respecta al Estado como los derivados del propio mecanismo económico. Con relación a las *crisis de realización*: creación de una demanda adicional por parte del Estado, expansión de la demanda externa, utilización de la deuda pública y déficit de la balanza de pagos. Respecto a la *crisis de desproporcionalidad*: el desarrollo de la concentración y centralización de los capitales. Y, con relación a la crisis derivada del movimiento de la acumulación: la disminución del valor de la fuerza de trabajo. Sin embargo, se recalca que este tipo de respuestas no cancela la necesidad de la crisis; lo único que logra es diferirla en el tiempo.

En el trabajo de Alberto Spagnolo[5] se realiza una crítica a cada una de las corrientes, no sin dejar explícita su propia interpretación. Sin cancelar la importancia que tiene la forma de manifestación de la crisis, Spagnolo critica aquellas corrientes que postulan una *causalidad múltiple de las crisis* y hace énfasis en que la *tendencia al descenso de la cuota de ganancia* es la base fundamental sobre la que se explica la tendencia a la sobreacumulación. Así, *ganancia* y *acumulación* deberán constituir los vértices centrales de explicación de la crisis.

III. EL ANÁLISIS CONCRETO DE LA CRISIS CONTEMPORÁNEA DEL IMPERIALISMO

Los subcapítulos siguientes constituyen, más que todo, una reseña de diversos enfoques sobre la crisis contemporánea del capitalismo, cuya distinción, aparte del enfoque metodológico que les es propio, radica en que abordan un aspecto particular de la crisis. El análisis concreto, pues, da cuenta de la naturaleza específica de la crisis y de su forma multifacética de manifestarse, y conforma la vía primordial de la apropiación teórica de lo real.

1. La fase de ascenso del capitalismo de la posguerra y las tendencias a las crisis

Quizás una de las constantes en la historia del capitalismo es el hecho

---

[5] Véase su trabajo "Algunas interpretaciones en la discusión contemporánea en torno a la crisis del capitalismo" en la primera parte del presente libro.

de que su ordenamiento como sistema internacional de producción siempre ha tenido un *vértice nacional de hegemonía*, a partir del cual no sólo son afectadas, modificadas o subordinadas las economías nacionales restantes, sino también los niveles correspondientes a la superestructura. Es todo: ideología, cultura, ciencia, arte, etcétera. Lo que caracteriza al periodo de la posguerra, 1948-1968,[6] es precisamente el desplazamiento de la hegemonía imperialista a los Estados Unidos, país que cuenta al inicio del nuevo ciclo económico con un aparato productivo en expansión –no tocado por la guerra–, con las suficientes reservas de oro como para convertirse en el organizador del nuevo sistema monetario, con una economía en expansión que incidirá en la reactivación del comercio internacional y con su conversión en el *eje reordenador de una nueva división internacional del trabajo*.

La sobreacumulación potencial y la exportación de capital. Al séptimo año del término de la segunda guerra mundial los Estados Unidos experimentaron su primera recesión; que mostraba, relativamente, los síntomas de agotamiento de su ciclo económico interno. En realidad, paralelamente se dieron otras tendencias que le daban salida a esta contradicción; la principal, fue la *relocalización de sus excedentes de capital*, tanto en la periferia del capitalismo como en los países centrales emergentes. La característica fundamental de esta exportación de capital fue la tendencia al predominio de la *inversión directa*, fundamentalmente de carácter productivo, acompañada de excedentes de capital captados por el sistema financiero supraestatal, los cuales se dirigieron, en lo fundamental, a la periferia capitalista, y tuvieron como campo de inversión aquellos sectores de la infraestructura económica sin cuyo desarrollo la rentabilidad de la inversión directa productiva hubiera encontrado serias limitaciones.

La inversión directa productiva de capital generó una nueva tendencia en este ciclo económico de la posguerra: el *proceso de internacionalización del capital productivo*, proceso que constituirá la base material de una mayor sincronización del ciclo económico internacional del capital, y que tenderá a ser evidente en los parámetros de medición de la intensidad y expansión de la crisis actual.

Con relación a la ubicación de la inversión directa externa, se generan cambios importantes que incidirán en la estructura productiva de la periferia capitalista. Industria de transformación e industria extractiva se convierten en polos dinámicos de la acumulación de un buen número de países dependientes, dinámica que se traducirá en ciertos niveles de *industrialización subordinada*. En lo que se refiere

---

[6] Véase, en la cuarta parte de esta obra, "Imperialismo y crisis", de Pedro López Díaz.

a la inversión de los excedentes de capital en los países centrales emergentes –Europa Occidental y, en menor grado, Japón–, ésta se hace sobre la base de un nivel tecnológico avanzado, a partir del cual se acelera el proceso de modernización del aparato productivo de estas economías, lo que exigió montos cada vez mayores de reinversión y la reorientación de la masa del movimiento internacional de capitales entre los propios países centrales. Esto constituirá la base, primero, del ordenamiento específico de un *nuevo polo de hegemonía imperialista* en la posguerra; y, segundo, de un lento *proceso de diferenciación* de este polo de dominación, que se expresará, en el contexto de la actual crisis, en la tendencia a la pérdida del predominio en la hegemonía imperialista por parte de los Estados Unidos. Está por demás señalar que estas tendencias se materializan en la conformación y expansión de las compañías transnacionales.

a) La nueva fase de la sobreacumulación

El ciclo económico de ascenso y expansión de la posguerra no estuvo exento de recesiones parciales, que afectaron tal o cual sector en cada uno de los países capitalistas, lo que puso de manifiesto la forma asincrónica de sus respectivos ciclos; crisis sectoriales que significaron, al mismo tiempo, los ajustes propios que se dieron paulatinamente debido a una nueva división internacional del trabajo. Ello implicó dos tendencias en este proceso de reordenamiento: la primera, el acoplamiento de las economías centrales del capitalismo y el surgimiento de una división en términos de una relativa especialización industrial al interior del polo imperialista, así como el surgimiento de una competitividad internacional entre sectores industriales del mismo tipo. La segunda, la consolidación de un nuevo tipo de dependencia entre los países centrales y la periferia capitalista.

La diferenciación del aparato productivo de las economías centrales estuvo marcada por el surgimiento de nuevos sectores industriales: electrónica, petroquímica y energía nuclear, sectores que con el transcurrir del tiempo determinaron el desplazamiento –no en todos los países por igual– del polo dinámico de la acumulación interna de capital, lo que significó, al mismo tiempo, la disminución en cuanto a la importancia de sectores industriales que en el periodo de la entreguerra habían constituido los polos dinámicos del desarrollo industrial en las economías centrales. Es en función de este proceso que puede hablarse en la actualidad de la tendencia a relocalizar ciertas ramas industriales en la periferia capitalista, proceso no acabado y que se manifiesta de múltiples formas.

Ya a finales de la década pasada el incremento de los *stocks* no realizados de mercancías en las economías centrales, las fisuras importantes en las relaciones monetarias internacionales, prefiguraban la desaceleración de la acumulación de capital a partir de su manifestación en el declive de la tasa de ganancia. Se hizo evidente que los cambios tecnológicos introducidos en los diversos sectores del aparato productivo de las economías centrales habían surtido efecto paulatinamente en la composición orgánica del capital, proceso objetivo que tendió a presionar fuertemente sobre los niveles alcanzados en la rentabilidad del mismo capital. La economía norteamericana manifestó una pérdida sustancial de su nivel de competitividad debido al estancamiento de la productividad de su trabajo social frente a las economías europeas y a Japón, en particular. Se evidencia, así, *una contradicción entre su proceso de acumulación interna y los niveles alcanzados de su expansión a partir de su inversión externa directa de capital.*

2. La sobreacumulación y la economía internacional

El concepto *economía internacional*, como espacio vertebrador del sistema capitalista, ha tenido en la tradición del pensamiento marxista una importancia fundamental. El análisis y la conceptuación derivada de la manifestación totalizadora de las relaciones sociales de producción en el mercado mundial se han desarrollado y mutado en la medida en que el sistema capitalista ha alcanzado mayor grado de expansión.

El objeto de análisis que el concepto *economía internacional* implica se ha vuelto —con el devenir histórico del capitalismo y, en especial, en la actual etapa de la fase imperialista— de mayor complejidad: desde la importancia que revistió el movimiento del capital-mercancía, en la fase primigenia del capitalismo, hasta el actual proceso de internacionalización del capital productivo, pasando por el desarrollo y la expansión del capital-dinero en las relaciones internacionales, y la intervención estatal en el orden de las relaciones monetarias más allá de las fronteras nacionales.

Dos son los aspectos de la crisis que Pedro Paz analiza:[7] su manifestación en el orden de las relaciones económicas internacionales y el espacio del sistema monetario internacional. Los factores que definen el primero son la profunda modificación que se ha presentado en el flujo del comercio y el capital, la quiebra del sistema monetario, el avance del neoproteccionismo y los nuevos mecanismos de la competencia capitalista. En cuanto al segundo, el déficit de la balanza de pagos de los Estados Unidos, la disminución de sus reservas, la modifi-

---

[7] Véase de este autor, en la cuarta parte del presente libro, "La crisis del capitalismo y la crisis monetaria internacional".

cación de las paridades monetarias, la supresión de la convertibilidad del dólar y el emergente sistema de flotación cambiaria.

A pesar de que el ciclo económico de la posguerra significó, en términos generales, una acelerada expansión del comercio internacional, ello implicó, al mismo tiempo, cambios en la participación de ese comercio por parte de los diferentes países, tanto del polo central como de la periferia. La cuota de participación de los países centrales tendió a crecer del 65 al 77 por ciento y el proceso inverso se presentó con la participación de los países de la periferia capitalista: del 30 al 17 por ciento. Analizando este proceso a partir de la dinámica de la acumulación capitalista y de su lógica interna en cada una de las áreas mencionadas, se podría explicar de la siguiente manera:

Para los países centrales, este crecimiento de su participación proporcional significó el reordenamiento de sus relaciones económicas entre sí, ante la urgencia de mayores niveles de especialización y la ampliación de sus mercados de realización en la periferia, realización que no sólo implicaba el consumo de mercancías, sino también la expansión de su capital productivo a partir de la exportación de capitales.

Para los países de la periferia, el intervalo creado por el ciclo económico de la posguerra les significó relativos grados de ampliación de su producción manufacturera y la consecuente expansión de sus mercados internos. En lo relativo a la industria extractiva y a las economías de enclave, su expansión estuvo determinada directamente por el proceso de acumulación interna de capital de los países centrales. Así, la participación de los países de la periferia en esta onda expansiva del comercio internacional estuvo desde un principio determinada por el nuevo tipo de división internacional del trabajo que se impuso al término de la guerra. Salvo para los países petroleros, la disminución de su participación representó, aun con el crecimiento absoluto de los volúmenes de sus exportaciones, una limitante, que fue creciendo en sus sistemas internos de financiamiento, lo que los obligó a recurrir al endeudamiento público y privado en el mercado internacional de capitales.

La fuerte expansión de las transnacionales en el campo de la periferia capitalista provocó un lento proceso de bloqueo a la acumulación ampliada de capital, dados los enormes reembolsos que las corporaciones remiten a la metrópoli. Cubiertas las expectativas de ampliación industrial que las transnacionales —vía la ampliación de inversión directa— impulsaron en una primera etapa, se llegó al límite. Por su orientación hacia los mercados internos, la crisis marca el quiebre de esta política, y la necesidad de reorientarla en función de una nueva etapa de internacionalización del capital productivo.

El saldo deficitario de la cuenta corriente de los países subdesarrollados no petroleros tendió a incrementarse, llegando en 1980 a 72 800 millones de dólares, situación estructural que muestra tanto la limitación externa a la expansión de la acumulación de la periferia capitalista como el evidente mecanismo de su bloqueo interno. Si bien el déficit provocó la reacción del endeudamiento externo, que llegó en el mismo año a 402 mil millones de dólares, la crisis hace estallar esta contradictoria relación.

Los crecientes volúmenes de plusvalía social que el sistema en su conjunto fue generando en el ciclo económico citado fueron encontrando un espacio de colocación *no directamente productivo*, que tuvieron que ver más con el papel que el Estado capitalista de las periferias jugaba en el proceso de la valorización de los capitales nacionales; es decir, su intervención, por un lado, incidió en la *acumulación real* de capital; y, por el otro, se convirtió en los hechos en un receptáculo de captación de capital de préstamo, que tendió a hacer más *artificiales* las condiciones de valorización del capital social.

Por las cifras que emplea Pedro Paz, el control de capital de préstamo internacional pasó a manos de la banca privada internacional. El préstamo se vuelve más redituable, en términos globales, que la inversión directa externa de las metrópolis, lo que hace, en términos relativos, obsoletas la estructura y las funciones de la *banca internacional supraestatal*. La crisis actual muestra el núcleo contradictorio a que se llegó: estados con enormes deudas, que encuentran dificultades crecientes para su renegociación; bloqueo de sus relaciones comerciales externas; enormes flujos de ganancia a la metrópoli y límites para la utilización del capital excedente en el campo de la producción material de los países centrales.

En el centro de este desajuste se generaron tendencias a la desaparición del dólar como equivalente general, como dinero mundial, que repercuten en el conjunto de los sistemas de paridad monetaria, lo que expresa no otra cosa que la disolución paulatina de un sistema de hegemonía imperialista de los Estados Unidos, y la necesidad de su transformación en otro sistema.

3. *Crisis, proceso de trabajo y resistencia obrera*

Cada una de las clases sociales del régimen capitalista reacciona frente a las crisis de diversa manera, vive la crisis de acuerdo con su ubicación en el campo de la producción social, trata de entenderla en función del mundo de la ideología o de corrientes de pensamiento científico y, asimismo, responde a través de una específica *praxis* política. La crisis, pues, lo abarca todo: mutación de las premisas del proceso de valorización del capital, cambios en la conformación de las clases, modificaciones en la representatividad del poder político y reorganización de los mecanismos de intervención del Estado en el conjunto del cuerpo social.

Existe lo que se podría denominar *uso capitalista de la crisis*, que radica en la respuesta consciente de la clase dominante frente al estallido concentrado de las contradicciones del sistema. Respuesta que pasa por el campo de la acción política y se refuerza con el discurso ideológico. Por la posición de hegemonía que sostiene la clase dominante, la crisis coloca a la clase obrera en desventaja, y necesariamente a la defensiva. El ataque que acompaña al hecho económico es, pues, frontal, y la defensa por parte de la clase obrera debe tener la misma naturaleza, a pesar de las obvias desventajas y disparidades de la lucha.

A estas alturas del desarrollo de la crisis, el *uso capitalista* de la misma, a nivel de la política estatal, se pone de manifiesto en la denominada *política de austeridad*, lo que significa la necesidad de que los sectores asalariados contribuyan, en el *impasse* de salida a la crisis, aceptando una política salarial contraccionista y de disminución del gasto público de interés social. ¿El objetivo? Uno sólo: presionar sobre los niveles alcanzados en la tasa general de salarios y, en función de ello, desvalorar socialmente la fuerza de trabajo. Este proyecto pasa por una virtual desarticulación de la clase obrera en el campo internacional, en tanto la defensa nacional frente a la crisis supone, por el discurso del poder, un supuesto *pacto social* como vía de salvaguardia de los niveles de competitividad de los capitalismos nacionales. En los hechos, pues, la competencia entre los capitales, acentuada por la crisis, arrastra a la clase obrera a competir entre sí misma. De ahí la preocupación de Adolfo Gilly[8] en su ensayo por señalar este tipo de respuesta, que involucra a la clase obrera en una salida muy lejana de representar sus reales intereses.

Sin embargo, según Gilly, la agresiva respuesta del capital no se mantiene en el campo de la política o de la ideología, sino que tiene su verdadero origen ahí donde se genera el poder mismo del capital: en el campo de la producción social, en la fábrica. Toda crisis tiende a modificar el proceso mismo de trabajo como forma necesaria del relanzamiento de la valorización del capital, pero al mismo tiempo modifica la relación del hombre con la máquina y de los hombres entre sí. Si se observa históricamente el desarrollo y la transformación de la clase obrera se podrá establecer una premisa básica en cuanto al papel de aquélla, con el devenir del capitalismo, en la práctica productiva: la clase, como tal, tiende a ser despojada del conocimiento totalizador de la producción, un proceso contradictorio de descalificación-

---

[8] Véase, en la cuarta parte de esta obra, el trabajo de Adolfo Gilly: "La mano rebelde del trabajo".

recalificación. Al mismo tiempo, el *obrero individual* cede su paso al *obrero colectivo*. La clase obrera encuentra mejores condiciones para su autoconocimiento y su acción colectiva, a pesar de los desórdenes que en su estructura provocan las crisis periódicas. Este proceso le permite desarrollar mecanismos de defensa al interior mismo de la fábrica, y éstos se convierten en reductos importantes de su lucha; de ahí que el capital se esfuerce por neutralizarlos o, en su caso, suprimirlos.

Cada nuevo nivel tecnológico alcanzado por el desarrollo de las fuerzas productivas tiende a modificar las formas de organización del trabajo en el campo de la producción; cancela las posibilidades —y crea otras— que el obrero colectivo tiene para controlar, relativamente, el ritmo de la producción: es la resistencia histórica contra la tendencia del capital a igualar el tiempo de fábrica con el tiempo de producción, a saturar todos los momentos de la estancia del obrero en la fábrica con *tiempos continuos de producción de plusvalor*.

Quizás lo característico de este proceso en la crisis actual sea la tendencia generalizada a la automatización de la producción. Para Adolfo Gilly esta tendencia se abre paso a través de un sinnúmero de efectos: aceleración del proceso de descalificación-recalificación de las fuerzas de trabajo, descentralización de la producción, descomposición y recomposición de tareas, etcétera. La automatización se convierte, así, en la pauta generalizada para contrarrestar las formas de resistencia del obrero colectivo en el interior de la fábrica, y abre al mismo tiempo las perspectivas de un nuevo ciclo económico, en el transcurso del cual muchas cosas cambiarán y muchas surgirán; entre otras, la más importante —desde el punto de vista de la clase obrera—: la búsqueda de nuevas barreras de resistencia al capital en su propia cuna, en el origen de su propio poder social: la fábrica.

4. De la ideología de la crisis a la crisis de la ideología

En realidad, la crisis tiene también su expresión en el campo de la ideología. En ella se encontrarán ciertos núcleos de su racionalidad, ya sea en forma abierta o bajo la cobertura de su tergiversación. Para Américo Saldívar,[9] la estructura social se vuelve difícil de entender si no se analiza como una *totalidad orgánica*, es decir, como la articulación de instancias o niveles diferenciados que componen o integran el todo. Baste recordar para ello el planteamiento del materialismo histórico, que define los niveles o instancias de la *totalidad social*: base y *superestructura*; de ésta, uno de sus contenidos es la ideología. La

---

[9] Véase, en la cuarta parte de esta compilación, el trabajo de Américo Saldívar: "Ideología y crisis del capitalismo contemporáneo".

relación entre esos dos niveles ha sido interpretada de múltiples maneras: desde la visión estrecha de una *determinación casi mecánica* de la superestructura por la base hasta aquella visión interpretativa que le otorga ciertos grados de autonomía a la conformación y desarrollo de estos dos niveles, y cuyo movimiento reviste una alternancia de complementariedad y contradicción.

Así, la relación entre la base y la superestructura, y en particular la ideología —como parte de esta última—, se presenta mediante un complejo campo de mediaciones, pero que, por la práctica material de las clases en la esfera de la economía, la relación siempre tenderá a expresarse, de una u otra manera, en la ideología. De ahí la preocupación de Saldívar, quien parafraseando a Gramsci sostiene que en la ideología se podrán encontrar elementos de la práctica económica, núcleos de su esencia, a pesar de las inversiones objetivas que se operan en la visión ideológica que cada una de las clases genera, tanto de sí mismas —de sus prácticas— como de la totalidad social en que se encuentran inmersas. Lo anterior conduce a la crítica de la concepción que define la ideología como una *falsa representación del mundo*, que tiende a tergiversar la realidad. La crítica, en todo caso, propone un reordenamiento interpretativo de la ideología, el cual parte de que ésta, en cuanto *representación*, está vinculada con las tareas que el orden económico determina para el conjunto de las clases.

Puesto que las clases generan sus ideologías a partir de su práctica productiva —y en tanto no lo hacen en exclusividad por separado, sino en el continuo mediar de sus relaciones mutuas—, las clases existirán y actuarán tanto a nivel de la *base económica* como en el plano de la *superestructura*. Por esto las relaciones de clase y las relaciones sociales de producción no deben ni pueden ser explicadas exclusivamente por la base material: la producción. Existe otro nivel de articulación, de su *identidad* como tales, que tiene que ver con su *práctica social y política*. Hay, pues, un permanente proceso de unidad y diferenciación, que nunca hay que perderlo de vista en el análisis concreto.

En esta perspectiva, la práctica ideológica de las clases se dará en términos de institucionalidad, a través de los así denominados *aparatos ideológicos*, vértices de conformación de hegemonía más allá del aparato productivo. A decir de Américo Saldívar, mediante las *instituciones privadas de la sociedad civil*: sindicatos, escuelas, partidos, Iglesia, familia y medios de difusión. La crisis, pues, tarde o temprano se abre paso en el intersticio y al interior de esta institucionalidad de la práctica ideológica. La crisis como *momento de desorganicidad de la totalidad social* se expresará en el campo de las ideologías de múltiples maneras. Por ello las diversas interpretaciones, las diferentes respuestas y las bifurcaciones del discurso dominante, así como las posibilidades que se presentan para el *contradiscurso idelógico* de la clase obrera. La crisis solamente abre la posibilidad de que, en el campo de la política, el discurso revolucionario se transforme en fuerza material, momento necesario pero por sí mismo insuficiente.

En el momento de las fases de ascenso y expansión del capital en el ciclo económico la práctica ideológica dominante adquiere su mayor coherencia y grado de organicidad; las tesis de la sociedad del bienestar y de la opulencia fueron expresión de ello. Ahora, frente a la crisis, la práctica ideológica recurre a sus extremos de convencimiento en medio del caos. Los llamados a la *solidaridad nacional*, como defensa del capitalismo autóctono frente a la competencia intermonopólica en el campo internacional, intentan soldar las fisuras que se gestan entre las clases antagónicas. Pero esta vez la exhortación al *colaboracionismo de clases* no se sustenta tan sólo en el propio discurso ideológico a secas; se recurre, con mayor frecuencia, a los órganos de dominación directa. De la predominancia del discurso ideológico se pasa, en diferentes grados, al recurso de la coerción directa en el campo de la política estatal. De ahí a la utilización del último recurso por excelencia: el ejército, sólo hay un paso. Está claro que en el contexto de la crisis actual esta lógica se vuelve más evidente para el mundo de la periferia capitalista, pero no deja de constituir un preámbulo para el mundo desarrollado. Al final de cuentas, ésta no es la primera, y no constituye la última, crisis en la historia del capitalismo.

Tal parece que *la tendencia recurrente es a la disociación de la democracia como ideología de la igualdad ciudadana, con respecto a la democracia como práctica política de las clases*. La reaccionarización del gran capital monopólico avanza lentamente en cada ciclo económico del capitalismo; esta crisis así lo demuestra. La política neoliberal practicada pone al desnudo las necesidades intrínsecas del capital de aplastar la resistencia obrera. Desvalorizar socialmente la fuerza de trabajo asalariada es, pues, un ataque frontal que involucra todo, desde la vuelta al monetarismo y al fetichismo del mercado hasta el autoritarismo estatal más refinado. Así, la ideología dominante se transforma en una *ideología de emergencia*, y el consenso pasivo, sobre el que se sustenta la hegemonía estatal de las clases dominantes, puede convertirse en fuerza alternativa que se sustente en un *discurso ideológico no sólo de resistencia, sino de revolución*.

5. La crisis y el Estado en el capitalismo de la periferia

Una de las prácticas estatales más acentuadas del Estado capitalista de la posguerra es su marcada intervención, de carácter regulador, en el campo de la producción social. La reproducción del capital social exige en este periodo nuevas condiciones, que se resumen en la necesidad de un centro regulador y captador de enormes masas de plusvalía social, aunado al control de ingresos de los sectores asalariados, aquéllos, en lo fundamental, servirán a satisfacer exigencias de la valorización del capital, el cual por sí mismo no puede satisfacer, so pena de caer en un estado crónico de depresión de su rentabilidad. En otras palabras, se desarrolla una tendencia a socializar sus costos, papel que el Estado cumple en el periodo aludido. Esta regulación también va acompañada de la formación de un capital estatal invertido en la producción material, cuya acción en el proceso de acumulación traslada permanentemente plusvalor a la órbita del capital privado, y no pocas veces se desarrolla la inversión mixta de ambos tipos de capital.

Este proceso, que aparece como nueva condición del proceso de valorización del capital en la actual etapa del imperialismo, constituye al mismo tiempo algo con lo que nace sustancialmente el capitalismo en la periferia, pero indudablemente con otro signo y carácter. La intervención estatal en los países centrales es un corolario, una culminación, de un proceso histórico. En cambio en la periferia del capitalismo es algo necesario desde un principio; es el portador, por imitación, de la conciencia de las necesidades del sistema, aun antes de aparecer las condiciones de su propio desarrollo autosostenido. A ello debemos agregar que su intervención como capitalista colectivo va más allá del campo de la producción social. Su acción penetra todos los poros de la sociedad civil en formación, convirtiéndose en una suerte de capitalista sin capitalismo —en una primera etapa–, para después quedarse como eje mediador, aglutinador, partero patriarcal del nacimiento y desarrollo del conjunto de las clases sociales.

Tardío capitalismo de la periferia de un sistema cuyos polos centrales llegan a lo que Lenin afirmaba, en su tiempo, *la etapa de transición*, o la nueva sociedad como producto del agotamiento histórico de la anterior. Periferia que se quedará históricamente subordinada, estructuralmente bloqueda y prácticamente impedida para recorrer el mismo camino de las sociedades avanzadas. Se quedará siempre a la mitad, reproduciendo en su seno lo avanzado de la metrópoli, y, al mismo tiempo, lo estacionario, lo que permanentemente no termina de madurar.

Así, el Estado de la periferia capitalista acaba por constituirse en la imagen ideal del deber ser de la clase capitalista, en la modernidad futura, cargada de un presente de sociedad que nunca acaba de diferenciarse ni separarse de su Estado. De ahí que, para Agustín Cueva,[10] exista permanentemente en la periferia una sobrecarga de funciones

10 Véase, de Agustín Cueva, "El Estado latinoamericano en la crisis del capitalismo", publicado en la quinta parte de la presente obra.

que le toca asumir al Estado burgués; de ahí también la reproducción
de sus formas anormales que le toca revestir, para poder garantizar
la reproducción del capitalismo, así como la regla, y no el simple
azar, de la *forma de excepción* que reviste frente a la crisis social
nunca superada, y que la sociedad civil, y hasta las propias clases,
parezcan configurarse a partir del Estado y no a la inversa; y, finalmente,
que el Estado adquiera una contextura ambigua, de casi simultánea
debilidad y fortaleza, balanceándose entre tales extremos en una
suerte de *crisis permanente*.

Es en este contexto que se vuelve paradójica la reflexión actual de
una parte del pensamiento marxista en torno al así denominado *Estado
ampliado* en el capitalismo central. Ahí, producto de la madurez; acá,
condición sustancial de la forma tardía y subordinada del desarrollo
capitalista: la necesidad de la inmadurez. Síntesis de tiempos históricos
que se entrecruzan, que se subordinan y que coexisten; forma de ser
de la fase imperialista: *contradictoriedad indisoluble y desigualdad
permanente*.

Sería demasiado pretencioso esperar que este breve prólogo aborde
el conjunto de problemas que contienen los ensayos aquí reunidos.
Si hemos logrado despertar el interés del lector por introducirse en tan
vasta problemática, como lo es la crisis del capitalismo, habremos
cumplido el objetivo de este sucinto preámbulo.

la
discusión
teórica

NOTAS EN TORNO A LA TEORÍA DE LA CRISIS EN *EL CAPITAL*

URIEL ARÉCHIGA

Presentación

La existencia de una teoría de la crisis es algo evidente en los textos de Marx. Empero, ésta no existe como un cuerpo teórico organizado como un todo, aislado del contexto analítico que pone al descubierto el proceso capitalista y las leyes que lo gobiernan. Esto es así porque, para Marx, la crisis no es de ninguna manera un hecho aislado, una catástrofe imprevisible, casual o aleatoria. Por el contrario, la crisis para Marx es una fase más del ciclo económico capitalista; un resultado y al mismo tiempo un punto de partida lógico y concomitante, connatural —por así decirlo—, del desarrollo del modo de producción capitalista.

La teoría de la crisis, entonces, va a mostrarse entretejida en sus textos, y específicamente en *El capital* y textos anteriores,[1] en la medida en que se avanza en la explicación del movimiento de la sociedad capitalista. El desarrollo de la exposición, que avanza de lo simple a lo complejo y de lo abstracto a lo concreto, conlleva —junto con la explicación de la dinámica del modo de producción en su conjunto, en su avance hacia el concreto de pensamiento, hacia la integración de las partes en una totalidad lógica— la explicación de la crisis, como un aspecto más del capitalismo, que, por lo tanto, sólo puede ser aprehendido en su conjunción con el todo.

Sin embargo, a diferencia de otros aspectos del capitalismo, las exposiciones sobre las crisis están continuamente remitidas a los ejemplos concretos, a una realidad que va a ser en parte explicada y en parte mostrada en su forma actuante, lo cual propone un nuevo grado de dificultad para la extracción teórica.

Por otra parte, tanto la ejemplificación abundante como la necesidad de explicar la apariencia en función de la esencia obligan a que las crisis aparezcan repetidas veces, en un grado de concreción diferente al del tratamiento que se da a los temas específicos en los que se incluyen.

---

[1] Las citas y referencias que se hacen a lo largo de las notas corresponden a *Elementos fundamentales para la crítica de la economía política (Grundrisse). 1857-1858,* Siglo XXI Editores, México, 11a. reimp., 1980, 3 vols.; *El capital,* Siglo XXI editores, México, 1982, 8 vols; e *Historia crítica de la teoría de la plusvalía,* Fondo de Cultura Económica, México, 1982, 3 vols.

A lo anterior se agregan las limitaciones de tiempo y espacio, que, aunadas al intento de preservar el rigor metodológico, hacen que las notas que ahora se presentan —parte de un proyecto de mayor envergadura— tengan, junto con su carácter fragmentario, un fuerte matiz de trabajo inacabado, que requiere, evidentemente, un mayor tiempo para su terminación.

Por otra parte, el aspecto fragmentario salta a la vista: de las presentes notas están ausentes las consecuencias de la crisis en por lo menos dos aspectos de importancia fundamental: la clase obrera y la cuestión internacional.

Sin embargo, creemos que el intento de explicación de la posibilidad lógica de la crisis hasta su presentación real en el capitalismo desarrollado como la consecuencia ineludible del desenvolvimiento de la contradicción interna y su interrelación con otros conceptos de la producción, la circulación, la distribución y el consumo, que explican el modo de producción capitalista, muestra que la concepción marxista está muy lejos de ser una visión estática y, por lo tanto, acabada de la crisis.

Por el contrario, en las proposiciones de Marx, en tanto que muestra de *las leyes generales* que gobiernan el proceso capitalista y su dinámica, se encuentra la explicación del cambio en el carácter mismo de la crisis, cambio que se da como consecuencia obligada del desarrollo y, por lo tanto, del cambio cuantitativo y cualitativo del propio modo de producción.

1. El planteamiento general de la crisis

Ya en el primer tomo de *El capital* Marx presenta lo que se podría considerar el enunciado general de la teoría de las crisis, y que bien pudiera expresarse en la forma siguiente:

Las crisis son el producto obligado del movimiento dialéctico del modo de producción capitalista, que encierra múltiples contradicciones o una contradicción de múltiples aspectos. Esta contradicción no surge, evidentemente, en el propio proceso de producción capitalista; sin embargo, es en éste donde se vuelve antagónica, donde la lucha se agudiza y cobra su máxima expresión.

Tal contradicción se presenta, en su aspecto embrionario, en la circulación simple de mercancías y en su metamorfosis, pues en la mercancía como célula que devendrá del proceso capitalista se muestran las contradicciones entre valor de uso y valor, trabajo privado que funciona como trabajo social, trabajo concreto que se cotiza como abstracto, personificación de las cosas y cosificación de las personas. Las distintas formas de la contradicción, inherentes al producto del trabajo transformado en mercancía, cobran un mayor dinamismo ya en la antítesis de la circulación simple de mercancías, compra-venta, por la disociación de las fases contrapuestas. La agudización de esta lucha de contrarios, la manifestación de independencia externa de la unidad interna, sólo se resuelve mediante la violenta imposición de la unidad en el estallido de la crisis. Aunque para que la crisis como tal se presente hace falta mayor desarrollo del proceso de producción capitalista, Marx muestra cómo, en su propio origen, la mercancía lleva en su seno, en estado embrionario, la violencia de las crisis.

Ya en la circulación capitalista de mercancías el primer indicio de que la polarización de las fases está a punto de alcanzar su máximo se da en la esfera de la circulación, al amortiguarse el ritmo de rotación del dinero. En efecto, la disociación permite a las fases contrapuestas desenvolverse con una autonomía que viene a materializarse en la función del dinero como medio de pago, función que deviene completamente aritmética en la medida en que los pagos se compensan entre sí, y donde se observa claramente el divorcio entre la mercancía y el dinero como formas de la riqueza social, y el desplazamiento de la contradicción a favor de este último, dando lugar a la "existencia autónoma del valor de cambio".[2]

En estas circunstancias, al amortiguarse el ritmo de rotación del dinero, la mayoría de los capitalistas procede de inmediato al atesoramiento para poder hacer frente a las futuras demandas de pago, contribuyendo a la agudización del problema, y, en estas condiciones, resulta prácticamente imposible realizar ventas en efectivo, con la consecuencia inmediata de que las mercancías pierden valor a los ojos de sus poseedores.

El hecho mismo de que sea en la fase circulatoria donde se presentan las primeras manifestaciones de la crisis, indujo a los representantes de la economía vulgar a tomar las apariencias como la esencia del fenómeno, la cual, como Marx demostrará posteriormente, se encuentra en el núcleo mismo de la producción capitalista.

a) El ciclo económico

Así pues, aunque ya en la circulación simple de mercancías se encuentran inscritas las causas de la crisis, no es sino hasta que la maquinaria desplaza a la manufactura, y el capital emprende su carrera desesperada en el afán de atrapar mayores masas de plusvalía, que las crisis, potencialmente inscritas en la circulación simple de mercancías, toman carta de naturalización en el marco del proceso capitalista de producción, como el punto culminante de los ciclos económicos.

[2] Karl Marx, *El capital*, I-1, p. 168.

Tomando a manera de ilustración el análisis de las causas de la crisis algodonera de 1862-1863, con base en la fase de ascenso del ciclo productivo, Marx hace notar cómo el cambio cualitativo de las condiciones de producción se corresponde con un aumento directo del ejército industrial de reserva —introducción de maquinaria más tecnificada = desplazamiento de la fuerza humana de trabajo. Pero este aumento de la desocupación es sólo momentáneo, pues se compensa con la expansión cuantitativa de la producción, resultado inmediato del abaratamiento de las mercancías producidas.[3] A pesar de la baja de precios, los capitalistas obtienen ganancias extraordinarias como fruto de las innovaciones, incitando a una parte de ellos a la búsqueda continua de la revolución tecnológica, al mismo tiempo que atraen la atención y el deseo de invertir de los capitalistas de otras ramas.

La fase de auge continúa in crescendo, y la producción se lanza a la caza de mercados extranjeros, donde los productores locales no pueden competir ante los bajos precios de las mercancías importadas, dando como consecuencia una división internacional del trabajo, en la que los países importadores, al no poder competir en cuanto a productos terminados se refiere, se ven constreñidos a transformarse en exportadores de materias primas, en proveedores de la industria metropolitana.

Sin embargo, el proceso está inscrito en el marco de un mercado que mantiene una velocidad de crecimiento que resulta rápidamente rebasada por los incrementos de la producción, hasta llegar al abarrotamiento, y, como consecuencia, las fábricas, ante la imposibilidad de desplazar y transformar su producto, no pueden operar ya a plena capacidad. La atracción de capitales, causa y efecto de la expansión, se transforma ahora en repulsión, y las empresas con menos recursos se ven obligadas a cerrar, interrumpiendo el ciclo productivo. Al carecer de efectivo, no pueden hacer frente a las demandas de pago, y la crisis se desencadena.

Una vez pasada la crisis, se hace necesario que la sociedad consuma los artículos producidos en exceso; mientras tanto, la industria se paraliza. Sólo las empresas con mejores condiciones tecnológicas sobreviven y continúan funcionando a baja capacidad. No hay desarrollo, sino calma y estancamiento.

Al consumirse el exceso de mercancías se inicia un nuevo crecimiento de la demanda y poco a poco va creciendo la animación; las instalaciones aumentan su producción, sin que se presenten aún cambios cualitativos, hasta alcanzar la plena capacidad, punto en que ocurren nuevas revoluciones tecnológicas que conducen a revoluciones del valor, y el proceso desemboca nuevamente en la siguiente fase de expansión: la de auge.

[3] *El capital*, I-2, p. 551.

De la descripción anterior se pueden destacar los siguientes periodos o fases del ciclo productivo, en su continua repetición: *animación media, prosperidad, superproducción, crisis* y *estancamiento*. Asimismo, es posible enunciar las consecuencias de las crisis en forma resumida:

1. Las fuerzas productivas aceleran su desarrollo en la etapa de crisis a través de la investigación y la experimentación forzadas, lo que desemboca en revoluciones de la tecnología. Al mismo tiempo, por la desaparición de un gran número de pequeños competidores, se propicia la concentración y centralización.

2. Las crisis parciales de los pequeños productores de las colonias, como fruto del periodo de prosperidad de la metrópoli, favorecen la división internacional del trabajo, ya que los productores locales de materia prima se ven obligados a vender a los fabricantes de la metrópoli, quienes poseen una mayor capacidad de compra, lo que se traduce en una expansión de la producción local, y de esta manera aumenta la especialización, con la consiguiente disminución del precio.

3. Las crisis favorecen la emigración de los obreros desocupados hacia las colonias, obreros que por regla general se encuentran en condiciones educativas superiores a las de los productores locales de materia prima, lo que los convierte, por lo menos potencialmente, en futuros proveedores.

4. A pesar de los despidos masivos provocados por la crisis y la elevación de la composición orgánica del capital, que hace descender la necesidad de la fuerza humana de trabajo en términos relativos, la ocupación aumenta en términos absolutos.

5. En lo que respecta a la precisa periodización cronológica de los ciclos productivos, no resulta factible que sea llevada a cabo tomando como base los ejemplos propuestos por Marx. Por otra parte, la intervención de factores productivos que proceden directamente de la agricultura interfieren el análisis, como en el caso de la elevación del costo de las materias primas (algodón, etcétera) y su escasez, producto de malas cosechas por inundaciones, plagas o sequías, que en última instancia frenan algunas ramas de la producción.

Además, cabe hacer notar que ya en 1894 Engels toca el problema,[4] y señala que de 1815 a 1847 los ciclos se repiten poco más o menos cada cinco años para luego alargarse a 10 años en el periodo de 1847 a 1867. A partir de esta última fecha el ciclo productivo no muestra más sus fases claramente definidas, sino que la producción se sumerge

---

4 *El capital*, I-1, p. 31, y III-7, pp. 629-630.

"en el pantano de una depresión permanente y crónica", alterada solamente por leves periodos de animación, lo cual resulta explicable por los cambios habidos en el sistema capitalista de producción.

En efecto, a esa altura del desarrollo capitalista, merced al alto grado de desarrollo de los medios de comunicación, se ha establecido un verdadero mercado mundial, lo cual anula ciertos factores de crisis, mercado en el que además ha desaparecido en gran medida la libre concurrencia —internamente debido a *cartels, trusts* y monopolios, que centralizan la producción, y externamente en función de los aranceles proteccionistas de los otros países industriales. La competencia entre los distintos países abre nuevas zonas a la explotación y permite la aplicación en ellas de los capitales sobrantes, acelerando el desarrollo de los mercados internos, controlando la posibilidad local de especulación y presentándose otros factores de crisis.

Sin embargo —hace notar Engels—, la actitud de los distintos países en competencia no es sino la preparación para la lucha que decidirá la hegemonía en el mercado mundial, y en cada uno de los recursos empleados para contrarrestar la forma clásica de las crisis van implícitos los gérmenes de otras muchísimo más violentas.

2. La posibilidad de la crisis

> *Si la autonomización externa de aspectos que en lo interno no son autónomos, y no lo son porque se complementan uno a otro, se prolonga hasta cierto punto, la unidad interna se abre paso violentamente, se impone por medio de una crisis.* [5]

El análisis del proceso de producción capitalista condujo a Marx al descubrimiento de las contradicciones internas que lo originan y, ya en *El capital*, a exponer el orden lógico que siguen en su desarrollo hasta que alcanzan el punto de su máxima expresión en las crisis generales del sistema.

Tomando como punto de partida la mercancía, célula, partícula elemental del proceso capitalista, se muestra la existencia en su seno, aunque en forma embrionaria, de la contradicción que dará lugar a las crisis.

Un segundo nivel de profundización en la observación de la crisis queda dado por la separación real, ya no virtual, de la sustantivación que se presenta en ambos trabajos. La oposición del trabajo abstracto —como dinero— al trabajo concreto —como mercancía— se presenta entre los polos de la expresión singular de la compra o de la venta.

[5] *El capital*, I-1, p. 138.

Así, la separación estricta que se establece entre el dinero como posibilidad absoluta de cambio y la mercancía como forma particular y restringida del mismo, y su separación real en el tiempo y en el espacio, nos muestran una relación desigual de equivalencia: *M-D*.
En tanto que *D*, como representante general de la riqueza, puede transformarse en cualquier mercancía para satisfacer la necesidad o el capricho de su poseedor, y por lo tanto puede ser cualquier valor de uso, *M* es un no valor de uso para su poseedor. Al ser *M* así, está obligada a realizar un primer paso: cambiarse por dinero. Contrariamente a lo que sucede con el dinero, que tiene una facilidad máxima para cambiarse, la dificultad de la mercancía para transformarse también será máxima.
La diferencia entre el trabajo abstracto y el trabajo concreto pasa a ser una oposición que luego devendrá en contradicción.[6]
Un tercer nivel en el examen del desarrollo de la contradicción surge como corolario del anterior: la sustantivación de la posibilidad de cambio en el dinero encierra la posibilidad de romper las dos fases contrapuestas de la metamorfosis.
La antítesis encerrada en la compra-venta —la cual no es sino el reflejo de la que existe entre el valor de uso y valor, trabajo privado que actúa como trabajo social, trabajo concreto evaluado como abstracto, personificación de las cosas y materialización de las personas— habrá de polarizarse, permitiendo la sustantivación de las fases, una frente a la otra, hasta que, alcanzando un cierto punto del desarrollo del sistema capitalista, la unidad se restablezca violentamente, marcando el inicio de un nuevo ciclo.
La contradicción interna inherente al producto del trabajo, cuando éste reviste la forma de mercancía, se hace más evidente en el proceso de circulación, en las metamorfosis *M-D-M*, donde la separación en el tiempo y en el espacio de las dos fases, *M-D* y *D-M*, muestra ya la posibilidad implícita de las crisis cuando alguien vende sin comprar, rompiendo en un punto la red que forman entre sí las distintas y múltiples operaciones de compra-venta que se realizan en el mercado, y en donde, además, las fases separadas se sustantivan en dos elementos

6 "...esta doble y distinta existencia debe pasar a ser diferencia, y la diferencia debe pasar a ser oposición y contradicción... la contradicción entre sus propiedades naturales particulares y sus propiedades sociales universales, implica desde el principio la posibilidad de que estas dos formas de existencia separadas de la mercancía no sean recíprocamente convertibles. La cambiabilidad de la mercancía existe como una cosa exterior a ella bajo la forma de dinero, como algo distinto de ella, no ya inmediatamente idéntico. Apenas el dinero se ha convertido en una cosa exterior junto a la mercancía, el carácter cambiable por dinero de la mercancía está ligado directamente a condiciones externas que pueden verificarse o no: está bajo el poder de condiciones externas." *Elementos fundamentales...,* I, p. 73.

que pueden convertirse en antagónicos: la mercancía y el dinero, en cuyo caso este último deja de ser simplemente el vehículo a través del cual la circulación se efectúa, el representante de la mercancía, para transformarse en la materialización misma del valor, en el símbolo de la riqueza social, en tanto que, paradójicamente, la mercancía sigue un camino opuesto: siendo la materialización del trabajo, del valor en última instancia, en la imposibilidad de venderse, de transformarse, de llevar a cabo su metamorfosis, carece de valor a los ojos de sus poseedores.[7]

De hecho, la sustantivación de la posibilidad cambiaria en el dinero ahonda el proceso contradictorio como consecuencia de la extensión de sus propiedades sociales. El desarrollo de la producción mercantil hará que el dinero funcione no solamente como medio de circulación y medida de valores —funciones surgidas directamente de su carácter de equivalente general—, sino también como medio de pago.

En esta función no se precisa de la materialidad física del dinero, sino que basta su presencia virtual. Las operaciones de compra-venta habrán de realizarse sin que medie una sola moneda, consumando la separación en el tiempo y en el espacio de la diferencia plasmada en el doble carácter del trabajo implícito en la mercancía, que se sustantivizará en el cambio y alcanzará su máxima expresión en la circulación, para darnos un cuarto nivel de expresión de la contradicción formal.

El quinto nivel de desarrollo de la contradicción que provoca la crisis se presenta en la sustantivación del proceso de circulación frente al proceso de producción, contemplados ambos dentro de la reproducción. Esta sustantivación, que no es otra cosa que la expresión a nivel global de las anteriores, su forma más desarrollada, establece la posibilidad capitalista de la crisis, a diferencia de las anteriores, que surgen desde la circulación simple.

En un primer momento la posibilidad general de la crisis se basa en la sustantivación y, por lo tanto, en la independencia de la esfera de la circulación frente a la producción misma, pues "el comerciante representa al vendedor frente a todos los compradores, al comprador frente a todos los vendedores, y por lo tanto no es un extremo, sino el centro

---

[7] "Así como el valor de cambio de la mercancía tiene una doble existencia, como mercancía determinada y como dinero, así también el acto del cambio se escinde en dos actos recíprocamente independientes: cambio de la mercancía por dinero, y cambio del dinero por mercancía; compra y venta. Como estos actos han alcanzado formas de existencia espacial y temporalmente separadas una de la otra e indiferentes entre sí, deja de existir su identidad inmediata. Ellos pueden corresponderse o no: pueden adecuarse o no; pueden entrar en relaciones de desproporción recíproca. Es cierto que tratarán permanentemente de igualarse, pero en lugar de la precedente igualdad inmediata aparece ahora el movimiento constante de igualación, el cual presupone precisamente una posición constante de desigualdad." *Elementos fundamentales. . ., I, pp. 73-74.*

mismo del intercambio",[8] y por ello su sustantivación implica la ruptura de los vínculos directos entre la producción y el consumo, provocando un discurrir relativamente independiente, e indiferente, de cada una de las dos esferas, cuya unidad habrá de restablecerse por la crisis.

Por su parte, la separación de las fases contrapuestas se muestra de una manera evidente cuando se contempla el proceso de producción enclavado en la circulación del capital, en un capitalismo desarrollado, donde el crédito ya ha sentado sus reales y el dinero efectúa funciones de medio de pago.

Si se parte de la fórmula de la circulación del capital-dinero: $D-M-P-M'-D'$, el proceso se reanuda (de un capital individual) con la metamorfosis de D' nuevamente en medios de producción y fuerza humàna de trabajo. Esto tiene como antecedente la realización $M'-D'$, la cual resulta real para un capitalista individual y sus particulares asalariados en el caso de pagos al contado, permitiendo la reanudación del proceso.

Pero, cuando la venta es a crédito, la metamorfosis real se dilata, en función de la disociación de las fases contrapuestas, lo que se traduce en la disociación de las funciones del dinero, el cual actúa tanto como medio de circulación que como medio de pago. Esta dilatación estará sujeta, naturalmente, a los plazos corrientes en el mercado, y expuesta a los accidentes de la circulación, que pueden retrasar la reversión o interrumpirla definitivamente. Estará sujeta, también, al hecho mismo de que, aunque la mercancía se muestra urgida por el proceso a llevar a cabo su transformación, al dinero no le sucede lo mismo.

Otra consecuencia inmediata se presenta cuando se observa la metamorfosis final enclavada en el proceso social, donde la mercancía, a pesar de haber completado su proceso —venta del industrial al mayorista y pago al contado—, se queda en la órbita de la circulación, sin consumirse y, por lo tanto, sin completar su *metamorfosis real*, la cual sólo se lleva a cabo en la órbita del consumo, ya sea éste productivo o improductivo. En estas condiciones, pueden continuar llegando oleadas de mercancías procedentes de la producción hasta abarrotar el mercado, acumulándose en las manos de los intermediarios, quienes, al no haber vendido las anteriores, carecen de los recursos para hacer frente a las demandas de pago, se declaran insolventes, quiebran. Por su parte, el industrial, al no realizar la metamorfosis final de su producto —condición indispensable para la reanudación del nuevo ciclo—, se encuentra imposibilitado de reanudar el proceso. El eslabonamiento de éste con otros procesos productivos desencadena la crisis.

Aquí cabe destacar dos cosas:

8 *Elementos fundamentales*. . ., II, p. 193.

1. Que los síntomas de la crisis hacen su aparición en la esfera de la circulación y, en una primera instancia, en la esfera de la circulación capitalista, en la órbita del consumo productivo; sólo en segunda instancia, en la órbita del consumo individual, como consecuencia de la primera.
2. Que en este caso la contradicción alcanza su madurez, y el aspecto principal reviste la forma de contradicción entre producción y consumo.

Una segunda forma de posibilidad general estará dada

... en el mismo proceso de la metamorfosis del capital, de un doble modo: de una parte, en la medida en que el dinero funciona como medio de circulación, por la disociación de la compra y la venta; de otra parte, en cuanto funciona como medio de pago, actuando en dos funciones distintas: como medida de valores y como realización del valor.[9]

En efecto, la circulación del capital, en tanto que mercancía, se ubica de idéntica manera y se somete a las mismas contradicciones que la mercancía en general, con el agravante de que aquí ya no se trata de una circulación simple, sino de una circulación en la que la necesaria coherencia entre uno y otro fenómeno ha sido ya sustituida, en la múltiple serie de disociaciones, por el ciego azar; el caos ocupa ahora el lugar del orden: el entrelazamiento de la infinidad de mercancías permite la separación de las fases contrapuestas. En tanto que las simples compras se equilibran con las simples ventas, en un frágil equilibrio dinámico, estadístico, el proceso se mantiene hasta el punto en que la crisis estalla y restablece la unidad.

Por otra parte, en cada una de las fases disociadas se sustenta una función del dinero como medio de pago.

En la primera, la compra, en tanto que cambio de mano de la mercancía, el dinero sólo está presente como medida de valor en una forma virtual, que habrá de transformarse en dinero real cuando el plazo se haya cumplido y actúe en su calidad de medio de pago.

En el lapso de tiempo que habrá de transcurrir entre uno y otro acto puede suceder un cambio de valor que impida hacer frente a las obligaciones contraídas por el comprador o por el vendedor. Es decir, el cambio ocurrido desde la actuación del dinero en tanto medida de valor hasta que funciona como medida de pago puede impedir la realización cabal del valor, y por ello con el dinero (capital-dinero) que se recupera ya no es posible reanudar el proceso productivo en la misma escala.

[9] Karl Marx, *Historia crítica de la teoría de la plusvalía,* Fondo de Cultura Económica, México, 1945, II, p. 39.

Lo que se ha dicho hasta aquí, en tanto que realización del valor desde el punto de vista de su cantidad, su equivalencia y sus cambios en función del tiempo, también resulta válido cuando se plantea esta misma realización respecto a su oportunidad temporal.

Puede suceder que en el momento del vencimiento el valor retrase su realización por cualquier circunstancia, y que el vendedor no pueda hacer frente a los compromisos contraídos. Al no hacer el pago correspondiente en el vencimiento, desata una cadena de no pagos, generando lo que se conoce como *crisis de dinero*. En este caso la mercancía, aunque vendible, no ha sido posible venderla en el plazo previsto, y, por lo mismo, la crisis deriva su carácter concreto de la imposibilidad de realizar una serie de pagos que tienen como premisa la venta de esa mercancía.

Debe quedar claro que cuando Marx habla de posibilidades y posibilidad general de la crisis no está proponiendo *las causas*, estrictamente hablando, que originan el fenómeno, sino *las condiciones* que lo hacen posible.

3. El factor de la crisis

De hecho, la causa de la crisis habrá que buscarla en la esencia misma del modo de producción capitalista, que tiene como premisa y consecuencia la metamorfosis del *capital-mercancías*, su reversión a *capital-dinero* como la forma universal de existencia del capital.

Que esta transformación se realice es un imperativo para el *capital-mercancías*, en tanto que cristalización del valor valorizado: valor desembolsado = plusvalía. Sin embargo, tal reversión —necesaria e imperativa para el capital-mercancías— resulta, en el marco de las condiciones descritas, una función del azar, una posibilidad estadística, algo meramente fortuito, en tanto que para el capital-dinero no resulta imperativo la metamorfosis.

Es por todo lo anterior que Marx propone como *factor* de una crisis "la transformación del dinero nuevamente en capital".[10]

Desde este punto de vista, la crisis se plantea como una interrupción del proceso de producción del capital provocada por reajustes o pequeñas alteraciones en el interior de la estructura productiva que modifican los valores correspondientes y, consecuentemente, las proporciones en que se divide el capital: entre constante y variable, por una parte, y entre las distintas ramas de producción, por la otra. Ello trae consigo vinculaciones y liberaciones de capital-dinero, entrelazadas con mercan-

---

[10] *Ibid.*, p. 40.

cías producidas en exceso en diferentes puntos del sistema: producción-circulación.

a) Sobreproducción absoluta y sobreproducción relativa

La situación anterior es analizada a partir de los esquemas de la reproducción,[11] en donde se muestra que, aun dentro del esquema de la reproducción simple, la crisis no es un fenómeno circunstancial, sino una fase consustancial al modo de producción en el proceso de su propio desarrollo.

Aunque las crisis constituyen un fenómeno típico de la reproducción en escala ampliada, incluso bajo el supuesto de la reproducción simple existe *la posibilidad de crisis* cuando se alteran las proporciones entre los sectores I y II en relación con la reposición del capital fijo.

En el supuesto de la reproducción simple, II_c se repone mediante I $(v + p)$, en forma material y en circunstancias constantes, que se repiten anualmente. Sin embargo, aun sin alterar el ritmo de la producción ni su intensidad, como tampoco su productividad, puede suceder que en un año cualquiera se alteren las proporciones entre los elementos de capital fijo y circulante de II_c, bien porque se necesite reponer una mayor cantidad de c fijo en los años anteriores, bien porque esta necesidad resulte en un año determinado menor de lo normal. En ambos casos el resultado, dado el régimen capitalista, será una crisis, lo que no ocurrirá en un régimen de productores asociados.

En efecto, si consideramos el caso de la necesidad de reponer una mayor cantidad de capital fijo en sus condiciones materiales —el capital fijo que va siendo lanzado paulatinamente a la circulación se retira de ella en forma de dinero, una parte del cual se invierte de nuevo en la reposición de material, en tanto que otra parte deberá esperar, en reserva, como tesoro, hasta que alcance el volumen técnicamente requerido—, o bien I aumenta la productividad de sus ramas encargadas de la producción de estos elementos —donde dado el nivel de producción de II_c no habrá suficientes mercancías para satisfacer la demanda, con lo que queda en I_p un remanente en dinero sin equivalente en mercancías en II_c (equivalente en dinero en manos de I_p cambia más valor por menos valor de II_c), o II_c necesita reponer menos capital fijo, y por lo tanto queda en I_p un excedente material no realizable que sólo tiene salida si se envía al mercado externo, con lo cual únicamente se amplían los márgenes del problema.

En ambos casos la producción sin equivalentes en cualquiera de los dos sectores conduce a la crisis.

[11] *El capital*, II-5, p. 569.

Condiciones:

$$II_C^1 = II_C^2$$

$$II_C^1 = cf_1 + ci_1$$

$$cf_1 + ci_1 = cf_2 + ci_2$$

en donde $cf = fd + fm$ $ci_1 = ci_2$

$$fd_1 + fm_1 = fd_2 + fm_2$$

1, 2, n = años sucesivos

cf = capital fijo
ci = capital circulante

fd = dinero para reponer cf
fm = material para reponer cf

En condiciones de reproducción simple, para que no haya perturbaciones:
$fm_1 = fm_2 = fm_n = \ldots$ etcétera, pero si $fm_1 \neq fm_2$, el cambio en esas condiciones hará que en el sector I quede mercancía invendible (fm_1 fm_2), o bien que II_C no complete sus necesidades materiales (fm_1 fm_2). Se puede, en este segundo caso, dar la alternativa de que I aumente su producción para el intercambio en $II_C = (I_C + p)$, aumentando la productividad, etcétera (pero se rompen los presupuestos de la reproducción simple), o bien recurrir al mercado externo. (Necesidad social de una *superproducción relativa* controlada que permita mantener *stocks* para hacer frente a estas necesidades.)

b) Acumulación y reproducción en escala ampliada

La proposición $fm_1 \neq fm_2$ en la reproducción simple tiene efectos similares a los que presenta en la reproducción ampliada el retiro por parte de I_p de una cierta cantidad de dinero que se transforma en capital virtual adicional, dejando en II_C una fracción del producto sin consumir y resultando una superproducción relativa en II_C.

Así como I tiene que suministrar, tomándolo de su plusproducto, el capital constante adicional de II, éste, en ese sentido, ha de proporcionar el capital variable suplementario que necesita I.[12]

Así pues, lo que se dijo en párrafos anteriores con respecto a II_C se torna igualmente válido para I_p si II no adquiere sus productos materiales y atesora dinero como capital virtual adicional, de donde se infiere que la acumulación sólo puede presentarse sin alteraciones cuando existe una estrecha correspondencia entre las proporciones de lo que en I y II quedan como *stocks* o como capital virtual adicional.

12 *Ibid.*, p. 631.

En efecto, si se ve el aspecto material de la producción, I habrá de incrementar su producción de capital constante en las cantidades necesarias para la ampliación de la producción en los sectores I y II, y, al mismo tiempo, II habrá de incrementar su producción de medios de consumo para hacer frente al incremento de la demanda, tanto en I como en el propio sector II. Toda modificación no compensada lleva implícita una superproducción relativa en cualquiera de los dos sectores y, por ello, perturbaciones en el desarrollo de la acumulación que pueden desembocar en una crisis.

Como puede verse, los desajustes posibles entre los sectores de la producción y al interior de cada uno de ellos, o entre las distintas ramas, son innumerables. En la medida en que se produce en exceso o en defecto de la demanda solvente existirá una sobreproducción, que se expresa directamente en el primer caso e indirectamente en el segundo, al no encontrar salida el capital-mercancía de otras ramas.

"La superproducción", dirá Marx, "no es nunca una superproducción absoluta a la apetencia de mercancías".[13] En primer lugar, porque no tiene nada que ver con las necesidades absolutas de la sociedad, sino, como ya se señaló, con la demanda solvente. La consecuencia obligada de esta circunstancia es la aparición de un nuevo aspecto de la contradicción que se da como reflejo de la oposición general-particular, y que tiene sus raíces en la contradicción fundamental (de la sociedad capitalista: producción social *versus* apropiación individual). En efecto, al capitalista, en tanto clase en su conjunto, le interesa el aumento del mercado; sin embargo, a pesar de que el mercado de medios de consumo —fin último de la producción social— está conformado en gran medida por los asalariados, es de particular interés del capitalista reducir los salarios hasta el mínimo posible.

En segundo lugar, porque la demanda solvente es el resultado de la realización de otros capitales-mercancías que se entrelazan, de tal suerte que la sobreproducción implica la infraproducción, la ruptura del equilibrio dinámico que se venía manteniendo como resultado de las metamorfosis ininterrumpidas del capital.

En realidad la crisis no es otra cosa que una manifestación rigurosa de la ley del valor que restablece violentamente el equilibrio, la proporcionalidad, entre los distintos trabajos socialmente necesarios que la producción capitalista destina a la satisfacción de la demanda solvente y que, dado el caso de tal producción, no puede determinarse *a priori*.[14]

---

13 Karl Marx, *Historia crítica*. . ., II, p. 43.
14 *Ibid*., p. 46.

c) Sobreproducción parcial y sobreproducción general

Por otra parte, en el origen de la crisis la *superproducción relativa*, parcial si se quiere, desembocará necesariamente en una *sobreproducción general*, como efecto de la reacción en cadena que se desata al romperse en algún punto el entrelazamiento de las metamorfosis.

En otras palabras, se puede decir que, en general, en el momento de la crisis existe una sobreproducción de todas las mercancías, con excepción del dinero, y, dado que todas las mercancías necesitan en su metamorfosis expresarse en dinero, las dificultades que una tenga para lograrlo se hacen extensivas a las otras. Por su parte, la unidad y contradicción del proceso compra-venta, a nivel del capital, se traduce en la unidad contradictoria de oferta-demanda y se prolonga hasta la de producción-consumo cuando la segunda se considera en un contexto más amplio.

De lo observado en las crisis Marx señala que éstas siempre van precedidas de un alza general de los precios de las mercancías, hasta el momento del *crack*, a partir del cual el mercado sólo puede absorber esta masa a unos precios ruinosos, muy por debajo de los precios de producción. Y que para que una crisis sea general basta con que afecte los artículos comerciales más importantes.

La sobreproducción, desde luego, no es una sobreproducción absoluta de valores de uso, sino de mercancías, pues en la crisis es cuando la clase obrera satisface en mayor desventaja sus necesidades. Se trata, entonces, no de la apetencia absoluta de la sociedad de valores de uso, sino de mercancías que pueden ser aceptadas por una demanda solvente.

Para ilustrar la crisis a partir de un producto importante, Marx toma el ejemplo de un fabricante de percal, el cual produce y acumula en tanto que sus obreros obtienen, como fruto de su trabajo, una capacidad de compra restringida para su propio producto, el percal, y para otros productos de consumo individual.

Por otra parte, a pesar de que en el proceso productivo son los obreros quienes resultan los verdaderos consumidores de materias primas y medios de producción, este consumo no es un consumo para sí.

Lo anterior define la situación de los obreros, quienes son consumidores en tanto que productores de plusvalía, y dejan de serlo en el momento en que cesan de producir. Además, si su capacidad de consumo es restringida, no es porque produzcan poco, sino porque se les entrega una parte muy pequeña de su propio producto.

En estas condiciones, aunque el mercado se diversifica con la ampliación de la producción, el ritmo de crecimiento de ambos es diferente, siendo siempre menor el del mercado. Este desfasamiento entre las velocidades de crecimiento se agudiza porque en una segunda fase la producción se amplía, de manera cuantitativa, haciendo un mayor o mejor uso de los medios de producción existentes. Este aumento cuantitativo de la producción llega a un punto en el que se producen revoluciones tecnológicas, que determinan un aumento de la composición orgánica del capital y, por lo tanto, un aumento de la productividad en un nivel superior. De esta forma, en el caso de los productores de percal, el producto se lanza a la circulación, hasta que satura el mercado, obligando al fabricante a parar o a disminuir el ritmo de la producción, lanzando por esto obreros a la calle. Aquí se presenta un doble caso de superproducción: en primer término, una sobreproducción de obreros productores de percal, y en segundo término, un aumento relativo de la sobreproducción de percal, ya que estos obreros, al no ser productores de plusvalía, dejan de ser compradores de percal, al mismo tiempo que de otros productos que entran en su consumo individual.

De esta forma, una sobreproducción parcial desencadena una serie de sobreproductores parciales que finalmente desembocan en una sobreproducción general, dado el entrelazamiento de las metamorfosis del capital en el mercado.

d) La crisis y la circulación del capital

De hecho, cuando Marx plantea como factor de la crisis "la transformación del dinero nuevamente en capital",[15] deja claro que todo proceso o todo accidente que interrumpa la reversión del dinero en capital, o que modifique, por alteración del valor, las relaciones entre las innumerables mercancías que componen la circulación capitalista, puede ser el inicio de una reacción en cadena que desembocará, más tarde o más temprano, en una crisis.

Por otra parte, es evidente que donde primero aparecen los síntomas de la crisis es en la órbita de la circulación, y, en primer término, en la circulación del capital, es decir, la de las mercancías destinadas al consumo productivo, que constituyen los elementos del capital constante. Sólo en un segundo momento la crisis hará sentir su efecto en la circulación de los medios de consumo, cuando los obreros y los pequeñoburgueses asalariados hayan sido lanzados a la calle.

Con objeto de poder distinguir de una manera más clara entre las causas y los efectos de la crisis, resulta conveniente dar una ojeada a las observaciones que Marx hace al respecto cuando trata lo relacionado con la circulación del capital.

[15] *Ibid.*, p. 40.

e) La crisis y la competencia como factor
de renovación prematura del capital fijo

> En gran parte los medios de trabajo se ven constantemente revolu-
> cionados por el progreso de la industria. Por eso no se los repone
> en su forma originaria, sino en la forma revolucionada. Por un
> lado, la masa de capital fijo invertida en determinada forma en es-
> pecie y que tiene que durar dentro de ésta determinado tiempo
> medio de vida, constituye una razón para introducir sólo gradual-
> mente máquinas nuevas, etc., y por ende un obstáculo para la in-
> troducción rápida y general de los medios de trabajo perfecciona-
> dos. Por otra parte, la competencia obliga, sobre todo si se trata
> de trastocamientos decisivos, a sustituir los antiguos medios de
> trabajo por los nuevos antes de que llegue el término natural de la
> vida de aquéllos. Son principalmente las catástrofes, las crisis, las
> que obligan a tal renovación prematura de la maquinaria industrial
> en una escala social mayor.[16]

La contradicción interna en la elaboración de medios de producción
puede situarse en el hecho de que, por una parte, se produce capital fijo
que aumenta en volumen (eleva la composicón orgánica), al mismo
tiempo que aumenta sus posibilidades de vida útil; y, por otra parte,
esta vida se ve disminuida virtualmente por la aparición, en periodos
cada vez más cortos, de nuevos elementos del capital fijo que permiten
una producción en condiciones de mayor productividad. En esta
situación, el capitalista se ve obligado, si quiere permanecer en la competencia, a renovar su capital fijo antes de que éste haya terminado su
vida útil —terminado de transferir su valor al producto— a causa del
"envejecimiento moral", de la obsolescencia, y, por tanto, las rotaciones
encadenadas del capital fijo sientan las bases para las crisis periódicas.

> Sin embargo la crisis siempre constituye el punto de partida de
> una gran inversión nueva. Y en consecuencia, también, si se consi-
> dera la sociedad en su conjunto, configura en mayor o menor me-
> dida un fundamento material para el ciclo siguiente de rotaciones.[17]

4. *Crisis y rotación*

La contradicción planteada en el inciso anterior muestra la importancia
que tiene la rotación del capital en el carácter de la crisis. Sin embargo,
como la velocidad de rotación influye no sólo en el proceso de renovación

---

[16] *El capital*, II-4, p. 206.
[17] *Ibid.*, p. 224.

del capital fijo, sino también en el proceso de reproducción del capital en su conjunto, resulta conveniente seguir el hilo de la interacción *crisis-rotación* en diferentes momentos del proceso, el cual Marx examina.

En primer término, se puede observar que en lo referente a los efectos de la crisis sobre la rotación del capital fijo éstos serán menores en la medida en que la rotación se acelera, y viceversa.

En segundo lugar, la repercusión de las crisis será diferente en función de la duración del ciclo de rotación global y, muy especialmente, de la mayor o menor magnitud del tiempo de circulación —específicamente la fase de venta—, que implica la realización del valor, y, por ello, la metamorfosis que se traduce en la reversión del capital-mercancías en capital-dinero.

Por este camino Marx muestra que la reducción del tiempo de circulación va a traducirse en la liberación del capital-dinero vinculado al proceso productivo. "Se advierte así cómo puede producirse una plétora de capital dinerario."[18] Esto tiene un doble efecto, ya que, por un lado, ante el menor síntoma de alteración de la rapidez de rotación, la producción toma medidas inmediatas para contrarrestarla, atenuando en su caso los efectos primarios de la sobreproducción. Por otro, la liberación del capital-dinero permite hacer frente, en una cierta medida, a las demandas de pago (cambio del carácter de la crisis con el desarrollo de las fuerzas productivas).

Uno de los momentos más importantes en el análisis de la relación rotación-crisis es el examen que se realiza de un proceso cuya metamorfosis final es muy lenta, donde la reversión a capital-dinero se da paulatinamente, en la medida en que transcurre un ciclo de larga duración.

A tal efecto, se analiza el desarrollo del ciclo económico de una rama de la producción, tomando como ejemplo la construcción de ferrocarriles, que necesita periodos muy largos de trabajo y, por lo tanto, con una rotación muy lenta. Es posible observar que, durante el desarrollo de empresas de esta naturaleza, se produce una presión sobre el mercado de dinero por la necesidad de realizar desembolsos en gran escala para el pago de v y la adquisición de los materiales que contribuyen a c. Dado que pasa mucho tiempo durante el que no se obtiene beneficio social alguno, en tanto que continuamente se están sustrayendo valores de uso de la circulación —por una parte medios de producción y por otra medios de subsistencia, sin aportar nada a cambio, sino equivalente monetario—, esta demanda continua provoca un desequilibrio que se traduce de inmediato en la elevación de los precios. Esto provoca una afluencia de capitales tanto al sector I como al sector II, con lo que se agudiza la presión sobre el mercado del dinero. Se hace necesaria mano de obra, y se consigue donde se encuentre, particularmente del campo,

18 *Ibid.*, p. 345.

con lo que se disminuye la presión del ejército industrial de reserva. La fuerte demanda de la fuerza humana de trabajo y la perspectiva de pingües ganancias permiten la elevación de salarios, lo que desemboca en una elevación de precios, como consecuencia del incremento de la demanda. El aumento del volumen del mercado y los márgenes de beneficio aceleran la acumulación de capital y, al mismo tiempo, la perspectiva de ganancias óptimas atrae más capitales procedentes de otras ramas. La sobreproducción se lanza en su loca carrera, hasta alcanzar el *crack*.

5. La cuota de ganancia

En la medida en que se desarrollan las fuerzas productivas, se presentan dos fenómenos paralelos: la baja de la cuota de ganancia y la aceleración de la acumulación, como tendencia que contrarresta —en función del aumento de la masa— el primer fenómeno. Sin embargo, la cuota de ganancia es la expresión del fin último de la producción capitalista, y su descenso obliga a retrasar la formación de nuevos capitales independientes, a la par que propicia la superproducción y la especulación, que desembocan en las crisis, en el marco de una contradicción paradójica: la existencia de capital inactivo frente a una masa de población sobrante.

Con lo anterior se muestra que, a partir del desarrollo de la contradicción principal del régimen capitalista, cobran expresión otras contradicciones sociales. En efecto, la obtención de grandes masas de plusvalía no se reduce al fenómeno de su producción, sino que existe el imperativo de su realización; y, mientras que la explotación sólo se encuentra limitada por el estado del desarrollo de las fuerzas productivas, la realización tiene como límite la capacidad de consumo de la sociedad. No capacidad absoluta de consumo social, sino la delimitada por las condiciones antagónicas capitalistas de distribución, en donde la gran masa de la población posee una capacidad de consumo restringida, que va a mostrarse como contradicción entre incremento de la producción capitalista y aumento del mercado.

Esta diferencia entre las velocidades de crecimiento es, como ya se dijo, una expresión de la contradicción producción-consumo. Dado que el consumo es la verdadera realización del valor producido, la permanencia de las mercancías en la esfera de la circulación constituye de hecho una no realización, que impide al capitalista no sólo la obtención de ganancia, sino que incluso le dificulta la recuperación del capital desembolsado en v y c. La violenta detención del proceso productivo por las condiciones anteriores desemboca necesariamente en la crisis.

Por su parte, el simple aumento de la producción trae consigo el incremento de la composición orgánica, correlación obligada de la acumulación y concentración, y, por lo tanto, aunque descienda la cuota de ganancia, aumenta la cuota de plusvalía, de explotación, al hacerse proporcionalmente menor la fuerza humana de trabajo necesaria para mover masas iguales o mayores de capital, lo que se traduce en una superpoblación relativa. A la vez, se producen, a más bajo costo, materias primas y medios de producción y de consumo, susceptibles de ser transformados en capital y medios de consumo a través del salario. Las mercancías así producidas provocan la desvalorización de las existentes y la obsolescencia del capital instalado.[19]

De esta manera, la contradicción fundamental planteada en el desarrollo absoluto de las fuerzas productivas —que en última instancia se da prescindiendo de las condiciones sociales, del valor y de la plusvalía, y de su desarrollo condicionado a la valorización al máximo del valor producido con anterioridad, que actúa como capital existente— entorpece el proceso de circulación y de reproducción. No tiene otra solución que abrirse paso violentamente a través de las crisis periódicas que establecen el equilibrio y contienen el descenso de la cuota de ganancia.[20]

La forma en que se manifiesta, de una manera directa, el fenómeno anterior se muestra en el exceso de capital que permite la acumulación en gran escala, elevando el nivel mínimo de capital para la competencia y obligando a los capitalistas en pequeño a recurrir a la especulación, a la mentira y, finalmente, a la quiebra y a la crisis.

Por otra parte, la plétora de capital desata el antagonismo entre el capital individual y los capitalistas como clase, ya que en estas circunstancias una parte del capital existente dejará de funcionar —destruirse como tal— para dejar lugar al nuevo, y todos tratarán que sea el suyo el que opere.

Naturalmente, cuando se habla de plétora de capital, se trata no sólo de dinero, sino de medios susceptibles de ser transformados en tal, y, por lo tanto, de superproducción. Las mercancías en que se materializa no pueden realizarse en el mercado, o bien se deterioran o se venden muy por abajo de su precio. Esta *destrucción* de capital tiene dos efectos: primero, los títulos, *los valores*, que garantizan el derecho a participar en la plusvalía, pierden su valor al no ser posible ni siquiera recuperar la inversión; por tanto, no garantizan los beneficios correspondientes a la capitalización. Segundo, se entorpecen las funciones del dinero como medio de pago, se paraliza el sistema de crédito, se produce la bancarrota y se producen crisis violentas y agudas. La crisis aumenta la depauperación obrera y los proletarios ocupados se ven sometidos a rebajas de sus salarios.

En resumen, la cuota descendiente de ganancia agudiza la competen-

[19] *Ibid.*, III-6, pp. 313-314.
[20] *Ibid.*, pp. 319-320.

cia, propicia el incremento de la composición orgánica del capital —que crea superpoblación relativa de obreros—, desplaza a pequeños productores —acelerando la concentración-centralización— y deprecia el capital existente a través de una plétora de capital que hace descender de nueva cuenta la cuota de ganancia.

En función de lo anterior, Marx propone la existencia de un límite dentro del que se desarrolla el régimen capitalista. Este límite viene a ser la expresión sucinta de las leyes internas del proceso, las que, en una relación dinámica con éste, marcan para cada ciclo el punto máximo de la separación de las dos fases de la unidad polarizada y, por ello, el punto en que la unidad habrá de ser restablecida por la crisis.

La limitación. . . se manifiesta:

1) En el hecho de que el desarrollo de la fuerza productiva del trabajo genera, en el caso de la baja de la tasa de ganancia, una ley que en cierto punto se opone con la mayor hostilidad al propio desarrollo de esa fuerza productiva, por lo cual hay que superarla constantemente por medio de crisis.

2) En el hecho de que la apropiación de trabajo impago y la proporción entre ese trabajo impago y el trabajo objetivado en general o, expresado en términos capitalistas, que la ganancia y la proporción entre esa ganancia y el capital empleado —es decir, determinado nivel de la tasa de ganancia— decidan acerca de si se debe expandir o restringir la producción, en lugar de ser lo decisivo a este respecto la relación entre la producción y las necesidades sociales, las necesidades de los seres humanos socialmente desarrollados. Por ello surgen limitaciones para la producción, ya en un punto de expansión de la misma que, a la inversa, bajo el otro supuesto aparecería como sumamente insuficiente. La producción se detiene no allí donde esa detención se impone en virtud de la satisfacción de las necesidades, sino donde lo ordena la producción y realización de ganancias.[21]

6. Efectos de la crisis en la circulación

Si contemplamos la órbita de la circulación, resulta posible distinguir dos corrientes diferentes que se corresponden directamente con las dos formas de consumo: la individual y la productiva. En la primera corriente la masa de dinero gastado como renta se expresa en las mercancías destinadas al consumo, en tanto que la segunda corriente, al cristalizar en las masas de capital que circulan en el comercio y producción, expresa la velocidad del proceso de reproducción.

Estas dos corrientes son modificadas de una manera diferente, e incluso opuesta, por las distintas fases del ciclo productivo.

[21] *Ibid.*, pp. 331-332.

Si se observa un periodo de prosperidad, se puede ver que, en tanto los obreros tienen ocupación total, el ejército de reserva disminuye y la demanda de medios de consumo aumenta considerablemente sobre el nivel normal, al tiempo que los precios aumentan; por tanto, se requiere una masa mayor de circulante para esta órbita. Sin embargo, el aumento se contrarresta en parte por la mayor velocidad de rotación, ya que el reflejo se realiza fácilmente.

Por su parte, la esfera de la circulación que trata con la transferencia de capitales refleja claramente que los periodos de prosperidad son, al mismo tiempo, los del crédito amplio y elástico, y se movilizan mayores masas de capital sin que haya dinero de por medio, al mismo tiempo que el reflujo de éste se realiza más rápidamente.

Así pues, en estos periodos la circulación es plena, *full* en lo que se refiere al dinero, en tanto que la transferencia de capitales —como circulante— se contrae relativamente.

> En el período de crisis la situación es inversa. La circulación núm. 1 se contrae, los precios caen, y otro tanto ocurre con los salarios; el número de obreros ocupados se restringe, el volumen de las operaciones disminuye. En cambio en la circulación núm. 2, al disminuir el crédito, aumenta la necesidad de préstamos de dinero...

> ...a pesar de que una fuerte reserva áurea del Banco de Inglaterra existe mayormente en tiempos de prosperidad, ese tesoro siempre se forma sólo en la época desanimada y de estancamiento que sigue a la tempestad.[22]

Por otra parte, en la fase de la crisis la circulación del dinero como medio de pago aumenta en tal forma que la circulación total aumenta, a pesar de que la circulación del dinero como medio de compra disminuye. Tal ocurre cuando el crédito se derrumba y las mercancías, acciones y valores son invendibles; resulta imposible descontar letras y no se admite sino dinero contante y sonante. El dinero abandona su forma ideal y, al recobrar su forma real de valor frente a las mercancías, rompe la cadena de pagos como causa y efecto al mismo tiempo de las crisis.

Desde luego, no puede decirse que en las épocas de crisis escasea el capital simplemente porque el dinero sea escaso, y, aunque si bien es cierto que esto sucede en crisis particulares —la crisis del algodón, carestía de trigo—, en las crisis generales, por el contrario, existe una superabundancia de capital: los mercados se encuentran abarrotados de mercancías invendibles.

22 *Ibid.*, pp. 579 y 585.

a) La crisis y el crédito

El desarrollo del sistema de crédito interactúa con el desarrollo de las fuerzas productivas, pues permite al capitalista recuperar de inmediato su capital-dinero —producto de la metamorfosis final M-D de su mercancía. Por otra parte, en lo que respecta a la forma de apropiación, es evidente que la sociedad por acciones —y la forma en que ésta maneja el ahorro social para beneficio directo de unos cuantos— constituye una fase más desarrollada de la contradicción entre el modo de producción y el modo de apropiación. Así, y por la misma razón, el crédito deviene en el principal promotor de la superproducción y la especulación, de la ampliación del mercado y de los límites nacionales del ámbito mundial, al mismo tiempo que constituye las bases para el nuevo modo de producción.

Al mismo tiempo, el crédito acelera los estallidos violentos de esta contradicción, las crisis, y con ello los elementos de disolución del antiguo modo de producción.[23]

El desarrollo del crédito es causa y consecuencia a su vez del desarrollo tanto del capital ficticio como de las sociedades por acciones, dando lugar a la circulación de valores, de títulos de propiedad o de deuda pública y privada, acciones, etcétera, que son manejados, en razón de su liquidez relativa, como casi dinero durante ciertas épocas, acusando de una manera más pronunciada los efectos del ciclo sobre todo en su parte baja.

En efecto, dado que los títulos y valores forman parte del capital bancario, participan a prorata de la plusvalía extraída por el capital productivo como una función del tipo de interés vigente, manteniendo o pudiendo mantener un movimiento independiente del capital real que representan. Dado también que su precio es función del interés que producen, en las épocas de penuria en el mercado del dinero este precio tendrá una doble devaluación: primero, por la elevación del interés (una cantidad igual al valor nominal del título produce más dinero), y, segundo, por su lanzamiento en masa al mercado para satisfacer la necesidad de medios de pago. Esta situación hace posible que se produzcan grandes centralizaciones. Y si las acciones o títulos no corresponden a empresas especulativas o quebradas, su precio recobra el nivel normal cuando pasa la crisis.

El desarrollo del proceso de reproducción amplía el crédito, y el crédito contribuye a la expansión de las operaciones industriales y comerciales.

[23] *Ibid.*, p. 569.

El máximo del crédito equivale aquí a la ocupación más plena del capital industrial, es decir, al despliegue máximo de su fuerza reproductiva sin tener en cuenta los límites del consumo.[24]

Sin embargo, los límites del consumo son ampliados por la misma tensión, poniendo, por una parte, una mayor cantidad de v y p en circulación como renta, y, por otra, acelerando la transferencia en el consumo productivo. Y este estado de cosas se mantiene —la interinfluencia entre los desarrollos del proceso de producción, del crédito y del mercado—, hasta que el reflujo del capital se dilata. El crédito se restringe: primero, el capital no completa su ciclo —metamorfosis de la mercancía—; segundo, no hay confianza en el proceso de producción; y, tercero, disminuye la demanda del crédito comercial.

En estas condiciones, las demandas de pago llevan a cabo una acción conjunta, con la imposibilidad de realización del capital —mercancías en un mercado abarrotado—; hace su aparición la crisis: los obreros son lanzados a la calle, los capitalistas necesitan dinero para sus pagos. Así pues, no es falta de capital productivo —aunque falte medio de circulación—, sino su plétora, su exceso con respecto a la media normal y con relación al consumo, lo que lleva el sistema al *crack*. El capital industrial está imposibilitado de cumplir sus funciones; existe un gran capital-mercancías que no puede realizar su metamorfosis final M-D, un enorme capital fijo que se deprecia inútilmente en el ocio.

Partiendo del supuesto de una sociedad con sólo dos clases: capitalistas industriales y obreros asalariados, y prescindiendo de cambios en los precios, especulaciones, etcétera, Marx considera que "una crisis sólo resultaría explicable como consecuencia de una desproporción de la producción entre los diversos ramos y a partir de una desproporción entre el consumo de los propios capitalistas y su acumulación".[25]

Sin embargo, la situación en la que la clase obrera se encuentra, sujeta a las leyes del salario —las cuales sólo se aplican en la medida en que aprovechan a la clase capitalista—, restringe su capacidad de consumo, y de ahí que

La razón última de todas las crisis reales siempre sigue siendo la pobreza y la restricción del consumo de las masas en contraste con la tendencia de la producción capitalista a desarrollar las fuerzas productivas como si solamente la capacidad absoluta de consumo de la sociedad constituyese su límite.[26]

No obstante, puede presentarse una crisis con escasez de capital

[24] *Ibid.*, pp. 619 y 621.
[25] *Ibid.*, pp. 622-623.
[26] *Ibid.*, p. 623.

productivo por malas cosechas generales, bien de medios de producción, bien de medios fundamentales de alimentación.

Por su parte, el crédito presenta una visión deformada de los negocios, los cuales aparentemente se desarrollan de una manera vigorosa en vísperas del *crack*. En efecto, el reflujo del dinero y la continuidad del proceso de reproducción se muestran fáciles cuando se observa que el industrial vende su mercancía al comerciante a cambio de letras, que descuenta con su *bill broker*, quien a su vez obtiene el dinero de un banquero que no hace sino utilizar los fondos que industriales y comerciantes han depositado en sus arcas, junto con el ahorro de los proletarios.

Ahora bien, como una gran cantidad de mercancías se producen para obtener letras, la apariencia de solidez se logra mediante sendas estafas de prestamistas y productores.

Por eso es precisamente en vísperas de un *crack* cuando los negocios parecen desarrollarse de un modo casi exageradamente sólido. Como prueba de esto, Marx cita los testimonios de banqueros y comerciantes en los *Reports on Bank Acts* de 1857 y 1858, quienes se felicitan entre sí por el esplendor de los negocios un mes antes de la crisis de agosto de 1857. Todo se muestra muy próspero: el campo, la industria, el comercio y la banca, todos los sectores de la economía, "hasta que súbitamente, se produce el derrumbe".[27]

b) Cuota de ganancia e interés

A partir de lo señalado por Gilbart, y de las observaciones realizadas sobre las crisis y sus efectos, Marx propone la existencia de un ciclo para la tasa de interés que estará, si no en oposición directa al ciclo de la ganancia, cuando menos fuertemente desfasado del mismo. El movimiento relativamente contrapuesto de ambos ciclos al interior del ciclo económico es otra expresión más del carácter contradictorio del capitalismo, en la que el capital da interés en tanto que la sustantivación del capital se enfrenta al capital social como resultado —en el capitalismo desarrollado— del desarrollo de la contradicción implícita en la metamorfosis de la mercancía. En este punto el enfrentamiento se dará no estrictamente entre el dinero y la mercancía como tales, sino entre el capital-mercancía y el capital-dinero.

> Si se consideran los ciclos de rotación dentro de los cuales se mueve la industria moderna —estado de reposo, creciente animación, prosperidad, sobreproducción, crisis catastrófica, estancamiento, estado de reposo, etc., ciclos éstos cuyo análisis ulterior cae fuera del ámbito de nuestro análisis, se descubrirá que mayormente un bajo nivel del interés corresponde a los períodos de prosperidad o

27 *Ibid*., p. 624.

de ganancias extraordinarias, el ascenso del interés corresponde a la línea divisoria entre la prosperidad y su trastrocamiento, mientras que el máximo del interés hasta el nivel extremo de la usura corresponde a la crisis.[28]

En el primer período, inmediatamente después de una época de depresión, el dinero existe en abundancia y no hay especulación; en el segundo período, el dinero es abundante y la especulación frondosa; en el tercer período comienza a ceder la especulación, y se busca el dinero; en el cuarto período el dinero es raro, y se inicia la depresión.[29]

El tipo de interés alcanza, pues, su máximo nivel en la crisis, ante la imperiosa demanda de medios de pago; al mismo tiempo, permite a los poseedores de dinero adueñarse de títulos a bajo precio.

Por otra parte, es cierto que un bajo interés puede coincidir con la paralización de los negocios y un interés moderadamente alto en el estado de creciente animación.

Lo anterior es contemplado por Marx en el examen que realiza de la crisis de 1847, en conjunción con otros factores que se desarrollan a lo largo del ciclo, para llegar a la conclusión de que la superproducción constituye el fundamento de la crisis. Esta sobreproducción se mostrará estrechamente relacionada con las malas cosechas y apoyada en una producción que se realiza con fines meramente especulativos, no para satisfacer una demanda, sino para realizar negocios fáciles mediante la obtención de dinero como anticipo.

Por su parte, el crédito bancario y el dinero ficticio ejercen una influencia decisiva en la aceleración de la crisis, tal como queda ilustrado por el movimiento de la tasa de descuento, donde en el periodo floreciente las tasas de interés y de descuento son bajas —el volumen de las operaciones compensa con creces al banquero—; la fluidez del curso del dinero es apoyada considerablemente por las cuentas que se saldan entre sí, por las letras que circulan como dinero ficticio; el crédito se amplía; el interés es bajo y todo el mundo invierte; y hay una gran cantidad de líquido en disponibilidad.

Por el contrario, en las crisis el interés es muy elevado, lo mismo que la tasa de descuento; el dinero es escaso y el crédito se restringe. Este movimiento inverso de la circulación del dinero precipita, indudablemente, el desarrollo de la crisis.

---

[28] *Ibid.*, p. 460.
[29] Karl Marx, *ibid.*, p. 460, n. 63, cita a Gilbart, *A practical treatise on banking*, Londres, 1849, t. I, p. 149.

7. La demanda de capital-dinero

La ampliación del capital-dinero disponible para ser prestado no siempre significa acumulación. Esto se hace evidente en la fase del ciclo industrial que sigue a las crisis. La reducción del nivel de producción y la consecuente reducción de la circulación, además de la reducción de precios, requieren una menor cantidad de medios a consecuencia de la contracción y paralización. El equilibrio se desplaza en favor de la oferta, y contra la demanda, y el interés alcanza el punto más bajo.

En este punto, las declaraciones anotadas en el *Commercial Distress*, 1847-1848 hacen recaer las causas de la crisis en la escasez de medios de pago, provocada tanto por el reflujo de oro y el pago de importaciones excesivas como por el hecho de la transformación del capital circulante en capital fijo.

Ya en otra parte del presente trabajo se demostró que esta última transformación no tiene nada que ver directamente en el problema, pues la inversión desmedida en ferrocarriles (ni las máquinas, ni los rieles, ni los durmientes, son de oro o papel moneda) se traduce en un aumento transitorio de la demanda en la esfera de la circulación —aumento de precios, etcétera—, que viene seguida de incrementos de la producción, mismos que desembocan en el abarrotamiento del mercado. Y de aquí que sólo se afecte el capital-dinero en el sentido en que, no siendo el capital fijo un artículo de exportación, resulta imposible recuperar de él dinero amonedado o en barras para hacer frente a las demandas de pago.

Aquí Marx apunta el embrollo que se le presenta al fabricante inglés, quien no comprende el problema y achaca las causas del *crack* al hecho de que el mercado inglés es incapaz de absorber las mercancías que las colonias envían en pago de los productos ingleses —"los países pobres sí pueden consumir estos últimos".

Sin embargo, el ciclo industrial se refleja en la abundancia relativa del capital susceptible de ser prestado, aunque inversamente. Así, se tiene que en la parte baja del ciclo el interés es bajo y abunda el capital-dinero, en tanto que la actividad productiva se muestra muy atenuada, como muestra de una contracción.

Por el contrario, al final del ciclo el capital industrial se muestra en su apogeo y el interés es elevado, lo que indica una relativa escasez —gran demanda— de capital-dinero susceptible de ser prestado. El movimiento de ambas funciones del capital presenta un punto de cruce, y es precisamente en la fase de *alivio* que sucede a la fase de contracción cuando, con la creciente animación, coinciden la expansión del capital productivo con la abundancia de capital-dinero y una tasa de interés baja, pero superior al mínimo.

De esta manera, en la continuidad del ciclo es posible observar la secuencia de sus distintas fases y el desarrollo inherente de las fuerzas productivas, ya que, aunque la producción cae por debajo del nivel alcanzado en la crisis precedente, quedan sentadas las bases técnicas para el paso a una fase superior, además de que la base se amplía aún más en la fase de prosperidad, de ascenso, propiciando con esto la especulación y la superproducción que habrá de rebasar en su momento los límites del mercado —fase de máxima tensión de las fuerzas productivas—, para desembocar en un nuevo *crack*.

Por su parte, la crisis hace su aparición en la esfera de la circulación, como la escasez de medios de pago, y esto resulta comprensible si se piensa que la órbita circulatoria suple la falta de dinero real y efectivo con dinero ficticio, fundamentalmente con letras y títulos, que en esta fase del ciclo circulan con profusión. No sólo circulan letras respaldadas por mercancías, sino también una gran cantidad que corresponde a simples especulaciones, lo que se encadena con mercancías invendibles y deterioradas que imposibilitan el reflujo del capital. Esta extensión artificial del proceso, de reproducción, basada en el crédito, estalla en cuanto surge la demanda de pago.

> Por lo demás, aquí todo aparece revertido, ya que en este mundo de papel en ninguna parte aparecen el precio real y sus factores reales, sino solamente lingotes, dinero metálico, billetes, letras de cambio, títulos y obligaciones.[30]

Y así se presenta el hecho de que, aunque el capital industrial es en este momento capital-dinero potencial —en función del capital-mercancías, cuya cantidad indica una plétora de valores de uso—, se encuentra sometido a un constante proceso de contracción y expansión. Cuando la contracción se da en el momento de la crisis, se reduce la potencialidad del capital-mercancías para transformarse en capital-dinero.

Los efectos de la superproducción se acentúan en razón de la disminución de la capacidad de consumo de la parte de la sociedad con ingresos fijos, clases improductivas, y con ello disminuye su participación en el proceso de reproducción. "Inclusive si su demanda permanece nominalmente constante, disminuye en realidad."[31]

Cabe hacer notar que la demanda de capital-dinero, que llega al máximo en la época de crisis y que coincide con el tipo máximo de interés, es una demanda de medios de pago y no de medios de compra. Esto es así aunque el préstamo recibido adquiera la forma de *capital-*

---

30 *Ibid.*, p. 631.
31 *Ibid.*, p. 632.

dinero en manos de los comerciantes e industriales necesitados de completar el pago de *equivalentes*. "De ahí que en las crisis se produzca la súbita transformación del sistema de crédito en el sistema monetarista."[32]

Así se presenta, finalmente, cómo la contradicción —planteada formalmente en el doble carácter de la mercancía— alcanza su máxima expresión cuando la necesidad misma de expansión del régimen capitalista rompe las barreras impuestas por la materialidad física del dinero, transformándolo en símbolo; símbolo que, a medida que el sistema de crédito avanza en su desarrollo, va alejándose más y más de la causa de su origen: el dinero metálico.

Y es por esto que en la crisis la contradicción estalla: ante la sustantivación del dinero-crédito se requiere, de improviso, la transmutación de éste, de las letras, de los títulos, en su recorrido inverso que lo vuelva de nueva cuenta papel moneda y siga hasta su origen de metal precioso.

Marx destaca en esta parte lo aberrante de esta situación, en la que la riqueza social alcanza un máximo, que, por el hecho de no existir un control social sobre la producción, una parte mínima de ésta —los metales preciosos— se transforma en la piedra angular del sistema. Y esto es así porque "la forma social de la riqueza existe como un objeto situado al margen de ella."[33]

Desde este punto de vista, la violencia de la crisis, y por tanto su carácter, dependerá de la amplitud que mantenga la disparidad de movimientos que se da entre el capital a préstamo y el capital industrial. En tanto que en la crisis el capital industrial se encuentra en su apogeo (sobreproducción), el capital a préstamo escasea ante el riesgo y la demanda, elevándose al máximo la tasa de interés mientras que, una vez pasada la crisis —al paralizarse la producción—, el capital susceptible de ser prestado aumenta ante una demanda restringida. La cuota de ganancia es mínima, la inversión se contrae y el tipo de interés es bajo. El dinero desaparece cuando su presencia es más necesaria.

[32] *Ibid.*, p. 691.
[33] *Ibid.*, p. 740.

DESARROLLO TECNOLÓGICO Y TENDENCIA
DE LA TASA DE GANANCIA: ALGUNOS INTERROGANTES*

CESARE GIUSEPPE GALVÁN

Introducción

En el debate sobre las crisis capitalistas el problema de la tasa de ganancia vuelve a presentarse aun cuando muchos no aceptan las versiones tradicionales de su tendencia al descenso. Esto es debido a la importancia de esa tasa, conjuntamente con la masa, para el proceso capitalista de acumulación. En este contexto quiero volver al debate, no para resumirlo ni para sacar de su discusión –ya muy amplia– algunas conclusiones, sino para apuntar cómo, según mi parecer, tendrían que ser planteados los problemas analíticos referentes a la vinculación entre el avance tecnológico y la tasa de ganancia.[1] Será, por consiguiente, sólo un debate de cuestiones que definen el problema y el movimiento que lo determina.

Por otro lado, no exploraré en su complejidad las articulaciones entre el descenso de la tasa de ganancia y la crisis; tales articulaciones son, sin embargo, supuestas.

La pregunta es: ¿cómo repercute el avance tecnológico sobre la tasa de ganancia? Aquí será necesario, por un lado, calificar lo que se entiende por *avance tecnológico* en el contexto de este debate. Por otro lado, el análisis estará limitado a las relaciones entre la tecnología y la tasa de ganancia, incluyendo otros aspectos del proceso innovador únicamente en lo que atañe a estas interrelaciones.

Por *cambio tecnológico* se entiende el proceso de introducción de nuevos métodos en la producción capitalista. El cambio constituye un avance para el capital si corresponde a los criterios que le sirven para definir lo que, desde su punto de vista, vale *más* en comparación con lo que vale *menos*. En el fondo se trata, para él, de dotarse a sí mismo de métodos de producción que contribuyan más a su valorización

---

* Este texto recibió una serie de invaluables observaciones en el ámbito del Seminario sobre Crisis, de la Facultad de Economía de la UNAM, de las cuales hay que destacar las de Francisco de Oliveira y las de Leonel Corona. No todas fueron aprovechadas como lo ameritaban; esto se debió a limitaciones personales, a la amplitud del campo abordado y a la profundidad exigida.

1 No digo en el texto *avance tecnológico capitalista*, pues en el contexto hablo de *ganancia*: el calificativo *capitalista* sería, por lo tanto, redundante. El discurso está claramente restringido al proceso capitalista, lo que no impide que determinados aspectos puedan servir para el análisis de economías no capitalistas.

que los métodos anteriores. No quiero, con eso, introducir una definición rigurosa de *avance tecnológico capitalista*, sino nada más apuntar el objeto del que se trata. Algunas características ulteriores de estos avances, y sobre todo de sus contradicciones, se encuentran en el siguiente desarrollo.

Este cuadro, para ser completo, tendría que incluir el proceso de investigación del movimiento del capital, o sea, lo que podemos denominar *subsunción de la ciencia al capital*. Pero este aspecto será tomado aquí en consideración sólo en la medida en que sirva para introducir nuevos métodos de producción, alterando las proporciones entre materiales, máquinas de trabajo, por un lado, y los productos generados, por otro.

Esta restricción también excluye del análisis los procesos tecnológicos del trabajo improductivo, aquel que no produce plusvalía para el capital. Creo que es necesario excluirlos para aclarar mejor los conceptos centrales del problema, pero tendrán que ser tomados en cuenta para pasar a una mayor aproximación al movimiento concreto del capital, pues éste incluye su articulación con procesos improductivos. Pensemos, por ejemplo, en las técnicas de venta, en la organización financiera o, aún más, en la intervención del Estado.

No pretendo hacer una revisión de los autores que escribieron sobre el tema, sino que emplearé varias contribuciones con el fin de tratar de hacer explícitos conceptos y métodos relevantes para el debate. Resúmenes panorámicos ya existen, como por ejemplo el amplio cuadro trazado por Karl Kuehne en sus varios trabajos. Tampoco pretendo rehacer las etapas de la formulación de la *ley de tendencia* (el libro III de la *Riqueza de las naciones*, de A. Smith; los desarrollos marxistas y los antimarxistas, etcétera), ni mucho menos entrar en la cuestión de los datos empíricos.

Todo lo que pretendo es hacer una contribución al debate, una aclaración del problema: de sus conceptos y del método que tendríamos que seguir.

El foco de atención estará en la *tasa* de ganancia y en sus contradicciones internas. Claro que para hablar de la tasa de ganancia es necesario considerar la *masa* de la misma, en relación con la masa del capital. De ahí viene la dialéctica tasa *versus* masa de ganancia, analizada en *El capital* y por muchos autores marxistas:

El capital alcanza una *masa* mayor de ganancia, pero, como aumentó aún más su propio valor —que tuvo que invertir bajo la forma de mayor capital constante—, la *tasa* de ganancia resulta disminuida.

Claro que esta cuestión es importante, pero no será tratada aquí. Nos ceñiremos a las contradicciones internas en la determinación de la tasa y al caso del capital que mira el aumento de esa tasa. La masa será considerada solamente en la medida en que entra en la determinación de la tasa. La dialéctica tasa-masa aquí señalada no es, por lo tanto, objeto específico de esta contribución, aunque no se le quiera restar importancia.

1. La tendencia a la baja

Podemos resumir una versión *descriptiva* de los fenómenos involucrados en la tendencia.

Desde el punto de vista de las cantidades *físicas*, se puede resumir lo que pasa en la innovación tecnológica capitalista de la manera siguiente: la cantidad de máquinas y otras instalaciones fijas por trabajador aumenta; en forma conjunta, aumenta la cantidad de materiales que cada trabajador[2] procesa por unidad de tiempo: con eso aumenta la cantidad de mercancías producidas. En otros palabras, con el mismo tiempo de trabajo aumenta la cantidad de materias primas procesadas y de productos elaborados por una cantidad mayor de máquinas.

El *valor* de las máquinas y otras instalaciones fijas por trabajador aumenta, aunque no tanto como su cantidad física: a la par aumenta el valor de los materiales que cada trabajador procesó por unidad de tiempo. El valor de las mercancías totales aumenta por el aumento del monto del valor del capital constante empleado en la producción, pero la fracción nueva del valor permanece constante (igual cantidad de trabajo vivo). Por ello, el valor adicionado por unidad producida disminuye y baja la relación producto-neto/capital constante, mejor dicho: trabajo-vivo/trabajo objetivado. Pero con eso recorrimos sólo la mitad del camino.

La demostración de la ley de la tasa decreciente de ganancia descansa en Marx simultáneamente en supuestos empíricos y en la relación dinámica entre los componentes del capital (capital constante, variable y plusvalía). Está claro que lo expuesto en el libro III de *El capital* aprovecha no solamente la teoría del valor-trabajo, sino también una suposición que hizo Marx al superar dicha teoría con la otra: la de los precios de producción; es decir, la suposición de que la tasa social media de ganancia es la misma cuando se calcula en términos de precios o en términos de valor-trabajo incorporado. Como eso no es verdad, está claro que las argumentaciones aducidas sufren una imperfección por no alcanzar su expresión en términos de precios. Tal vez eso se deba

---

[2] Claro que se tratará de un trabajador *colectivo*, aun en el sentido físico de la palabra: en el proceso de producción capitalista ya no es más el individuo el que lleva adelante el proceso, sino los equipos, fuera de los cuales el trabajo de los individuos no tiene más sentido.

al hecho de que esta ley, tal como las cuestiones del paso de los valores a los precios, de la renta de la tierra y otras, están tratados en Marx sólo a nivel de manuscrito, no listo aún para la publicación, y, por tanto, sin el desarrollo necesario.

Al querer desarrollar, como es nuestro propósito, el método marxista de investigación aplicado a este punto, tendremos que hacer explícito necesariamente el debate a nivel de los precios. Esto es importante particularmente para la *ley* en cuestión, pues el centro de atención en este caso es la tasa de ganancia, cuyo lugar está evidentemente en el nivel de los precios, en el nivel operativo y aparente del sistema capitalista.

Por otro lado, en este mismo nivel podremos recuperar, aunque con limitaciones, materiales elaborados originalmente a nivel de los valores, en la medida en que su teoría analítica no esté necesariamente vinculada a los aspectos cuantitativos de la teoría del valor en la que son expresados. Aún más: aportes cuya validez esté vinculada con la teoría del valor-trabajo también podrán ser aprovechados si se tiene el cuidado de distinguir los niveles de análisis y separar las conclusiones.

El eje en el que se mueven estas formulaciones del progreso técnico es la definición de progreso como aumento de la productividad del trabajo. Este aspecto puede ser incorporado al análisis incluso si aceptamos el no paso de los valores a los precios.

El argumento central podría entonces recibir la siguiente formulación, en paralelismo con *El capital*, libro III, cap. 13: el avance tecnológico impulsado por el capital lo lleva a recaudar una masa de ganancia mayor, pero, para alcanzarlo, el capital tendrá que aumentar sus materias primas y, sobre todo, sus máquinas y otras instalaciones por unidad de fuerza de trabajo. Por otra parte, el grado de explotación de la fuerza de trabajo (tasa de plusvalía) permanecerá constante en caso de que los trabajadores logren mantener su participación en el producto; de no lograrlo, generalmente la explotación no alcanzará un aumento tan grande como el de las materias primas más depreciaciones, que representan la propia materialización del proceso introducido.

> Con excepción de casos aislados (por ejemplo cuando la fuerza productiva del trabajo abarata por igual todos los elementos tanto del capital constante como del capital variable), la tasa de ganancia disminuirá, a pesar del aumento de la tasa de plusvalor.
>
> (Karl Marx, *El capital*, III-6, p. 288).

Esta conclusión se obtiene de los dos aspectos siguientes:

1. En cada mercancía (unidad) la fracción del valor adicionado disminuye en comparación con la fracción del costo de materias primas, materiales auxiliares y depreciación; esto es debido al tipo de progreso que aquí se supone.

2. Aunque una proporción relativamente mayor del valor adicionado
sea trabajo no pagado (aumento de la tasa de explotación), como en
cada unidad de valor la fracción del valor adicionado (trabajo vivo)
es menor, entonces la fracción del trabajo no pagado sobre el total
tenderá a ser menor; eso vale en comparación con lo que era antes
del avance técnico.

Sin entrar, por el momento, en la discusión de esta ley (véanse los
párrafos siguientes), tenemos que añadir algunas anotaciones al respecto
de su formulación.

Aunque se ponga como punto central de la demostración el aumento
de la composición orgánica del capital (composición-valor, en la medida
en que deriva de la composición técnica), hay otra parte explícita en
su formulación: el aumento de lo que modernamente llamamos *coeficiente de capital*, o sea, la relación capital-producto. Esto puede expresarse como una fracción en la que en el numerador está el capital
empleado y en el denominador el producto neto de un periodo, lo que
Marshall denominaba "dividendo nacional".

Llegando a este punto empiezan las dificultades en la definición de
lo que se entiende por capital. Tales dificultades se extienden, sea al
campo puramente físico (algo que definiría la "composición técnica"
de Marx), sea al campo de su medida en términos de precios, como
sabemos por los amplios debates recientes.

En términos físicos hay que incluir:

1. Las materias primas; y esto se aleja de algunas elaboraciones modernas que restringen el capital fijo, por lo menos en el cálculo de la
relación capital-producto.
2. El capital fijo, sobre todo las máquinas, corporificaciones del progreso tecnológico. Aquí la primera impresión aparenta que se deben
incluir, para efecto del debate de la *ley*, solamente las depreciaciones.
Pero, por otro lado, los motivos fundamentales que rigen el movimiento del capital en función de su motor (la tasa de ganancia)
. exigen que se relacione la masa de ganancia total con el capital
total, incluyendo todo el capital fijo, pues es *su* rentabilidad lo que
se pretende al momento de la inversión.

La moderna solución de este problema, derivada de Von Neumann,
consiste en poner del lado del *capital físico* su totalidad, incluyendo
el capital fijo. Del lado del *producto* se pondrán todos los bienes que
salen del proceso productivo, inclusive el capital fijo, ya con un periodo
menos de vida útil.

En términos de precios surgen las clásicas cuestiones, resumibles
en la pregunta inocente: ¿cuáles precios? Podemos simplificar algo

diciendo que se trata de aquellos precios-sombra que corresponden a la perecuación de la tasa de ganancia. Pero sabemos que con eso las complicaciones no se acaban.

Forzados por el movimiento del sistema a medir estas relaciones a nivel de los precios, no encontramos trabajar cuantitativamente empleando un metro elástico y, lo que es peor, sin tener una aproximación razonable de su grado de elasticidad. Tal aproximación estaría dada por un conjunto de variables, como la tasa máxima posible de ganancia (cuando los trabajadores vivan de aire, diría Marx), con sus posibles variaciones por la introducción de otras alternativas tecnológicas.

Pero la dificultad presentada contra el uso de tales aproximaciones consiste en que el problema planteado incluye en sí la alteración misma de la tecnología y, por ello, un cambio en el metro con el que se midan las cantidades en cuestión.

La calidad del raciocinio es, en este caso, ambigua. Trátase de calificar un cambio de cantidades comparando las proporciones entre ellas en momentos sucesivos, cuando la unidad de medida cambia. Algo puede ser hecho, pero la conclusión no está completamente clara.

2. Los argumentos en contra de la baja

En el cambio de la unidad de medida se articulan un conjunto de influjos contrarios a la caída de la tasa de ganancia. En la articulación elaborada por Marx estos puntos se centralizan en la discrepancia entre la composición técnica y la composición-valor, como problema de definición de la composición orgánica. Dentro del criterio adoptado aquí se trata más bien de relacionar la composición técnica con la composición-precio, pero en el fondo es el mismo problema. Mejor: como muestra el libro III de *El capital*, estamos aquí en un nivel que incluye aquellas cuestiones, pero ya con la añadidura de otras, pues la tasa de ganancia no se obtiene en el nivel *puro* de la producción capitalista, sino en el proceso del capital en su totalidad.

Las *fuerzas contrarrestantes* operan en dos direcciones principales:

a) Sobre los precios de los componentes del capital constante.

b) Sobre los costos de los bienes-salario.

El efecto del progreso tecnológico sobre el precio unitario de los componentes puede hacer que su costo total disminuya, o no aumente, cuando las cantidades físicas de los bienes que lo componen aumentan. Alternativamente, puede hacer por lo menos que estos costos aumenten menos que la masa de ganancia.

Por otro lado, la disminución de los costos de bienes-salario, si bien hace aumentar la composición orgánica del capital, también amplía el grado de explotación, el cual contrarresta la caída de la tasa de ganancia.

Sin entrar en los conocidos pormenores de estos argumentos, es necesario señalar la razón por la que ellos valen: es que la ganancia es el motor del capital, y esto vale no sólo para la masa, sino también para la tasa. En particular, es la tasa de ganancia el motivo de la introducción del desarrollo tecnológico en el proceso de producción capitalista. Es importante hacer una aclaración en este punto. Los dos conjuntos de argumentos aducidos en contra de la caída *no* pertenecen a *otras* fuerzas, sino a las mismas que fueron aducidas para demostrar la baja. Trátase del mismo movimiento, en sus aspectos contradictorios. Además, no es ésta una razón suficiente para considerar el movimiento como si fuera al mismo tiempo racional y unificado. La racionalidad capitalista se vincula directamente con el capital individual, y, por otro lado, el principio unificador es la concurrencia en el mercado cuyas fuerzas articulan los capitales entre ellos, pero no alcanzan que el movimiento global sea dominado por algo análogo a *una* elección colectiva racional. Esto nos introduce a los debates siguientes:

3. Cómo la ganancia mueve el capital

Estamos aparentemente en un callejón sin salida. Por un lado, una *ley* típicamente cuantitativa, expresada y *demostrada* sin poseer la unidad de medida adecuada de esas cantidades. Por otro, diversas fuerzas contrarias sujetas a las mismas restricciones en cuanto a la medida, pero que pueden dirigir el movimiento hacia el contrario de la *ley*. Dicho en otras palabras: en el desarrollo del modo de producción capitalista —o sea, en cuanto el capital subsume progresivamente el trabajo— ese movimiento resulta una traba para el propio motor del capital, haciendo declinar la tasa de ganancia y, al mismo tiempo, desarrollando mecanismos amplificadores de la misma tasa. El capital se encuentra desatando un movimiento que, si bien lo puede ensanchar, también lo puede ahorcar. Como no hay dos movimientos sino uno solo con dos aspectos, sería necesario tener un metro para medirlo: ahora ese metro hace falta.

Los valores podrían ser utilizados, pero la tasa de ganancia se mide en términos de precios y, además, se trata de un proceso que por definición cambia los valores, y los cambia en proporciones diferentes en las varias ramas. Los precios son los que interesan, pues en sus términos se define la tasa de ganancia; pero aquéllos son resultado del movimiento en cuestión, y no lo miden en forma apropiada. Las unidades físicas son heterogéneas y no constituyen, por lo tanto, unidad de medida común.

La primera conclusión que se puede extraer del análisis es que le será imposible al capital prever las consecuencias de sus propias respuestas al estímulo fundamental, que es la tasa de ganancia. Si no hay argumento cuantitativo definitivo para determinar el resultado neto del desarrollo tecnológico sobre la tasa social de ganancia, quien se encuentra en el callejón, antes que el teórico, es el propio capital, enfrentado a una perspectiva indefinida, que le puede salir mal.

Con todo, algo se puede decir al respecto de la naturaleza de las fuezas que mueven el capital y de la dirección en la que se mueven. Antes que todo, hay que preguntar cómo se presenta el movimiento. La introducción de nueva tecnología, o sea el movimiento de innovación, no se da en el capital en general, ni en una rama entera simultáneamente, sino al nivel *ejemplar* de uno de los capitales que trabajan en esa rama. Es así que el movimiento concreto y la selección subyacente no tienen como base la comparación entre el nivel de ganancia actual y el otro que se alcanzaría con la generalización de las nuevas técnicas. La selección se da mucho más con base en una comparación entre la tasa de ganancia actual y la otra que el capital individual *alcanzará* al introducir la innovación, *antes* que su generalización. Por lo tanto, la comparación base no se hace en términos de dos tasas medias de ganancia alcanzables —antes y después—, sino de alguna tasa social actual de ganancia (la medida —u otra— de referencia para el capital innovador) con la tasa individual prevista por el *empresario innovador*, para usar la clásica expresión schumpeteriana.

En este nivel es claro que existe una tendencia a la introducción de tecnologías nuevas con base en los costos *actuales,* sustancialmente no modificados, de las materias primas. Hay, así, la introducción de una máquina relativamente cara por un capital individual, acompañada de un aumento de la cantidad de materias primas utilizadas por unidad de trabajo y del aumento correspondiente de la cantidad de mercancías producidas. Esto hace que, a nivel individual, cada unidad de mercancía tenga un valor y un precio *inferior* al anterior a la innovación.

Examinemos un poco más de cerca este nivel. Bajo la suposición de que no hubo aún alteración de los precios y valores sociales, en general la composición *valor* y la composición *precio* de cada unidad de mercancía aumentan, no tanto por la fracción de depreciación —pues, aunque supongamos máquinas más caras, su precio se distribuye entre un número mayor de unidades producidas— ni por las materias primas —que podemos suponer constantes por unidad de producto—, sino por el hecho de que disminuyó el trabajo vivo necesario para la producción.

Hay aquí un rasgo de la teoría del valor-trabajo que ayuda a dar un sentido determinado al concepto de avance tecnológico: en el mismo tiempo de trabajo es procesado un número mayor de mercancías, disminuyendo así el tiempo de trabajo necesario para la producción. Si esta medida —en términos de tiempo de trabajo— se pierde, es debido no a la teoría *en sí*, sino al movimiento concreto del capital, el cual es, al mismo tiempo, explotación y negación del proceso de trabajo.

Retomando el caso en cuestión, si el grado de explotación del trabajo fuera el mismo, la tasa de ganancia disminuiría paralelamente al aumento de la productividad. En el caso en que el nuevo valor individual (y el precio correspondiente) prevaleciera en el mercado, tendríamos entonces una participación relativa menor del salario y de la ganancia en cada unidad de mercancía.

El *capitalista innovador*, en estas situaciones, tendría una salida: coordinar una innovación con la introducción de otras, en otras ramas, de tal manera que los costos unitarios de las materias primas y las depreciaciones disminuyan, al menos proporcionalmente a la disminución del valor adicionado, que suponemos a su vez proporcional a la disminución de la suma *capital variable* + *plusvalía*. Con ello podría mantener o aumentar la tasa de ganancia.

El problema es que la innovación capitalista no avanza de manera tan coordinada. Al contrario, su dinamismo se centraliza en una especie de violación de la unidad del capital global (si ésta existiera): la plusvalía extra. El sentido de la innovación, para el capital innovador, está en el diferencial entre su tasa de ganancia y la media de la misma rama. Tal efecto se consigue durante el periodo en el que no sucede lo que hipotéticamente advertimos anteriormente, o sea, durante el tiempo en que el nuevo valor individual y el precio correspondiente *aún no prevalecen en el mercado*. Las mercancías del capital innovador poseen, por lo tanto, un valor individual inferior al valor social, pero son vendidas al precio determinado por la situación media del mercado. Gozan por eso de una plusvalía *extra*, identificada por la diferencia entre la productividad social y la individual. En esa misma diferencia se fundamenta también la ganancia extraordinaria de ese capital.

En otras palabras, lo que pasa es algo que pertenece a la razón constitutiva de la concurrencia capitalista: la articulación entre capitales individuales. El capital individual innovador se fundamenta para sus decisiones en el nivel de las apariencias (precios, costos), y con miras a las apariencias (ganancia; en especial, ganancia extraordinaria). Pero opera en la realidad capitalista, en la cual introduce novedades (nuevos procesos productivos) que alteran, en cierto sentido, su propia esencia: el proceso de trabajo sometido a su dominio.

Con todo, por lo menos durante un tiempo, esta modificación no será aún social, en el sentido de que la producción social será en gran parte aún determinada por los procesos anteriores. Es éste el momento de la ganancia extraordinaria; en el proceso productivo, el de la plusvalía extra.

El problema de la caída de la tasa de ganancia se pone, por lo tanto —en el caso general de la innovación tecnológica–, en la dinámica de sus *momentos* sucesivos:

1. Un alza de la tasa de ganancia a nivel individual, lo cual puede significar incluso un alza inmediata de la tasa media por el tiempo en que las tasas de los otros capitales continúan iguales. Con todo, esta situación es muy cuestionable, dependiendo del grado de la concurrencia entre los capitales y la velocidad de sus mecanismos de respuesta, a partir del uso que hará el capital innovador de su posición privilegiada (guerra de precios, con eliminación de concurrentes o convivencia con ellos). Pero esto ya nos lleva al segundo momento. Si quedáramos en la *introducción* de la nueva tecnología, tendríamos solamente una tendencia al alza de la tasa de ganancia media como resultado de un alza individual.

2. En el dinamismo de su difusión en la rama hay una progresiva reducción del nivel de privilegio del capital innovador, hasta que se alcanza un nuevo nivel de explotación y de tasa de ganancia, determinado por el movimiento del capital producto de la nueva tecnología. En este punto, si se pudiera prescindir del tercer momento, tendríamos en la rama una baja de la tasa de ganancia con respecto a la situación anterior a la innovación: la productividad ampliada del trabajo haría que el valor adicionado a las materias primas en cada unidad de producto sea menor. Si los bienes producidos no pertenecen a la cesta de consumo de los trabajadores, no hay descenso del valor de la fuerza de trabajo. Por ello no disminuye la fracción del valor adicionado que corresponde a los trabajadores. Hay así un valor adicionado unitario menor dividido en proporciones iguales a las anteriores. La tasa de ganancia bajó.

   Si se tratara de una de las mercancías que entra en la cesta de consumo de los trabajadores, habría la posibilidad de aumentar la tasa de plusvalía. Pero el impacto de este aumento sobre la tasa de ganancia serviría sólo para disminuir su caída, sin evitarla completamente, pues la mercancía corresponde solamente a una parte del valor de la fuerza de trabajo, no pudiendo así disminuir en proporción suficiente el valor total de esa fuerza.

3. El movimiento de difusión de la innovación tendrá repercusiones sobre las otras ramas de producción de dos maneras: *a)* abaratando ciertas materias primas de las otras ramas; y *b)* alcanzando, con el impacto de la innovación, los métodos adoptados en otras ramas.

   En ambos casos tiene repercusiones sobre los determinantes del costo en la rama inicial: puede reducir el costo del capital constante (máquinas —inclusive las nuevas— y materiales) y disminuir el precio necesario para mantener el salario real.

En este momento se concentran sustancialmente las principales *fuerzas contrarrestantes* de la baja (para usar la expresión de Marx). Empero, aquí cabe notar algo sobre la naturaleza de estas fuerzas: ellas pertenecen al mismo movimiento del capital que explota al trabajo para valorizarse; bajo el mismo impulso, el capital introduce la innovación con vistas a la ganancia extraordinaria e intenta extender el aumento de la productividad a los bienes de capital, para bajar sus costos.

Por lo tanto, *si* el movimiento del capital fuera socialmente planeado —naturalmente, en función de la tasa de ganancia— valdría en su plenitud la observación de Croce:

> ... entre los efectos lógicos o, lo que es lo mismo, necesarios del progreso técnico no está en modo alguno el de un aumento de la magnitud del capital total empleado, ni tampoco el de dejar invariable la magnitud del capital total. Tiene más bien, como efecto necesario e inmediato, justamente lo opuesto: esto es, el de *restringir el capital empleado*.[3]

El problema para el capital empieza no en la definición de los tres momentos mencionados, sino

a) En su dependencia de un movimiento *no*. coordinado, en el cual se articulan los momentos de introducción del progreso técnico *no* con base en sus *efectos lógicos* a nivel del capital global (el nivel del *raciocinio* de Croce), sino con base en el interés del capital *individual*, que puede sacar mejor ventaja de una situación de desigualdad entre capitales (en el breve y mediano plazo) que de situaciones de ventaja general: la tasa individual de ganancia regula cada capital más directa y eficientemente que la tasa social media.

b) En consecuencia, ya no está garantizada la unidad de los tres momentos, y las *fuerzas contrarrestantes* no se articulan con la sobrecarga *física* del capital constante (composición técnica) de manera suficiente para *garantizar* el descenso del costo de estos materiales.

Podemos, con todo, aceptar de Croce algo que parece implícito en sus argumentaciones, o que constituye presupuestos (necesarios, aunque no suficientes) para la validez de su argumento central:

---

[3] Benedetto Croce, *Materialismo histórico y economía marxista*, traducción de Oberdan Caletti, IMAN, Buenos Aires, 1942, p. 186. En este planteamiento Croce habla en términos de valor-trabajo.

a) Las *fuerzas contrarrestantes* no son añadiduras o correcciones impuestas de fuera al movimiento hacia la baja. Son mucho más características del mismo movimiento del capital innovador.

b) Lo mismo vale para la generalización del avance tecnológico a las varias ramas. Aunque cada innovación se defina por ciertos procesos en determinadas ramas específicas, su introducción depende de un movimiento más general: el del capital, que puede pasar de una rama a la otra con una agilidad análoga a la que él muestra en introducir nuevos procesos productivos.

Tenemos así un movimiento con dos tendencias: a la baja y a la alta de la tasa *social* de ganancia, como resultado de la tendencia a la alta del capital *individual* a través de un progreso técnico. Lo importante es que en el nivel social hay *también* ia tendencia a la baja.

Tendencia, en este contexto, no posee el sentido de una media estadística o *tendencia expírica*, sino que representa un aspecto de las fuerzas que actúan, una ley "entrecruzada con otros hechos que actúan en sentido contrario", como muy bien lo entendió Croce.[4] Su análisis tendrá que consistir en un debate esencialmente cualitativo del modo como se mueve el capital.

Tendencia es, por lo tanto, sólo una de las direcciones del progreso capitalista. En la medida en que esta tendecnia existe, el capital cae en la trampa. Claro está que intentará salir de ella.

Sólo una anotación adicional sobre los argumentos presentados, antes de pasar a su discusión. Supusimos que la máquina —*corporificadora* del nuevo proceso de producción— costó más que las anteriores, pero sirve ahora para producir un mayor número de mercancías. Esto equivale a tener un nulo *efecto-máquina* (depreciación) en las mercancías finales. Con eso eliminamos una parte del problema, para concentrarlo en los efectos de la disminución del tiempo de trabajo vivo socialmente necesario para la producción de cada mercancía.

Es evidente que, en la medida en que prevalezcan los valores y precios anteriores a la innovación, esta suposición será más plausible. Por otro lado, ello tenderá a modificarse en el sentido de un abaratamiento de la máquina, al paso que el progreso técnico se generaliza entre varias ramas. Pero este aspecto ya puede ser tratado a partir de las consideraciones sobre el tercer momento mencionado y su articulación con los otros.

4. El movimiento innovador del capital

Es éste el centro del debate: el movimiento, uno y contradictorio, del

---

4 *Ibid.*, p. 185.

capital, pues la unidad es el resultado de una pluralidad de interacciones, en las cuales se oponen entre sí los varios capitales interesados en explotar la oposición antagónica fundamental: la relación capital-trabajo. Resulta necesario revisar no tanto las respuestas dadas al problema, sino algunas cualidades metodológicas básicas de su planteamiento.

Antes que todo, cabe destacar un primer camino para plantear las repercusiones de la tecnología sobre la tasa de ganancia: consiste en preguntar cuál será el resultado neto de las fuerzas contrarias que están en el juego: si será una alta o una baja. Es ésta la ruta seguida por Croce, como por la mayoría de los economistas, especialmente cuando desarrollan modelos de equilibrio del crecimiento. La redacción de Marx, separando en parte la exposición de la *ley* y de las *fuerzas contrarrestantes*, puede ser que facilitara esta orientación al provocar una pregunta implícita: ¿cuál será el resultado de esas dos fuerzas?

En el propio contenido objetivo de los fenómenos hay fuertes razones para este planteamiento. Las *dos* tendencias (a la baja y a la alta) son concretamente una sola fuerza en un solo movimiento: es el capital, en su avance como proceso de desarrollo de las fuerzas productivas, aunque su *principio unificador* no posee una unidad orgánica, sino sólo una coincidencia de intereses de la clase capitalista en la explotación de la clase trabajadora, la cual no atenúa la contradicción (no antagónica) entre capitales, llegando hasta conflictos abiertos en la concurrencia.

Una comparación tiene su lugar en este punto: el proceso al mismo tiempo concentrador y desconcentrador expuesto en el capítulo XXV del libro I de *El capital*. Creo que no se trata solamente de paralelismo ni de similitud superficial. Hay mucha interrelación entre el proceso de concentración y desconcentración, y la generación, introducción y generalización de tecnologías, con sus consecuencias para las relaciones de clase y la ganancia del capital.

Lo que se hace, en general, bajo esta proposición metodológica consiste en componer un cuadro de las razones que llevan a una baja tasa de ganancias, junto con las que conducen a una alta, e intentar sacar algunas conclusiones sobre los efectos conjuntos probables desde un punto de vista teórico. En palabras de Maurice Dobb, se trataría de hallar cuál es "el balance de la tendencia y de la contratendencia", y de demostrar, eventualmente, "que esta última es más débil que la primera".[5]

No hay razones para negar un cierto interés de algunos contenidos que tomó este planteamiento. Pero el principio de la unidad del

---

5 Maurice Dobb, "The Falling Rate of Profit", en *Science and Society*, vol. XXIII, núm. 1, invierno de 1959, p. 99.

movimiento contradictorio debe conducirnos a otro tipo de indagaciones. Seguimos en este sentido las indicaciones implícitas en el procedimiento de Marx, el cual no se concentró en la demostración mencionada, sino "en el conflicto entre tendencia y contratendencia".[6] Cuando éstas son inherentes a un solo proceso, lo más claro que podemos saber sobre el resultado es que tendrá que presentar fases opuestas sucesivas, como expresiones de una y otra fuerza.

La fuerza que mueve el capital posee aspectos contradictorios, que dan como resultado intensidades constantemente alteradas de las variables, pues este movimiento al mismo tiempo deshace y redefine continuamente la unidad de medida en la que se expresan sus parámetros. Esto es lo que veíamos anteriormente, al debatir las variables en términos de cantidades físicas, de valores y de precios. Lo más natural es, por lo tanto, que haya fases sucesivas con movimientos oscilatorios. Éstos ocurren en todas las variables del capital: valores, precios, producción, inversiones, salarios, ganancia, etcétera. Su repercusión en el nivel de la tasa de ganancia significa, en particular, una especie de resumen de todas las oscilaciones bajo un punto de vista específico, que coincide con el punto de vista del capital, para el cual la tasa de ganancia es la medida principal de la eficiencia.

Así se articula el movimiento del capital a nivel individual y social, generando una perspectiva incierta, que resulta de sus impulsos contradictorios. Las fases tenderán a repetirse, acrecentando irregularidades. Es significativo a este respecto la previsión de un viejo experto de la bolsa de Wall Street sobre el mercado de acciones: "Fluctuará, fluctuará".

Que estas fluctuaciones irregulares lleguen a una aproximación a un ciclo regular depende, antes que todo, de su propia definición como oscilación, y, por otro lado, sobre todo de la temporalidad de sus componentes, dentro de los cuales se pueden mencionar algunos más vinculados con el progreso tecnológico: la introducción de innovaciones, del momento del descubrimiento hasta su operación, pasando por las varias fases de decisión e inversión; la difusión de la innovación, con las implicaciones de los mecanismos de la concurrencia (la progresiva concentración modifica el ritmo y la forma de esta serie de reacciones); el encadenamiento entre una innovación y otra, etcétera. Para todas estas fases —y otras más que se podrían enumerar— las determinaciones fundamentales no dependen de una supuesta *naturaleza de las cosas* (las materias primas, su elaboración, las máquinas), aunque también ésta actúe, al menos fijando límites y condiciones.

El *tiempo* y la profundidad de estas oscilaciones serán más bien establecidas por el propio capital, no en su unidad (él es una orquesta

6 *Ibid.,*

sin director), sino a través del encadenamiento de las mediaciones entre el capital individual y social, y sobre todo mediante el desarrollo concreto de la lucha de clases, que es su propia definición. Tenemos por ello en el juego de las fuerzas determinantes de la tasa de ganancia un *principio abstracto de periodización del capital*. Es abstracto porque no indica aún el tiempo concreto del desarrollo histórico. En particular, es abstracto porque está centralizado en una resultante contradictoria de impulsos contradictorios, hasta el punto de que puede ocurrir que una serie de causantes oscile y la tasa de ganancia originada permanezca estable. Tendríamos en este caso extremo el indicador fundamental (mejor: el indicador-resumen), señalando bonanza en un mar en tempestad.

Las razones que hacen posible esta situación paradójica no son únicamente de orden matemático. Lo importante es que la ganancia y su tasa son un resultado del movimiento concreto del desarrollo (en el sentido más amplio) de las fuerzas productivas en el capital. Resultan, por lo tanto, de la actividad productiva y de la lucha de clases, al mismo tiempo, con sus múltiples determinaciones. Como término de comparación, mejor que un equilibrio matemático, puede servir el arte militar: la ganancia no es el *saldo neto* de un conjunto de parámetros y variables, sino el *resultado* de una batalla entre varios ejércitos, mientras la guerra continúa.

5. La tasa de ganancia en perspectiva histórica

Nuestro principio de periodización —las contradicciones inherentes a la determinación y modificación de la tasa de ganancia con base en el progreso tecnológico— reveló una cualidad fundamental: su ritmo oscilatorio e irregular.

Con todo, tratándose de una cuestión fundamental, hay que añadir otra línea de indagaciones al respecto de un plazo más amplio. ¿Habrá una tendencia histórica dominante en esta relación tecnología-ganancia? Notamos que, si la hubiera, esa tendencia tendría una importancia fundamental, pues se trataría, por un lado, de la relación entre el desarrollo de las fuerzas productivas en el modo de producción que más las desarrolló y, por el otro, del motor central de este mismo modo de producción.

Es necesario cerrar de antemano algunas puertas a estas indagaciones, con el fin de evitar callejones sin salida. Antes que todo, aquí tampoco se tratará de buscar el *saldo neto* del movimiento de las fuerzas contrarias, ni mucho menos determinarlo en términos de equilibrio. Las indefiniciones mencionadas, al tornarse más graves cuando el análisis se extiende al largo periodo, vacían los modelos de su propio contenido cuando se aplican, en este sentido, a la perspectiva secular del capital, aunque puedan ser formalmente perfectos. Además está puesta de nuevo la cuestión de la *tendencia*. Quedando como punto de partida la definición cualitativa que enunciamos anteriormente, tendrá que sufrir una reformulación. Es difícil escapar a la tentación del cálculo del *saldo medio neto* de una serie de ciclos sucesivos cuando ya no nos limitamos más a plantear la tendencia como "una de las direcciones del progreso capitalista", sino preguntamos si en el largo plazo habrá cambios en el juego de fuerzas entre esta dirección y sus contrarias. Ahora ésta es la nueva cuestión. Por otro lado, las mismas razones que generalmente valen en contra del *saldo neto* se extienden a todos los métodos cuantitativos cuando las medidas mudan su definición. Nótese que tales cambios son los presupuestos para que haya largo plazo.

Será necesario, por lo tanto, usar una cautela aún mayor en esta cuestión y ceñirse, en la medida en que sea posible, a los aspectos cualitativos.

Dentro de estas limitaciones pueden ser incluidos los aspectos sobre el carácter empírico de la *ley* en el largo plazo, aquí entendido como secular. A pesar de que existen datos y análisis, no ha podido formarse un consenso entre los autores, aunque sea mínimo, sobre la *tendencia* en su sentido estadístico. Notemos, además, que sobre un aspecto de las cuestiones vinculadas con ésta sí hay un amplio consenso: el modo de producción capitalista trajo un amplio y persistente avance tecnológico, aunque no sea armónico ni se desarrolle en forma lineal. Bajo ese aspecto se puede hablar de un *saldo neto* positivo, aun sabiendo que no hay metro que lo pueda medir.

Un aspecto empírico (y teórico, naturalmente) que se tendrá que tomar en consideración es el de la concentración y centralización del capital, un proceso que trajo cambios cualitativos a la pregunta involucrada en nuestro problema. De hecho la perspectiva histórica de la tasa de ganancia cambia con la profundización de la concentración. Cambia, sobre todo, porque cambia la tasa de ganancia *relevante* para la cuestión de su baja.

En un nivel general y preliminar, trabajamos con la tasa media de ganancia, la cual es el punto de referencia del movimiento del capital. Pero, en otro nivel específico, hay capitales individuales que se alejan progresivamente de esta referencia, pues su horizonte está marcado por tasas sistemáticamente superiores a la media. En compensación, existe una multitud de otros capitales (en pequeñas y medianas empresas, o *small business*) que no alcanza, sino en momentos excepcionales, el nivel medio de ganancia. Su tasa tiende sistemáticamente a cero, quizás transformándolos de explotadores en explotados, en un proceso de proletarización que puede dejar sobrevivir y explotar la organización formal del capital, pero que en realidad es ya una distinta manera de valorización de otro capital más concentrado.

En este proceso una tasa que está por encima de la media sirve de referencia para aquellos capitales que se apropian de casi toda la plusvalía generada en la producción total.

Esta tasa tiene estructuralmente dos niveles distintos: el primero es el que se alcanza por la propia posición monopólica, más o menos consolidada. En este caso tenemos la transferencia de plusvalía generada en otros sectores y en otros capitales hacia el capital concentrado y centralizado en los oligopolios dominantes.

El segundo nivel es el de la ganancia *extraordinaria* con base en la plusvalía extra. Ésta ya deja de ser tan extraordinaria, pues el capital concentrado crea mecanismos legales y técnicos de preservación de *sus* inventos (marcas, patentes, agregados tecnológicos), que pueden prolongar el tiempo de esas ganancias, incluso aprovechando su predominio sobre pequeñas y medianas empresas de la misma rama. Como, por otro lado, esta trampa puede ser a su vez *trampeada* gracias a otras innovaciones introducidas por otros capitales, la ganancia extraordinaria con base en plusvalía extra se vuelve un ave fénix que renace de sus cenizas: acaba y reempieza continuamente en el movimiento del capital social.

En ambos casos —la ganancia oligopólica por la transferencia de plusvalía y la ganancia extraordinaria por la plusvalía extra— tenemos una tasa superior a la media, a la que podríamos denominar tasa-patrón o tasa-guía, la cual es la tasa de referencia para los capitales que pesan más en la determinación del movimiento general del capital. Con eso hay que evitar atribuir a uno o a algunos capitalistas y a sus decisiones individuales la determinación de las tendencias inherentes al capital. Sus leyes no son los resultados de un juego de acciones entrecruzadas; mucho menos de decisiones *libres*, sino más bien este entrecruzamiento resulta del movimiento de las leyes mismas, pues en el modo de producción capitalista éstas "son suficientes para modificar las estructuras de clases de la sociedad", de manera que puedan aún "retardar el derrumbe automático del sistema",[7] en el caso de que este peligro exista.

En este sentido, la tasa de ganancia influirá proporcionalmente a la importancia de los capitales que la tienen como nivel de referencia, no sólo por su tamaño, sino por sus articulaciones con el movimiento general y, en especial, con el Estado.

---

[7] Maximilien Rubel, en nota a *El capital*, libro III, cap. 15, en Karl Marx, *Oeuvres-économie*, Gallimard, Bibl. La Pleiade, París, v. II, p. 1 766, nota al texto de la p. 1 028.

Por eso una hipótesis preliminar sobre las tendencias opuestas en la determinación de la tasa de ganancia es la de que *tenderá a prevalecer aquella tendencia que exprese mejor la articulación del movimiento del capital, en su conjunto, con los múltiples capitales individuales en un alto nivel de concentración, articulación ésa que incluye el Estado.* Nuestro punto de llegada es, por lo tanto, el comienzo de un determinado campo de investigación. Claro que sería imposible profundizarlo aquí. Lo importante es percibir que la etapa recorrida es preliminar y, sobre todo, que el dinamismo investigado implica la confluencia en él de las distintas contradicciones que caracterizan el capital.

A propósito de las leyes que rigen este proceso, es necesario completar lo ya dicho con unas observaciones de Marx respecto a la eventual reducción del valor de las materias primas por efecto del progreso tecnológico:

...la ley de la renta del suelo acrecienta, con el progreso de la civilización, el valor de estos productos. [Los minerales] fueron muy abaratados en el progreso de la producción... aunque al agotarse las minas también esto se torna más dificultoso, etc. El abaratamiento de las materias primas, de las sustancias auxiliares, etc., disminuye la velocidad del crecimiento del valor de esta parte del capital, pero sin abolirlo.[8]

Ésta es una tesis casi ricardina, pues vincula la baja de la tasa de ganancia con limitaciones impuestas por la naturaleza, que en el sistema capitalista se expresan en la renta de la tierra. Pero, según la indicación marxista, sólo tienen su lugar en la articulación con el avance tecnológico y en su contribución a las modificaciones que éste trae a la producción y a la rentabilidad. Las discusiones modernas sobre el agotamiento de fuentes de energía no hacen sino recalcar estos aspectos.

Pero queda todavía abierta la pregunta sobre el capital en proceso avanzado de concentración: ¿la tasa sistemáticamente por encima de la media (una *media* que ya perdió su sentido) y la *cronicidad* de la ganancia extraordinaria serán un escape suficiente a la caída de la tasa de ganancia? Por otro lado, ¿las *causas contrarrestantes* tenderán a predominar en el movimiento? O, entonces, con la eficiencia innovadora alcanzada en su alto grado de concentración, ¿estará el capital preparando para sí mismo una trampa definitiva?

El problema es que todas estas fuerzas quedan *potenciadas* dentro del proceso de concentración y, al mismo tiempo, se incrementa la capacidad de manejo de este sistema por el capital y bajo su interés.

---

[8] Karl Marx, *Theorien*, comentarios a Cherbuliez, citados en R. Rosdolsky, *Génesis y estructura de "El capital" de Marx*, Siglo XXI Editores, México, 1978, p. 449.

Pero, conjuntamente, la concurrencia entre capitales, especialmente entre grandes grupos, se provee de nuevas armas. Y, además, en un grado más amplio, madura la lucha de clases, bajo el impulso de la concentración a nivel internacional. Lo que todo eso excluye, con respecto al problema que nos ocupa, es la hipótesis del derrumbe *automático* del sistema generado por sus propias fuerzas.

En su lugar, la perspectiva ofrece otro cuadro, un cuadro de fuerzas históricas contrapuestas: unas llevan el capital a la crisis, reduciendo su rentabilidad; otras, la incrementan, solucionando la crisis. Ambas son históricas, y, por lo tanto, pasajeras. Las fuerzas que llevan a la baja son contrarrestadas por otras contrarias. Pero también éstas —o sea, las grandes soluciones que recuperan el capital— tienen su fin. En cuanto a la caída de la tasa de ganancia, creo que podemos aplicarle el refrán: "No creo en las brujas, pero de que las hay, las hay."

LA BAJA DE LA TASA DE GANANCIA
Y LA CRISIS DEL CAPITALISMO

FAUSTO BURGUEÑO

Introducción

Uno de los problemas fundamentales de la economía política es el concerniente a la *ley de la baja de la tasa de ganancia*, que en los textos de Marx es considerada como la ley más importante de la moderna economía política y la que, como él mismo nos recuerda, pese a su simplicidad, no había sido comprendida del todo. De ahí que mantuviera una constante discusión con la economía política clásica, particularmente con la de Smith y Ricardo, en torno a este aspecto central de la acumulación del capital, en la que, si bien todos los clásicos —sobre todo Ricardo— destacan la tendencia natural de la ganancia a disminuir, no llegan a comprender las causas reales de esta tendencia ni a explicar los supuestos en que se basa. Y es que tanto la formulación de Smith —al explicar la tendencia de la tasa de ganancia por el incremento del capital debido a la competencia como un elemento externo que impone desde fuera leyes al propio capital— como la formulación de Ricardo —que se basa en la ley de los rendimientos decrecientes y en la igualdad entre la tasa de plusvalía y la de ganancia, la cual sólo puede incrementarse o disminuir en una relación inversa y proporcional al aumento o disminución del salario, así como el desconocimiento de la diferencia entre *capital constante* y *capital variable*— impidieron a estos pensadores elaborar una teoría correcta sobre la ganancia. En cambio, en Marx las distinciones entre plusvalía y ganancia, y entre capital constante y variable, son, entre otros aspectos de su teoría, el asunto fundamental para determinar la existencia de una *tasa general de ganancia* que los capitalistas reciben en proporción al capital empleado, y cómo esta tasa es manifiesta a través de una ley cuya tendencia es a decrecer, y cómo, a su vez, constituye la fuerza motriz del régimen de producción capitalista, en la que se resume toda su interpretación sobre el capitalismo y su naturaleza contradictoria y rapaz, y el hecho de que el dinamismo de la producción coloca al capitalista como "personaje objetivado del capital", como funcionario del mismo, que existe para acumular capital: "acumular, acumular, es el propósito de Moisés y de todos los profetas", al mismo tiempo que analiza *la crisis como la expresión de todas las contradicciones de la producción capitalista*.

En este sentido, las formulaciones de Marx respecto a las crisis difieren totalmente de las explicaciones dadas por la economía clásica.

Para Marx *la crisis está directamente relacionada con las propias características de la producción y reproducción del capital*, y, por ende, significa un elemento esencial del propio comportamiento del capitalismo y del proceso de acumulación de capital.

La crisis constituye un elemento inherente y necesario, en el que se manifiestan en toda su brutal expresión la exacerbación de las contradicciones del sistema. Es, a su vez, el comportamiento anárquico de la producción en la medida en que se produce, no para resolver y satisfacer las necesidades sociales, sino para obtener un determinado objetivo: la ganancia.

La crisis, por lo tanto, *constituye un elemento estructural del sistema capitalista de producción*, y no la sola presencia de algunos factores perturbadores de un *supuesto equilibrio* de la economía, los cuales provocan dificultades a la producción y al consumo.

1. Capitalismo y crisis

Para Marx las crisis no constituyen hechos accidentales de un supuesto y determinado equilibrio, sino un *proceso en movimiento*, que configura el desarrollo de la sociedad capitalista en su conjunto, como una totalidad de la dinámica del sistema. Significa, entonces, estudiarlas también en relación con la *lucha de clases* y con la dinámica interna del proceso económico. Marx estudia el proceso económico y social en su conjunto a través del análisis del comportamiento de las tendencias de las leyes del capitalismo, de sus límites y contradicciones, en donde *el eje fundamental* lo constituye la tasa de ganancia, y, por lo tanto, las posibilidades de incrementar la tasa de explotación (plusvalía), único medio por el que se produce y reproduce el valor como capital. Así, la crisis manifiesta *los límites propios del capitalismo para su reproducción*, en los cuales se expresa con mayor claridad que "el verdadero límite de la producción capitalista lo es el propio capital",[1] y, al mismo tiempo, que el verdadero límite de la sociedad capitalista lo determina el·carácter y el nivel alcanzado por la lucha de clases. En este contexto, el proletariado se convierte en el sujeto histórico capaz de derrumbar el sistema y edificar una nueva y diferente sociedad.

Los planteamientos de Marx sobre la crisis se desarrollan mediante una constante crítica a las teorías de Smith y Ricardo, Malthus, Sismondi y Rodbertus, entre otros. En estos autores el debate más importante será el concerniente a la tasa de ganancia (como la discusión entre Ricardo y Malthus), o el de la formulación de lo que hoy se conoce

---

[1] Karl Marx, *El capital*, III-6, p. 321.

como *teoría del subconsumo*,[2] cuyos elementos se encuentran en Sismondi y Rodbertus. Por otra parte, la formulación de la importancia de la ley de la tendencia a la baja de la tasa de ganancia es retomada por H. Grossmann y su teoría del *derrumbe*.[3]

En términos generales, Marx critica tanto la concepción ricardiana-malthusiana como la de Sismondi. Reconociendo sus méritos, insiste en la necesidad de un análisis más riguroso del que se había hecho hasta entonces del *proceso de acumulación de capital*. Se puede decir que *el punto de partida* de Marx sobre el problema reside en dos nociones fundamentales: *a)* la división del capital en *constante* y *variable*; y *b)* su concepción de un aumento de la *plusvalía relativa*. También consideró la distinción fundamental entre *trabajo acumulado* y *trabajo vivo*.

Lo anterior lo condujo a sostener que el tipo de ganancia (g $= \dfrac{p}{c+v}$) no dependía exclusivamente de lo que denominó *tipo de plusvalía*: (p' $= \dfrac{p}{v}$). Si se da un cambio de la composición orgánica del capital existente, la tasa de ganancia podría variar, aunque la tasa de plusvalía permaneciera constante.

La influencia del progreso técnico tendía a elevar la proporción del capital *constante* respecto al *variable*. Por consiguiente, la tendencia se presenta en el sentido de la disminución de la ganancia, aun cuando la tasa de plusvalía permaneciera constante. Por otra parte, como elemento del proceso histórico de la acumulación en su conjunto, Marx anotó la existencia de *leyes* o *factores* que contrarrestan la ley a la baja de la tasa de ganancia. Entre estos factores destaca precisamente el aumento de la tasa de explotación o de plusvalía.

El modo de producción capitalista, a diferencia de otros modos de producción anteriores, cumple la tarea de revolucionar en forma poderosa las fuerzas productivas que requiere, y determina la constitución de dos clases antagónicas entre sí: una es desposeída de todo tipo de propiedad y la otra es poseedora y dueña de la riqueza previamente acumulada. A un determinado nivel de desarrollo social se constituye el monopolio del capital, que se convierte en el eslabón necesario del modo de producción. Con ello, y al mismo tiempo como causa, se da el proceso de *concentración* y *centralización* del capital, que alcanza un desarrollo impresionante. A la vez, con la *socialización de la produc-*

2 Concepción sobre la crisis que después es retomada por Moskowska, a quien retoma en muchos aspectos Paul Sweezy. Véase sobre todo *Teoría del desarrollo capitalista*, Fondo de Cultura Económica, México. En forma similar se ubica Joan Robinson, *Introducción a la economía marxista*, Siglo XXI Editores, México

3 H. Grossmann, *La ley de la acumulación y del derrumbe del sistema capitalista*, Siglo XXI Editores, México, 1979.

ción y del trabajo se alcanzan niveles contradictorios, que resultan incompatibles con la forma capitalista de producción.

Lo anterior da entonces como resultado una mayor agudización de la contradicción básica, inherente al capitalismo, caracterizada por *la cada vez mayor socialización del trabajo y la cada vez más concentrada apropiación privada del producto*, situación que tiende a manifestarse en las crisis como expresión de dichas contradicciones.

Además, se hace necesario anotar, a riesgo de ser repetitivo, que el modo capitalista de producción tiene, entre otros rasgos que le son esenciales y particulares, el de producir objetos en tanto mercancías, de ahí su carácter determinante, lo que incluye la *fuerza de trabajo*, es decir, al obrero como asalariado *libre*. Todas las mercancías se intercambian así por otras mercancías, cuya base de comparación, a través de operaciones de cambio mediadas por el dinero, es el hecho único de ser en común *productos del trabajo*. El trabajo, como consumo de la energía humana, es realizado a través de la mercancía-fuerza de trabajo en el proceso de producción, cuyo valor, como el de todas las mercancías, se mide según el tiempo de trabajo socialmente necesario para su producción. O sea, estará determinado por la *ley del valor*, como ley reguladora de la producción de mercancías.

También le caracteriza, especialmente, la producción de *valor adicional gratuito* en el sentido de su apropiación por parte del capitalista. En otras palabras, la producción para la obtención de plusvalía como objetivo directo y necesario, producción que significa *reproducción ampliada del capital y su acumulación*, en la que el capital, en su proceso, se concentra y centraliza, y en el cual no sólo repone los elementos consumidos en el proceso de producción —fuerza de trabajo y medios de producción y de consumo—, sino también reproduce las relaciones sociales de producción existentes y sus correspondientes relaciones de distribución, desarrollándose con ello las contradicciones que le son inherentes. El capital produce, así, esencialmente más capital en la media en que produce plusvalía.

Para que lo anterior se traduzca en acumulación es necesario que se desarrolle y acentúe el proceso de explotación del capital sobre el trabajo. En este sentido, el proceso de producción constituye en su esencia un proceso de valorización. El análisis de este proceso pone en evidencia la tendencia a la agudización de contradicciones y conflictos entre las *fuerzas productivas* y las *relaciones sociales de producción* existentes.

La plusvalía, por lo tanto, se obtiene en el proceso de producción, y el capitalista tiene que comprar —para iniciar el proceso— no sólo medios de producción, sino además fuerza de trabajo, fuerza viva. Al comprar el capitalista estos elementos adquiere el derecho de consumirlos, y, en el caso de la fuerza de trabajo, a utilizarla durante una determinada jornada de trabajo, en la que recupera su valor en una parte de la jornada y el resto constituye valor apropiado por el capitalista, es decir, valor no pagado por el capitalista al obrero.

Asimismo, en el proceso de producción se distinguen dos tipos de capital: capital constante (c) y capital variable (v). El primero representa el total desembolsado en medios de producción y el segundo la suma del salario de los obreros. El valor del producto: $c + v + p$, así como el grado de explotación del obrero, se expresan en la relación de la plusvalía con el capital variable: $(p' = \dfrac{p}{v})$.

Todo el proceso anterior está encaminado a la obtención de la ganancia, el lucro como apetito insaciable del capitalista, como su objetivo único y último. Ello hace necesario que se explote lo más posible una masa cada vez mayor de trabajadores, y se obtenga el incremento de su productividad, aumentando el total del capital incorporado al proceso de producción, así como la reducción de su tiempo de rotación. La tasa de ganancia está así determinada por la proporción que existe entre la plusvalía y el capital total invertido ($g' = \dfrac{p}{c + v}$).

En el proceso *propiamente de acumulación y valorización del capital*, ante la necesidad de impulsarlo mediante aumentos de productividad, se realizan aumentos tanto del capital variable como del constante, aunque aumentando más como tendencia el segundo que el primero, lo que provoca modificaciones en la *composición del capital* ($o = \dfrac{c}{v}$), relación que se altera siendo la composición tanto mayor cuanto más grande es c respecto a v.

Al elevarse la *composición del capital*, el capitalista tiende a aumentar al máximo la valorización del capital, dando por supuesto ciertos límites para incrementar constantemente la plusvalía, en la medida en que crece más rápidamente la incorporación de capital constante que el variable —aumentos de la composición orgánica— y con ello *se tiende a una disminución de la tasa de ganancia*. El capitalista, en su intento por contrarrestar o compensar la caída de la tasa de ganancia mediante una mayor explotación del trabajador, acentúa el decrecimiento relativo del capital variable profundizando el desempleo ya existente, a la vez que agudiza múltiples contradicciones y desequilibrios que se trasladan de la esfera productiva a la de la circulación, con lo que se afecta, de múltiples formas, la realización de la plusvalía e incluso la propia continuidad del proceso productivo.

Cuando se llega a ciertos límites relacionados con la tasa de ganancia y su descenso, contradicción interna fundamental, la producción capitalista se detiene, ya que la producción no se realiza con el fin de satisfacer necesidades sociales, sino con el de la producción y realización de la ganancia. De esta manera, el centro de la crisis no es sólo *sobreproducción de mercancías*, sino sobre todo de *sobreacumulación de capital*.

2. *Una discusión previa sobre la crisis*

Una primera aproximación al estudio de la crisis es aquella que se presenta, en forma general, como *interrupción del proceso de circulación de las mercancías*, como aspecto particular del sistema de producción capitalista, en el que se manifiesta la crisis de sobreproducción, manteniéndose, por un lado, mercancías que no se venden, y, por otro, necesidades de consumo que no se satisfacen. Situación que expresa que la reproducción del capital se obstaculiza y llega a ser imposible sin la realización del producto, en la medida en que lo que se produce son mercancías con valor de cambio que deben ser vendidas en el mercado y que se intercambian conforme sea posible mantener una determinada proporción entre los sectores de la producción.

El hecho, entonces, de que el sistema produce anárquicamente y con fines de lucro provoca la *posibilidad de la crisis*, debido a fracasos o interrupciones prolongadas en la venta de las mercancías, a una disociación de la compra y la venta, que, como afirma Marx, "en su primera forma, la crisis nace de la función del dinero como medio de pago: actúa en dos fases distintas y separadas, en dos funciones diferentes". Se presenta, de esta manera, la *posibilidad de la crisis* y la sobreproducción debido a una separación; " no se funden" los dos procesos: el de producción y el de circulación. Ésta es la *forma general* en que se expresan las crisis en condiciones de la producción capitalista, manifestándose como una interrupción del proceso de circulación de mercancías. El hecho es que los productos no se intercambian directamente unos por otros, sino que se intercambian por dinero, y en una situación en la que la producción no es sólo de valores de uso, sino de valores de cambio.

El producto, por lo tanto, debe ser vendido por dinero antes de poderse comprar otro producto. Si la división entre venta y compra se alarga con el tiempo, ello expresará la antítesis de la mercancía en sus dos propiedades de valor de uso y valor de cambio, de trabajo concreto que tiene que ser cotizado como trabajo general abstracto. Se trata de una unidad dividida en fases, caracterizada por disparidades y ajustes que se manifiestan en *crisis de realización*. En realidad, dice Marx, "la crisis no es otra cosa que la imposición violenta de la unidad entre las fases que forman el proceso de producción, y que se han disociado la una frente a la otra".[4]

Aquí, precisamente, el dinero cumple la función de portador de la contradicción de la mercancía, y permite la disociación mencionada. Pero todo lo anterior, insistimos, sólo explica la posibilidad de la crisis, pero no su origen ni su causa. Se trata de la forma más *abstracta y general de la crisis, crisis en potencia cuya posibilidad formal es la metamorfosis de la misma mercancía.* Por lo tanto, las contradicciones que se expresan en la esfera de la circulación, y por ello en problemas de realización, solamente expresan las formas concretas y visibles del desequilibrio del sistema, y sólo expresan, a su vez, las determinaciones más elementales. De ahí que sea necesario no limitar el análisis a la esfera de la circulación, sino extenderlo a todo el proceso de producción y reproducción del sistema, ya que, como el propio Marx afirmó:

... el proceso de circulación en su conjunto, o el de reproducción del capital en su conjunto, es la unidad de su fase de producción y de circulación, de modo que abarca ambos procesos o fases. En ello reside una nueva posibilidad desarrollada o forma abstracta de la crisis.[5]

Se hace necesario, en un *análisis real sobre las crisis*, plantear la dinámica del proceso económico capitalista en su *totalidad*, cuya formulación exige profundizar desde los aspectos formales y tangibles hasta sus aspectos más complejos, de tal manera que pasemos de la expresión del fenómeno a su explicación, de su representación a su esencia. De ahí que

Las crisis del mercado mundial deben concebirse como la condensación real y la violenta nivelación de todas la contradicciones de la economía burguesa. Los distintos aspectos que se condensan en estas crisis deberán, por tanto, manifestarse y desarrollarse en todas las esferas de la economía burguesa, y, cuanto más ahondamos en ella, más tendremos que investigar... nuevos aspectos de esta contradicción... por otra parte, las formas más abstractas de ella, como formas que reaparecen y se contienen en otras más concretas.[6]

[4] Karl Marx, *Historia crítica de la teoría de la plusvalía*, Fondo de Cultura Económica, México, t. III.
[5] *Ibid.*, tomado de Lucio Colletti, *El marxismo y el "derrumbe" del capitalismo*, Siglo XXI Editores, México, 1978, p. 121.
[6] Karl Marx, *La acumulación del capital y las crisis*, Editorial Roca, México, 1976, p. 78.

En este contexto, el estudio de la crisis debe desarrollarse tomando como *centro del análisis el proceso productivo*, en la medida en que es aquí donde se originan las crisis, aun cuando éstas se manifiesten como problema de realización.

Las contradicciones, y por ello mismo la posibilidad de crisis implícitas en la circulación de mercancías y del dinero, se reproducen por sí mismas en el capital por el hecho de que "en realidad, la circulación de mercancías y la circulación de dinero sólo se desarrollan hoy sobre la base del capital".[7]

Por consiguiente:

> El problema que se plantea es el de seguir el desarrollo de la crisis potencial —pues la crisis real sólo puede exponerse partiendo del funcionamiento real de la producción capitalista de la concurrencia y del crédito.[8]

La producción capitalista se encuentra con límites para fecundar y aumentar el capital, en su finalidad de incrementar las ganancias, y el sistema encuentra serias dificultades derivadas de su propia esencia a nivel de proceso de producción. Es en este sentido que surgen las crisis, en tanto que *los límites de la producción capitalista los fija la ganancia* y no la necesidad de los trabajadores o de la sociedad productora. Los capitalistas tienden, de esta manera, a un aumento ilimitado de las ganancias y tratan de acrecentar, en forma constante y desproporcionada, la producción, lo que encuentra obstáculos ante la limitación del fondo total de salarios y el intercambio de las mercancías como fase necesaria para que el capitalista pueda realizar la producción. Es aquí donde se expresan las características contradictorias de este modo de producción, que contiene una barrera al libre desarrollo de las fuerzas productivas que se manifiestan en la superficie de las crisis, sobre todo como sobreproducción, fenómeno clásico de la crisis.

Se establece, pues, el hecho de que ante el móvil fundamental de aumentar el capital se tiende a tratar de incrementar el volumen de la ganancia aumentando constantemente la producción. Para realizar esto el capital requiere pasar a través de la forma mercancía y, en una nueva fase, transformarse de nuevo en capital incrementado (*D-M-D'*). Pero la realización de las mercancías llevada a cabo en forma anárquica y desproporcionada está limitada por el bajo nivel de compra de los obreros, pues sus salarios son, en términos reales y relativos, cada vez menores en proporción al capital y la riqueza existentes.

Dada esta situación, se presenta el fenómeno *aparente* de una sobreproducción de mercancías que en su *esencia* se trata de una sobrepro-

---

7 *Ibid.*, p. 82.
8 *Ibid.*, pp. 82-83. Véase también Lucio Colletti, *op. cit.*, p. 120.

ducción de capitales. Es la imposibilidad del capital, transformado en mercancías, de convertirse en capital nuevo y ampliado, y cuya transformación no se efectúa debido a un mercado limitado, donde las mercancías no se venden, no porque las necesidades estén satisfechas ni porque el mercado sea demasiado estrecho, sino porque la acumulación de capital no puede seguir realizándose en tanto se da una disminución de las posibilidades de acumulación. Se trata, entonces, de una situación en la que

... el desarrollo incondicional de las fuerzas productivas, y por lo tanto la producción en masa, sobre la base de una masa de productores que se encuentran encerrados dentro de los límites de los medios de subsistencia necesarios, por un lado, y, por el otro, la barrera erigida por la ganancia de los capitalistas [constituyen] la base de la sobreproducción moderna.[9]

O sea, como también nos recuerda Marx, *la sobreproducción de capital es la sobreproducción de valor destinada a producir plusvalía, la sobreproducción de mercancías destinadas a la reproducción en escala ampliada*; y que es en las crisis del mercado mundial donde todas las contradicciones de la producción capitalista estallan en forma colectiva, como también la sobreproducción está condicionada por la ley general de la producción de capital:

... producir hasta el límite establecido por las fuerzas productivas, es decir, explotar el máximo volumen de trabajo con el volumen dado de capital, sin tener en cuenta los límites reales del mercado o de las necesidades respaldadas por la capacidad de pago; y esto se lleva a cabo por medio de una continua expansión de la reproducción y la acumulación ... por otro lado, la masa de los productores se mantiene apegada al nivel medio de las necesidades.[10]

Hasta aquí, pensamos, se podría contestar a aquellas posiciones que dentro del marxismo, o fuera de él, centran sus explicaciones sobre la crisis como *crisis de realización*, y que ubican sus causas en el hecho de que los capitalistas se encuentran ante la imposibilidad de realizar el pleno valor de las mercancías en el mercado, ya sea debido a una *desproporción* entre los diversos sectores de la producción, o a la existencia del subconsumo de las masas.

---

9 Karl Marx, *Teorías sobre la plusvalía,* citado por Lucio Colletti, *op. cit.,* p. 135.
10 Karl Marx, *Historia crítica de la teoría de la plusvalía,* t. III, p. 457. (Véase, en el mismo sentido, otra serie de señalamientos en las pp. 422-423 de esta misma obra, así como también *El capital,* t. III-6, p. 270.)

Sin embargo, insistimos, aun cuando en Marx se encuentra una serie de elementos en torno al bajo nivel de consumo de las masas y a la existencia de una desproporción entre los sectores de la producción, no son estos elementos los que explican *la causa de la crisis*, ya que no debe perderse de vista que en la producción capitalista no se dan como interés directo los valores de uso, sino el valor de cambio, y, sobre todo, el aumento de plusvalía encaminada a la mayor obtención de ganancia como motivo principal del capitalista; y que:

> . . . el proceso total de acumulación se resuelve, en primer lugar, en producción en escala ampliada, que por un lado corresponde al crecimiento natural de la población y por el otro constituye la base intrínseca para los fenómenos que aparecen durante la crisis. El criterio de esta expansión de la producción es *el capital mismo*, el nivel existente de las condiciones de la producción y el deseo ilimitado de los capitalistas de enriquecerse y ampliar su capital, pero en modo alguno *el consumo*, que desde el comienzo resulta inhibido . . . los trabajadores sólo pueden ampliar su consumo dentro de límites muy estrechos . . . [y] disminuye en términos *relativos*, en la misma medida en que se desarrolló el capital.[11]

Es claro, por otra parte, que los salarios disminuyen en el sentido de que crecen más lentamente que la producción, en tanto que las ganancias se incrementan en una mayor proporción. Ello provoca un crecimiento más rápido del sector I, productor de medios de producción, que del sector II, productor de medios de consumo. La interrupción del proceso de reproducción, en su conjunto, lleva a la disminución del capital variable y de la cantidad de trabajo empleado, así como al descenso del salario. Si el proceso de reproducción queda detenido y el del trabajo se limita o detiene por completo, el *capital real* es destruido, ya que

> . . . la máquina que no se usa no es capital. El trabajo que no se explota es producción perdida. Los edificios, nuevas maquinarias, mercancías que se pudren, todo esto es destrucción de capital.

Significa, también, la depreciación de valores, que impide renovar el proceso de reproducción como capital en la misma escala. Se trata, pues, de

> . . . una interrupción de trabajo y crisis de capital . . . interrupción del proceso de reproducción, determinada por la subida de valor

---

11 *Ibid.*, p. 422. (Véase también la recopilación de textos de Karl Marx en *La acumulación de capital y las crisis, op. cit.*, p. 53.)

de la parte del capital constante que ha de reponerse con el valor del producto … y si este producto entra como medio de producción en otras ramas, su encarecimiento determina en ellas entorpecimiento para la reproducción.[12]

Así, la *manifestación real de la crisis* por lo común estalla en la producción del sector I y luego se refleja en el resto de los sectores que en su totalidad reflejan dificultades, obstrucciones y una verdadera conmoción de las relaciones económicas. Todo esto es consecuencia de que en el proceso de acumulación de capital la tendencia se presenta como una elevación de la composición orgánica de éste, cuyo aumento, a menos de ser contrarrestado por incrementos de la plusvalía, es precisamente *la tendencia a bajar la tasa de ganancia*, la causa subyacente de las crisis periódicas del capitalismo y el factor que configura su tendencia a largo plazo, y el porqué Marx lo considera la expresión fundamental de cómo el proceso de acumulación, en su expansión, es destructor de sí mismo. Por supuesto, el mismo Marx anota determinados factores contrarrestantes que, de diversas formas, influyen en la mayor o menor caída de la tasa de ganancia.[13] En su conjunto, son los elementos que, en constante contradicción, van imponiendo la dirección general del desarrollo capitalista, al igual que sus propios límites.

3. Crisis y subconsumo

La *teoría del subconsumo* es, según varios autores, lo importante a rescatar de la teoría de Marx sobre la crisis. Pensamos que su teoría no parece sei la del subconsumo, ni en el sentido de que la inversión provoca necesariamente la sobreproducción —sino que se abre una nueva fuente de consumo—, ni en el sentido de que un aumento de salarios basta para prevenir la crisis[14] y aliviar la depresión, ni en el sentido de que una deficiencia del consumo es siempre la causa que precipita la crisis. Los textos que más se manejan para derivar una interpretación del subconsumo en la teoría de Marx son

> La razón última de todas las crisis reales sigue siendo la pobreza y la restricción del consumo de las masas en contraste con la tendencia de la producción capitalista a desarrollar las fuerzas pro-

---

[12] Karl Marx, *La acumulación de capital y las crisis, op. cit.*, p. 87.
[13] Entre los factores contrarrestantes están el aumento de la plusvalía, el abaratamiento del capital constante debido a incrementos de productividad, la rotación del capital, la sobrepoblación relativa, el comercio exterior, la reducción de salarios por debajo de su valor y el *stock* de capital.
[14] Karl Marx. *El capital*, II-5, p. 495.

ductivas como si solamente la capacidad absoluta de consumo de
la sociedad constituyese su límite.[15]

Las condiciones de la explotación directa y las de su realización
[del plusvalor] no son idénticas. Divergen no sólo en cuanto a
tiempo y lugar, sino también conceptualmente. Unas sólo están
limitadas por la fuerza productiva de la sociedad, mientras que las
otras sólo lo están por la proporcionalidad entre los diversos ramos
de la producción y por la capacidad de consumo de la sociedad.[16]

Sin embargo, también se pueden señalar otras:

Además, [la capacidad de consumo] está limitada por el impulso
de acumular, de acrecentar el capital y producir plusvalor en escala
ampliada... Pero cuanto más se desarrolla la fuerza productiva,
tanto más entra en conflicto con la estrecha base en la cual se fundan las relaciones de consumo. Sobre esta base plena de contradicciones no es en modo alguno una contradicción el que el exceso
de capital esté ligado a un creciente exceso de población...[17]

Por ello surgen limitaciones para la producción, ya en un punto
de expansión de la misma que, a la inversa, bajo el otro supuesto
aparecería como sumamente insuficiente. La producción se detiene
no allí donde esa detención se impone en virtud de la satisfacción
de las necesidades, sino donde lo ordena la producción y realización de ganancias.[18]

Es clara también la respuesta de Marx en el sentido de que es tautológico considerar que las crisis pueden evitarse con la elevación de los
salarios, cuando incluso parece ser al contrario si se observa que las
crisis siempre van precedidas por un periodo de alza de salarios, periodo
en el que el propio Marx recuerda que la clase obrera obtiene una
mayor participación del producto anual destinado al consumo. De ahí
que, afirma Marx:

Parece, pues, que la producción capitalista implica condiciones
que no dependen de la buena o mala voluntad, condiciones que
sólo toleran momentáneamente esa prosperidad relativa de la clase
obrera, y siempre en calidad de ave de las tormentas, anunciadora
de la crisis.[19]

15 Ibid., III-7, p. 623.
16 Ibid., III-6, p. 313.
17 Ibid., pp. 313-314.
18 Ibid., pp. 331-332.
19 Ibid., II-5, p. 502.

El consumo, por lo tanto, es un factor importante, mas no el determinante, de la crisis. Es un factor de la crisis, pero nos parece evidente que en Marx

> ... la contradicción en la esfera de la producción es la parte o elemento esencial de este problema. Es decir, la contradicción entre la creciente capacidad productiva como consecuencia de la acumulación y la *rentabilidad* decreciente del capital, la contradicción básica entre un determinado desarrollo de las fuerzas productivas y las relaciones de producción de la sociedad capitalista.[20]

De acuerdo con un reciente trabajo de Alonso Aguilar publicado en la revista *Estrategia*, se señala en forma sucinta que

> ... la crisis no obedece, como a menudo lo sugieren los infraconsumistas, los neopopulistas . . . los economistas burgueses, a que la capacidad de consumo de las masas sea insuficiente o a que no crezca el mercado . . . la clave de las crisis está en las contradicciones internas del proceso de acumulación, y concretamente en la forma en que, ante las variaciones y en particular el descenso de la tasa de ganancia, se expresa la contradicción fundamental del sistema: carácter social de las fuerzas productivas y régimen privado de apropiación.[21]

4. La tasa de ganancia y la crisis

Las diversas interpretaciones de las crisis en el concepto de Marx parten de consideraciones relativas a lo enunciado por él en diversos pasajes de su extensa obra. De la mayor o menor importancia que se les otorgue a uno u otro apartado se han derivado numerosas explicaciones: ya sea las centradas en la *desproporción de los sectores*, las de los problemas de la *realización* y el *subconsumo*, y las derivadas de la *dinámica interna de la acumulación de capital* y la tasa de ganancia, entre otras. Toda síntesis de la exposición de Marx sobre la crisis puede ser aceptada si señalamos que sus expresiones más importantes se encuentran especialmente en *El capital*, t. III, sobre todo lo relativo a la ley de la baja tendencial de la ganancia; en la misma obra, t. II, lo relativo a la repro-

---

[20] Maurice Dobb, *Economía política y capitalismo*, Fondo de Cultura Económica, México, p. 86.
[21] Alonso Aguilar, en *Estrategia*, núm. 3, México, mayo-junio de 1975, p. 48. Véase también Michael Bleang, *Teoría de la crisis*, Editorial Nuestro Tiempo, México, 1977.

ducción y acumulación del capital social global; en la *Historia crítica de la teoría de la plusvalía*; y en los *Grundrisse.*[22]

Podemos señalar, en términos generales, que en Marx se encuentran *dos líneas principales de pensamiento* sobre la crisis capitalista:[23] aquella cuyo planteamiento está en relación con la ley de la baja de la tasa de ganancia, y la relacionada con los problemas de realización, es decir, con dificultades e imposibilidad de realizar en el mercado el valor de las mercancías a causa de insuficiencia de la demanda. Es claro que no se trata de aspectos aislados, sino en todo caso de *dos momentos dentro de la misma totalidad* del capitalismo: *producción-realización*, y donde ambos pueden coincidir en el tiempo, provocando tanto una caída de la tasa de ganancia —que se produce en los términos del comportamiento de la ley del valor— como una caída de esta tasa motivada por la imposibilidad de realizar mercancías a·sus valores. Se trata, así, de una unidad, y no de una separación de los procesos. La reproducción del capital es imposible sin la realización de su producto, ya que lo que se produce no son simplemente valores de uso, sino mercancías con valor de cambio. De ahí que, para que las mercancías que se producen puedan intercambiarse, se requiere mantengan ciertas proporciones entre los sectores productores, tanto de medios de producción como de bienes de cosumo, que hagan posible la acumulación y la realización.

Pero como afirma Alonso Aguilar:

> El logro de tales condiciones en un sistema anárquico con fines de lucro, cuya contradicción . . . genera desajustes entre producción y el consumo, y cuyo . . . mecanismo de coordinación es el mercado . . . es todo menos sencillo.[24]

El aspecto central que permite determinar las causas de las crisis en el sistema capitalista consiste en señalar y recordar, cuantas veces sea necesario, que las crisis aparecen precisamente a partir del surgimiento y desarrollo de este sistema histórico de producción; que las crisis son fenómenos característicos e inherentes al capitalismo; que la causa de estos *estallidos* es precisamente el carácter de la reproducción capitalista y las contradicciones en que se sustenta su desarrollo.

Si los capitalistas tuvieran como objetivo la producción de bienes

---

[22] A diferencia de Karl Korsch, que sólo considera los dos primeros apartados mencionados. Véanse Karl Korsch, P. Mattick, *et al.*, *¿Derrumbe del capitalismo o sujeto revolucionario?*, Cuadernos de Pasado y Presente, núm. 78, México, 1978.

[23] Véase Claudio Napoleoni, *El futuro del capitalismo*, Siglo XXI Editores, México, pp. 25 y 22. También Theotonio Dos Santos, *Imperialismo y dependencia*, Ediciones Era, México, pp. 151-155.

[24] Alonso Aguilar, *op. cit.*, p. 49.

para satisfacer y resolver las necesidades sociales, en vez de producir con el objetivo de la ganancia y el lucro, es evidente que no se producirían las crisis. Pero ello sería hablar de otro modo de producción, y no precisamente del capitalista.

El modo de producción capitalista es, por lo tanto, un sistema en el que se presenta permanentemente una lucha entre el trabajo y el capital, entre salarios y ganancia, entre la opulencia de la clase dominante y la miseria de la clase explotada y dominada. Es una relación necesaria entre el deseo del capitalista por obtener la máxima ganancia y un descenso relativo del salario del obrero, en tanto que éste lucha por su existencia y se organiza en contra de esta relación. En términos de Marx:

> El verdadero límite de la producción capitalista lo es el propio capital; es éste: que el capital y su autovalorización aparece como punto de partida y punto terminal, como motivo y objetivo de la producción; que la producción sólo es producción para el capital, y no a la inversa, que los medios de producción son meros medios para un desenvolvimiento constantemente ampliado del proceso vital, en beneficio de la sociedad de los productores. Los límites dentro de los cuales únicamente puede moverse la conservación y valorización del valor de capital, las que se basan en la expropiación y empobrecimiento de la gran masa de los productores, esos límites entran, por ello, constantemente en contradicción con los métodos de producción que debe emplear el capital para su objetivo, y que apuntan hacia un aumento ilimitado de la producción, hacia la producción como fin en sí mismo, hacia un desarrollo incondicional de las fuerzas productivas sociales del trabajo... [que] entra en constante conflicto con el objetivo limitado, el de la valorización del capital existente.[25]

La contradicción, por lo tanto, consiste en que *la forma capitalista de producción tiene tendencia a un desarrollo absoluto de sus fuerzas productivas sociales, en forma independiente de las relaciones sociales en que se produce.*

Puesto que la producción del capital es el fin del capitalista, éste tiende, al aumentar la producción, a incrementar constantemente su volumen de ganancia. Para realizar lo anterior es necesario que el capital pase a través de la forma mercancía para convertirse en nuevo capital (*D-M-D'*). La necesidad de la realización de cantidades mayores de mercancías, en función de la elevación de la productividad del

[25] Karl Marx, *El capital*, III-6, p 321. (Véase también sobre este aspecto Claudio Napoleoni, *Lecciones sobre el capítulo sexto (inédito) de Marx,* particularmente la lección 2, "Proceso de trabajo y proceso de valorización", Ediciones Era, México, 1976, pp. 30-39.)

trabajo ante el relativo bajo nivel de consumo de los trabajadores, determina una sobreproducción de mercancías, que es la *forma aparente* de la sobreproducción de capital. Es decir, se trata del hecho de que las mercancías no se venden, no porque el mercado sea estrecho o porque las necesidades sociales estén satisfechas, sino porque *la acumulación del capital se detiene o disminuye al no poder obtener una determinada tasa de ganancia.*

La sobreacumulación de capital —o, si se quiere, la sobreproducción— no debe ser entendida como empleo de más capital del necesario, sino que la utilización de medios como capital para obtener la plusvalía excede el nivel de explotación dado, excede el necesario para asegurar una tasa de ganancia requerida, "por debajo de un punto dado, provoca perturbaciones y paralizaciones del proceso de producción capitalista, crisis y destrucción de capital".[26]

Con el objetivo de producir por producir, para obtener el máximo de ganancia, se tiende a aumentar la productividad del trabajo, intentando reducir costos de producción e incorporando constantes innovaciones técnicas. La primera relación que se altera, particularmente en dirección de su elevación, es la composición técnica del capital —relación entre trabajo *vivo* y trabajo *muerto*, que en un periodo largo provoca una caída de la tasa de ganancia. Es decir, en términos nuevamente de Marx, "se detiene no allí donde esa detención se impone en virtud de la satisfacción de las necesidades, sino donde lo ordena la producción y realización de ganancias".[27]

Por ello, lo específico del planteamiento de Marx es la relación que existe entre el *descenso de la tasa de ganancia y la dinámica de la acumulación de capital.* Es aquí donde se encuentra el significado más profundo de la crisis como condensación de todas las contradicciones de la economía capitalista. *Se trata, sobre todo, de un proceso histórico a través del cual la tendencia al aumento de la composición orgánica del capital —en el proceso de acumulación capitalista— provoca, también como tendencia, el descenso de la tasa de ganancia, en la medida en que el trabajo* vivo, *única fuente generadora de valor —y por lo· tanto de plusvalía—, es sustituido en cierta proporción por trabajo muerto.*

Así, a pesar de que se incremente la masa de plusvalía producida por el capitalismo, la relación entre el valor invertido y la plusvalía obtenida será cada vez más desfavorable para aquél. Aun cuando la tasa de ganancia depende, en última instancia, de la tasa de plusvalía, las tasas de ganancia tenderán a descender a largo plazo.

[26] *Ibid.,* III-6, p. 328. (También citado por Alonso Aguilar, *op. cit.,* p. 49.)
[27] *Ibid.,* p. 332.

La tasa de ganancia, por ende, está en proporción inversa al incremento del plusvalor relativo. . . al desarrollo de las fuerzas productivas, y, asimismo, a la magnitud del capital empleado en la producción como capital constante.[28] [En otros términos:] En la misma proporción, pues, en que en el proceso de producción de capital en cuanto capital ocupe un espacio mayor con relación al trabajo inmediato, cuanto más crezca, pues, el plusvalor relativo —la fuerza creadora del valor, propia del capital—, tanto más caerá la tasa de ganancia.[29]

El desarrollo de todo este proceso se centra así sobre los efectos contradictorios a través de los que se manifiesta el aumento de la productividad del trabajo. El capitalista, para aumentar el plusvalor, debe acrecentar la productividad del trabajo, de tal manera que determine una disminución del tiempo de trabajo incorporado al producto y por lo tanto, de una disminución del valor unitario de la mercancía, al tiempo que también determina una desvalorización de la fuerza de trabajo, reduciendo su tiempo de reproducción y así acrecentar el tiempo de trabajo adicional que el obrero cede al capitalista. Por otro lado, se hace necesario modificar constantemente la base técnica productiva, introduciendo nueva y más acabada maquinaria y equipo, lo que acrecienta la composición orgánica del capital. Es por ello, señala Colletti, que el aspecto vinculado a aumentos de productividad del trabajo es sinónimo de aumento de la *tasa de plusvalor* o tasa de explotación, y que el aspecto vinculado a la acrecentada *composición orgánica del capital* conlleva una caída de la tasa de ganancia: "Esto es, una caída de la relación en la que el plusvalor se encuentra no sólo con el componente variable, sino con todo el capital invertido."[30]

Como se intenta señalar, la tendencia al aumento relativo del capital constante respecto al capital variable es una consecuencia del aumento de la producción, en función del desarrollo de la fuerza productiva. A partir de ello, Marx presenta el enunciado central de la ley de la tasa de ganancia al afirmar:

Puesto que la masa del trabajo vivo empleado siempre disminuye en relación con la masa del trabajo objetivado que aquél pone en movimiento, con los medios de producción productivamente con-

[28] Karl Marx, *Elementos fundamentales para la crítica de la economía política (Grundrisse), 1857-1858*, traducción de Pedro Scaron, Siglo XXI Editores, México, 11a. reimp., 1980, t. II, p. 649.

[29] *Ibid.*, p. 633. (También citado por R. Rosdolsky, *Génesis y estructura de El capital de Karl Marx*, Siglo XXI Editores, México, 1978, p. 419.)

[30] Lucio Colletti, *op. cit.*, p. 49. También véase Manuel Castells, *La teoría marxista de las crisis económicas y las transformaciones del capitalismo*, Siglo XXI Editores, México, 1978, pp. 19-23.

sumidos, entonces también la parte de ese trabajo vivo que está impaga y que se objetiva en plusvalor debe hallarse en una proporción siempre decreciente con respecto al volumen de valor del capital global empleado. Esta proporción entre la masa del plusvalor y el valor del capital global empleado constituye, empero, la tasa de ganancia, que por consiguiente debe disminuir constantemente.[31]

Como se puede notar, aquí se plantea una proporción constante entre el valor de la masa de ganancia y el valor de la fuerza de trabajo utilizada, y se da como supuesto la existencia de una tasa de plusvalía o explotación constante. Así, la tasa de ganancia, en su tendencia decreciente, está directamente vinculada al desarrollo de las fuerzas productivas y, por lo tanto, al proceso de acumulación de capital como parte de la propia dinámica del sistema capitalista de producción. Este proceso, mediante el que se realiza la supervivencia y reproducción del capital, implica, en forma contradictoria, el aumento de la composición orgánica del capital y, a su vez, una disminución de la tasa de ganancia:

> El desenvolvimiento de la producción y acumulación capitalistas condiciona procesos laborales en una escala cada vez mayor, y por ende de dimensiones constantemente crecientes. . . una creciente concentración de los capitales. . . es tanto una de sus condiciones materiales como uno de los resultados producidos por ella misma. . . Se entiende así que los diversos capitalistas individuales comanden ejércitos obreros de creciente magnitud. . ., que aumente la masa del plusvalor, y por consiguiente de la ganancia, de la cual se apropian, simultáneamente con la baja de la tasa de ganancia y a pesar de ella. Pues las mismas causas que concentran las masas de ejércitos obreros bajo el mando de diversos capitalistas individuales, son precisamente las que hacen que la masa del capital fijo empleado, así como la de las materias primas y auxiliares, aumente en proporción creciente con respecto a la masa del trabajo vivo empleado.[32]

En este párrafo, de gran importancia, se identifica el proceso único de los dos elementos: el proceso de acumulación y la tendencia a la baja de la tasa de ganancia, de manera que es claro el hecho de que la tendencia a disminuir de la tasa de ganancia no es debido a que el trabajo se vuelva cada vez menos improductivo, sino a la inversa, por el hecho de que se vuelve más productivo.

La baja de la tasa de ganancia y la acumulación acelerada sólo son

---

[31] *El capital*, III-6, pp. 271-272.
[32] *Ibid.*, p. 279.

diferentes expresiones del mismo proceso en la medida en que ambas expresan el desarrollo de la fuerza productiva. Por su parte, la acumulación acelera el descenso de la tasa de ganancia, en tanto con ella está dada la concentración de los trabajos en gran escala y, por consiguiente, una más alta composición del capital. Por otra parte, la baja de la tasa de ganancia acelera, a su vez, la concentración del capital y su centralización mediante la expropiación de los capitalistas menores, mediante la expropiación del último resto de productores directos a los cuales aún les queda algo que expropiar.[33]

O como recuerda Colletti, citando a Marx:

... la tasa de ganancia no cae porque el trabajo se vuelva improductivo, sino porque se vuelve productivo. Ambas cosas, el ascenso de la tasa de plusvalor y la caída de la tasa de ganancia sólo son dos formas especiales en que se expresa capitalistamente una productividad creciente del trabajo ... El desarrollo de las fuerzas productivas del trabajo social es la tarea y la legitimación histórica del capital.[34]

Todo este discurso tiene el sentido de recordar la importancia que tiene la ley de la tasa de ganancia en el análisis de Marx como la fuerza motriz de la producción capitalista, y en la que se resume su visión sobre el capitalismo. Es aquí, también, donde se centran las críticas más recientes que señalan, según éstas, lo contradictorio y hasta *tautológico* del esquema de Marx sobre la tasa de ganancia. De esta manera, se afirma por los *críticos*, debe entenderse que el aumento de la composición orgánica y el aumento de la tasa de plusvalor son dos variables de importancia aproximadamente coordinada. Por ello resulta indeterminable la dirección en que la tasa de ganancia se modifica.[35] Sin extendernos en la *crítica* anterior, que excede las pretensiones de este ensayo, sólo queremos señalar que una respuesta clara y precisa se encuentra en la obra mencionada de Rosdolsky, quien, a nuestro juicio, demuestra lo poco satisfactorio de las diversas argumentaciones

---

[33] *Ibid.*, pp. 309-310.
[34] Lucio Colletti, *op. cit.*, p. 50. Este aspecto también es retomado con gran precisión en la obra ejemplar de Rosdolsky; véase sobre todo su obra citada, pp. 442-443 y 451-452.
[35] Los *críticos* más mencionados, a quienes a su vez responde Rosdolsky, son: *a)* Ladislaus Bortkiewicz, "Contribución a una rectificación de los fundamentos de la construcción teórica de Marx en el volumen III de *El capital*" (véase *Economía burguesa y economía socialista*, Cuadernos de Pasado y Presente, núm. 49, Buenos Aires); *b)* Paul M. Sweezy, en su *Teoría del desarrollo capitalista*, y *c)* Joan Robinson, en *Introducción a la economía marxista*. Y, en otro sentido, a Natalie Moszkowska (véase *Contribución a la crítica de las teorías modernas de las crisis*, Cuadernos de Pasado y Presente, núm. 50, México).

de los *críticos*, señalando que, en todo caso, sólo la primera página del capítulo XIII del tomo III de *El capital* parece darles la razón,[36] pero que una lectura atenta de la obra de Marx en su conjunto hace necesario concluir que no daba en absoluto por supuesto que la tasa de plusvalía permaneciese constante. Al contrario, señaló expresamente que todo aumento de la composición orgánica era acompañado de aumentos de la tasa de plusvalía, y que, sin embargo, a largo plazo este aumento no impediría que cayera la tasa de ganancia. En términos de Colletti:

> En conclusión, son dos las fuezas que actúan sobre la tasa de ganancia: la tasa de plusvalor y la composición orgánica del capital. El desarrollo de la productividad del trabajo hace aumentar simultáneamente ambas. Pero como a largo plazo la segunda fuerza excede a la primera, la causa que impulsa la caída de la tasa de ganancia debe prevalecer finalmente sobre el aumento de la tasa de plusvalor, que, en cambio, por sí misma tiende a frenar esa caída.[37]

Sólo para dejar aclarada la posición de Marx al respecto, recogemos algunas de las diversas expresiones sobre el tema:

> Con la progresiva disminución relativa del capital variable con respecto al capital constante, la producción capitalista genera una composición orgánica crecientemente más alta del capital global, cuya consecuencia directa es que la tasa del plusvalor, *manteniéndose constante el grado de explotación del trabajo e inclusive si éste aumenta*, se expresa en una tasa general de ganancia constantemente decreciente.[38]

En el mismo sentido, y con expresiones más categóricas:

> La tasa de ganancia cae —aunque la tasa del plusvalor permanezca idéntica o *ascienda*—, porque con el desarrollo de las fuerzas productivas del trabajo el capital variable disminuye con relación al capital constante... El plustrabajo absoluto aumenta no porque se explote menos al obrero, sino porque se lo explota más... la producción capitalista es inseparable del valor relativo descendente del trabajo, y por ende aumenta el plustrabajo relativo.[39]

En otra parte volverá a señalar que:

> El plusvalor, la explotación del trabajador, aumenta, pero al mismo tiempo cae la tasa de ganancia porque decrece el capital varia-

36 R. Rosdolsky, *op. cit.*, p. 441. Véase sobre este punto el apéndice "La crítica más reciente de la ley marxista de la baja de la tasa de ganancia", pp. 440-454. En el mismo sentido Lucio Colletti, *op. cit.*, pp. 51-57.
37 Lucio Colletti, *op. cit.*, p. 50.
38 *El capital*, III-6, p. 271 (las cursivas son nuestras).
39 *Teorías de la plusvalía*, II, p. 377. citada en R. Rosdolsky, *op. cit.*, p. 443.

ble respecto al capital constante; porque la masa del trabajo vivo disminuye relativamente en general con respecto al capital que lo pone en movimiento. El capitalista se apropia de una parte mayor del producto anual del trabajo bajo el rubro de capital, y de una parte menor bajo el rubro de gananacia.[40]

A fin de cuentas, se trata entonces de un proceso único necesario para el capitalismo en su desarrollo, de donde el desarrollo· de las fuerzas productivas del trabajo social es la tarea y la propia legitimación del capital, que entra en contradicción y constante conflicto con su objetivo limitado: la valorización del capital existente. Esto en otros términos se expresa como la contradicción entre la necesidad de desarrollo relativo y desigual de las fuerzas productivas, y las relaciones sociales en que se basa y sustenta el capitalismo.

En el centro de todo este proceso, y sus contradicciones que se sintetizan en la crisis, está *la tasa de ganancia como el aspecto que en última instancia determina los propios límites del capital*, y que representa la fuerza motriz del capitalismo como modo de producción, que representa el eje de toda la dinámica, como su único estímulo, y, por lo tanto, como el gran motor de la reproducción del capital. Es decir, en donde

... la tasa de valorización del capital global, la tasa de ganancia, es el acicate de la producción capitalista (así como la valorización del capital es su único objetivo), su baja torna más lenta la formación de nuevos capitales autónomos, apareciendo así como una amenaza para el desarrollo del proceso capitalista de producción; promueve la sobreproducción, la especulación, las crisis y el capital superfluo, además de la población superflua.[41]

Por su importancia, transcribiremos un texto en el que se describe de manera precisa el pensamiento de Marx acerca de *la causa de la crisis* y su explicación, y que a su vez puede servir como síntesis de lo que hemos expuesto en los párrafos anteriores:

Las condiciones de la explotación directa y las de su realización no son idénticas. Divergen no sólo en cuanto a tiempo y lugar, sino también conceptualmente. Unas sólo están limitadas por la fuerza productiva de la sociedad, mientras que las otras sólo lo están por la proporcionalidad entre los diversos ramos de la producción y por la capacidad de consumo de la sociedad. Pero esta

40 *Teorías de la plusvalía*, III, p. 256, citada igualmente en Rosdolsky, *op. cit.*, p. 443.
41 *El capital*, III-6, p. 310.

capacidad no está determinada por la fuerza absoluta de producción ni por la capacidad absoluta de consumo, sino por la capacidad de consumo sobre la base de relaciones antagónicas de distribución, que reduce el consumo de la gran masa de la sociedad a un
mínimo solamente modificable dentro de límites más o menos
estrechos. Además está limitada por el impulso de acumular, de
acrecentar el capital y producir plusvalor en escala ampliada. Esto
es una ley para la producción capitalista, dada por las constantes
revoluciones en los métodos mismos de producción, la desvalorización de capital existente... Pero cuanto más se desarrolla la
fuerza productiva, tanto más entra en conflicto con la estrecha
base en la cual se fundan las relaciones de consumo...

Simultáneamente con la baja de la tasa de ganancia aumenta la
masa de los capitales, y corre parejas con ella una desvalorización
del capital ya existente que contiene esta baja y da un impulso
acelerante a la acumulación de valor de capital.

Simultáneamente con el desarrollo de la fuerza productiva se
eleva cada vez más la composición del capital, disminuye relativamente la parte variable con respecto a la parte constante.

Estas diversas influencias se hacen sentir, ora de manera más
yuxtapuesta en el espacio, ora de manera más sucesiva en el
tiempo; el conflicto entre las fuerzas impulsoras antagónicas se
desahoga periódicamente mediante crisis. Estas siempre son sólo
soluciones violentas momentáneas de las contradicciones existentes, erupciones violentas que restablecen por el momento el equilibrio perturbado.[42]

Por último, coincidimos con Rosdolsky en señalar que la ley de la
caída de la tasa de ganancia es, con todo,

...la ley más importante de la economía política... que, pese
a su simplicidad, hasta ahora nunca ha sido comprendida, y
menos aún expresada conscientemente... Es, desde el punto de
vista histórico, la ley más importante.[43]

Como afirma este autor, a través de agudas contradicciones, crisis
y convulsiones es como se expresa la creciente inadecuación del desarrollo productivo de la sociedad a sus relaciones capitalistas de producción.

---

[42] *Ibid.*, pp. 313-314 y 320. Esta nota fue también presentada por Alvaro
Briones en una sesión del pequeño seminario que sobre teorías de la crisis estuvi-
mos coordinando en el Instituto de Investigaciones Económicas de la UNAM durante el año 1978.
[43] R. Rosdolsky, *op. cit.*, pp. 421-422.

ALGUNAS INTERPRETACIONES EN LA DISCUSIÓN CONTEMPORÁNEA EN TORNO A LA CRISIS DEL CAPITALISMO

ALBERTO SPAGNOLO

Introducción

En un sentido general, cuando hablamos de crisis estamos definiendo un momento decisivo o un punto culminante en organismos con vida y movimiento. Por lo demás, dicha situación puede implicar variados resultados: desde la muerte del organismo hasta profundas modificaciones en su estructura, que le permitirán seguir subsistiendo. La producción capitalista, como forma de organización social de la producción, no es ajena a esta consideración general, pero requiere, para una mejor conceptuación, ciertas apreciaciones particulares.

En primer lugar, aquí crisis se asocia a una interrupción o afectación de las condiciones que hacen posible la reproducción social del capital, alterando con ello la valorización del monto de valor desembolsado, objetivo último de la producción mercantil.

En segundo lugar, significa estallamiento de todas las contradicciones propias y específicas de la producción capitalista. Es, en consecuencia, resultado de ellas y marco idóneo en el que se gestan los mecanismos apropiados para su resolución.

En tercer lugar, y relacionado con la afirmación anterior, la crisis no es ajena a la normalidad burguesa: no es un elemento disonante en la legalidad propia de esta forma de organización social de la producción. Es, en esta medida, una forma (conjuntamente con el Estado y la competencia) necesaria de existencia del capital en general. Mientras que la competencia es el ámbito de relación de la multiplicidad de capitales, que da como resultado las condiciones medias de existencia del capital como relación social básica, el Estado atiende, en tanto capitalista total, las condiciones generales de existencia del mismo. Al lado de ambas, la crisis —con una función *saneadora* que le es propia— regenera las bases fundamentales de actividad de la multiplicidad de capitales: la del capital social. Competencia, Estado y crisis, en tanto formas necesarias para la existencia del capital, no son excluyentes, sino, por el contrario, complementarias, lo que significa modificaciones en la manera de vigencia de las leyes tendenciales básicas de la producción capitalista, pero de ninguna manera paralización de la misma. Así, por ejemplo, la *intervención* estatal no elimina la competencia, ni puede en definitiva eliminar las crisis; modificará, y eso es probable, la dinámica y el ritmo de la competencia, o afectará la intensidad o extensión de la crisis, pero seguirá siempre subsistiendo al lado de ellas.

En cuarto lugar, la crisis en tanto fenómeno objetivo, no dependiente de la voluntad humana, es base material del desarrollo consciente de la práctica social de las clases. En la medida en que estallan las contradicciones básicas de la producción capitalista se desarrolla un marco apropiado para la agudización de las disputas entre las clases sociales fundamentales. Reestructuración del capital o transformación revolucionaria son salidas necesarias de una situación de crisis. En esa dirección fundamentaba Marx su alejamiento de la Liga de los Comunistas, hacia 1850, luego del fracaso de la revolución alemana.

1. Importancia de la comprensión teórica de la crisis

La crisis, decíamos, regenera las bases para una nueva expansión del capital: tal es su *función* capitalista. Desde este punto de vista, siempre implica "mutación de las premisas de la valorización": introducción de nuevas tecnologías, cambios en el proceso de trabajo y producción, concentración y centralización del capital (destrucción de capital), cambios en la división del trabajo a distintos niveles, nuevas formas de intervención estatal, aumento de la explotación obrera, etcétera. En términos sociales: agudización de las disputas interburguesas y recrudecimiento de la disputa burguesía-proletariado.

Frente a la crisis, la burguesía intenta reestructurar el capital, relanzar la economía, recuperar su poder económico y, en consecuencia, recrear su poder político. Esta afirmación es hoy la clave para explicar la universalización de la propuesta burguesa de austeridad; más allá de la incomprensión teórica de la crisis capitalista actual, la burguesía mundial conserva intactos sus reflejos de clase. Las recomendaciones del Fondo Monetario Internacional rebasan con mucho su carácter terapéutico para el capitalismo dependiente; funcionan también para los países capitalistas más avanzados: Gran Bretaña, Italia, Alemania Federal, Holanda y otros.

Frente a la internacionalización de la propuesta de austeridad burguesa, vastos sectores de izquierda *nacionalizan* la respuesta obrera. Proteccionismo y mayor intervención estatal son las consignas básicas de la acción contestataria. En un mundo en crisis, el fomento a la protección económica so pretexto de protección al empleo, por ejemplo, significa transferencia del desempleo al proletariado de otros países y, en consecuencia, pérdida de la unidad social de clase a nivel internacional y adhesión a la propuesta burguesa de *unidad nacional* frente a la crisis mundial. En la exigencia de mayor intervención estatal se concibe ésta como respuesta consciente, y no como reacción frente a la tendencia natural del capital hacia la crisis, posición derivada de una concepción "disyuntiva entre la sociedad: su estructura económica y el Estado". Quizás la característica fundamental de la respuesta de la izquierda hoy sea la incapacidad programática para romper con la vieja *politización keynesiana* de la economía (o de cómo, desde una perspectiva burguesa, la política completa los vicios de la economía).

Es en este marco en donde adquiere importancia fundamental la comprensión teórica de la situación de crisis, y esto por dos razones: en principio, porque es un aspecto básico y central para la formulación de las propuestas políticas desde la izquierda. Pero, además, discutir la crisis nos remite a una cuestión más general: la concepción misma del capitalismo y, en consecuencia, las posibilidades materiales del socialismo.

> El socialismo científico difiere de otros socialismos en que para el marxismo la necesidad histórica de la nueva sociedad se muestra en el contradictorio desarrollo de la vieja sociedad.[1]

Escogemos para el comentario tres autores que de hecho representan tres corrientes interpretativas desarrolladas en la década pasada: Theotonio Dos Santos y la concepción de la multiplicidad de causas; Yaffe y el señalamiento de la tendencia al descenso de la cuota de ganancia; y Glyn y Sutcliffe con la concepción ricardiana más desarrollada en torno a la erosión de las ganancias por crecimiento del salario, posición compartida, aunque en otros términos, por Boddy y Crotty, y discutida con H. Sherman en la explicación de sus razones subconsumistas de la crisis capitalista actual. No es nuestra intención agotar la discusión de todas las posiciones que presentamos; sólo apuntar algunas líneas de trabajo que nos parecen centrales para la pretensión de fundar mejor una propuesta de transformación revolucionaria de la sociedad capitalista.

En particular nos interesa discutir un aspecto referido a las relaciones entre el aparato conceptual y la investigación social. La teoría plantea para la investigación empírica cuatro tipos de cuestiones: preguntas, conceptos, expectativas y respuestas.[2] Son éstos los que

---

[1] Véase David Yaffe, "The Marxian Theory of Crisis, Capital and State", en *Economy and Society*, vol. II, núm. 2, mayo de 1973. Tal idea es muy precisa y clara en la concepción de Marx: "si la sociedad tal cual es no contuviera, ocultas, las condiciones materiales de producción y circulación para una sociedad sin clases, todas las tentativas de hacerla estallar serían otras tantas quijotadas". (*Elementos fundamentales para la crítica de la economía política (Grundrisse),1857-1858*, traducción de Pedro Scaron, Siglo XXI Editores, México. 11a. reimp., 1980, vol. I, cuaderno I, p. 87.)

[2] Véase Erik Olin Wright, "The Value Controversy and Social Research", en *New Left Review*, núm. 116, julio-agosto de 1979.

otorgan contenido a la investigación empírica y los que fundamentan
la tarea de análisis; sin ellos sólo podrán realizarse descripciones más o
menos detalladas, pero nunca la explicación de los rasgos estructurantes
del fenómeno. Es por ello que la discusión del marco teórico de la crisis
es primordial: nos define los rasgos estructurantes de una fase central
del ciclo capitalista y, en esa medida, la base material de la necesidad
de existencia de una nueva forma de organización social de la producción.

2. En torno a la multiplicidad de causas: notas sobre imperialismo y dependencia

Dos Santos afirma que "En el modo de producción capitalista las crisis
surgen del propio desarrollo de la capacidad productiva del hombre,
es decir, las crisis aparecen como un fenómeno de superproducción: la
sociedad no es capaz de absorber la producción que puede generar . . .
lo que falta es demanda solvente, es decir, capacidad de compra".[3]

Tal es la aseveración con que el autor realiza el planteamiento
general del problema que anticipa al desarrollo de la teoría marxista
de la crisis. Al interior de ésta distingue, en principio, cuatro tipos de
crisis, que posteriormente reagrupará en tres. En primer lugar:

> Las crisis surgen como posibilidad desde que los productores
> individuales intercambian los productos de su trabajo entre sí a
> través de un mercado desarrollado donde existe la mediación de
> una moneda o equivalente general.[4]

Limita, sin embargo, la consecuencia de esta simple posibilidad
en la medida en que sólo podrá ser grave si "hay una parte importante
de la producción destinada al mercado", pero en ese caso, supone el
autor, es necesario incorporar otros elementos explicativos que nos
conducen, en definitiva, a un segundo tipo de crisis: crisis de *desproporción*, definida también como posibilidad de no concordancia entre
el consumo interempresas, el de los capitalistas y el de los trabajadores,
siempre que "el mercado no permita a los empresarios anticipar correctamente los diversos consumos".[5]

En tercer lugar, existen las que el autor denomina *crisis crónicas de
realización*, "originadas por la superproducción o el subconsumo en el
interior del sistema",[6] y explicadas por ciertos requisitos tecnológicos
que suponen una relación determinada entre el capital constante, el

3 Véase *Imperialismo y dependencia*, Ediciones Era, México, 1978, p. 141.
4 *Ibid.*, p. 151.
5 *Ibid,.* p. 152.
6 *Ibid.*, p. 153.

capital variable y la plusvalía. Esta contradicción, presentada aquí como tipo de crisis, explicaría la búsqueda permanente de mercados externos o el incremento del consumo de sectores no directamente productivos.

Por último, según el autor, las relaciones entre el proceso de acumulación y el mercado de trabajo definen un cuarto tipo de crisis, al que denomina *crisis del proceso de acumulación*, caracterizadas por "una absorción de mano de obra amplia y, por tanto, una disminución del ejército industrial de reserva, [con lo que] la fuerza de trabajo mejora sus condiciones de negociación y puede obtener una remuneración más alta".[7] El efecto de tal aspecto del movimiento es presumible: aumento de los costos, disminución de la cuota de ganancia y, en consecuencia, crisis. Estas cuatro formas de crisis pueden, en definitiva, ser reagrupadas esencialmente en tres: las de realización, las de desproporción (manifestadas también como crisis de realización) y las vinculadas al movimiento de la cuota de ganancia. Las primeras reflejan, según el autor, la contradicción entre valor de uso y valor de cambio; las segundas, la tendencia a la permanente anarquía del sistema explicada a partir de que "las unidades productoras tienen que mantener un relativo secreto sobre sus planes y objetivos para poder triunfar en la competencia".[8] Por último, las crisis ligadas a la cuota de ganancia están relacionadas, a través del mecanismo que describimos anteriormente, con la contradicción entre capital y trabajo.

Finalmente, frente a estas diferentes crisis el autor señala, sucintamente, los mecanismos de que dispone el sistema para disminuir el impacto de algunas de ellas. Las de realización encuentran forma de solución parcial en la creación de demanda estatal, la expansión de la demanda exterior y la utilización, a ambos efectos, de la deuda pública y el déficit de balanza de pagos. En ambos casos lo único que el sistema consigue, según Dos Santos, es el aplazamiento de la situación de crisis. Las de desproporción pueden resolverse parcialmente mediante el aumento del proceso de concentración empresarial y monopolización, proceso que por otra parte contribuye a una disminución del dinamismo del sistema y además "lleva a una progresiva desaparición del valor como medida de las relaciones de intercambio y provoca a largo plazo un descontrol del cálculo económico".[9] Las crisis ligadas a la dinámica del movimiento de la cuota de ganancia se compensan a partir de la disminución del valor relativo de la fuerza de trabajo, objetivo logrado, según el autor, sea por el aumento de las inversiones de gran densidad de capital, sea por la utilización de sindicatos blancos que mantengan el combate obrero dentro de límites estrechos. A

7 *Loc. cit.*
8 *Ibid.*, p. 154.
9 *Ibid*, p 155.

manera de conclusión, todas las soluciones posibles de que dispone
el capital para paliar la situación de crisis no hacen más que profundizar, a largo plazo, las contradicciones propias de la producción capitalista.

Volveremos, en los comentarios críticos, a discutir las posiciones
aquí presentadas.

3. La tendencia descendente de la cuota de ganancia: línea de explicación fundamental

Desarrollaremos aquí los elementos teóricos básicos que constituyen la
teoría de la crisis presentada por David Yaffe en su artículo "The
Marxian Theory of Crisis, Capital and State" y el texto escrito junto
con Paul Bullock: "La inflación, la crisis y el auge de posguerra".

El autor también parte de la naturaleza doble de la mercancía, como
valor de uso y como valor de cambio, para fundamentar la posibilidad
de crisis, pero "para conocer la causa de la crisis necesitaremos saber
cómo esta posibilidad pasa de ser una posibilidad general a ser una
realidad".[10] Será, en definitiva, en el análisis del proceso de acumulación donde podremos apreciar dicha transformación de la simple
posibilidad a la realidad concreta.

A través del proceso de acumulación se expresa la naturaleza contradictoria del capital, que, afectando la productividad social del trabajo,
altera, desde el punto de vista del valor de uso, la composición técnica
(crecimiento más rápido de la masa de medios de producción por sobre
la masa de trabajo puesta en movimiento). Pero además trastoca, desde
el punto de vista del valor, la composición en valor de dicho capital
(crecimiento en términos relativos del capital constante por sobre el
capital variable). El resultado es un incremento relativo de la composición orgánica, que, bajo una constancia de la tasa de explotación
del trabajo, daría lugar a lo que Marx ha denominado *ley tendencial
de la caída de la cuota de ganancia*, la "ley más importante desde un
punto de vista histórico".

De ningún modo, afirma Yaffe citando a Marx, esta ley se expresa
en forma absoluta, no sólo por el hecho de que la tasa de plusvalía
no se mantendrá nunca constante ante al aumento de la productividad,
sino también porque éste provoca siempre un crecimiento menor de la
composición en valor con relación al incremento de la composición

10 Para el artículo de David Yaffe, "The Marxian Theory of Crisis, Capital
and State", existe traducción de la Facultad de Economía en la compilación *Estado y capitalismo contemporáneo*, y la utilizaremos aquí para la referencia de notas (véase p. 31).

técnica. Y no sólo por eso: al mismo tiempo que opera esa dirección tendencial del movimiento, surge y se consolida un conjunto de contra-tendencias que paralizan los efectos originariamente esperados. Crece en términos absolutos la cantidad de trabajo vivo puesto en movimiento, aumenta así la masa de ganancias que opera como un elemento contrarrestador del descenso de la cuota, se abarata el capital constante, incide la reducción operada por el comercio exterior, se prolonga intensiva o extensivamente la jornada de trabajo, etcétera. Todos estos aspectos son causas contrarrestantes de la caída de la cuota de ganancia con lo que "la baja de la cuota de ganancia no es rectilínea, sino que en algunos periodos es tan sólo latente; pasa a primer plano con mayor o menor vigor en otros periodos y se presenta en forma de ciclo de crisis".[11]

Presentadas así las cosas, "cuando un aumento de la acumulación no incrementa la masa de plusvalía o las ganancias suficientemente, se producirá una interrupción o estancamiento en el proceso de acumulación".[12]

Aparece así una sobreproducción de capital con respecto al grado de explotación; la expansión de la producción sobrepasa su lucratividad.

Hasta aquí hemos presentado, según el autor, la sobreproducción de capital y el conflicto que le sirve de fundamento, sin recurrir al movimiento real y concreto: el crédito y la competencia, ya que "la tendencia a la crisis y la sobreproducción de capital puede deducirse independientemente de tales consideraciones". (Se refiere esencialmente al crédito y a la competencia.)

Sobre la competencia en particular, Yaffe afirma que "puede generalizar una baja de la cuota de ganancia para todos los capitales, pero esa baja tiene que concebirse con anterioridad a la competencia e independientemente de la misma".[13] Por otro lado, el uso real del crédito, según el autor, depende del proceso de producción de plusvalía; no es de ninguna manera *autónomo* respecto del ciclo de producción. Afirma además que "cuando pierde velocidad la tasa de acumulación del capital, surge el intento de empujar la producción más allá de sus límites capitalistas; el sobrecomercio y la sobreproducción son las consecuencias de este crédito excesivo".[14] La especulación, además, no es nunca causa de crisis; viene precedida por una expansión de la producción y del crédito: sobrecomercio y sobreproducción son base material del desarrollo del proceso especulativo.

La inflación, fenómeno característico de la crisis capitalista actual, es

[11] *Ibid.*, p. 53.
[12] *Ibid.*, p 55.
[13] *Ibid.*, p. 57.
[14] *Ibid.*, p. 68.

explicada por Yaffe a partir de la misma línea de argumentación: no es más que la respuesta de la multiplicidad de capitales frente al descenso de la cuota de ganancia. Afirma que "la elevación de los precios no resulta de las acciones de los monopolios que traten de realizar ganancias extras, sino del intento, por parte del capital, de mantener las condiciones medias de lucratividad requeridas para la continua expansión de la producción".[15] Pero aun así, este intento de posponer la depreciación del capital y de eludir la baja de la cuota de ganancia a través de la extensión del dinero, del crédito y de los aumentos de precios correspondientes no puede tener éxito a largo plazo. Como agravante de esta imposibilidad figura la intervención del Estado, tipificada casi siempre como improductiva por el autor. Es bien sabido que gasto improductivo es siempre deducción de la plusvalía, con lo que la tasa de ganancia tiende a profundizar su descenso. En particular menciona los servicios sociales, el aparato de Estado, la producción estatal, la producción de armas, la investigación y el desarrollo y subsidio al capital nacional.

En síntesis, *la tendencia descendente de la cuota de ganancia es el arma explicativa básica de la crisis capitalista para Yaffe*. Es a partir de ella que desarrolla la explicación de cuestiones centrales como la inflación, la expansión del crédito, la agudización de la competencia, la intervención estatal, etcétera. Todos los aspectos del movimiento real pueden ser explicados, según el autor, a partir del conocimiento de la dinámica de esta ley básica.

4. La erosión de las ganancias por el crecimiento del salario: las debilidades de Ricardo

Finalmente, consideramos una posición que ha tomado importancia en el contexto de la polémica desarrollada entre neorricardianos y marxistas. Nos referimos a la causa de la crisis conocida como *restricción de los beneficios en favor de los salarios*, argumento presentado en el trabajo de Glyn y Sutcliffe, y presente también en las polémicas desarrolladas por Boddy y Crotty, así como por Howard Sherman.[16] En el caso de Glyn y Sutcliffe, al mismo tiempo que critican la concepción del descenso de la cuota de ganancia por la elevación de la composición orgánica del capital, insisten en que, *siendo la crisis*

---

[15] *Ibíd*, p. 81.

[16] Andrew Glyn y Bob Sutcliffe, *British Capitalism/Workers and The Profits Squeeze*, Penguin Books, Londres, 1972. El artículo de Raford Boddy y James Crotty, "Presión de los salarios y poder obrero, respuesta a Howard Sherman", así como el artículo de éste, "Inflación, paro y capital monopolista", aparecieron en *Monthly Review (Selecciones en Castellano)*, núm. 1, 1980.

una crisis de rentabilidad, la ganancia desciende por la agudización de la competencia internacional y por el aumento de la militancia obrera. En particular, esto último provoca, en forma paulatina, el descenso de la tasa de ganancia y la porción de los beneficios en el ingreso nacional. La concepción teórica de fondo se asienta en una relación lineal entre salarios y ganancias; considera de hecho los salarios como pérdidas del capital, y viceversa. Todo aumento de salarios significa disminución de las ganancias; todo incremento de los beneficios supone una disminución de los salarios.

Boddy y Crotty, en el mismo sentido, afirman no sólo que los salarios altos restringen los beneficios capitalistas y en consecuencia generan recesiones, sino que además estos mismos salarios altos son causa de inflación. Así,

... a medida que va llegando el pleno empleo, los precios comienzan a aumentar más rápidamente, pero quedan rezagados con respecto al ritmo de aumento de los salarios. La participación de los beneficios en la renta disminuye en consonancia. Históricamente, la presión para hacer frente a la inflación ha coincidido con, y en parte ha sido consecuencia de, una restricción de los beneficios en favor de los salarios.[17]

Explícitamente, ambos autores defienden la necesidad de dividir la expansión capitalista en dos fases. Los datos estadísticos que presentan tienden a demostrar que en el transcurso de la primera fase el precio de los suministros intermedios aumentó con mayor rapidez que el precio de los productos acabados, mientras que los salarios experimentan un retraso característico con respecto a ellos. La situación se invierte por completo en la segunda fase de la expansión: los salarios crecen más que los precios de los suministros y de los productos acabados. En conclusión:

Existe amplia documentación de que la parte de la renta correspondiente a los salarios, que es relativamente elevada en las recesiones, disminuye en la primera fase de las expansiones posteriores a la segunda guerra mundial, pero luego aumenta a lo largo de toda la segunda fase.[18]

Como se puede apreciar, esta causa de crisis —tal como la hemos presentado a través de estos autores— coincidiría con aquellas "ligadas a la cuota de ganancia", según la propia afirmación de Dos Santos. Quizás las diferencias mayores girarían en torno a las razones por las que tal incremento de salarios tiende a producirse, razón ligada a la

---

[17] Véase Howard Sherman, *op. cit.*, p. 10.
[18] Raford Boddy y James Crotty, *op. cit.*, p. 26.

disminución del ejército de reserva, según Dos Santos. Para el caso de estos autores teóricos de *la restricción de los beneficios* no existen, en principio, argumentaciones en torno a las razones probables del incremento salarial. Volveremos sobre ambas posiciones en apartados posteriores.

5. Una primera aproximación: las diferencias analíticas sobre la crisis propuestas por Mandel

En el análisis de la crisis capitalista actual, Ernest Mandel combina cinco rasgos en la coyuntura de 1974-1975. *Caracteriza la conjunción de una crisis clásica de sobreproducción en el marco de una onda larga depresiva ubicada en una fase crítica, a su vez, del orden imperialista mundial.* A estos tres aspectos se suman la combatividad creciente del movimiento obrero y la crisis estructural de la sociedad burguesa. La conceptuación de la onda larga expansiva, a pesar de que completa un referente histórico concreto para la crisis actual, no deja de plantear dudas importantes. El principal aspecto cuestionable se vincula a la profunda visión *eurocentrista* de tal afirmación, ya que una de las características importantes de la última década se relaciona, precisamente, con lo que se ha dado en llamar *industrialización en la periferia y cesación en el centro*, mecanismo que combina una lenta recuperación, oscilante y endeble en los países capitalistas centrales, con un vigoroso desarrollo capitalista en los países periféricos.

Algunos datos nos ilustran al respecto: los llamados *países de ingreso mediano* (números 38-92 del Banco Mundial) tuvieron una tasa de crecimiento medio anual de producto interno bruto (PIB), para el periodo 1960-1970, de 6,2 por ciento, tasa que se mantuvo en 6,1 a lo largo de 1970-1977. Los países capitalistas industrializados, por el contrario, lo hicieron a 5,1 y 3,1 por ciento para ambos periodos, respectivamente. El descenso de los ritmos de crecimiento fue menor, incluso para ambos periodos, en el caso de los países socialistas: 5,2 y 4,6 por ciento, respectivamente, como media de crecimiento ponderada. Tales ritmos de crecimiento se complementaron con un importante cambio en la distribución porcentual promedio ponderado del PIB: los países de ingresos medianos vieron aumentar la participación porcentual de la industria —la manufactura en particular— y los servicios; los industrializados, por el contrario, bajaron la participación promedio de la industria y de la manufactura, y, a pesar de disminuir el porcentaje de la agricultura, lo hicieron a un ritmo menor que los países de ingreso medio. Destaca, en particular, el crecimiento acelerado de la participación de los servicios en el caso de los países industrializados. Mayor contraste observamos en el caso del movimiento de la inversión interna bruta: mientras que en los dos medianos ingresos tiende a crecer la tasa promedio para los mismos periodos señalados, de 7,6 a 8,1 por ciento como promedio ponderado, el descenso en el caso de los países capitalistas desarrollados es elocuente, ya que disminuye de 5, 8 en el periodo 1960-1970 a sólo 1,7 por ciento en el de 1970-1977. Tal tipo de información nos conduce a pensar en otros términos la llamada crisis general del capitalismo a nivel mundial, o fase depresiva de la onda larga al decir de Mandel, ya que "la declinación de la tasa de acumulación en los Estados Unidos no se expresó en una caída general del ritmo de expansión del capitalismo a nivel mundial, sino más bien en una diseminación de los centros dinámicos del capitalismo".[19] Tal tendencia, la de *la industrialización en la periferia*, en lugar de revertirse —por lo menos según lo muestran las estadísticas que presentamos para el periodo 1970-1977— con lo de aquella visión del *orden depresivo* mundial general, encuentra serias dificultades explicativas. Y, evidentemente, este problema teórico no tiene implicaciones pequeñas, ya que a la par de tal *diseminación de los centros de acumulación* ocurren importantes modificaciones del papel del Estado y de la estructura de clases de esas sociedades, lo que incide decisivamente en el curso probable de la lucha de clases. Pero no es éste, el de la redistribución de los centros de acumulación con relación a la fase de contracción de la onda larga iniciada en 1948-1949, el punto que más nos interesa de Ernest Mandel para el planteamiento de aspectos polémicos relacionados con el agrupamiento de posiciones teóricas sobre la crisis, que hicimos en la primera parte de este trabajo. Nuestra intención es recuperar la noción de *crisis clásica de sobreproducción* que este autor desarrolla para la caída de la producción mundial en 1974-1975, planteamiento que, a nuestro entender, introduce correctos criterios para el tratamiento de la cuestión teórica de la crisis. Sin embargo, queda atrapado en un conjunto de pequeños problemas, sin poder darle una solución adecuada.

En primer lugar, una cuestión decisiva que preocupa a Mandel es el hecho de que la producción capitalista es "producción generalizada de mercancías" y, en consecuencia, unidad contradictoria de producción y circulación. En torno a ambas esferas, y a la importancia relativa asignada a ellas, es que se diferencian, según el autor, dos escuelas: la que las explica por el subconsumo y la que las explica por la *sobreacumulación*, afirmando que "ambas escuelas aportan elementos valiosos para una comprensión más profunda de las crisis". Cuestiona, sobre la base de esta primera afirmación, tanto la explicación *monocausal* como aquella que comete el error de "escindir arbitrariamente lo que

[19] A. Dabat, "La economía mundial y los países periféricos en la segunda mitad de la década del sesenta", en *Teoría y Política*, núm. 1, México, p. 31.

está orgánicamente unido, en el meollo mismo del modo de producción capitalista".[20] Su primera proposición, que compartimos ampliamente, es tratar de hallar un vínculo entre posiciones que separan una unidad en principio indivisible: producción y circulación.

En segundo lugar, propone —a nuestro entender también de manera correcta— una distinción básica entre lo que son "los fenómenos de aparición de la crisis, los detonadores de ésta, su causa más profunda y su función en el marco de la lógica inmanente del modo de producción capitalista".[21] Totalmente de acuerdo. Son los cuatro niveles básicos que en un trabajo anterior tratamos de presentar como imprescindible para el tratamiento teórico de la crisis. Veamos cómo explica cada uno de los niveles analíticos presentados:

Con relación a la *forma de manifestación*, señala que "cualesquiera que sean los rodeos profundos de análisis, el primer fenómeno que hay que captar es efectivamente el de esa ruptura brutal del equilibrio inestable que existe *normalmente* entre la oferta y la demanda de mercancías".[22] O sea, la primera percepción es aquella, evidente por lo demás, de que un conjunto de mercancías no se realiza tal como lo hacía en las condiciones de *normalidad* precedente del mercado. El detonador histórico concreto es el elemento que precipita el movimiento acumulativo propio de una situación de crisis, pero es claro que para hacerlo "tiene que coincidir toda una serie de precondiciones que no derivan en absoluto del juego autónomo del detonador".[23] *El elemento detonante no puede explicar por sí mismo la situación de crisis.* En otro momento de la fase expansiva, por ejemplo, la misma situación histórica que en una depresión actúa como detonante puede pasar desapercibida.

Finalmente, abordaremos la discusión en torno a la *función* de la crisis, al *sentido* capitalista de este momento del ciclo económico. Mandel es muy preciso, aunque general, al afirmar que no es más que "el mecanismo a través del cual se impone la ley del valor, a pesar de la competencia capitalista".[24] A través de estas primeras diferenciaciones analíticas entre la *forma de manifestación*, el *detonante histórico* y la *función capitalista de la crisis* se introduce un criterio, a nuestro entender correcto, para la explicación de la crisis. Falta la *causa más profunda* como un elemento imprescindible para completar dicha explicación, y es en este nivel donde ubicamos algunas diferencias con los planteamientos de Mandel. El autor se pregunta acerca de

[20] Ernest Mandel, *La crisis, 1974-1980*, Ediciones Era, México, cap. XXIV, p. 227.
[21] *Ibid.*, p. 231.
[22] *Loc. cit.*
[23] *Ibid.*, p. 232.
[24] *Ibid.*, p. 233.

cuáles son las causas de las crisis económicas capitalistas, y precisamente en donde tendría que hacer un esfuerzo "para no escindir arbitrariamente lo que está orgánicamente unido", según su propia preocupación inicial, responde separando, cortando, los vínculos analíticos que existen entre razones difícilmente separables. Así, menciona cuatro causas: *sobreacumulación de capitales, subconsumo de las masas, anarquía de la producción* y *caída de la cuota de ganancia*. Frente a cada una de estas *causas*, sucesivamente enumeradas, el autor responde que sin duda alguna cada una de ellas es *causa profunda* de crisis. Exactamente donde tendría que haber hecho el esfuerzo de unir, Mandel separa, rompe los vínculos necesarios.

Ya en otro trabajo anterior[25] intentamos una reconstrucción teórica con la perspectiva de vincular aspectos que en apariencia están disociados y que, en definitiva, favorecen interpretaciones multifacéticas de las crisis. Insistimos, tal cuestión teórica no está circunscrita al ámbito de lo académico, sino que tiene fundamentales repercusiones sobre la actividad política.

Esta variedad de *causas profundas* de crisis da lugar, en la primera interpretación que repasamos (Dos Santos), a concebir distintos tipos de crisis, como si ésta no fuera el *estallamiento de todas las contradicciones burguesas*. Con este *referente teórico* proponemos frente a la realidad, en las investigaciones empíricas, determinado tipo de problemas y, en consecuencia, probables respuestas que en definitiva moldearán la construcción de alternativas políticas. Además de ello insistimos al comienzo en que la *teoría de la crisis* supone de manera explícita una determinada concepción de la producción capitalista, y es en este marco donde se amplían las dificultades para la elaboración de propuestas teóricas y políticas. Se termina entonces, a veces, viendo *situación de crisis en donde no la hay* o pensando, muchas veces, en *situaciones permanentes de crisis*. Sobre estos dos aspectos —teoría y política frente a la crisis— volveremos a abordar. Mientras tanto, seguiremos con Mandel.

Frente a la observación que hicimos sobre las variadas causas de crisis presentadas, y no vinculadas por el autor, dejamos planteadas, desde aquí, una serie de preguntas. En primer lugar, ¿sobreproducción o sobreacumulación de capital será algo distinto a sobreproducción de mercancías? ¿O serán, por el contrario, expresión de un único fenómeno: la caída de la cuota de ganancia?

En segundo lugar, ¿el subconsumo de las masas y la anarquía y consecuente desproporcionalidad serán elementos autónomos de la

---

[25] Alberto Spagnolo, "Notas en torno al eclecticismo apuntes para la reconstrucción teórica de un argumento de Marx," en *Teoría y Política*, núm. 1, México, p 7.

forma como se acumula y sobreacumula capital, es decir, autónomos de
la forma históricamente determinada como se distribuye el trabajo
social bajo condiciones capitalistas de producción?

Por último, ¿sobreacumulación del capital-sobreproducción de mercancías y caída de la cuota de ganancia no nos remiten, en última
instancia, a la dinámica de la lucha de clases y, en particular, al enfrentamiento de burguesía y proletariado?

Son estas preguntas las que, a pesar de los esfuerzos de *vincular*
elementos indisociables, necesitan todavía ser respondidas. Pero están
presentes, en el trabajo de Mandel, un conjunto de otras cuestiones
que nos parece sumamente importante y esclarecedor con relación
a un eslabonamiento causal más preciso que incorpore toda una serie
de "mediaciones indispensables que se sitúan simultáneamente en la
esfera de la producción y en la de la circulación de mercancías". En ello
nos detendremos.

Mandel afirma que, en el transcurso de la reactivación, son dos los
elementos fundamentales: *inflamiento de las inversiones* y *aumento de
la composición orgánica del capital*. Están dadas, a través de ambos
elementos, las condiciones para un descenso de la cuota de ganancia,
que normalmente no ocurre por la presencia simultánea de causas
contrarrestantes poderosas, particularmente el incremento considerable
de la tasa de explotación del trabajo. A partir de allí, con ese punto de
partida esencial, la misma expansión es *autolimitativa* en tanto que
ella destruye paulatinamente las mismas condiciones que operaban, en
la fase incial de la expansión, como causas contrarrestantes: altera la
relación de fuerzas entre las clases (afectando la tasa de explotación),
modifica paulatinamente el comportamiento de los precios de las
materias primas, contrae el ejército industrial de reserva, etcétera.

Dos cuestiones más, según el autor, se suman: la expansión del
crédito, el auge especulativo consecuente, y, finalmente, los primeros
indicios de la sobreacumulación en tanto que sobreproducción de
mercancías.

Esta articulación que nos presenta Mandel nos parece totalmente
acertada, pero esconde, a nuestro entender, las dificultades explicativas
que se deducen de no poder vincular, en general, aquellas causas
distintas y autónomas que se presentaron anteriormente. Y la dificultad
reside, precisamente, en que el autor mezcla dos niveles de análisis; la
crisis y la tendencia a la crisis, en su sentido más general, deben poder
deducirse independientemente de la competencia y el crédito, al margen
de que la crisis *real* "sólo puede imponerse a partir del movimiento
real de la producción capitalista, de la competencia y el crédito".[26]

26 Karl Marx, *Teorías sobre la plusvalía*, Editorial Cartago, Buenos Aires,
II, p. 439.

Coincide con el criterio de Yaffe cuando afirma que "la competencia no crea o establece las leyes de la economía burguesa . . . puede generalizar una baja en la tasa de ganancia para todos los capitales, pero esa baja tiene que concebirse con anterioridad a la competencia e independientemente de la misma".[27] La tendencia a la baja de la cuota de ganancia es el aspecto fundamental del movimiento del capital, es su elemento genuino y peculiar, que rebasa sus simples determinaciones de mercancía y dinero. Es el rasgo específico que permite que todas las contradicciones potenciales que operan como forma y posibilidad de crisis se transformen en contradicciones reales. Pero resulta claro que ninguna de esas contradicciones formales es causa de crisis; son sólo posibilidad de ella. Nos referimos a las unidades contradictorias de valor de uso y valor, mercancía y dinero, trabajo y valorización, producción-circulación, etcétera. No existe crisis si estas formas no se llenan de contenido, ya que "los factores no convierten esta[s] posibilidad[es] de crisis en una crisis real no se encuentran contenidos en la forma misma; ésta sólo implica que existe el marco para una crisis".[28]

El factor fundamental sobre el que se desarrollan en contradicciones reales aquellas simples posibilidades se encuentra en el movimiento contradictorio de la ganancia capitalista, movimiento que enfrenta el capital al propio capital. Pero debemos insistir en un aspecto básico: *la caída de la cuota de ganancia no es, de ninguna manera, la explicación directa de la situación de crisis; debe completarse con el contenido histórico concreto proporcionado por el movimiento particular de cada una de las variables que sobre ella tienen incidencia* y que, tal como lo presenta Mandel, sufren comportamientos específicos a lo largo de los distintos momentos de la fase de expansión. La tendencia de la cuota de ganancia a bajar es el factor causal fundamental, sobre el cual pueden explicarse las demás variables.

Puestas así las cosas, en Mandel, a nuestro entender, se combinan una presentación incorrecta de las causas de crisis y una descripción acertada del eslabonamiento de categorías a lo largo del ciclo. Preguntamos: ¿por qué cuando Mandel explica el eslabonamiento concreto o histórico comienza por señalar el incremento de la composición orgánica del capital como la base sobre la que se articulan las demás variables, y por qué razón no comenzó, por ejemplo, con la anarquía de la producción, otra de las causas que él menciona? O ¿por qué no con el subconsumo de las masas?; ¿por qué no con las desproporcionalidades? Son estos dos niveles lo que Mandel confunde: la *causa profunda* y la articulación del movimiento de lo posible a lo real.

Aún así, la proposición de Mandel contenida en este trabajo nos

[27] David Yaffe, *op. cit.*, p. 57.
[28] Karl Marx, *Teorías sobre la plusvalía*, p. 437.

parece importante. En primer lugar, la diferenciación de los aspectos
a analizar de la situación de crisis introduce en el esfuerzo analítico
un principio de ordenamiento para saber qué se discute, si la causa
profunda, la forma de manifestación, el detonante o la función propia
de la crisis. En segundo lugar, a pesar de la confusión que apuntamos,
el elemento rector en Mandel es la tendencia al descenso de la cuota
de ganancia, y sobre ella la sobreacumulación-sobreproducción-sobre-
especulación. En esta medida, la relación producción-circulación
(reproducción) nos parece totalmente acertada en el sentido de buscar
su unidad, y, dentro de ella, la determinación de la producción, en
última instancia. Por último, pensamos que la polémica con el autor
se circunscribe a la descripción de las variadas *causas profundas*, cuestión que a nuestro juicio contradice el resto de las afirmaciones de su
trabajo.

6. *Una segunda aproximación: los tipos de crisis de Dos Santos
y sus implicaciones para la investigación empírica*

Estamos ahora en condiciones de introducir algunas críticas a la posición de Dos Santos con relación a su *marco teórico*, pero también
trataremos de ver de qué manera incide sobre la investigación empírica
determinado referente teórico y cómo, a fin de cuentas, se expresa
todo esto en política, o, por lo menos, las líneas de actividad que están
implícitas.

En Dos Santos, pensamos, *los tipos de crisis están directamente
vinculados a las* formas de manifestación, *sin referencia analítica a
las diferencias existentes entre la* causa profunda *y el detonante*, tal
como lo habíamos visto con Mandel. Existe en el planteamiento de
aquel autor una separación profunda de aquello que era necesario unir:
producción y *circulación*. Capta la no realización de mercancías, y
acentúa frente a ella la capacidad de compra. Sabemos, por lo demás,
que la sobreproducción de mercancías es el hecho evidente (aparente).
Por ello es fundamental relacionar esta percepción inmediata a través
de la circulación, que es la forma social del proceso de reproducción,
con la sobreproducción-sobreacumulación de capital, aspecto que a
nuestro entender vincula la unidad contradictoria de producción-circulación. Esta última se convierte así en el marco apropiado en el que
se expresan contradicciones que rebasan sus propias determinaciones
como esfera diferenciada, ya que "la sobreproducción general tendrá
lugar no porque los obreros consuman relativamente demasiado pocas
mercancías o los capitalistas demasiado pocas de las mercancías que han

de ser consumidas, sino porque de ambas se ha producido demasiado; no demasiado para el consumo, sino para asegurar la relación correcta entre el consumo y la valorización: demasiado para la valorización".[29] Lo que está en juego no es sólo el consumo, sino una determinada tasa de valorización que, en tanto tal, escapa de una determinación exclusiva mediante el proceso de circulación, la esfera de convalidación social. Plantear así la relación entre sobreproducción de mercancías y sobreacumulación de capital nos abre un espacio mayor de comprensión de la crisis capitalista, e incluso de sus soluciones desde la perspectiva de las clases fundamentales. Fija, incluso, los límites de la *intervención estatal*. Veamos: mientras incorporamos la noción *sobreacumulación de capital*, entendemos que, desde un punto de vista capitalista, *solucionar* la crisis implica resolver no sólo la sobreproducción de mercancías, sino el capital sobreacumulado, con lo que adquiere sentido la necesidad burguesa de reestructurar y desvalorizar el capital en funciones, como propuesta saneadora por excelencia. Por otro lado, se podrá propiciar el consumo a través del gasto estatal, pero de hecho esto implica diferir la verdadera solución de la crisis capitalista, que tarde o temprano exigirá anteponer la valorización y su grado a la solución por el consumo y su incremento. Es éste el verdadero límite de la *intervención estatal*, que oscila entre el respeto a la función saneadora de la crisis y el fortalecimiento de los elementos contratendenciales.

Además, la sobreacumulación de capital por sí misma nos abre otros campos de investigación y, a la vez, facilita la comprensión de la dinámica de la producción capitalista, en particular en dos niveles. Por una parte, hace referencia a la forma como se distribuye el trabajo social entre las diferentes ramas de la división social del trabajo, en forma independiente del control voluntario consciente del hombre sobre su proceso de producción y reproducción de la vida material. Tiene plena vigencia la pregunta que en este sentido formula Mandel "¿por qué, después de 150 años de experiencia, los capitalistas siguen actuando en el mismo sentido, en vez de *compensar* sus errores de previsión recíprocos?"[30] Por otra parte, más allá de los "errores de previsión capitalista", ¿a qué fenómeno en particular se vincula la sobreacumulación? Seguimos pensando, junto con Marx, que la sobreinversión está directamente vinculada a la tendencia al descenso de la cuota de ganancia. Así, el mecanismo contratendencial básico frente al movimiento de ella es su compensación a través del incremento de la masa de ganancia, recurso contrarrestador inmediato del capital. Así, *la tendencia al descenso de la cuota de ganancia es la base fundamental*

29 Karl Marx, *Elementos fundamentales. . . .* t. I, p. 402.
30 Ernest Mandel, *op. cit.*, p. 241.

por la que se explica la presión permanente a la sobreacumulación.
Es éste un aspecto fundamental del fenómeno que aquí analizamos.
La pregunta sería la siguiente: ¿en qué medida la tendencia progresiva
al descenso de la cuota de ganancia se vincula con el aumento absoluto
de la fuerza de trabajo puesta en movimiento y con el aumento también
de la masa de ganancia para el capital global total? Así, a una disminución relativa del capital variable y de la ganancia corresponde un aumento absoluto de ambos. En definitiva: compensación del descenso de la
cuota de ganancia por un aumento progresivo de la masa de ganancia
para el total de mercancías en aumento. En este mecanismo compen-
sador básico del capital reside la presión permanente para la sobreacumulación de capital y la sobreproducción de mercancías. No es más
que la manera particular como reacciona el capital social frente a la
disminución progresiva de la cuota de ganancia. Es también a través
de este mecanismo como realmente se transforman las posibilidades
en realidades, las contradicciones parciales en contradicciones reales (va-
lor-valor de uso / compra-venta / dinero como medio de pago / producción-circulación).

Las dificultades de realización se exacerban bajo este movimiento
que acabamos de presentar: el aumento de la productividad social del
trabajo recrea las bases materiales del proceso de acumulación, al mismo
tiempo que, desde el punto de vista del valor, se compensa con la masa
de ganancia la caída de la cuota de ella misma. Desde el punto de vista
de la circulación, se trata ahora de vender masas incrementadas de
mercancías con masa y tasa disminuidas por cada una de ellas. Esto
se expresa de una determinada manera en la conciencia del capitalista
individual, como si *voluntariamente* "adicionara menores ganancias
sobre la mercancía individual, pero se resarciera gracias al mayor número
de mercancías que produce". La *desproporcionabilidad* y el *subconsumo*
son también, de hecho, contradicciones potenciales. De lo que se trata
es de descubrir el mecanismo mediante el que adquieren existencia
real.

Pero volvamos a Dos Santos . . . En su planteamiento no existe
ninguna preocupación por vincular *forma de manifestación* con *causas
profundas.* Expresamente niega toda posibilidad desde el momento en
que, con relación a la cuota de ganancia, sólo asume la vinculada a la
erosión de ganancias por el incremento salarial, y niega "las crisis
dependientes de la tendencia a la tasa decreciente de ganancia por su
carácter secular [?] y por lo controvertido de esa tendencia bajo las
condiciones del capitalismo monopólico [?]"[31] El referente teórico
del autor nos parece absolutamente insuficiente, y esta dificultad no
queda encerrada en los estrechos marcos de la *teoría*, sino que incide

---

[31] Dos Santos, *op. cit.*, p. 153.

decisivamente en los problemas que levanta frente a la investigación empírica. Veamos:

En primer término, la misma preocupación que sostuvimos frente a la afirmación de *fase depresiva de la onda larga* en Mandel: Dos Santos insiste en que la crisis abierta en 1967 fue una crisis general del capitalismo, que "no se presenta en algunos países por separado, sino que tiene un carácter internacional y afecta todo el sistema capitalista mundial".[32] Cabe aquí, como decíamos, la misma reflexión que hicimos con motivo de la onda larga y la fase depresiva planteada por Mandel. Es a partir de 1967 que se agudizan tanto la caída de la cuota de ganancia como la sobreacumulación de capital en los países centrales, aspectos que incidirán definitivamente en la determinación de nuevos centros de acumulación de capital a través de una expansión vigorosa de los mercados de mercancías y capitales. La cuestión es que, salvo referencias aisladas, ni el movimiento de la cuota de ganancia como motor básico de la producción capitalista ni los vínculos entre sobreacumulación de capital y sobreproducción de mercancías están definidos como aspectos centrales en el referente teórico de Dos Santos. No están inscritos como aspectos fundamentales para la investigación empírica.

En segundo término, aparece como problemática básica a investigar, en tanto que está definida como referente fundamental, la cuestión del subconsumo y la de la desproporcionalidad, vinculadas con la realización de mercancías. Es de este modo que, a lo largo del trabajo de Dos Santos, se acentúa la problemática de la demanda social, a tal punto que uno de los aspectos fundamentales a dilucidar es, precisamente, cómo fue posible la recesión en época de guerra. Es así que el Estado y los gastos del mismo aparecen como remedios a la crisis de subconsumo, y claramente se deduce de todo el razonamiento del autor que la crisis general abierta en 1967 se explica a partir de los límites estructurales de la posibilidad de expansión del gasto estatal (problemas de financiamiento del mismo, incidencia sobre la balanza de pagos, disminución del efecto multiplicador del gasto militar, problemas políticos y sociales ocasionados por la guerra). Nuevamente aquí desaparece del análisis el problema de la producción y la reproducción del capital social, quedando el autor subsumido en la forma social general de dicho proceso: la circulación. Fuera de la gestión técnica de ésta por parte del Estado, como regulador fundamental de la demanda, esencialmente no existe ninguna aproximación a la incidencia estatal directa o indirecta sobre la producción como esfera diferenciada. Se explica por qué: si las crisis capitalistas se reducen a la disminución del poder de compra, como el autor lo presenta, toda *intervención*

32 *Ibid.*, p. 170.

estatal se caracterizará por los incentivos al consumo y el consecuente y necesario incremento del nivel adquisitivo.

En tercer término, el autor señala como una de las características de la crisis capitalista actual la confluencia de inflación y recesión. En esto estamos de acuerdo, pero cuando intenta explicar la inflación nuevamente elimina toda referencia explicativa a la unidad contradictoria de producción y circulación. Reaparecen como argumentos la creación de la demanda estatal sin diferenciación alguna—, la política crediticia, el control monopólico del mercado y los déficit de balanza de pagos. El carácter absolutamente parcial de este intento explicativo obedece, en nuestra opinión, a las prioridades definidas a partir del referente teórico.

7. Una tercera aproximación: la tendencia descendente y las dificultades en el análisis empírico de Yaffe

Presentamos, anteriormente, las ideas básicas que conforman el referente teórico de Yaffe en su intento por explicar los rasgos sobresalientes de la crisis capitalista actual. *La tendencia descendente de la cuota de ganancia, y como expresión del desarrollo de la productividad social del trabajo y la afectación de la proporción del trabajo vivo explotable, es el eje fundamental en torno al que gira la argumentación del autor.* Compartimos la perspectiva analítica global, pero, sin embargo, tenemos algunas diferencias sobre aspectos que, mal o insuficientemente tratados, debilitan los argumentos del estudio.

En primer lugar, en torno a la *causa* de la crisis no es necesario insistir en la tesis de Yaffe sobre la caída tendencial de la cuota de ganancia. Al respecto, creemos que existe una visión parcial del autor, lo que se expresa —de manera distinta a Dos Santos—, en la separación de lo que está orgánicamente unido: producción y circulación. Para él la cuestión relevante es la caída de la cuota de ganancia, pero no menciona el otro aspecto fundamental, compensatorio para el capital social: el aumento de la masa de ganancia. Las mismas causas que provocan un descenso de la cuota de ganancia provocan un aumento de la masa de ganancia apropiada por el capital. Es por ello que cuando Marx se refiere a ella habla de la "ley *bifacética* de la disminución de la tasa de ganancia y del simultáneo aumento de la masa absoluta de la ganancia".[33] Así, *la disminución de la tasa de ganancia es, contradictoriamente, un acicate permanente (además de límite) para el desarrollo del proceso de acumulación.* ¿Qué tipo de consecuencias tiene este elemento sobre el análisis de Yaffe: y a qué tipo de *ausencias*

33 Karl Marx, *El capital*, III-6, p. 280.

lo conduce? Nosotros pensamos igual que el autor cuando afirma que "cualquier hincapié abierto en las tesis de la desproporcionalidad o en las tesis subconsumistas conduce necesariamente a una práctica política reformista", o por lo menos conduce a una pretendida gestión reformista de la crisis. Está bien, pero en ningún momento el autor logra explicar las razones por las que ni la desproporcionalidad ni el subconsumo son, por sí mismos, causa de crisis, y menos aún logra mostrar en sus argumentaciones de qué forma ambas son posibilidad abstracta de crisis y cómo a través de la cuota de ganancia descendente se tranforman en reales. Es decir, no logra relacionar *causa profunda* con *formas de manifestación*, La desproporcionalidad es posibilidad permanente de crisis si la relacionamos con la forma *no consciente* con que se sigue distribuyendo el trabajo social, más allá de la capacidad programadora del monopolio y del Estado. El subconsumo, por su parte, es también posibilidad permanente, ya que

> La demanda de los obreros no basta, y que la ganancia surge precisamente del hecho de que esa demanda es menor que el valor de su producto, y que ella [la ganancia] es tanto mayor cuanto menor, en términos relativos, sea dicha demanda.[34]

De esta manera es que el subconsumo debe entenderse, en tanto posibilidad abstracta resultante del doble papel de los obreros, *en tanto productores de la ganancia del capital y en tanto consumidores; ambas* funciones sociales *de las masas son absolutamente contradictorias y cumplen mejor una función cuando menos satisfacen la otra necesidad del capital.* Lo que en definitiva Yaffe no entiende —sobre la base de la comprensión de aquella ley *bifacética*— es el vínculo entre sobreacumulación de capital y sobreproducción de mercancías, sobre la base del descenso progresivo de la cuota de ganancia. Para nosotros la ausencia de este eslabón necesario quiebra en Yaffe la posibilidad de entender la respuesta que la circulación ofrece a las contradicciones presentadas por la producción y sus leyes básicas de movimiento, y, en definitiva, el vínculo producción-circulación como base explicativa de la crisis se rompe y los cuestionamientos a las teorías de la desproporcionalidad y el subconsumo son sumamente débiles, a pesar de que Yaffe insiste en que a través de las tesis desproporcionalistas o subconsumistas se rompe el vínculo necesario entre producción y circulación, / al acentuar que es la circulación la que opera como elemento límite de la producción. De acuerdo con nuestro argumento, Yaffe rompe aquella unidad contradictoria al tomar como límite la producción, pero sin indagar sobre las relaciones entre *causa profunda y formas de manifestación.*

34 Karl Marx, *Teorías sobre la plusvalía*, II, p. 403.

En segundo lugar, sobre la base de este punto de partida —parcial pero correcto—, un segundo elemento que padece las mismas limitaciones que el anterior, en la medida de su insuficiencia explicativa, es el problema del Estado capitalista. Nuevamente el punto de partida de Yaffe es correcto en tanto pretende cuestionar la idea de que el Estado está por encima de la sociedad, como poder que ordena y alivia los conflictos sociales, como si, tal como lo afirmamos en la introducción, Estado y estructura productiva tuvieran una relación disyuntiva, y el Estado y su *intervención* fueran elementos exógenos a la competencia y a la crisis como formas de existencia del capital. Pero este correcto punto de partida se deforma por una visión totalmente insuficiente del carácter mismo de la incidencia estatal. La conclusión del trabajo de Yaffe es que, esencialmente, toda intervención estatal es improductiva —tesis que sustenta a un nivel extremo de generalidad y formalismo—, con lo que es claro que, sin argumentos que reflejen vínculos concretos entre Estado y descenso de la cuota de ganancia, compensación a través de la masa de la misma, tandencia a la sobreacumulación de capital y sobreproducción de mercancías, Yaffe concluye con el acentuamiento del resultado negativo de la intervención estatal para el capital social. Tal afirmación, pensamos, se vincula con la incapacidad del autor de desarrollar concretamente, para el capitalismo contemporáneo, el problema de la *productividad e improductividad del trabajo*, a partir de la orientación general que Marx nos brinda en sus diversos textos. Nuevamente la teoría fija referentes básicos para la investigación empírica y el análisis concreto, a tal extremo que, en el caso de la producción de lujo, concluye que, en la medida en que no se afecte el valor de la mercancía fuerza de trabajo, tendencialmente tiene una incidencia negativa sobre la cuota de ganancia. Aquí, nuevamente, no sólo constatamos conclusiones formales y generales, sino que también, sobre la base de la incomprensión del vínculo entre tasa de ganancia e incremento de la masa de la misma, Yaffe no logra explicar tendencia y contratendencia como aspectos del movimiento contradictorio del capital. Este elemento nos conduce a una tercera conclusión crítica sobre el trabajo de David Yaffe.

El defender la tendencia al descenso de la cuota de ganancia es solamente un aspecto de la defensa, para el capitalismo contemporáneo, de los argumentos esenciales de Marx en torno al problema de la crisis. Ya señalamos, a nivel teórico, algunas insuficiencias del planteamiento de Yaffe en torno a la unidad contradictoria de producción y circulación como base explicativa de la crisis: no logra vincular teóricamente *causa profunda* y *forma de manifestación*, pero además, dado el carácter formal y general de algunas conclusiones, Yaffe no logra distinguir el otro aspecto o nivel analítico de la crisis, que es el *detonador* o, más claramente, el contenido histórico concreto de la crisis capitalista: las tendencias y contratendencias *concretas* del movimiento *concreto* del capital. Sin este aspecto la comprensión global del fenómeno siempre será insuficiente. No es que David Yaffe, justo es reconocerlo, no introduzca valiosísimos elementos para completar esta visión global —tales como la derrota de la clase obrera por la guerra y el fascismo, el desarrollo desigual de la productividad en los países capitalistas más desarrollados, el colaboracionismo de los partidos comunistas de Occidente— en tanto elementos que explican el auge de la posguerra, pero lo que no logra es establecer el movimiento de tendencia y contra-tendencia de estos mismos elementos, que originariamente impulsaron el crecimiento capitalista en la posguerra. Insistimos aquí en lo que, en alguna medida, es la modesta pretensión de este trabajo: defender la necesidad e importancia del análisis teórico del fenómeno de la crisis, y analizar de qué forma determinados *marcos teóricos* marcan las pautas centrales de la investigación empírica.

8. Una cuarta aproximación: los límites teóricos de la erosión de las ganancias por el incremento de los salarios

Por último, unas breves consideraciones críticas en torno a las posiciones citadas de Boddy y Crotty, y de Glyn y Sutcliffe, vinculadas con una cierta concepción del fenómeno de la crisis resultante de la caída de la rentabilidad por los progresivos incrementos salariales.

Un primer problema teórico está vinculado con el hecho de que, en "los periodos de expansión y crecimiento acelerado, el alza de los ingresos reales (en porcentaje y en términos absolutos) puede ser paralela a un aumento del monto absoluto del beneficio, así como de su tasa".[35] Este aspecto que acabamos de presentar se vincula, a su vez, con tres problemas específicos planteados por un referente teórico sraffiano. En primer término, la manera en que Sraffa considera la relación entre salarios y ganancias: como relación lineal en la que lo que gana una clase lo pierde otra, según se especifica a través de la ecuación fundamental del sistema:

$$r = R \left(1 - w\right)$$

La confusión entre tasa de plusvalía y tasa de ganancia es una parte de la vieja pero vigente crítica de Marx a Ricardo, en la que insistía en que la tasa de ganancia depende de "la cantidad total de trabajo

[35] A. Gamble y P. Walton, *El capitalismo en crisis, la inflación y el Estado*, Siglo XXI, México, 1980, p. 206.

empleado por el capital de toda la clase de los capitalistas y de la proporción del trabajo impago; y, por último, de la relación del capital invertido en trabajo y del capital que sólo se reproduce como condición de la producción".[36]

En segundo término, es claro que en el sistema sraffiano el componente trabajo (ni hablar de la fuerza de trabajo como capacidad viva de trabajo puesta en movimiento) no cumple ningún papel particular en el contexto de las condiciones técnicas de producción, por lo menos en lo que respecta a los bienes necesarios para la subsistencia de los trabajadores, ya que entran en el sistema "en pie de igualdad con el petróleo para las máquinas o los alimentos para el ganado".[37] Esto, a su vez, por dos razones: primero, porque la inclusión de los salarios como componente variable al interior de la matriz de coeficientes técnicos implicaría retornar a la vieja contradicción ricardiana entre diferencia y cambio, entre valor absoluto y valor relativo. Pero, además, tal afirmación se complementa con la idea de que Sraffa no otorga ninguna *situación privilegiada* al plustrabajo o al plusvalor como determinante básico de las ganancias, con lo que los conflictos sociales al interior del proceso de trabajo no tienen mayor relevancia.

Por último, el mismo concepto de clases y de lucha de clases resulta, a partir de lo que hemos afirmado, distinto al contenido que ambas categorías tienen en el aparato conceptual marxista. Para Sraffa las clases juegan un papel preponderante en la determinación del salario real, y en el ámbito específico del mercado, con lo que todos los asalariados, aun los que tienen control sobre la producción de sobretrabajo, son partes de la clase trabajadora. Así, "la contabilidad sraffiana de las ganancias es mucho más congruente con la definición weberiana de las clases y de la lucha de clases que con la concepción marxista".[38]

Vemos claramente de qué manera la definición de los referentes teóricos fijan el marco adecuado de la investigación empírica. Las posiciones de los autores que aquí comentamos son, nuevamente, una muestra clara de la importancia que tiene la fijación del referente teórico.

Un último aspecto que nos parece importante señalar. Más allá de nuestras diferencias con el aparato conceptual que orienta este tipo de investigaciones sobre la relación entre salarios y ganancias como determinante de la situación de crisis, en la medida en que aquí, a nuestro entender, *están mezclados sin diferencias analíticas tanto la causa como la forma de manifestación, lo mismo que el detonante*

---

[36] Karl Marx, *Teorías sobre la plusvalía*, II, p. 322.
[37] P. Sraffa, *Producción de mercancías por medio de mercancías*, Editorial Oikos-Tau, p. 25.
[38] Erik Olin Wright, *op. cit.*, p. 74.

o contenido histórico concreto de la situación de crisis, reivindicamos la seriedad y el esfuerzo analítico de ambos trabajos. En particular, dejamos para la reflexión una idea básica que se desprende de ambos trabajos, y que, a nuestro juicio, refuta de raíz las variadas tesis de subconsumo: los momentos anteriores a la crisis siempre se caracterizan por un incremento considerable de los salarios, que, por lo general, tienen tasas de incrementos superiores incluso que los precios de los productos intermedios y los productos finales. Parece ser, bastante tiempo después, que las evidencias empíricas tienden a fundamentar con más vigor aquella vieja afirmación de Marx de que

... si se quiere dar a esta tautología [de que las crisis provienen de la carencia de consumidores solventes] una apariencia de fundamentación profunda diciendo que la clase obrera recibe una parte demasiado exigua de su propio producto, y que por ende el mal se remediaría no bien recibiera una fracción mayor de dicho producto, no bien aumentara su salario, pues, bastará con observar que invariablemente las crisis son preparadas por un periodo en el que el salario sube de manera general y en que la clase obrera tiene realmente una porción mayor de la parte del producto anual destinada al consumo. Desde el punto de vista de estos caballeros, del *sencillo* (!) sentido común esos periodos, a la inversa, deberían conjurar las crisis".[39]

La discusión, sin embargo, está abierta.

---

[39] Karl Marx, *El capital*, II-5, p. 502.

EL MERCANTILISMO FINANCIERO COMO ELEMENTO ESENCIAL DE LA SITUACIÓN ECONÓMICA ACTUAL Y COMO OBSTÁCULO A LA ESTABILIDAD Y AL EQUILIBRIO DE TODAS LAS ECONOMÍAS

ANTONIO SACRISTÁN COLÁS

Introducción

La presente disertación, especialmente preparada para este Seminario, se apoya en diferentes trabajos del autor,[1] a los cuales me remito cuando en el curso de la misma pudiera considerar alguna afirmación como excesivamente dogmática por no aparecer suficientemente fundamentada.

Lo he titulado "El mercantilismo financiero . . . como obstáculo a la estabilidad y al equilibrio de todas las economías" por ser aquél el agente transmisor que más negativamente ha operado, incrementando el subdesarrollo de las economías dependientes, y que al fin y a la postre ha tenido que generar, como no podía ser de otra manera, los fuertes desequilibrios que experimentan también las economías que se consideraban más prósperas. Mejor quizás hubiera sido titularlo "La situación económica mundial y la ineludible necesidad de emprender políticas para corregir las inconsistencias y contradicciones de la teoría convencional o al uso, que han llevado necesariamente al mal funcionamiento de todas las economías, tanto de las más desarrolladas como de las que han alcanzado menores niveles de progreso". Por lo largo y poco expresivo, no hemos puesto este título a la cabeza del presente trabajo.

La situación económica mundial, que sobrepasa el concepto tradicional de crisis alternativa y recurrente, se caracteriza por el desempleo, la

---

[1] En primer lugar, *Principios esenciales del crecimiento económico*, Editorial Moneda y Crédito, Madrid, 1973, en el cual se desenvuelve el principio de la independencia de la propensión al consumo de las ganancias, y se destaca ya la tasa de crecimiento del salario real como principal elemento de análisis, porque en él convergen el proceso productivo y la distribución, y el proceso monetario y real.

En segundo lugar, el ensayo publicado por el CIDE: "La situación económica mundial y México; las cuestiones que suscita el intercambio del petróleo", en *Cuadernos de Ensayos*, núm. 1, México, 1980, el cual a su vez es una especie de decantación y resumen de otros trabajos anteriores mimeografiados, tales como *La tasa de crecimiento del salario real y la tasa de interés, Lo contradictorio e irrealista de la teoría de la acumulación de capital vigente, La tendencia natural al equilibrio externo, La ineludible presencia del Estado en la vida económica* y, recientemente, el trabajo presentado en el Seminario sobre América Latina, organizado por el CIDE: "El mercantilismo financiero como obstáculo al desarrollo económico".

inflación, el desequilibrio comercial externo y la depauperación progresiva de las monedas, que padecen hoy todas y cada una de las economías; es decir, como fenómeno que puede considerarse general.

A mi parecer, la situación económica mundial no puede considerarse como crisis en el sentido de movimientos alternativos y recurrentes más o menos cíclicos alrededor de una tendencia general al equilibrio, porque la inflación es un fenómeno secular, el desempleo también –si se aprecia a nivel mundial– y el desequilibrio comercial externo puede considerarse como persistente, por lo menos a partir de la primera guerra mundial. No se corresponde tampoco con el concepto harrodiano, según el cual la inflación se producía en el punto álgido del pleno empleo y el desempleo era la expresión de la depresión. En la realidad contemporánea desempleo e inflación coexisten, lo mismo en los países más prósperos que en los que padecen proporciones mayores y endémicas de desempleo. Y es lógico que suceda así, porque el desempleo y la inflación son, como veremos más adelante, las dos caras del mismo fenómeno, aunque algunas veces se acentúen más los síntomas de la una que del otro.

La situación económica que padecen hoy todas las economías es más bien resultado de un mal funcionamiento original y secular de los sistemas económicos, que de tiempo en tiempo se agrava como consecuencia del propio mecanismo acumulativo del sistema, hasta llegar a los extremos, hoy tan aparentes, que difícilmente pueden ser frenados, corregidos o suavizados si no se aceptan conceptos e ideas totalmente diferentes de los de la economía convencional o al uso, que llamamos así porque inspira el comportamiento de los sujetos económicos y sirve de base a las políticas económicas, gravemente contradictorias con el proceso natural del crecimiento económico.

No es fácil suponer lógicamente que la crisis pueda revertirse ni suavizarse mientras no aceptemos un cambio radical de las ideas y conceptos al uso.

1. El desempleo como fenómeno que resulta ser consustancial al pensamiento económico convencional o al uso

El *desempleo* es el mayor contrasentido de la teoría económica, el *vicio contra natura* de toda economía y de toda sociedad, puesto que, mientras hay insuficiencia de recursos y bienes para atender la satisfacción de las necesidades de una población creciente, existe mano de obra desempleada o insuficientemente utilizada que podría producirlos.

Con demasiada frecuencia se arguye que el desempleo es provocado por las altas tasas de crecimiento de la población o por la insuficiencia de recursos financieros, cuando lo cierto es que cada trabajador empleado produce más de lo que consume y, por consiguiente, genera un excedente económico que puede ser traducido en recursos financieros necesarios para aumentar la acumulación, el empleo y el crecimiento de la productividad por hombre. No es, pues, la falta de recursos financieros lo que genera el desempleo, sino al revés: es el insuficiente empleo de la mano de obra disponible lo que genera la insuficiencia de los recursos financieros.

El mal arranca del concepto básico de la teoría ricardiana de la acumulación —que puede considerarse como vigente—, según la cual, para que exista incremento acumulativo de la ganancia y la acumulación, es menester que el salario permanezca a un nivel determinado, gracias a la oferta ilimitada de mano de obra —es decir, gracias al desempleo—, cuando lo cierto es que, para que haya crecimiento de la productividad por hombre y del salario, es necesaria la acumulación; pero a su vez, para que haya acumulación efectiva y eficiente, es menester que el salario real y demás remuneraciones del trabajo crezcan proporcionalmente (ésta es la enseñanza básica de la teoría general keynesiana del empleo).

Y a pesar de que la crítica marxista puso de manifiesto la irrealidad de la suposición de la teoría ricardiana de la acumulación, que no podía permitir el mantenimiento del salario a un nivel dado, sino, por el contrario, la desproporción de la acumulación de capital tendría que llevar necesariamente a la depauperación del salario (o al menos a su depauperación relativa en proporción con el crecimiento del producto), hemos dejado a un lado tan fundamental crítica y seguimos creyendo que para que pueda haber acumulación es necesario que haya mano de obra desempleada y que el salario crezca menos que el producto y la acumulación misma.

La neoclásica no pudo comprender el desempleo, no sólo por considerarlo irracional, sino porque suponía que el producto tendería a distribuirse en la proporción en que los factores se combinaran en el proceso productivo. Así, la economía tendía a estar siempre en equilibrio y pleno empleo.

La teoría del desempleo, tal como está desarrollada en la *Teoría general del empleo, el interés y el dinero*, de Keynes, es explícita. En economías monetarias (y la mayor parte de las economías contemporáneas lo son) nada garantiza, como suponía la neoclásica, que el salario real sea proporcional a la productividad del trabajo; entonces surge la insuficiencia de la demanda efectiva y el desempleo se torna acumulativo.[2]

---

2 Keynes, *Teoría general del empleo, el interés y el dinero*, cap. 2.

Para comprender bien este argumento, en los trabajos de referencia introduzco el teorema de las tres tasas, según el cual la tasa de crecimiento del salario real, la tasa de acumulación y la tasa de crecimiento del producto tienen que ser necesariamente iguales si son medidas en términos reales; y que cuando estas tres tasas iguales entre sí no son iguales a la de la productividad de la economía, que es la productividad del trabajo (habida cuenta de que el capital es trabajo acumulado), se produce necesariamente, por un lado, insuficiencia de la acumulación para atender la tasa de crecimiento de la población, y por consiguiente del pleno empleo; y, por el otro, desproporción de la participación de la ganancia con respecto al crecimiento del producto, que es la inflación.

El desempleo no es accidental, como generalmente se le supone, sino que, por el contrario, lo accidental y efímero es el pleno empleo, que sólo se alcanza en economías altamente desarrolladas, y en breves y determinadas circunstancias.

Esto es natural que así suceda, puesto que, cuanto mayor sea el desempleo, mayores y más fáciles son las posibilidades de que la participación de la ganancia crezca desproporcionalmente con respecto al crecimiento del producto y del salario, y de la acumulación misma (medida por su eficiencia). Y aunque la inflación favorece de una manera inmediata la desproporción de la participación de la ganancia en el consumo, ésta, antes o después, tiene que ajustarse por devaluaciones y por reducciones del valor nominal y del poder adquisitivo del dinero, en que la participación de la ganancia está expresada.

Ello nos ha llevado a sugerir[3] un cambio radical de enfoque en el análisis económico: el tomar como elemento de análisis y medición de las magnitudes económicas *la tasa de crecimiento del salario real*, como participación del consumo del trabajo en el producto —que es el costo primo de producción—, en vez de tomar en consideración la tasa de ganancia y precios, que por su interdependencia desarticula el análisis productivo real y confunde el monetario.

Ya es hora de que se tome en consideración la medida keynesiana *unidad salario en dinero*, en vez de seguir operando con meros indicadores estadísticos, cuya ineficiencia se revela en que, al dar por correctos los ajustes del ingreso monetario por números índices de variación de los precios, se está incurriendo en *petición de principio*.

Además, no puede caber duda de que el crecimiento del salario real y demás remuneraciones del trabajo es el objetivo de toda economía y de toda sociedad, porque cuando el salario real crece proporcionalmente al producto es que crece también la acumulación de capital,

---

3 Véase del autor el ensayo titulado *La tasa de crecimiento del salario real y la tasa de interés: reflexiones críticas respecto al enfoque tradicional de la teoría económica*, documento mimeografiado, CIDE, México, marzo de 1979.

medida por su eficiencia, y la participación de la ganancia resulta ser proporcional a la productividad de la economía.

La resistencia tradicional a tomar en cuenta tan racional enfoque, que implica a la vez análisis del equilibrio o del desequilibrio y de la notoria injusticia, explica mejor que ningún otro argumento el mal funcionamiento de las economías.[4]

Si la participación de la ganancia aumenta desproporcionalmente con respecto al crecimiento del producto y del salario, y de la acumulación misma (medida por su eficiencia), y aunque la inflación favorece de manera inmediata la desproporción de la participación de la ganancia en el consumo, la participación de la ganancia, antes o después, tiende a ajustarse por devaluaciones y por reducciones al valor nominal y al poder adquisitivo del dinero, en que ella está expresada.

2. El irrealismo artificioso del desequilibrio externo

Éste es el segundo de los contrasentidos de la teoría económica que nos proponemos analizar aquí. Su importancia reside en que el desequilibrio comercial externo determina necesariamente el desequilibrio interno. Esto es, la inestabilidad en la distribución del producto entre los factores de producción de los países que comercian desequilibradamente, al propio tiempo que el desequilibrio interno determina el desequilibrio externo, con lo cual los desequilibrios perduran si no se toman medidas suficientes para conseguir un equilibrio comercial externo, al propio tiempo que estabilidad en la distribución del producto entre los factores de producción.

En el desequilibrio comercial externo es donde se advierte con mayor claridad la discrepancia entre teoría y realidad, que aqueja tantas veces el análisis económico. En efecto, en ningún otro aspecto del mecanismo económico es más ineludible el principio del cuadro del equilibrio general, según el cual el monto total de lo vendido es necesariamente igual al monto total de lo comprado. El monto total de lo producido es igual al monto total de lo consumido e invertido en medios de producción. Si unos países consumen más de lo que producen, otros necesariamente producen más de lo que consumen.

Así pues, en términos de mercancías no puede haber desequilibrios externos que no sean puramente temporales y corregibles por sí mismos, puesto que es imposible realizar el exceso de lo vendido sobre lo comprado más que adquiriendo al deficitario más mercancías de las que se venden, esto es, restableciendo el equilibrio alterado.

4 *Ibid.*

Por ello la teoría del comercio internacional no ha podido escapar al principio del equilibrio, según el cual las adquisiciones, como las ventas de mercancías en el exterior, han de influir en el sistema de costos y precios internos por vía de las variaciones en la distribución del producto entre los factores. Al propio tiempo que los tipos de cambio, de equilibrio, han de generar el equilibrio de la balanza de mercancías y servicios, y han de lograr la estabilidad del sistema de precios en los países que comercian entre sí, así como la estabilidad del tipo de cambio.

Pero en el comercio internacional contemporáneo intervienen los precios en dinero, y las mercancías no se compran ni se venden por su ventaja comparativa, sino por la relación de los precios externos con los costos y precios del comprador. Como las paridades cambiarias no suelen ser de equilibrio –porque no están fijadas, como dicen los libros de texto, por el intercambio de créditos y débitos como consecuencia de las ventas y compras de mercancías–, unos países pueden alcanzar superávit comercial en términos monetarios, mientras que los otros necesariamente han de ser deficitarios, aunque obviamente en el conjunto de los países de los que comercian entre sí no puede existir ni superávit ni déficit.

Al propio tiempo, en tanto que unos países puedan vender más de lo que compran, es menester que el superavitario otorgue créditos, para que se haga posible el superávit comercial de los unos y el déficit de los otros. Y así se genera el desequilibrio comercial, *en términos puramente monetarios*.

El viejo sistema del patrón-oro en el comercio internacional correspondía al principio del equilibrio en términos de mercancías, puesto que los movimientos del oro, considerado como mercancía, compensaban el superávit con el déficit.

Además de que no pueda considerarse empíricamente comprobada la suposición de que las variaciones de las reservas metálicas, al modificar el circulante, variaban los precios –corrigiendo automáticamente el desequilibrio–, las políticas monetarias inspiradas por las famosas *reglas del juego* dieron lugar a severas crisis de desempleo, y el sistema tuvo que ser abandonado, pero no sin antes pasar por una época de sucesivas devaluaciones (que llegó a conocerse con el sobrenombre de *danza de las monedas*, bastante similar a la que hoy estamos experimentando), para *endosar la carga al vecino* –como se decía entonces–, la de la desproporción de la participación de la ganancia con respecto al costo primo.

Cuando en la conferencia de Breton Woods –convocada para buscar la estabilidad comercial y, por lo tanto, la de las monedas– se desechó el Plan Keynes, se cometió un gran errror, que en otro lugar me he atrevido a denominar como *incapacidad congénita* del Fondo Monetario Internacional para conseguir sus propios objetivos.[5]

En efecto, el Plan Keynes se inspiraba en el principio del equilibrio natural en términos de mercancías, según el cual el exceso de las mercancías vendidas sólo podía ser realizado adquiriendo más mercancías al deudor. Mientras tanto, se debían hacer cargos y abonos en las cuentas del Fondo, con lo que eran innecesarias las reservas monetarias en los bancos centrales.

En vez de tan natural principio, se decidió mantener el sistema del patrón-oro como base para la estabilidad del comercio mundial, ampliado con los créditos o derechos de giro que otorga el Fondo a los países miembros.

Nunca se apreció bien que el sistema significaba un cambio radical, que va mucho más allá del simple enrarecimiento de la proporción del oro con respecto al circulante, puesto que mientras los movimientos del oro tenían siempre un sentido contrario a los de las demás mercancías, los créditos internacionales otorgados por el Fondo, así como por los bancos y demás instituciones dedicadas al crédito internacional, tienen exactamente el mismo sentido del desequilibrio, y son unitariamente elásticos con respecto a los mismos. Por lo tanto, permiten que los desequilibrios comerciales perduren, en vez de obligar a corregirlos, como sucedía con los movimientos de las reservas metálicas.

Así, el endeudamiento comercial externo se ha vuelto extraordinario por su magnitud e imposible de solventar, no sólo por su naturaleza, sino por la acumulación de déficit y créditos, más sus intereses a interés compuesto, mientras que la necesidad de liquidez internacional —que teóricamente debe ser cero— tiende al infinito. Así, la magnitud del endeudamiento externo constituye una de las más importantes amenazas para la estabilidad financiera mundial.

Posiblemente la convicción del equilibrio natural, en términos de mercancías, nos ha hecho olvidar el axioma de que todo desequilibrio externo tiene que tener repercusión en el desequilibrio interno de cada economía, y viceversa. Con ello el desequilibrio comercial, al determinar los desequilibrios internos, los acentúa todavía más y hace que perdure el desequilibrio comercial externo. Este círculo vicioso tiene que ser, y ha sido, factor decisivo en la inestabilidad de las economías y de la situación económica que hoy padece el mundo.

El efecto del desequilibrio externo en el desequilibrio interno de las economías que comercian entre sí se advierte fácilmente si analizamos lo que sucede en una economía endémicamente superavitaria, como también en las economías que de modo permanente experimentan déficit:

---

[5] *Tasa de interés y la tasa del crecimiento del salario real*, México, septiembre de 1977.

Una economía superavitaria es aquella que no ha trasladado al crecimiento de su salario, el incremento de la productividad de su propia economía, y gracias a ello puede vender más de lo que compra y alcanzar superávit, aumentando la proporción de la participación de la ganancia respecto al crecimiento del producto consumible y consumido por su propia economía, en detrimento del salario de sus propios conciudadanos, y mantiene una paridad cambiaria infravaluada.

Por otra parte, una economía endémicamente deficitaria (y son muchas las economías de esta clase, generalmente calificadas con el concepto *subdesarrolladas*) es aquella que no aprovecha íntegramente sus recursos disponibles, consume más de lo que produce, y por consiguiente, en términos globales, tiende a no tener excedente económico. Las ganancias que reparte y consume son ganancias desproporcionadas con respecto al crecimiento del producto; generalmente se pueden calificar como inflacionarias, y sólo pueden ser realizadas gracias al otorgamiento de créditos internacionales.

Así, en el conjunto de las relaciones de las economías superavitarias con las deficitarias, el producto real no aumenta, mientras que sí lo hace el ingreso monetario, por la desproporción de la participación de la ganancia con respecto al producto real neto. Por ello podría decirse que el monto del endeudamiento externo, y su tendencia creciente y acumulativa, es un índice muy claro de la inflación mundial.

Es esencial reconocer que el crédito externo tiene directa relación con el incremento de las importaciones y el déficit comercial externo, así como la desproporción de la ganancia con el déficit externo.

Tomando en cuenta los *grados de monopolio* de Kalecki[6] promedio de las economías que comercian entre sí, se podría definir como *paridad de equilibrio* la que relaciona los respectivos grados de monopolio. En tal supuesto, serían exportables las mercancías de grado de monopolio inferior al promedio de su economía, y sustituibles por importaciones aquellas que tuvieran un grado de monopolio superior a su propio promedio.[7]

[6] Véase "La situación económica mundial y México: las cuestiones que suscita el intercambio del petróleo," *op. cit.*

[7] No desmerece el argumento el hecho de que existan mercancías *raras*, de las cuales unos países son productores en exceso, mientras que otros lo son en defecto, como es por ejemplo el petróleo. En ellas se ve con toda claridad que el precio viene determinado por el principio del *grado de monopolio:*
El sobreprecio deseado por cada productor, limitado por el del conjunto general de la industria: ($\frac{M}{1-n}$)
Precisamente en términos del esquema de Kalecki, como el salario viene determinado como recíproco del *grado de monopolio*, la producción de estos artículos —por su alto grado de monopolización con respecto a su costo primo— tendrá el efecto de deprimir relativamente el salario real de las economías productoras.

Mantenida la paridad de cambio en la relación de los grados de monopolio, el efecto del comercio internacional sería no sólo la tendencia hacia el equilibrio externo, sino también —gracias a las relaciones de intercambio— hacia la estabilidad de los grados de monopolio promedio de cada economía y del conjunto, es decir, de sus sistemas de precios y de sus tipos de cambio.

Si efectivamente las paridades cambiarias estuvieran determinadas por la relación entre los grados de monopolio de las economías que comercian entre sí, el resultado sería el equilibrio comercial, siendo las mercancías de grado de monopolio inferior al promedio del conjunto las que, al intercambiarse, se encargarían de mantener la estabilidad del sistema de grado de monopolio, de sus precios y del equilibrio externo.[8]

Este sencillo ejercicio mental nos sirve para expresar la tendencia natural de las economías al equilibrio comercial externo si no hubiera mercancías que se compran y se venden por precios que no guardan proporción con su costo primo global, o sea, que generan desproporcionada participación global de la ganancia con respecto a la productividad del trabajo. Nos sirve también para poner de manifiesto que no puede haber desequilibrio externo sin paridades cambiarias infravaluadas de los unos y sobrevaluadas de los otros, y sin el otorgamiento de créditos internacionales, que hacen posible el mantenimiento de paridades de desequilibrio, en definitiva para aumentar la proporción de la participación de la ganancia con respecto al crecimiento del producto.

Ello llevaría a una conclusión que puede parecer un tanto extraña, porque rompe con la muy generalizada convicción: no son las discrepancias entre los niveles generales de los precios —ni tampoco las llamadas diferencias entre las tasas de inflación— lo que genera el desequilibrio externo, sino las paridades cambiarias, que se mantienen deliberadamente infravaluadas en unos y sobrevaluadas en otros, y permiten mantener o aumentar la desproporción de la participación de las ganancias, que es lo que genera el desequilibrio externo y, por lo tanto, el interno. Como ello no es posible más que por el otorgamiento de los créditos internacionales, éstos carecen de toda significación y valor; técnicamente tienen que quedar insolutos, mientras el deudor no alcance superávit y los acreedores se tornen deficitarios.

Por la misma razón, las devaluaciones no son otra cosa que el modo de ajustar la desproporción de la participación de la ganancia mediante la depreciación del valor del dinero en que las ganancias están expresadas. Y así, el efecto de las devaluaciones no es similar cuando se trata de inflación del lado de los salarios que cuando sea consecuencia, como es lo más general, de la inflación del lado de las ganancias.

---

[8] A su vez, el equilibrio sería el agente transmisor del progreso técnico.

En el primer caso la variación de la paridad cambiaria puede servir para ajustar la relación de los salarios nominales. Mientras, en el segundo, en tanto no se corrija la desproporción de la participación de la ganancia con respecto al costo primo, la devaluación no puede producir efecto positivo; sino, al contrario, suele tener el de aumentar la desproporción de la ganancia por el aumento de los costos financieros de los bienes de capital. Una devaluación, en este caso, provoca la necesidad de una serie de devaluaciones recurrentes (fenómeno bastante visible en la situación económica actual).

Al propio tiempo, en aquellas economías endémicamente deficitarias con respecto a otras de alta producción, el superávit de éstas ha sido el mecanismo por el que se ha exportado desempleo mundial, afectando también, en último término, el empleo en las economías que se hallaban más próximas a su pleno empleo.

En cambio, no puede caber ninguna duda de que lo óptimo en comercio internacional —para el conjunto y para cada una de las economías que comercian entre sí— es el equilibrio comercial sin superávit y sin déficit, porque permitiría elevar el consumo y la producción en todas y cada una de las economías que comercien equilibradamente entre sí, gracias a las ventajas del intercambio.

Sin embargo, no obstante esta proposición teórica, es muy difícil lograr el equilibrio de las economías monetarias, aun cuando se procurara la estabilidad interna en la distribución del producto entre los factores y las paridades cambiarias estuvieran determinadas por las relaciones de los grados de monopolio, y fueran suficientemente flexibles para ajustarse a las diferentes condiciones de oferta y demanda de mercancías.

Estos errores de concepto y de comportamiento del sistema de comercio internacional han dado lugar a la actual fase del mercantilismo, que denominamos *mercantilismo financiero*, porque apoya el propósito de vender más sobre lo que se compra, mediante el otorgamiento de créditos e inversiones internacionales que no representan para las economías más prósperas que lo practican "incremento y abundancia de metales preciosos", pero que ocasionan, en los países que lo sufren, una clara y concreta situación de dependencia.

No debe ponerse en duda que la adopción del sistema de créditos e inversiones extranjeras fue bien intencionado, porque se inspiraba en el supuesto de que así se podía incrementar el desarrollo económico de los países más atrasados, gracias a la ayuda financiera de los más prósperos. Pero no dimos la debida consideración a las contradicciones que envuelve la propia naturaleza del sistema de créditos internacionales, que acentúa los desequilibrios comerciales y no favorece el proceso de acumulación de capital interno en los países que se suponen favorecidos por el crédito.

En primer lugar, todo crédito o inversión internacional no puede ser realizado por el país al que se otorga el crédito mientras éste no lo utilice en la adquisición de mercancías o pagos de servicios en el país o en los países que otorgan el crédito.

(Lo mismo da que se traten de créditos más o menos atados, y ligados con el fomento de las exportaciones que hace el país que aspira a ser de este modo superavitario, que si fueran meras disponibilidades financieras, pues éstas no pueden ser transferidas mientras no se traduzcan en movimientos de mercancías y servicios.) Y así el crédito, como la inversión internacional, determinan incrementos de las importaciones en el país que recibe el crédito y, por consiguiente, mantienen o aumentan su déficit externo en términos de balanza de mercancías y servicios.

Como los créditos internacionales no pueden ser solventados mientras el deudor no alcance superávit comercial y el acreedor se torne deficitario, los créditos internacionales se acumulan conforme aumentan los déficit comerciales; se acumulan a interés compuesto, gracias a la prórroga o al otorgamiento de nuevos créditos, con el monto de los intereses acreditados. El servicio de interés y reembolsos de los créditos internacionales ha llegado a constituir una partida importante de la balanza en cuenta corriente, que dificulta aún más el restablecimiento del equilibrio comercial y de pago. Ello explica el porqué el endeudamiento externo es creciente y ha llegado a alcanzar proporciones tan extraordinarias como imposibles de solventar.

Puede establecerse claramente una correlación entre el aumento de los créditos internacionales y el aumento y persistencia de los déficit comerciales.

Por añadidura, la persistencia del desequilibrio comercial eleva las expectativas de devaluación y, como gracias al otorgamiento del crédito se mantienen en los deficitarios paridades cambiarias sobrevaluadas, se fomenta la evasión de capitales, lo cual añade un motivo más para el aumento de la demanda de créditos o para la reducción de los reembolsos, fruto de las exportaciones, a los bancos centrales.

Si como es lo usual, y así lo recomiendan los directores de las políticas económicas mundiales, se elevan las tasas de interés, se restringe la creación de circulante interno y se entra en la espiral de tasas de interés-precios-tipos de cambio, que padecen en forma extraordinaria la mayor parte de los países de nuestro continente, inclusive el país que mantuvo superávit comercial y de pagos durante los 25 años que siguieron a la terminación de la segunda guerra mundial.

En segundo lugar, la propia naturaleza del crédito y de la inversión extranjera exige el reembolso del crédito, más los intereses o las transferencias de las ganancias de las inversiones, y con ello se rompe la unidad del proceso productivo, que consiste en la producción consumible y en la acumulación de capital. Y así, aunque la inversión incremente el producto, transfiere la acumulación al exterior y hace imposible que la acumulación interna se desarrolle en las proporciones adecuadas al desarrollo de la economía.

El desenvolvimiento económico de cada país se hace más dependiente de las veleidades o intereses de la inversión extranjera y del crédito externo, y se impide el doble proceso de producción y acumulación, puesto que, para que la inversión y el crédito extranjeros puedan permitir el mantenimiento de la tasa de crecimiento de la economía donde éstos se practican, sería necesario que todas las ganancias se consumieran e invirtieran en el país donde se obtienen, ya que sólo así puede generarse la acumulación y el efecto multiplicador del consumo.

Y así se frustra la suposición de que la inversión y el crédito extranjeros favorecen el desarrollo de los países a los que se les otorga, por efecto tan realista como racional y teórico, y se acentúan cada vez más las desproporciones entre los niveles de producción y de vida de los pueblos entre sí. Y ello sin contar los efectos que pudieran tener sobre la inversión y el crédito extranjeros en la orientación de las políticas económicas, monetarias, de precios y de participación de las ganancias en los países que se colocaron de este modo en situación de tan acentuada dependencia.

En tercer lugar, hemos echado al olvido el axioma fundamental: todo desequilibrio externo provoca necesariamente desequilibrio interno e inestabilidad en la distribución entre los factores de producción, a la par que el desequilibrio externo y la inestabilidad de la distribución del producto entre los factores genera las condiciones que conducen necesariamente al desequilibrio comercial externo.

Por consiguiente, el desequilibrio comercial externo genera desproporción en la participación de la ganancia respecto al crecimiento del producto real, lo mismo en la economía superavitaria que en la deficitaria, mientras que, además, la superavitaria exporta desempleo a los deficitarios.

Con ello, en el desequilibrio comercial externo, fincado en el sistema de créditos e inversiones internacionales, el ingreso monetario —tanto del superavitario como del deficitario— crece por el doble del producto cambiado en exceso sobre las exportaciones.

Esto explica que el desequilibrio comercial externo, aunque aparentemente fomenta el empleo en los países que perciben créditos e inversiones internacionales, reduce el monto del empleo y de la producción mundiales, lo que no sucedería si *las mercancías se intercambiaran en equilibrio y los países, abandonando toda práctica del mercantilismo, estuvieran dispuestos a comprar en la misma medida en que desean vender al exterior.*

No siendo así, no solamente se entra en el círculo vicioso del desequilibrio interno y externo, sino que los desequilibrios perduran y aumentan, y se acumulan los créditos internacionales.

Puede afirmarse que el artificio del desequilibrio comercial externo, apoyado por el otorgamiento de créditos y la inversión internacional, es de una manera lógica y empírica consecuencia del mantenimiento deliberado de paridades cambiarias infravaluadas de los unos y naturalmente sobrevaluadas de los otros, que permiten la desproporción en la participación de la ganancia con respecto al crecimiento del producto, lo cual a su vez genera los procesos inflacionarios y acentúa las condiciones que favorecen el desequilibrio comercial externo.

No es extraño, pues, que la persistencia en la práctica del mercantilismo que llamamos *financiero*, al acentuar el desequilibrio externo —después de producir perturbaciones graves en los países dependientes—, haya terminado también por afectar la propia estabilidad de los precios, de la producción y del empleo en los países más prósperos que los practican. (Adam Smith no se mostraría asombrado de este efecto.)

Son tan notorias y abundantes las evidencias empíricas que corroboran este proceso que no parece necesario insistir más sobre ello. Pero hay, sin embargo, un aspecto al que no se le ha dado, a mi parecer, la debida consideración. Y es que, técnicamente, el sistema monetario y bancario de un país no puede otorgar crédito a otro sistema monetario.

Aunque esta afirmación salga fuera de lo común, no puede ser más claramente demostrable. En efecto, el dinero, el circulante que crea un sistema monetario, se genera en la producción y se liquida en el consumo. Gracias a este proceso de *autoliquidación* es posible el mantenimiento de los sistemas monetarios. Si un país presta a otro país dinero generado en su propio proceso productivo, necesariamente se desequilibra dentro de los normales términos del corto plazo. Si, como suele suceder, los que exportan en exceso sobre lo importado descuentan sus créditos en el sistema bancario de su propio país, el círculo de la autoliquidación monetaria se cierra. Entonces no puede prestar al exterior más que una cierta proporción de su ahorro generado, por lo que ha de reducir las proporciones de su proceso de inversión y, por consiguiente, de su ingreso, restando a su propio sistema monetario las posibilidades de adquirir mercancías en el exterior, que es el único modo de que su crédito externo pueda ser recuperado.

Lo mismo resulta, a estos efectos, que los créditos sean otorgados por organismos internacionales o por organismos especializados en el crédito exterior, porque tanto los unos como los otros tienen que refinanciarse en los sistemas nacionales.

Ello explica la inquietud que empieza a notarse en los sistemas prestamistas privados al exterior, que vuelven sus ojos a los organismos internacionales para que les proporcionen la liquidez perdida, olvidando que éstos sólo les podrán otorgar ayuda mediante créditos con cargo a los recursos del propio sistema nacional.

El problema es tan grave como imposible de resolver, salvo que se afecten como impagables los créditos internacionales o que se redocumenten a muy largo plazo, como deudas consolidadas que restablezcan el artificio del desequilibrio de los sistemas bancarios.

En resumen, el *mercantilismo financiero*, tal como actualmente se practica, ofrece las siguientes características:

Permite mantener el desequilibrio comercial externo gracias al otorgamiento de créditos e inversiones internacionales —y aun lo suele acentuar—, al propio tiempo que permite mantener tipos de cambios infravaluados en los superavitarios y sobrevaluados en los deficitarios, con relación a las paridades de equilibrio.

En tanto que las paridades se mantengan infravaluadas en los países que practican el mercantilismo, son muy difíciles —por no decir inútiles— los esfuerzos que pudieran hacer los deficitarios para ajustar el desequilibrio comercial externo con la reducción de los costos primos, como restringiendo la proporción del consumo de las ganancias, principalmente en lo que se refiere a los gastos públicos. Y así se daría el caso de que pudiera haber desequilibrio externo a pesar de mantenerse iguales tasas de inflación.

Con paridades cambiarias que no sean de equilibrio, y por efecto del desequilibrio externo en la inestabilidad de la distribución del producto entre los factores —singularmente, en la desproporción de la participación de la ganancia con respecto al crecimiento del producto y el costo primo—, se generan condiciones de desequilibrio interno y se acentúa el círculo vicioso del desequilibrio interno y externo, incrementándose todavía más el aumento acumulativo de los créditos internacionales.

Ello explica el porqué se produce la depreciación de las monedas, no sólo de los deficitarios, sino también de los superavitarios, aunque en menor medida que en aquéllos, y posiblemente en diferentes lapsos de tiempo.

Por las razones expresadas, las devaluaciones no suelen surtir efectos.

Tampoco favorecen las condiciones de equilibrio los desajustes de los precios de las materias primas, puesto que para que las materias primas puedan ser vendidas al exterior es menester que éstas no alcancen ni un precio superior ni uno inferior al del promedio de los costos de la economía del comprador. En el primer caso, singularmente el del petróleo, si el precio es superior al promedio del grado de monopolio de la economía compradora, los exportadores acumulan saldos en divisas, sin realizar efectivamente el monto de lo exportado. Mientras que, si el precio de las materias primas exportadas es inferior al grado de monopolio promedio de las economías compradoras, el resultado es que éstas no podrán vender manufacturas para adquirir dichas materias primas más que haciendo créditos o inversiones internacionales. (Esto es lo más característico de la fase del mercantilismo llamado *mercantilismo del intercambio desigual*.)

Por otra parte, si bien el país superavitario puede aumentar su empleo gracias a las exportaciones de mercancías, como ello implica reducción correlativa en el deficitario, el empleo mundial no aumenta en la proporción que hubiera aumentado en el supuesto del equilibrio comercial de la balanza de mercancías y servicios.

Ello explica por qué el artificioso mecanismo del· mercantilismo financiero ha creado, primero, condiciones de depresión económica e inflación en los países deficitarios, y que, luego, estos perniciosos efectos se trasladen, aunque en menor proporción, a las economías que fueron o que continúan siendo superavitarias.

Como el sistema no ofrece ningún mecanismo correcto de los desequilibrios internos y externos, puesto que la inversión y el crédito extranjeros actúan para que perduren, los créditos internacionales se acumulan a interés compuesto, con la carga de intereses con que han de ser sustituidos por nuevos créditos para otras finalidades. Así, aumentan el monto y la proporción de la capitalización externa con respecto a la generación de ahorro y acumulación interna, lo que acentúa la relación de dependencia y suscita por lo común descontento en todos los sectores sociales de la comunidad, que aceptan con facilidad las exhortaciones al nacionalismo.

Cuanto mayor es el monto de la acumulación de créditos y capitalización externa, suele ser menor el proceso de acumulación interna, lo que deja cada vez más hueco para la inversión y el crédito externos.

Como desde un punto de vista global la proporción de la acumulación con respecto al producto no aumenta, sino simplemente se transfiere de un país a otro, para volver en último término al país de origen, no puede fácilmente obtener rendimientos superiores a los que obtendría la inversión realizada en el país de procedencia de los fondos. Por ello suele ser necesario que éste pida mantener precios, ganancias y tasas de interés superiores a los que hubiera obtenido la acumulación aplicada en el mismo.

Ello no solamente es causa del proceso inflacionario, sino que también, para mantener la acumulación de las ganancias, se practican numerosas operaciones puramente financieras de arbitraje y de agio entre inversionistas y banqueros, para simular ganancias que en cierta medida se justifican por las condiciones de un mercado artificioso, solamente atento a obtener ganancias en dinero, en vez de que éstas sean resultado del incremento del producto real.

No parece, pues, que el sistema de créditos e inversiones internacionales, para favorecer el mantenimiento de los superávit comerciales que denominamos *mercantilismo financiero*, haya logrado elevar el proceso de acumulación y producción de los países que fueron favorecidos con el crédito, ni para hacer posible en ellos condiciones en la distribución del producto entre los factores de producción y del sistema de sus precios, que hicieran viable un futuro equilibrio comercial externo.

No puede decirse que para que el sistema dé frutos se requiera un mayor lapso de tiempo, porque no es posible —por mucho que sea el que transcurra— conseguir por este camino condiciones de estabilidad interna y externa *mientras no se comprenda que el propósito de ofrecer crédito de inversión al exterior no es solamente para vender más, sino también para procurar en el prestatario condiciones que le permitan ofrecer y vender mercancías en la proporción de las que se le vendieron en exceso.* Y ello, en lo que respecta a lo interno, significaría renunciar a la desproporción de la participación de la ganancia con respecto al costo primo, que hace posible el desequilibrio comercial externo.

El error de estas políticas, que pueden considerarse hoy como mundiales, arranca de otro al que hemos hecho referencia: el olvido de que el comercio internacional es puramente trueque o compensación de mercancías contra mercancías, y que esta compensación es prácticamente imposible de alcanzar en el sistema de libertad de mercado. Para que esto fuera posible se necesitaría que se reunieran las condiciones teóricas en que se fundamentaba tal supuesto, que son:

Primera, que las mercancías se intercambien teniendo en cuenta sus ventajas comparativas —las que resultan de un más bajo costo primo y de su constante grado de monopolio, inferior al grado de monopolio promedio de la economía—, es decir, si las mercancías se intercambiaran en el comercio contemporáneo por ventajas comparativas, en vez de por las relaciones de precios internos con los externos (que no siempre representan homogeneidad en el grado de monopolio, ni de las exportaciones, ni de las susceptibles de ser sustituidas por importaciones).

Segunda, que las paridades cambiarias fueran siempre de equilibrio, fijadas con el propósito de estabilizar el comercio internacional, y no fueran infravaluadas para exportar más y aumentar la desproporción de la participación de ganancia, o sobrevaluadas, lo que obliga a importar en mayor proporción de lo que se vende.

Y tercera, que el tipo de cambio fuera suficientemente flexible para ajustarse a las variaciones de la demanda y la oferta para importaciones, que dependen las más de las veces de condiciones distintas del mecanismo de costos y precios, que no se puede ajustar con suficiente elasticidad a las variaciones de la producción y de la demanda, ni a las de los precios.

Por ello, mientras no se adopte como principio el propósito de mantener paridades cambiarias de equilibrio —dadas por la relación entre los grados de monopolio promedio de las economías que comercian entre sí—, y los tipos de cambio tengan suficiente flexibilidad —al par que las políticas monetarias y de producción permitan suficientes elasticidades de oferta y demanda para mercancías de exportación e importación—, es lógica y prácticamente imposible conciliar el equilibrio natural, en términos de mercancías, con el desequilibrio externo, en términos monetarios, más que por un sistema de *programación de comercio exterior* (más o menos multinacional), que ajuste el total de lo comprado con lo vendido en términos de trueque, ajustando precios y tipos de cambio, y comprendiendo que los precios de mercancías que se compran y se venden al o del exterior tienen que ser aquellos que permitan el equilibrio global en términos reales como monetarios, sin necesidad de otorgamiento de créditos internacionales que no sean temporales y a corto plazo, y que puedan ser solventados por el restablecimiento del equilibrio —computándose estos excedentes temporales— como primera partida de la próxima operación de compensación.[9]

No se explica cómo el Fondo Monetario Internacional no ha comprendido la importancia que pudiera tener, para el desarrollo de su función, un intento de programación del comercio exterior, por lo menos entre los principales países y entre las mercancías de mayor importancia en el comercio exterior.

Las llamadas *políticas de estabilización*, en sus distintas etapas y diferentes matices de cada uno de los países, suelen tener un denominador común: sacrificar la normal generación del circulante, que debe seguir *pari passu* el desarrollo de la producción, y que resulta indispensable para que la producción propia se genere, para procurar el equilibrio externo. Con este sacrificio, pues, ni se alcanza el equilibrio ni se desarrollan los recursos humanos y naturales disponibles de cada comunidad. Y cuando por añadidura se fomentan políticas de apertura a la inversión y al crédito externo, no obstante la apariencia puramente temporal de los *milagros* de prosperidad, al fin y al cabo se genera aún más la desproporción entre el desarrollo de la producción y el consumo interno con respecto al desarrollo de las economías prestamistas.

[9] Veáse el conocido artículo de Frisch "A Multinational Trade Clearing Agency", publicado en la colección de trabajos en honor de Oscar Lange, *On Political Economy and Econometric*, Pergamon Press, Londres, 1965.

La tendencia natural al equilibrio, en términos reales, exige la *autarquía financiera*, es decir, que se evite prestar y recibir préstamos al o del exterior, salvo que los créditos se compensen exactamente con las deudas, así como la inversión extranjera que no está dispuesta a consumir e invertir la totalidad de réditos y ganancias en el país donde se obtienen.

Ello no quiere decir que en la realidad del comercio exterior no puedan presentarse saldos monetarios. Lo que quiere decir es que no son deseables, ni para el país que los recibe, ni para el que los otorga.

Esta conclusión, que aparece como contraria a lo que ordinariamente se piensa y se practica, es la consecuencia de que no se puede dividir el proceso productivo entre costo primo y acumulación entre dos economías, porque ello hace imposible el crecimiento del producto y de la productividad, para que el deudor pueda producir mercancías y el acreedor adquirirlas para liquidar los créditos o transferir los capitales o resultados de la inversión.

Y es que en el comercio exterior es donde se aprecia con mayor claridad el irremisible principio del equilibrio general, que, si ha de serlo en términos de mercancías, tiene que alcanzarse también en términos monetarios.

Por las mismas razones, si se quiere mantener la libertad de los movimientos de capitales o de fondos, es precisa la existencia de sistemas de compensación, al propio tiempo que de esterilización de la creación monetaria, que se produce cuando los bancos centrales o los sistemas bancarios adquieren *divisas* (que son saldos bancarios del sistema bancario del país que *exporta* fondos).

Sin este mecanismo de compensación es imposible que pueda haber reembolso de fondos, porque las reservas monetarias no son otra cosa que créditos al exterior, que hacen posible que el superavitario compre. Esta compensación puede llevarse a cabo, tal como hoy viene practicándose en cierta medida, por préstamos de las divisas adquiridas por los bancos centrales a los bancos centrales que se supone que las pierden. O bien, por operaciones de *open market* que practicara algún organismo internacional, comprando valores en el país que pierde fondos y vendiendo valores al país que se supone los recibe.

Para comprender por qué la autarquía financiera es una necesidad lógica, basta reconocer que *los sistemas monetarios son autónomos* en cada país (considerando tal país a aquel que opera con una unidad de cuenta).[10]

La autonomía monetaria es el fenómeno natural de creación del circulante como función de la demanda para transacciones de cambio

---

[10] Para que la creación monetaria pueda dejar de ser autónoma y convertirse en universal o de área sería menester que el comercio exterior estuviera equilibrado.

de mercancías producidas y en curso de producción. Es la producción y el consumo los que generan el circulante, en vez de suponer que el dinero es previo a la producción y al consumo.

La autonomía significa que, cualquiera que sea la política monetaria, ésta está determinada por las necesidades transaccionales, y no tiene por qué depender de supuestas reservas monetarias, que en el funcionamiento bancario contemporáneo no son otra cosa que créditos internacionales —consecuencia de los desequilibrios de las balanzas de mercancías y servicios en términos monetarios—, y que, por consiguiente, no constituyen *respaldo* a ninguna moneda. Las monedas están solamente respaldadas por la producción de cada economía, mientras que los créditos que se consideran como reservas no son otra cosa que la expresión del desequilibrio monetario externo, y, por lo tanto, de la desproporción de los precios respecto al costo primo de producción, tanto en el superavitario como en el que experimenta el déficit.

El superavitario considera como reservas la capacidad de adquirir al deudor mercancías en exceso de las que se le venden. Y el deficitario, los débitos contraídos por haber vendido menos de lo que importó.

Por consiguiente, la realidad es que las políticas monetarias serían autónomas si el superavitario no aumentara el circulante con respecto a la producción porque se incrementaron sus reservas, mientras que el deficitario no lo restringiera porque incrementara su pasivo externo.

Si así se hace, por privar las reglas del patrón-oro, el superavitario acentúa la desproporción del ingreso monetario respecto al producto, y el deficitario restringe el circulante necesario y el producto, dificultando la posibilidad de ofrecer sus mercancías al acreedor para saldar su deuda.

Este contrasentido, inspirado en la teoría cuantitativista de los precios, favorece el desequilibrio externo y la desproporción del circulante respecto al gasto, en vez de corregirlo.

Por el contrario, si se procurara mantener estable la función de creación monetaria respecto al ingreso, es más fácil la estabilidad interna de la distribución del producto. El salario real podría mantener su proporcionalidad con el crecimiento del producto y con la ganancia y la acumulación, suponiendo estable la propensión al consumo de las ganancias (como participación de la ganancia que excede el costo primo en salarios de los medios de producción).

El crecimiento del salario real en proporción con el crecimiento del producto es la condición necesaria (aunque puede no ser suficiente) para el pleno empleo y para la proporcionalidad con la acumulación (medida por su eficiencia productiva).

Por el contrario, si la creación monetaria no procura ser función estable del ingreso, es muy difícil que se produzcan tales proporcionalidades, y el salario real y la acumulación eficiente tienden a declinar.

El aumento de la proporcionalidad del salario real respecto al producto depende de la productividad del trabajo, que es la productividad de la economía.

Así pues, se advierte que la tasa de la ganancia como relación de ésta con la cantidad del capital es irrelevante. En cambio, es relevante la estabilidad de la proporción (o tasa) de la ganancia respecto al crecimiento del producto.

He aquí otro aspecto de cómo la tasa de interés puede desorientar las decisiones de inversión, porque exige un rendimiento del capital por encima del efecto real de los bienes de capital en el incremento del producto y de la productividad.

Es decir, puede ser estable la participación de la ganancia, y, sin embargo, ser decreciente la tasa de la ganancia medida como relación con el costo en salarios y ganancias de la producción de bienes de capital, gracias precisamente al progreso técnico que es lo que hace factible el crecimiento del producto por hombre empleado, en la producción de bienes de capital y de bienes de consumo.

La *convergencia* al óptimo, en la que la tasa de ganancia es igual a la tasa de acumulación, depende de la medida en que se dé preferencia a la proporcionalidad de la participación del salario respecto al crecimiento del producto, en vez de tomar en consideración la *tasa de la ganancia* como relación de la ganancia en el costo (aun medido en salarios) de los bienes de capital, ya que, en lo óptimo, el crecimiento del salario real es igual al crecimiento del producto en bienes de consumo más acumulación. Esto no sería posible si la participación de la ganancia se mide como una relación con el costo de los bienes de capital. Y ello se presenta porque el crecimiento del producto se debe al progreso técnico, como incremento del mismo sobre el costo en salarios de los medios de producción.

El concepto tradicional de *tasa de la ganancia* y el de la de interés no sólo son irrelevantes, sino que tienen que generar inflación para que el salario real crezca menos que la productividad de la economía expresada por la relación y / x,[11] o por la función *progreso técnico*.

Queda claro que, si las políticas monetarias no son autónomas, no es factible el equilibrio ni la estabilidad en el crecimiento.

Ante contrasentidos y discrepancias tan agudos entre teoría y realidad, los mejor intencionados invocan la necesidad de llegar a acuerdos de cooperación internacional. Pero, por lo común, se piensa más en el otorgamiento de créditos e inversiones internacionales de los países más prósperos a los más débiles, en vez de buscar un sistema

---

[11] Siendo y el número de trabajadores dedicado a la producción de bienes de capital y x el número de trabajadores que utiliza bienes de capital para producir bienes de consumo.

de equilibrio comercial externo, en el que las compras traten de ser equivalentes a las ventas. Lo primero sería tanto como repetir los errores de lo que hemos dado en llamar *mercantilismo financiero*, que no solamente han retrasado las posibilidades de desarrollo de los países dependientes, sino que al fin y al cabo se han traducido también en desequilibrio e inestabilidad de las economías más prósperas dominantes.

Estas observaciones podrían considerarse como meras disquisiciones teóricas si no las pudiéramos acompañar de ciertas ideas propositivas. Aunque no pueda estar en las capacidades de este Seminario formular proposiciones concretas, es en cambio posible sugerir ciertos caminos que, sometidos a crítica mejor fundada, pueden ir ganando consenso más general para inspirar políticas económicas que traten de corregir los obstáculos que el *mercantilismo financiero* impone al desenvolvimiento de las economías, que por esta razón podríamos llamar *dependientes*.

El inventario en términos muy generales de las proposiciones correctivas proviene, naturalmente, de los perniciosos efectos del *mercantilismo financiero*, que hemos tratado de hacer notar en este ensayo. Así pues, tendrán que referirse a:

a) La necesidad de acuerdos comerciales regionales o de área inspirados en el propósito de conseguir el equilibrio comercial de todos y cada uno de los países con el conjunto del área.

b) La autonomía de las políticas monetarias y financieras para que éstas guarden la natural relación con el proceso de producción y consumo de las economías respectivas.

c) Regulación de los movimientos de capitales o de fondos.

d) Fomentar la acumulación en forma de acumulación de capital de las ganancias que en el país obtienen las inversiones extranjeras o financiadas con créditos internacionales.

e) Encontrar alguna solución razonable para la formalización de los endeudamientos internacionales en circulación insolutos e insolubles.

3. La inestabilidad monetaria y la espiral tasa de interés, *precios y tipos de cambio*

Con estos elementos es imposible suponer *a priori* la *neutralidad* del dinero, que es el supuesto en que se apoya la teoría cuantitativista de los precios para suponer que el aumento de la cantidad monetaria determina el alza de los niveles generales o absolutos[12] de los precios,

---

[12] Los cuales no son otra cosa que el promedio mejor o peor ponderado de la variación del sistema de precios relativos.

sin que se altere la distribución, cuando lo cierto es que, por efecto
de la variación de los precios en dinero y la tasa de interés, el dinero
deja de ser *neutral*.

Para que el dinero pueda ser *neutral* es necesario el *pleno empleo*
y la estabilidad en la distribución del producto entre los factores
de producción, *en la misma proporción en que capital y trabajo se
combinan en el proceso productivo.*[13] que la creación monetaria
sea función estable de la demanda para transacciones; y que no haya
preferencia para la liquidez.[14]

Es incomprensible cómo se ha podido suponer que, habiendo hecho
de la creación monetaria —que no es otra cosa que un instrumento
para el cambio— una actividad lucrativa, exista una neutralidad del
dinero.

Para que así fuera sería menester que las políticas monetarias ajus-
taran las variaciones de la preferencia a la liquidez,[15] con la tasa de
interés más baja posible, para que no altere la distribución del producto
entre salario y participación de la ganancia. Así pues, la condición
necesaria para el equilibrio y la estabilidad real de las economías
es la estabilidad en las políticas monetarias, sin pretender restringir
ni expandir la cantidad monetaria con respecto a la demanda transaccional (L_1), y procurando la tasa de interés bancaria más estable y más
baja posible.

Cuando no es así, la natural consecuencia es que se acentúa la inestabilidad en el proceso productivo y en la distribución, y por lo tanto,
al propio tiempo, también en los precios —con el descenso del poder
adquisitivo del dinero correlativamente a la elevación de la tasa de
interés.

La estabilidad monetaria y la mínima tasa de interés,[16] son condiciones necesarias para el equilibrio y la estabilidad; pero nada asegura
que sean *suficientes* mientras que el mecanismo económico permita
el *famoso rompecabezas ricardiano*,[17] según el cual la ganancia determina los precios, al par que los precios determinan la ganancia, sin que
exista otro mecanismo que asegure la proporcionalidad de los precios
con el costo primo que la suposición de la *competencia perfecta*, que
no es realista, ni siquiera lógica.

A falta de competencia perfecta, o de algo que asegure la estabilidad

---

13 Esta es la definición del equilibrio que resulta de la teoría neoclásica.
14 Esto es lo que en otro lugar ("Principios esenciales del crecimiento económico", *op. cit.*) denominamos *edad de oro monetaria.*
15 Esto es lo que en el fondo suponen ciertos neocuantitativistas. Véase Don
Patinkin, *Money, Interest and Prices*, Harper and Row, Nueva York.
16 Estrictamente en términos de teoría pura, la tasa bancaria tendría que ser
cero.
17 Que Sraffa ha vuelto a poner delante de nuestros ojos.

del grado de monopolio, es ineludible que el derecho y el Estado como administrador de justicia— traten de impedir el *enriquecimiento sin causa* o enriquecimiento ilícito,[18] que consiste en la elevación de la ganancia o de los réditos por simple elevación de los precios.

Éste es el más claro punto de convergencia de la acción del Estado en la vida económica (por alta que se desee que sea la libertad de iniciativa productiva individual), donde equilibrio, estabilidad y justicia pueden coincidir, y donde la coincidencia entre política y economía puede conducir o no al bienestar colectivo, como estabilidad en la distribución del producto y el máximo crecimiento posible del salario real y demás remuneraciones del trabajo, que constituyen a la vez la definición de estabilidad en el crecimiento económico y de una cierta y precisa noción de justicia y democracia.

Esta condición es la más fácil de lograr, y está en las manos de los hombres el procurarla.

Los dos contrasentidos a lo que nos hemos referido en los capítulos anteriores desempleo y **desequilibrio** comercial externo— hacen difícil suponer *a priori* la *neutralidad* del **dinero**. El primero, porque propicia la desproporción de la participación de la ganancia; y el segundo, porque todo desequilibrio externo, lo mismo por superávit que por déficit, implica desproporción de la partipación de la ganancia con respecto al crecimiento del producto, puesto que es sumamente claro que la desproporción en la participación de los factores con respecto al crecimiento del producto no puede existir más que gracias a que el mecanismo de los precios en dinero determina y hace posible esta desproporcionada distribución, y, por consiguiente, también el proceso inflacionario del alza de los precios.

Con demasiada frecuencia se atribuye, y hasta algunos lo creen, que la fuente principal de la inflación reside en la desproporción del crecimiento del salario nominal. Si así fuera, se sacrificaría la proporción de la participación de la ganancia, y entonces no habría inflación. Pero como el alza de los precios suele corresponder al alza de los salarios en mayor o menor proporción, da lugar a que el salario real difícilmente crezca desproporcionadamente con respecto al crecimiento de la productividad de la economía, o sea, con respecto al crecimiento del producto por hombre empleado. De aquí que sea muy poco plausible atribuir la inflación por el lado de los salarios. Sólo en muy raras y determinadas circunstancias puede el salario nominal crecer a mayor tasa que la del crecimiento del producto por hombre empleado, y mientras el retraimiento de la inversión y el desempleo no se encarguen de hacer efímero este efecto.

18 Principio jurídico que existe desde el derecho romano.

En cambio, la inflación por el lado de las ganancias, por desproporción en la participación de la ganancia que excede del costo primo en salario de los bienes de producción (esto es, la propensión o proporción del consumo de las ganancias), es el camino más natural, puesto que es sabido, aunque recientemente haya tenido que ponerlo Sraffa delante de nuestros ojos, la interdependencia entre ganancia y precios. Los precios determinan la ganancia; la ganancia, los precios, y no hay otro límite ante este proceso de desproporción de precios y ganancias, con respecto al costo primo de la producción, que la suposición irrealista e ilógica de la competencia.

Después de Kalecki[19] no puede quedar ninguna duda de que los precios los determina *el grado de monopolio*, o grado de imperfección de la competencia. Por consiguiente, es realista que aparezca el crecimiento o la inestabilidad del grado de monopolio por la simple decisión de los empresarios vendedores de obtener un mayor sobreprecio arriba del costo primo.[20]

Como la neoclásica no suponía la posibilidad del desempleo, y al propio tiempo consideraba que la distribución del producto entre los factores se correspondía siempre con la proporción en que el capital y el trabajo entraban en el proceso productivo, no pudo establecer el mecanismo de la inflación —que tiene que residir en el proceso de la distribución, como ha residido siempre en toda la teoría económica—, y por ello tiene que suponer la variación cuantitativa de los niveles absolutos de los precios por efecto del aumento de la cantidad monetaria.

La teoría monetaria cuantitativa, a pesar de que no ha estado nunca ni teórica ni empíricamente demostrada, ha penetrado en la conciencia de la teoría económica que ha oscurecido el mecanismo de los precios. Las políticas monetarias que ha inspirado pueden considerarse como la causa esencial no sólo de la insuficiencia de la demanda efectiva y del desempleo, sino también del proceso creciente y acumulativo del alza inflacionaria de los precios.

Me remito también en este punto a mis diferentes trabajos, en los que he tratado de poner de manifiesto que es mucho más realista y más lógico suponer que el dinero afecte los precios por la vía del costo del mismo —la tasa de interés— que por el aumento de la cantidad monetaria.

El mecanismo por el que la tasa de interés que carga el sistema bancario por la creación de medios de pagos se incorpora al ingreso

[19] Véase de M. Kalecki, *Teoría de la dinámica económica*, Fondo de Cultura Económica, México, 1956.
[20] Véase a este respecto, en los trabajos citados, el mecanismo de la *asimetría en el efecto ingreso*, que es el modo más simple y aparente de explicar el mecanismo de elevación de ganacias y precios.

monetario, de modo permanente y a interés compuesto, es muy simple: en cada operación de cambio el sistema bancario carga intereses por el circulante que la expresa, y estos intereses —de alguna manera, y en mayor o menor medida— quedan incorporados al precio. En la siguiente operación de producción y de cambios entran nuevos insumos, que han sido más o menos afectados por los intereses cargados por el sistema bancario, y se cargan otra vez intereses por la nueva operación de cambios, y así sucesivamente.

Así pues, el circulante aumenta no sólo por el aumento del producto, sino por el cargo de intereses o réditos que se originan en el proceso de cambio. El ingreso monetario aumenta más que el aumento del producto, expresado también en dinero, y la diferencia no puede ser otra cosa que aumento de los precios.

Mecanismo tan real como notorio debiera haber sido suficiente a los cuantitativistas para explicar el alza de la cantidad monetaria y de los precios, sin necesidad de acudir a la suposición totalmente irrealista de que el sistema bancario crea dinero por encima de la demanda transaccional, lo cual es un imposible lógico, porque el dinero no se genera más que contra pagos de mercancías o servicios.

Es mucho más sencillo de comprender el efecto de la tasa de interés en los precios simplemente advirtiendo que los réditos elevan la proporción de la participación de la ganancia con respecto al costo primo (salarios).

La contraposición entre la tasa de crecimiento del salario real y la tasa de interés es completamente real y teóricamente bien fundada. El salario real es *la productividad* del trabajo y la participación del consumo del mismo en el producto. La tasa de interés —los réditos del dinero que no produce nada por sí mismo— tiene que alterar la proporcionalidad de los precios con el costo primo en salarios.

Y cuando por añadidura, para corregir el desequilibrio externo o combatir la tasa de inflación, se elevan las tasas de interés, se advierte con toda claridad la espiral tasa de interés, participación de la ganancia, precios, salarios y tipos de cambio.[21]

Es difícil comprender cómo no advertimos el doble efecto que necesariamente tiene que tener la tasa de interés en el proceso económico: el negativo en el proceso de la inversión y del ingreso, que generalmente se le reconoce, y otro directo y acumulativo en el incremento de la proporción de la participación de la ganancia con respecto al crecimiento del producto, que significa naturalmente el alza de los precios con respecto al costo primo.

21 Esta hipótesis fue presentada por el autor en su ponencia al Tercer Congreso Nacional de Economistas, "La espiral tasa de interés, precio y tipo de cambio, y la desacumulación de capital nacional y mundial".

Resulta incomprensible que algo tan simple nos haya costado, y nos siga costando, tanto trabajo aceptar. Y, sin embargo, es tan evidente que de él se pueden ofrecer por doquier numerosas comprobaciones empíricas, que raramente han sido emprendidas.

Lo más simple de comprender es que el proceso inflacionario de los precios sea consecuencia de la desproporción en la participación de la ganancia respecto al costo primo de la producción, y no de la participación del consumo de los salarios en el producto. Por ello la tasa de inflación por desproporción en la participación de la ganancia exige la depreciación del poder adquisitivo del dinero, en el que la desproporción en la participación de la ganancia está expresada.

Si la tasa de interés fuera, como dicen los libros de texto, proporcional a la productividad de la economía —que es la productividad del trabajo empleado en ambos sectores de la producción (en medios de capital y medios de consumo)—, todas las economías tenderían al equilibrio y al pleno empleo. Si no están en pleno empleo, y con precios estables, es porque la tasa de interés se encarga de apoyar y elevar la desproporción en la participación de la ganancia con respecto al costo primo-salarios.

Y aunque se quisiera argumentar que los precios suben por insuficiencia de la oferta con respecto a la demanda, como suele ser la convicción muy generalizada, no tendría duda que esta suposición se torna real gracias a la desproporción en la participación de la ganancia, lo cual no es posible en pleno empleo, en el que la tasa de interés fuera tan baja como fuera necesario para hacer frente a la eficiencia marginal del capital.

Si no tuviéramos tantas evidencias, que nos obstinamos en no tomar en consideración, por simple razonamiento lógico se comprendería que no es la cantidad monetaria, sino el costo del dinero, la tasa de interés, lo que genera la desproporción entre el ingreso monetario y el producto real. O, lo que es lo mismo, la desproporción de los precios en dinero con respecto a los costos primos de producción, lo mismo si se miden en términos reales que monetarios. (De nuevo me remito a mis trabajos referidos, para tratar de aclarar las dudas que pudieran surgir ante tan radical cambio de enfoque sobre el efecto del dinero en el proceso inflacionario de los precios.)

4. La ineludible prioridad de emprender políticas de pleno empleo

A mi parecer, no se trata, como con tanta frecuencia se dice, de construir un nuevo modelo de acumulación. Los modelos son construcciones teóricas de las que nos servimos los economistas para analizar la relación entre las distintas variables de la economía, postulando la estabilidad o la inestabilidad, según sean inestables o estables las variables que se consideran relevantes en cada construcción teórica.

No se trata, pues, de un nuevo modelo de acumulación en el estado actual de la teoría económica y del funcionamiento de los sistemas capitalistas (de iniciativa privada y de capitalismo de Estado); no hay más que un solo modelo de acumulación capitalista, congruente con el equilibrio dinámico y el buen funcionamiento de las economías, y que al mismo tiempo trata de eliminar las condiciones de notoria injusticia entre los sectores sociales y entre los pueblos: la máxima acumulación de capital que garantice el pleno empleo y el máximo crecimiento del salario real, gracias a la acumulación eficiente y al progreso técnico que la acumulación de capital procure.

No hay, pues, más que definir con claridad la política económica, precisando su objetivo, que no puede ser otro que el creciente aumento del salario real, tan inmediato y tan vigoroso como sea posible.

Y por ello, dicho en términos de políticas económicas, lograr políticas de pleno empleo, equilibrio externo y estabilidad monetaria.

La planeación o planificación como alternativa frente al sistema de libertad de empresa no puede tener el alcance de garantizar el mejor funcionamiento de las economías, como con tanta frecuencia se le atribuye.

En primer lugar, porque previamente es menester precisar el objetivo de la planificación misma. Esto es, resolver la disyuntiva entre crecimiento del salario real y demás remuneraciones del trabajo o favorecer la ganancia y los rendimientos financieros del capital. Por lo común esta disyuntiva se suele eludir en las planificaciones, en las que se trata generalmente de procurar una mejor ordenación de la inversión y el gasto, sin afrontar la cuestión de la desproporción en la participación de la ganancia con respecto al crecimiento del producto, con lo cual la planificación no elimina el obstáculo fundamental para el buen funcionamiento de las economías.

En segundo lugar, los planes suelen ser calculados para cumplirse a corto y largo plazo. Ello significa aceptar tal distinción, que es también desorientadora. Largo plazo suele ser un sinónimo de equilibrio; y, por lo tanto, para alcanzar las condiciones del largo plazo es necesario que todas y cada una de las variables se comporten en corto plazo, también en equilibrio, sin lo cual el equilibiro a largo plazo no puede alcanzarse.

Toda proyección económica tiene que ser a horizonte ilimitado,[22]

---

[22] El crecimiento económico consiste en una relación de velocidad entre el lapso que toma la producción con respecto al consumo, que puede considerarse como una necesidad cotidiana del hombre.

EL MERCANTILISMO FINANCIERO 161

cualquiera que sel el tiempo que haya de transcurrir entre las decisiones de inversión y los resultados de producción, distribución y consumo.

En tercer lugar, ni siquiera la planificación dará la seguridad de que resuelva las cuestiones de distribución de los recursos humanos y naturales disponibles[23] entre diferentes actividades, puesto que estas preferencias dependen en primer término de la distribución del producto entre salario y acumulación. El ejemplo más común puede ser el de las opciones en la utilización del petróleo: como combustible, como energético, como materia prima industrial, como fertilizante e insecticida, para el transporte individual o colectivo.

Otro ejemplo revelador sería la desviación del ahorro hacia inversiones turísticas y demás actividades generadoras de servicios que no producen bienes.

Por último, para que un plan pueda funcionar, es preciso que exista una determinada política económica que los apoye, que será en definitiva lo que haga posible o no la ejecución del plan.

Por todo ello se explica por qué aun siendo los planes y programas de desarrollo un evidente progreso en la mejor aplicación de los recursos disponibles, no suelen dar los resultados esperados.

A mi juicio, lo preferible es *definir políticas.* Y dentro de las políticas, y coherentes con ellas, las planeaciones o planificaciones que puedan operar como medidas complementarias para la consecución de los objetivos fundamentales de política económica.

Lo que importa es definir políticas económicas que puedan gozar de legitimidad y consenso, puesto que ante políticas económicas tales como el pleno empleo y crecimiento del salario real no tiene por qué generarse justificada oposición de ningún sector.

Para alcanzar estos objetivos es necesario emprender políticas enderezadas a conseguirlos, que en el fondo se pueden resumir en dos fundamentales: *la consecución del pleno empleo,* como medio en sí de mejor aprovechamiento de los recursos huamanos naturales, y de propiciar la estabilidad en la distribución del producto entre los factores y el equilibrio externo; y *políticas de estabilidad monetaria,* concretamente de la tasa de interés bancario más estable y más baja

La función *consumo* es una noción dinámica, que relaciona el crecimiento de éste, menos inmediato que el crecimiento del producto global, para que así pueda haber acumulación eficiente y crecimiento subsiguiente del producto y del consumo.

El crecimiento del producto y del bienestar colectivo será tanto mayor cuanto más rápido sea el resultado productivo de la acumulación de capital. De aquí que los plazos dependen de la naturaleza del progreso técnico y de la eficiencia en su aplicación.

Vale la pena una exploración más a fondo de estas observaciones tentativas.

23 Excluimos los financieros porque si éstos no son función de la producción, la planificación adolecerá de *petición de principio.*

posible, para evitar que la inestabilidad monetaria altere el equilibrio interno y externo de las economías, el proceso de la distribución y de los precios.

Sin pretender diseñar aquí políticas concretas —cuya oportunidad y alcance depende de las distintas situaciones económicas, políticas y, sobre todo, de la magnitud de la desproporción en la participación de la ganancia, y del desempleo—, se pueden adelantar algunas ideas básicas:

a) Políticas de pleno empleo

Una política de pleno empleo es algo completamente diferente a lo que comúnmente se denomina *crear empleos*, puesto que, para que el proceso de acumulación de capital sea suficiente, es menester que existan las condiciones del pleno aprovechamiento de la mano de obra, para que ésta pueda generar, a su vez, producto y acumulación de capital. Mientras no se consiga el pleno empleo, o condiciones cercanas a él, es imposible asegurar que la acumulación de capital pueda alcanzar su proporcionalidad con la productividad y con el salario real, ya que el desempleo genera desproporción en la participación del consumo de las ganancias y desorientación del proceso productivo hacia las mercancías y bienes más propicios para satisfacerla. (Esta desviación está suficientemente dilucidada, por lo que no puede ofrecer alguna duda al respecto.)

Así pues, una *política de pleno empleo* tiene que empezar por considerar una *política salarial* en las decisiones de los convenios salariales. En vez de tomar como punto de referencia el aumento de las ganancias, que genera inevitablemente la espiral precios-ganancias-salarios, es necesario que tomemos como criterio para el aumento de los salarios nominales el crecimiento de la productividad por hombre empleado, tanto a niveles empresariales y sectoriales como globales.

En segundo lugar, por no decir en el primero, es menester que las políticas de la tasa de interés sean suficientemente flexibles a la baja, para que se ajusten a la eficiencia marginal del capital[24] y que no impidan el pleno empleo.

No es posible suponer que el alza de la tasa de interés, al elevar la participación de la ganancia, favorezca el aumento de la inversión del empleo y del monto del ahorro, puesto que la flexibilidad a la baja de la tasa de interés es condición necesaria para el pleno empleo,[25] aunque pueda no ser suficiente.

[24] Sobre el concepto *eficiencia marginal del capital* véase del autor el ensayo "Tasa de crecimiento del salario real y tasa de interés", *op. cit.*

[25] Todos los modelos macrodinámicos que suponen crecimiento estable postulan esta condición como *política monetaria perfecta*.

De cualquier forma, en condiciones de severo desempleo, serán indispensables las políticas de acción directa para generar empleos y salarios en trabajos útiles y necesarios, aunque no representen producto vendible, y a fin de elevar la demanda efectiva y provocar el incremento de la inversión en los demás sectores de la producción (siempre que se cumplan las dos condiciones anteriores: la de política salarial y la de suficientemente baja tasa de interés).

Las políticas fiscales deben ir enderezadas a eximir los ingresos gravables, a cualquier nivel, que acrediten que son invertidos en medios de producción, puesto que no sólo aumentarían multiplicadamente el ingreso fiscal, sino que favorecerían el crecimiento del salario real con respecto a la productividad, y además de la acumulación.

Es demasiado frecuente creer que las políticas fiscales pueden servir para *redistribuir* el ingreso —viciado desde el origen por una insuficiente tasa de crecimiento del salario real con respecto al crecimiento de la economía y de la productividad del trabajo—, lo cual no suele ser así si con ellas se frena la acumulación.

Es erróneo achacar a las políticas de pleno empleo el proceso inflacionario. Si éste se produce, no es por las políticas de pleno empleo, sino porque al no estar asociadas a las dos condiciones fundamentales —crecimiento del salario real y baja tasa de interés—, no ha producido el efecto deseado de aumento de la demanda efectiva en la inversión.

Y, en este sentido, debe tomarse en cuenta que los créditos internacionales y la inversión extranjera, aunque aparentemente sirvan para crear empleos en algún sector de la economía, no pueden lograr el crecimiento del empleo global si los resultados de la inversión, o del crédito, no se consumen y reinvierten en el país donde se están generando las ganancias.

Los mecanismos de inversión extranjera y de subdivisión del proceso productivo, que dejan en el país el salario y transfieren al exterior la diferencia entre costo primo y precio (plusvalía del capital), no sirven para generar empleo ni acumulación proporcional, sino para aumentar la desproporción en la participación de la ganancia en ambos sectores, tal como ya hemos tenido ocasión de poner de manifiesto.

Es, pues, erróneo suponer que el crédito y la inversión extranjeros puedan suplir la falta de acumulación nacional. Por el contrario, suelen reducir la capacidad de acumulación del país que se supone favorecen.

b) Políticas para conseguir el equilibrio comercial externo

Se daría un gran paso para conseguir el equilibrio comercial externo si se abadonaran los métodos de lo que hemos dado en llamar *neomercan-tilismo*, condenado al fracaso desde la fundación de la teoría económica, porque la *abundancia de los metales preciosos*, como de los créditos internacionales, no constituyen la *riqueza de las naciones*.

Ahora bien, ello significaría, en primer término, el abandono de paridades deliberadamente infravaluadas de los unos y sobrevaluadas de los otros, y procurar paridades de equilibrio, con suficiente flexibilidad[26] en los tipos de cambio que los ajuste a las diferencias en la oferta y la demanda de créditos por ventas y compras de mercancías, y para alcanzar la condición óptima para cada economía y para el conjunto, que consiste en el equilibrio sin superávit y, por lo tanto, sin déficit.

De cualquier forma, dado que el comercio internacional está motivado por las relaciones de los precios internos con los externos, y como es improbable que en economías monetarias todas y cada una de las mercancías susceptibles de entrar al comercio exterior guarden una relación estable con el costo primo, es muy difícil que el mecanismo de los mercados (por libre e independiente que sea) logre el equilibrio comercial externo. Por ello el modo de conciliar el equilibrio natural, en términos de mercancías, con el artificio del desequilibrio, en términos de superávit y déficit monetarios con otorgamientos de créditos internacionales, no puede ser otro que la *programación del comercio exterior*, y así, hacer efectiva la compensación de las mercancías compradas y vendidas, ajustándose precios y tipos de cambio a las necesidades del equilibrio tanto real como monetario.

En este sentido, la programación más o menos multinacional del comercio exterior tiene que adoptar criterios comunes de comparación que, en último término, puede ser la tasa de crecimiento del salario real en cada economía en particular y en el conjunto.[27]

Por ser el consenso tan lejano de alcanzar en este sentido, se imponen cada vez con mayor claridad los acuerdos de carácter regional, que en definitiva son mecanismos de programación para conseguir que el equilibrio natural, en términos de mercancías, se ajuste al equilibrio monetario de cada una de las economías con el conjunto del área. Los resultados de estos acuerdos regionales son alentadores.

Igualmente, en lo que se refiere al comercio externo, cuanto más estables y más bajas sean las tasas de interés bancario, más fácil es que se logre la estabilidad interna en el seno de las economías, y que esta estabilidad interna favorezca también la estabilidad en las condiciones del intercambio internacional, es decir, cuando el dinero alcance o se

[26] No es lo mismo tipo de cambio *flexible*, fijado por el comercio de mercancías, que tipo de cambio *flotante*, que toma en cuenta los movimientos especulativos de fondos.

[27] Ello no quiere decir que de momento se logren iguales tasas de salario real. Pero sí la tendencia a un crecimiento adecuado, que a la vez vaya aproximando lo más posible las condiciones y niveles de vida de los pueblos entre sí, gracias precisamente al intercambio comercial equilibrado.

acerque a su neutralidad, que es el supuesto de todos los monetaristas.

Las políticas de tasas de interés discriminatorias que suelen practicarse, si llegan a tener algún efecto en los movimientos de fondos, suelen tener el contrario en la balanza comercial.

En este propósito de políticas de equilibrio comecial externo es necesario incluir la compensación de los mal llamados *movimientos de capitales*, que cuando son unilaterales y no recíprocos, como suelen serlo, tienen el efecto de perturbar la economía del país que pierde fondos —porque resta recursos de ahorro para la inversión, sin aumentar la inversión global y el empleo en el país que los percibe—, y, a la vez, el de aumentar la creación del circulante en el país que se supone recibe los fondos, lo cual por lo común no es correspondiente con el incremento de la producción y del empleo, que por sí solo ha de generar el circulante necesario para atenderlos.

La internacionalización de la banca, además de ser un pésimo negocio bancario —porque recoge fondos de un país para prestarlos a otro, incurriendo no sólo en los riesgos de solvencia, sino en los de las variaciones del tipo de cambio—, tiene el inconveniente de restringir y desplazar la formación de recursos financieros nacionales que genera el excedente económico del propio país.

No se puede olvidar que el empleo y la producción son los que generan los recursos financieros, en vez de que los recursos financieros generen el empleo y la producción. Por ello las transferencias de fondos no son ni necesarias ni convenientes para el equilibrio.

Estas formas de desequilibrio financiero son tan generalizadas que están siendo causa de los trastornos económicos que padece el mundo en general, y singularmente las economías que llamamos *subdesarrolladas*. De ahí que se recomiende la máxima autarquía financiera posible y la autonomía de los sistemas de creación monetaria, a lo que hemos hecho referencia (véase el pasaje del irrealismo artificioso del desequilibrio externo, específicamente lo que se refiere a la autarquía financiera).

c) La estabilidad de las políticas monetarias

La misión de procurar la estabilidad del valor de las monedas ha sido siempre atributo del Estado o de las instituciones a las que el Estado delega el ejercicio de esta función soberana. Precisamente el delegar esta función en instituciones más o menos autónomas se ha hecho con el propósito de poner a salvo la estabilidad del valor del dinero. Sin embargo, no puede decirse que esta medida haya conseguido éxito en la consecución de tan fundamental objetivo.

La ineficiencia en su consecución resulta de grave trascendencia, porque es imposible concebir la estabilidad del valor de la moneda si se hacen políticas de inestabilidad en la creación monetaria respecto a la demanda para transacciones productivas y de cambio, y se procuran constantes variaciones de las tasas de interés.

Fuera de este radical cambio de concepto, que rectifica los errores fundamentales derivados de la teoría cuantitativa de los precios, poco puede añadirse a lo que ya hemos señalado.

Sin embargo, quedaría por poner en claro que cuando la desproporción del gasto público provocada por la elevación de la proporción del consumo de las ganancias desequilibra los precios, no es consecuencia del aumento de la cantidad monetaria, sino de la desproporción del gasto en servicios con respecto al gasto que constituyen los insumos productivos. Y, por consecuencia, nada se resuelve con la restricción de la cantidad monetaria, pues el desequilibrio puede producirse a pesar de ella, y con mayor acento cuanto más se restrinja la cantidad monetaria y se eleven las tasas de interés. Lo esencial es, por consiguiente, vigilar *la proporción o propensión al consumo de las ganancias*, y si esta proporción es consecuencia o no de la desproporción del gasto público con respecto al ingreso global, la cual no tiene que ser necesariamente equivalente al déficit presupuestal (sobre este aspecto pueden ofrecerse numerosas comprobaciones empíricas que ponen de manifiesto la veracidad de este aserto).

La receta es muy simple, aunque cueste mucho trabajo hacerla aceptar. Como el dinero no produce nada por sí mismo, cuanto más estable sea la relación de la creación monetaria con la demanda para transacciones, sin pretender restringir ni expandir el circulante, más baja y más estable podrá ser la tasa de interés (que necesariamente tendería a cero o al precio convencional del servicio y del riesgo). Y cuanto más baja y más estable sea la tasa de interés, más fácil resulta que sean estables la preferencia a la liquidez y las expectativas sobre variaciones de la propia tasa de interés.

No hay ninguna razón teórica ni empírica que permita justificar que la restricción de la creación monetaria con respecto a la demanda transaccional y a la elevación de las tasas de interés pueda tener efecto benéfico en el empleo ni en la estabilidad de los precios. Y a poco que se piense, se apreciará el error de las suposiciones contrarias.

Ahora bien, para vencer tantos obstáculos que pueden salir al paso de tan natural y racional política, se impone una revisión a fondo del concepto del dinero y de los sistemas bancarios, para tomar en cuenta la transformación tan radical que ha sufrido el concepto del dinero, desde la moneda-mercancía hasta los mecanismos de pago de las economías contemporáneas. En este sentido, es necesario comprender que la función de crear dinero por delegación de la autoridad soberana del

Estado no puede ser una actividad lucrativa, lo cual no quiere decir que la banca deba ser necesariamente nacionalizada. Dicho sencillamente: como el dinero no produce nada por sí mismo, mientras no se emplee para adquirir fuerza de trabajo con el objeto de incrementar la producción, no puede ni debe esperarse un lucro en la actividad de crear medios de circulación y de pago (aunque pueda concebirse que el servicio deba ser remunerado). Tal concepto no es nuevo. Tradicionalmente se atribuyó la inflación al abuso del soberano en la acuñación de la moneda; y hasta estos abusos fueron severamente castigados en la historia. Las *regalías* y derechos de señorío, por su función de crear dinero, que por delegación del Estado hoy percibe el sistema bancario, tanto la banca central como la banca comercial o de depósito, superan con mucho el monto de las regalías que hubiera soñado alcanzar el soberano más ambicioso. Estos errores están sostenidos por un consenso general de los sistemas bancarios, inclusive apoyados por las propias instituciones internacionales encargadas de velar por la estabilidad del valor de las monedas.

Por consiguiente, es difícil suponer que estas observaciones puedan tener eco, pero permiten hacer pronosticable la persistencia de la crisis y la situación económica mundial si no hay una drástica reducción de las tasas de interés bancario, como consecuencia de acuerdos internacionales entre los bancos centrales y los organismos a los que está encomendado el sistema de pagos mundiales.

De cualquier forma, como ni los modelos ni los planes funcionan por sí mismos sin el impulso de las políticas positivas o negativas que generan la acción de las variables fundamentales, lo que importa es diseñar las políticas económicas básicas que puedan conducir a redimir el funcionamiento de la economía de los vicios esenciales que la aquejan, y que pudieran servir para corregir, o mitigar al menos, la situación económica mundial.

No se trata tampoco de *estrategias*, porque estrategia significa balanceo de fuerzas ante un conflicto de intereses o fuerzas contrapuestas, cuando en el caso de las políticas a diseñar no hay por qué suponer que representen conflictos fundamentales de intereses ni sectores, sino que por lo común a todos convienen, y pueden por ello recibir una general aceptación. Sólo con su enunciación se comprende que así sea: políticas de pleno empleo, políticas para asegurar el equilibrio comercial externo mediante acuerdos de programación compensada de compras y ventas, y políticas monetarias que ni dificulten el empleo ni generen o impulsen la desproporción en la participación de la ganancia en el producto —esto es, la inflación.

En lo que se refiere a contener los efectos nocivos del desequilibrio comercial externo alimentado por el mercantilismo financiero, hay que hacer énfasis en la necesidad de la autonomía de las políticas monetarias que haga posible una mayor autarquía financiera, independiente de un sistema internacional que parte de la falsa idea de un mercado, el cual está solamente fundado en las políticas de creación monetaria que hacen los bancos centrales de las distintas naciones.

Si las políticas monetarias de los diversos países cumplieran el principio de la estabilidad de la función que relaciona la creación monetaria con la demanda transaccional —esto es, con el ingreso—, los mercados no sólo tenderían a la estabilidad, sino a las más bajas tasas de interés bancario. Y es preciso recalcar que se han de evitar o esterilizar los movimientos de capitales o de fondos, y los créditos de un sistema bancario a otro, porque perjudican tanto a la economía que pierde fondos como a la que ios recibe, pues sólo sirven para realizar arbitraje de intereses. Que son ganancias financieras sin relación alguna con el empleo productivo ni con la generación monetaria y financiera que el sistema productivo ha de generar.

Mientras no se comprenda así, se continuará en el mercantilismo financiero, con todas las nocivas consecuencias a las que nos hemos referido.

Hacemos especial hincapié en las cuestiones de inestabilidad de las políticas monetarias, no sólo porque ellas son el agente más directo de la generación de los desequilibrios externos e internos, así como del desempleo, sino porque son las que están más en las manos de los hombres, del Estado, de los gobiernos, corregir sin daño ni detrimento para nadie, con excepción del individual propósito lucrativo, que no puede ser ni por razones de lógica ni de justicia el fin de los sistemas monetarios y bancarios.

Obstinarse en no comprenderlo así es no querer salirse de los lugares comunes de la teología que hemos dado en llamar ciencia económica, sin querer comprender que la realidad del proceso económico reside en los bienes, mientras que el dinero sólo puede ser un instrumento, una simple *unidad de cuenta*, para el intercambio de los servicios del trabajo por mercancías y de mercancías por trabajo.

Para comprender mejor toda la situación económica que padecen las economías, inclusive la nuestra, basta tomar en consideración un simple axioma —que se demuestra por su propia enunciación— si no nos empeñamos los economistas en no querer comprenderlo: si el salario real y demás remuneraciones del trabajo crecen en forma proporcional al crecimiento del producto por hombre empleado —que es la productividad de la economía—, no hay inflación, y es factible absorber el desempleo. La acumulación y la ganancia crecen también proporcionalmente; y la economía tiende a estar en equilibrio interno, y en las condiciones que permitirían el comercio exterior, si es que se ajusta a paridades en equilibrio.

Las tasas de interés del dinero se encargan de impedir la tendencia a tales condiciones de equilibrio y crecimiento estable, elevando la proporción en la participación de la ganancia con el producto y, por consiguiente, haciendo que el salario real no sea el correspondiente a la estabilidad del crecimiento.

Son las políticas económicas del Estado las que tienen como misión procurar el pleno empleo y el crecimiento del salario, y frenar los efectos nocivos de las políticas monetarias, así como no dejarse dominar por un sistema financiero internacional que, persiguiendo una actividad lucrativa ficticia y contraria al interés general de las economías, impide que el Estado ejerza su función soberana de garantizar la estabilidad del valor de las monedas.

historia
y crisis
del
capitalismo

LA DISCUSIÓN DE LOS AÑOS VEINTE EN TORNO A LA CRISIS: GROSSMANN Y LA TEORÍA DEL DERRUMBE

BOLÍVAR ECHEVERRÍA

I

Asistimos hoy día a un franco crecimiento del marxismo. En el panorama contemporáneo vigente casi no existe una ciencia social que no lo haya tomado como centro rector de sus particulares desarrollos. El renacimiento del marxismo hoy es ya un hecho incuestionable. Pero, con todo, esta evidencia marca este renacimiento como uno configurado por retazos del marxismo. *El capital*, por ejemplo, ha sido retomado desde *perspectivas*, desde *problemáticas*, desde *temas-tipo*. Y apenas muy recientemente se vuelve al marxismo como estructura total, como todo estructurado. Frente a esta reemergencia del marxismo como un todo es que resulta igualmente **pertinente** remitirse, una vez más, al marxismo de los años veinte —de tan inmenso florecimiento—, hoy injustamente olvidado. La más reciente época fundamental del marxismo, la que surge de la segunda posguerra —al finalizar los años cincuenta—, así como el *marxismo occidental* de los últimos veinte años, ha partido prácticamente de cero. Parece haber olvidado todo, o casi todo, del esfuerzo marxista anterior. Y es que, en este contexto, resulta particularmente importante volver a la producción marxista de los años veinte, y, dentro de la inmensa producción del periodo, a la obra de Henryk Grossmann, uno más —y ciertamente no el mayor— de los partícipes de aquel florecimiento que aún nos sigue sorprendiendo.

Grossmann supo plantear las cuestiones de la crítica de la economía política en términos muy radicales. Judío polaco de nacimiento, pero de formación marxista germana, realizó sus estudios de formación en Viena, y, después de una agitada participación político-teórica en la recién constituida república polaca, elaboró el cuerpo esencial de su importante obra marxista al amparo y dentro de los debates que animaban los primeros años del Instituto para la Investigación Social, de Frankfurt, entre 1925 y 1932.

Dos aspectos reviven el interés por la obra de Grossmann: el metodológico y el del contenido. Nos interesa el sentido metodológico de su obra en tanto que esfuerzo sistemático y de actualización de la crítica de la economía política, como esfuerzo que se autoinscribe dentro y en defensa del proceder metodológico marxiano. Nos interesa el contenido de su obra, por cuanto Grossmann representa, a nuestro parecer, uno de los más serios y calificados esfuerzos en la tarea de llevar a su culminación el sistema de Marx desarrollado en los tres tomos de *El capital*. Se trata, sobre todo, de la tendencia general del desarrollo del sistema capitalista, y en especial del centralísimo concepto marxista de la sobreacumulación. Henryk Grossmann parte para su investigación de este *punto de llegada* marxiano. Grossmann es paradigma de la puesta de la economía como crítica de la economía política, a través de la continuación de la teoría de *El capital*, en todas sus dimensiones. El discurso crítico de Marx encuentra en Grossmann un culminador, un *completador*, en el entorno y de acuerdo a las condiciones del capitalismo que le tocó vivir.

Con la vuelta a Grossmann queremos contribuir a que la presencia de Marx, como crítico de la economía política, retorne a una ortodoxia no dogmática, capaz de vencer el eclecticismo que, disfrazado de antidogmatismo antistalinista, presenta, defiende y usa hoy el marxismo como meras *teorías parciales;* eclecticismo que caracteriza el estado del marxismo actual. Con la vuelta a Grossmann pretendemos, pues, un retorno ortodoxo capaz de enfrentar el antidogmatismo cómodo o el eclecticismo de orden teórico. Como ejemplo de creatividad ortodoxa es que destaca, y por ello hemos elegido la obra de Henryk Grossmann.

La lectura, desarrollo, crítica y empleo de la investigación de Grossmann nos interesa, así, en sus aspectos metodológicos y en sus aspectos de contenido. Con todo, y para fines de la discusión que aquí habrá de ocuparnos, circunscribimos desde ahora el objeto de nuestras consideraciones al plano exclusivo de algunas de las problemáticas de contenido del esfuerzo grossmanniano, reservando para otra oportunidad el tratamiento del aspecto metodológico.

II

La obra de Grossmann representa, con respecto a la *problemática o aspecto económico-social* de la discusión general que vertebra el gran debate de la II Internacional, lo que la obra del joven Lukács representa a la *problemática o aspecto filosófico-histórico* de la misma. Constituye, pues, el gran intento, en verdad asombroso, de encontrar una respuesta diferencial y ortodoxa creativa capaz de armonizar y hacer efectivo el discurso crítico de Marx frente a los derroteros impuestos al proletariado del siglo XX. La mejor o peor manera de realización y eficacia de este intento es asunto de otra investigación. Lo que resulta evidente es que la muy débil ligazón entre el movimiento de masas y esta producción de altísimo nivel teórico, situación característica de toda la época posterior al derrumbe de la II Internacional, le confiere a este marxismo su carácter peculiar: el de representarse como

marxismo de cátedra. En efecto, la incapacidad para la reconstrucción del movimiento obrero se refleja también en el terreno de la teoría. Se expresa como una resistencia del marxismo al renacimiento de la ideología burguesa, crecientemente enriquecida en el proceso acorde con la constitución y el desarrollo de la modalidad imperialista del capitalismo. La producción marxista de los años veinte resistirá el acoso teórico de la ideología burguesa, la cual será, al fin y al cabo, la que se encuentre a la ofensiva, proponiendo los *nuevos métodos* de abordaje de lo real. Es en estas condiciones que surge, con toda propiedad, este marxismo de resistencia como marxismo de cátedra, lo que en modo alguno lo representa como pobre. Muy por el contrario, difícilmente podrá repetirse un momento de tal florecimiento, tanto en su calidad como en su cantidad. Este gran intento de resistencia a través de la recuperación de la creatividad ortodoxa, del que Henryk Grossmann es paradigmática imagen, habrá de ser barrido en la nueva derrota histórica materializada en la segunda guerra mundial.

III

A un primer estadio de la investigación grossmanniana, estrechamente vinculado con la investigación histórico-económica y estadística bajo la dirección de su maestro K. Grunberg, y que abarca de los años 1911 a 1923: a) *Censo de la población vienesa para el año 1777;* b) *La gran Galizzia después de la ocupación por parte de Austria;* c) *La política industrial y comercial del régimen teresiano-josefino en la Galizzia de los años 1772-1792;* d) *La estadística oficial del comercio exterior de Galizzia de 1772 a 1792;* e) *La política comercial austriaca respecto a Galizzia durante el periodo de reformas, 1772-1790;* f) *Los orígenes y la evolución histórica de la estadística oficial austriaca;* g) *La organización crediticia del reino polaco antes de la guerra;* h) *Significado y objetivos del primer censo general en Polonia;* i) *Estadística del tráfico mercantil ferroviario;* j) *La población del reino de Polonia,* entre otras obras, le sobreviene un segundo estadio (claramente diferenciado por la obra transicional titulada *Sismondi y la crítica del capitalismo,* de 1924), en el cual Grossmann habrá de producir la parte medular de su obra, reunida tanto en la colección titulada *Ensayos sobre la teoría de las crisis / Dialéctica y metodología en El capital,* como en su conocida y célebre obra mayor *La ley de la acumulación y del derrumbe del sistema capitalista,* de 1929. La última parte de su vida, entre 1935 y 1950, cuando muere en Leipzig, le permitirá todavía entregar a la publicación su erudito texto *Los fundamentos sociales de la filosofía mecanicista y la manufactura (a propuesta de Franz Borkenau:*

El pasaje de la visión feudal del mundo a la burguesa), de 1935, estrechamente conectado en cuanto a temas con sus posteriores obras: *La revuelta evolucionista contra la economía política clásica*, de 1943, y el muy sugerente e importantísimo ensayo de 1940: *Marx, la economía política clásica y el problema de la dinámica*.

IV

Para el objeto del presente Seminario, y haciendo siempre abstracción de la dimensión metodológica —tal y como hemos advertido—, vamos a obviar en estas notas el tratamiento del primer estadio de la investigación grossmanniana, vinculado con los temas de corte económico-histórico y estadístico, así como el reconocimiento de la referida obra transicional y el conjunto de investigaciones, publicadas en parte póstumamente, relacionadas con el importante concepto de la dinámica de Marx. Ello nos permitirá reconocer sólo algunos de los contenidos económicos del conjunto de ensayos reunidos en castellano bajo el título *Ensayos sobre la teoría de las crisis* y, sobre todo, de *La ley de la acumulación y del derrumbe del sistema capitalista*, su *opus magnum*. Prescindiremos, igualmente, de todo aparato de citas, para aligerar la exposición.

V

Del conjunto de los ensayos que componen el volumen *Ensayos sobre la teoría de las crisis*:

1. "Modificación del plan originario de la estructura de *El capital*, de Marx, y sus causas"
2. "La transformación de los valores en precios en Marx y el problema de las crisis"
3. "La producción del oro en el esquema de reproducción de Marx y Rosa Luxemburg"
4. "Una nueva teoría sobre el imperialismo y la revolución social"
5. "La reacción evolucionista contra la economía clásica"

Vamos a detenernos sumariamente sobre el segundo y cuarto títulos para tratar de reconocer aspectos de los argumentos de Grossmann que ya por su mera transcripción nos parecen suficientemente polémicos y dignos de discusión.

a) Valores y precios. Crisis

El importante ensayo *La transformación de los valores en precios en Marx y el problema de las crisis*, de 1932, significa un desarrollo ulterior del sistema grossmanniano respecto a su obra mayor (*La ley de la acumulación*...), publicada en 1929, desarrollo que se insinúa y ratifica ya en la correspondencia entre Grossmann y Mattick. Este ulterior desarrollo lo entendemos en términos de una mayor concreción teórico-política de la crítica de Grossmann a los teóricos de la II Internacional, que intentaron teorías explicativas de la crisis. El mayor grado de concreción y explicitación de la crítica teórico-política de Grossmann no sólo evidencia de manera por demás sugerente y brillante el yerro fundamental de estos teóricos, sino que simultáneamente advierte el peligroso desliz ricardiano de sus propuestas, resaltando, igualmente, el implícito alejamiento que de la ortodoxia y espíritu marxista conlleva. Detengámonos brevemente en el argumento de Grossmann. Para él, en Marx

> ... los fenómenos concretos no sólo son importantes como punto de partida y como medio para conocer la *dinámica real*, sino que son precisamente lo que, en última instancia, quiere conocer y comprender en su relación íntima... el conocimiento de lo esencial tiene como función el darnos la posibilidad de comprender los fenómenos concretos (p.71).

El *problema* de la transferencia de los valores en precios y su relación con la crisis es para Grossmann fundamentalmente un problema entre *la esencia y la apariencia* de los fenómenos en el capitalismo, y, en consecuencia, su abordaje teórico-práctico exige primero el esclarecimiento del procedimiento metodológico marxiano. Este es el punto de partida de Grossmann, y nosotros no vamos a someter a crítica aquí la representación que hace Grossmann del "problema metodológico en Marx".

Así las cosas, Grossmann continúa su argumento desarrollando su conocida idea según la cual

> Si ... la reproducción de la realidad concreta en el camino del pensamiento constituye el objeto del conocimiento de Marx, entonces también la función del esquema marxiano de la reproducción debe ser claramente **reconocido** ...: dicho esquema no pretende ser, por sí mismo, una *imagen de la realidad capitalista concreta*, sino que es únicamente un eslabón dentro del procedimiento de análisis de Marx ... Si queda claro este carácter del esquema de reproducción ... entonces no cabe ninguna duda acerca del carácter que tiene cada uno de los elementos que

constituyen dicho esquema —valores, plusvalores, tasas de ganancia diferentes para cada una de las esferas de producción. Como ya he demostrado en otro lugar, el plusvalor es una magnitud real. Sin embargo, esto es válido únicamente para *la sociedad en su conjunto*, para la cual no sólo los valores y los precios, sino también el plusvalor y la ganancia, son magnitudes cuantitativamente idénticas. No sucede lo mismo por lo que respecta *a cada una de las esferas de producción*. En el interior de éstas tenemos en la realidad capitalista no valores, sino precios de producción cuantitativamente divergentes de dichos valores (pp. 74-75).

Y continúa Grossmann:

No son los valores supuestos teóricamente los que constituyen el centro de gravedad objetivo alrededor del cual oscilan los precios de mercado corrientes, sino los precios 'de producción calculados experimentalmente... Marx dice que... [la] tasa general de ganancia "es la fuerza *impulsora* en la producción capitalista"... Si las mercancías se intercambiaran de acuerdo con su valor, cada empresario estaría interesado, entonces, únicamente en la explotación de los trabajadores que él mismo emplea, y su beneficio sería idéntico al plusvalor producido por *sus* trabajadores. Sólo la transformación del plusvalor en ganancia media es la que tiene como efecto "que cada capitalista individual... participe en la explotación de la clase obrera... [ya que] la tasa media de ganancia depende del grado de explotación del trabajo global por el capital global—" (pp. 78-79).

... mientras sigamos en el estudio del valor, seguirá sin entenderse una parte amplia e importante de los fenómenos de la realidad capitalista... De la exposición precedente se desprende con toda claridad que las categorías que tienen un significado definitivo para el conocimiento de la forma concreta en que se desenvuelve el proceso de producción capitalista no son las expuestas en el esquema de la reproducción —valor, plusvalor y las diferentes tasas de ganancia—, sino las que no están incluidas en él —*precios de producción, ganancia* y sus *formas parciales*, y, finalmente, la tasa general de *ganancia media*... Si se tiene presente esta situación, resulta claro estonces que un esquema de valor en el que faltan todas estas categorías reales en las que se apoya el movimiento capitalista real, si bien nos permite conocer en toda su extensión las tendencias históricas del desarrollo y la "ley general de la acumulación capitalista"... de ninguna manera tiene la capacidad de reproducir las *formas concretas en que se mueve*, en teoría, el capital. Precisamente por esto las conclusiones a que se llega con un esquema del valor respecto a la proporcionalidad o desproporcionalidad entre cada una de las esferas de la producción *no prueban nada, o por lo menos son prematuras* (pp. 81-84).

El argumento de Grossmann es a todas luces impecable. Y una conclusión le resulta más que evidente:

> Los especialistas... no pocas veces se han contentado con leer únicamente el primer libro [de *El capital*], y por lo general no han tomado en sus manos los libros subsiguientes (p. 87).

Y cuando los han tomdado, como en el caso, para el libro segundo, de Rosa Luxemburg y Otto Bauer, se les atribuye una validez total, real y directa a la hipótesis según la cual las mercancías se venden a su valor:

> ... *dejan desde el principio fuera del campo de su problemática la necesidad de transformar los valores en precios de producción y precios de mercado* (p.91).

Por ello

> ... resulta obvio ... que no vean, no tomen en cuenta, la vinculación del problema de la transformación de los valores en precios con el problema de las crisis... Ya se trate de los revisionistas, Kautsky, Hilferding y Bauer, o de Rosa Luxemburg y sus epígonos, o finalmente de Bujarin y los demás teóricos comunistas, todos han tratado únicamente los puntos preliminares del problema sobre la base del esquema del valor... en lugar de comprobar su análisis y sus conclusiones con base en un esquema de precios de producción ... Dejando a un lado el hecho de que nos pronunciemos por la necesidad y la obligatoriedad de las crisis dentro del capitalismo, o de que sostengamos —como lo hacen los neorrevisionistas— la posibilidad de un desarrollo sin crisis, es obvio que las conclusiones obtenidas con un esquema del valor son precipitadas y no prueban nada. ¡Por otra parte, cómo podría el análisis de un esquema que opera a nivel de valor informarnos sobre la proporcionalidad o desproporcionalidad del intercambio de mercancías dentro del capitalismo si las relaciones de proporcionalidad, que a duras penas se han calculado en el esquema del valor, vienen necesariamente abajo debido a la tendencia a la nivelación de la tasa de ganancia y a la nueva división del plusvalor que provoca dicha nivelación! Ninguno de los autores mencionados reconoce el significado y el alcance de la transformación de los valores en precios de producción respecto a la problemática de las crisis, ni los toman en cuenta para señalarlos, y mucho menos para estudiarlos (p. 99).

Y de aquí la sentencia final grossmanniana:

> Realmente es muy estraño el modo en que se ha desarrollado

la discusión sobre Marx hasta el día de hoy. Por no tomar en cuenta la totalidad de la argumentación de Marx en todos sus peldaños se quedaban sólo en los *avances* extrapolados de esta concluida cadena conceptual, y la discusión quedaba bloqueada y reducida al nivel del esquema del valor, en lugar de desarrollar la teoría de Marx —como pretenden todos en el punto ("la relación no entendida entre el valor y el precio de producción"), en el que se atascó alrededor de 1850 y en el que, tiempo más tarde, naufragó definitivamente la escuela posricardiana (p. 101).

b)

En el año de 1926 se publicó la última gran obra de la vieja escuela luxemburguiana: el conocido volumen titulado *El imperialismo*, de Fritz Sternberg. Apenas dos años después, en 1928, Henryk Grossmann le salió al paso con una agudísima crítica: *Una nueva teoría sobre el imperialismo y la revolución social*, crítica que en parte adelanta y en parte desarrolla algunas de las ideas que habrían de cobrar nueva forma en *La ley de la acumulación y del derrumbe del sistema capitalista*. Lamentablemente, aún no conocemos en castellano la respuesta de Sternberg a la crítica de Grossmann: *¿Una subversión de la ciencia?* / *Crítica del libro de Henryk Grossmann:* La ley de la acumulación y del derrumbe del sistema capitalista, *junto con un análisis positivo del imperialismo*, obra publicada en Berlín en 1930.

La crítica de Grossmann a Sternberg marca un hito en la discusión marxista económica de la época. Y dentro de todos los aspectos privilegiados por Grossmann para su reseña crítica vamos a referirnos exclusivamente al problema de la teoría del salario, incluido en la parte tercera del ensayo de crítica, que Grossmann subtituló "La fundación económica". A no dudarlo, esta parte es el pasaje del mejor y más lúcido momento de la crítica de Grossmann, y especialmente aquel en que critica la teoría del salario de Sternberg.

Enlazando con el viejo *Debate Bernstein*, Grossmann arranca con esta afirmación:

> ... "En Marx —escribe Sternberg— se dice que a la acumulación del capital le corresponde la acumulación de la miseria". Pero *la empiria ha demostrado lo contrario:* a la acumulación del capital le corresponde *el aumento del salario* ... "En Marx se habla" de la acumulación de la *miseria*; esto basta para caracterizar la teoría del salario de Marx como una teoría del *empobrecimiento absoluto* (pp. 159-160).

E inmediatamente ironiza y aclara:

> No hay que sorprenderse de que la teoría burguesa se haya dis-

tinguido siempre por un desconocimiento absoluto de la teoría
de Marx . . . lo que sí llama la atención es que dicha teoría burguesa tenga que estar presente en una obra marxista . . . de
cualquier manera, antes que Marx, Ricardo ya había desarrollado
el concepto de *salario relativo*, tan es así que Marx señala este
concepto de **salario** —que, aunque crece en sentido absoluto,
disminuye con relación a la producción de valor y plusvalor—
como "uno de los mayores méritos que hay que reconocer a
Ricardo". Es éste un aspecto importantísimo . . . no es, en
realidad, más que una manera distinta de expresar *la verdadera
teoría del plusvalor* . . . el *salario relativo* está err íntima relación
lógica con el *plusvalor relativo* de Marx. Si no se entiende el primero, no se entenderá tampoco la rueda maestra del sistema
de Marx: la teoría del plusvalor . . . Si Sternberg admitiera que la
teoría del salario de Marx puede explicar cómodamente el hecho
del aumento de salario y del mejoramiento de la situación de la
clase trabajadora, su teoría . . . resultaría completamente superflua. Para dar cabida a sus descubrimientos teóricos debe, pues,
deformar ante todo la teoría de Marx (pp. 160-162).

Después, Grossmann se pregunta:

. . . Pero, ¿cuál es la teoría del salario de Sternberg, la hazaña
de su análisis teórico? Para poder valorar primero hay que ver
lo que dice acerca de la teoría del plusvalor de Marx. ¿Cómo nace
el plusvalor en Marx? . . . El plusvalor nace a partir de la ley del
valor . . . [y] la competencia, el juego de la demanda y de la
oferta, queda *eliminado* del análisis, que para Marx se desarrolla
bajo la hipótesis de la correspondencia recíproca entre precios y
valores . . . Marx podía establecer estas hipótesis —aunque en la
realidad los precios están siempre bajo el influjo de la competencia— porque la experiencia demuestra que los precios , variables
de acuerdo con la situación de mercado, fluctúan siempre alrededor de un precio determinado, es decir, alrededor del precio
relativamente estable que llamamos valor, así que el precio se
expresa en la fórmula $Pr = V \times d/o$. . . Por lo que se refiere a
nuestro problema, significa que el análisis de los precios debe
realizarse con la condición de que la oferta y la demanda de todas
las mercancías tenga una medida igual, es decir, $d = o$ (o bien
1/1), y puedan por consiguiente dejar de tomarse en cuenta, de
acuerdo a la ecuación $Pr = v \ T \times 1/1$ (o precio = valor). . . *la
competencia, pues, queda eliminada.* . . No existe un solo marxista en el mundo que no conozca las famosas observaciones
de Marx acerca del *aspecto de la competencia* y no sepa que la
competencia por sí sola —*sin la base del valor* en que se funda— es
incapaz de explicar los fenómenos fundamentales del capitalismo,
y que precisamente en la actitud que se tome ante la competencia
se encuentra la línea de demarcación teórica entre marxismo y

economía vulgar... No puede decirse lo mismo de Sternberg, que, al explicar todo a través de la competencia, cree que puede engañar al lector (pp. 162-163).

Y añade Grossmann:

> Pero examinemos más de cerca las cosas. Sternberg se pregunta cómo nace en el capitalismo el plusvalor... ¿Cuál es, pues, la diferencia entre el capitalismo y los ordenamientos sociales pasados? Y responde: en el pasado... [los trabajadores] eran *obligados* a trabajar... mientras que en el capitalismo... según Sternberg, el responsable de que "*dos trabajadores corran detrás de un capataz*" es el ejército de reserva, la "sobrepoblación"... Sternberg no se imagina siquiera que *los términos cardinales del problema* consisten precisamente en explicar el nacimiento del plusvalor sin acudir a la competencia (p. 164).

Después de ilustrar sobre las propias contradicciones y confusiones que existen al interior del propio concepto de *sobrepoblación* y *ejército de reserva* en Sternberg, que, al decir de Grossmann: "siguen al pie de la letra *a su maestro* Oppenheimer", nuestro autor prosigue afirmando que es la propia *relación capitalista*, el monopolio sobre la tierra y los medios de producción, lo que da cuenta del fenómeno del plusvalor, y que

> ... En esta separación se halla la *constricción al plusvalor*, y esta constricción es ejercida por el capital. ¡Por el capital, y no por la sobrepoblación! En efecto, *esta separación es totalmente independiente de la competencia de los trabajadores*... Es vergonzoso tener que discutir hoy día, 60 años después de la aparición de *El capital*, estos supuestos fundamentales del análisis de Marx, y además con un autor que, al juzgar los fenómenos más complicados del capitalismo, pretende basarse en la doctrina de Marx, sin tener de ella el más mínimo conocimiento (pp. 166-167).

Para Grossmann, por tanto, no debe sorprender que Sternberg *tenga que* entender mal también la teoría del salario de Marx, y pretenda imponernos su "banal sabiduría de la competencia", dado que

> El mérito más grande de Marx es haber aplicado la teoría del valor a la fuerza de trabajo... El valor puede cambiar a través del tiempo y del espacio, *pero en un momento determinado, es una magnitud fija, determinada exactamente por el tiempo de trabajo necesario*. Los precios de mercado... fluctúan siempre alrededor de lo que constituye el centro constante, el precio permanente, alrededor del valor... *la competencia por sí sola no explica nada* (pp. 167-168).

De ahí que concluya Grossmann:

... El salario, es decir, el valor de la fuerza de trabajo, está y debe estar determinado por el tiempo de trabajo necesario para la reproducción de la fuerza de trabajo. El salario puede variar a través del tiempo y el espacio, pero en cada momento está circunscrito y *determinado exactamente* por el tiempo de trabajo necesario para la reproducción de la fuerza de trabajo, y, siendo más bien premisa que resultado de la competencia, es independiente de sus fluctuaciones. Tenemos pues un doble movimiento. Por una parte, los precios de mercado de la fuerza de trabajo fluctúan, de acuerdo con la situación que guardan en el mercado de trabajo, alrededor del valor o de los costos de reproducción de la fuerza de trabajo, que constituye por consiguiente un centro relativamente constante; por otra parte, este mismo centro tiene su propio movimiento de corto y de largo plazo. Mientras el movimiento de los precios de mercado depende de la competencia y teóricamente es indiferente, el movimiento fundamental está determinado por el tiempo de trabajo, y constituye en cada momento determinado una magnitud fija, constante, representada, por ejemplo, en la línea *A-B* por la magnitud *A-C:*

$$A \text{————} C \text{————} B$$

Sólo en la medida en que esta magnitud es fija, es decir, termina en un punto (por ejemplo, en *C*) determinado con exactitud y que puede calcularse con la magnitud del tiempo de trabajo, dicha magnitud es *teóricamente relevante*, y representa lo que es relativamente fijo en el flujo de las variaciones; como tal, el punto *C* delimita el precio permanente alrededor del cual fluctúan los precios instantáneos de r..ercado. En Sternberg no se encuentra ninguna huella de la tendencia que tiene Marx a buscar una base fija de valor para el salario; lo que hace pasar por teoría del salario de Marx es una banal teoría de la competencia, que considera únicamente las fluctuaciones, pero no la base alrededor de la cual se producen... El tiempo de trabajo necesario para la producción de medios de subsistencia necesarios para el trabajador es, por el contrario, en un momento dado, una *magnitud determinada* por la situación de la técnica, y para esta última también el valor de la fuerza de trabajo está determinado y no es elástico. Sólo así la teoría del valor tiene una base y un sentido. ¿Qué sentido tendría una teoría del valor si fuera variable el mismo patrón con el que quiere medir cada magnitud? ... Si Sternberg rechaza la teoría del salario de Marx, *debería, para ser coherente, rechazar también la teoría del valor de Marx* (pp. 168-170).

Si tomamos en cuenta que la presente exposición de Grossmann se reduce exclusivamente al momento estrictamente económico o de la mecánica de las fluctuaciones del valor de la teoría del salario, sin detenerse mayormente en el reconocimiento del plano de la mistificación que, al decir de Marx, esta teoría conlleva, operación mistificadora básico-esencial para la operación del proceso de la reproducción capitalista, podemos imaginarnos a las claras la importancia y el radicalismo de los argumentos de la investigación de Grossmann.

c) Creciente intensidad del trabajo
Reproducción de la fuerza de trabajo

Sin temor a exagerar, podemos afirmar que el gravoso abandono y olvido del concepto central marxiano de la *intensidad del trabajo* ha recibido sólo en la obra de Grossmann un uso continuador del espacio que Marx le confiere en su sistema, de acuerdo a la necesidad de la refiguración crítica del propio orden del capital.

Recientemente hemos asistido a un reconocimiento de la importancia de este concepto, a través de la discusión latinoamericana en torno a las modalidades capitalistas que enfrenta este ordenamiento en la periferia y, particularmente, a través de la discusión de la especificidad marxista que compete el concepto de Maniri de la *superexplotación del trabajo*.

La crítica, con lo expuesto hasta aquí, continúa precisamente incorporando a la discusión —entre otros elementos— el concepto de la intensidad de trabajo.

Afirma Grossmann:

1. Es falso que el concepto de los costos de producción de Marx sea lo mismo que el mínimo físico de subsistencia, como pretende Sternberg. Para Marx no guardan ninguna relación con un determinado estándar de vida... El tenor de vida puede aumentar y los costos de reproducción disminuir... Marx demostró que los costos de reproducción, como salario real, es decir, como una determinada masa de medios de consumo, aumentan forzosamente con el desarrollo progresivo del capitalismo... Esta diferencia no significa, pues, como sostiene Sternberg, que el salario, es decir, el valor de la fuerza de trabajo, aumente más allá de los costos de reproducción *A-C* (ya que los costos de reproducción, en Marx, son idénticos al valor), sino que los mismos costos de reproducción aumentan, y por consiguiente se hace más larga la línea *A-C*... [Se trata, pues] de *un nuevo valor* de la fuerza de trabajo y esto no **significa** otra cosa que *el tiempo de trabajo necesario para la reproducción de la fuerza de trabajo ha cambiado* (p. 171).

2. Dentro de este contexto surge, desde el punto de vista de la

teoría del salario de Marx, la siguiente pregunta: ¿cuáles son los factores que modifican el valor de la fuerza de trabajo, es decir, su tiempo de reproducción? En Sternberg... se debe sencillamente a la *existencia de áreas no capitalistas*... En cambio, nosotros demostraremos primero... que la variación del juego de la demanda y de la oferta excluye la posibilidad de cualquier explicación real... Todas las tergiversaciones de Sternberg son posibles únicamente debido a la ignorancia y a no haber comprendido el *procedimiento metodológico* de Marx. Entre las muchas hipótesis simplificadoras del análisis de Marx se encuentra también hipótesis de una *intensidad constante del trabajo*, según la cual, es decir en nuestro caso, una cantidad constante de trabajo para la reproducción del trabajador exige también una masa constantemente determinada de medio de subsistencia... Marx no se olvida de señalar que Ricardo no considera la intensidad realmente *creciente* y señala, asimismo, que el supuesto de que dicha magnitud permanece constante se ha establecido únicamente "para simplificar", aunque en la realidad la intensidad del trabajo es variable... Marx indica que el aumento de los costos de reproducción de· la fuerza de trabajo y, por consiguiente, del nivel del salario, se deriva necesariamente, aun excluyendo cualquier tipo de competencia, del *constante crecimiento de la intensidad del trabajo*, determinado por el proceso de producción capitalista. Por esto aumenta también su equivalente, el salario real... *La tendencia al aumento del salario real* es un fenómeno natural que se desprende del mecanismo de la producción capitalista (pp. 172-173).

Y sobre la magnitud de la productividad del trabajo, y en referencia al *salario relativo*, continúa sosteniendo Grossmann:

Hasta ahora sólo hemos considerado la teoría del salario de Sternberg desde el punto de vista del *nivel* del salario real. Ahora es necesario examinarla desde el punto de vista de la magnitud de la ganancia. Sternberg adopta no sólo la misma actitud de Oppenheimer ante el problema del salario, sino también la idea, incompatible con la teoría de Marx, de que el aumento del salario se produce a expensas de la ganancia... Sin embargo, el aumento del salario puede significar una disminución de la ganancia sólo con la condición de que la productividad del trabajo sea *constante*. En este caso, también sería constante su valor, y el aumento del salario significaría un aumento temporal del precio de la fuerza de trabajo por encima de su valor, y, por consiguiente, una reducción de la ganancia, un fenómeno temporal de tipo competitivo del mercado que podemos olvidar cuando hablamos de aumentos *estables* del salario. Pero como al hablar de las tendencias permanentes de crecimiento la productividad del trabajo no puede suponerse constante, entonces el salario real —que ha aumentado a consecuencia del crecimiento de la fuerza productiva del trabajo— *debe reducir su valor*, ya que nunca crece en la misma proporción que el desarrollo de la fuerza productiva. *De ahí que a pesar del crecimiento del salario real la ganancia tenga que aumentar*. La tasa de plusvalor, el grado de explotación del trabajo, no disminuye a pesar del aumento de los salarios reales, sino que crece con el desarrollo de la productividad del trabajo. El error tan burdo de Sternberg se debe a su desdeñoso rechazo de la doctrina del salario relativo (pp. 174-175).

Si entre tanto nos preguntamos qué sentido tiene la teoría del salario de Sternberg y qué es lo que Sternberg pone en lugar de la teoría del salario de Marx, la respuesta es una sola: *¡la competencia!* . . . Como se ve, Sternberg deja perder voluntariamente lo que constituye el mérito histórico de Marx frente a Ricardo y el supuesto necesario y el punto de partida de toda competencia, o sea, la determinación de la *base valor* de la fuerza de trabajo, de su costo de reproducción (p. 181).

No quisiéramos desaprovechar la oportunidad que nos brinda el presente subcapítulo, dedicado al comentario de algunos aspectos de contenido económico de los trabajos reunidos en el volumen *Ensayos sobre la teoría de las crisis*, para llamar la atención sobre la enorme importancia del artículo de 1932 titulado *La producción del oro en el esquema de reproducción de Marx y Rosa Luxemburg* cuyo comentario reservamos para otra oportunidad. Baste recordar que en él Henryk Grossmann resuelve un complicado problema que venía confundidamente arrastrando, de tiempo atrás, la literatura marxista, en parte por los precipitados y ciertamente superficiales comentarios de Rosa Luxemburg al punto en debate, y en parte también por los muy particulares fines políticos que a la disputa de la época le diera Bujarin, particularmente contra Rosa Luxemburg. En este ensayo Grossmann, con modestia desusada y para objeto de su demostración, reconstruye ¡en total! el fragmento marxiano extraviado y, en buena medida, motivo de la discusión. Vaya esto sólo como evidencia de la estatura de nuestro autor.

VI

De la multitud de problemas dignos de investigación, e inferibles del colosal esfuerzo que representa *La ley de la acumulación y del derrumbe del sistema capitalista*, un grupo de compañeros, miembros del seminario "Henryk Grossmann y el problema del derrumbe" –que coordinamos en la maestría de economía de la UNAM–, ha destacado a algunos de ellos para su consecuente profundización.

Empero, para los fines de este Seminario, sólo vamos a reconocer, a través de la presentación de la palabra de Grossmann, dos problemáticas sumamente importantes y de indiscutible actualidad teórico-política. Sobre esta base nos será posible, en otra oportunidad, aproximarnos a algunas del conjunto de las restantes problemáticas.

a) El problema de la ley de la acumulación y el derrumbe respecto a las relaciones entre tasa y masa de ganancia en la interpretación de Grossmann

En la carta de Mattick del 21 de junio de 1931, Grossmann reproduce una muy sucinta síntesis de su teoría, que resulta útil para nuestra presentación. Dice Grossmann:

> Entre los capitalistas y los obreros se desata una lucha por la repartición del plusvalor. Para asegurarle *a cada uno* su parte no basta un nivel suficiente de salarios ni la acumulación necesaria. Si se da una es sólo a expensas de la otra, por lo cual se agudiza la lucha de clases. La situación de los Estados Unidos, de Inglaterra y de Alemania, con su evolución de los últimos años, confirma cien por cien este diagnóstico. Yo no digo que el plusvalor disminuya. Es posible, incluso, que aumente. No obstante, resulta insuficiente, ya que la acumulación (al exigir una composición orgánica cada vez mayor) deglute *una parte cada vez más grande* del plusvalor.
> ... La magnitud del capital de 1900 (cuando pequeño) crece hasta 1931; al mismo tiempo crece la composición orgánica. También crece el plusvalor de 1900 (línea *A-B*) a 1931, hasta alcanzar la magnitud *C-D*. Pero para que aumente la composición orgánica de un capital acrecentado, debe emplearse *con fines de acumulación una cantidad cada vez más grande de la masa de plusvalor*. La parte *consumible* del plusvalor, la parte adicional (*av*) destinada a los trabajadores y la destinada al consumo de los mismos capitalistas (*k*), resulta cada vez más pequeña, tanto relativamente como en valor absoluto: en 1900 es igual a *E-B*; en 1931, sólo igual a *F-D*. Si a los trabajadores les toca la porción tradicional *av*, no habrá suficiente para los capitalistas. Si estos últimos tratan de asegurarse su porción *k*, no habrá suficiente para los trabajadores. Surge una situación *objetivamente revolucionaria* (p. 249).

No vamos a ocuparnos aquí de la interpretación grossmanniana en lo que toca a las relaciones entre lo económico y lo político. Lo que queremos hacer evidente es la idea general de la representación de la acumulación, del derrumbe y de la crisis en el concepto de Grossmann, como una representación que se funde con el problema de *la masa del plusvalor o ganancia*, en tanto que toda causa del fenómeno. En efecto, para Grossmann el grado o nivel de la tasa de ganancia *es sólo el indicador* de un determinado estado de la masa del plusvalor o de la masa de la ganancia. Es éste el primer punto que en torno a las variadas problemáticas de *La ley de la acumulación y del derrumbe del sistema capitalista* quisiéramos proponer a la discusión de este Seminario. Y, por cierto, el autor se manifiesta a este respecto, en su obra mayor, de inmejorable manera. Veamos: en el segundo capítulo de su obra, destinada —como es del conocimiento general— a la presentación pura y abstracta de la ley de la acumulación y del derrumbe, Grossmann trata en el apartado decimoprimero "Las causas del desconocimiento de la teoría marxiana de la acumulación y del derrumbe", y, después de aludir a los asuntos teórico-políticos característicos del debate de la II Internacional, afirma:

> Dos generaciones tuvieron que desfilar sobre el escenario histórico desde la aparición de *El capital*, antes de que el capitalismo . . . madurara hacia su fase actual imperialista y diera a luz en su seno conflictos que encontraron su momentánea culminación en las convulsiones de la guerra mundial . . . Así maduró el tiempo para la reconstrucción de la doctrina marxiana del derrumbe. . . Aparentemente fue esta circunstancia la causa de la no comprensión de este pensamiento central de la doctrina marxiana para que el capítulo III de la sección primera del tomo III de *El capital* —en el que es tratada la relación entre la tasa de ganancia y la tasa de plusvalor, y que más tarde sirve de base para la deducción de la ley de la tendencia decreciente de la tasa de ganancia— sea expuesto "en una serie de razonamientos matemáticos incompletos". Engels —que advierte esto en el prólogo— se vio obligado, para la elaboración de esta parte, a recurrir a la ayuda de su amigo Samuel Moore, quien se hizo cargo de "elaborar" esta parte, "para lo cual lo capacitaba hasta su mejor condición de antiguo matemático de Cambridge". Pero Moore no era un economista, así sea en forma matemática; es cosa de problemas económicos. La forma en que surgió esta parte de la obra hace, por tanto, creíble por anticipado la existencia de abundantes oportunidades para equivocaciones y errores, como así también que estos errores pudieron en consecuencia ser fácilmente transmitidos al capítulo de la baja tendencial de la tasa de ganancia —tan sólo por la consonancia entre estos dos capítulos estrechamente ligados.
>   La probabilidad de error aumenta hasta la casi certeza cuando consideramos que se trata aquí de una palabra, que desgraciadamente modifica por completo el sentido de toda la exposición: el

fin inevitable del capitalismo es atribuido a la baja relativa de *la
tasa de ganancia y no a la masa de ganancia*. ¡Aquí con toda seguridad Engels o Moore se equivocaron al escribir!" (pp. 129-130).

Y añade Grossmann en nota:

> El significado de la doctrina ganaría mucho en claridad si se
> introdujera una corrección en este sentido, para lo cual sirven
> como ejemplo los siguientes pasajes generalmente conocidos: "a
> medida que progresa el proceso de producción y acumulación,
> *debe* aumentar la masa de plustrabajo susceptible de apropiación
> y apropiado, y por ende la masa absoluta de la ganancia apropiada
> por el capital social. Pero las mismas leyes de la producción y
> acumulación acrecientan, con la masa, el valor del capital constante, en progresión crecientemente más veloz que el variable, que
> la parte de capital cambiada por trabajo vivo. Las mismas leyes
> producen, pues, para el capital social una masa absoluta de
> ganancias en aumento (y una tasa de ganancia en disminución)".
> En las palabras colocadas entre paréntesis se equivocó Engels
> o Marx mismo: debería decir, en forma correcta: "y al mismo
> tiempo una masa de ganancia que decrece relativamente"...
> La masa de ganancia crece absolutamente, y la misma masa
> de ganancia decrece en sentido relativo. Ya de la sola construcción de la frase resulta lógica esta correspondencia. La antítesis
> del crecimiento absoluto lo constituye la baja relativa de *la
> misma* magnitud. Esto puede referirse entonces sólo a la *masa
> de ganancia*. La tasa de ganancia no decrece en forma relativa,
> sino absoluta (nota al pie de página, p. 130).

Continúa más adelante con la idea de que

> Además estas dos palabras presentan para la teoría dos mundos
> totalmente distintos, si bien existen estrechas relaciones entre
> la baja de la masa de ganancia y la de la tasa de ganancia. Varios
> teóricos, como Charasoff, Boudin, etcétera, percibieron que aquí
> se encontraba el punto central de la teoría marxiana, pero no
> pudieron demostrar el derrumbe del sistema capitalista, que
> resulta necesariamente de la ley del valor, porque siempre hacían
> sólo referencia a la baja de la tasa de ganancia. ¡Cómo podría
> una relación porcentual, como la tasa de ganancia, un *número
> puro*, producir el derrumbe de un sistema real! ¡Como si la
> caldera de una máquina de vapor pudiera explotar porque la
> aguja del manómetro fuera hacia arriba! ¿Por qué habría de
> preocuparle a la clase capitalista la baja de la tasa de ganancia
> si la masa de ganancia aumenta? La creciente masa de ganancia
> sería expresada en una fracción porcentual cada vez más pequeña;
> la tasa de ganancia tendería al punto cero, como punto límite

en el sentido matemático, sin poder sin embargo alcanzarlo. Pero a pesar de ello bien podrían seguir existiendo los capitalistas y el sistema capitalista . . . Vemos que el sistema capitalista podría existir a pesar de la baja de la tasa de ganancia, y que el derrumbe definitivo en el año 35°. no tiene en sí nada que ver con la baja de la tasa de ganancia. No puede aclararse por qué en el año 34°. el sistema puede subsistir con una tasa de ganancia de 9,7 por ciento y por qué, entonces, al año siguiente se derrumba con una tasa de ganancia de 9,3. El carácter del problema se hace inteligible si relacionamos el derrumbe, no con la tasa, sino con la masa de ganancia. "Pero la acumulación", dice Marx, "no depende solamente del tipo de la tasa de ganancia, sino también de la masa de ésta . . . Por consiguiente, todas las circunstancias que determinan la masa del plusvalor contribuyen a determinar la magnitud de la acumulación". ¡Esto puede ser exacto sólo haciendo una reserva decisivamente importante! Si uno se coloca en la posición de Sombart y de Otto Bauer, según la cual el valor para Marx no es *un fenómeno real*, sino tan sólo un concepto, un instrumento auxiliar de nuestro pensamiento, es decir, que se trata de un "hecho *interno al pensamiento*", entonces el derrumbe del capitalismo, como consecuencia de la baja relativa de la masa de ganancia (*la baja de la tasa de ganancia es sólo la expresión externa de este hecho*), es un misterio de causa desconocida. Los pensamientos no pueden destruir un sistema real. De ahí que Sombart y Otto Bauer no pudieran comprender la teoría marxiana del derrumbe. Diferente se presenta la situación cuando el valor, y por tanto también la masa de ganancia, es comprendido *como una magnitud real*. En este caso el derrumbe del sistema debe producirse por *la baja relativa de la masa de ganancia*, aunque pueda crecer en forma absoluta, y no obstante ésta crezca. *La baja de la tasa de ganancia es por lo tanto sólo un índice, que indica la baja relativa de la masa de ganancia*. Sólo por ello la baja de la tasa de ganancia es importante para Marx, porque en el sentido recién mencionado es idéntica a la disminución relativa de la masa de plusvalor . . . Sólo en este sentido puede afirmarse que con la baja de la *tasa de ganancia* el sistema se derrumba, puesto que la tasa de ganancia cae porque la masa de ganancia disminuye relativamente . . . No a través de la baja de la tasa de ganancia, sino a través de la baja relativa de la masa de ganancia (del plusvalor, de la masa de plusvalor), en cuanto baja de una *magnitud real*, puede originarse el *"conflicto entre expansión de la producción y valorización"*. A partir de un determinado límite de acumulación el plusvalor no basta para asegurar una normal valorización del capital siempre creciente . . . Sólo cuando se haya reconocido el **papel aquí descrito de la masa** de ganancia y de su relación con la tasa de ganancia, al considerar más de cerca el capítulo referido a la baja tendencial de la tasa de ganancia, sólo entonces se llegará sin más a la conclusión de que, en muchos pasajes, el texto mismo ha sido mutilado en la dirección antes apuntada (pp. 130-131).

b) Hacia la fundación económica del concepto marxista del imperialismo

Como Rosa Luxemburg en *La acumulación del capital,* Grossmann intenta en *La ley de la acumulación y del derrumbe del sistema capitalista* aproximar el concepto marxista del imperialismo al nivel de operación estructural de la reproducción capitalista; intenta enfrentar un concepto orgánico-económico del imperialismo a la versión de modalidad politicista propia de la II Internacional. El concepto de imperialismo en Grossmann se encuentra directamente asociado con su teoría de la acumulación y del derrumbe. De los muchos anticipos que de él hace en su libro, reproducimos aquí el momento en que toma posición frente a los tratadistas anteriores clásicos del tema, momento especialmente polémico y de indudable utilidad para la discusión de este Seminario.

Dice Henryk Grossmann:

... Antes de comenzar con la descripción de estas *contratendencias* debemos primeramente caracterizarlas en forma general e interrogarnos respecto a qué función cumplen ellas en el sistema capitalista. Con esta pregunta llegamos al problema del imperialismo.

Hasta aquí hemos desarrollado nuestro análisis teórico en un capitalismo aislado, y hemos demostrado cómo bajo una tal suposición el proceso de la acumulación de capital, después de una inicial expansión, necesariamente debe alcanzar, a partir de un determinado nivel de acumulación, la parálisis, o sea *la muerte económica.* En las etapas más bajas de la acumulación de capital es relativamente fácil la superación de la sobreacumulación. Todos los medios que sirven a la superación de la crisis, a los que vamos a referirnos a continuación, pueden ser utilizados fácilmente. Pero de la naturaleza de estos remedios resulta, sin embargo, que su aplicación, con la prosecución y extensión de la acumulación de capital, debe enfrentarse con crecientes dificultades y que por tanto el peligro del absoluto despliegue de la tendencia al derrumbe —a pesar de la transitoria superación de la misma— resulta cada vez más agudo, más sensible con la dimensión de la acumulación de capital. Y justamente en esta tendencia se encuentra la más profunda raíz del imperialismo. **Paralelamente a la creciente tendencia al derrumbe aumentan también las aspiraciones imperialistas de las potencias capitalistas de primer orden; ambos fenómenos, la creciente tendencia al derrumbe y el fortalecimiento del imperialismo, son sólo dos aspectos del mismo complejo fáctico.**

Pero la economía burguesa está justamente empeñada en negar este complejo fenoménico específicamente capitalista; no existe un imperialismo que sólo sea característico para el capitalismo . . . Se niega, por lo tanto, que exista algún tipo de fenómeno específicamente capitalista que debiera ser explicado, y que es caracterizado como tendencia imperialista . . . [Para ella] no se trata pues de luchas y contradicciones que tienen su raíz en el capitalismo, sino de luchas en general . . . Pero si se caracteriza en general al imperialismo como la tendencia a la extensión del propio ámbito de la economía y el poder, se pasan por alto los rasgos esenciales del imperialismo *moderno*, que lo diferencian de similares esfuerzos de dominio de épocas anteriores . . . Pero las aspiraciones de dominio y la persecución tras aumentos en los ingresos no son idénticas en el moderno imperialismo.

Tampoco basta con decir que la esencia del imperialismo descansa en la *presión económica dirigida a la expansión y ocupación de nuevos territorios en interés del mantenimiento vital* de la potencia que se expande, pues bajo una concepción semejante caerían también los esfuerzos expansionistas de diferentes pueblos nómadas y pastoriles . . . A través de una definición semejante se confundirían las características que distinguen al imperialismo moderno y que se desprenden del carácter específicamente capitalista de la producción. ¿En qué consisten estas características? ¿Penetra uno hasta las raíces del imperialismo si busca comprender "el específico problema de los nuevos tiempos" en la forma en que lo hace Bujarin, tratando de "encontrar los fundamentos del imperialismo en la búsqueda de mayores ganancias monopólicas y en el necesario movimiento del capital financiero en esa dirección"? . . . ¿Pero por qué el capital debe tender con *necesidad* a la ganancia extraordinaria? Esto Bujarin no nos lo ha mostrado; con la sola afirmación no se hace mucho.

Asimismo, el acento en la persecución de ganancias monopólicas no basta, pues de esta manera el problema sólo es desplazado. Se trata de explicar *por qué* la persecución de ganancias monopólicas se ha vuelto *necesaria para la existencia* del capitalismo moderno. Por otra parte, no debe olvidarse . . . [que] el sistema de monopolios alcanzó en el siglo XVII en Inglaterra una esfera de influencia tan grande . . . e incluso el *capital financiero*, la administración financiera bancaria de organizaciones industriales, no era raro en aquellos tiempos . . . La persecución del plusvalor fue la caraterística distintiva del capitalismo desde su nacimiento, y no puede servir por ello para la explicación de sus últimas fases. Sólo la teoría del derrumbe aquí desarrollada conduce a la verdadera raíz del imperialismo y explica su necesidad histórica. El imperialismo moderno de los estados capitalistas no es sino el esfuerzo necesario —a través de la expansión económica, cuya última etapa es la inserción en el Estado de áreas extranjeras— por *eliminar la tendencia al derrumbe*, que tiene lugar en una determinada etapa de la acumulación de capital, *de superar el cese de la valorización, asegurando la afluencia de plusvalor adicional del exterior.*

Significa, por lo tanto, malinterpretar absolutamente la esencia del capitalismo y de la acumulación del capital si se concibe, como hace Kautsky, bajo el término de imperialismo sólo el esfuerzo de conquista de zonas *agrarias*, de áreas no capitalistas, en el sentido de Rosa Luxemburg. Justamente de la industrialización de estos territorios espera Kautsky la superación del imperialismo, su "progresivo encauzamiento". Por esto para él "el imperialismo, la conquista de zonas agrarias por parte de los estados industriales, es sólo un episodio" en la historia del capitalismo... Más adelante, cuando tratemos el tema del comercio exterior, mostraremos que para las tendencias imperialistas es indiferente qué carácter reviste el país explotado; si el plusvalor adicional proviene de los países agrarios, no significa de ninguna manera la limitación o el fin del imperialismo. Por el contrario, si el imperialismo está ligado a la tendencia al derrumbe, que se verifica como consecuencia de la progresiva acumulación de capital, entonces está claro que cuanto más avanza la acumulación con mayor fuerza tiene que actuar la tendencia al derrumbe, y por consiguiente también la tendencia imperialista (pp. 192-195).

Es evidente que la especificidad de la teoría del imperialismo esbozada aquí por Grossmann reside en la consideración de la relación económica internacional como relación integrada en un conjunto más amplio y más complejo de relaciones, que es el que constituye la reproducción acumulativa del capital. Es una especificidad porque precisamente esa visión del conjunto del capital a escala mundial es la que queda fuera del horizonte de las teorías del imperialismo anteriores a la suya. Sin embargo, queda planteada la pregunta: ¿es en verdad el desarrollo de esta teoría de Grossmann suficiente para agotar la apertura específica que él mismo vislumbró? O, por el contrario, ¿ésta, su propia apertura, va siendo cerrada paulatinamente, en la medida en que avanza el manejo empírico de los datos, orientada por una determinada visión teórico-política (indefectiblemente eurocentrista) del capitalismo de la entreguerra?

LA CRISIS DE 1929: EL CASO DE MÉXICO*

El antiguo modelo de acumulación en la época posrevolucionaria: bases internas e internacionales de la crisis de 1929[1]

GILBERTO ARGÜELLO
ESPERANZA FUJIGAKI
ELSA GRACIDA

Durante los años que transcurren de 1920 a 1940 México atravesó por un proceso de transformaciones económicas, sociales y políticas derivadas de la revolución de 1910 y del periodo de reformas estructurales de 1936-1939, que clausuran el ciclo de revoluciones burguesas en nuestro país. Es en este proceso en el que incide la crisis capitalista de 1929, marcada por el signo depresivo del tercer gran ciclo económico mundial de larga duración.

En los años en que tiene lugar la revolución democrático-burguesa iniciada en 1910, con excepción de la producción petrolera, la economía en su conjunto disminuye su ritmo de crecimiento, y no es sino hasta fines de los años veinte cuando parece recuperarse. El patrón de acumulación sigue siendo básicamente el mismo heredado del porfiriato: el sector de punta es el extractivo-exportador, controlado por el capital extranjero.

Al interior de la economía ciertas ramas productivas secundarias proliferan para abastecer el mercado de consumo generado por el sector primario y el crecimiento urbano. Los transportes, las finanzas y la electricidad (actividades modernas) son complementarias al modelo de acumulación establecido. Las finanzas públicas, sometidas a la deuda y a los préstamos, continúan apoyando la estructura interdependiente y subordinada. No obstante, una importante acumulación de capital es generada en la rama manufacturera, en la actividad agropecuaria y en el comercio interno.

Mientras tanto, la burguesía nacional, reforzada por la revolución mexicana, usa los mecanismos estatales para impulsar su desarrollo; las instituciones financieras gubernamentales transfieren valor hacia la

---

* Con la colaboración de Beatriz Fujigaki y Juan Manuel González.
[1] Las fuentes de información estadística tienen a 1950 como año base, y provienen de la *Historia de la revolución mexicana*, El Colegio de México, México, 2a. ed., 1977, ts. X-XIII; Arnaldo Córdova, *La clase obrera en México/Una época de crisis, 1928-1934*, Siglo XXI Editores, México, 1980; *La economía mexicana en cifras*, Nacional Financiera, México, 1974; Anatol Shulgovsky, *México en la encrucijada de su historia*, Ediciones de Cultura Popular, México, 2a. ed., 1972; L. Solís, *La realidad económica mexicana: retrovisión y perspectivas*, Siglo XXI Editores, México, 1980; Tannembaum, *The Mexican Agrarian Revolution*.

infraestructura básica y la incipiente reforma agraria; habiendo flexibilizado las antiguas estructuras, deja a disposición del capital a miles de desocupados, ex campesinos, listos para proletarizarse.

1. La estructura agraria

El índice del volumen de la producción agrícola desciende de 61,8 en 1910 a 31,4 en 1921. A partir de ese año, en el cual se registra su punto más bajo, la producción inicia una lenta y accidentada recuperación, hasta alcanzar en 1942 el nivel prerrevolucionario. Esto es, cuando ya empieza a manifestarse el impacto de la reforma agraria cardenista.

Entre 1925 y 1929 México continúa siendo un país fundamentalmente agrícola. Su producción, destinada en forma prioritaria al consumo interno, gira alrededor de los productos básicos, cuyo valor y productividad son mínimos.

Mientras la producción de cereales —maíz, trigo y frijol— ocupa el 82,3 por ciento de la superficie agrícola total, y sólo contribuye con el 42,3 del valor generado, la producción de materias primas y alimentos de exportación, con el 17,7 por ciento de la superficie, proporciona el 57,7 del valor total. Cuatro quintas partes de la superficie agrícola se destinan fundamentalmente al autoconsumo, en tanto que una quinta parte es dedicada a la exportación mercantil capitalista.

En 1930 los rendimientos promedio a nivel nacional por hectárea de maíz (522 Kg.) y de frijol (363 Kg.) corresponden a los más bajos del mundo, en tanto que el promedio nacional del costo en instrumentos y maquinaria agrícola por hectárea, reflejando el nivel primitivo del equipo técnico, asciende a sólo 10 pesos y su valor total a únicamente 70,8 millones de pesos.

Desde mediados de los años veinte los círculos gobernantes consideraron necesario impulsar la pequeña propiedad, que iría sustituyendo a los latifundios con base en un modelo *farmer* de desarrollo capitalista en la agricultura. En esta política al ejido sólo se le consideró como una modalidad para cubrir las necesidades mínimas de subsistencia, mientras el campesino se preparaba para desempeñar el papel de pequeño propietario. Sin embargo, hasta 1934 la estructura agrícola muestra pocas variaciones respecto a la existente en el porfiriato: la hacienda es aún el núcleo fundamental de la explotación agrícola y de la tenencia de la tierra.

A pesar de la Revolución y de los gobiernos caudillistas, la reforma agraria se aplicó lentamente.

El censo de 1930 registra que, del total de propiedades, el 83,6 por ciento correpondía a predios entre una y 50 hectáreas, ocupando el 3,4 por ciento de las tierras agrícolas. Mientras tanto, las propiedades de más de mil hectáreas, o sea el 2,2 por ciento del total, acaparan el 83,5 por ciento del territorio agrícola nacional. El alto grado de concentración de la tierra se observa cuando en el mismo censo se señala que los latifundios de más de 10 mil hectáreas representan sólo el 0,3 por ciento de todos los predios, pero controlan el 55 por ciento de la tierra.

En el otro extremo de la pirámide social, el censo de 1930 muestra que el 77 por ciento de la población agrícola económicamente activa —3,6 millones— se componía por obreros agrícolas sin tierra, el 15 por campesinos ejidatarios y el 8 por minifundistas privados.

Esta estructura latifundista consagra el poder de grandes hacendados tradicionales y de latifundistas burgueses coligados con poderosas compañías agroexportadoras extranjeras.

En efecto, entre los años 1920 y 1935 cerca del 17 por ciento del territorio nacional, o sea 32 004 millones de hectáreas, era propiedad de latifundistas extranjeros.

Las compañías norteamericanas eran dueñas de 42,7 por ciento de todas las tierras de Chihuahua, del 41,7 de las de Nayarit y del 19 de Baja California.

Así, cuando se inicia la gran crisis capitalista, la agricultura mexicana pasa por un periodo de crisis estructural derivado, en lo fundamental, de los viejos problemas de concentración de la tierra y baja productividad, que se traducen en un estrecho mercado interno. A esta situación se suma la tendencia descendente de la producción agrícola, iniciada con la Revolución, y la disminución absoluta que origina la peor sequía que ha sufrido el país en muchos años.

2. Estructura industrial

La industria también paga el costo de la lucha armada. El índice de producción manufacturera —que en 1910 fue de 18,8—, cae en 1918 a sólo 11,9. Sin embargo, a diferencia de la agricultura, ya en 1922 recupera el nivel anterior y continúa su lento crecimiento. Hacia 1929 las manufacturas y la generación de energía eléctrica, destinadas a satisfacer las necesidades tanto de las ramas de exportación como del mercado interno, representan los renglones más importantes de la industria. Para 1928 el valor de su producción —2 413 millones de pesos— supera el generado conjuntamente por la minería y el petróleo, que sólo es de 2 126 millones, aunque continúa siendo inferior al de la agricultura.

En 1929 operaban 48 050 establecimientos industriales. El 75 por ciento de ellos generó un valor de 10 mil pesos al año, y dio ocupación a tres obreros en promedio. Estrictamente, fueron más bien empresas artesanales y manufactureas, con muy baja densidad de composición orgánica del capital y en las que prevaleció la fuerza humana directa.

El 25 por ciento restante representaba empresas manufactureras e industriales modernas, entre las que descollaron unas 500 grandes —textiles, alimentaria, química y metalúrgica.

El valor total de la producción industrial fue, en 1929, de 900,3 millones de pesos, generados por 391 770 obreros, que representaron el 13,4 por ciento de la población total económicamente activa. De ella, 262 264 obreros se localizaban en la industria de transformación; 58 550, en los ferrocarriles; 57 153, en la minería; y 13 203, en las actividades petroleras. En el Distrito Federal se concentró el 21 por ciento de todos los establecimientos y el 24,6 del total de obreros industriales.

La mayoría de las plantas industriales la constituían plantas pequeñas, pero en ciertas ramas se presentó una marcada tendencia a la concentración. La burguesía nacional que surgió bajo el porfiriato incrementó su poder económico aliándose con el capital extranjero. En total existieron 37 135 propietarios industriales, de los que 33 994 fueron mexicanos.

En conjunto, la estructura del sector industrial es aún muy similar a la heredada del porfiriàto: las ramas más importantes son la textil y la de alimentos, mientras que la metalurgia sólo se desarrolla para procesos secundarios (herramientas simples, clavos, varillas, etcétera), sin producir ningún tipo de maquinaria.

Por su parte, la minería —bajo el predominio del capital extranjero— disminuyó su producción de 1 039 millones de pesos a 620 entre 1910 y 1921. Este descenso, particularmente severo en los años más álgidos de la lucha revolucionaria, provoca que la participación de los productos minerales en el total de las exportaciones baje del 8,2 al 0,1 por ciento entre 1900 y 1920.

Sin embargo, la minería se recupera rápidamente, y en 1929 el valor de su producción es superior en 160 por ciento al de principios de la década. En aquel año México exportó el 99 por ciento de su producción mineral, y ésta continuó siendo, al lado del petróleo, uno de los componentes principales de las exportaciones totales.

Controlada por inversionistas ingleses y norteamericanos, la producción petrolera, en respuesta a la demanda mundial, aumentó de 3,6 millones de barriles de petróleo crudo a 151 millones entre 1910 y 1920. En el mismo periodo la exportación de petróleo pasó de 0,2 millones de pesos a 516,8 millones, que representaron el 60,4 por ciento de las exportaciones totales. No obstante, en el año de 1923 la industria sufre una aguda crisis, a partir de la cual su producción desciende en forma ininterrumpida hasta mediados de la década de los treinta.

Esto motivó que en 1928 tuvo que importarse el 10 por ciento del combustible consumido internamente.

3. Transportes

Al finalizar la lucha revolucionaria los ferrocarriles se afectaron seriamente por la destrucción y falta de mantenimiento. Durante el gobierno de Obregón se reprivatizan a cambio de la condonación de la deuda externa ferrocarrilera, que ascendía a 262 millones de pesos.

A pesar del incremento de la carga transportada, de 2,26 millones de toneladas por kilómetro en 1921 a 40,4 en 1929, las utilidades descienden continuamente. No obstante, en esos años los ferrocarriles impulsaron el desarrollo de algunas regiones agrícolas y mineras, integrándolas al centro del país. Tal es el caso de la región noreste.

El sistema de carreteras, por su parte, pasó entre 1929 y 1934 de mil a 4 260 km. El crédito interno y el impuesto a la gasolina fueron las fuentes de financiamiento utilizadas para su expansión.

4. Comercio exterior

Desde principios del siglo XX hasta 1941 la balanza de mercancías de la economía mexicana fue superavitaria. En el periodo de 1910-1911 a 1917 el valor de las exportaciones e importaciones descendió, pero ya para 1918 ambos renglones superan los niveles de 1910. A partir de entonces el comercio continúa expandiéndose, aunque las exportaciones disminuyen en algunos años debido en particular a la caída de la producción petrolera.

En 1929 el valor de las exportaciones llegó a 274,9 millones de dólares, y el de las importaciones, a 177,7 millones. Para los años de 1930 a 1933 se registró un descenso en ambos renglones, y, aunque a partir de 1934 empiezan a recuperarse, no será sino hasta 1941 cuando las importaciones —y en 1946 las exportaciones— alcancen los niveles de 1929.

En 1929, entre otros, los vegetales representaron el 24,5 por ciento de las exportaciones, y los minerales, el 71 por ciento. Mientras que las materias minerales (23,1 por ciento), maquinaria y refacciones (13,5 por ciento) y productos animales (10,5 por ciento) fueron los renglones principales de las importaciones.

5. *Producto interno bruto*

Como consecuencia de la contracción de la actividad económica, el producto interno bruto registró en los años comprendidos entre 1910 y 1921 un incremento de sólo 7 por ciento, es decir, una tasa media anual inferior al 1 por ciento, que en 1921 crece a 2,6 por ciento. La actividad productiva se realiza en gran medida subordinada a los monopolios extranjeros. Hacia 1929 Estados Unidos —con 1 559,6 millones de dólares—, Inglaterra —con 275— y España —con 238— son los principales países inversionistas en la economía mexicana. Para ese mismo año, del total del capital norteamericano invertido en América Latina, 3 705 millones de dólares, el 42,7 por ciento, se localiza en México y el 41,2 en Cuba.

El capital procedente de los Estados Unidos controla las ramas y actividades más lucrativas, así como las finanzas públicas del país. En 1930 el 75 por ciento de todas las exportaciones se envían al vecino del norte, mientras el 70 por ciento de las importaciones totales provienen del mismo.

Sin embargo, la inseguridad política frente a la lucha de clases y al nacionalismo burgués hacen que el capital extranjero se mantenga a la expectativa, simplemente explotando al máximo lo ya establecido.

6. *Movimientos políticos y sociales*

Para 1929 la clase dominante no ha encontrado aún la forma de armonizar la estructura económica y política que le permita impulsar un proyecto de desarrollo nacional.

En esos años es cada vez más evidente el descontento de las heterogéneas clases trabajadoras, quienes reclaman el cumplimiento de los postulados de la revolución mexicana, particularmente de lo que se refiere al derecho obrero y a la restitución y reparto agrarios.

En 1920 y 1921 la causa más importante de las huelgas fue por la negativa patronal a conceder aumentos salariales; en 1922, por el reconocimiento de los sindicatos con fines de contratación colectiva; en 1924, por la instauración de la jornada laboral de ocho horas; en 1926 y después de 1929, por evitar los despidos injustificados de obreros, realizados bajo el argumento de una crisis de la economía nacional.

Hacia 1920 el programa democrático campesino fue derrotado. La clase obrera era todavía muy débil; la mayor parte de la burguesía industrial no tenía un peso económico importante y los terratenientes porfiristas fueron desplazados del poder político. Es entonces cuando surge el grupo de Sonora, el cual inicia el periodo que se conoce como *bonapartismo pequeñoburgués*, pero que representa en realidad los intereses de los rancheros y terratenientes aburguesados del noroeste del país.

La pequeña burguesía gobernante acumula recursos y se reproduce como gran burguesía; pero para mantenerse en el poder necesita engendrar la ideología de la revolución mexicana, articular alianzas con clases y capas oprimidas, y manejar una táctica nacionalista que le dé una mínima capacidad de maniobra para renegociar la dependencia con el capital extranjero, básicamente norteamericano.

Hacia 1928 existieron cerca de 8 mil *partidos* locales, estatales y regionales. Entre ellos se destacó el Partido Laborista Mexicano (PLM), fundado por Morones y el Grupo Acción en 1919. El PLM había apoyado la candidatura de Obregón en 1920, y fue de hecho el partido oficial con Calles. No obstante, al oponerse a la reelección de Obregón, se inicia el alejamiento entre laboristas y el gobierno, a la vez que se acelera el proceso de desmembramiento de la CROM.

Otro de los partidos que tuvo presencia nacional fue el Partido Nacional Agrarista, creado por Díaz Soto y Gama en 1921. Vinculado al caudillo sonorense, su asesinato representa un serio golpe para la organización.

El 24 de noviembre de 1919, en estrecha alianza con la Liga Campesina, surge el Partido Comunista Mexicano. Su influencia se extiende cuando, en 1928, decide participar y conquistar los sindicatos reformistas. En 1929 funda la Confederación Sindical Unitaria de México (CSUM). El PCM logra tener una gran influencia dentro de los movimientos huelguísticos en la unificación de obreros y campesinos, a pesar de la continua represión gubernamental.

Frente a las constantes pugnas intergremiales que se suceden en el periodo 1924-1928, y a la descomposición de la CROM, la Confederación General de Trabajadores (CGT) se convierte en una de las principales organizaciones laborales. Fundada en 1921 por ex cromistas, anarquistas y comunistas, a la salida de estos dos últimos grupos la CGT se convierte en la alternativa que busca el Estado para controlar el movimiento obrero.

De hecho, tanto en este aspecto como en otros, los gobiernos de Obregón y de Calles imprimen en el proceso de institucionalización de la política revolucionaria determinadas características que se tornarán decisivas en la reestructuración del proceso capitalista que definirá a la economía mexicana de los años siguientes. En realidad, con Obregón se inicia la aplicación de un reformismo burgués cauteloso.

Entre 1922 y 1923 el gobierno encabezado por Obregón, con el fin de obtener el reconocimiento de los Estados Unidos y abrir nuevamente las fuentes de crédito, renegocia la deuda externa: renuncia a las posibilidades de aplicar la política de nacionalizaciones, que contenía la constitución de 1917, y fortalece la dependencia de la economía mexicana respecto al capital extranjero. De esta forma, el cumplimiento de una de las principales demandas revolucionarias fue pospuesto.

A su ascenso, el grupo callista, más inclinado a la conciliación con la clase dominante, busca impulsar el desarrollo capitalista a través de la modernización del aparato productivo.

En' materia hacendaria, es en estos años cuando se crea el impuesto sobre la renta y se reorienta el gasto público hacia actividades productivas. Así ocurre con el sistema de caminos y grandes obras de irrigación, que se ponen al servicio de la burguesía ranchera, exportadora de productos agrícolas al sur de los Estados Unidos.

Simultáneamente, se retoma la necesidad de construir el sistema financiero y reorganizar el bancario, destruido casi por completo durante la Revolución. En los años veinte la banca privada, desconfiando de la estabilidad monetaria del país, invierte parte importante de sus depósitos en el exterior, mientras que una gran proporción de los que conserva en el interior se encuentra en moneda extranjera.

Con el fin de reorganizar el sistema, se expide la Ley General de Instituciones de Crédito y de Establecimientos Bancarios, a la vez que se fundan la Comisión Bancaria y el Banco de México. Este último, siguiendo lo dispuesto en la Constitución, tendrá entre sus funciones el monopolio de la emisión de monedas y billetes, así como la regulación de la actividad bancaria a nivel nacional. Aunque tropieza con serios problemas de funcionamiento en los primeros años, su acción se vuelve fundamental a partir de 1929.

En 1928 la escasa organización del régimen político emanado de la Revolución, en un clima de aguda pugna de las fracciones dominantes y de insurrecciones militares y populares, puso en quiebra el caudillismo bonapartista. En ese año, a la muerte y con la muerte de Obregón, estalla la crisis política, cuya solución exige un régimen institucionalizado y fuertemente despótico. Este cristaliza cuando la fracción callista logra la hegemonía al derrotar a los generales-caudillos, aplastar militarmente al clero (conciliando luego con él) y reprimir militar y políticamente al Partido Comunista y a las masas radicales. Al mismo tiempo, renegocia la subordinación con los Estados Unidos, conciliando a la vez que oponiéndose, y rearticula las alianzas con los sectores tradicionales y granburgueses del agro.

Hasta antes de la creación del Partido Nacional Revolucionario, la burguesía basó su poder en la vinculación con los diferentes partidos burgueses y pequeñoburgueses existentes. La fundación del PNR obedeció a la necesidad de sujetar a las clases oprimidas, obligando además a los grupos de la *familia revolucionaria* y a las clases de apoyo a participar compulsiva e institucionalmente. Simultáneamente se establecieron instituciones gubernamentales reproductoras de la ideología dominante e integradoras tanto del consenso social como de los conflictos de clase. En este tenor se promulga la Ley Federal del Trabajo, que consagra la facultad arbitral del Estado en los conflictos entre el capital y el trabajo.

Merced a todas estas circunstancias el grupo callista resuelve el problema de la hegemonía política, antes de que estallara la crisis económica mundial.

Así, y no obstante su profundidad, la crisis estructural por la que atravesó el país, el clima insurreccional del momento y la inestabilidad ministerial permanente —cambian tres gobiernos nacionales entre 1924 y 1934—, la gran crisis capitalista en 1929 no provoca en México una situación revolucionaria ni un golpe de Estado reaccionario.

7. Impacto de la crisis de 1929 en la economía mexicana

Como se mostró ya en páginas anteriores, en los años de la gran depresión el capital norteamericano predominó en amplios sectores de la actividad económica nacional. En la división internacional del trabajo México se situó como exportador de productos primarios, energéticos, minerales y agrícolas. La estructura del comercio exterior del país fue muy rígida y dependiente del mercado mundial. En estas condiciones, los efectos de la crisis de 1929 tenían que ser profundos y múltiples.

Antes de que la crisis mundial estallara —en Nueva York, octubre de 1929—, la actividad económica mexicana presentaba ya señales de contracción. En ese año la superficie cosechada de los principales alimentos descendió con relación a la de 1925. La de maíz se redujo en 71 mil hectáreas, la de frijol en 215 mil y la de los cultivos de arroz y cebada en 15 mil hectáreas cada uno. De la exportación de café, algodón y henequén se obtuvieron 131 millones de pesos, pero en la importación de alimentos se gastaron 83 millones.

Durante los años 1930 a 1932 la situación empeoró en el agro mexicano. Se produjo una aguda sequía, que se entreveró con los efectos de la crisis estructural interna y con las repercusiones de la crisis mundial. En varias regiones estallaron hambrunas, y en todo el país existió escasez de alimentos y alza de precios, que deprimieron aún más el nivel de vida de la población.

La crisis incidió en forma diversa en las distintas ramas de la agricultura. El cierre de los mercados exteriores colocó el sector moderno en difícil situación y restringió el ingreso de divisas al país.

La superficie sembrada de henequén se redujo, al igual que la de algodón, café, jitomate y garbanzo. Entre 1929 y 1932 disminuyó la producción de algodón y de café, siendo hasta 1933, en el primer caso, y 1935, en el segundo, cuando se recuperan los niveles iniciales. Por su parte, la exportación de productos pecuarios, que ascendió en 1928 a 20,3 millones de pesos, en el año de 1932 ya sólo alcanzó la cifra de 5,7 millones. Simultáneamente se restringió la importación de granos, como maíz y trigo, a pesar del descenso continuo de la producción del país.

El sector tradicional de la agricultura, que destinaba su producción fundamentalmente al autoconsumo, resintió poco las fluctuaciones del mercado internacional. Fue en realidad la presión que sobre él ejerció la incorporación de los obreros agrícolas e industriales desempleados el efecto de mayor impacto en esos años.

La misma reforma agraria padeció los efectos de la crisis, aunque en una forma muy especial. Tradicionalmente las indemnizaciones por las tierras afectadas se pagaban a costa de la deuda pública, pero en estos años esa fuente de financiamiento fue prácticamente clausurada. Por lo tanto, la disminución de las divisas y en general de los ingresos del gobierno como consecuencia de la crisis contribuyeron a frenar el reparto de la tierra.

En 1929 todavía se distribuyeron 1 984 millones de hectáreas, que beneficiaban a 108 846 campesinos; pero ya en 1931 el reparto agrario descendió a 610 304 hectáreas otorgadas a 46 652 campesinos, hasta que en 1933 el gobierno de Ortiz Rubio sólo distribuyó 195 939 hectáreas a 16 126 campesinos, declarando clausurada la reforma agraria.

El impacto de la crisis sobre los trabajadores del campo fue especialmente agudo en las zonas productoras de cultivos de exportación. Por ejemplo, en la Comarca Lagunera el número de desempleados agrícolas pasó en pocos meses, en 1930, de 20 a 25 mil.

El desempleo en el campo se agravó con la promulgación de la Ley Harris en los Estados Unidos. Como resultado de ella, en 1930 se expulsan 69 570 braceros; en 1931 esta cifra aumenta a 124 990; y en 1932-1933 son repatriadas 103 151 personas. Estos cientos de miles de trabajadores regresan a sus lugares de origen y presionan aún más sobre la crítica situación.

Los conflictos presentados en el campo se derivaron de los efectos causados por la crisis y de la decisión gubernamental de clausurar la reforma agraria. Una de las luchas campesinas más importantes que se registra en esos años fue el movimiento armado que en 1933 emprendieron en Veracruz cerca de 15 mil campesinos que se oponían a la liquidación de los ejidos.

Por otra parte, la crisis encontró una industria petrolera en plena decadencia. La caída de la producción petrolera nacional se detiene en 1933; ya en el año siguiente se observa un incremento, que coincide con la explotación de nuevos mantos descubiertos en Poza Rica por la compañía El Águila. Esto permite que la exportación de petróleo, que había descendido entre 1928 y 1932 de 40 a 20 millones de barriles, en 1937 vuelve a aumentar a 27 millones.

En su conjunto, la incidencia de la crisis en la minería fue muy violenta. La producción del sector cayó en 1932 a la mitad de la registrada en 1929. El impacto de este descenso en la economía fue más amplio del que podría suponerse si sólo se considera su participación en el PIB, que fue de apenas 10 por ciento en 1929. En realidad, tanto la minería como la industria petrolera fueron sectores claves en la generación de divisas y en el sostenimiento del presupuesto del gobierno.

La producción de plata descendió entre 1929 y 1933 de 3 400 toneladas a 2 100, mientras su precio cayó de 56,37 centavos de dólar la onza troy en 1927 a 27,89 en los años de crisis. La producción de cobre disminuyó de 73 400 toneladas en 1929 a 35 200 en 1932; y su precio, de 18,1 a 5,5 centavos la libra. Por su parte, la producción de cinc y plomo pasó de 174 100 y 248 500 toneladas respectivamente en 1929 a 137 300 y 57 300 en 1932. El hierro, cuya producción había sido en 1929 de 112 700 toneladas, desciende en 1932 a 27 100, en tanto que la producción mineral de 1933 repesentó sólo el 50 por ciento de la de 1930.

En los últimos años de la década de los veinte las actividades mineras ocupaban 107 mil obreros; durante la depresión la cifra desciende a sólo 28 mil. Ya en el mes de julio de 1930 empieza a cerrarse un importante número de minas de plata. Para septiembre, un mes después de que el secretario de Industria, Comercio y Trabajo aprobó el reajuste de personal en la minería, el número de trabajadores afectados fue ya de 7 267. Poco tiempo después, ante la magnitud de las protestas y el descontento, el gobierno se vio forzado a suspender la autorización.

Las huelgas más importantes de los años de crisis las realizaron los trabajadores mineros de Coahuila; los de la Mining and Millering Company, de Guanajuato; y los de la American Smelting and Refining Company, de Monterrey.

El brusco descenso de la producción minera nacional estuvo en relación con el hecho de que la mayoría de las minas era propiedad de extranjeros y con que los productos minerales se dirigían prioritariamente al exterior. A fines de los años veinte el 90 por ciento del oro y del cobre, el 60 del plomo y el 70 de la plata se vendieron a los Estados Unidos, mientras que Alemania y Bélgica fueron los principales destinatarios del cinc.

El impacto de la crisis en el sector manufacturero fue resentido en mayor medida por el proletariado. En los años críticos que siguieron a 1929 se incrementó el paro industrial y la expulsión de obreros sin indemnización alguna. Los salarios nominales disminuyeron hasta en un 30 por ciento en las fábricas que continuaban abiertas. La jornada laboral descendió a 35 horas y la jornada extra dejó de pagarse.

La gran depresión, aunque afectó la industria de transformación, lo hizo con menor intensidad que en los países industrializados. De hecho, este sector se recuperó rápidamente. Así, si bien para 1932 y 1933 la producción descendió respecto a 1929 en 9,3 y 16,1 por ciento respectivamente, ya para 1934 no sólo volvió al nivel de 1929, sino que lo superó en 25, 4 por ciento.

En alguna medida la crisis misma facilitó la pronta recuperación de la industria nacional. Ciertas ramas, como la textil, capturaron la parte de la demanda interna que hasta entonces había sido abastecida por productos de importación. Para 1928 las importaciones de textiles representaban el 40 por ciento del valor de la producción generada en el país. Hacia 1932 la proporción se redujo al 13 por ciento; una vez pasados los peores años de depresión, las importaciones no volvieron a alcanzar los niveles de 1928. La cantidad de productos manufacturados que se exportó fue mínima, destinándose el grueso de la producción industrial al mercado interno. Con el descenso de la capacidad adquisitiva de los asalariados se restringió el mercado de las principales industrias de transformación —la textil y la alimenticia—, por lo que las dificultades de estas ramas aumentaron.

En esos años el número de desempleados se incrementa con celeridad. Según las estadísticas oficiales, hacia 1929 éstos ascienden a 89 690; en 1931, a 287 462; y en 1933, a 275 744. Sin embargo, algunos autores consideran que, tomando en cuenta a los trabajadores agrícolas, la cifra de desempleados alcanzó en el año más profundo de la depresión hasta un millón de personas.

En 1930, bajo los auspicios de la Confederación Sindical Unitaria de México (CSUM), se creó el Comité de Defensa de los Desocupados. Sin embargo, a fines de ese mismo año, consecuente con su política de represión sistemática a los movimientos de los trabajadores, el gobierno presidido por Pascual Ortiz Rubio lo liquida.

Se incrementan las luchas populares contra el cierre de las empresas, los despidos masivos y el reajuste de salarios. El gobierno, buscando siempre la salida de la crisis con una política de apoyo al capital, reprime la inmensa mayoría de los movimientos huelguísticos declarándolos ilegales o ilícitos.

Aunque las cifras oficiales registran entre 1929 y 1934 sólo 311 huelgas, realizadas por 26 631 trabajadores, el número de conflictos laborales para el mismo periodo muestra con mayor exactitud la angustiosa situación. Hacia 1929 se presentaron 13 405; en 1930, 20 702; en 1931 aumentaron a 24 087; y en 1932 alcanzaron la cifra de 36 781. Los empleados públicos —burócratas y trabajadores de los servicios— fueron también afectados. A muchos de ellos se les despidió, adeudándoseles varios meses de sueldo.

Pero el Estado no sólo utilizó la maquinaria legal que le permitió calificar las huelgas como ilícitas o ilegales, sino que también, buscando controlar los movimientos, impulsó la formación de nuevas organizaciones de trabajadores bajo su dirección. Así surgieron la Cámara del Trabajo y la Convención de Unificación del Movimiento Obrero y Campesino.

Sin embargo, los movimientos reivindicativos de los trabajadores no pueden ser detenidos. En esos años se desconoce la autoridad de la CROM, cuya dirección a lo largo de la crisis se habría manifestado favorable a la política de reajustes de salarios, despido de los obreros y cierre temporal de las empresas.

Frente a la descomposición de la CROM, que se traduce en el retiro continuo de importantes organizaciones de trabajadores, empieza a adquirir mayor relevancia el movimiento sindical independiente. En esta dirección se funda la Confederación General de Obreros y Campesinos de México (CGOCM), antecedente directo de la Confederación de Trabajadores de México (CTM). Sin embargo, controlada la CGOCM por Vicente Lombardo Toledano, impidiéndose la participación de los comunistas, la organización asume pronto un carácter *apolítico*, tal como lo plantea la Ley Federal del Trabajo expedida por el gobierno de Ortiz Rubio.

Así, a pesar de las grandes luchas emprendidas en los años de crisis, las demandas laborales se restringen fundamentalmente a reivindicaciones de carácter económico. Esta expresión que adquieren los movimientos obreros será capitalizada por la clase dominante. La incorporación al PNR de algunas de las principales organizaciones de trajabadores permite al Estado burgués contar con una base de apoyo popular muy importante, que no le disputará su hegemonía política.

La crítica situación interna y externa desestabiliza el recién creado sistema financiero. En el periodo que transcurre entre enero de 1930 y diciembre de 1933 el peso registra una sustancial devaluación frente al dólar, pasando de 2,18 a 3,60 pesos por dólar.

Durante la crisis se modificó también la paridad de la plata respecto al oro. Mientras en 1928 el peso oro se cotizaba a 3,70 pesos plata, en 1930 la relación ya fue de 14,30 pesos plata por uno de oro. En ese año el gobierno, buscando frenar la devaluación del metal, desmonetariza el oro y reduce la acuñación de plata. Pero esta medida acentuó el desequilibrio del sistema crediticio, tanto bancario como comercial, ante la respuesta del público, que tendió a atesorar los pesos plata.

El gobierno tomó también otra serie de medidas, buscando frenar la crisis. En 1932 se decretó la asociación obligatoria de los bancos privados con el Banco de México, con lo cual éste se tranforma realmente en banco central. Con el fin de detener el descenso de los recursos de la banca privada, y por lo tanto de la disponibilidad de crédito, el Banco de México incrementó sus operaciones de redescuento de 2 a 23 millones de pesos entre 1929 y 1932. Con el objeto de contener la disminución de los precios y de los medios de pago, la política de emisión de billetes se volvió más liberal; el porcentaje de papel moneda en circulación, de representar en 1931 el 0,6 por ciento del medio circulante, se elevó a 32,3 en 1934.

Para 1929 la deuda externa mexicana ascendió aproximadamente a 1 400 millones de pesos, de los cuales 1 061 millones correspondieron a la deuda facturada, 135 a reclamaciones al gobierno por daños causados a intereses extranjeros y 80 a la deuda agraria que se tenía con terratenientes extranjeros.

Ante esta situación, el gobierno disminuyó las expropiaciones a propietarios extranjeros, a la vez que, para hacer frente al pago de la deuda, aumentó los impuestos a ciertos sectores, como el minero y el petrolero. Sin embargo, a partir de 1926 estos recursos empiezan a descender, especialmente por la caída de la producción del petróleo y del precio de la plata. En los años posteriores los ingresos del gobierno se contraen aún más, como resultado de la disminución de la producción y exportación de minerales.

Así, hacia 1930 el gobierno se vio compelido a renegociar la deuda y a lanzar una nueva emisión de bonos, que lo facultaron a liquidarla en 45 años. En 1931 una enmienda al tratado pospuso por dos años la emisión de los bonos, aun cuando las anualidades de pago no se suspendieron. Para 1932 la situación presupuestaria fue tan grave que esta renegociación se dejó sin efecto, con lo que se cerró, una vez más, la posibilidad de obtener créditos externos.

En 1932 el gobierno sólo logró obtener un préstamo por 7 millones de pesos de las compañías petroleras y, presionando a algunos bancos del país, colocar 20 de los 100 millones emitidos en bonos. Hacia 1934 las líneas externas de crédito continuaron clausuradas.

A nivel del producto interno bruto, la contracción de la economía mexicana entre 1928 y 1933 se observa en la disminución absoluta que éste registró al pasar de 16 124 a 15 759 millones de pesos. En realidad la minería, la generación de energía eléctrica, los transportes y el comercio todavía en 1929 manifestaron un crecimiento, a diferencia de la agricultura, las manufacturas y el petróleo, cuyo descenso provocó la disminución del PIB de ese año. En ese periodo el nivel más bajo de generación del PIB se observa en 1932, cuando éste representó sólo el 84 por ciento del registrado en 1928. Los descensos más severos se localizaron en la minería, las manufacturas y el comercio.

En términos generales, durante la gran depresión la minería, las manufacturas y los transportes fueron los renglones cuya producción descendió más drásticamente, en tanto que el petróleo continuó la caída iniciada años atrás.

Esta extraordinaria conjugación de contradicciones internas e internacionales llegaron a un momento culminante, desde el punto de vista de la lucha de clases, entre 1933 y 1938. En el curso de estos años se sucedieron en México grandes batallas políticas y profundas reformas estructurales, en el llamado *periodo cardenista*.

En la base de este proceso se encontraban las luchas iniciadas en 1933-1935 por los obreros agrícolas y campesinos contra los latifundios. extranjeros de La Laguna, Lombardía y Nueva Italia, en Michoacán, así como de Yucatán, Chiapas y Baja California. En ese mismo sentido se ubicaron las grandes huelgas obreras que se oponían a las compañías extranjeras propietarias de los ferrocarriles y del petróleo.

En este periodo se preparó la sucesión presidencial. El grupo callista, todavía hegemónico, estaba debilitado por el ascenso de la lucha de clases y la organización autónoma del proletariado. Calles se inclinó por un candidato conservador, pero el ala agrarista del PNR, en alianza con los sectores radicalizados de la pequeña burguesía, presionó hasta conseguir que se eligiera al general Lázaro Cárdenas. Para garantizar el control sobre el candidato radical, el sector conservador granburgués del partido oficial impuso a éste el llamado Plan Sexenal de Gobierno, pero los cardenistas lograron, a su vez, introducir modificaciones y llegar a un compromiso. Cárdenas recorrió todo el país para entrar en contacto directo con las masas. En la campaña presidencial de 1934 el PCM postuló al dirigente Hernán Laborde.

Lázaro Cárdenas al asumir la presidencia, en medio de una agitación política generalizada, prometió respetar la voluntad del pueblo e impulsar la democracia. Calles objetó esa política e impuso a los miembros del gabinete presidencial.

En 1935, ante la posibilidad de un golpe de Estado reaccionario promovido por el grupo callista, Cárdenas entra en alianza con las fuerzas antiimperialistas. El Sindicato Mexicano de Electricistas (SME), el PCM y el grupo encabezado por Lombardo Toledano, unifican a los trabajadores en el Comité Nacional de Defensa Proletaria. Cárdenas, apoyado en esta alianza, expulsó a Calles, obligó a renunciar a todo su gabinete para nombrar ministros de su absoluta confianza y sustituyó a los jefes militares callistas.

A partir de entonces se aplicó la verdadera política cardenista, que consistió en abrir los cauces sociopolíticos institucionales para permitir frenar la aguda lucha de clases que amenazaba potencialmente al sistema capitalista. El presidente Cárdenas se puso al frente del proceso de profundas reformas estructurales, que revitalizará al sistema. Entre 1935 y 1938 se repartieron 12 millones de hectáreas de tierra, se nacionalizaron los ferrocarriles y el petróleo, se organizó la CTM y se realizaron importantes huelgas obreras. Pero, a pesar de la profundidad de las reformas, subsistió una estructura agraria latifundista.

Sin embargo, a diferencia del periodo anterior, esta estructura está ya bajo el régimen capitalista de producción subordinado al desarrollo financiero moderno, en un proceso de creciente monopolización privada y estatal.

Es en esta etapa cuando se supera definitivamente el viejo modelo de acumulación de origen porfiriano y se instaura el que prevalece hasta nuestros días. Solucionada la aguda crisis política desatada en 1928, la burguesía consolida plenamente el régimen presidencialista y se clausura el ciclo de revoluciones burguesas.

1929: CRISIS EN CENTROAMÉRICA Y EL CARIBE

MARCOS WINOCUR

Permítaseme partir, en cuanto hace a Centroamérica y el Caribe, desde un punto de vista político: la fragmentación del área de numerosos países, fragmentación heredada de la época de la Independencia, cuya consumación, lejos de ser casual o de obedecer exclusivamente a los mandatos de la geografía, fue auspiciada por el poderoso vecino del norte.

Los viejos sueños de una federación de repúblicas del área, donde la unión hiciera la fuerza, sueños encarnados a la manera bolivariana por los próceres centroamericanos, quedaron en eso: sueños. Y una prueba terminante de la utilización política de la fragmentación, si prueba alguna resulta necesario aportar, la constituye Panamá.

Territorio perteneciente a Colombia hasta principios de siglo, su secesión fue planteada por la política y las necesidades del comercio de los Estados Unidos, que han requerido *su* canal interoceánico en la zona, regido bajo el principio de la extraterritorialidad. Colombia no accede, nace Panamá. Nueva fragmentación, adicionada al rompecabezas del área, como signo de una debilidad estructural.

¿Cuál es esa debilidad estructural? El haberse dispuesto sus economías, despertando del letargo colonial, dentro de un rígido mapa de división internacional de trabajo. La geografía es quien primero toma la palabra. Donde a tierras fértiles se anexan climas templados, lluviosos o tropicales, será impulsada una economía de plantación: azúcar, café, algodón, tabaco, cacao, plátano y otros frutos. Donde el subsuelo manifieste la existencia de minerales necesarios a los procesos industriales extrafronteras, allí se dirigirán los capitales monopolistas: petróleo en Venezuela, oro en Nicaragua, níquel en Cuba.

Con esto queremos decir que el siglo se abre en el área del mosaico centroamericano y para las islas caribeñas, donde el mar hace los países, bajo el signo de la debilidad política y del riguroso sometimento de los medios de producción. En otras palabras, división internacional del trabajo, que entraña la unilateralización de las economías. Cuba, el azúcar; Costa Rica, el café; Venezuela, el petróleo; El Salvador, el café (en desmedro de la cochinilla, productora del añil); República Dominicana, el azúcar; Nicaragua, el café; Haití, el café; Guatemala, el plátano, y así sucesivamente.

Claro que los mecanismos de la dependencia no son tan simples. Cuba nos da cuenta de un caso relevante, donde el capitalismo penetra de modo excepcionalmente temprano en el área. Las condiciones de ese capitalismo, pactado entre los inversionistas norteamericanos y los hacendados nativos como condición para que los *marines* se retiraran en 1902, fueron las siguientes:

1. No se dispondrían sobre la isla otras industrias de significación que no pertenecieran al rubro azucarero, salvo las ya existentes, destinadas igualmente al mercado exterior (tabaco, ron).

2. El hacendado cubano continuaba como señor terrateniente, propietario de cañaverales, e inversionista en los ingenios azucareros, compartiendo esta posición con el capital norteamericano.

3. El capital norteamericano se hacía cargo de las inversiones en servicios públicos, destilerías de petróleo, minería, bancos y compartiendo con el capital nativo otros rubros (ganadería, turismo).

Claro está, no fue éste un pacto en el sentido usual de la palabra, resultado de las deliberaciones convocadas al efecto y luego formalizado sobre un papel. Fue un pacto entre clases, no adquiriendo las formas de un acto jurídico, pero dotado de tanto imperio como si lo fuera. La mejor garantía de su cumplimiento es que correspondía a la relación de fuerzas dada en el momento histórico.

Así fue como Cuba guardó formalmente su independencia. Pero las palancas del poder estaban fuera, y dictaban la fórmula siguiente: *monocultivo* del azúcar más *cuota* fija de ese producto en las compras norteamericanas, más *no industrialización* diversificada más *tarifas aduaneras preferenciales*.

¿Cuál es el desarrollo de la fórmula? Más o menos como sigue: los Estados Unidos, en expansión industrial, necesitaban imperiosamente una ración de azúcar que de momento su producción doméstica no tenía posibilidades de cubrir. Al alcance de su mano, un suelo feraz, una mano de obra barata y el trapiche, antecesor del ingenio, ya puesto en marcha desde tiempos de la Colonia: Cuba. Conclusión: Cuba puesta a abastecer de azúcar a los Estados Unidos. Vale decir, el *monocultivo*. Tal es el primer paso de la fórmula.

En un segundo paso resulta que los Estados Unidos no necesitaban cualquier cantidad de azúcar, sino una que, aun registrando incrementos periódicos, fuera fija, determinada por su capacidad de consumo y la concurrencia de otros abastecedores menores. De ahí la necesidad de establecer una *cuota*: tanto compran los Estados Unidos, y ni un grano más.

En un tercer paso se concluye que si los cubanos estaban absorbidos por la producción azucarera y contaban con un comprador seguro, no tuvieron tiempo ni tampoco *necesidad* de levantar fábricas. A cambio de la dulce mercancía todo lo manufacturado lo proveyeron los Estados Unidos, desde el comestible envasado hasta el automóvil. De aquí la *no industrialización* cubana, entendida como unilateralización azucarera de tecnología y reposición de maquinaria subordinada al exterior. Y, finalmente, la competencia de otros abastecedores de bienes de consumo o de materias primas que no fueran norteamericanos quedaba neutralizada con las *tarifas aduaneras preferenciales* establecidas a favor de los Estados Unidos. Era el cuarto paso, y con él la fórmula se cerraba sobre Cuba.

Una vez cubierta la cuota norteamericana, la isla quedaba en libertad de realizar ventas a distintos países que concurrieran al mercado mundial. Ahora bien, éste, en principio más elástico, llegaba a saturarse. En suma, cuota norteamericana más mercado mundial conformaban un total al que en definitiva debía adecuarse el volumen de la producción azucarera de Cuba. Por su parte, volumen y precios se ligaban estrechamente. Una gran afluencia de azúcar cubano sobre el mercado mundial hacía bajar los precios, tanto en éste como en la cuota norteamericana.

A estas alturas pueden hacerse las siguientes observaciones:

1. En cuanto a periodización, el punto de arranque no ha estado en el tema en sí —la crisis de 1929—, sino en una perspectiva anterior: exigencia metodológica para, antes de sus efectos, conocer el terreno sobre el que se abate la crisis de 1929.

2. La estructura señalada no es exclusiva del área, sino que puede detectarse en distintos países del resto del subcontinente. No obstante, en conjunto, como área de Centroamérica y el Caribe, significa el espacio físico homogéneo donde con mayor rigor y menos flexibilidad se presentan los fenómenos subsecuentes a la tan vecina presencia imperialista. ¿A qué fenómenos nos referimos?:

a) Inversión monopolista norteamericana, en ocasiones a gran escala. Cuba, por los años veinte, a pesar de su carácter de país pequeño y de reducida potencialidad con relación a otros —como México, Brasil o Argentina—, está a la cabeza en el rubro a nivel de subcontinente: no en balde es el primer productor *mundial* de azúcar.

b) Subdesarrollo, entendido como falta de desarrollo relativo y como desarrollo unilateral, deformado y deformante de las economías, las cuales son determinadas por el mercado exterior antes que por las necesidades de un mercado interno.

c) Dependencia en alto grado, traducida como sigue, a nivel de Estado:

Pueblos bajo estatuto colonial, en su mayoría europeo, como los casos de las Guayanas, Belice, Trinidad, Martinica, Granada, Jamaica, Barbados; o norteamericano, como Puerto Rico.

Países regidos por un severo y sucesivo control. Intervenciones militares hasta los treinta, bajo la política del *gran garrote* del presidente Teodoro Roosevelt, y, de los treinta en adelante, su reemplazo por la política de los golpes de Estado, los *hombres fuertes* y las dictaduras, inclusive dinásticas, como método dominante (Ubico en Guatemala, Trujillo en República Dominicana, Batista en Cuba, Somoza en Nicaragua, Duvalier en Haití, Goméz y Pérez Jiménez en Venezuela).

La democracia, salvo breves periodos, está tan vedada en el área como, en lo económico, quieren ser vedadas a la época las puertas de acceso a un capitalismo autónomo: industrialización, diversificación de los cultivos y del mercado exterior, sustitución de importaciones, reforma agraria, alfabetización y capacitación de la mano de obra, aprovechamiento de fuentes energéticas: en suma, todo cuanto por distintas vías se proponga atender, cuando no crear, un mercado interno.

3. Si con estas referencias nos aproximamos a una visión del panorama *previo* a la crisis de 1929, permítasenos ahora un salto en el tiempo, el cual persiga contrastar con el panorama poscrisis de 1929. De un periodo al otro, dos aspectos sobresalen.

a) Aquel periodo que podemos considerar inaugurado con la guerra hispano-cubano-norteamericana de 1898 (de cuyos resultados quedaron en manos de los Estados Unidos tanto Cuba, ocupada militarmente durante cuatro años, como Puerto Rico, hasta hoy *Estado asociado*, y, fuera del área, Filipinas y Guam) se continuó mediante las intervenciones de *marines* y luego las dictaduras, hasta llegar a uno nuevo, inaugurado en la posguerra con los siguientes hechos: el ciclo de la revolución guatemalteca (1944-1954, gobiernos de Arévalo y Arbenz) y su realización fundamental: la reforma agraria, por primera vez emprendida en el área; y la revolución democrática de Costa Rica, en 1948, cuyo protagonista fue Figueres.

b) Dentro del segundo periodo aparece el aspecto contrastante, que tiene valor a escala subcontinental. Se trata del siguiente paso: el de la debilidad marcada por la fragmentación política y el allanamiento a las intervenciones militares y a las dictaduras nativas, así como a la resistencia solidaria por encima de las fronteras y a la formulación de nuevos modelos de Estado. A partir de la revolución cubana el área se constituye como el eslabón más débil de la cadena imperialista subcontinental. Esto es, lo irreversible del proceso iniciado en Cuba tras la derrota de la dictadura de Batista a manos del Ejército Rebelde en 1959.

Tales son los aspectos de contraste en lo que va del siglo. Sin su enunciación, por extensa que haya resultado, se torna difícil el análisis de la crisis de 1929 en Centroamérica y el Caribe. Situada a mitad de camino entre los periodos señalados, la crisis de 1929 indica notoriamente el viraje.

Treinta años después de la guerra hispano-cubano-norteamericana y 30 años antes de la revolución cubana se inauguraba un proceso de cambios y de nuevas formas de acumulación. Se presentó, antes que nada, el arrastre de la propia área. Una situación, ya vista, de deterioro general y de contracción forzada de las fuerzas de producción. Así, para economías agromineras exportadoras, de rígidas estructuras monoproductoras, el golpe de la crisis de 1929 resultó difícilmente asimilable. La caída vertical de los precios y volúmenes de ventas al exterior, notoriamente del azúcar y del café, no dejó esperar las consecuencias. Carencia de divisas para las importaciones e imposibilidad de sustituirlas significaron automáticamente carencia de productos básicos.

Llegados a ese punto, el resto es una especie de sumatoria: desempleo; recrudecimiento de la miseria en estratos campesinos, obreros y de sectores medios; malos negocios para las clases dominantes; bancarrota financiera de los estados. Efectos que, si se quiere, aunque en grado menor, son comunes a una serie de naciones afectadas en el mundo entero por la crisis. No es, sin embargo, el aspecto cuantitativo el que aquí cuenta. El factor distintivo es otro: cómo la capacidad de recuperación relativa se vio afectada en el área debido a las condiciones preexistentes y al alto precio social que en consecuencia debió pagarse.

Un gobernante de neta extracción conservadora quien fuera presidente de su país, pudo así describir la situación entonces vivida en Nicaragua:

> ...la mayor parte de los agricultores, por la desvalorización mundial de su productos, se veían en la imposibilidad de conservar sus propiedades, sobre las que pesaban hipotecas onerosas, o no les era posible continuar trabajándolas con dinero a alto tipo de interés y a corto plazo; la generalidad de nuestros pequeños propietarios no podían satisfacer ni aun las exigencias ordinarias de la vida; millares de obreros y campesinos carecían de trabajo ...[1]

Estas observaciones de Juan B. Sacasa tienen un doble valor. Son muestra no sólo de su país nicaragüense, sino aplicables a toda el área. Y son evidencia del toque de atención que recibían las clases dominantes: permanecer atadas a la monoproducción exportadora y a las supervivencias feudales era peligroso negocio, tanto porque las ganacias podían esfumarse en un golpe de dados del mercado mundial como por otra razón: la misera, exacerbada, provocaba tormentas revolucionarias.

[1] Edelberto Torres, "Influencia de la crisis del '29 en Nicaragua", en *América Latina en los años treinta*, coordinado por Pablo González Casanova, Instituto de Investigaciones Sociales, UNAM, México, 1977, p. 96.

Como secuela de la crisis de 1929 fue echada por la borda la dictadura de Gerardo Machado en Cuba, en 1933. Y en esos primeros años treinta Augusto César Sandino tuvo el escenario de su rebelión campesina en Nicaragua, y Farabundo Martí en El Salvador. Ciertamente, ni la acción de estos líderes asesinados, ni en definitiva la revolución de Cuba en 1933, dirigida por el Partido Socialista Popular, se consolidaron. Pero, evidenciando violentamente el descontento popular, y tras provocar descargas represivas nunca antes vistas, pusieron al Estado oligárquico frente a su propia debilidad: ¿quién podría resistir un nuevo ciclo de crisis, o incluso sin llegar a ellas, de agudo deterioro económico?

La política estatal se vio obligada a ser intervencionista, a fin de intentar paliar algunos efectos de la crisis. Compras oficiales de cosechas para su almacenamiento, cuando no para su destrucción, maneras de sustraer volúmenes de la circulación y con ello buscar un freno a la caída de los precios. O bien, la suspensión temporal del pago de la deuda externa, medida que el Estado salvadoreño puso en vigencia en 1932.

Fue así que desde entonces la intervención estatal en política económica dejó de ser vista como un exabrupto. Y, en ocasiones, tendió a favorecer el desarrollo capitalista autónomo. Cuando esto no sucedió, aun bajo las peores dictaduras de los treinta, el capitalismo, asimilada por las clases dominantes la amarga lección de la crisis, va pacientemente poniendo en marcha su proyecto, según las circunstancias de cada país del área.

Una oposición burguesa proclama ese proyecto, y, en los cuarenta, radicalizándose, da contenido a la revolución guatemalteca. Pero no es únicamente ésta. Los líderes cívicos Eduardo Chibás (Cuba) y Juan Bosch (República Dominicana), uno suicidado y otro condenado a largo exilio; Albizu Campos (Puerto Rico), muerto tras lustros de cautiverio; y Jesús de Galíndez (República Dominicana), Pedro Chamorro (Nicaragua) y Pelayo Cuervo (Cuba), mandados asesinar por los dictadores de sus respectivos países, son ejemplos de notorias figuras de oposición que dan cuenta de la potencialidad que van cobrando corrientes burguesas en el área a partir de los treinta.

En fin, para el capitalismo autónomo, ¿qué era necesario? Antes que nada, remover obstáculos. La herencia de un pasado colonial, donde campea el viejo latifundismo tipo familia Somoza. Su articulación con el imperialismo, donde campea un nuevo latifundismo tipo United Fruit Company. Las economías agromineras exportadoras. Y también era necesario remover la supervivencia de sectores rurales de economía de subsistencia no integrada, presentes particularmente en Nicaragua, Honduras y Guatemala. Avanza sobre ellos el latifundismo de viejo y nuevo cuño, en ocasiones armado de retrógradas formas

de explotación capitalista, basadas en la extracción de plusvalía absoluta. Todo ello es necesario remover; la tarea no resulta fácil.

Los síntomas no tardan en aparecer. Aquí y allá, más en unos países
que en otros, la mercancía de monocultivo va cediendo su lugar de absoluta predominancia en las estadísticas de comercio exterior en beneficio de otros productos. Aquí y allá, un día el azúcar cubano y otro día
el café costarricense, parten rumbo a la Unión Soviética. En otras
palabras, se va operando la diversificación de cultivos y la apertura
del comercio exterior. Aparecen fábricas a veces tentados de considerar-
las de manufacturas, por su baja potencialidad tecnológica, pero que en
relación a las condiciones anteriores son un paso por la vía capitalista.

Los índices de analfabetismo tienden a bajar e incluso la capacitación de mano de obra toca el seguimiento educativo en el orden técnico.
Luego de los cincuenta, como se ha indicado, recalcando el carácter
irreversible de la revolución cubana en el nuevo contexto internacional,
el proceso se acelera.

Quedan atrás los días de un Panamá fabricado para darse los Estados
Unidos su canal, cuando éste, mediante negociaciones, ha entrado en la
vía de su recuperación, como parte del patrimonio panameño. Pocos
oídos se encontrarán receptivos para estas palabras, pronunciadas en
1930 por el entonces ministro de Fomento de Venezuela, Gumersindo
Torres, y dirigidas a los abogados de la Paraguaná Petroleum Company:
"lo cierto es que nuestra legislación sobre petróleo es única hoy en el
mundo, por ser la mejor para los intereses de la compañías".[2] Y decimos que tales expresiones encontrarían hoy pocos oídos receptivos,
o quizás ninguno, porque precisamente el petróleo venezolano ha sido
nacionalizado.

El proceso, desde luego, no es lineal. Haití, el país de la *crisis ininterrumpida*, según lo señalara Gérard Pierre-Charles,[3] es una supervivencia del periodo anterior. El caso de Jamaica, como resultado de las
elecciones de 1981, marca un retroceso. Pero el desarrollo autónomo
por la vía que cada país considere la suya, sin excluir el socialismo a
140 kilómetros de Kay West y el desarrollo autónomo afirmado en el
original proceso de democracia avanzada que vive Nicaragua desde el
derrocamiento de Somoza, constituye la tendencia general del área.

El detonante estuvo en aquella crisis de 1929, iniciada en los Estados
Unidos, que minó su imagen todopoderosa; que demostró cómo y hasta
qué punto el gigante, tal cual supo advertirlo José Martí, estaba enfer-
mo; y cómo, y hasta qué punto, los países del área dependiente debían,
por la vía capitalista o no capitalista, precaverse de nuevas recaídas.

2 Federico Brito Figueroa, *Historia económica y social de Venezuela*, Universidad Central de Venezuela, Caracas, 1978, t. II, p. 435.
3 Gérard Pierre-Charles, *Haití, la crisis ininterrumpida, 1930-1975*, Cuadernos
Casa, núm. 19, Casa de las Américas, La Habana, 1978.

FUERZAS PRODUCTIVAS, CICLO ECONÓMICO Y CRISIS

LEONEL CORONA

I. CONSIDERACIONES TEÓRICO-METODOLÓGICAS

En esta primera parte se presenta una propuesta para analizar las crisis del sistema capitalista y el desarrollo de las fuerzas productivas que permita llegar a profundizar en la comprensión del desarrollo de la presente crisis internacional.

De manera resumida, se trata de proponer una metodología para abordar el análisis de la presente crisis, que consiste en abordar tres ejes de análisis:

a) Cambios del proceso de trabajo.
b) Proceso de internacionalización del ciclo del capital.
c) Mudanzas en las formas de competencia.

La integración de estos aspectos en la acumulación de capital se lleva a cabo generando nuevas contradicciones y agudizando la contradicción fundamental entre la creciente socialización de la producción y la apropiación privada de sus resultados. Esta contradicción se expresa en formas cada vez más complejas, alcanzando su máxima gravedad con la *crisis general del capitalismo*.

Se propone como punto de partida el análisis de la *crisis general*, para abarcar y situar global y correctamente el conjunto de contradicciones del capitalismo contemporáneo.

1. Crisis general del capitalismo

En el capitalismo podemos distinguir las crisis cíclicas y la crisis general. Esta última es un proceso en el que se desarrolla, "aunque en forma irregular, el periodo de su derrumbamiento revolucionario",[1] con las siguientes características:

1. La contradicción capitalismo-socialismo "se convierte en la nueva forma histórica de la contradicción principal, o sea de la contradicción burguesía-proletariado."[2] Es decir, la crisis general se define

---

[1] Eugenio Varga, *Las crisis y sus consecuencias políticas*, Barcelona, 1975, p. 105.
[2] Alonso Aguilar, *La crisis del capitalismo*, Editorial Nuestro Tiempo, México, 1979, p. 261.

en función de un proceso de descomposición del capitalismo que se inicia con la revolución rusa de octubre de 1917.

2. Se acelera la decadencia del sistema colonial del imperialismo a partir de los movimientos de liberación nacional, estimulados por el desarrollo del sistema socialista.

3. Aumento e intensificación de las contradicciones del sistema capitalista desarrollado; también, nuevas formas para su solución, sin dejar de agudizarse:

a) Creciente monopolización, concentración y centralización de la economía, que repercute en los problemas de capacidad industrial ociosa y de mercado.

b) Agudización de los problemas monetarios y financieros ante las nuevas formas monopólicas de valorización y desvalorización del capital.

c) Desarrollo del Estado como parte de la reproducción del sistema capitalista, aumentando sus funciones de regulación, principalmente en la gestión monetaria, en la fuerza de trabajo, en la producción directa y en general en el desarrollo de las fuerzas productivas.

d) Creciente militarización de la economía como resultado de las guerras por las crecientes contradicciones interimperialistas y de la contradicción principal entre capitalismo y socialismo.

e) Aumento de los problemas de ocupación, generándose nuevas formas de empleo y desempleo.

f) Agravamiento de las contradicciones sociales, políticas, culturales e ideológicas del sistema.

4. Agudización de las crisis cíclicas del capitalismo. Esta agudización adquiere formas diferentes, según se trate de ciclos cortos, intermedios o largos. Así, los ciclos intermedios (o de Kuznets), vinculados a la rotación del capital fijo, se acortan en la medida en que se acelera la innovación tecnológica, provocando mayores ritmos de reproducción del capital fijo y del circulante. Con relación a la onda larga contemporánea, este efecto es más complejo por el crecimiento del sistema científico tecnológico, en función de làs necesidades estratégico-militares, vinculado al proceso de innovación en la producción social, altamente concentrada y monopolizada. Es decir, el desarrollo del sistema científico-tecnológico genera contradicciones, en el capitalismo y en el socialismo, en la medida en que esté estrechamente relacionado con la crisis general del capitalismo.

La crisis general del capitalismo ha sido periodizada en etapas. Estas etapas están relacionadas con las fases de auge y crisis, en vista de que se han definido entre los momentos de crisis más profundas con los de mayor auge. De esta manera, la primera etapa ha sido determinada desde 1917 hasta los años treinta, cuando ocurren las manifestaciones más agudas de la crisis; la segunda, hasta los años cincuenta, o sea, los años de mayor auge capitalista; con este criterio, la tercera etapa se presentaría en los años donde la crisis actual exprese su mayor agudez (1984?).

2. Crisis cíclicas

La periodización del capitalismo con base en las crisis cíclicas responde necesariamente a una regularidad del sistema, vinculado a sus leyes de desarrollo interno. La ley fundamental de este comportamiento es la contradicción entre la tendencia a caer de la tasa de ganancia y las contratendencias generadas en el marco de las leyes de la competencia. Ésta se desarrolla cambiando sus formas, de manera contradictoria con el desarrollo de las fuerzas productivas, que a su vez son impulsadas para resolver, dentro de modos dados de competencia, la caída de la tasa de ganancia.[3] Por tanto, se postula que existe una correspondencia lógica entre las formas de competencia y los niveles de las fuerzas productivas, determinándose dialécticamente los cambios de dichas formas y el desarrollo de las fuerzas productivas. También se postula una correspondencia del movimiento de internacionalización del ciclo del capital con las formas de competencia sobre la base de la concentración capitalista de las mismas fuerzas productivas.

a) Fuerzas productivas y formas de competencia

Las formas de competencia se corresponden con el nivel alcanzado por las fuerzas productivas y establecen límites a su desarrollo. La mutación de una forma de competencia a otra está parcialmente determinada por el nivel de desarrollo alcanzado por las FP (fuerzas productivas) en las formas previas de competencia. A su vez, cada forma de competencia no sólo gesta un desarrollo particular de las FP, sino también afecta las posibles formas futuras de competencia. Hablar de formas de competencia implica que el sistema desarrolla medios para su supervivencia, pues el cambio de una forma de competencia a otra supone nuevos elementos para resolver sus contradicciones internas, pero acrecentándolas. Cada forma de competencia contiene elementos para

---

3 Véase G. C. Galván, *Desarrollo tecnológico y tendencia de la tasa de ganancia; algunas interrogaciones,* Seminario General del Doctorado, núm. 7, DEP-Economía-UNAM, México.

impulsar el proceso de valorización del capital, y lleva en sí su propio agotamiento. Esto da como resultado un movimiento de valorización e interrupción de la valorización o desvalorización del capital, que se expresa en el tiempo en ciclos de *ondas largas* de acumulación y crisis. En resumen, el proceso de valorización-desvalorización del capital conjuga los siguientes aspectos:

1. Las *ondas o ciclos largos*, que expresan el agotamiento de *contratendencias* a la baja de la tasa de ganancia de cada forma de competencia.
2. La valorización del capital en cada forma de competencia está *determinada* por sus posibilidades de desarrollar las FP y *dominada* por las relaciones sociales de producción; esto es, por la lucha de clases.
3. La gestación de nuevas formas de competencia profundiza la *contradicción principal* entre las FP y las relaciones sociales de producción.
4. Existe, en general, la posibilidad de *reproducir la competencia*[4] mediante la mutación de nuevas formas de competencia que se desarrollan sobre las anteriores, aunque negándolas. O sea, se generan nuevos elementos para reproducir en un nivel superior, en el sentido de que la competencia entre los capitales es más compleja, aguda y feroz. Este nuevo nivel de competencia aparece negándose a sí mismo, negación que sólo se resuelve elevando de manera más aguda la misma competencia.
5. La reproducción de la competencia a través de una nueva forma está parcialmente determinada por el nivel de desarrollo alcanzado por las FP en el estadio anterior, ya que las *condiciones* para un nuevo desarrollo de las FP no pueden ser sino aquellas que objetivamente han sido alcanzadas dentro de la forma de competencia que se ha agotado.

Las formas históricas de competencia son la de libre competencia o clásica, la monopólica y la del capitalismo monopolista de Estado (CME). Para ubicarlas de acuerdo con las ondas largas se deben considerar dos aspectos que se desarrollan y determinan mutuamente: el ciclo del capital social y las FP. Primero se analiza el desarrollo del ciclo del capital y posteriormente el de las FP, antes de proponer una forma general de periodización del capitalismo basado en las

---

4 "Por definición, la *competencia* no es otra cosa que la naturaleza *interna* del *capital*, su determinación esencial, que se presenta y realiza como acción recíproca de los diversos capitales entre sí; la tendencia interna como necesidad exterior. (El capital existe y sólo puede existir como muchos capitales; por consiguiente, su autodeterminación se presenta como acción recíproca de los mismos entre sí.)" (Karl Marx, *(Elementos fundamentales. . .*, Siglo XXI Editores, México, I, p. 366.)

formas de competencia, la internacionalización del ciclo del capital y los cambios en el proceso de trabajo.

b) Formas de competencia e internacionalización del ciclo del capital social

El ciclo del capital es la expresión del movimiento general de las fracciones capital-dinero, capital-productivo y capital-mercancía, que adquieren su expresión en la dinámica de los capitales individuales, de acuerdo con las formas de competencia que nacen de su propio funcionamiento contradictorio.[5]

La dinámica del ciclo del capital con el desarrollo del capitalismo está vinculada, a través de las fracciones del capital: *a)* al movimiento de concentración y centralización de los capitales individuales, y *b)* a la expansión del capital a nivel internacional.

Estos dos movimientos, al conjugarse, dan como resultado la monopolización e internacionalización del capital. Esta tendencia interna hace que la libre competencia desemboque en el monopolio, y éste dé las bases para la internacionalización del ciclo del capital en tres fases sucesivas: capital-mercancía, capital-dinero y capital productivo.

Si bien las tres fases conforman el capital social, la internacionalización de alguna de ellas hace parcial la internacionalización global del ciclo. La primera fase, la del capital-mercancía, se refiere a la ampliación de los mercados mundiales, que, si bien afectan el flujo internacional del dinero y amplían las estructuras productivas nacionales, no pueden definir un ciclo de capital plenamente internacionalizado. La segunda fase corresponde a la internacionalización del capital-dinero, que coincide con la formación del capital *financiero*, o sea, su vinculación con la producción, desarrollándose la exportación de capitales y ampliándose el mismo capital-mercancía. Por último en la tercera fase la internacionalización del capital productivo caracteriza el desarrollo pleno del ciclo del capital a nivel internacional. Esta fase se inicia con las inversiones extranjeras directas, y se amplía sobre nuevas posibilidades de dividir los procesos productivos entre países, profundizándose la división internacional del trabajo para valorizar el capital monopólico.

---

[5] "En la competencia, la ley fundamental que se desarrolla diferente a la [ley] basada en el valor y el plustrabajo consiste en que el valor está determinado no por el trabajo en el que se lo ha producido, sino por el tiempo de trabajo necesario para la reproducción. Sólo de esta manera el capital singular es puesto [realmente] en las condiciones del capital en general, aunque la apariencia sea entonces como si hubiera quedado sin efecto la ley originaria. Pero sólo de esa manera el tiempo de trabajo *necesario* es puesto como determinado por el movimiento del capitalismo. Ésta es la ley fundamental de la competencia". (*Ibid.*, t. II, p. 175.)

La internacionalización del ciclo del capital, alcanzada con el capital productivo, aumenta los requerimientos de circulación del capital-dinero y del capital-mercancía. Se acelera la crisis del *equivalente general*, que corresponda a la forma dinero adecuada al nuevo nivel de internacionalización del capital, y se intensifican las necesidades tecnológicas de la circulación, como son las de las comunicaciones y el transporte. La división de los procesos productivos implica revolucionar el proceso de trabajo. Por tanto, a continuación se presenta el aspecto determinante sobre el que los cambios de la internacionalización del ciclo del capital tienen lugar: el desarrollo del proceso de trabajo.

3. Fuerzas productivas y proceso de trabajo

El análisis del proceso de trabajo precisa describir el desarrollo de las fuerzas productivas. Para esto se parte de la *fuerza de trabajo* como la fuerza productiva principal en cualquier modo de producción. Este criterio tiene su justificación en que el desarrollo de las fuerzas productivas es, en cierta manera, un desdoblamiento de los elementos contenidos en la fuerza de trabajo: información, energía y dominio, en última instancia, del objeto de trabajo.

En este orden de ideas, la fuerza de trabajo está potenciada por los *medios de producción* —que son los *medios de trabajo* y el *objeto de trabajo*.

En un análisis histórico se puede distinguir un primer estadio de las fuerzas productivas referidas a las *herramientas*, las cuales potencian directamente la fuerza de trabajo, mediante herramientas específicas, que definen una *organización artesanal*, en la que el artesano domina la materia prima y el objeto de trabajo.

Con la producción capitalista esta forma productiva adquiere un significado distinto: la organización artesanal basada en las herramientas desarrolladas por modos de producción anteriores al capitalista permite la *organización cooperativa*. La *cooperación*, que es lo que Marx llamó la *apropiación formal del trabajo*, se corresponde con la obtención formal de plusvalía, puesto que al reunir los obreros bajo el *mando del capital* aún no se da, propiamente, un incremento de las fuerzas productivas. Con la *organización manufacturera*, aunque el artesano sigue produciendo como artesano, por el hecho de trabajar colectivamente se propicia la *división del trabajo*, en la cual se va especializando en ciertas actividades o partes del proceso de trabajo. La cooperación y la división de tareas crean nuevas condiciones para introducir la *máquina-herramienta*, que se apropia de las herramientas del artesano, al sujetarlas mecánicamente. Con esto se inicia la apropiación real del proceso de trabajo por el capital, al permitir que la actividad creadora del obrero se integre a la máquina mediante la absorción de sus habilidades. Por tanto, con el desarrollo de las fuerzas productivas se minimiza la participación de la fuerza de trabajo en el proceso productivo, ya que la máquina se apropia del conocimiento del artesano y disminuye su control sobre el proceso de trabajo y su calidad de sujeto.

El artesano participa reducido al manejo y al suministro de la energía necesaria para que la maquinaria funcione. En este estadio las fuerzas productivas se corresponden con la *revolución mecánica*.

Esta primera disminución del artesano-obrero la identifica Marx en *El capital*. Para él, es la *máquina-herramienta* el elemento fundamental de la revolución industrial, y no la energía, como lo considera la mayor parte de los autores que asignan a la máquina de vapor el cambio revolucionario.[6]

La máquina no sólo se apropia de los conocimientos del artesano, sino que sistematiza y norma el proceso de trabajo, a la vez que aumenta la capacidad productiva.

La máquina-herramienta queda casi inmediatamente sobrepasada, al darse la posibilidad de sustituir la energía humana e introducir, a través de ella, la energía en general. Entonces aparece una segunda disminución del obrero en el proceso de trabajo, al sustituir el contenido energético de su trabajo por energía externa, pues la organización manufacturera se transforma en el *sistema de máquinas*, que identificó Marx como la *gran industria*. El sistema de máquinas corresponde a la organización de la producción en la que la máquina ocupa el centro del proceso de trabajo, pues la cooperación y la división del trabajo parten ahora sobre la base de la máquina. Esta organización del proceso de trabajo se corresponde con la *revolución energética*, que permite la expansión masiva y la obtención de altos grados de concentración de medios de producción dentro del proceso de acumulación del capital.

Estos dos elementos: la introducción de la máquina, como el cambio cualitativo; y la energía, como su desarrollo, definen la revolución industrial.

En la revolución energética se pueden distinguir dos estapas: a) la revolución *energética mecánica*, que estaría identificada con la máquina de vapor (energía de mecánica de presión); y b) la *energía eléctrica*, la cual permite generalizar su utilización y hacer flexible el uso de fuentes

---

6 "De esta parte de la maquinaria, de la máquina-herramienta, es de donde arranca la revolución industrial del siglo XVIII. . .
[La máquina de vapor] no provocó revolución industrial alguna. Fue, (a la inversa,) la creación de las máquinas-herramientas lo que hizo necesaria la máquina de vapor revolucionada." (Karl Marx, *El capital*, I-2, pp. 454 y 456.)

energéticas. Es por esto que a la energía eléctrica se le señala como *energía secundaria*, puesto que alimenta la producción con base en la energía obtenida por conversión de *fuentes primarias* alternativas (carbón, petróleo, hidroeléctrica, nuclear, etcétera).

El movimiento de supeditación del obrero a la máquina se profundiza al separarlo del control del proceso de trabajo, esto es, de la toma de decisiones en el mismo proceso de trabajo. Este paso se da con la *producción automatizada*, en 'la que la información es manejada y controlada por la misma máquina.

La lógica del proceso de valorización del capital alcanza así un nuevo nivel de minimización de la fuerza de trabajo y de potenciación productiva, con la apropiación del *control del proceso* por la misma máquina, dando lugar a la *revolución informática*. En esta revolución se pueden distinguir dos etapas: la primera corresponde al desarrollo de las computadoras, aplicadas principalmente al proceso de trabajo administrativo. A este respecto, Braverman propone que la computadora es para el proceso administrativo lo que la máquina es para el trabajo industrial, si se considera la minimización del trabajador administrativo respecto al control de sus movimientos.[7]

La informática, base técnica de la automatización, emerge de las actividades administrativas con el desarrollo de la computación. La computación resulta de la necesidad de organizar actividades administrativas colaterales al proceso de trabajo y auxiliares de la producción, las cuales podemos ubicar, en general, vinculadas a la circulación del capital.

Lo fundamental de la computación son las condiciones que genera para desarrollar el proceso de trabajo automatizado.

Esta primera etapa proporciona elementos técnicos que dan pie a la revolución informática: el *microprocesador*, cuando se aplica para autorregular directamente el proceso productivo. Sin embargo, la gran baja de los precios[8] —causada por la invención del microprocesador, en 1972, y por su aplicación a nuevos productos— permite predecir cambios fundamentales también en el sector de servicios, al reemplazarse masivamente ocupaciones que disminuyen los *costos indirectos* de la producción bajo la lógica del capital monopólico. Asimismo, se afectan también los costos directos, pues la informática crea nuevas condiciones técnicas para automatizar el proceso de trabajo y los sistemas de energía.

La tendencia a minimizar la fuerza de trabajo crea su contraparte,

---

[7] H. Braverman, *Trabajo y capital monopolista*, Editorial Nuestro Tiempo, México, 1974.

[8] La disminución de costos desde la primera computadora hasta el microprocesador equivale más o menos a que si un Rolls Royce pudiera costar ahora 5 o 50 dólares.

pues cambia cualitativamente su participación –de estar supeditada directamente al proceso de trabajo a emplearla en actividades de mantenimiento y supervisión: el obrero colectivo con la capacidad objetiva de poder dominar el proceso de trabajo y aumentar su dominio sobre la materia.

Es aquí donde se sitúa el carácter revolucionario de la informática, cuando la máquina-herramienta se convierte en una de control numérico que opera en forma autorregulada en el mismo proceso de trabajo. Este cambio no sólo afecta la regulación de la máquina, sino que su introducción provoca una revolución global del proceso de producción, al *diseñarse la producción* integrando el proceso de producción y el objeto de trabajo.[9]

Para realizar esta integración se requiere un mayor dominio de la materia en sus aspectos químicos y fisicoquímicos. Esto permite afirmar que la automatización genera las condiciones objetivas para que la apropiación científica de la materia (objeto de trabajo) encuentre su aplicación directa y extensiva en el proceso productivo, y predecir a partir de estas condiciones previas la *revolución científica*.

La revolución científica se basa fundamentalmente en la física, la química, la biología y la informática, y da lugar a nuevas ciencias que tienden a integrarlas; por ejemplo, la bioquímica, como relación y síntesis ente la química y la biología; la electroquímica, entre la electricidad y la química; la fisicoquímica, etcétera. La revolución científica abarca la creación de nuevas fuentes de energía, como la *nuclear*, la *solar* o la *biomasa*, para sustituir las fuentes convencionales.

En su límite, la revolución científica consiste principalmente en la transformación y sustitución de la máquina por procesos químicos. O sea, un proceso químico es, de cierta manera, maquinaria manejada de manera automatizada, por sí misma, a partir del dominio completo de la materia. Un proceso químico es un proceso automatizado, puesto que la materia en sí se va transformando de acuerdo con su propia dinámica.

La intensidad de las contradicciones dentro de las relaciones de producción capitalistas dificulta el desarrollo pleno de la revolución científica, aunque están dadas las condiciones para su emergencia. Las

9 Para dar un ejemplo que permita aclarar mejor esto, tomemos la producción de una silla de madera y una de plástico. En la primera se diseña la silla independientemente de su producción, ya que las partes o componentes producidos se ensamblan posteriormente; se parte de un diseño y después se busca la forma de producirlo. Por el contrario, con la automatización se integran el producto y su producción, al diseñarse todo al mismo tiempo, pues en función de minimizar el costo se cambia y simplifica el diseño del producto. Así, resultan las sillas de plástico más simples, ya que todo se hace en un solo diseño que integra el producto y el proceso de producción.

formas de desarrollo de la revolución científica en el sistema capitalista implican que el capital estime los conocimientos mismos, sobre la base de la valorización del trabajo proporcionado por el *obrero científico colectivo*.

Con la automatización se inicia propiamente el desarrollo del proceso científico del trabajo, basado en lo que se ha venido identificando como *sistema cientítico-tecnológico*.

Sin embargo, el sistema científico-tecnológico contiene su propia evolución y sus propias leyes internas de desarrollo. Para comprenderlo se han definido tres etapas, en función de su incidencia en la producción; tales son: *invención, innovación y difusión*. La invención corresponde a la etapa en que se logra definir una aplicación a la producción (invención de proceso o de producto); la innovación corresponde a la primera vez que el producto o el nuevo proceso se utiliza en la producción; y, por último, la difusión corresponde a la etapa de imitación de la innovación en otras unidades productivas.

Las formas de estas etapas han sido diferentes, de acuerdo con los estadios de desarrollo del proceso de trabajo. Así, con la revolución herramental las invenciones e innovaciones partían y se desarrollaban con el artesano, realizando la difusión a través de la experiencia y el aprendizaje en la producción, así como por imitación directa. Con la cooperación entre artesanos, el capital adquirió la posibilidad de introducir gran cantidad de invenciones que se habían venido desarrollando en épocas anteriores. El capital pudo generar e introducir innovaciones en la organización de la producción, impulsado por el control del proceso de trabajo. Estas innovaciones en la organización de la producción son una constante preocupación de los capitalistas, que llegan a su máxima expresión con el taylorismo y el fordismo.

Al mismo tiempo que se absorben en la producción un conjunto de inventos, se van impulsando necesidades específicas de conocimiento para resolver problemas en el desarrollo de la producción misma, hasta que con la revolución científico-técnica la ciencia se convierte en *fuerza productiva directa*.

II. CRISIS CONTEMPORÁNEA Y FUERZAS PRODUCTIVAS

En el primer subcapítulo de esta segunda parte se plantea la periodización del capitalismo sobre la base de los cambios revolucionarios del proceso de trabajo; y en un segundo subcapítulo se anotan algunos aspectos de la crisis actual del capitalismo.

1. Periodización del capitalismo a partir de sus crisis

Las revoluciones del proceso de trabajo —definidas anteriormente—, las formas de competencia y la internacionalización del ciclo del capital están relacionadas históricamente. Si se parte de la periodización dada por varios autores, se distinguen en el sistema capitalista varias ondas largas, con duración promedio de entre 40 y 50 años (cuadro 1).

Mandel señala correctamente la existencia de la relación de las revoluciones tecnológicas con las tres últimas *ondas largas*, aunque no analiza cómo se generan en las crisis los elementos recuperadores, principalmente los tecnológicos.

Boccara se centra en la *sobreacumulación* que acompaña las crisis y la necesidad de incorporar elementos desvalorizadores del capital; este enfoque, de gran validez teórica, no lo vincula directamente con el principal elemento desvalorizador, que lo constituyen, en última instancia, las fuerzas productivas (FP).

De Bernis anota el fenómeno inflacionario previo a la crisis, y sobre todo recalca las formas de competencia como momento de la *no continuidad* del sistema, abriéndose una salida permanente no capitalista.

A. Briones ubica la etapa imperialista en tres fases: madurez, capitalismo monopolista de Estado (CME) y decadencia. Si bien anota la preocupación, no establece las correspondencias específicas de estas fases con las FP, pero introduce un aspecto extensivo del movimiento con la división internacional del trabajo (DIT).

A partir de confrontar las propuestas de dichos autores con algunos elementos históricos, se construye un análisis histórico-lógico, en el cual se relacionan las ondas largas y las **revoluciones** tecnológicas del proceso de trabajo.

Pero antes es preciso aclarar la vinculación del desarrollo del sistema científico-tecnológico con el proceso de trabajo. Este análisis está limitado por la información histórica disponible sobre las invenciones e innovaciones tecnológicas; no se establecen claramente las relaciones técnico-económicas, o se proporciona la información incompleta. Así, se desconoce cuándo y cómo las invenciones se convierten en innovaciones. Pero aún más crítica es la información respecto al proceso de difusión tecnológica, de la que se requeriría por lo menos conocer la tasa de difusión (por ciento de unidades productivas que adoptan la nueva tecnología en un periodo dado). En este aspecto resultan pioneros los trabajos de Mansfield,[10] los cuales analizan las variables que afectan la tasa de adopción de la nueva tecnología, encontrándose que es función creciente de la rentabilidad relativa de la innovación

---

[10] E. Mansfield, "Technical Change and the Rate of Imitation", en *Econometrica*, octubre de 1961.

CUADRO 1 PERIODIZACIÓN Y DESCRIPCIÓN DE LAS ONDAS LARGAS

Mandel: Periodización	Auge	Crisis	Auge	Crisis	Auge	Crisis	Auge	Crisis	Auge	Crisis
	1793	1825-1826	1847-1848	1873-1874	1893-1894	1913-1914	1939-1940-1945	1966-1967		
	Fabricación artesanal de máquinas		Máquinas producidas mecánicamente		Inversión de capital en las colonias y expansión del mercado internacional (Asia, África y Oceanía)		Debilitamiento de la clase obrera			
	Expansión del mercado internacional (América del Sur)		Extensión del mercado internacional apoyado con los ferrocarriles		Inicio del imperialismo		Producción de armas			
			Primera revolución tecnológica. Generalización de la máquina de vapor, que se produce artesanalmente		*Segunda revolución tecnológica.* Generalización del motor eléctrico y de explosión		Intensificación de la DIT e industrialización de las semicolonias			
							Tercera revolución tecnológica. Generalización del control por medio de computadoras			
							Introducción de la energía atómica			
Kondratiev[5]	1790	1810-1817	1844-1851	1870-1875	1890-1906	1914-1920	1945	1967		
A. Briones[4]	Libre competencia o clásico				1896		1945	1967		
					← Consolidación →		← Imperialismo →	← Decadente		
							CME Decadente			

Auge	*Crisis*	*Auge*	*Crisis*	*Auge*	*Crisis*	*Auge*	*Crisis*	*Auge*	*Crisis*

Boccara²
1/2 XVI   XVIII   1873 1875   1895 1896   1914 1915   1944   1967

Estado primitivo ■ —— Estado clásico o de libre competencia —— Estadio imperialista →

Monopolio ■ ————— CME

Capital financiero

Exportación de capitales

Empresas públicas, financiación pública de la producción, gastos de consumo productivo, deuda pública para exportar capitales

SA: sobreacumulación

Revolución industrial ↑SA   ↑SA   ↑SA

Petroquímica, electrónica e industria atómica

G. de Bernis³

1873   1896   1921   1933   1967   1974-1975
Crisis brutal: 1882   1929-1930   Inflación   Inflación
Inflación   Inflación

Competencia: pequeñas empresas ——— Exportación de capital ——— CME

CUADRO 2. INVENCIONES E INNOVACIONES EN LOS CICLOS CAPITALISTAS

	Auge	Crisis	Auge	Crisis	Auge	Crisis	Auge
1700 1750	1793	1825	1847	1873	1893	1914	1949 1967
Ingeniería Darby: funde hierro con coque	Trevithick: máquina de presión		Bessemer: acero fundido	Otto: motor de 4 ciclos	Desarrollo del automóvil	Tanques, camiones; principio de la guerra mecanizada	Plantas de energía atómica
Roebuck: acero barato	Bramah, Maudslay y Whitworth: máquinas-herramientas		Lenoir: motor de gas (1859)	Diesel: motor	Estructura de acero y concreto reforzado en los edificios	De Freyssinet: concreto pretensado	Desarrollo de los aviones de retroimpulso y de los cohetes
Hargreaves, Arkwright y Compton: hiladoras de algodón	Stephenson: locomotora		Siemens: hornos de acero		Wright: primer aeroplano		
Newcomen: primera maquina de vapor			Singer: máquina de coser (1851)				
Boulton: producción metálica			Starling: electrocardiógrafo				
Wilkilson: maestro forjador							
Watt: máquina de movimiento circular (vapor)							
Cort: hierro forjado							

Energía	Franklin: electricidad positiva y negativa; pararrayos	Faraday: primer motor eléctrico	telégrafo	Edison: luz eléctrica	Westinghouse: generador eléctrico en las cataratas del Niágara	Aston: espectrógrafo de masa
Electricidad	Galvani y Volta: corriente eléctrica		Maxwell: teoría electromagnética de la luz	Hertz: ondas de radio		Hahn: fisión nuclear
			Wilde: dínamo	Telsa: motor eléctrico		
Electrón					Radiodifusión	Microscopio electrónico
					Desarrollo del radar, microscopio electrónico, estudio de virus y bacteriófagos	Televisión Radioastronomía
						Servomecanismo y calculadoras electrónicas
					Roentgen: rayos X	Transistores
						Control instrumental de la producción; primeras fábricas automáticas

CUADRO 2 INVENCIONES E INNOVACIONES EN LOS CICLOS CAPITALISTAS (Continuación)

	Auge	Crisis	Auge	Crisis	Auge	Crisis	Auge	Crisis	Auge
	1750	1793	1825	1847	1873	1893	1914	1949	1967
1700 Química		Leblanc: sosa a partir de la sal		Goodyear: vulcanizado del caucho	Mendeléyev: tabla periódica		Síntesis de sustancias colorantes y drogas	Polimerización; caucho artificial	Empleo de átomos marcados en la química
		Ward: ácido sulfúrico		Dumas, Liebig, Pasteur, Van't Hoff: fundadores de la química orgánica	Manufactura de colorantes y explosivos		Catálisis por contacto del ácido sulfúrico	Nylon y muchas variedades de nuevos plásticos	Polímeros isotácticos
					Superfosfatos		ACTH sintético	Gasolina catalítica destilada del petróleo crudo	Espectroscopía con fotografías instantáneas
					Nóbel: dinamita			Desarrollo de la celulosa; plásticos; seda artificial	
								Fischer, Tropsch, Bergius: petróleo a partir de la hulla	

Biología	**Darwin:** el origen de las especies Evolución por selección		
Bioquímica	**Pasteur:** teoría de la enfermedad por gérmenes Antisepsia, inmunización	Hopkins: vitaminas	Summer: enzimas cristalinas. Keilin: cotocromo Krebs: ciclos bioquímicos Perutz: estudio de las proteínas cristalinas con rayos X Sanger: aminoácidos en las proteínas
Medicina	Eykman: beri-beri	Franklin: estructura interna de los virus Fraenkel-Conrat: infección de virus por ácido nucleico	Hormonas Antibióticos Domagk: sulfonamidas Fleming, Florey Chain penicilina Windaus: vitamina D St. Gyorgy: vitamina C

y decreciente del nivel promedio de las inversiones requeridas.
Pero no se han realizado estudios que vinculen la tasa de difusión
con los ciclos económicos. A este respecto se propone la hipótesis
de que las tasas de difusión tecnológica se aceleran en los periodos
de auge de la acumulación capitalista, a partir de nuevas formas de
competencia. Las innovaciones sobre las que se desarrolla la difusión
en los periodos de auge tienen la característica de corresponder a cambios cualitativos en el proceso de trabajo; es decir, son innovaciones
primarias, ya que revolucionan el proceso productivo.[11]

En el cuadro 2 se clasifican las invenciones de ingeniería, energía,
electrónica, química y biología, con los periodos de auge y los de crisis
capitalistas. Allí se puede observar que la intensidad de las invenciones
no aparece, en general, influida por los auges o las crisis. Lo que se
puede proponer (aunque no se deduce propiamente del cuadro 2) es
que estas invenciones se convierten en innovaciones exitosas en la medida en que encuentran condiciones económicas y políticas favorables al
proceso de su difusión, y que dicho proceso es dependiente de los
desarrollos tecnológicos alcanzados en las etapas previas.

El proceso de difusión de innovaciones primarias —aquellas que
revolucionan el proceso de trabajo— modifica las condiciones tecnológicas de la producción social, y por tanto se corresponde con las etapas
de auge capitalistas.

En este orden de ideas, a continuación se vinculan las ondas largas
con los cambios tecnológicos del proceso de trabajo. Primero, la revolución herramental se sitúa, propiamente, antes que el modo de producción
capitalista. Ésta constituye la premisa para que el capitalismo se apropia-
ra formalmente de los desarrollos tecnológicos anteriores, dando pie
al primer periodo de auge, de 1793 a 1825 (en el cuadro 3 se representa
con un círculo la fase de difusión del nivel de desarrollo alcanzado
por las fuerzas productivas, en este caso las herramientas). La difusión
no se basa en los conocimientos tecnológicos que le pertenecen al
artesano, sino en la forma capitalista de producción, que se expresa,
en esta primera etapa, en la *cooperación* entre artesanos. Se inicia
con el proceso de minimización del artesano, que, si bien potencia
la producción social, desvaloriza la fuerza de trabajo mediante la
división del trabajo en tareas.

Sin embargo, la producción capitalista adquiere su pleno desarrollo
al iniciarse la apropiación real del proceso de trabajo, a través de la
máquina-herramienta. Pero al mismo tiempo se dan las condiciones
objetivas para la introducción de la máquina de vapor. Es decir, la

---

[11] A.P. Usher ha clasificado las innovaciones en primarias y secundarias.
(Véase su trabajo "Technical Change and Capital Formation", en *Capital Formation and Economic Growth*, National Bureau of Economic Research, 1955.)

CUADRO 3. PERIODIZACIÓN DEL CAPITALISMO
PARTE 1: CICLOS Y DIFUSIÓN DE LAS REVOLUCIONES EN EL PROCESO DE TRABAJO.

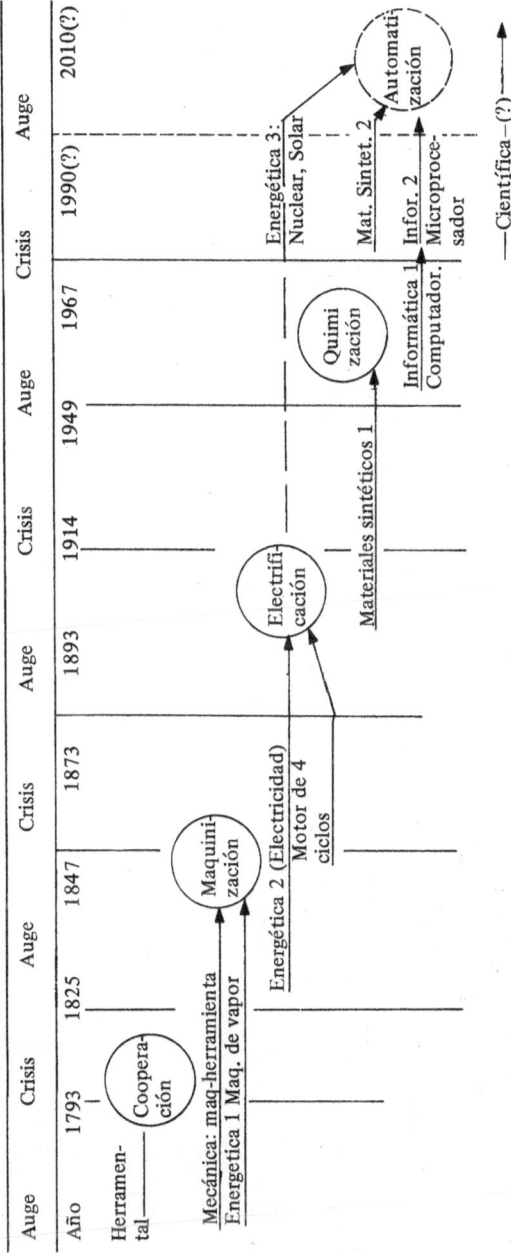

Auge	Crisis	Auge	Crisis	Auge	Crisis	Auge	Crisis	Auge	Crisis	Auge
Año	1793	1825	1847	1873	1893	1914	1949	1967	1990(?)	2010(?)

Herramental — Cooperación

Mecánica: maq-herramienta
Energética 1 Maq. de vapor — Maquinización

Energética 2 (Electricidad) Motor de 4 ciclos — Electrificación

Materiales sintéticos 1 — Quimización

Informática 1 Computador. — Informatización

Energética 3: Nuclear, Solar
Mat. Sintet. 2
Infor. 2 Microprocesador — Automatización

—— Científica —(?) ——

Notación:
→ Periodo de invención e innovación
◯ Periodo de difusión intensa de las revoluciones en el proceso de trabajo

CUADRO 3. PERIODIZACIÓN DEL CAPITALISMO
PARTE 2. FORMAS DE COMPETENCIA, INTERNACIONALIZACIÓN DEL CICLO DEL CAPITAL Y CRISIS GENERAL

	Auge 1793	*Crisis* 1825	*Auge* 1847	*Crisis* 1873	*Auge* 1893	*Crisis* 1914	*Auge* 1949	*Crisis* 1967	*Crisis* 1990(?)	*Auge* 2010(?)
Formas de competencia	Libre competencia ───			↑ Monopolio		Imperialismo ─── ↑	↑ Monopolista de Estado ───			↑
Internacionalización del ciclo del capital	Capital-mercancía ───			Capital-dinero ───		Capital productivo ↑───		Proceso productivo ───		↑
Crisis general del capitalismo — Etapas						1917 1930's	1950's	1980's (?)		

revolución mecánica del proceso de trabajo y la primera fase energética (energía mecánica: máquina de vapor) constituyen la base para la creación de la *gran industria*, difundiéndose la *maquinización* o sistema de cooperación capitalista de máquinas en el periodo de auge de 1847 a 1873. El mismo principio de máquinas de vapor se aplica al desarrollo de los ferrocarriles, lo que posibilita la ampliación de la circulación mercantil, disminuyendo los costos unitarios del transporte.

Las condiciones para el control real de proceso de trabajo por el capital se expanden cualitativamente, al disponer masivamente de energía mediante el desarrollo de la generación y distribución de *energía eléctrica*. Esto implica la fabricación y difusión del motor eléctrico. También se debe tomar en cuenta que las posibilidades de producción masiva requieren mejorar las facilidades de transporte, lo cual se logra mediante la intensificación del uso de los ferrocarriles y del autotransporte. Esta etapa de auge se sitúa en el periodo de 1893 a 1914.

El desarrollo de las fuerzas productivas –basado fundamentalmente en nuevos materiales sintéticos, la aplicación del concreto reforzado en la construcción, los plásticos y derivados del petróleo– propicia el auge de 1949 a 1967. Los materiales sintéticos son resultado de las condiciones de apropiación de la materia por el hombre, al ser manejadas de acuerdo con las necesidades específicas de la producción y de la valorización del capital. El capital alcanza el dominio del objeto de trabajo, posibilitando el aumento de las rotaciones del capital y creando condiciones para sostener la tasa de ganancia mediante la difusión de la *quimización*. Ésta es fundamentalmente un cambio revolucionario en la máquina-herramienta, en la medida en que la transformación de la materia se realiza, ya no por las herramientas que actúan sobre el objeto de trabajo, sino por sus cualidades fisico-químicas intrínsecas (extrusión, moldeo, etcétera).

En esta etapa se inicia la primera revolución informática, en el año de 1946, con la primera computadora ENIAC –ya fuera de línea– para aplicaciones administrativas. La informática, aunque aplicada fundamentalmente en servicios, crea posibilidades revolucionarias para aplicarse al proceso de trabajo industrial mediante máquinas automatizadas, es decir, a través de computadoras en línea para autorregular el proceso de trabajo.

La informática, la sustitución del petróleo por nuevos energéticos (energía nuclear, solar, licuefacción del carbón) y la continuación del dominio sobre la materia afirman que están dadas las condiciones tecnológicas previas para desarrollar las fuerzas productivas en una nueva etapa de auge capitalista, que se distinguiría por la automatización masiva de los procesos de trabajo.

Este nuevo periodo de acumulación de capital requiere, sin embargo, una serie de cambios en las condiciones de explotación de la fuerza de trabajo y en las formas de competencia. Por tanto, debemos considerar este aspecto.

La expansión del capitalismo a través de la internacionalización del ciclo de capital aparece, primero, como un desarrollo mercantil relacionado con la etapa de auge de 1847-1873. Este desarrollo mercantil da las condiciones para que se incremente el movimiento del capital-dinero y se convierta en capital financiero, a través de las inversiones productivas en cartera de otros países. O sea, la competencia se convierte en competencia monopólica.

Este movimiento de internacionalización del ciclo del capital contiene las condiciones inmediatas para la expansión de las inversiones extranjeras directas mediante las empresas transnacionales. El incremento de la producción a nivel internacional genera contradicciones que son solucionadas, aunque a la vez agudizadas, con un mayor desarrollo del capitalismo monopolista de Estado (CME). La última etapa consiste en la *internacionalización del capital productivo*, la cual se estaría alcanzando propiamente con la internacionalización del mismo proceso productivo. Pero estos aspectos que corresponden a la crisis actual, iniciada en 1967, se esbozan en el siguiente subcapítulo.

2. Salidas de la crisis capitalista actual

Conviene aclarar que el periodo de auge de la acumulación capitalista en 1990-2010 debe tomarse como mero punto de referencia, basado en la aplicación de las duraciones observadas en las etapas anteriores. Es, por tanto, una proyección. Lo que resulta importante son las condiciones necesarias para su posible salida.

En primer lugar, con relación al desarrollo de las fuerzas productivas, se mencionó en el subcapítulo anterior que están presentados los adelantos tecnológicos necesarios para una nueva etapa de auge:

1. El *microprocesador*, que permite automatizar el proceso productivo, aunque su difusión se ha centrado principalmente en productos de consumo final (juguetes, radios, grabadoras, relojes, etcétera) y en actividades ligadas a la circulación, como son los servicios. Pero disminuir los costos de la circulación del capital, al aumentar las condiciones de rotar más rápidamente el capital, impulsa la automatización de las actividades industriales. Este movimiento crea fuertes problemas de ocupación y genera contradicciones que los sindicatos tenderán a enfrentar para disminuir los efectos de la automatización en el desempleo y en la calificación del obrero.

2. Profundización de la *quimización* industrial, que significa la automatización de la producción por excelencia (en la medida en que la materia se transforma por sí misma), generándose nuevos productos y aumentando la sustitución de los de origen *natural* por sintéticos. La producción *quimizada* producirá cambios importantes en la *canasta* del obrero, creando posibilidades sociales de satisfacer necesidades del hombre, frenadas por la producción basada en el valor. El Estado intensificará su intervención en la reproducción de la fuerza de trabajo para tratar de resolver estas contradicciones, en la medida en que afecten la realización del capital.

3. Desarrollo de *nuevas fuentes de energía* (licuefacción de energéticos; energía nuclear, solar, etcétera), en proceso de investigación con recursos financieros del Estado y de las empresas petroleras, que han tomado conciencia de la futura desvalorización de capital que provocará la disminución relativa de las fuentes petroleras.

En segundo lugar, la internacionalización del ciclo del capital, que profundizará la división internacional del mismo proceso productivo. De esto se tienen ya algunos ejemplos: tal es el caso de las maquiladoras, que muestran cómo el proceso de trabajo se internacionaliza de acuerdo con la valorización del capital internacional. Estas divisiones internas del proceso de trabajo afectan los intercambios de productos internacionales, pues no son mercancías, propiamente, aunque se contabilicen como tales; son más bien intercambios entre las plantas de una misma empresa o consorcio. Ésta es la tendencia actual del comercio internacional, que se desarrolla cada vez más sobre un intercambio de productos en la misma empresa transnacional o entre empresas transnacionales asociadas. Esto implica, necesariamente, que el producto no se convierta en mercancía que busque su realización, pues se puede decir más bien que se tiene una formación de *cuasimercancías* que fijan su precio de acuerdo con la valorización global del capital de la empresa o consorcio, ya que responden a la planeación integral de su producción (por ejemplo, el caso de la producción de automóviles, en la que unas partes se hacen en distintos países al de su integración y venta).

En tercer lugar, las formas de competencia que impulsaría la difusión de los procesos automatizados. La competencia se desarrollaría en varios frentes:

Por un lado, en la lucha por apropiarse de las innovaciones más rentables, para lo cual se desarrollan varias posibilidades (que dependen de la ubicación estratégico-militar de la rama): *a)* las formas encubiertas del *subsidio* estatal a la invención e innovación, presentadas a tráves de la disminución de impuestos y de contratos de investigación; *b)* el impulso estatal a la innovación en pequeñas y medianas empresas, para que sean éstas las que carguen con los costos de la investigación y el desarrollo tecnológicos, y después las grandes empresas absorban mediante compras o fusiones los resultados más rentables; y *c)* el apoyo internacional para el desarrollo de la investigación y el desarrollo tecnológico con condiciones que sólo las grandes empresas podrían emprender, como las fases de demostración y mercadeo para su introducción a la venta.

Lo anterior sólo es posible con la intervención estatal para desarrollar e impulsar la investigación básica y aplicada. Las formas que ha tomado la socialización de la investigación han creado contradicciones con la utilización privada a nivel de las innovaciones y en la misma difusión. Así, un buen número de transferencias tecnológicas del Estado a las empresas se realizan encubiertas como subcontratos de investigación, en los que se subsidian los capitales que participan en empresas de tecnologías altamente desarrolladas (comunicaciones, aviación, satélites, espacio, materiales estratégico-militares, etcétera). Pero las contradicciones inmediatas surgen en la difusión tecnológica: por un lado, las innovaciones se mantienen en derecho de propiedad mediante patentes y marcas; y, por otro, las empresas vendedoras de nuevos procesos y productos, al buscar el aumento de sus ventas (con sobrecargos tecnológicos), promueven su difusión. Por tanto, las empresas tienden a guardar sus innovaciones y a difundirlas en la medida en que son incorporadas en sus productos. El uso de dichas patentes y marcas conlleva incrementos importantes en las tasas de ganancia a través de flujos internacionales de regalías.

En otro aspecto, la competencia que se expresa en la lucha por los excedentes estatales, orientada hacia los oligopolios, intensificará las luchas interburguesas al interior del mismo Estado. Así, se profundiza el capitalismo monopolista de Estado, adquiriendo una mayor presencia y aumentando su participación en la acumulación monopólica de capital. En particular, el Estado se vería obligado a intervenir cada vez más en el control y desarrollo del proceso de difusión tecnológica.

Y, en cuarto lugar, la crisis general del capitalismo, que si bien estaría limitando las posibilidades de nuevos periodos de auge capitalista, constituye al mismo tiempo impulsos al desarrollo de las fuerzas productivas, resultado de los requerimientos científicos para apoyar el aumento de armamentos *estratégico-militares*. Sin embargo, las formas de transferir estos avances tecnológicos a las empresas constituyen nuevas formas contradictorias del desarrollo contemporáneo del capitalismo.

Estos aspectos revitalizadores del capitalismo tenderán a desarrollar, a su vez, nuevas fuerzas productivas que conformarían la base material de la *revolución científica*. No obstante, esto implicaría que el capital pudiera valorizarse en mayor medida sobre el conocimiento, es decir, mediante la integración dentro del ciclo del capital, lo que tiende a desarrollarse a través de un proceso de creciente participación del Estado —en intensidad y complejidad— en la acumulación de capital y en la producción de conocimiento tecnológico y científico. Por tanto, y con el fin de polemizar sobre los límites internos del modo de producción capitalista, se predice que las fuerzas productivas alcanzarán niveles de contradicción que la lucha de clases puede agudizar, al grado de que la consistencia de sus soluciones sea débil, como consecuencia de la dificultad de que el sistema capitalista desarrolle las fuerzas productivas del *proceso científico de trabajo* en un probable futuro periodo de auge.

Bibliografía

Aguilar, Alonso,   *La crisis del capitalismo*, Editorial Nuestro Tiempo, México, 1979.

Braverman, H.,   *Trabajo y capital monopolista*, Editorial Nuestro Tiempo, México, 1974.

Boccara, P.,   *Études sur le capitalisme monopoliste d' État/La crise et son issue*, Editions Sociales, París.

Briones, A.,   *Crisis capitalista y acumulación de capital en escala mundial*, proyecto de investigación, edición mimeografiada, Doctorado de la Facultad de Economía, UNAM, 1977.

Corona, L.,   "Revoluciones del proceso de trabajo en el modo de producción capitalista", en *Investigación Económica*, julio-septiembre de 1978.

De Bernis, G.,   *Proposiciones para un análisis de la crisis actual en términos de regulación del capitalismo*, edición mimeografiada, Doctorado de la Facultad de Economía, UNAM, 1977.

Derry, T. K. y   *Historia de la tecnología*, Siglo XXI Editores, México,
T. I. Williams,   1977.

Forrester, J.,   *Understanding the Changing Basis for Economic Growth: An Application of Sistems, Dynamics, Computers and People*, enero de 1977.

Kondratieff,   "The Long Waves in Economic Life", en *RES*, noviembre de 1935; y en *Lloyds Bank Review*, 1978.

Mandel, Ernest,   *El capitalismo tardío*, Ediciones Era, México, 1979.

Mansfield, E.,   "Technical Change and the Rate of Imitation", en *Econometrica*, octubre de 1961.

Moreno, J. A. y   *Comentarios sobre las etapas de desarrollo de la crisis*
E. Romero,   *general del capitalismo*, edición mimeografiada,
                  Seminario de Teoría del Desarrollo, IIEC, UNAM,
                  diciembre de 1978.

Marx, Karl,   *Elementos fundamentales para la crítica de la econo-
                  mía política (Grundrisse), 1857-1858*, traducción
                  de Pedro Scaron, Siglo XXI Editores, México, 11a.
                  reimp., 1980, 3ts.

                  El capital, Siglo XXI Editores, México, 8 ts.

Usher, A. P.,   "Technical Change an Capital Formation", en *Capital
                  Formation an Economic Growth*, National Bureau of
                  Economic Research, 1955; en *The Economics of
                  Technological Change*, Nathan Rosenberg, editor,
                  Penguin Books, 1971.

Varga, Eugenio,   *Las crisis y sus consecuencias políticas*, Barcelona,
                  1975.

el
capitalismo
contemporáneo

EL ESTADO ACTUAL DE LA DISCUSIÓN
SOBRE EL CAPITALISMO CONTAMPORÁNEO

THEOTONIO DOS SANTOS

1. El problema y sus antecedentes

Después de la segunda guerra mundial el modo de producción capitalista entró en una nueva etapa de su desarrollo histórico. Esta etapa implicó cambios importantes en la estructura socioeconómica de las formaciones sociales capitalistas, tanto en el plano nacional como en el internacional, alterando así sus mecanismos de funcionamiento.

Durante el periodo señalado se elaboraron varios estudios que intentaban explicar el alcance y la significación de tales cambios. Dichos estudios conformaron las distintas corrientes en que se dividieron y que hoy existen al interior de la teoría económica y de la economía política, consideradas, estas dos últimas, como los grandes paradigmas teóricos que buscan esclarecer el carácter y el funcionamiento de la economía.

Antes de analizar las formas concretas que asumieron esos intentos explicativos, habría que describir el conjunto de fenómenos que le dio origen para con ello situar más claramente las motivaciones que los inspiraron.

El primer gran problema que correspondió a los teóricos dilucidar era el cambio de comportamiento del ciclo económico. La crisis de 1929-1933 se había prolongado hasta 1939, y en la mayoría de los países capitalistas solamente hasta 1950 se recuperaron los índices de producción anteriores a 1929.[1] Estos hechos determinaron gran parte del debate económico del periodo; se trataba, fundamentalmente, de explicar esta depresión tan larga. Las proposiciones que surgieron entonces para explicarla se dividieron en tres corrientes dentro de la teoría económica, y es a partir de ellas que se iniciarán los debates posteriores a la segunda guerra mundial.

A continuación expondremos, de manera general, los planteamientos de cada corriente:

a) Una corriente veía en la crisis del '29 la manifestación de una tendencia histórica del capitalismo al estancamiento, debido a ciertas características asociadas a su *madurez*. La determinación de estas características ha variado, según los diferentes autores, pero todos

---

[1] Fritz Sternberg, en su libro *Socialismo o capitalismo* (Fondo de Cultura Económica, México, 1953) muestra con gran riqueza estadística el hecho señalado.

aquellos que defendían la tesis de la tendencia al estancamiento se inclinaron a considerar que existía una desproporción entre la demanda y el ahorro, y que la solución posible de esta desproporción sólo se podría realizar a través de la intervención estatal. Los factores que provocaban la *madurez* capitalista variaban desde el bloqueo hasta la expansión hacia nuevos mercados o territorios,[2] del oligopolio como límite al consumo[3] y del agotamiento de las innovaciones revolucionarias,[4] hasta la tendencia descendente del ritmo de crecimiento de la población.[5] Este enfoque estancacionista —que se prolonga

[2] Fritz Sternberg, de tendencia luxemburguista, defiende abiertamente, en el libro citado en la nota anterior, la tesis de que el surgimiento del socialismo limita la expansión del mercado capitalista. Hansen y otros neokeynesianos ponen especial interés en los límites crecientes a la expansión territorial, debido a la ocupación de las tierras vírgenes antes existentes (nueva frontera), particularmente en los Estados Unidos.

[3] El papel de la estructura monopólica u oligopólica en la limitación del mercado tiene orígenes lejanos, desde Hobson (*The Imperialism*, 1902), Hilferding (*El capital financiero*, Tecnos) y otros. Pero su tratamiento sistemático como factor explicativo de la tendencia hacia el estancamiento encuentra su máxima expresión moderna en la obra de M. Kalecki (*The Theory of Economics Dynamics y Selected Essays in the Dynamics of a Capitalist Economy*) y sus seguidores, como Sylos Labini (*Oligopolio y progreso técnico*), así como el trabajo más o menos paralelo de Joseph Steindl (*Madurez y estancamiento en el capitalismo norteamericano*, Siglo XXI Editores, México, 1979)

A pesar de no referirse al fenómeno monopólico, la explicación keynesiana del fracaso de la ley de Say y de la incapacidad del mercado de generar una demanda efectiva se basa en la idea de una rigidez de los salarios, y hasta cierto punto de los precios, que *supone de hecho*, y no explícitamente, el reconocimiento de una economía monopólica. I. Osádchaia lo afirma con gran propiedad: "la teoría keynesiana de la reproducción tiene como premisa la existencia del capitalismo monopolista. Es cierto que en Keynes no encontramos ni siquiera la mención de los monopolios ni la indicación de su influencia en el proceso de reproducción. Sin embargo, toda su teoría se erige sobre el reconocimiento de una de las consecuencias más importantes del dominio de las relaciones monopolistas. Keynes parte de que ha desaparecido la flexibilidad y movilidad de los precios, peculiar del capitalismo de la *libre concurrencia.*"(*De Keynes a la síntesis neoclásica: análisis crítico*,Editorial Progreso, 1975, p. 32). Este reconocimiento se hará más explícito en su discípula Joan Robinson (*La acumulación de capital*) y sus seguidores de la escuela de Cambridge, quienes recogen además la tradición kaleckiana y sraffiana, así como los trabajos de E. Chamberlain.

[4] El papel de la productividad y de la falta de las nuevas oportunidades de innovaciones como explicación del estancamiento se encuentra presente sea en la ley de la productividad decreciente de Keynes, sea en la ausencia de espacio para las invenciones revolucionarias de A.H. Hansen (*Full Recovery of Stagnation*) y sus seguidores, sea en las tesis sobre el desestímulo del monopolio a la innovación de Kalecki, Joan Robinson y demás teóricos de Cambridge. Estas tesis se proyectan con gran importancia hacia los futuros teóricos del estancacionismo, como Steindl, Sylos Labini, y Sweezy y Baran (particularmente en el libro *El capital monopolista*, de 1966).

[5] Tesis de origen keynesiano y neokeynesiano, apoyada en las tendencias demográficas del capitalismo maduro, que tendría especial consecuencia en la oferta

hacia la posguerra– conduce a abandonar la noción del ciclo económico. Al constatarse una recuperación económica y un crecimiento continuo (a pesar de cíclico, hecho que se trató de minimizar sistemáticamente) del capitalismo en la posguerra, los seguidores de este modelo teórico tendieron a juzgar el capitalismo como un sistema que podría resolver definitivamente el problema de la depresión y del ciclo económico en general. Aquí está el origen de las teorías del capitalismo poscíclico, que analizaremos posteriormente.

b) Otra corriente contempla la noción de la crisis de largo plazo –crisis que se había profundizado a partir de 1929– como la manifestación de un comportamiento cíclico del sistema capitalista, que se expresaría en ciclos de 4, 10 y 50 años. La idea de las ondas largas, planteada originalmente por el economista ruso Kondrátiev, fue retomada y reelaborada por el economista austronorteamericano Joseph Schumpeter.[6]

La postura schumpeteriana, a pesar de su previsión de la transformación gradual del capitalismo en un sistema socioeconómico distinto, de contenido socializante, no se basa en una incapacidad económica intrínseca del capitalismo hacia el crecimiento. Por el contrario, Schumpeter valorizaba el papel innovador contemporáneo de la gran empresa como sustituta del empresario innovador, quien cumplía con la función dinámica de las fases anteriores del capitalismo. Aunque su análisis del ciclo económico no encontró seguidores importantes (hasta la reivindicación de Kondrátiev en los fines de la década del sesenta y en los setenta), influyó en buena medida los enfoques que buscaban rescatar la capacidad de planificación del capitalismo monopólico, como son las tesis del capitalismo de la opulencia (Galbraith), de la sociedad industrial (Friedman, Naville, Aron), posindustrial (Bell, Touraine) o del Estado de bienestar (Strachey, Schonfield), que exami-

de mano de obra y en el crecimiento de la demanda de bienes y salarios. Véanse particularmente los textos de Keynes y de Hansen en Claudio Napoleoni,*El futuro del capitalismo*, Siglo XXI Editores, México, 1978.

[6] Joseph Schumpeter, *Business Cycles*, Nueva York, 1939, 2 t. Kondrátiev escribió dos artículos en los que expone el resultado de sus investigaciones, las cuales fueron publicadas en los años veinte y recuperadas por Ernest Mandel en *El capitalismo tardío*, y últimamente hasta por la revista del Lloyd Bank. Su artículo de 1976 fue publicado en español recientemente por la revista *Perspectivas Económicas*, núm. 26, 1979, editada en Washington por el Departamento de Estado. Sobre el debate entre Kondrátiev y Trotsky con respecto al automatismo de las crisis y sus recuperaciones, y el intento de síntesis o conciliación realizado por Mandel entre ambas posiciones, véase Richard B. Day, "La teoría del ciclo prolongado de Kondrátiev, Trotsky y Mandel", en *Crítica de la Economía Política*, núm. 4, México, julio-septiembre de 1977. La traducción del artículo de Kondrátiev y una bibliografía amplia sobre las ondas largas se encuentran en *Review*, Binghamton, 1978.

naremos posteriormente. Estas tesis tienden a desdibujar la existencia actual del capitalismo como régimen de producción y a afirmar que se ha cumplido el paso a un sistema económico social nuevo, que tiene una base común tanto en los países capitalistas como en los socialistas.

Las incursiones de los neokeynesianos[7] en la teoría del ciclo no pueden considerarse, sin embargo, como una auténtica interpretación cíclica del desarrollo capitalista, pues en ellas los factores que conducen al comportamiento cíclico del capitalismo terminan siendo controlables por la vía de la intervención de la política económica estatal, que tiende a disminuir y minimizar sus efectos. Pero, al contrario del enfoque schumpeteriano –que no conduce a una clara política económica de Estado, sino a una creciente capacidad de planeación de las corporaciones y a una sumisión del Estado a esa tendencia socioeconómica–, los neokeynesianos hicieron de la política anticíclica o de pleno empleo la piedra angular de la política económica.

c) **Restaría** por analizar el desarrollo del pensamiento neoclásico frente a la crisis. En verdad, los neoclásicos no pudieron reponerse de los ataques keynesianos hasta la década del sesenta, por las razones que analizaremos posteriormente. Sus recetas de política económica quedaron en el nivel financiero y de política de precios, y sus análisis del sistema productivo quedaron en segundo plano, debido a que los problemas de la reproducción y de la distribución se encontraban en el centro del debate económico, ya que aparecían en aquel periodo como los aspectos cruciales para la supervivencia del sistema. Solamente con la resolución de estos problemas por la vía keynesiana del intervencionismo estatal es que reaparecen los problemas cruciales de la producción a largo plazo; los intentos de *solución* a éstos habrán de ser desarrollados por una nueva generación de economistas neoclásicos (Solow, Kendrick, Denison, Abramovitz), y los de la política monetaria serán retomados por la escuela de Chicago (Friedman y Haberler, en particular).

d) En el marxismo pasó un extraño fenómeno en los años treinta. Al contrario de los amplios y largos debates sobre el derrumbe y sobre el. imperialismo, que apasionaron al pensamiento marxista del fin del siglo XIX y las primera tres décadas de este siglo,[8] en los años treinta

---

[7] La compilación de artículos más importantes se encuentra en Sevin y Clemence Hanse, *Readings in Business Cycle and National Income*, Londres, 1953. En español está la compilación de Luis A. Rojo Duque, *Lecturas sobre la teoría económica del desarrollo*, Gredos, Madrid. Una exposición sistemática del enfoque keynesiano sobre el ciclo se encuentra en R.C.O. Mathews, *Economic Cycles*, Cambridge.

[8] Sobre el debate del derrumbe, además del excelente resumen de Paul Sweezy en *Teoría del desarrollo capitalista*, véase la compilación de textos de Bernstein, Cunow, Conrad Schmidt, Kaustsky, Tugán Baranovski, Lenin, Hilferding, Otto

y cuarenta fueron contadas las contribuciones significativas que llevaran
a entender el capitalismo contemporáneo. Esta pobreza quizás se debió
a que el pensamiento marxista tenía puesta la atención en conceptuar
el fascismo, considerado entonces como una tendencia histórica del
imperialismo (Bauer, Talheimer, Radek, Trotsky, Dimítrov, Togliatti y
Lukács aportaron contribuciones importantes a la discusión del tema).

Entre los estudios del imperialismo realizados en los años treinta
merecen destacarse el libro poco innovador de Strachey, las contribuciones de Eugenio Varga[9] y de Maurice Dobb,[10] y los significativos
aportes de Paul Sweezy.[11] Tales contribuciones sólo serán apuntaladas
realmente en la década de los sesenta, cuando se hace explícito más
claramente el alcance teórico de aquellos trabajos y se consolidan las
líneas básicas de interpretación marxista del capitalismo contemporáneo, que luego analizaremos.

A pesar de que los intentos explicativos de Strachey, Varga y Dobb
se concentraban en un análisis histórico de la crisis, se puede desprender
un planteamiento teórico —enunciado en la introducción de sus respectivos libros y en algunos textos aislados— en el que, además de explicar
la crisis a través de las contradicciones de la acumulación capitalista, se
tiende a identificar la tesis de la crisis general del capitalismo con la
imposibilidad de un periodo de crecimiento prolongado. En Strachey
y Sweezy, que parten de la crisis de realización como aspecto fundamental del periodo, esta tesis está más elaborada teóricamente. La
identificación anterior se explica en parte por el hecho de que la gran
crisis parecía comprobar la idea de un *derrumbe* del capitalismo, apoyando así, de manera concreta, el planteamiento de aquellos marxistas
que lo esperaban.

Bauer, Rosa Luxemburg, Bujarin y Grossmann que se encuentra en Lucio Colletti,
El marxismo y el "derrumbe" del capitalismo, Siglo XXI Editores, México, 1978.
Véase también el resumen de la discusión de los años veinte hecho por Natalie
Moszkowska, *Contribución a la crítica de las teorías modernas de las crisis*, Cuadernos de Pasado y Presente, México, 1978. La postura del comunismo de izquierda se encuentra en Karl Korsch, Paul Mattick y Anton Pannekoek, *¿Derrumbe del
capitalismo o sujeto revolucionario?*, Cuadernos de Pasado y Presente, México,
1978. Para completar la visión de los economistas políticos clásicos y teóricos burgueses modernos, véase la compilación de Claudio Napoleoni, *El futuro del capitalismo*, Siglo XXI Editores, México, 1978. Michael F. Bleany hace también un
estudio histórico de las concepciones del subconsumismo en *Teorías de las crisis*,
Editorial Nuestro Tiempo, México, 1977.

[9] J. Strachey, *Naturaleza de la crisis*, Ediciones El Caballito, México, 1973
(publicado originalmente en 1935); y Eugenio Varga, *La crisis y sus consecuencias
políticas*, Editorial Europa-América, Barcelona, 1935.

[10] Maurice Dobb, *Estudios sobre el desarrollo del capitalismo*, Siglo XXI Editores, Buenos Aires, 1971 (publicado originalmente en 1946).

[11] Paul Sweezy, *Teorías del desarrollo capitalista*, Fondo de Cultura Económica, México (publicado originalmente en 1948).

La recuperación económica iniciada después de la segunda guerra mundial empezó a replantear los esquemas teóricos antes señalados.

Comienza, por un lado, un periodo de optimismo apologético del capitalismo, y, por otro, una cierta confusión en los teóricos marxistas, afectados de una u otra forma por los éxitos capitalistas de la posguerra y por las jactancias del pensamiento económico burgués. La cuestión que se planteaba era, pues, absolutamente nueva. Durante años el pensamiento económico se había dedicado a interpretar el estancamiento y a proponer remedios para el mismo, con un tono siempre pesimista respecto de la vitalidad del capitalismo. Ahora de lo que se trataba era de explicar lo contrario: el capitalismo mostraba una gran vitalidad, y muy rápidamente se olvidaban los tristes años de crisis y de guerra mundial.

2. La apologética

Hasta mediados de la década de los sesenta hubo un reconocimiento generalizado, por parte de los teóricos del capitalismo contemporáneo, de que el periodo de posguerra mostraba cambios cualitativos en este sistema. Se puede incluso decir que se presentó una cierta concordancia en lo que respecta a la descripción de las características generales de estos cambios. Lo que persistió, sin embargo, fue una profunda discusión en lo que respecta a su contenido (es decir, en qué sentido representaron una transformación de la estructura del capitalismo, o bien su superación), a su valor relativo (como por ejemplo la importancia del Estado o del capital corporativo) y a las consecuencias de esos cambios para el desarrollo futuro de la economía (el que nuevas crisis se presenten o no). Podemos señalar algunas de las líneas que se han trazado en la búsqueda de una interpretación del nuevo sistema de relaciones económicas y políticas que se establece a nivel mundial, particularmente en los países capitalistas. Estas líneas interpretativas se dividen básicamente entre las concepciones marxistas y las no marxistas.

En el campo del pensamiento no marxista encontramos cuatro grandes tesis explicativas de la economía de posguerra. Estas tesis pueden presentarse por separado, pero en la mayoría de los casos se presentan juntas. Lo que varía fundamentalmente es el peso de algunos factores con relación a otros. Estas cuatro tesis serían:

1. La tesis del capitalismo poscíclico, según la cual el capitalismo (o cualquier nombre que se dé al régimen existente) *superó su fase cíclica e ingresó a una etapa de prosperidad más o menos permanente.* Las caídas de los índices productivos, que se han notado eventualmente en el periodo de posguerra, responderían antes a errores de política económica que a una *necesidad* del sistema. La participación del Estado en el control de la demanda de la vida económica, y el surgimiento de grandes unidades productivas que controlan sus mercados, aseguran, entre otros mecanismos, un crecimiento económico constante. En una versión menos optimista se afirma que por lo menos se hace posible controlar las recesiones e impedir que asuman un carácter catastrófico, como sucedió en la crisis mundial de 1929.[12]

2. *La tesis de la economía del Estado de bienestar completa lo anterior, al afirmar que la reglamentación estatal garantiza la utilización planificada de los recursos económicos públicos y privados para alcanzar el bienestar social.* "Crecimiento económico, pleno empleo, igualdad de oportunidad para los jóvenes, seguridad social, protección a los *standards* mínimos de vida, no solamente en lo que respecta a ingresos, sino a la nutrición, casa, salud y educación para las personas de todas las regiones y grupos sociales" son los ideales alcanzados en mayor o menor medida por el Estado de bienestar, según uno de sus principales teóricos: Gunnar Myrdal.[13] Este Estado de bienestar tendería a ser un fenómeno mundial que permitiría la coexistencia entre *planeación* y *libertad*, superando así los límites de las viejas sociedades capitalistas, en las que predominaba la *libre iniciativa* y la *libre empresa*, sin ninguna o con una muy restringida regulación estatal. Al pretender rebasar el viejo liberalismo económico, y al identificarlo con el capitalismo, la tesis del Estado de bienestar pretende explicar la sociedad contemporánea —en especial la de Europa Occidental— como una forma superior de organización social ya existente o en proceso de constitución.[14]

[12] La tesis del capitalismo poscíclico se encuentra en toda la obra de John Kenneth Galbraith, hasta los años setenta. (véase sobre todo *La sociedad opulenta* y *El nuevo Estado industrial*). Un defensor explícito de la capacidad de la intervención estatal y la planificación para eliminar las crisis es Andrew Schon Field (*El capitalismo moderno*, Fondo de Cultura Económica, México, 1966). El optimismo poscíclico de Gunnar Myrdal se reserva para Suecia y otros países de economía del bienestar, con fuertes críticas a Estados Unidos y exigencias de reformas que le permitirán alcanzar el estado europeo (véase *Challenge to Affluence*, Vintage Book, Nueva York, 1965). Joseph Strachey sigue (con más elaboración teórica, debido a su formación marxista) la misma línea en *El capitalismo contemporáneo* (Fondo de Cultura Económica, México, 1960). La mayoría de los autores que citaremos en seguida defiende la misma teoría de la superación del ciclo económico.

[13] Gunnar Myrdal, *op. cit.* y *El Estado del futuro*, Fondo de Cultura Económica, México.

[14] Véase J. Strachey, *op. cit.* Sobre las implicaciones internacionales de su posición, véase del mismo autor *El fin del imperio*, Fondo de Cultura Económica. Véase Tibor Scitovsky, *Welfare and Competition*, Londres, 1952, y el clásico conservador de la economía del bienestar, A.C. Pigou, *The Economics of Welfare*.

3. La tercera tesis interpretativa del capitalismo contemporáneo es la de la sociedad industrial. Según esta tesis, la industrialización ha provocado un número de cambios sustanciales en la humanidad, que permite distinguir la existencia de una nueva sociedad o civilización fundamentada en principios productivos, económicos, sociales y políticos absolutamente nuevos.

La sociedad o civilización industrial es, pues, la tendencia general y el elemento básico de la sociedad actual, habiendo históricamente por lo menos dos tipos distintos de adaptación a las exigencias del proceso de industrialización, que son el capitalista (occidental, de libre empresa, etcétera) y el socialista (del tipo del que existe en la Unión Soviética). La antigua sociedad capitalista liberal no fue más que un momento de transición hacia esta nueva sociedad industrial. La real división del mundo contemporáneo sería entre sociedades industriales o modernas —caracterizadas por su tendencia al comportamiento racional— y sociedades agrarias o preindustriales, ya en decadencia.[15] Es necesario señalar que el mundo subdesarrollado estaría caracterizado esencialmente por la coexistencia de tales tipos de sociedad, configurando las economías o sociedades *duales*, o en vías de desarrollo.

La tesis de la sociedad industrial evolucionó en los años recientes hacia la concepción de una sociedad posindustrial que se caracterizaría por la hegemonía de la informática, de los sectores dedicados a los servicios y, en particular, a las actividades profesionales relacionadas con la ciencia, la información, la educación y la gestión, lo que conformarían un sector cuaternario.[16]

A pesar de la reivindicación de Aron de *homenajear* la posición

Maurice Dobb hizo una interesante discusión sobre economía del bienestar y planificación socialista. La tesis del Estado de bienestar no debe, sin embargo, ser confundida con un enfoque económico heredero de los neoclásicos, que buscan trazar las condiciones económicas óptimas para atender las necesidades humanas. La economía del bienestar debe ser considera más bien como un instrumento para alcanzar los fines propuestos por un tipo de Estado que, según los autores señalados, se estaría implantando después de la segunda guerra mundial.

[15] Los autores de esta tesis, además de Galbraith, son sobre todo de tradición sociológica. Raymond Aron ha escrito *18 lecciones sobre la sociedad industrial* y otras cuatro lecciones en la misma línea. Georges Friedman y Jean-Daniel Reynoud hacen un excelente resumen de esta tesis en el epílogo "La sociedad industrial y su porvenir", del libro *Historia general del trabajo*, IV, editado por Alain Touraine, quien la ha apoyado la misma tesis hasta embarcarse en los planteamientos de la sociedad posindustrial. Véanse también Touraine, Fourastié y Friedman, *Civilización técnica y sociedad de masas*, Rodolfo Alonso Editor, Buenos Aires, 1972. Ralph Dahrendorf también es un clásico de este punto de vista *(Clases y conflictos de clase en la sociedad industrial).*

[16] La exposición más sistemática de esta tesis se encuentra en Daniel Bell, *El advenimiento de la sociedad posindustrial*, Alianza Editores, Madrid, 1976. Otro exponente es Alain Touraine, *La sociedad posindustrial*. Véase también

de Marx sobre el papel determinante de las fuerzas productivas, tales enfoques sufren un determinismo tecnológico que restringe la noción de *fuerzas productivas* a la *tecnología*, desprecian las mediaciones dialécticas entre ésta y el modo de producción, además de no entender las relaciones mutuas entre la infraestructura y la superestructura.

4. La sociedad opulenta, tesis acuñada por John Kenneth Galbraith,[17] es la más polémica de todas, aun cuando aparece identificada con las tres tesis anteriores. Según esta tesis, el sistema económico norteamericano de la posguerra había solucionado los problemas fundamentales de la escasez, alcanzando un crecimiento económico más o menos estable, por todas las razones anteriormente señaladas en las tres primeras tesis. Eliminando el problema de la escasez, la teoría económica tiene que desplazar su objeto de estudio de la temática esencial de mantener la producción al cambio en el contenido de esta producción. En otros términos, la sociedad moderna es una sociedad basada en una producción *afluente*, cuyos problemas centrales vienen de la abundancia de bienes y recursos, y las consecuentes dificultades de su utilización.

Al enunciar su tesis de la sociedad opulenta, Galbraith pretende no estar restando importancia a los problemas de la mayoría de la humanidad, es decir, a la pobreza en el interior de las sociedades opulentas y al subdesarrollo a su alrededor. Para él estos problemas existen precisamente porque la sociedad opulenta creó una situación que los hace escandalosos. La pobreza en los países ricos y en los países pobres siempre existió, y si solamente hoy día es cuestionada se debe a que la sociedad opulenta no puede convivir con estos problemas, pero tiene condiciones para resolverlos.

Las cuatro tesis aquí expuestas no son incompatibles entre sí, ni se presentan en forma aislada unas de otras. Por el contrario, tienden a aparecer conjuntamente, formando una totalidad más o menos coherente como descripción del mundo actual y como punto de arranque para comprender varios de los fenómenos contemporáneos que se manifiestan en el interior de las sociedades. Si bien es necesario anotar que se encuentran en varios casos polémicas entre autores respecto de ciertos puntos, principalmente los que se refieren a la tesis de la sociedad opulenta, estas tesis tienen, sin embargo, un fondo

Benjamín S. Kleinberg, *American Society in Post-Industrial Age*, Merril, 1973; y Willian Kuhns, editor, *The Post-Industrial Prophets Interpretations of Technology*, Harper and Row, 1971. En una línea similar se encuentra el trabajo de Zbignew Brezezinski, *La era tecnotrónica*, Editorial Paidós, Buenos Aires, 1970.

[17] John Kenneth Galbraith, *The Affluent Society*, Houghton Mifflin, Boston, 1969.

enormemente optimista en cuanto a la capacidad del sistema capitalista (bajo los distintos nombres con que aparece) para solucionar sus problemas internos. Tal optimismo se funda en el desempeño, relativamente favorable, que este sistema realizó del periodo posterior a la segunda guerra mundial, hasta 1966; desempeño tanto más favorable cuanto se considera que muchos autores previeron que, después de la guerra, se repetiría una coyuntura similar a la de la crisis de 1929-1933, de la cual el capitalismo norteamericano sólo se recuperó en el periodo del conflicto bélico y el capitalismo europeo y el japonés en los fines de la década de los cuarenta.

Todo el problema reside, no obstante, en definir claramente si dicho desempeño significaría un nuevo modelo de comportamiento del sistema o simplemente una coyuntura cíclica en su interior. En otras palabras, se trata de saber hasta qué punto este comportamiento favorable del sistema en la etapa señalada se debe a su capacidad de resolver sus problemas básicos o a una coyuntura favorable que posibilitó aplazar la erupción de sus contradicciones fundamentales. Por último, se trata de saber hasta qué punto las transformaciones que sufrió el sistema son permanentes o, por el contrario, son adaptaciones temporales que reflejan antes sus debilidades que sus cualidades.

Las cuatro tesis anteriores asumen acríticamente la perspectiva favorable, y reúnen en general un conjunto de datos positivos para hacer la apología del sistema. En realidad ninguna de ellas se entregó a un intento de sistematización teórica rigurosa, sino más bien todas se manifestaron en formas ensayísticas más o menos documentadas.

Es un hecho que no todo ha sido positivo. El desempeño del sistema capitalista en la posguerra no ha sido de ninguna forma suficientemente favorable como para borrar las dolorosas marcas del pasado. Por un lado, las dos guerras mundiales, la crisis del '29 y el fascismo; por otro, la revolución rusa y el avance del movimiento revolucionario han sido los fenómenos claves que la ideología oficiosa tuvo que *explicar*, o mejor *racionalizar*, como producto de *causas externas* al sistema, más o menos circunstanciales.

Después de 1945 hay también mucho que explicar: están las distintas guerras nacionales de liberación y las derrotas sufridas por el imperialismo antiguo y nuevo; el mantenimiento de la pobreza al lado de la opulencia; la cuestión racial; la degeneración social por el crecimiento de la delincuencia en los países desarrollados; el subdesarrollo, la dependencia y la incapacidad de los gobiernos democrático-burgueses de darles solución. Éstas son expresiones de la incapacidad del sistema para superar su carácter contradictorio y decadente. Por otra parte, el crecimiento del campo socialista, la liberación de las colonias y el desarrollo del movimiento antiimperialista —incluso en el propio interior de los

Estado Unidos— forman una clara imagen de la incapacidad del capitalismo para resistir al avance revolucionario en el mundo. La realidad es, pues, que el sistema capitalista se encuentra, a largo plazo, en una posición defensiva, a pesar de victorias parciales logradas y, sobre todo, de un gran poder de resistencia, adaptación y racionalización frente a los fenómenos nuevos del mundo contemporáneo. Transformar las victorias parciales, que se presentan dentro de un cuadro general de derrotas, en elementos de afirmación del sistema es la tarea de sus ideólogos y apologistas.

Es, así, muy difícil separar lo que hay de científico de lo que hay de ideológico en tales construcciones seudoteóricas. Pero esta separación es una tarea imprescindible, porque es solamente a través de la tergiversación de alguna verdad básica que un intento ideológico obtiene resultados. Es decir, es preciso despojar de su ropaje apologético a las formulaciones ideológicas —que oculten verdades— para alcanzar un conocimiento científico.

Los conceptos de valor-trabajo, plusvalía, etcétera, fueron sacados por Marx de este mundo acientífico para convertirlos en conceptos científicos. Dicha tarea se hace necesaria frente a la ofensiva ideológica burguesa, que busca aprovecharse de unos cuantos éxitos económicos (no tan exitosos, por cierto, cuando son vistos en su conjunto) para desviar la dirección del análisis teórico hacia falsos problemas.

3. El marxismo

La estrategia burguesa mencionada tuvo éxito incluso al influir a un pensamiento marxista prensado entre el bloque ideológico del stalinismo y las tendencias progresistas del pensamiento humanista científico-tecnocrático. Realmente, el *marxismo* pasó por un difícil periodo en los años cuarenta y cincuenta, y sólo se recuperó durante la década de los sesenta, cuando *renace, junto con el surgimiento del movimiento revolucionario en Occidente,* en un movimiento global social, que tiene sus relaciones causales internas. Esto no significa que la elaboración del pensamiento marxista se paralizara en el periodo anterior, sino más bien que se confinó a ciertos campos teóricos y avanzó en el campo práctico, donde las experiencias china, coreana, vietnamita, cubana y otras presentaban aspectos muy novedosos.

En los años cincuenta sobre todo hay un gran renacimiento del *marxismo no marxista*, en especial del cristiano. Sin negar la importancia crítica de tales intentos de *reinterpretación* de Marx, insertos en el hegelianismo o en un humanismo neopositivista (contra un marxismo oficial stalinista, más próximo a ciertos esquemas realistas, por un

lado, o de una idealismo de corte neopositivista, por el otro), cabe
apuntar que crearon un marco de análisis para el reformismo y el
revisionismo, que ganaron una expresión clarísima a fines de la década
de 1950, hasta desembocar en el eurocomunismo.[18]
En esta situación tan compleja es natural que los intentos marxistas
de interpretación sistemática del capitalismo contemporáneo se presen-
tasen de manera aislada, poco convincente, y, en muchos casos, profundamente equivocados (ya sea por la subestimación de los cambios
producidos en el periodo citado o por la sobrestimación de estos
cambios, adoptando las tesis apologéticas acríticamente).
Intentaremos ahora caracterizar sumariamente cuáles son las tesis
básicas que encontramos dentro del campo marxista. Ellas son las
del capitalismo monopolista de Estado, las del capitalismo monopólico
y las del capitalismo internacional integrado o, en algunos casos, supranacional.

1. La tesis del capitalismo monopolista de Estado fue difundida básicamente por los partidos comunistas, y afirma que las transformaciones
más importantes por las que pasó el capitalismo en la posguerra se ligan
a la actuación del Estado para regular la acumulación del capital. Esta
actuación responde tanto a las necesidades de valorización del capital
como a la presión del movimiento obrero.
Esta acción contradictoria del Estado se explica por la necesidad
que tiene el capitalismo de satisfacer las exigencias de la socialización
creciente de las fuerzas productivas, camino de explicación absolutamente correcto. Pero, al mismo tiempo, hay una tendencia a menospreciar la dinámica interna de la acumulación capitalista y a aceptar
que la función reguladora de la acumulación se ha desplazado esencialmente hacia el Estado. Con ello se abandona un examen más detenido
de las contradicciones internas del proceso de valorización, del papel
del ciclo económico y de la competencia monopólica y la anarquía
de la producción capitalista en escala nacional, y sobre todo internacional.

---

[18] Éste es el periodo de la hegemonía ideológica de redescubrimientos del
Marx joven, del hegelianismo de Marx, etcétera. En estos años los cristianos entre-
garon una versión sistemática de un Marx hegeliano a través de Jeans Yves Calvés;
La pensée de Karl Marx; los existencialistas, con Jean Paul Sartre: *Crítica de la
razón dialéctica·* los hegelianos de la escuela de Frankfurt, con Adorno, Horkhei-
mer y Habermas, encontraron un expositor existoso en Herbert Marcuse: *El
marxismo soviético* y *El hombre unidimensional;* la versión humanista del marxismo se expresó en Schaff y Garaudy; y hasta Henri Lefebvre, quien empezó su
autocrítica con *Los problemas contemporáneos de la dialéctica,* dentro de un
marco marxista, derivó hacia el hegelianismo con *La suma y la resta.* En este
contexto, son explicables las derivaciones estructuralistas de la reacción althusseriana.

Igualmente, hay una inclinación a despreciar el estudio de las contradicciones internas del Estado burgués, aun en la etapa del capitalismo monopolista de Estado, cuyas tendencias centralizadoras y antidemocráticas son presentadas no como una *necesidad* del capitalismo monopólico, sino como un *resultado de la hegemonía* del monopolio sobre el aparato estatal. La consecuencia política de tal posición es plantear la posibilidad de una democratización de este Estado por la vía de la hegemonía obrera y de las fuerzas antimonopólicas. Se llega así al programa de la Unión Popular, en Francia, que contempla la posibilidad de iniciar la transición al socialismo sin una crisis general del Estado francés, y, por ende, sin la destrucción del Estado burgués.[19]

Otras formulaciones más claramente evolucionistas se desarrollaron en otras partes de Europa, y se consolidaron como justificación económica del eurocomunismo.

Por otro lado, se han desarrollado otras concepciones del Estado

[19] La mejor exposición de la teoría del capitalismo monopolista del Estado se encuentra en Paul Boccara y sus colaboradores: *Tratado marxista de economía política. El capitalismo monopolista de Estado,* Fondo de Cultura Popular, México. Véase también, del mismo autor, *El capitalismo monopolista de Estado,* Editorial Grijalbo, Colección 70, México; y *Etudes sur le Capitalisme Monopolista d'Etat. Sa Crise et son Issue,* Editions Sociales, París, 1973. Este último trabajo es mucho más complejo teóricamente y corrige algunos errores apuntados: la relación entre la acumulación, la desvalorización del capital, la crisis, los monopolios y la intervención estatal son vistos más en detalle, y de manera compleja. Hay un intento de precisar el sentido histórico (fase) del capitalismo monopolista de Estado, pero quedan las fallas aportadas en el esbozo de crítica que planteamos en el presente trabajo. Es necesario destacar que no todos los investigadores del campo socialista defienden estos puntos de vista. De hecho, encontramos excelentes estudios sobre el capital monopólico, así como el importante trabajo reciente de S. Ménchikov, *Le cycle economique.* Editorial Progreso, Moscú, 1976. Este libro reconstituye los elementos básicos de la acumulación y la reproducción del capitalismo contemporáneo, y su carácter cíclico.

Otras exposiciones de la teoría se encuentran en Pesenti, *Lecciones de economía política,* y "Capitalismo monopolista de Estado y empresa pública", en *Investigación Económica,* núm. 130. Y en Chápakov, *Capitalismo monopolista de Estado,* Editorial Progreso, Moscú.

Hay que destacar que las elaboraciones originales del concepto de capitalismo monopolista de Estado se encuentran en Lenin y en Bujarin, en los años 1916 a 1923, y no presentan las desviaciones que hemos señalado. Posteriormente, Eugenio Varga retoma el concepto en los años treinta, y lo reelabora en los cuarenta y cincuenta, particularmente en *Problemas fundamentales de la economía y de la política del imperialismo,* Editorial Cartago, 1957, en el que hace una autocrítica de su posición de 1946, la que, influida por los planteamientos de Stalin, hablaba de una *fusión* del Estado con los monopolios, operando *exclusivamente* en función de los intereses de estos últimos.

La crítica trotskista a la tesis del capitalismo monopolista de Estado se encuentra en Jacques Vallier, *Crítica al capitalismo monopolista de Estado,* Ediciones Era, México.

contemporáneo que tienden a un estructuralismo peligroso, al encontrar una total identidad entre el Estado y los intereses monopólicos que presiden la estructura del capitalismo contemporáneo. El debate entre este estructuralismo y las teorías que conciben el Estado como un simple instrumento del monopolio (tendencia instrumentalista) no aleja el análisis de este pantano funcional-estructuralista.[20] Solamente la dialéctica entre la intervención estatal, las exigencias de la socialización creciente de la producción y los procesos de concentración, centralización, monopolización, conglomeración e internacionalización del capital y de la economía puede explicar las contradicciones del capitalismo monopolista de Estado y el papel que pueden desempeñar el movimiento obrero y el frente de las fuerzas antimonopólicas en la lucha contra el capitalismo monopolista y su dominio sobre el Estado.

2. *La tesis del capitalismo monopolista*, desarrollada particularmente por Paul Baran y Paul Sweezy,[21] afirma que el capitalismo contemporáneo se define esencialmente como una economía monopólica basada en las grandes unidades empresariales corporativas (las que han rebasado

[20] La teoría del Estado en el capitalismo contemporáneo ha pasado por una importante renovación en los últimos años, en los que hay que resaltar las siguientes contribuciones:

Nicos Poulantzas, *Poder político y clases sociales en el Estado capitalista*, Siglo XXI éditores, México, 1969.

Ralph Miliband, *El Estado en la sociedad capitalista*, Siglo XXI Editores, México 1970.

Véase el debate entre Poulantzas y Miliband en *New Left Review* números 59 (1969), 59 (1970) y 82 (1973); y la crítica de Ernest Laclau incluida en su libro *Política e ideología en la teoría marxista*, Siglo XXI Editores, México, 1978. Heins Rudolf Sonntag y Héctor Valecillos (*El Estado en el capitalismo contemporáneo*, Siglo XXI, Editores, México, 1977) reúnen artículos de varios autores, sobre todo alemanes, que han buscado reinterpretar la teoría del Estado capitalista como parte del proceso de acumulación.

En los Estados Unidos, ligado al grupo Kapitaliste, se ha desarrollado un amplio debate sobre el tema, pero se destaca la obra de James O'Connor: *La crisis fiscal del Estado*, Editorial Periferia, Buenos Aires.

La línea luxemburguista se encuentra bien representada por Paul Mattick, *Marx y Keynes*, Ediciones Era, México.

No cabría indicar aquí los diversos aportes que se refieren más a los aspectos políticos e ideológicos del problema o a sus especificidades en el *Tercer Mundo* o en países dependientes. Con respecto al primer caso se encuentra la avalancha de estudios de inspiración gramsciana.

[21] *El capital monopolista*, Siglo XXI Editores, México, 1968. Paul Baran anticipó su análisis del capital monopólico en *Economía política del crecimiento*, Fondo de Cultura Económica, México, 1a. parte. Las tesis de Paul Sweezy se desarrollan en *El capitalismo moderno y otros ensayos*; y, con Harry Magdof, en *Dinámica del capitalismo norteamericano*, ambas publicadas por Editorial Nuestro Tiempo, México.

el grupo económico familiar, predominante desde fines del siglo XIX hasta principios del siglo XX) de carácter multinacional. Tal economía monopólica permite el crecimiento del excedente económico sin mayores restricciones, y refuerza así la crisis de realización o el subconsumo como problema central del capitalismo contemporáneo. La utilización productiva del excedente se convierte en el problema central de la economía, generando una irracionalidad creciente del sistema, que profundiza las contradicciones en su interior, sobre todo en el nivel del desajuste del individuo dentro del sistema, de la incapacidad de éste para asimilar las minorías nacionales, etcétera. La lucha en contra del sistema se desplaza entonces del plano inmediato del enfrentamiento de clases hacia problemas superestructurales. Al contrario de la tesis anterior, que conduce a un enfrentamiento *dentro* del sistema por su transformación al socialismo, la de Baran y Sweezy conduce a un rechazo violento del sistema y de las formas de lucha en su interior, negando principalmente el papel de la clase obrera —particularmente en Estado Unidos— y aceptando así la tesis de la integración de la clase obrera al sistema.

Es necesario recalcar que el reconocimiento de una economía monopólica con base en la empresa multinacional no lleva necesariamente a las conclusiones de Sweezy y Baran referentes a la clase obrera y a las contradicciones de clase. Lo mismo se puede decir en lo que respecta al papel de la expansión del excedente, y, por lo tanto, de la riqueza y del consumo. Véanse, por ejemplo, los casos de las diferencias entre Herbert Marcuse y André Gorz, Serge Mallet y Lelio Basso.[22] Marcuse parte de la constatación de una sociedad industrial irracional, que absorbe al individuo y que genera sus contradicciones a partir de la reacción de éstos (los individuos) a los mecanismos de su absorción al sistema unidimensional. Estos mecanismos de adaptación conducen a un rechazo y a la rebeldía cuando se toma conciencia de ellos. Esta conciencia nace de los sectores marginados del sistema, y no de los obreros integrados a él. En el caso de Gorz, Mallet y Basso, la sociedad industrial, al crear una situación de abundancia —*sobre todo bajo presión del movimiento obrero*—, abre camino hacia una nueva forma de lucha más avanzada por el control obrero para dirigir la producción y la sociedad. Así, un mismo punto de partida lleva, por una parte, a una política de rebeldía que excluye a la clase obrera como fuerza central y, por otra, a una concepción de luchas reformistas con sentido revolucionario a partir, fundamentalmente, del movimiento obrero.

---

[22] Para Herbert Marcuse ya hemos citado sus dos obras más influyentes. André Gorz resume sus puntos de vista en *Estrategia obrera y neocapitalismo*, Ediciones Era, México. Posteriormente ha cambiado sustancialmente su punto de vista sobre el tema.

3. Las tesis del capitalismo internacional integrado o supranacional constituyen una tercera corriente del marxismo contemporáneo, que puede estar o no en contradicción con las anteriores. Ésta inscribe los cambios estructurales acaecidos en el capitalismo de la posguerra esencialmente en la evolución de la economía internacional, y dentro de una perspectiva de evolución cíclica del sistema, aceptando en mayor o menor medida la existencia de una acumulación de capital en escala internacional y un movimiento cíclico de largo plazo, similar a lo planteado por Kondrátiev.

El principal exponente de esta tesis es Ernest Mandel, cuya última obra, *El capitalismo tardío,* asume con gran énfasis estos planteamientos.[23] André Gunder Frank,[24] Samir Amin,[25] Christian Palloix[26] y nosotros mismos[27] hemos buscado situarnos dentro de esta perspectiva, que muchas veces ha sido acusada injustamente de *superimperialista.* Sin embargo, a pesar de la existencia de este tipo de desviación en ciertos autores,[28] es evidente la necesidad de comprender el capitalismo

[23] Ernest Mandel, *El capitalismo tardío,* Ediciones Era, México, 1979. Estos planteamienos ya se esbozaban en sus obras anteriores (*Tratado de economía marxista* y *Ensayos sobre el neocapitalismo,* Ediciones Era, México).

[24] Frank trabaja cada vez más sobre el concepto de acumulación internacional del capital, en una perspectiva histórica que incluye los movimientos de las ondas largas. En la misma dirección está en concepto de sistema capitalista mundial de Emmanuel Wallerstein (*El moderno sistema mundial,* Siglo XXI Editores, México, 1979). Esta línea de estudios tiende a ignorar el concepto de modo de producción y retroceder el capitalismo hasta el siglo XVI.

[25] Samir Amin, *La acumulación en escala mundial,* Siglo XXI Editores, México. También Amin tiende a menospreciar las contradicciones dentro del capitalismo y las características específicas de modos de producción en interacción y contradicción.

[26] Christian Palloix, *Le capitalisme contemporaine,* PUF París, 2 t., y *Las firmas multinacionales en la internacionalización del capital,* Siglo XXI Editores, México.

[27] Theotonio Dos Santos, *Imperialismo y dependencia,* Ediciones Era, México, 1978.

[28] Las desviaciones hacia la concepción de un sistema internacional capitalista de tipo trasnacional sin contradicciones internas, sino solamente con las formas nacionales de mercado, inversión y Estado, se bosquejan en los trabajos de Osvaldo Sunkel, particularmente en "Capitalismo trasnacional y desintegración nacional en América Latina", en *Estudios Internacionales,* núm. 4, enero-marzo de 1971. Los trabajos de Hymer también siguen una dirección similar (véase "The Multinational Corporation and the Law of Uneven Development", en J. Bhagwati, editor, *La economía y el orden mundial en el año 2000,* Siglo XXI Editores, México, 1976. Véase también Barnet y Müller, *Global Reachs: The Power of the Multinational Corporations,* Simon and Schuster, 1974. Celso Furtado tiende también a aceptar la posibilidad de un sistema transnacional (véase "Post-National Capitalism", en *LARU Studies,* vol. II, Núm. 2, febrero de 1978; y "La concentración del poder económico en Estados Unidos y sus proyecciones en América Latina", en *Estudios Internacionales,* núm. 4, Santiago de Chile, 1968.

mundial como escenario explicativo de la estructura, la dinámica y las contradicciones del capitalismo contemporáneo. Hay un gran número de autores que clásicamente se ha incorporado a esta tradición, sin aceptar la tesis de las ondas largas y a veces con grandes diferencias internas.[29] Es imposible considerar el capitalismo de la posguerra —*que es una nueva etapa de la fase imperialista del capitalismo*— sin entender el sentido de la integración realizada en este periodo bajo la hegemonía norteamericana, y la tendencia de la desintegración posterior, cuando entra en crisis esta hegemonía. No es posible entender las tendencias nacionales del capital fuera del proceso de internacionalización del capital; la división internacional del trabajo a él asociada; los problemas del intercambio de bienes y servicios, y los esquemas financieros internacionales; la emergencia de los países coloniales y dependientes; y, por último, pero no por ello menos importante, el surgimiento y desarrollo de un campo socialista cada vez más complejo.

Es en este punto que se justifica el planteamiento de un marco teórico para el estudio del *capitalismo contemporáneo y las corporaciones multinacionales*, entendidas como células de este proceso de internacionalización capitalista. Este enfoque no puede, sin embargo, dejar fuera la relación entre la internacionalización del capital y sus bases nacionales, relación esencialmente contradictoria, como lo había

Raymond Vernon es también un adepto de la idea de globalización como un nuevo estadio del capitalismo (*Sovereignity at Bay: The Multinational Spread of Multinational Enterprises*. Basic Books, 1971).

[29] En primer lugar, habría que destacar los trabajos de la escuela de pensamiento cepalina, que ambiciona dar una interpretación de la economía capitalista mundial contemporánea.

Raúl Prebisch lanzó la noción del deterioro de los términos de intercambio como fundamento del comercio de los países desarrollados o centrales con los países subdesarrollados o periféricos en el Informe Económico de la CEPAL, 1949, republicado en *Economic Bulletin for Latin America*, vol. VII, núm. 1, febrero de 1962. En 1976 Prebisch anuncia un examen crítico de sus ideas en "Una crítica del capitalismo periférico", en *Revista de la CEPAL*, núm. 1, 1976. Véase también el informe de 1964: *Hacia una política comercial para el desarrollo*, UNCTAD. Aníbal Pinto ha sacado las consecuencias teóricas generales del pensamiento de la CEPAL sobre la economía mundial capitalista contemporánea en su trabajo con J. Kñakal: *El sistema centro-periferia 20 años después*.

Arghiri Emmanuel, en *El intercambio desigual* (Siglo XXI Editores, México), parte de la problemática de Prebish; introduce el elemento valor-trabajo en el comercio mundial y somete el campo teórico de Prebisch al uso de categorías formales presuntamente marxistas. Se deben destacar otros autores que buscaron interpretar el capitalismo mundial dentro de la problemática centro-periferia, desarrollo-subdesarrollo: Gunnar Myrdal, *Economic Theory and Under-Developed Regions*, Londres, 1965; François Perroux, *L'Economie du XX éme Siécle*; Thomas Balogh, *The Economics of Poverty*, Werdenfeld and Nicholson, comprendido Bujarin.[30] Esta contradicción, expresada en el carácter desigual y combinado del desarrollo capitalista, ya señalado por Lenin y por Trotsky,[31] elimina cualquier intento de establecer la existencia de un *superimperialismo*, como lo había concebido Kautsky.[32] Dicho enfoque es incompatible con las visiones apologéticas de un proceso de globalización patrocinado por las estructuras orgánicas consideradas *superiores* de la empresa transnacional,[33] y descarta la falsa superación de los estados nacionales por las estructuras transnacionales, como se desprende del planteamiento que hacen otros autores.[34]

4. Hacia un marco teórico para el estudio del capitalismo contemporáneo

La discusión realizada en los parágrafos anteriores nos entrega los elementos fundamentales para proponer ese marco teórico. El examen del *capitalismo contemporáneo* debe partir de la hipótesis de que el modo de producción capitalista alcanzó, a partir de la segunda guerra mundial, un alto grado de integración internacional, bajo la hegemonía de los Estados Unidos. Esta integración se hizo con base en la profundización y extensión de los procesos de concentración tecnológica, concentración económica, monopolización, conglomeración y centralización financiera, intervención estatal e internacionalización del capital. La corporación multinacional sería la célula o núcleo de esta nueva etapa del capitalismo. El orden de esta enumeración va desde la infraestructura productiva hasta las esferas de funcionamiento más abstractas y generales del sistema, es decir, la acción global y

Londres, 1966: H.W. Singer, *International Development: Growth and Change*, MacGraw Hill, 1964.
    Dentro de la tradición marxista se pľ.nteó una interpretación de la economía internacional imperialista contemporár ºa sin incluir la noción del ciclo y de la acumulación en escala internacional, principalmente en Paul Baran, *Economía política del crecimiento*, Fondo de Cultura Económica, México, 1958; Pierre Jalée, *El pillaje del Tercer Mundo* y *El Tercer Mundo en la economía mundial*, Siglo XXI Editores, México, 1970; Harry Magdof, *La edad del imperialismo*. Editorial Nuestro Tiempo, México, 1970. Se puede decir también que hay un intento de interpretación global del actual estadio del capitalismo como sistema mundial en las obras apologéticas de Rostow, Lewis, Bendix, Hoseletz y otros.
    [30] N. Bujarin, *La economía mundial y el imperialismo*, Cuadernos de Pasado y Presente, México.
    [31] León Trotsky, *La revolución permanente*, Juan Pablos, México, 1973.
    [32] Kautsky, *La cuestione coloniale*, Feltrinelli, Milán, 1977. Además de esta antología en italiano se puede leer, en español, *La Segunda Internacional y el problema nacional y colonial*, Cuadernos de Pasado y Presente, México, 1978.
    [33] La empresa transnacional como opuesta al Estado nacional es una tesis de gran aceptación entre varios autores. Véase la nota 25.
    [34] Sobre las contradicciones internas del multilateralismo, véase mi *Imperialismo y dependencia, op. cit*, 1a. parte.

colectiva del Estado como expresión del alto grado de socialización de las fuerzas productivas logrado en esta etapa. La internacionalización del capital completaría esta globalización, al mostrar que los procesos señalados están inscritos cada vez más en una economía internacional que, sin haber podido superar los marcos nacionales, actúa en un proceso contradictorio entre su base nacional y su alto grado de internacionalización. El orden señalado debe ser visto, pues, dialécticamente. Si bien se debe analizar primeramente el desarrollo de las fuerzas productivas, que determina, en última instancia, el comportamiento del sistema, este mismo desarrollo depende de la capacidad del sistema para realizar la concentración económica a nivel de la empresa y para establecer los mecanismos de la competencia monopólica, la centralización financiera, la intervención estatal y la internacionalización del capital, y de la economía para aplicar los avances científicos y tecnológicos potenciados por el avance del proceso productivo. La determinación, pues, no es unilineal, sino dialéctica. Ella funciona bajo la forma de tendencias, de exigencias de transformación y adaptación del conjunto del sistema; adaptación que se hace por la vía de la *crisis a largo plazo*, en las cuales la lucha de clases asume grados muy altos y produce cortes revolucionarios en partes del sistema internacional. Sin embargo, la superación de una etapa de la contradicción entre el desarrollo de las fuerzas productivas y las relaciones de producción sólo puede conseguirse por medio de la creación de condiciones —necesarias y suficientes— para una *nueva etapa de acumulación*, basada en grados más altos de concentración y centralización. En consecuencia, toda vez que se llega a un determinado nivel de contradicción entre las fuerzas productivas y las relaciones de producción, se crea una *crisis global* y se abre un nuevo periodo de contradicciones del sistema en un nivel superior a los anteriores, nivel que exige un nuevo esfuerzo teórico y de análisis y nuevas soluciones de conjunto para inaugurar un nuevo periodo de acumulación de capital.

Nuestras investigaciones acerca de estas cuestiones fueron ya adelantadas, en parte, en el libro *Imperialismo y dependencia* y en trabajos anteriores revisados para integrar ese libro (*Dependencia y cambio social*, 1971; *La crisis norteamericana y América Latina*, 1971, *Imperialismo y corporaciones multinacionales*, 1973). Ellas apuntan a definir una etapa de recuperación económica del capitalismo de posguerra, que va desde 1946 a 1966, y una etapa depresiva de largo plazo, iniciada en 1967. Estas investigaciones indican que la actual *etapa depresiva* será rebasada después de un periodo de amplias reformas estructurales del sistema capitalista en cada país y a nivel internacional. Las características de una *nueva etapa de crecimiento sostenido* deberán ser enmarcadas por una *nueva división internacional del trabajo*, que supone una nueva estructura del comercio mundial y de las relaciones internacionales financieras, militares y políticas. Estas relaciones establecerán los marcos para —y se apoyarán al mismo tiempo en— una *nueva fase de concentración tecnológica y económica, monopolización, conglomeración, centralización de capital, intervención estatal e internacionalización del capital,* cuyas características esenciales empiezan a manifestarse en la etapa actual de *crisis de largo plazo.* La fuerza y extensión del nuevo periodo de recuperación dependerá sobre todo de la lucha política que se desencadene en la etapa actual y de las salidas revolucionarias y contrarrevolucionarias que se planteen en esta etapa de crisis aguda del sistema.

La complejidad de la temática en discusión nos obliga, pues, a seguir un camino cuidadoso, avanzando de lo más concreto a lo más abstracto, sin descuidar la necesidad de insertar los análisis más concretos en las determinaciones más generales del sistema, ni de integrar los pasos lógicos y los históricos.

El estudio de este proceso en su conjunto implica, a su vez, el estudio de las relaciones y procesos inmersos en él, que habrán de caracterizarlo. Algunos de ellos, a nuestro juicio los más relevantes y los que deben ser contemplados en el análisis, son:

1. La *revolución científico-técnica,* con el fin de determinar qué direcciones sigue hoy día el desarrollo de las fuerzas productivas, hasta qué punto se presenta una contradicción entre su desarrollo y la estructura socioeconómica actual del capitalismo, y qué cambios tendrá que operar este sistema internacional para asimilar las potencialidades de desarrollo de las fuerzas productivas ya alcanzadas en el periodo actual y para profundizar su desarrollo.

2. La concentración económica, la monopolización y la centralización del capital, para detectar los cambios de la estructura de la empresa, del mercado, de la organización y funcionamiento del capital, y de los grupos económicos, que se hacen necesarios para elevar el modo de producción capitalista a un nuevo nivel de lo que Marx llamó *socialización del capital.* Esta socialización del capital, que no elimina la propiedad privada de los medios de producción ni el régimen de salarios —que fundamentan el modo de producción capitalista—, es la única respuesta que puede dar el capitalismo al grado de socialización de las fuerzas productivas que supone la revolución científico-técnica.

3. El *capitalismo monopolista de Estado.* Sólo a partir del examen detenido de los procesos anteriores es posible analizar las características de la intervención estatal en el proceso de acumulación, del funcionamiento del capitalismo de Estado y de la estructura de las formaciones sociales del capitalismo contemporáneo, tanto a nivel nacional como internacional. Se eliminará así cualquier desviación en el sentido de interpretar la acción del Estado fuera de las determinaciones esenciales

del proceso de producción capitalista en su conjunto.

4. La *internacionalización del capital, la corporación multinacional y la economía internacional.* A partir de los análisis precedentes será posible situar con mayor objetividad las características del proceso de internacionalización del capital en el capitalismo contemporáneo, sus efectos en la estructura de la empr.esa internacionalizada, la evolución de la división internacional del trabajo y sus efectos sobre la estructura de las relaciones económicas internacionales, y las contradicciones interimperialistas y entre los centros imperialistas y las formaciones socioeconómicas dependientes.

Un esfuerzo de investigación en esta área debe apoyarse en un estudio muy detenido de las contribuciones teóricas existentes, el cual sólo se ha realizado en parte, pero que continúa en un esfuerzo permanente. Esta tarea se hace posible por la existencia de fuentes empíricas: un gran aparato estadístico en los países capitalistas centrales, en los organismos internacionales y en instituciones universitarias y centros de investigación públicos o privados. Además, el Congreso norteamericano y varias de sus agencias gubernamentales vienen elaborando extensos trabajos de investigación empírica, que han servido y servirán de base para muchos estudios.

Este esfuerzo se justifica porque el alto grado de integración de la economía mundial en la etapa contemporánea no permite entender los mecanismos internos de funcionamiento de nuestras economías y sociedades independientes de una determinación correcta de las tendencias del capitalismo en escala internacional. Como lo hemos precisado en trabajos anteriores, tales tendencias desempeñan un papel condicionante de las estructuras internas, cuyo funcionamiento concreto sólo puede ser aprehendido al analizar la acción de estas tendencias internacionales en confrontación con las determinaciones que nacen de las estructuras socioeconómicas internas que responden, de manera compleja y específica, a estos condicionamientos internacionales. El desarrollo concreto de nuestras sociedades es, pues, una resultante de esta *dialéctica entre el condicionamiento internacional y las determinaciones de la estructura interna.*

Todo esto forma parte también del rompimiento de los horizontes teóricos estrechos y subordinados a que se ha reducido nuestro esfuerzo intelectual, entendido siempre desde una perspectiva provinciana y local, que acorta nuestra capacidad de visión de un enemigo esencialmente internacional y cosmopolita, integrador de varias experiencias locales y capaz de trabajar en elevados niveles de abstracción, sólo limitado por su horizonte de clase, que no le permite aprehender el movimiento dialéctico de la superación del modo de producción capitalista y las formas superiores de existencia humana que deberán sustituirlo.

LA TEORÍA DE LA CRISIS GENERAL DEL CAPITALISMO

ANDRÉS VARELA

Introducción

"Estamos viviendo una época de conflicto, de una sistemática revolución mundial entre comunistas y capitalistas, o entre comunismo y democracia",[1] se nos sentencia gravemente desde el alto pedestal de la Academia Superior de Guerra de Brasil. Y con razón. Es la forma más preclara, más brutal en que la ideología burguesa percibe el carácter de la fase actual del desarrollo mundial. En su expresión más acabada, se trata de la denominada *doctrina de seguridad nacional*. Esta es "la nueva concepción... surgida como respuesta a la evolución de las relaciones internacionales". En efecto, "la diversificación de las amenzas... han excedido el concepto de violación de territorio... surgen nuevas formas de conflictos, fundamentalmente de carácter ideológico, que se expresan en medidas políticas, económicas, diplomáticas... [y en] la demoledora acción de la subversión".[2] La época es, pues, la de "una guerra total de intensidad brutal". La existencia del campo socialista —encabezado por la URSS—, la presencia de un vigoroso movimiento popular o antiimperialista, atentan contra la *patria*, es decir, la patria del capital. Por ello no hay alternativa: hay que erradicar el *cáncer marxista* mediante el consenso, la represión, la tortura o el asesinato. Lo importante en esta concepción organicista de la nación es preservar la parte *sana* del cuerpo social. Con rudeza, pero con clara conciencia de clase, el representante de la junta militar chilena proclama en la ONU:

> Aquí no hay más que dos posiciones. Se está con Chile, con su gobierno, o se está con el comunismo soviético. No caben posiciones intermedias. O estamos a un lado o estamos al otro lado. Hay que definirse.[3]

[1] Academia Superior de Guerra de Brasil, "Orientación general del planeamiento de la seguridad nacional", en Antonio Cavalla, *Antología: geopolítica y seguridad nacional en América*, Lecturas Universitarias, núm. 21, UNAM, México, 1979, p. 378.

[2] Coronel Alejandro Medina Lois, "La doctrina de seguridad nacional", en *ibid.*, pp. 306-307.

[3] Declaración de Sergio Onofre Jarpa, 3 de noviembre de 1974, citado por Reiman y Rivas, *Chile: antecedentes para un análisis*, Editorial de Ciencias Sociales, La Habana, 1977, p. 129.

Una fracción burguesa, sin embargo, duda: "El conflicto mundial, en su esencia, ¿será un conflicto entre dos ideologías, dos sistemas políticos, dos máquinas militares?", se pregunta un pacífico profesor norteamericano, y prefiere responder que se trata de dos *potencias supereminentes*, pero entre las que hay una *creciente analogía*, que se influyen mutuamente, que al influirse van transformándose, convergiendo.[4] Son, pues, las teorías de las sociedades posindustriales, que se acomodan al reformismo burgués. Se percibe claramente el conflicto, se concibe el mundo escindido, pero, en lugar de augurar el enfrentamiento colosal, se busca la mediación, la evolución gradual a una convergencia pacífica.

La ideología burguesa, con las precarias armas del pensamiento no científico, refleja no obstante un problema crucial: más allá de esta crisis o la otra, la época se caracteriza por un enfrentamiento generalizado entre dos sistemas, que abarca todas las esferas de las relaciones internacionales. En el amplio espectro que va desde el reformismo de la *teoría de la convergencia* a la brutal nitidez de la *doctrina de la seguridad nacional* una constante es permanente: la necesidad de enfrentar el socialismo.

¿Ha elaborado el pensamiento científico una teoría sistemática sobre el carácter de nuestra época? Nos parece que sí; al menos en sus aspectos fundamentales. Sin embargo, constatamos a menudo que se conoce relativamente poco acerca de ella. Nos referimos a la teoría de la *crisis general del capitalismo* (CGC), desarrollada en lo fundamental por investigadores teóricos del campo socialista. Quizás, por esa misma circunstancia, la discusión de esta teoría en nuestro medio ha sido muy escasa. Por una parte, conspiran elementos objetivos —como el problema idiomático y el bloqueo sistemático a las relaciones académicas con los centros de investigación social en dichos países. Pero, también, habría que reconocer un cierto prejuicio, incluso en los medios de izquierda, que lleva a infravalorar los trabajos teóricos del campo socialista. Nuestros intelectuales se limitan, las más de las veces, a criticar el lenguaje apologético o triunfalista de tal o cual publicación, sin analizarla con profundidad. A ello se agrega la circunstancia de que uno de los teóricos que más contribuyeron a la formulación de esta teoría fue José Stalin, lo que de suyo hace adicionar nuevos prejuicios, como si los graves errores en que incurrió invalidaran los numerosos aportes que realizó en el plano teórico y político, mientras encabezó el Partido Comunista bolchevique y a su pueblo a través de la colosal obra de

---

4 Marshall D. Shulman, *Relations with the Soviet Union*, Agenda by the Nation, Washington, 1968, pp. 373-374, citado por V. Solodunískov y V. Dogoslavski, *La experiencia histórica de desarrollo no capitalista*, Editorial Progreso, Moscú, 1975, p. 163.

consolidación del socialismo en la URSS y de la defensa de la Revolución.

Una notable excepción la constituye en el medio mexicano el trabajo de Alonso Aguilar, quien en un libro reciente dedica un considerable espacio a la teoría de la crisis general del capitalismo, apoyándose en una abundante documentación, especialmente soviética.[5] Nos anima en esta ponencia un propósito similar al que expresa Aguilar en su texto: tratar de exponer los elementos básicos de esta teoría acerca de la fase actual del desarrollo del capitalismo, mostrar sus fundamentos en la teoría leninista del imperialismo, señalar su gestación en medio de una de las más agudas polémicas que ha habido en el interior del marxismo y, a través de ella, plantear algunos problemas básicos, como el de la crisis cíclica y el de la dependencia.[6]

Considero inserto este esfuerzo en la perspectiva del trabajo colectivo de nuestro centro académico. En efecto, no pocas veces se observa en nuestros trabajos una cierta ausencia del análisis dialéctico. Pareciera que nuestra capacidad de investigación se tiende a circunscribir —en un lenguaje de economía política— a la descripción de una manera precisa del funcionamiento del capitalismo. Aparece éste entonces con problemas, pero en definitiva andando, creciendo, solucionando —aunque sea desde la óptica del gran capital— los problemas de la acumulación y de la reproducción. No obstante, no conseguimos en estos trabajos pasar, en la expresión de Palloix, de la economía política a la crítica de la economía política,[7] es decir, no logramos las más de las veces un análisis dialéctico.

En mi opinión, el manejo de la teoría de la crisis general del capitalismo contribuirá a este objetivo: el imperialismo no sólo debe ser visto en su crecimiento y desarrollo, sino como *putrefacto*, como *capitalismo de descomposición,* en los términos de Lenin.[8] Ciertamente, estas observaciones son a la vez una autocrítica. De ahí que, desde un punto de vista personal, el presente trabajo representa un esfuerzo por superar un avance de investigación sobre la internacionalización

---

[5] Alonso Aguilar, *La crisis del capitalismo*, Editorial Nuestro Tiempo, México, 1979. Véanse especialmente las pp. 309 y ss.

[6] Aunque gracias a una indicación de Leonel Corona conocimos dicho trabajo antes de entregar esta ponencia, ya ésta se encontraba prácticamente elaborada, y es posible que, dada la similitud de propósitos, hayan más coincidencias de las que, por la premura del tiempo, registramos, las cuales señalamos al pie de página. Nuestras excusas de antemano a Alonso Aguilar y al lector por eventuales omisiones de citas.

[7] Christian Palloix, "Relaciones económicas internacionales o internacionalización del capital y de la producción", en *Revista de Investigación Económica*, núm. 144, México, 1977, p. 8 (ver especialmente pp. 87-97).

[8] Vladímir Ílich Lenin, "El imperialismo y la escisión del socialismo", en *Obras escogidas* (en 12 tomos), Editorial Progreso, Moscú, 1976, t. VI, p. 128.

del capital, que nos dejó inconformes precisamente en este aspecto.[9] Me parece igualmente oportuno en esta introducción explicar dos *Ausgangthesen* —hipótesis— como punto de partida, que no desarrollaremos, y que no obstante subyacen en toda la argumentación. La primera de ellas es bastante obvia, y ha sido expuesta por los ponentes de las primeras sesiones de este Seminario. Nos referimos a los planteamientos nacionales en torno a la teoría marxista de la crisis. Hemos de suponer como demostrado el sólido fundamento en Marx que encuentra la teoría leninista del imperialismo, y así nos evitamos extendernos en el análisis de los textos de ese autor. Además, supondremos como aceptado el *carácter socialista* de la revolución de octubre, así como el proceso de consolidación de esa Revolución. Lo mismo sería válido para el resto de los países que hoy constituyen el sistema socialista mundial. Es sabido que vertientes teóricas como el trotskismo niegan tal carácter socialista. Parcialmente analizaremos estas discrepancias, a partir de la polémica Stalin-Trotsky, pero no nos abocaremos a demostrar el contenido socialista de la Revolución, para no extender el texto.[10]

Una última advertencia, siempre a modo de introducción: intentaremos exponer una categoría, la CGC, que abarca la totalidad social, o sea, el sistema capitalista en su conjunto. En consecuencia, deberíamos hacer referencia a las distintas instancias —económicas, políticas, ideológicas— de la globalidad. Nos ha parecido, sin embargo, que en parte por el espacio y tiempo disponibles, pero sobre todo por el carácter de este evento, era preferible optar por limitarse a la base económica de la CGC, sin perjuicio de algunos comentarios respecto a lo político o lo ideológico.

1. La polémica comunista y la gestación de la categoría

a) Raíz leninista

Quizás uno de los rasgos más sobresalientes del gigantesco aporte teórico de Lenin consiste en la capacidad que exhibe constantemente

---

[9] Andrés Varela, "La internacionalización del capital como hilo metodológico para analizar la situación de la clase obrera en América Latina", ponencia presentada en el Seminario Internacional sobre Internacionalización del Capital y Proceso de Trabajo, México, marzo de 1980.

[10] El propio Stalin hace un interesante análisis en su polémica con Trotsky y la *nueva oposición*, al confrontar la práctica de la revolución soviética con los *Principios del comunismo* de Engels. Véase J.V. Stalin, "The Socialdemocratic Desviation in our Party", en *Works*, Foreign Languages Publishing House, Moscú, 1954, t. VIII, pp. 261 y ss.

para desarrollar el análisis dialéctico. La teoría del imperialismo es un claro ejemplo de ello.[11] En efecto, precisamente al resumir su conocida definición en cinco puntos, Lenin agrega a renglón seguido:

> ...veremos cómo se puede y debe [obsérvese que es planteado como un elemento necesario, no como un complemento optativo] definir de otro modo el imperialismo si se tiene presente... también el lugar histórico de esta fase del capitalismo con respecto al capitalismo en general.[12]

Es decir, si la realidad es vista como un proceso, no como se observa en un instante dado. Si se le estudia como transformación, requeriremos el análisis de sus contradicciones.

El imperialismo surgió como desarrollo y continuación directa de las propiedades fundamentales del capitalismo en general. Pero el capitalismo se trocó en imperialismo capitalista únicamente cuando llegó a un grado determinado, muy alto, de su desarrollo; cuando algunas de las características fundamentales del capitalismo comenzaron a convertirse en su antítesis, cuando tomaron cuerpo y se manifestaron en toda la línea los rasgos de la época de transición del capitalismo a una estructura económica y social más elevada.[13]

Éste es el punto de partida para plantear que el imperialismo, a la vez que ser un desarrollo superior del sistema, es su decadencia.

> ...de todo lo que llevamos dicho sobre la esencia económica del imperialismo, se desprende que hay que calificarlo de capitalismo de transición o, más propiamente, de capitalismo agonizante.[14]

Se comprende la razón de que el imperialismo sea un capitalismo agonizante, en transición hacia el socialismo [puntualiza Lenin pocos meses después] ...el monopolio que nace del capitalismo es ya su agonía, el comienzo de su tránsito al socialismo. La misma significación tiene la gigantesca socialización del trabajo por el imperialismo.[15]

---

[11] Algunos autores, como Palloix, plantean lo contrario. (Véase *op. cit.*, incluso el acertado comentario de Orlando Caputo, especialmente en pp. 164 y ss.)

[12] Vladímir Ílich Lenin, "El imperialismo, fase superior del capitalismo", en *op. cit.*, t. V, p. 460.

[13] *Ibid.*, p. 458.

[14] *Ibid.*, p. 498.

[15] Vladímir Ílich Lenin, "El imperialismo y la escisión del socialismo", en *ibid.*, p. 128.

La argumentación acerca del parasitismo y la descomposición del imperialismo se desarrollará en un párrafo especial de "El imperialismo, fase superior del capitalismo".[16] Su punto de partida será la cuestión del precio monopólico, con lo cual "desaparecen hasta cierto punto las causas estimulantes del progreso técnico y, por consiguiente, de todo progreso, de todo avance".[17] En el caso de países imperialistas, esta contradicción se agudiza: se transforman en *estados rentistas*, que acumulan a partir de la explotación del trabajo de diversos países. La Colonia es así una expresión del parasitismo. Este excedente servirá incluso para corromper al movimiento obrero.[18]

Vale la pena destacar desde ahora un planteamiento clave en la concepción leninista sobre el carácter de la época, y que más tarde servirá de base para el concepto de la CGC: no es la revolución de octubre lo que abre la transición al socialismo, *sino el monopolio*. Son las bases materiales, dadas por la socialización de las fuerzas productivas enormemente desarrolladas y la centralización del capital, las que determinan tal posibilidad. Obsérvese que este planteamiento fue expuesto por Lenin antes de la Revolución. Por consiguiente, la existencia de la URSS, primero, y luego del campo socialista serán una expresión de la agonía del capitalismo, podrán agravar su decadencia, pero no son directamente la causa de esa descomposición. La base de ella debe buscarse en *las contradicciones internas del imperialismo* y, específicamente, en la contradicción entre el desarrollo de las fuerzas productivas y la apropiación privada de los medios de producción.[19]

El concepto de *decadencia* para Lenin no es, sin embargo, puramente económico:

> La lucha del capital en ascenso por la liberación nacional contra el feudalismo ha sido sustituida por la lucha que libra contra las fuerzas nuevas, el capital financiero más reaccionario, la lucha de una fuerza caduca y ya vencida en su marcha descendente hacia la decadencia.[20]

Así se expresa Lenin en uno de los textos más explícitos que conocemos acerca de las periodizaciones del capitalismo. Y precisa:

[16] Vladímir Ílich Lenin, "El imperialismo, fase superior del capitalismo", en *ibid.*, t. V, parágrafo VIII, pp. 470 y ss.
[17] *Ibid.*, p. 470.
[18] Sobre este último aspecto véase Vladímir Ílich Lenin, "El imperialismo y la escisión socialista", *op. cit.*, pp. 126 y ss.
[19] Quizás éste es uno de los pocos puntos en los que discrepamos con Alonso Aguilar, pues en su trabajo plantea la tesis de que la CGC habría comenzado sólo con el capitalismo monopolista de Estado (véase Alonso Aguilar, *op. cit.*, p. 204).
[20] Vladímir Ílich Lenin, "Bajo una bandera ajena", en *Obras completas*, Editorial Cartago, Buenos Aires, 1970, t. XXII, p. 242.

... el método de Marx consiste ante todo en tener en cuenta el contenido objetivo del proceso histórico en el momento concreto dado y en la situación concreta dada, a fin de comprender, ante todo, el movimiento de qué clase es el principal resorte de un posible progreso en esa situación concreta.[21]

La *decadencia* es, pues, esencialmente de una clase: de la burguesía, para ser más precisos. La época, por ello, también será calificada de *era de la revolución proletaria*, del *derrumbamiento revolucionario del capitalismo*. No hay, en esta concepción, procesos automáticos ni mecánicos, sino una aguda lucha de clases, que puede tener avances y retrocesos parciales, un rumbo zigzagueante, pero con una orientación: el sentido de la historia, el triunfo definitivo del proletariado.

Se trata, entonces, de una concepción totalmente ajena a las llamadas teorías del *derrumbe*, más o menos automático (por límites *económicos*) y simultáneo del capitalismo. La *putrefacción* del imperialismo puede ser un proceso muy largo:

> ... la proximidad de tal capitalismo al socialismo debe constituir para los verdaderos representantes del proletariado un argumento a favor de la cercanía, de la facilidad, de la viabilidad, de la urgencia de la revolución socialista; pero no, en modo alguno, un argumento para mantener una actitud tolerante.[22]

Estamos, pues, frente a un proceso cada vez más agudamente contradictorio: por una parte, la declinación del sistema es permanente, constante, se va debilitando día a día; pero, por otra, esa misma situación lo fuerza a buscar, de una manera cada vez más desesperada, mediatizaciones de la crisis. Este aspecto será desarrollado particularmente por Jorge Dimítrov en su análisis del fascismo: *la decadencia se manifiesta en la agresividad*.[23]

Esta exacerbación de las contradicciones es la fuerza motriz más potente del periodo histórico de transición iniciado con la victoria definitiva del capital financiero [concluye Lenin casi al término de su estudio, y advierte:] Sería un error creer que esta tendencia a la descomposición descarta el rápido crecimiento del capitalismo. No ... en su conjunto, el capitalismo crece con

---

21 *Ibid.*, p. 237.
22 Vladímir Ilich Lenin, "El Estado y la revolución", citado por Fedoséyev *et al., La teoría leninista de la revolución socialista*, Editorial Progreso, Moscú, 1975., pp. 347-348.
23 Confróntese Jorge Dimítrov, *Escritos sobre el fascismo*, Akal Editor, Madrid, 1976; y, del mismo autor, la recopilación *Contra el fascismo y la guerra*, Ediciones de Cultura Popular, Democracia y Socialismo, México, 1980.

LA CRISIS GENERAL DEL CAPITALISMO 273

una rapidez incomparablemente mayor que antes, pero este crecimiento no sólo es desigual, sino que la desigualdad se manifiesta, asimismo de un modo particular, en la descomposición de los países donde el capital ocupa las posiciones más firmes [Inglaterra].[24]

Stalin relativiza más tarde esta concepción, señalando que tal crecimiento es sólo posible en la *primera etapa* de la crisis general del capitalismo, pero que, luego de la segunda guerra mundial, ello ya no sigue siendo válido.[25] Su posición lo conduce a una suerte de *teoría del derrumbe*, a diferencia del carácter dialéctico del análisis leninista. Precisamente uno de los aportes más significativos de Lenin fue la *ley del desarrollo desigual*, categoría que permite afirmar simultáneamente la tesis del desplome capitalista y su acelerado crecimiento. En este sentido resultan más fieles a la tradición leninista los trabajos de Eugenio Varga o de Bujarin, con relación al carácter transitorio de la relativa estabilización capitalista en el periodo previo a la crisis del año 1929.[26] Pero sobre ello volveremos más adelante.

Que esta dialéctica crecimiento-decadencia sea compleja lo pone de manifiesto el mismo Lenin, al equivocar el análisis y confiar en que la ola revolucionaria de posguerra teminaría por imponer el socialismo en un considerable número de países de Europa Central. Según Fedoséyev y otros autores soviéticos, es sólo

... una vez que serenamente es sopesada la experiencia de los primeros tres años de la revolución de octubre [que] Lenin dio la siguiente apreciación de la situación: los cálculos depositados en la ampliación y profundización sucesivas de la evolución mundial no se han justificado, en el sentido de que *no ha habido una solución rápida y simple a este problema.*[27]

Lenin planteará entonces la posiblidad de construir el socialismo en un solo país, y la conocida tesis del *eslabón más débil*. Bujarin

[24] Vladímir Ilich Lenin, "El imperialismo, fase superior del capitalismo", *op. cit.*, p. 496.
[25] J.V. Stalin, *Problemas económicos del socialismo en la URSS*, Editorial Literatura Política, Moscú, 1952, p. 25.
[26] Confróntese N. Bujarin, "La situación internacional y las tareas de la Internacional Comunista", en *VI Congreso de la Internacional Comunista*, Siglo XXI Editores, Cuadernos de Pasado y Presente, núm. 66, México, t. II, pp. 9 ss. Igualmente, Eugenio Varga, *La crisis y sus consecuencias políticas*, Editorial Europa-América, Barcelona, 1935 (especialmente la introducción). Según expone Alonso Aguilar (*op. cit.*, pp. 278 y ss.), el planteamiento ya había sido hecho con anterioridad por Varga en *The Decline of Imperialism*, de 1924.
[27] Fedoséyev *et al.*, *op. cit.*, p. 271.

agrega una aguda observación a este respecto: la revolución mundial comenzó en la época en que el monopolio requería el fortalecimiento del capitalismo monopolista de Estado (*trust* capitalista de Estado); justamente en aquellos países con monopolio desarrollado, pero en los que el Estado era débil —como Rusia—, ése fue el eslabón más débil; no Alemania, por ejemplo, con un Estado fuerte.[28]

El planteamiento leninista enfrentará de inmediato la oposición de Trotsky, quien esgrimía la teoría de la *revolución permanente* y la necesidad de proyectar la revolución soviética al menos a los *Estados Unidos de Europa*. Esta polémica será continuada, tras la muerte del gran conductor de la Revolución, con Stalin. En nuestra opinión, es justamente la polémica Stalin-Trotsky, que se prolonga hasta el XV Congreso del PC(b) de la URSS, la que forja la categoría del CGC. Por un lado, están las concepciones fundamentales de Lenin sobre el imperialimo, y específicamente el carácter decadente del sistema capitalista. Por otro, la necesidad de dilucidar las posibilidades de construir el socialismo en un solo país, de acuerdo a lo que alcanzara a plantear Lenin. El debate conducirá, entonces, a la necesidad de caracterizar la época y el carácter del capitalismo, sobre la base del pensamiento leninista. Como señala acertadamente Alonso Aguilar:

> ... se reconoce que es Lenin quien sienta las bases de la teoría de la crisis general del capitalismo ... por primera vez repara en los hechos que determinan el surgimiento de la crisis general.[29]

b) Stalin: debate con la *oposición* y gestación de la teoría de la CGC

Pocos meses antes de la muerte de Lenin, la situación al interior del PC(b) de la URSS no era nada tranquila. El peligro de escisión fue real, y Lenin, postrado como estaba, paralizado su brazo derecho, dictó notas taquigráficas. Se dirige al Congreso sugiriendo cambios en la estructura política y detallando opiniones directas sobre los principales miembros del Comité Central, proponiendo modificaciones a fin de preservar "la estabilidad del Partido". En estas notas se advierte claramente cómo Lenin preveía el conflicto entre Stalin y Trotsky:

> Las relaciones entre ellos entrañan más de la mitad del peligro de esa escisión, que se podría evitar... El camarada Stalin, llegado a secretario general, ha concentrado en sus manos un

[28] Confróntese Alonso Aguilar, *op. cit.*, pp. 239-240.
[29] Alonso Aguilar, *op. cit.*, p. 220. El programa del VI Congreso de la Internacional Comunista definirá el leninismo como "el marxismo de la época del imperialismo y de las revoluciones proletarias" (véase *VI Congreso de la Internacional Comunista, op. cit.*, p. 249).

poder inmenso, y no estoy seguro de que siempre sepa utilizarlo con suficiente prudencia. Por otra parte, el camarada Trotsky... está demasiado ensoberbecido.

Se refiere luego a Zinóviev y Kámenev (quienes posteriormente se aliarán a Trotsky, contra Stalin), recordando su impugnación a la insurreción armada en octubre de 1917. Opina sobre Bujarin y Piátakov, para finalmente, en su nota de días más tarde, proponer

> ...que piensen la forma de pasar a Stalin a otro puesto y de nombrar para este cargo a otro hombre que se diferencie del camarada Stalin en todos los demás aspectos sólo por una ventaja; a saber:que sea más tolerante, más leal, más correcto y más atento con los camaradas, menos caprichoso, etcétera.[30]

Demasiado tarde. El Congreso se realiza meses depués: Stalin consolida su posición, y la polémica interna se abre violentamente. Las notas de Lenin, pese a que son entregadas personalmente por Nadiezhda Krupskaya, su esposa, son olvidadas; han de esperar hasta la muerte de Stalin para que, en 1956, sean conocidas públicamente. Con todo, no se produce una división entre los bolcheviques, sino una dura lucha no siempre circunscrita a la discusión ideológica, que aun así consolida el control del Partido por Stalin. Pese a todo, esta pugna, que se extiende hasta 1928 con la expulsión de la *oposición*, representa un periodo de avance teórico, y, en particular, con relación a la formulación de la teoría de la CGC.

Inicialmente, el debate se limita a cuestiones más bien relativas a la organización leninista del Partido y a las críticas de Trotsky a la NEP. Hacia fines de 1923 parecía llegarse a un acuerdo, cuando bruscamente el conflicto se recrudece a través de los denominados *Mensajes a los distritos*, que Trotsky y su grupo empiezan a enviar en diciembre de 1923. Sendas reuniones del Buró Político, el Pleno, y, finalmente, la XIII Conferencia condenan esta actitud. Allí Stalin resume las que serían, en su opinión, las discrepancias con Trotsky. Se observa que son puramente cuestiones de organización y de disciplina partidaria.[31]

---

[30] Vladímir Ilich Lenin, "Cartas al Congreso ', en *Obras escogidas, op. cit.*, t. XII, pp. 360 y 362.

[31] J.V. Stalin, "Informe a la XIII Conferencia del PC(b) de Rusia", en *Obras completas*, Editorial Fundamentos, Buenos Aires, 1956, t. VI. En esta ocasión Stalin resume sus puntos de discrepancia con la *oposición*: *a)* disciplina comunista: por levantar una plataforma propia puesta al CC; *b)* actitud ambigua; *c)* oponer el aparato del Partido al Partido; *d)* oponer la Juventud a los cuadros del Partido; *e)* colocar a la juventud estudiantil como ejemplo; y *f)* manifestarse por la libertad de tendencias en el interior del Partido. Es decir, el debate para Stalin se limitaba a cuestiones de organización partidaria.

No obstante, se agrega una caracterización de la *oposición*, como "reflejo involuntario de la mentalidad de los elementos no proletarios de nuestro Partido".[32] Aun así el debate deja ya entrever un tema que será cada vez más central en la polémica: la cuestión de la posibilidad de construir el socialismo en un solo país. A propósito de la paz de Brest-Litovsk, Stalin enrostra a Preobrazhenski, el no haber estado en esa ocasión con Lenin. Se arguye que entonces "comprendimos que el ritmo de la revolución mundial no era tan rápido como esperábamos".[33] Tres días más tarde, el 21 de enero de 1924, muere Lenin, en la ciudad de Gorki.

1926 parece ser un año crucial en la polémica. Ha ido formándose, paralelamente al de Trotsky, otro frente de oposición encabezado por Zinóviev y Kámenev, cuyas posiciones diferían bastante de las de aquél. Más bien recalcaban las dificultades de construcción del socialismo a partir de la consideración de que no habían madurado las condiciones objetivas para ello, debido especialmente a la enorme masa campesina del país. Con habilidad, Trotsky logró limar diferencias con la que se denominará *nueva oposición* y buscó la alianza, la cual se logra en el periodo de preparación del XIV Congreso, que tendría lugar a fines de ese año. En el Pleno del Comité Central de abril de 1926 por primera vez la oposición presentó claramente un bloque unido.

Esta circunstancia, no obstante, va a redefinir la jerarquía de los puntos en debate. Deberán buscarse temáticas que en ambos grupos sean coincidentes o al menos afines. Respecto a los problemas de la organización partidaria, si bien había planteamientos similares con relación al autoritarismo excesivo exhibido por Stalin, se registraban sin embargo profundas discrepancias a propósito de la concepción leninista del *partido de nuevo tipo*. Se trataba, pues, de un área de cuestiones que no favorecía la acción conjunta de la oposición. Es por ello que comenzó a destacarse cada vez más el problema de las posibilidades de la construcción del socialismo en un solo país, tópico en el que ambas fracciones sí coincidían ampliamente.

Stalin debe referirse ya a comienzos de 1926 a ello, refutando la tesis de la revolución permanente, esgrimida ahora por Zinóviev. El argumento central que se desarrolló fue por cierto reiterar el planteamiento de Lenin del *eslabón más débil*; pero se agregó un desarrollo ulterior, al distinguir la posibilidad de construir en un solo país el socialismo y de la plena garantía de esa edificación socialista. En este último problema sí es necesario contar con la revolución mundial.[34]

[32] *Ibid.*, p. 30.
[33] *Ibid.*, p. 40.
[34] J.V. Stalin, "Questions Concerning to the Leninism", en *Works, op. cit.*, t. VIII.

La tesis de la revolución permanente confunde ambas cuestiones, y niega así la posibilidad de construcción del socialismo en la URSS.

Poco después Stalin identificará claramente el *bloque de oposición* y aceptará como tema central en el debate la caracterización de la época. Sin embargo, se mantiene en los marcos del planteamiento leninista: "el signo característico del periodo actual es la intensificación de la lucha entre los países capitalistas y nuestro país".[35] En noviembre de 1926 Stalin analiza el proceso de fusión de la oposición y señala que *el error principal* del bloque de oposición consiste en negar la posibilidad de la construcción socialista en la URSS. Tres aspectos centran, según Stalin, el debate: *a)* "La posibilidad de la victoria [socialista] en nuestro país"; *b)* "si esa victoria es posible, ¿puede llamarse victoria completa o final?", y *c)* "si no puede llamarse final, ¿qué condiciones son necesarias para que sea final?"[36] Retomando a Engels en "Principios del comunismo", Stalin intenta responderse estas preguntas: "¿Puede esta revolución tener lugar en un solo país?" Respuesta: no. "¿Es ésta una opinión correcta ahora, en las nuevas condiciones, las condiciones del capitalismo monopolista y de la revolución proletaria? No: ya no es más correcta".[37] Se introduce, así, un nuevo elemento en el concepto: la necesidad de partir de la teoría del imperialismo. La época se caracterizará, en el capitalismo, a partir de la existencia del monopolio.

Stalin se refiere luego al tema en varias ocasiones.[38] No obstante, no aparecen nuevos desarrollos teóricos, sino más bien un énfasis en la importancia del tema. Un paso significativo se da a mediados de 1927, en las "Notas sobre temas contemporáneos". Internacionalmente, Gran Bretaña, que ha roto relaciones diplomáticas con la URSS,[39] encabeza una ofensiva contra el primer país socialista. "No se trata de un vago e inmaterial peligro de guerra, sino de una amenaza de una guerra en general, y de una guerra contra la URSS en particular".[40] Justamente en tales circunstancias, cuando el imperialismo agrede, cuando parece estabilizarse económicamente, Stalin —retomando la tradición leninista— es capaz de ver la profunda crisis capitalista.

35 *Ibid.*, p. 225.
36 J.V. Stalin, "The Socialdemocratic Desviation in our Party", en *ibid.*, pp. 258-259.
37 *Ibid.*, p. 261.
38 Confróntese J.V. Stalin, *Informe al VII Pleno*, diciembre de 1926: "Una vez más sobre la desviación socialdemócrata en nuestro Partido" y "Encuentro con los trabajadores ferrocarrileros".
39 25 de mayo de 1927.
40 J.V. Stalin, "Notes on Contemporary Themies", en *Works, op. cit.*, t. IX, p. 328.

Crecen las contradicciones en el interior de los países capitalistas. Permanentemente se expresan formas de acciones revolucionarias abiertas del proletariado (Gran Bretaña, Austria) . . . Las contradicciones entre el mundo imperialista y los países dependientes está creciendo (China, Indonesia, África del Norte, Sudamérica) . . . Pero el crecimiento de todas estas contradicciones significa el crecimiento de la crisis del mundo capitalista, a pesar del hecho de la estabilización; una crisis incomparablemente más profunda que aquella anterior a la última guerra imperialista. La existencia de la URSS, país de la dictadura del proletariado, sólo profundiza y agrava la crisis.[41]

La conclusión fluye por sí misma: para unificarse y limar contradicciones intérimperialistas, y "resolver la profundización de la crisis, aun temporalmente, a expensas de la URSS",[42] preparan una invasión.

Por vez primera aparecen entonces en forma explícita las bases de la teoría de la CGC: se definen las fuerzas motrices del progreso histórico, al señalarse las contradicciones principales del sistema: a) en el interior de los países capitalistas; b) entre el imperialismo y los países dependientes, y c) entre la URSS, o sea el socialismo, y el imperialismo. Por vez primera también se utiliza en los textos de Stalin la expresión *crisis del mundo capitalista* o *crisis profunda*. Hay plena conciencia de la diferencia entre esta crisis y la crisis cíclica, como se puede ver en su planteamiento frente a la estabilización.

A partir de las "Notas . . .", Stalin empleará permanentemente, con relación a la caracterización de la época, la categoría de la CGC. El décimo aniversario de la revolución de octubre sirvió de base para que expusiera nuevamente esta concepción, con mayor detalle, agregando nuevos elementos:

> La revolución de octubre no puede ser considerada sólo como una revolución en el interior de las fronteras nacionales. Es esencialmente una revolución de orden internacional, mundial; significa un viraje radical en la historia mundial de la humanidad, un viraje de lo antiguo —el mundo capitalista— a lo nuevo —el mundo socialista.[43]

> La revolución ha abierto una nueva era, la era de las revoluciones proletarias.[44]

[41] *Ibid.*, p. 329.
[42] *Ibid.*, p. 330.
[43] J.V. Stalin, "The International Character of the October Revolution", en *ibid.*, t. X, p. 243.
[44] *Ibid.*, p. 246.

Los elementos nuevos que se adicionan a la concepción anterior nos parecen especialmente relevantes. Por una parte, se recalca que

... la revolución de octubre no sólo ha golpeado al imperialismo en sus centros de dominación ... [sino también en] su periferia, limitando el dominio del imperialismo en los países coloniales... esto significa que la revolución de octubre ha inaugurado una nueva era, la era de las revoluciones coloniales.[45]

Por otra parte, se resalta cómo la revolución directamente agrava la CGC, a través del "desgajamiento resultante de un vasto país del sistema mundial capitalista; [ello] no puede sino acelerar este proceso [de decadencia], minando, paso a paso, los fundamentos mismos del mundo imperialista".[46] Por último, Stalin incorpora aquí la cuestión de la globalidad de la crisis general: la revolución de octubre "es al mismo tiempo una revolución de las mentes, una revolución de la ideología de la clase obrera... marca la victoria del marxismo sobre el reformismo, la victoria de Lenin sobre la socialdemocracia". En suma, "la era del colapso del capitalismo ha comenzado".[47] Estamos, pues, frente a una crisis económica, política y también ideológica; es, en consecuencia, una *crisis general*, en el sentido que abarca la globalidad.

El XV Congreso del PC(b) de la URSS marcó el fin de la polémica. El informe de Stalin constituye un contundente análisis teórico y político en el que se pasa revista a la situación mundial y al peligro de la guerra, y se revisa la situación interna del Partido. La teoría de la CGC sirve como hilo central de la argumentación, particularmente en la primera parte:

La creciente crisis del capitalismo mundial y la situación externa de la URSS ... [Con bastante apoyo de estadísticas, se ponen de manifiesto las contradicciones interimperialistas, el crecimiento desigual, el despertar del movimiento anticolonial y el crecimiento de la organización obrera.] La crisis general y fundamental del capitalismo [por primera vez aparece la expresión *general*]. : . lejos de haberse superado, al contrario, se hace más y más profunda, y está golpeando los fundamentos mismos de la existencia del mundo capitalista.[48]

Desde el punto de vista de la votación, la oposición también es arrasada: más de 724 mil votos, contra 4 mil. Stalin, parafraseando a Lenin, exclama: "No queremos una oposición ahora... debemos poner fin a la

---

[45] *Ibid.*, pp. 247-248.
[46] *Ibid.*, p. 250.
[47] *Ibid.*, p. 253.
[48] J.V. Stalin, "The Fifteenth Congress el the CPSU(b)", en *ibid*., t. X.

oposición, acabar con ella; tenemos ya suficiente oposición".[49] Trotsky, Zinóviev, Kámenev y la fracción opositora se retiran del Partido. En el interior de éste la polémica se da por terminada; pero en el curso del debate se han forjado nuevos conceptos, se ha enriquecido el Partido.

c) Formulación de la teoría de la CGC por el VI Congreso de la IC

Sin embargo, la CGC va a recibir su *bautismo* y su consagración oficiales en el VI Congreso de la Internacional Comunista, realizado de julio a agosto de 1928. Ciertamente, el debate no se centró en esa categoría; no obstante, estuvo presente en buena parte de las intervenciones, y desde luego está explícitamente planteada en el *Programa de la Internacional Comunista*, encabezando la tesis principal: "Sobre la situación y las tareas de la Internacional Comunista", lo que de hecho contribuyó a su popularización entre los marxistas. A partir de entonces ha venido siendo utilizada, bajo la denominación de *crisis general del capitalismo*, toda una teoría que resume el carácter decadente del capitalismo en la fase imperialista.

El VI Congreso representa "un cambio brusco" en la línea de la Internacional Comunista. Un cambio que se pretende dé "respuesta a las modificaciones objetivas", y cuyo "eje político", como lo expresa Bujarin, "es el cambio de actitud hacia los partidos socialdemócratas".[50] Un viraje que ya se venía registrando particularmente desde el XV Congreso del PC(b) de la URSS, como lo reconoce el mismo Bujarin:

> Luego de la derrota de la oposición en el seno del Partido Comunista de la URSS, esas tentativas [de los *extremistas de izquierda*] desaparecieron . . . La dialéctica de las relaciones entre los llamados *extremistas de izquierda* y la derecha es evidente. Ahora el principal peligro es la desviación de derecha, si se considera a la IC en su conjunto.[51]

Menciona el informante del CEIC algunos *factores principales* que originan ese peligro, y entre ellos la cuestión de la estabilización del capitalismo, que se venía registrando en los últimos años. De esta manera, la socialdemocracia llega a ser calificada, aunque no en documentos oficiales, de "principal enemigo del movimiento obrero".[52]

---

[49] *Ibid.*, p. 378. Véase N. Bujarin, *op. cit.*

[50] "Informe presentado al VI Congreso a nombre del Comité Ejecutivo (CGEIC)", en *VI Congreso de la Internacional Comunista, op. cit.*, 2a. parte, núm. 67, pp. 34-35.

[51] *Ibid.*, p. 52 (Bujarin hace alusión a la Leninband). Trotsky se sitúa ahora en una línea crítica de derecha respecto de la IC.

[52] N. Bujarin, "Informe sobre el programa de la Internacional Comunista", en *VI Congreso de la Internacional Comunista, op. cit.*, 2a. parte, núm. 67, p. 146.

Los años posteriores, particularmente el formidable ascenso del fascismo, serán una dura lección para los comunistas, y el VII Congreso deberá introducir cambios sustanciales en su línea de enfrentamiento a la socialdemocracia, y más precisamente a sus dirigentes.

El planteamiento de la *estabilización* es, en cuanto a apoyo básico de la argumentación de los socialdemócratas, objeto de una crítica sistemática por parte del Congreso. En efecto, los índices de crecimiento económico, de aumento de los salarios reales, la constatación de cierta disminución de los problemas en el capitalismo, unido al desarrollo de la práctica parlamentaria, generaban posiciones reformistas, canalizadas a través de la socialdemócrata Segunda Internacional. Quizás sea esta circunstancia justamente la que terminó por consagrar la teoría de la CGC como una poderosa arma ideológica en el enfrentamiento al supuesto *enemigo principal*.

Sin embargo, cabe destacar que curiosamente, pese al énfasis puesto en el análisis de las relaciones económicas internacionales como *leitmotiv* y como "determinante de toda la arquitectura del programa",[53] la crisis capitalista que se desencadenaría un año más tarde —conocida como la Gran Depresión— no es prevista en absoluto por el Congreso, ni forma parte de la crítica a la *estabilización*. El argumento se centró, con relación a este problema, en la teoría de la CGC, es decir, en consideraciones más bien teóricas que en previsión sobre la base de antecedentes empíricos. De hecho, el pronóstico del Congreso fue que el imperialismo deberá recurrir a la guerra para solucionar la constante agudización de sus contradicciones.[54] Con acierto, Hajek comenta que "una serie de circunstancias puede hacer que de dos previsiones resulte justa [o más justa] la derivada de métodos menos calificados".[55]

El VI Congreso representa también "un cambio brusco", para usar la expresión de Bujarin, del debate comunista y de la producción teórica. Desde la primera guerra mundial se vivió en el marxismo un periodo especialmente intenso de discusión y de elaboración teórica. Más allá de la figura descollante de Lenin, no hay duda de que el periodo es prolífico en aportes y debates, cuya vigencia perdura hasta nuestros días. En ese sentido, el VI Congreso representa un hito culminante. Pero justamente el viraje hacia posiciones izquierdistas que adopta dicho Congreso, unido a métodos autoritarios —como los de Stalin—,

---

[53] *Ibid.*, p. 149.
[54] Confróntese Milos Hajek, "La táctica de la lucha de *clase contra clase* en el VI Congreso", en *VI Congreso de la Internacional Comunista, op. cit.*, 1a. parte, núm. 66, especialmente pp. 22, 45 y 46. En nuestra opinión, sin embargo, Hajek asigna más importancia que la que los documentos parecen otorgar al debate sobre las *etapas* de la estabilización, y a una cierta oposición Stalin-Bujarin, que en verdad sólo se manifiesta abiertamente después del VI Congreso.
[55] *Ibid.*, p. 46.

conducen a posiciones cada vez más sectarias y dogmáticas, abriendo un periodo de franco retroceso en cuanto a la producción teórica. Ello se refleja también con relación a la teoría de la CGC: *su bautismo oficial es a la vez su congelamiento por más de 28 años*. Quizás la sola excepción la constituye Eugenio Varga, pero, en general, en los manuales de economía política del capitalismo y en las intervenciones de Stalin cada vez más se empieza a utilizar la CGC en un sentido de *teoría del derrumbe*.[56] Hacia 1950 la tesis de Stalin es la de que el sistema capitalista no tiene salida, y que el campo socialista "no necesitará importar mercancías de los países capitalistas".[57]

> La crisis del capitalismo [señala el informe del CEIC] consiste en el hecho de que actualmente se dan, luego de la fase precedente de guerra y de posguerra, modificaciones radicales de estructura en toda la economía mundial, modificaciones que agravan considerable e inevitablemente toda contradicción en el sistema capitalista y que, finalmente, lo conducen a su perdición.[58]

Aunque incompleta en algunos aspectos, la conceptualización que hace el Congreso de la CGC es bastante desarrollada. Con razón Palmiro Togliatti se felicita de ello,[59] y se incorpora el concepto, encabezando el Programa de la IC, en la tesis central, y prácticamente en todos los documentos oficiales del Congreso.

Vale la pena tratar de desglosar y analizar brevemente la conceptualización, al nivel que en la época había alcanzado su desarrollo.

a) Claramente se retoma la teoría leninista sobre el carácter del imperialismo:

---

[56] A los pocos meses de terminado el Congreso, en diciembre de 1928, Stalin comienza a *interpretar* sus resoluciones, discutiendo la llamada tercera etapa o de *estabilización* del capitalismo de posguerra, y remarcando la crisis próxima, así como la inevitabilidad de la guerra. Confrontándose J.V. Stalin *Obras completas,* como la inevitabilidad de la guerra. Véase J.V. Stalin *Obras completas, op. cit.,* pp. 379 y ss. Lo sucedido en 1929 fortalece esta posición, y la pugna interna con Bujarin se evidencia en el XIV Congreso del PC(b). p. 25.

[58] N. Bujarin, "La situación internacional y las tareas de la Internacional Comunista", *op. cit.,* p. 18.

[59] "... considero que el principal resultado de todo el trabajo que realizamos... consiste en el hecho de haber conquistado sólidamente esta verdad: la decadencia del régimen capitalista no puede ser representada por una línea descendente única y continua, sino como un proceso que se cumple a través del crecimiento y la profundización de una serie de contradicciones internas." Palmiro Togliatti, "La orientación del PCI en las cuestiones internacionales", en *VI Congreso de la Internacional Comunista, op. cit.,* 2a. parte, núm. 67, pp. 63-64.

En el proyecto de programa recalcamos desde el principio el proceso de la muerte del capitalismo, su aspecto parasitario... no debería, sin embargo, afirmarse que la tendencia parasitaria a la degeneración del capitalismo arrastra todo y todo termina. Eso implicaría decir que las fuerzas productivas del capitalismo no se desarrollan ya en absoluto en la fase actual. Y en realidad se desarrollan. Y aun bastante rápidamente.[60]

El programa mismo precisa esta dialéctica de crecimiento y parasitismo:

Al suprimir en cierta medida la fuerza motriz de la concurrencia, al practicar la política de los precios de *cártel* elevados, al disponer del mercado en forma ilimitada, el capital monopolista tiene la tendencia a contener el desarrollo ulterior de las fuerzas productivas... el imperialismo crea un tipo de estados rentistas, parasitarios, con signos de descomposición, y toda una clase de parásitos que viven del cupón.[61]

Es el descubrimiento leninista de la ley del desarrollo desigual lo que permite explicar esta aparente paradoja de crecimiento rápido, aun en plena decadencia. De paso, el programa sanciona la tesis de la posibilidad de construir el socialismo en un solo país:

... en la fase de la prolongada crisis general del capitalismo... la unidad de la economía mundial ha hallado su expresión en el carácter internacional de la revolución, y la desigualdad de desarrollo de sus partes componentes se ha reflejado en el hecho de que las revoluciones no se producen a un mismo tiempo en todos los países.[62]

b) Se trata de una concepción de la decadencia del sistema que no tiene nada de automático; al contrario,

... el capitalismo está destinado a perecer no porque degenere rápidamente en un organismo parasitario, sino porque la última etapa del capitalismo moribundo agrava extremadamente los antagonismos internos del régimen capitalista y provoca conflictos que albergan en sí su perdición.[63]

---

[60] N. Bujarin, "Discurso de clausura de la discusión sobre el programa de la IC", en *VI Congreso de la Internacional Comunista, op. cit.*, 2a. parte, núm. 67, p. 206.

[61] "Programa de la Internacional Comunista", en *ibid.*, 1a. parte, núm. 66, p. 257.

[62] *Ibid.*, p. 259.

[63] N. Bujarin, "Discurso de clausura de la discusión sobre el programa de la IC", *op. cit.*, p. 206.

En efecto, constata el programa, la elevación de la composición orgánica del capital y las consecuencias que de ello derivan (descalificación del trabajo, intensidad, nivel de centralización del capital, etcétera) han determinado "la utilización . . . de trabajo femenino e infantil, la creación de enormes ejércitos industriales de reserva . . . campesinos proletarizados y . . . [proletarización] de la burguesía urbana media y pequeña moribunda", a lo que acompaña una "carrera desenfrenada hacia los extrabeneficios . . . [obtenidos de] las colonias y la lucha por un nuevo reparto del mundo".[64] Estos procesos conducen a "acentuar inevitablemente la lucha de clases y a ampliar la base".[65]

El derrumbe del sistema exige, por lo tanto, la acción consciente de los revolucionarios. La CGC proporciona condiciones objetivas, que se manifiestan en una ampliación de la base social para la lucha contra el gran capital, pero no entrega un mecanismo automático de disolución del capitalismo.

c) Se identifican con precisión cuáles son las fuerzas principales que impulsan el progreso, en la etapa de la CGC:

. . . se organizan dos fuerzas revolucionarias principales: de un lado, los obreros de los estados capitalistas; del otro, las masas populares de las colonias, oprimidas por el yugo del capital extranjero, pero marchando bajo la dirección y la hegemonía del movimiento proletario revolucionario mundial.[66]

d) Hay un primer intento por periodizar la CGC, que no resulta del todo completo. Se fijan tres etapas de la CGC, calificadas de *crisis revolucionaria aguda* (desde 1914 a 1921), luego de *reconstitución de las fuerzas productivas* (de 1921 a 1926) y finalmente un tercer periodo, calificado de *construcción capitalista* (hasta el VI Congreso seguiría vigente).[67] De hecho, el tema suscita alguna discusión, y finalmente es fuente de conflictos con Stalin después del Congreso. A nuestro entender, la periodización no resulta clara por falta de una concepción metodológica. En otra parte nos hemos extendido sobre el tema;[68] bástenos señalar que parece confundirse el criterio de cuál es

---

[64] "Programa de la Internacional Comunista", en *ibid.*, pp. 251 y 253.

[65] "Tesis sobre la situación y las tareas de la Internacional Comunista", en *VI Congreso de la Internacional Comunista, op. cit.*, 1a. parte, núm. 66, p. 104.

[66] "Programa de la Internacional Comunista", *op. cit.*, p. 255.

[67] Confróntese N. Bujarin, "La situación internacional y las tareas de la Internacional Comunista", *op. cit.*, pp. 9 y ss.

[68] Andrés Varela, "Dos proposiciones y una base metodológica acerca del nuevo patrón de reproducción en América Latina", en *Revista de Investigación Económica*, núm. 151, México, pp. 57 y ss.

la clase que actúa como *resorte* de la historia, que la hace avanzar (idea propuesta por Lenin), con un criterio basado en torno a la base material de la transformación, es decir, a nivel de desarrollo de las fuerzas productivas. Lo valioso del intento del Congreso de la Internacional Comunista es, no obstante, el haber propuesto una periodización. En todo caso, se fija al menos el comienzo de la CGC: la guerra mundial de 1914-1918.[69] Se recalca así que tal crisis tiene su origen en el carácter monopólico del capitalismo, no en el surgimiento de la URSS y del sistema socialista. Esto último es visto sólo como una manifestación de la CGC, pero no como su esencia.

e) Se señalan, por último, las contradicciones principales de la etapa de crisis general capitalista. En primer lugar, el conflicto interimperialista: en la fase del capitalismo monopolista de Estado los conflictos intermonopólicos son conflictos entre estados. Para el Congreso, "el antagonismo angloamericano es actualmente el eje de todos los antagonismos existente entre los estados capitalistas", pero se registra un poderoso "resurgimiento del imperialismo alemán".[70] La situación, sin embargo, se considera muy inestable: "La hegemonía política de Inglaterra ya no está en correspondencia con una similar hegemonía económica, mientras que la posición política de Alemania no está en correspondencia con su desarrollo y su importancia económica".[71] Al problema de la guerra interimperialista el Congreso dedica gran importancia y una tesis especial.[72]

En segundo lugar, se plantea el conflicto de las potencias imperialistas con la URSS. "¿Sobre qué terreno", se pregunta Togliatti, "se resolverá esta lucha por la hegemonía europea? Ella podrá ser resuelta solamente sobre el terreno de la lucha contra la Unión Soviética".[73] Bujarin extrae una conclusión más general:

> La crisis del capitalismo se manifiesta también en el cambio sucesivo y abigarrado de las relaciones entre los estados. Ningún bloque es sólido ni de larga duración. Por el contrario, a los ojos de todos se produce un reagrupamiento continuo de fuerzas.

[69] Confróntese "Programa de la Internacional Comunista", *op. cit.*, pp. 247 y 258.
[70] N. Bujarin, "La situación internacional y las tareas de la Internacional Comunista", *op. cit.*, p. 24.
[71] Palmiro Togliatti, *op. cit.*, p. 67.
[72] "Tesis sobre la lucha contra la guerra imperialista y la tarea de los comunistas", en *VI Congreso de la Internacional Comunista, op. cit.*, 1a. parte, núm. 66, pp. 131 y ss.
[73] Palmiro Togliatti, *op. cit.*

Pero a través de todos esos reagrupamientos, a través de todos esos cambios . . . se percibe, como un hilo rojo, la tendencia fundamental: la concentración de fuerzas contra la URSS.[74]

Se observa aquí cómo con relación a la caracterización de las fuerzas principales de la etapa que indicamos en el punto anterior, el papel del socialismo como sistema, como expresión del proletariado en el poder, no está suficientemente claro. Pesa aún la situación de cerco a la URSS y su relativa fragilidad económica, por lo que el énfasis se traslada al problema de la guerra y al riesgo cierto de invasión, peligro que especialmente entre 1927 y 1928 fue palmario. Aun así, hay consenso en que la existencia de la URSS constituye

. . . la expresión más brillante de la crisis profundísima del sistema capitalista y de un ensanchamiento y una exacerbación sin precedentes en la historia de la lucha de clases.[75]

La división de la economía mundial en países capitalistas y países que edifican el socialismo constituye el signo esencial de la crisis hondísima por la que atraviesa el capitalismo.[76]

Se trata, pues, de un conflicto que hacia el futuro tendrá cada vez mayor relevancia.

En tercer lugar, el Congreso pone de relieve el aumento de

. . . las contradicciones entre las metrópolis, de una parte, y los países coloniales y semicoloniales, de otra . . . Así pues, el proceso revolucionario en las colonias, que arrastra a la lucha contra el imperialismo a la inmensa mayoría de la población del mundo, sometida a la oligarquía financiero-capitalista de unas pocas *grandes potencias* del imperialismo, refleja asimismo la profunda crisis general del capitalismo.[77]

También sobre este tema el Congreso plantea una tesis específica, en la que se abordan particularmente los problemas de China y la India.[78] Justamente, uno de los debates más enconados se refirió a la tesis, finalmente rechazada, de la industrialización de la India por parte de

---

[74] N. Bujarin, "La situación internacional y las tareas de la Internacional Comunista", *op. cit.*, p. 25.

[75] "Programa de la Internacional Comunista", *op. cit.*, p. 264.

[76] *Ibid.*, p. 290.

[77] *Ibid.*, p. 264.

[78] "Tesis sobre el movimiento revolucionario en las colonias y semicolonias", en *VI Congreso de la Internacional Comunista, op. cit.*, 2a. parte, núm. 67, pp. 188 y ss.

Inglaterra.[79] La delegación latinoamericana, que por primera vez fue significativa en un Congreso de la Internacional Comunista —con 16 miembros—, estaba en desacuerdo con varios aspectos de la tesis, especialmente con relación al carácter agrario que se le asignó a la región.[80] Se evidencia, en nuestra opinión, que el movimiento comunista, si bien reconocía la cuestión colonial como una de las contradicciones claves en la etapa de la CGC, no logró una comprensión científica del fenómeno concreto. El desarrollo relativamente reciente de los partidos obreros en los países dependientes, así como las relaciones conflictivas con los partidos de las respectivas metrópolis, incidieron negativamente a este respecto. Se dio el caso, por ejemplo, de que el Partido Comunista Francés consideraba como regionales a los partidos de Argelia y de Túnez, cuestión que condena el Congreso.

Por último, se destaca la contradicción burguesía-proletariado:

> La crisis revolucionaria madura igualmente de un modo inevitable en los centros mismos del imperialismo: la ofensiva de la burguesía contra la clase obrera... [provoca] la exacerbación de la lucha de clases entre la masa obrera y el capital *trustificado*.[81]

Hay, ciertamente, una constatación del reflujo revolucionario, que se expresó particularmente en la derrota de la revolución en Alemania, Hungría y Finlandia. Sin embargo, el tono general del Congreso, y particularmente el informe del CEIC, es de franco optimismo; precisamente dicho informe concluye que

> ...las grandes cuestiones políticas, tales como la amenaza, la situación creada por las crecientes contradicciones de la estabilización del capitalismo, nos ofrecen un terreno más o menos favorable para nuestro trabajo en toda la clase obrera. Nuestra influencia es incuestionable en los países coloniales, sobre todo en China. Estamos en vísperas del día en que sea incuestionable también en la India... cuando llegue la hora y se alcen las banderas del imperialismo guerrerista, nuestra Internacional Comunista, todos nuestros partidos, la multitud de trabajadores del mundo entero, dirán su palabra.[82]

El avance arrollador del fascismo, la segunda guerra mundial, la

---

[79] Otto Kuusinen, "Los problemas del movimiento revolucionario en las colonias", en *ibid.*, pp. 231 y ss.

[80] "Informe de la delegación latinoamericana en el debate sobre el problema colonial", en *ibid.*, pp. 351 y ss.

[81] "Programa de la Internacional Comunista", *op. cit.*, p. 265.

[82] N. Bujarin, "La situación internacional y las tareas de la Internacional Comunista", *op. cit.*, p. 266.

porfiada realidad, en síntesis, se impondrán al "optimismo revolucionario que sancionara el VI Congreso, pese a las prevenciones de Togliatti".[83]

En suma, como lo expresa el programa, la Internacional Comunista
plantea que

> ... el sistema del imperialismo mundial y, con él, la estabilización
> parcial del capitalismo se ven minados en su base por las contra-
> dicciones y los conflictos entre las potencias imperialistas; por los
> millones de explotados de las colonias, que han entrado en liza;
> por el proletariado revolucionario de las metrópolis; finalmente,
> por la dictadura proletaria en la URSS, que ejerce la hegemonía
> sobre todo el movimiento obrero revolucionario mundial...
> [es] la ruina inevitable del capitalismo.[84]

[83] Palmiro Togliatti, *op. cit.*, p. 61.
[84] "Programa de la Internacional Comunista", *op. cit.*, p. 266.

la crisis
actual
del
capitalismo

IMPERIALISMO Y CRISIS

PEDRO LÓPEZ DÍAZ

Presentación

La crisis actual del sistema capitalista ha sido objeto de múltiples estudios que tienden, en lo fundamental, a descifrar lo específico de la misma: sus manifestaciones concretas, que la distinguen de crisis anteriores. Sin embargo, existe el gran peligro de establecer, a nivel del análisis, una confusión entre los efectos de la misma y la causalidad estructural históricamente determinada de la crisis. Esta causalidad estructural sólo es posible detectarla en el plano del análisis, y enunciarla, a nivel teórico, a partir del estudio del ciclo económico de la posguerra: 1947-1968. Es en esta temporalidad histórica en la que pueden encontrarse, primero, la conformación de las tendencias y contradicciones fundamentales del sistema capitalista; y, segundo, las nuevas modalidades de su comportamiento, los posibles cambios estructurales que inciden y modifican, de una u otra manera, las tendencias enunciadas en el plano más general y abstracto de la crítica de la economía política del capitalismo. Por ello nuestro esfuerzo se dirige, en primer lugar, al estudio del ciclo económico de la posguerra —que le da sustentación material y específica a la crisis actual del sistema— y, en segundo lugar, a la modalidad de la crisis en sí misma.

Se puede decir que la caracterización de la fase actual del capitalismo parte de la constatación de tres procesos que definen la actividad económica y, en consecuencia, el comportamiento del capital: *concentración, centralización* e *internacionalización* del capital. Los dos primeros, enunciados por la teoría clásica; y el tercero, como una nueva modalidad del gran capital monopólico. Estas tendencias se cristalizan en la *corporación multinacional*. En esta óptica, la empresa transnacional se convierte en el centro vital del moderno proceso de acumulación capitalista, en tanto que "una parte cada vez más significativa de la producción y distribución de las mercancías a escala internacional es realizada por ese nuevo tipo de empresa". Esta concepción contiene y supera el concepto y la práctica de la *empresa monopólica* tradicional, que, si bien en el pasado tenía un radio de acción internacional, sus filiales operaban con relativa autonomía; cumplían funciones de enclave o, en su aspecto más avanzado, de complementariedad interindustrial, como el ensamblaje, muy propio del sector automotriz. La nueva empresa, en principio, tiene una dirección centralizada y dispone de enormes recursos financieros, que le permiten procesos autónomos de expansión y autofinanciamiento, tendientes siempre a la monopolización del sector donde operan.

La actuación de la empresa multinacional es producto de la internacionalización del capital y, a la vez, factor propiciatorio del ensanchamiento y profundización del mercado mundial de mano de obra, bienes, servicios y capitales. Si analizamos este proceso desde el punto de vista del movimiento del capital, se puede afirmar que las formas de su movimiento en el espacio del mercado mundial capitalista distan hoy, con relación a la fase premonopolista, de ser iguales. La tradicional inversión de valores que se operaba en el centro incidía casi directamente en el ciclo del capital industrial de la periferia. Ahora una parte de ella tiende a convertirse en *operación financiera especulativa*, como una de las formas de espacio para la colocación de capital excedente. La relativa independencia que existió del capital comercial con respecto al capital industrial encuentra ahora espacios de fusión orgánica a partir del núcleo de la transnacional, y una buena parte del capital excedente entra en la órbita de las instituciones crediticias internacionales, encontrando un activo mercado para los estados capitalistas con serias crisis financieras y presupuestales.

La génesis de esta preponderancia y las funciones que empezó a desempeñar la empresa transnacional pueden ubicarse en el ciclo ascendente del desarrollo del capitalismo, que va desde finales de la segunda guerra mundial hasta 1967, principio del actual *ciclo económico de carácter depresivo*. Si bien la teoría marxista explica los mecanismos del ciclo en sus aspectos más abstractos, y por lo tanto generales, cada ciclo reviste formas específicas de comportamiento. Adquiere, así, una *naturaleza histórica concreta*, que solamente puede ser desentrañada y enunciada igualmente a través del análisis concreto.

El análisis concreto del ciclo ascendente 1946-1967 revela las siguientes características:

a) Innovación tecnológica en el campo de la producción a partir del impulso de la economía militar en el lapso de la segunda guerra mundial; básicamente desde el inicio introductorio de procesos automatizados —o semiautomatizados— en la esfera de la producción material y los servicios.

b) Producción de nuevos artículos de consumo masivo, que ampliaron enormemente el espacio del mercado.

c) Conversión del Estado en importante agente económico, o, si se quiere, en significativo *capitalista colectivo*.

d) Profundización del proceso de reproducción ampliada de la economía norteamericana a partir del proceso de reconstrucción de las economías europea y japonesa.

e) La conformación de estructuras bancarias y financieras de carácter internacional, como el Banco Mundial y el Fondo Monetario Internacional. Instituciones diseñadas como mecanismos correctivos de los crecientes déficit presupuestales de los estados capitalistas y, asimismo, como mecanismos de compensación coyuntural de los desequilibrios de sus balanzas de pagos. Todo esto fue posible en la medida en que los Estados Unidos se convirtieron, en el periodo de la posguerra, en el país con mayor volumen de reservas, lo que le permitió a su moneda convertirse en el equivalente general a la par del oro en las relaciones económicas internacionales.

Los anteriores procesos determinaron el papel hegemónico de Estados Unidos en el sistema capitalista de la posguerra. Esta situación creó las condiciones, precisamente, de la nueva empresa transnacional y, a la vez, la debilidad a futuro de la propia economía estadounidense.

Existe el gran peligro de quedarse en la superficie del fenómeno por una *fetichización* excesiva del proceso. En otras palabras, el análisis puede quedar aprisionado en el estudio de la *transnacional como institución*, y dejar de considerarla como *nueva forma de organización del capital monopólico*, lo que significa atender los cambios que se han producido en el ciclo del capital a escala internacional. Ello nos remite a la caracterización clásica de la determinación esencial de la *fase imperialista* postulada por Lenin, que tiene como base la categoría *capital financiero*: nueva forma de capital producto de la *fusión entre el capital bancario y el industrial*. Los demás rasgos, a nuestro parecer, constituyen derivaciones que tienden a redondear el análisis: nueva forma de capital que conduce a la redistribución de las esferas de influencia de las economías centrales. A nuestro parecer, Lenin detecta la fusión del capital bancario e industrial a partir del entrelazamiento de sus funciones, pero a la vez, en el tiempo que hace su análisis, ambas formas conservan una relativa autonomía y radio de acción. La empresa transnacional se convierte en la *fusión orgánica* de ambos capitales; en otras palabras, la tesis leninista llevada hasta sus últimas consecuencias por el proceso objetivo, y, por lo tanto, la aparición de nuevos rasgos, o, si se quiere, la transnacional como elemento de racionalización interna del sistema, por un lado, y como nueva forma de expresión de la contradicción principal del mismo, por el otro.

La asimilación de ciertas funciones tradicionales del capital bancario en el interior de la empresa transnacional y, paralelamente, el surgimiento de sistemas financieros más complejos —sobre todo estos últimos— han dado la pauta para formas de especulación financiera internacional que en los hechos atentan contra el sistema tradicional de cambios en el plano internacional. Las funciones del dinero que tienden a separarse de su contenido real a nivel del aparato productivo — es decir, la forma

de valor que funciona como capital– revisten peligrosos márgenes de
autonomía en su forma de *capital ficticio*, que la crisis actual tiende
a cancelar. Los excedentes de capital en forma dineraria y financiera
son manipulados por las grandes transnacionales atentando muchas
veces contra la estabilidad de los tipos de cambio internacional y
contra las propias monedas que funcionan como equivalente general en
el campo internacional. El dólar es un ejemplo de ello.

Lo anterior exige un análisis más profundo de los movimientos
en las reservas de oro y demás valores, que funcionan como equivalentes
generales en las relaciones capitalistas internacionales y como formas
de atesoramiento o de capital potencial. Las estadísticas demuestran
que la reducción de los volúmenes de oro en el sistema de reserva
federal de los Estados Unidos constituyó una de las causas del proceso
de desvalorización del dólar, surgiendo así la contradicción entre la
función de medio de pago del dólar en las relaciones internacionales
y su función como medida de valor en el interior mismo de la economía
norteamericana. La pregunta que surge es ¿en qué grado parte de estas
reservas ha pasado al control de las transnacionales en la actual ola
de especulación, asumiendo las transnacionales parte de las funciones
de la banca central de los países capitalistas? Al final de cuentas, esto
es una hipótesis de trabajo.

La conformación definitiva de la hegemonía de los Estados Unidos
en el sistema capitalista del *ciclo de posguerra* le permitió jugar un importante papel en el proceso de reordenamiento del sistema, situación
de la que se benefició fundamentalmente el conjunto de países más
desarrollados. Si analizamos el espacio de las relaciones de intercambio
a nivel internacional entre los centros hegemónicos y los países dependientes, observaremos que en la década de los cincuenta la tendencia
de los precios en el mercado capitalista de las materias primas fue de
-10 por ciento; no así la de productos industriales, que fue de +90 por
ciento. Las enormes desigualdades en el campo de la productividad
surtió efectos en los términos del intercambio, y se crearon así condiciones más propicias en el desarrollo del ciclo industrial de los países
avanzados. De igual manera, en la estructura del consumo de la población, los nuevos productos que se generaron a partir del avance tecnológico fomentado por la guerra se expresaron en el aumento del consumo de mercancías de larga duración, que fue del 11,9 por ciento en
1920 al 14,6 en 1956. En el campo propiamente de la producción, el
coeficiente de renovación del capital fijo en los Estados Unidos pasó
de 7,7 por ciento en 1946 a 8,9 en 1968. Lo anterior no significó otra
cosa que la confirmación del proceso de profundización de la reproducción ampliada del aparato industrial estadounidense.

I. EL MOVIMIENTO DE CAPITAL EN EL PLANO INTERNACIONAL

Una de las características fundamentales del ciclo económico de la posguerra, 1947-1968, radica en los cambios estructurales que se operaron en la dinámica y las tendencias del movimiento del capital a escala internacional. Este proceso sintetizó la configuración de un nuevo espacio en el desarrollo de las fuerzas productivas del sistema, y nuevas modalidades de ser y manifestarse de las relaciones sociales de producción. Para empezar, haremos algunos señalamientos sobre las particularidades del punto de partida de este ciclo económico, en tanto que nos puede ayudar a comprender los elementos de continuidad del sistema con relación a su ciclo anterior, y a establecer los puntos nodales de su diferenciación, de su especificidad.

El impulso a la producción industrial norteamericana ejercido por la segunda guerra mundial marca una ruptura en la estructura del poder hegemónico en el sistema capitalista. La guerra reproduce a su manera los efectos devastadores de una crisis y redefine las relaciones intercapitalistas de los países más desarrollados. A la vez provoca destrucción masiva de capital, tanto en Europa como en Japón, y crea condiciones propicias para el establecimiento de un nuevo ciclo internacional de acumulación capitalista. Se conforman nuevos espacios para la colocación del capital excedente de las economías centrales y se redefinen las relaciones entre el centro y la periferia. Esta situación específica reproduce, en un nuevo nivel, la combinación de procesos intensivos y extensivos en la acumulación de capital, y, asimismo, genera las condiciones para que aparezcan nuevas formas en la organización internacional del capital, como son las transnacionales: sustrato fundamental del papel indiscutible de predominio de los Estados Unidos en el interior del *polo hegemónico imperialista* durante el ciclo económico de la posguerra.

Detectar cómo se empieza a configurar y a ejercer este predominio hegemónico es hacer alusión necesariamente al nuevo circuito de acumulación mundial del capital. Ello implica estudiar varios procesos simultáneos:

1. Los cambios operados en las formas que el capital reviste en su movimiento.
2. Ubicación de las modificaciones que se presentaron en su distribución por áreas y países.
3. Los cambios que se generaron en la dirección sectorial del capital en el interior del aparato productivo.

El hecho de detectar nuevas tendencias en los campos señalados lleva a definir los orígenes de la crisis actual del sistema capitalista y a precisar las características del nuevo ciclo económico iniciado con ella, que bien puede caracterizarse, a 10 años de iniciado, como un ciclo de *crisis estructural*, que abarca esta vez el conjunto del sistema.

1. Las nuevas tendencias en las formas de inversión del capital

Nuestras observaciones, en este caso, tendrán como marco básico de referencia el capital excedente del país predominante en el interior del polo hegemónico imperialista, es decir, la inversión externa de capital de los Estados Unidos, en tanto que, por su volumen y dinámica, marca las pautas generales de comportamiento en el movimiento del capital para el periodo estudiado (véase el cuadro 1).

CUADRO 1

Inversión externa de capital de los Estados Unidos
(En miles de millones de dólares)

Tipos de inversión	1939	1950	1960	1965	1971
Total	11,4	31,5	66,3	104,9	164,5
I. Privadas	11,4	19,0	49,4	81,5	130,3
1. A largo plazo	10,8	17,5	44,4	71,4	115,6
a) Directas	7,0	11,8	31,9	49,5	86,0
b) En cartera	3,8	5,7	12,5	21,9	29,6
2. A corto plazo	0,6	1,5	5,0	10,1	14,7
II. Préstamos estatales	- - -	12,5	16,9	23,4	34,2
1. A largo plazo	- - -	10,8	14,0	20,2	31,8
2. A corto plazo	- - -	1,7	2,9	3,2	2,4

Fuente: *Anuario estadístico: países capitalistas*, Editorial de Literatura Política, Moscú, 1973, p. 258.

Si analizamos la estructura de estas formas de inversión, que necesariamente implica un movimiento determinado de valor-capital, a partir de la información del cuadro 1 podemos detectar en forma aproximada las siguientes tendencias:

1. El volumen total de esta inversión en el año de 1939 ascendió a 11 400 millones de dólares, comprendido bajo el rubro de inversión privada, correspondiendo a las inversiones realizadas a largo plazo el 95 por ciento, y el porcentaje restante, de poca significación, a las del rubro de inversión a corto plazo.

2. En la inversión a largo plazo, la de cartera ocupa el 36 por ciento.
3. Para este año no disponemos de información en torno al volumen del capital excedente, bajo el rubro de préstamos estatales. En términos de hipótesis de trabajo, consideramos que éstos constituyen formas de capital potencial, cuyo valor puede o no entrar en el circuito de acumulación interna de capital en el país destinatario.
4. Una de las formas tradicionales de la inversión externa de capital: la inversión en cartera, para el año analizado aún tiene presencia en grado significativo. Este tipo de inversión constituyó una de las formas fundamentales de expansión del capital excedente de los países imperialistas.

Esta forma se encuadraba en un momento del desarrollo del capitalismo carente aún de estructuras financieras y productivas del capital a escala internacional, las cuales no implicaban necesariamente el dominio directo de la inversión, ni mucho menos la toma de decisiones de carácter centralizado.

Si analizamos en perspectiva el comportamiento de la inversión externa de capital de los Estados Unidos, incluyendo bajo este rubro el volumen total de los préstamos estatales, podremos detectar algunos procesos:

1. De 1939 a 1971, el total de la inversión externa pasó de 11 400 millones de dólares a 164 400, incrementándose 14 veces.
2. En este mismo periodo la inversión privada directa pasó de 7 a 86 mil millones de dólares, llegando a constituir, por su monto, el 54 por ciento de la inversión externa de capital de los Estados Unidos.

Es evidente que destaca la tendencia a la preponderancia de este tipo de inversión en el campo productivo, y parte importante de esa inversión es generada y controlada por las tecnoestructuras internacionales de nuevo tipo, como son las grandes corporaciones transnacionales.

Los préstamos estatales para el año 1971 ocuparon el 20,8 por ciento de la inversión externa de capital norteamericano. Esta forma de capital excedente empieza a jugar un papel importante en las relaciones político-económicas entre los estados capitalistas, llegando a revestir las más diversas funciones. En cuanto a su comportamiento, operaban con criterios que rebasaron la expectativa de la ganancia a corto o mediano plazo. La pregunta que procede es ¿cuál es la lógica y finalidad interna de su funcionamiento? Este tipo de capital responde a las nuevas necesidades de valorización del capital a escala internacional. Configura toda una infraestructura necesaria, de la cual es imposible prescindir en el presente: capital excedente bajo el control y dominio del Estado capitalista, destinado a hacer viable la operación del capital privado en cuanto a su autovalorización en el campo internacional.

Con relación a las tradicionales inversiones en cartera, éstas constituyen una forma remanente de inversión, propia de fases ya superadas por el sistema, pero que revisten de nueva cuenta cierta importancia. Al respecto se observan dos movimientos, cuyo análisis debe establecerse por separado.

1. El proceso de internacionalización del capital no constituye una dinámica privativa del capital controlado por las transnacionales; incide también en los capitales de baja y mediana concentración, que en determinados momentos de su ciclo o nivel de expansión trasladan parte de sus *stocks* excedentes bajo la forma de inversión en cartera.

2. Se ha formado en los últimos años una creciente acumulación de capital excedente, de carácter potencial, en manos de los estados capitalistas productores de petróleo, el cual es destinado a los grandes monopolios de inversión de las metrópolis. Su dinámica y dominio pasa a estas corporaciones de inversión.

Cabe destacar los movimientos de capital a corto plazo, que constituyen formas de existencia de capital excedente de carácter coyuntural, de alta liquidez y gran capacidad de juego especulativo. De acuerdo con la información del cuadro 1, su monto para el año 1971 ascendió a 14 700 millones de dólares, cifra similar al monto total de la inversión externa de capital de los Estados Unidos en 1939.

Sintetizando, en la fase imperialista del sistema el Estado de los centros hegemónicos juega un importante papel de propiciador del incipiente ciclo internacional de capital, a través del control y la propiedad de volúmenes excedentes de capital, que tiene su espacio de operación en el *intersticio de las relaciones interestatales*. Asimismo, se generan volúmenes excedentes de capital en la órbita del capital privado, que revisten ciclos específicos en su movimiento, alejados algunas veces del ámbito del capital productivo, y retroalimentando las esferas financieras, ya sea a través de la inversión especulativa, como mecanismo correctivo de los déficits crecientes de las balanzas de pagos o como instrumento de la inversión en infraestructura de los países destinatarios. Esto último como una de las múltiples finalidades de los préstamos estatales.

2. *La redistribución de la inversión internacional de capital y el polo hegemónico del imperialismo*

En la perspectiva del ciclo económico de la posguerra, 1947-1968, evidentemente se han operado cambios en la distribución internacional del capital excedente de las metrópolis. Inicialmente tomaremos como punto de referencia el capital externo norteamericano, y posteriormente el europeo.

La estructura distributiva del capital externo de los Estados Unidos para el año de 1950 es representativa de la inercia en las condiciones del movimiento internacional del capital en el periodo de entreguerra. Su dinámica estuvo determinada por la competencia intermonopólica, en estrecha vinculación con las políticas expansionistas de los estados capitalistas centrales. Este proceso desembocó en conflicto armado cuando la negociación fue insuficiente para la lucha por la redistribución de las áreas de dominación o influencia económica. Fue una lucha no sólo por la expansión de los mercados para la realización del excedente de capital-mercancía, sino también por la búsqueda de espacios para el nuevo tipo de inversión que con el transcurrir del tiempo tendió a convertirse en predominante: *la inversión externa directa del capital privado*. Para el periodo abordado prevalecía la tendencia de transferir capital excedente del centro a la periferia.

Para el año de 1950 correspondió a los países dependientes el 47,3 por ciento de la inversión externa de capital norteamericano, con un monto de 5 590 millones de dólares. En este momento corresponde a los países de América Latina el mayor nivel de concentración, con una inversión de 4 445 millones de dólares, muy superior a los 1 733 millones invertidos en Europa Occidental (véase el cuadro 2).

El ciclo 1947-1968 sirve de referencia a la configuración de nuevas tendencias del proceso de valorización del capital a escala internacional. El año de 1971 confirma los cambios paulatinos operados en este renglón. Del total de la inversión privada directa de los Estados Unidos en el exterior, correspondió a los países capitalistas desarrollados el 66,4 por ciento, con un monto aproximado de 58 173 millones de dólares, proporción significativa y altamente concentrada en Europa Occidental, Canadá, Australia y Japón. A los países dependientes correspondería el restante porcentaje: 33,6; en este caso, es evidente la predominancia de América Latina, con 12 978 millones de dólares.

¿Qué es lo que nos dicen estas tendencias? Acaso, a partir de una lógica simple, ¿no debería corresponder al espacio capitalista dependiente un porcentaje mayor de inversiones debido a que en éste el nivel de la tasa de ganancia es mayor que la imperante en el mundo capitalista desarrollado? Lo que caracteriza esta tendencia es un proceso acelerado de *integración* y, a la vez, de *diferenciación* del polo hegemónico imperialista del sistema.

a) El proceso de integración

Lo que caracteriza el ciclo económico de 1947-1968 es un proceso

CUADRO 2

Inversión directa privada de los Estados Unidos en el exterior
(En millones de dólares)

Países	1950	1960	1965	1971
Total	11 788	31 865	49 774	86 001
I. Países capitalistas desarrollados	5 532	18 999	31 540	58 173
1. Europa Occidental	1 733	6 691	14 015	27 621
a) Inglaterra	847	3 194	5 119	8 491
b) Alemania	204	1 006	2 417	5 214
c) Italia	66	384	972	1 860
d) Francia	217	741	1 584	3 013
e) Otros	399	1 366	3 923	9 043
2. Canadá	3 579	11 198	15 172	14 030
3. Australia	201	856	1 677	3 704
4. Japón	19	254	676	2 818
II. Países dependientes	5 590	11 065	13 682	20 543
1. Asia	998	2 061	2 935	4 705
a) Cercano Oriente*	95	1 163	1 590	1 657
b) Otros	903	898	1 345	3 048
2. América Latina	4 445	8 365	9 371	12 978
a) Argentina	356	472	992	1 350
b) México	415	795	1 177	1 840
c) Brasil	644	953	1 073	2 045
d) Venezuela	993	2 469	2 715	2 698
c) Otros	2 037	3 676	3 414	5 045
3. Africa	147	639	1 376	2 860
III. Otros	666	1 801	4 552	7 285

* Irán, Irak, Jordania, Líbano, Arabia Saudita, Siria, Kuwait.
Fuente: Anuario estadístico: países capitalistas, Editorial de Literatura Política, Moscú, 1973, pp. 259-260.

intensivo de acumulación capitalista en el reducido polo de dominación imperial, que determina la necesaria interacción de los circuitos internos de acumulación de capital, a partir de su movimiento entre los *compo-nentes— naciones del polo hegemónico.* La acumulación de capital se basó en procesos acelerados de diferenciación y especialización de la producción industrial capitalista, en el surgimiento de nuevos polos sectoriales en la industria —a través de nuevas ramas— y en el relega-miento paulatino de los sectores punta, que le imprimieron la dinámica preferencial al proceso de acumulación en el periodo anterior a la segunda guerra mundial.

. . Paralelamente a las tasas superiores de ganancia imperantes en los países capitalistas dependientes, se condicionó la continuidad del flujo de capital excedente hacia ellos. Asimismo, se generó un proceso acelerado de concentración y centralización de capital en el interior de los países desarrollados, cuya estructura industrial determinó significativas masas de reinversión anual de ganancias, sólo posibles a partir del movimiento de capital entre los propios países centrales.

b) El proceso de diferenciación

Este proceso opera también en el interior del polo hegemónico imperialista —conjunto de países capitalistas más desarrollados—, y tiene como expresión el papel cada vez más importante que en la estructura mundial del capitalismo empezaron a desempeñar Europa Occidental y Japón. Sabemos de antemano que este proceso no conduce fácilmente a conclusiones definitivas, pero como hipótesis de trabajo podríamos decir que *se ha operado un lento proceso de pérdida del predominio de los Estados Unidos en el interior del polo hegemónico imperialista*, proceso difícil de caracterizar o cuantificar por el momento, puesto que entran otro tipo de consideraciones:

1. La insuficiencia del concepto espacio de Estado nacional para definir en la actual fase imperialista el predominio de un país en el interior del polo hegemónico imperialista.
2. El papel que juega en este momento la corporación transnacional, que trasciende muchas veces los intereses del Estado nacional de su origen. En cierta medida el Estado nacional se ha convertido en una camisa de fuerza para el desarrollo de las fuerzas productivas comandadas por el capital y para el necesario proceso de reordenamiento de las relaciones sociales de producción que dicho desarrollo implica.

Sin embargo, este proceso abre innumerables perspectivas para el análisis del ciclo económico del capital a escala internacional. No hay duda de que se han gestado en este ciclo las condiciones materiales para que se genere la tendencia a la *uniformidad del ciclo internacional del capital*. Se ha conformado una interrelación más estrecha de los aparatos productivos de los países imperialistas y se han creado estructuras financieras que reproducen este proceso en el campo de la circulación monetaria y de valores. La crisis actual del sistema nos habla en forma evidente de ello. Las crisis parciales que presentan ciertos sectores de los países capitalistas desarrollados desatan una reacción en cadena muy distinta de las limitadas repercusiones que tenían en el ciclo económico anterior.

Dado el enfoque parcial que hemos establecido en este estudio —el proceso de reordenamiento de las posiciones de los países desarrollados en el interior del polo hegemónico a partir de la inversión privada directa de los Estados Unidos en el exterior—, debemos establecer una relación con la situación que guarda este tipo de inversión en los demás países desarrollados, con el fin de definir con mayor precisión la tendencia señalada.

CUADRO 3

Balanza de capital entre los Estados Unidos y Europa Occidental,
1950-1971
(En millones de dólares)

Tipos de inversión	1950	1971
I. Inversiones de los Estados Unidos en Europa Occidental	12 414	45 630
1. Privadas	3 564	37 508
2. Estatales	8 850	8 125
II. Inversiones de Europa Occidental en los Estados Unidos	8 941	74 835
1. Inversiones en compañías privadas o valores	7 957	44 664
2. Inversiones en valores estatales	984	30 171

Fuente: *Anuario estadístico: países capitalistas,* Editorial de Literatura Política, Moscú, 1973.

Veamos qué pasa con la inversión europea en los Estados Unidos. El total de ella ascendió a 74 835 millones de dólares en 1971, siendo su destino:

1. Inversión tradicional en cartera en diversas corporaciones industriales y financieras que operan en el interior de los Estado Unidos.
2. Inversión de las transnacionales europeas en sus propias filiales.
3. Inversión en valores estatales del gobierno de los Estados Unidos.

Sin duda el proceso es más complejo y con otras características con relación a la inversión externa norteamericana. Veamos cuáles son sus características:

1. La inversión externa privada directa de Europa en los Estados Unidos arrojó un monto para el año señalado de 44 664 millones de dólares. La cifras de que disponemos no establecen la diferencia, en este renglón, entre la inversión directa controlada por las transnacionales y la colocada en acciones y valores de las corporaciones norteamericanas, lo cual nos daría una idea de la incidencia o no de esta inversión de capital en las decisiones importantes de los sectores o instituciones de la economía norteamericana donde se han situado.

2. Una parte importante de la inversión —30 171 millones de dólares— corresponde a la efectuada en valores estatales, lo que nos indica más de un proceso de fácil colocación de capital excedente europeo, con tasas de rédito estables y con relativos riesgos mínimos.

No obstante, las cifras constatan importantes volúmenes de capital europeo en la economía norteamericana, y confirman, al menos parcialmente, nuestra hipótesis sobre el proceso de integración y diferenciación del *polo hegemónico imperialista* que se ha producido en el ciclo económico de la posguerra. Evidentemente, de aquí pueden desprenderse algunas observaciones que situarían con mayor claridad este proceso. Por ejemplo, el hecho de que la inversión europea, al menos por ahora, incida con menor fuerza en las decisiones que afectan en forma importante la naturaleza y dirección del circuito interno de acumulación de capital en los Estados Unidos. Consideramos que constituye, a pesar de su significativa magnitud, una inversión periférica, pero necesaria de tomarse en cuenta, si se considera el sistema capitalista en su conjunto. Al establecer un cálculo entre el volumen del capital invertido y la tasa media de ganancia en el interior de los Estados Unidos, y derivar de esto la masa de ganancia y los *stocks* de repatriación que se rearticulan con el circuito de acumulación de capital de los diversos países europeos, nos podremos dar cuenta de la trascendencia futura que este proceso implica en la *rearticulación del polo imperialista*.

En resumen, podemos establecer para el ciclo económico de la posguerra la vigencia indiscutible del predominio de los Estados Unidos en el sistema capitalista en su conjunto, y en particular en el interior del bloque hegemónico. No obstante, durante este mismo periodo se gestan tendencias que minan esta posición, que hablan de la disputa en el ejercicio de la hegemonía imperialista a partir de la mayor participación de algunos países de Europa Occidental, en particular Alemania Federal, Francia, y el Japón.

Esta tendencia también puede ser ubicada en el campo de la producción material si atendemos los niveles de la productividad del trabajo en el interior del polo de la hegemonía imperialista. Para el conjunto del sistema capitalista, en el periodo de 1951-1960 la productividad del trabajo creció a una tasa promedio de 3,1 por ciento, y para el periodo de 1961-1971, de 4,1. Cabe señalar que los Estados Unidos se mantienen por abajo de la tendencia general, con un 3 por ciento para los dos periodos establecidos.

Aquí destaca la diferencia que en este renglón existe con Europa Occidental, cuya tasa de productividad del trabajo fue de 4,3 y 4,5 por ciento, respectivamente. Aún más, si particularizamos en relación a Alemania Federal, se agranda la brecha existente, con un 7,9 y 4,9 por ciento, respectivamente.

CUADRO 4

Tasa media de incremento de la productividad del trabajo en la industria de los países capitalistas desarrollados, 1921-1970
(En porcentajes)

	1921-1938	1951-1960	1961-1971	1951-1970
Todos los países capitalistas	2,0	3,1	4,1	3,6
Estados Unidos	1,9	3,0	3,0	3,0
Japón	3,7	11,2	10,2	10,7
Europa Occidental	2,8	4,3	4,6	4,5
Francia	2,6	5,8	5,1	5,4
Inglaterra	2,7	2,0	2,8	2,4
Alemania	4,8	7,1	4,9	6,0

Fuente básica: *Economía Mundial y Relaciones Internacionales*, núm. 3, Moscú, 1972, p. 155.

Las diferencias en los niveles de productividad del trabajo comandado por el capital hablan por sí mismas en torno a la capacidad competitiva intermonopólica, a las ventajas relativas en el comercio internacional y, también, a la búsqueda de formas más expeditas en el proceso de realización del capital-mercancía por parte de los países europeos. Al mismo tiempo, se reconoce el papel que juegan en el espacio europeo las corporaciones norteamericanas, que se benefician de estas ventajas comparativas en términos de la misma competencia intermonopólica.

En otro orden de cosas, y para fundamentar más nuestras proposiciones, se puede analizar la participación y sus cambios de los países capitalistas desarrollados en el valor de la producción global del mundo capitalista.

Si analizamos este proceso —que implica necesariamente una estructura mundial de la producción capitalista en su conjunto—, y tomamos como puntos de referencia los años de 1948 y 1974, se podrán establecer con claridad los distintos niveles de participación. Con relación a los Estados Unidos, su participación en la producción mundial capitalista pasó del 54,6 por ciento en 1948 al 39,2 en 1974. En la misma tendencia regresiva se encuentra Inglaterra, que pasó del 10,2 al 5,2 por ciento en el mismo periodo. El caso inverso es Japón, cuya participación aumentó del 1,2 al 9,2 por ciento, y Alemania Federal, que pasa del 3,6 al 8,6 por ciento.

CUADRO 5

Participación de diferentes países en la producción industrial capitalista

(En porcentajes)

Países	1948	1974
Todos los países capitalistas	100	100
I. Países Desarrollados	89,0	84,4
1. Estados Unidos	54,6	39,2
2. Japón	1,2	9,2
3. Mercado Común Europeo	23,3	24,8
a) Alemania Federal	3,6	8,6
b) Francia	4,6	5,2
c) Inglaterra	10,2	5,2
d) Italia	2,0	2,4
e) Otros	2,9	3,4
4. Otros	8,9	11,2
II. Países subdesarrollados	11,0	15,6

Fuente básica: *Situación económica de los países capitalistas / Anuario*, Editorial Verdad, Moscú, 1975, citado en A. ·N. Mélkinov y A. V. Ciro-miálnikov, *Nuevos procesos en la economía del capitalismo contemporáneo*, Editorial Lenizdat, Moscú, 1976, p. 80.

3. Movimiento de capital y división internacional del trabajo

Durante el ciclo abordado también se presentaron cambios importantes en la dirección sectorial del movimiento del capital internacional. Se realizó un desplazamiento en la inversión del capital externo: de sectores tradicionales —como el comercial y parte de la industria extractiva— a la industria de transformación y petrolera, básicamente.

Para 1971 la inversión directa privada norteamericana en el exterior aplicada en la industria de transformación ascendió a 35 475 millones de dólares, constituyendo aproximadamente el 49 por ciento de la inversión en el conjunto de los siguientes sectores: industrias extractiva, de transformación y petrolera, y comercio. El petróleo como fuente energética de carácter estratégico y materia prima fundamental del sector petroquímico ocupó el 33 por ciento de esta inversión. Las industrias de transformación y petroleras representaron el 82 por ciento de la inversión privada directa de los Estados Unidos en el exterior.

CUADRO 6

Estructura sectorial de la inversión privada
de los Estados Unidos en el exterior
(En millones de dólares)

Sector	Año	Europa Occidental	Canadá	América Latina	Asia	Otros	Total
1. Industria extractiva	1945	64	1 412	1 112	- - -	37	1 064
—sin extracción de	1960	49	1 325	1 155	24	444	2 997
petróleo—	1971	78	3 265	1 355	155	1 867	6 720
2. Industria de	1945	832	1 145	433	- - -	261	2 671
transformación	1960	3 804	4 827	1 610	286	524	11 051
	1971	15 538	10 537	4 708	1 830	2 862	35 475
3. Petróleo	1945	299	161	645	- - -	433	1 538
	1960	1 763	2 664	2 822	1 655	1 906	10 810
	1971	6 202	5 131	3 303	3 512	6 110	24 258
4. Comercio	1945	265	141	145	- - -	120	671
	1960	736	630	718	137	176	2 397
	1971	2 415	1 221	1 308	415	479	5 838

Fuente: *Anuario estadístico: países capitalistas*, Editorial Literatura Política, Moscú, 1973, p. 261.

¿Qué ha pasado? Indudablemente, varios procesos paralelos. El primero, la paulatina traslación de sectores industriales del centro a la periferia; en otras palabras, un proceso tendiente a redefinir la especialización del trabajo en el interior de la estructura mundial capitalista. El segundo, el surgimiento de un eslabón intermedio entre el centro y la periferia: una serie de países de *desarrollo medio capitalista*, con infraestructura y mercado interno suficientes para asimilar inversión de capital con alto contenido tecnológico. El tercero, el recambio de los sectores punta del proceso de acumulación de capital en los países del centro: sectores electrónico, petroquímico y nuclear.

Debido a otro tipo de consideraciones, indudablemente se ha operado un desarrollo del capitalismo en los países dependientes, no determinado en exclusiva por este tipo de movimiento internacional de capital, sino obedeciendo más bien a factores y circunstancias concretas de carácter interno de los países dependientes. La incidencia del capital transnacional en los sectores mencionados, y en particular en los países de desarrollo medio, ha generado variaciones y cambios sustantivos en el modelo tradicional de acumulación capitalista, potenciando el proceso de concentración industrial, estableciendo nuevas modalidades en el campo de la dependencia tecnológica y financiera, y condicionando en forma importante la propia estructura de clases en los centros urbanos de dichos países.

CUADRO 7

Cambios en la estructura de la producción industrial de los Estados Unidos

(En porcentajes)

Sector	1955	1960	1968	1970
Total	100	100	100	100
1. Electroenergético y gas	3,7	4,7	5,3	6,4
2. Transformación	88,1	87,5	88,8	87,2
a) Metalúrgico	9,6	7,4	6,5	6,2
b) Construcción de máquinas	7,8	7,7	8,7	8,1
c) Electrotécnico y electrónico	6,1	7,0	8,0	7,6
d) Textil	3,0	2,9	2,8	2,7
e) Químico	5,0	6,3	8,2	9,3
f) Otros	56,0	56,2	54,6	53,3
3. Otros	8,2	7,8	5,9	6,4

Fuente: *Anuario estadístico: países capitalistas*, Editorial Literatura Política, Moscú, 1973, pp. 37-38.

Muestra evidente de este reordenamiento de la división internacional del trabajo capitalista la constituye la información disponible sobre los cambios sufridos en la estructura industrial de los propios Estados Unidos en el periodo comprendido entre 1955 y 1970.

Como es lógico suponer, dada la magnitud creciente del aparato industrial que poseen, se ha generado un cambio en el porcentaje que ocupa el sector electroenergético y gas, pasando del 3,7 por ciento al 6,4. Asimismo, se han presentado cambios importantes en los siguientes sectores:

1. Sector de electrotécnica y electrónica, del 6,1 al 7,6 por ciento.
2. Sector químico, del 5 al 9,3 por ciento.

En cambio, para el mismo periodo, disminuyó la participación de sectores industriales tradicionales:

1. Industria textil; pasó del 3 al 2,7 por ciento.
2. Metalurgia; del 9,6 al 6,2 por ciento.

Queda claro que tratamos porcentajes de participación, los cuales no implican necesariamente disminución real de la producción; pero son precisamente estos sectores —los tradicionales— los que han servido como puntos dinámicos del proceso de industrialización de muchos países de la periferia. Las cifras comprueban, además, la preponderancia de nuevos sectores industriales, que le dan un nuevo impulso al proceso de acumulación capitalista de los países desarrollados, el cual se traduce en un *proceso de alta especialización* de estos países en el campo de la producción capitalista en su conjunto. No cabe duda de que la base de todo este proceso reside parcialmente en la tendencia a la automatización de la producción en el caso del sector electrotécnico y electrónico, y, por la rápida diferenciación de los productos derivados del petróleo, en el caso del petroquímico.

*4. Capitalismo y comercio exterior 1965-1975:
el auge como pájaro agorero de la crisis*

Una de las características fundamentales del ciclo de ascenso del desarrollo capitalista de la posguerra, 1947-1968, fue la acelerada expansión de las relaciones de intercambio comercial en el mercado mundial capitalista. Este proceso, sin duda alguna, sintetiza una serié de tendencias que juntas conformarían —a nivel de mercado— la expresión de las altas tasas de acumulación de capital que se obtuvieron en la mayoría de los países que integran el sistema, sin que ello quiera decir que durante este periodo no se generaran fluctuaciones coyunturales a la baja de determinado tipo o especie de mercancías. Veamos algunas de estas tendencias, con el objeto de apreciar, en su conjunto, cómo se expresó el auge del ciclo económico a nivel de comercio internacional:

1. La reconstrucción de las economías de los países de Europa Occidental y del Japón, bajo los intereses de una estrategia global de los Estados Unidos en contra del naciente campo socialista, dio como resultado la conformación de un aparato productivo en estos países que se sustentó sobre nuevos horizontes tecnológicos. Esto fue posible a partir del movimiento de capital norteamericano de carácter excedentario bajo distintas formas: inversión extranjera directa, Plan Marshall, distintos tipos de créditos y préstamos, etcétera. Europa y Japón se reintegraron así a una floreciente economía, que en el campo del comercio exterior se reflejó en tasas crecientes de los volúmenes de intercambio, fundamentalmente entre los propios países capitalistas desarrollados.

2. Nuevamente en dirección a los países dependientes empezó a fluir el capital externo, ocupándose de esta forma los vacíos dejados durante el transcurso de la guerra, situación que en cierta medida y en ciertos países posibilitó un determinado grado autónomo de acumulación de capital, que se expresó en incipientes procesos de industrialización. Asimismo, se conformó toda una estrategia por parte del capital monopólico de los países centrales tendiente a asegurar el control de las fuentes de materias primas y de energéticos localizados en los países dependientes; este proceso fue en parte determinado por las propias necesidades objetivas que imponía la puesta en marcha de un poderoso y extenso aparato productivo de las economías centrales. La inversión externa, tanto entre los países capitalistas desarrollados como la de éstos al mundo dependiente, se desarrolló a partir del movimiento de *capital-mercancía*, que por su destino se transformaba en *capital productivo*.

3. La propia operación de la inversión externa en los países dependientes, en forma de capital productivo, generó una demanda externa adicional de insumos, de bienes intermedios y de capital, tendencia que fortaleció la expansión de las relaciones comerciales en el mercado mundial.

4. Los créditos atados concedidos por las instituciones internacionales financieras de crédito a los países dependientes constituyeron no otra cosa que mecanismos expeditos para la realización externa del capital-mercancía de carácter excedentario, que con el transcurrir del ciclo económico de la posguerra se empezaba a generar en las economías centrales.

5. Al mismo tiempo, la expansión de la relaciones comerciales exigió la formación de instituciones internacionales que propiciaran el libre desarrollo del movimiento del capital-mercancía. Así, fue un común denominador el surgimiento de acuerdos regionales que instrumentaron la conformación de áreas con menores restricciones al inter-

CUADRO 8

Comercio exterior de los países capitalistas, 1955-1974

(En miles de millones de dólares)

	1955	1960	1965	1970	1975	*Tasa media de incremento*	
						1956-1960	1961-19:
I. Todos los países capitalistas	173,5	232,4	339,5	570,2	1 541,6	6,0	9,4
II. Países capitalistas centrales	125,5	174,8	265,1	460,0	1 155,8	6,9	10,2
1. Europa Occidental	75,5	108,0	168,6	288,3	719,3	7,4	10,3
2. Estados Unidos	26,9	35,4	48,5	82,4	104,3	5,7	8,2
3. Japón	4,5	8,5	16,6	38,1	117,6	13,6	16,2
4. Otros	18,6	22,9	31,4	51,2	214,6		
III. Países independientes	48,0	57,6	74,4	110,2	385,8	3,7	6,7
1. Asia	19,6	25,0	33,3	50,2	215,6	5,0	7,2
2. África	9,8	11,9	15,7	23,1	66,8	4,0	6,9
3. América Latina	15,5	16,9	20,8	25,7	3,0,4	1,8	5,8
4. Otros	3,1	3,8	4,6	11,2			

Fuente: *Monthly Bulletin of Statistics*, 1961, 1968, 1971 y 1975.

cambio comercial; ejemplo de ello fue el Mercado Común Europeo, la Asociación Latinoamericana de Libre Comercio, o acuerdos que tendían a ser generales en materia de política arancelaria, como lo fue el GATT. El movimiento del capital-mercancía o, para decirlo con mayor precisión, las nuevas condiciones para el proceso de realización del valor capital exigieron una política de liberación comercial que fundamentalmente favoreció a los países centrales. Con el surgimiento de la crisis internacional del sistema capitalista, que significó el bloqueo de los canales del comercio exterior, se recurre ahora al expediente de una política de marcado *corte proteccionista*, que por lo pronto cuestiona en parte lo alcanzado por el sistema en su conjunto, en términos del libre intercambio en el comercio exterior.

Las tendencias, de una u otra manera, se expresan en la estructura y dinámica del comercio exterior durante el periodo de 1955-1974.

1. Durante el periodo señalado, los países centrales, no obstante la expansión del comercio exterior —que afectó el conjunto del sistema—, fueron los directamente beneficiados. Los países capitalistas desarrollados mantuvieron un alto porcentaje de participación. A ellos correspondió el 72 por ciento del volumen total del comercio exterior del sistema capitalista en el año de 1955, y en 1975 su participación se elevó al 74, 4 por ciento.

2. Si bien es cierto que la expansión del capitalismo, o mejor dicho su dinámica en los Estados Unidos, constituye uno de los más importantes factores que le imprimieron la tendencia al ciclo económico de la posguerra, también lo es el hecho de que en este ciclo se genera en forma paralela una pérdida relativa de su *hegemonía en el interior del polo imperialista*. En el campo del comercio exterior esto puede corroborarse con la tendencia a la disminución de su participación relativa en el mismo. Así, los Estados Unidos disminuyeron su participación en el volumen del comercio exterior de los países desarrollados, pasando del 21,4 por ciento en 1955 al 17 en 1975.

3. Es visible la desigualdad de las tasas de crecimiento en el comercio exterior tanto de los países dependientes como de los países centrales. La tasa promedio de incremento del comercio exterior para el conjunto del sistema capitalista fue de 6 por ciento en el periodo de 1956-1960, y de 9,4 de 1961 a 1970. Los países centrales mantuvieron en general su tasa de incremento ligeramente por arriba del promedio, siendo de 6,9 y 10,2 por ciento para los mismos periodos, respectivamente; no así los países capitalistas dependientes, cuya dinámica de incremento fluctuó muy por abajo del promedio: 3,7 y 6,7 por ciento respectivamente.

4. Los diferenciales de precios, producto de una desigualdad en los niveles de productividad, surtieron efecto en los términos del intercambio internacional de mercancías. De esta manera, el comercio exterior de los países dependientes constituyó virtualmente un mecanismo de traslación, de la periferia al centro, de grandes sumas de valor-capital.

Este último proceso, si se analiza conjuntamente con los montos de ganancia acumulados por el capital externo en los países dependientes, da cuenta de algunos de los rasgos del mecanismo de acumulación de capital en su perspectiva internacional. La estructura monopólica de la inversión externa constituirá así la determinante de un proceso de alta concentración de la ganancia, que se expresa, al menos en forma parcial, en un actual proceso de descapitalización de los países dependientes.

II. LA ACUMULACIÓN CAPITALISTA

1. Inversión de capital, tasa y masa de ganancias

Los cálculos globales de las categorías *inversión de capital, tasa y masa de ganancias* bien pueden ayudarnos a comprender ciertos rasgos de la acumulación capitalista, en la perspectiva del sistema en su conjunto, y, asimismo, a descubrir ciertas tendencias del ciclo económico estudiado de 1947-1968. Sin embargo, lo sabemos bien, se corre el riesgo de omitir su comportamiento a partir de las *formas específicas*, ya sea por países o regiones. También dar prioridad a parte de nuestro análisis en la economía de los Estados Unidos y su interacción con otros países, a partir del movimiento internacional de capital, puede conducirnos a que algunas de nuestras conclusiones tengan sólo carácter aproximativo, y no sean del todo válidas para cada uno de los países integrantes del *polo hegemónico imperialista*. De todas formas, los grados de generalización son permisibles en tanto se establezcan a partir del análisis de lo más desarrollado. Para las categorías anteriormente señaladas optaremos por utilizar la información a tres niveles:

1. El sistema capitalista en su conjunto.
2. Los países capitalistas desarrollados.
3. Los países capitalistas dependientes.

Considerando la inversión de capital realizada anualmente en el conjunto del sistema, podemos observar las siguientes tendencias:

1950	7,2 mil millones de dólares
1960	31,7 mil millones de dólares
1971	86,0 mil millones de dólares

En términos de la duración del ciclo económico estudiado se constata una tendencia en el proceso de inversión de capital, lo que no significa la inexistencia de contradicciones en el ritmo de la inversión para

IMPERIALISMO Y CRISIS 313

ciertos años y determinados sectores o países. En este periodo el monto de la inversión anual de capital se incrementa 11,9 veces. Al mismo tiempo, podemos establecer comparativamente las diferencias en este proceso tanto de los países capitalistas desarrollados como de la periferia. La inversión anual se incrementa para los primeros 16,6 veces y para los segundos 6,1 veces. De lo anterior se infiere la ubicación de los polos dinámicos de la reproducción del capital social, proceso que por su propia naturaleza se convierte en factor causal de la crisis internacional del sistema.

El ciclo económico 1947-1968 se convierte, así, en un *ciclo ascendente del desarrollo del capitalismo* en su fase monopólica, cuya tendencia ha sido pasar de un proceso acelerado de la inversión anual de capital a una situación estructural de sobreproducción generalizada, y, por consiguiente, a la contracción de los ritmos de inversión, tendencia que quedaría más esclarecida si establecemos los mecanismos correctivos a la información manejada, deflacionando las cifras correspondientes a 1968 y 1971.

La expectativa de las *crisis de gestación* durante el ciclo 1947-1968 podrá ser mejor detectada si analizamos el comportamiento de la tasa de ganancia, que para el conjunto del sistema fue en 1950 de 17,1 por ciento, y descendió en 1971 a 11,9 por ciento. En términos comparativos, el descenso fue más pronunciado en los países capitalistas desarrollados, que fluctuó para el mismo periodo entre 13 y 9,1 por ciento. Si la *tendencia al descenso* se presentó también en los países capitalistas dependientes, su punto más bajo, en términos medios, se mantuvo en 16,1 por ciento en 1960 y en 17,1 en 1965.

Con relación a la masa de ganancia —y en este caso manejamos cifras muy conservadoras—, la información comprueba, en términos formales, una diferencial no muy grande si tomamos como ejemplo el año 1971. El monto de la ganancia obtenida por el capital en los países desarrollados fue de 5 300 millones de dólares y de 4 300 en el mundo capitalista dependiente. Indudablemente, en términos reales, la brecha se acentúa si se toman en cuenta los *stocks* de ganancia transferidos de la periferia al centro, estableciéndose así un mecanismo de autocompensación o autorregulación entre

1. Los niveles superiores de la inversión anual de capital requeridos por los países desarrollados en el contexto de un nivel menor de la tasa de ganancia y, en el momento de la crisis, su caída más pronunciada.

2. Tasas de ganancia más altas en los países de la periferia y una menor diferencia entre la inversión anual de capital y la masa de ganancia.

CUADRO 9

Inversión de capital, tasa y masa de ganancias en el sistema capitalista, 1950-1971

Año	Total de países capitalistas			Países capitalistas desarrollados			Países capitalistas dependientes		
	Suma de inversiones al final del año	Suma de ganancias en el año	Tasa de ganancia	Suma de inversiones al final del año	Suma de ganancias en el año	Tasa de ganancia	Suma de inversiones al final del año	Suma de ganancias en el año	Tasa de ganancia
	Miles de millones de dólares			Miles de millones de dólares			Miles de millones de dólares		
1950	7,2	1,2	17,1	3,5	0,5	13,0	3,7	0,8	21,0
1960	31,9	3,6	11,3	19,4	1,8	9,3	11,2	1,8	16,1
1965	49,5	5,5	11,1	32,3	2,9	9,0	15,2	2,6	17,1
1968	65,0	7,0	10,8	43,5	3,5	8,0	18,8	3,5	18,6
1971	86,0	10,2	11,9	58,3	5,3	9,1	23,3	4,3	18,5

Fuente: *Anuario estadístico: países capitalistas*, Editorial de Literatura Política, Moscú, 1973. p. 263.

Si planteamos esta problemática desde la perspectiva de los límites de la acumulación capitalista, veremos que el mantenimiento de las condiciones generales de valorización del capital ya existente en los países desarrollados pasó por la dinámica de un necesario proceso acelerado de reinversión de capital. Esta tendencia condujo a modificaciones sustanciales en la composición orgánica del capital y a su repercusión negativa en los niveles de la tasa de ganancia. Si bien este mismo proceso se experimentó en los países capitalistas dependientes, fue de un carácter menos intensivo, y además determinado por el tipo de estructura industrial y los menores niveles en el costo de la reproducción de la fuerza de trabajo asalariado. A final de cuentas, el hecho objetivo de lograrse una mayor tasa de ganancia en estos países se convierte en incentivo para la colocación de capital excedente de las metrópolis y para su valorización en mecanismo parcial de desbloqueamiento de los límites objetivos de la acumulación de capital en los países imperialistas.

Lo anterior no puede reducirse a una mecánica absoluta del comportamiento del sistema capitalista. En la actual fase monopólica el propio sistema genera una serie de contrarrespuestas, que objetivamente contrarrestan la tendencia, al establecer modificaciones en el ritmo de su comportamiento. Veamos algunas de ellas:

Si establecemos una relación entre el grado de concentración del capital y el comportamiento de la tasa de ganancia, observaremos una tendencia al mantenimiento de la tasa de ganancia en un nivel superior a la media, y con un menor coeficiente de variación. Esta misma situación, en cuanto al nivel de la tasa de ganancia, la encontramos en los capitales de menor concentración, pero en este caso con el *máximo nivel en el coeficiente de variación.* Todo esto en el periodo 1961-1971, en la industria de transformación de los Estados Unidos.

CUADRO 10

Concentración de capital: tasa de ganancia y coeficiente de variación. Industria de transformación de los Estados Unidos, 1961-1971

Grado de concentración de capital (en millones de dólares)	Tasa de ganancia (o/o)	Coeficiente de variación (o/o)
1. Más de 1 000	12,3	15,2
2. 250 a 1 000	10,8	13,3
3. 50 a 100	9,8	17,2
4. 10 a 25	9,3	23,4
5. Hasta 1 000 000	10,9	44,5

Fuente: *Economía Mundial y Relaciones Internacionales, núm. 10,* Moscú, 1977, p. 115.

En el primer caso estamos frente a una tasa diferencial de ganancia de carácter monopólico, que tiende a guardar mayores niveles de estabilidad. El proceso de monopolización actúa como factor contrarrestante a la tendencia a disminuir de la tasa de ganancia. En el mismo sentido actúa la diferencial de precios monopólicos, como mecanismo de traslación —a nivel de mercado— de volúmenes de valor de los capitales de menor concentración a los de mayor concentración.

En el segundo caso lo más importante de señalar es el mantenimiento de niveles similares en la tasa de ganancia por parte de los capitales de más baja concentración, pero a la vez con márgenes de variación muy altos, situación que en gran parte puede explicarse por la dinámica de la competencia que se da en los espacios no monopolizados de la producción capitalista en los países de mayor desarrollo.

Caracterizar la dinámica de la acumulación capitalista en el ciclo económico 1947-1968 en los países imperialistas puede ser significativo para comprender algunas tendencias estructurales y sus posibles modificaciones. Veamos qué pasa con el proceso de inversión productiva materializada en el capital fijo, todo ello referido a la industria de transformación de los Estados Unidos.

El análisis estadístico demuestra, en términos globales, una relación promedio de 1:1 entre el proceso de ampliación y el proceso de modernización del capital fijo. Ambos procesos constituyen las dos vertientes del mecanismo periódico de renovación del capital fijo. La preponderancia de uno u otro en ciertos periodos indicará la tendencia hacia un proceso intensivo o extensivo de la acumulación capitalista. En ese caso, es interesante observar que para los años 1960 y 1970 despunta una relativa preponderancia del proceso de modernización, con un 65 y 56 por ciento, respectivamente. Ello implica el surgimiento de una ligera tendencia en el interior de la economía norteamericana que apuntó parcialmente a una reproducción del capital de carácter intensivo, que expresó o sintetizó los cambios estructurales habidos en el ciclo de ascenso del sistema, en la composición técnica del capital, a partir de la renovación del aparato productivo sobre *nuevos horizontes tecnológicos*. No obstante, si se compara esta tendencia con lo que sucede en los países europeos, veremos que será desfavorable a los Estados Unidos.

2. Producción, tecnología e investigación

El problema de la tecnología es abordado comúnmente en forma parcial, sobre todo cuando se le analiza a partir de las relaciones entre centro y periferia. Precisamente el concepto de *dependencia tecnológica* es producto de esta concepción unilateral en el análisis, al considerarse la tecnología como una mercancía que puede ser adquirida en los países desarrollados, y que el meollo del problema radicaría en el *know-how* del consumo productivo de la misma. Nosotros consideramos que la tecnología, en el análisis económico, supone el aspecto *técnico-material*, de la *composición orgánica del capital*; por un lado, la estructura material del capital fijo empleado, y, por el otro, la fuerza de trabajo adecuadamente calificada. De ahí que los niveles tecnológicos de mayor rango se convierten en el factor más importante en la determinación de la productividad del trabajo comandado por el capital y en sustrato material del proceso de producción de plusvalía relativa y extraordinaria; y, como resultante, en presión al descenso de la tasa de ganancia.

El polo dinámico de la nueva determinación del horizonte tecnológico industrial de los países capitalistas desarrollados tiende a constituir el sector electrónico y, en particular, el de la computación. Esta tendencia determina todo un lento proceso de redistribución de las fuerzas productivas en el sistema capitalista, al generarse una tendencia a la alta especialización y a una fuerte interdependencia en el interior del polo hegemónico imperialista, y de éste con el resto del sistema capitalista. Impulsa también el proceso parcial y deformante de la industrialización en los países dependientes.

Analizando para el periodo 1960-1972 la dinámica de ciertos subsectores de la producción industrial que elaboraron maquinaria e implementos se constatan las tendencias del proceso de diferenciación industrial y el importante papel que comenzó a desempeñar el *subsector industrial de la computación* en los Estados Unidos y Japón.

La tasa media de incremento de la producción de todo tipo de máquinas e implementos para ese periodo en los Estados Unidos fue de 6,6 por ciento, y en Japón de un 20 por ciento. Las tasas más altas fueron alcanzadas precisamente por el subsector industrial de la computación, con una tasa media de incremento del 21,5 por ciento en los Estados Unidos y de un 50 por ciento en Japón. El subsector que le siguió fue el de la producción de implementos químicos. Esta dinámica de los dos subsectores industriales permite constatar el *polo nodal del nuevo horizonte tecnológico* que está alcanzando la estructura industrial de estos dos países. Aunque es observable en Japón una tendencia más acelerada, su producción real dista aún de igualarse a la de los Estados Unidos. El proceso señala la creación de una infraestructura global necesaria para un *proceso potencial de automatización de carácter masivo en la producción industrial*, que encuentra un importante impulso en la propia crisis del sistema.

Vinculado con este proceso se encuentra el desarrollo de la *infraes-*

CUADRO 11

Producción de computadoras electrónicas en comparación con otro tipo de máquinas en los Estados Unidos y Japón, 1960-1972

(En millones de dólares)

	Estados Unidos				Japón			
	1960	1970	1972	Tasa media de incremento 1960-1972 (%)	1960	1970	1972	Tasa media de incremento 1960-1972 (%)
Todo tipo de máquinas e implementos	102 068	188 100	221 000	6,6	10 296	79 000	92 000	20,0
1. Computadoras electrónicas	630	5 162	6 500	21,5	7	858	1 320	50,0
2. Tornos y prensas	1 126	1 443	1 325	1,4	159	1 109	955	16,1
3. Implementos químicos	925	1 850	2 000	6,6	185	500	470	81,0
4. Implementos agrícolas	1 001	1 546	1 650	4,3	49	436	430	19,8
5. Implementos para construcción de vías de comunicación	1 838	3 860	4 600	8,0	130	1 308	1 300	21,2

Fuente: Y. A. Sávinov, *La nueva técnica y el capitalismo*, Editorial Idea, Moscú, 1974, p. 18.

tructura de la producción de conocimiento: la ciencia como factor exponente del desarrollo de las fuerzas productivas comandadas por el capital. Sin esta infraestructura es imposible hablar de autodeterminación tecnológica. En este proceso el Estado capitalista y la gran corporación industrial-financiera articulan sus esfuerzos: todo descubrimiento científico se encuentra parcialmente determinado por los mecanismos de su financiamiento. Las grandes corporaciones industriales desarrollan su propias infraestructuras de investigación científica, y el Estado capitalista destina en su presupuesto importantes sumas a este renglón. Asimismo, su *política de investigación científica* responde directa o indirectamente a los intereses del gran capital. Tan sólo el gasto de investigación científica alcanzó en el año de 1971, en las cinco potencias imperialistas, la cifra de 41 500 millones de dólares, y la participación financiera del Estado fluctuó entre un mínimo del 47 por ciento en Alemania Federal y un máximo del 70 por ciento en Francia.

CUADRO 12

Gastos de investigación científica en los principales países capitalistas, 1971

	Gastos en miles de millones de dólares	Gastos por habitante en dólares	Porcentaje del Estado en el financiamiento*
1. Estados Unidos	27,3	131,8	55
2. Alemania Federal	4,0	67,5	47
3. Inglaterra	2,6	46,7	51
4. Francia	2,8	54,6	70
5. Japón	4,8	45,8	28
Total	41,5	- - - -	- - - -

* Datos de 1972.
Fuente básica: *Science Indicators, 1972-1973*, p. 102.
Stadistical Abstract of the U. S. A., 1972, p. 185; y 1973, p. 812.
Elaboración: V. I. Gromerca, *La revolución técnico-científica y el capitalismo contemporáneo*, Ed. de Literatura Política, Moscú, 1976, p. 85.

3. La centralización del capital en los Estados Unidos

Si bien es posible afirmar, en términos generales, que es precisamente en las fases de crisis cuando se desarrolla con mayor intensidad el proceso de centralización del capital —debido a la imposibilidad de muchas firmas de mantenerse en el mercado, en tanto tienden a operar por debajo de las condiciones medias de valorización de su capital—, también es cierto que en las fases de ascenso del ciclo productivo, como tendencia, pueden ser contrarrestadas por otro tipo de factores. Sin embargo, el proceso como tal no desaparece.

En el ciclo de ascenso del capitalismo de la posguerra, 1947-1968, se confirma plenamente lo anterior; la ampliación de los consorcios industrial-financieros encuentra a través del mecanismo de la centralización una de las formas mediante las que se presenta el proceso de monopolización de la economía norteamericana. A este proceso no le es ajeno, sino más bien consustancial, el mecanismo de la competencia intermonopólica, que encuentra en la centralización del capital uno de sus más evidentes resultados. Con relación a la inversión extranjera en los países dependientes, es común observar cómo este proceso se da mediante la compra o la amplia participación en el paquete de acciones de las firmas ya establecidas.

El proceso de centralización de capital en la industria de transformación de los Estados Unidos revela dos tendencias fundamentales:

1. El proceso de absorción de un número considerable de firmas pequeñas y medianas por las grandes corporaciones. En el periodo de 1948-1967, por ejemplo, fueron absorbidas 593 firmas cuyos activos fluctuaban entre 10 y 25 millones de dólares y el monto total de sus activos ascendía a 9 mil millones de dólares. Conforme aumenta el nivel de concentración de capital, el número de compañías absorbidas decrece. Así, para el mismo periodo, y con un nivel de concentración de entre 50 y 100 millones de dólares, el número de firmas absorbidas fue solamente de 114. Sin embargo, sus activos en total fueron de 8 mil millones de dólares. Como se observará, el número de firmas absorbidas disminuyó en función del mayor nivel de concentración de capital. No obstante, el monto de capital centralizado continuó siendo considerable, lo que revela una tendencia esencial del sistema capitalista en su desarrollo.

2. En los niveles más altos de concentración, es decir, en la absorción de firmas cuyo activos fluctuaron arriba de los 250 millones de dólares, el número de firmas absorbidas llegó, en el periodo señalado, a 11, y el monto total de sus activos fue de 4 mil millones de dólares.

La primera tendencia refleja un comportamiento normal del proceso histórico de la acumulación capitalista: la absorción de firmas pequeñas y medianas por los grandes consorcios industriales; el capital grande se come al pequeño. La segunda tendencia expresa el proceso de fusión que opera a nivel de los propios grandes conglomerados. Los orígenes de este proceso son de carácter diverso y múltiple; basta señalar, por ejemplo:

1. El proceso interno de integración vertical y horizontal de las grandes transnacionales.

2. Las dificultades financieras por las que atraviesan diversas firmas en la coyuntura económica, y cuyo único mecanismo de subsistencia lo constituye el control del paquete principal de sus acciones por algunos de los gigantes industrial-financieros.

CUADRO 13

Centralización de capital en la industria de transformación de los Estados Unidos, 1948-1967

	Grupos de firmas con base en sus activos (En millones de dólares)					
	10 a 25	25 a 50	50 a 100	100 a 250	Más de 250	Total
Firmas absorbidas	593	227	114	53	11	998
Activos de las firmas absorbidas (en miles de millones de dólares)	9	8	8	7	4	36

Fuente: N. T. Mnogoliet, *Estados Unidos: consorcios industriales*, Editorial Ciencia, Moscú, 1976.

Asimismo, la estructura monopólica de la industria de transformación de los Estados Unidos se manifiesta, ya como resultado, en los crecientes volúmenes globales de las ventas de las grandes corporaciones, así como en los recientes montos de ganancia obtenidos.

Si tomamos como ejemplo el valor del volumen total de ventas de las 500 firmas mayores, veremos que en 1974 ascendió a 834 mil millones de dólares. A las 100 empresas más importantes por la magnitud de sus activos les correspondió el 64 por ciento del total.

El mismo proceso se manifiesta a través del comportamiento de los montos de la ganancia neta. De 1960 a 1974 el monto de la ganancia neta de las 500 firmas más importantes crece de 11 600 millones de dólares a 43 600. En cuanto a la participación de esas 500 empresas en la ganancia neta de toda la industria de transformación, le correspondió el 72 por ciento. El nivel de concentración del capital en los Estados Unidos reproduce así la dinámica de la acumulación capitalista, mediante un círculo ascendente y en espiral: la concentración

CUADRO 14

Dinámica de la monopolización de la industria
de transformación de Estados Unidos, 1960-1974

	1960	1970	1974
1. Ventas de las 500 firmas mayores (en miles de millones de dólares)	203	464	834
2. Porcentajes de las 100 mayores entre las 500 firmas	62,5	62,3	64,4
3. Ganancia neta de las 500 firmas mayores (en miles de millones de dólares)	11,6	21,7	43,6
4. Porcentaje de las 500 firmas mayores en el total de la rama	- - -	74,8	72,0

Fuente: N. I. Mnogoliet, *Estados Unidos: consorcios industriales*, Editorial Ciencia, Moscú, 1976.

conduce y propicia la centralización; ésta, a su vez, condiciona mayores montos de plusvalía y capital bajo el control de los grandes consorcios industrial-financieros.

En el plano internacional, si analizamos la estructura sectorial y la distribución de la propiedad de las 100 transnacionales más importantes, nos podremos dar cuenta de su nivel de concentración y centralización, así como de la base nacional de su procedencia.

Las 100 transnacionales más importantes

Industria petrolera	18
Industria automotriz	10
Industria química	10
Industria electrónica	7
Industria alimentaria	6
Industria aeronáutica	5
Industria metalúrgica	6
Otras	38

De este total, 56 transnacionales tienen su origen en los Estados Unidos; 35, en Europa Occidental; 8, en Japón, y una, en Australia. De esto, aunque sea cuestionable afirmarlo, se deduce una tendencia a la pérdida de la hegemonía norteamericana. Por otro lado, el grado de concentración y centralización por sectores indica el enorme papel que tiende a jugar la transnacional en el proceso de reproducción del capital a escala internacional.

4. El sistema bancario-financiero de los Estados Unidos

La dinámica del proceso de acumulación de capital en los Estados Unidos determinó casi en forma directa un ensanchamiento y diversificación de su estructura financiera, si bien de antemano sabemos que esta estructura se ha desarrollado igualmente en función de la expansión del mercado externo, tanto de inversión de capital-dinero como de colocación de capital-mercancía.

El volumen de los activos del conjunto de la estructura financiera, en cuanto a su crecimiento en el periodo de 1948-1972, manifiesta una expansión y una racionalidad interna del sistema no vistas con anterioridad. El crecimiento de los activos del sistema bancario-financiero de los Estados Unidos revela cuando menos dos tendencias visibles: la primera tiene que ver con la necesidad objetiva de una estructura cada vez más compleja del aparato productivo, lo que implica cambios sustanciales en los mínimos necesarios que requiere la inversión inicial de capital para el conjunto de las ramas de la economía, mínimos sólo posibles de ser financiados a través de la existencia de importantes volúmenes de capital en poder de esta estructura financiera. La segunda consiste en una ampliación de los montos de capital potencial, que no encuentra colocación inmediata en el sistema productivo o de servicios de los Estados Unidos.

Así, los activos de los bancos comerciales, *trusts* bancarios y compañías financieras y de inversión en el interior de los Estados Unidos crecen espectacularmente en dicho periodo. En 1948 el total de activos de la estructura bancario-financiera representaba 284 300 millones de dólares, los cuales llegan en 1972 a 1 473 700 millones. Tal magnitud de capital refleja la existencia de una poderosa y complicada red bancario-financiera que retroalimenta el proceso de acumulación ampliada de capital dentro y fuera de los Estados Unidos.

Una idea de la complejidad de la estructura financiero-crediticia y su importante diversificación nos la dan los sustanciales incrementos de los activos por tipos de instituciones. Corresponde a los bancos comerciales y a la compañías de seguros las tasas de crecimiento más altas que se registran en el periodo analizado. Los activos de estos dos tipos de instituciones pasaron de 91 mil millones de dólares en 1948 a 978 en 1972, cifra que corresponde al 40 por ciento del total de los fondos controlados por el conjunto del sistema financiero-crediticio. En la misma dinámica puede ubicarse el crecimiento de las compañías financieras y de inversión, cuyo monto de activos pasó de 9 300 millones de dólares a 137 800 en el mismo periodo. En este renglón, a pesar de su menor peso relativo, se observan las más altas tasas de crecimiento.

324 PEDRO LÓPEZ DÍAZ

CUADRO 15

*Activos de los principales grupos e instituciones financierco-crediticias
de los Estados Unidos*
(En miles de millones de dólares)

Tipos de instituciones	1948	1960	1972
1. Banco Federal de Reserva	50,0	53,0	97,5
2. Bancos comerciales	155,5	257,6	739,0
3. Filiales de los bancos extranjeros	1,6	3,6	22,5
4. *Trusts* bancarios y de fondos	62,8	158,4	337,7
5. Asociaciones de crédito	0,7	5,1	21,7
6. Compañías financieras	5,7	27,5	78,0
7. Compañías de inversión	3,6	24,0	59,8
8. Compañías de seguros	56,0	119,9	239,7

Fuente: B. H. Ukosrin, *El sistema monetario, crediticio y financiero de los Estados Unidos*, Editorial Finanzas, Moscú, 1976.

Hay que señalar cómo en dicho periodo los activos controlados por la banca central de los Estados Unidos disminuyeron en forma relativa con respecto al conjunto del sistema financiero-crediticio. De esta manera, sus activos representaron el 11,4 por ciento en 1948, y para 1972 pasaron a tan sólo el 4 por ciento. Esta tendencia no implicó un cambio sustancial de las funciones tradicionales que la banca central desempeña. Sin embargo —al menos las cifras lo expresan formalmente—, se produjo un debilitamiento del Estado norteamericano en el campo financiero, frente al enorme poder adquirido por los gigantes de la banca. En cuanto al grado de concentración del capital bancario, basta señalar que el 15 por ciento de este tipo de capital se encuentra bajo el control de los cuatro grandes: Bank of America, First National City Bank, Chase Manhattan Corporation y Morgan. Este porcentaje, ajustando las cifras para 1971, representó un monto total de 111 400 millones de dólares.

5. La economía militarizada: ¿un mito?

Ha sido una opinión generalizada la de que, en la fase imperialista, uno de los mecanismos posibles para el desbloqueamiento de la sobreproducción en los países centrales lo constituye la inversión de capital en el sector militar de la economía, inversión alentada por las necesidades militares del Estado imperialista (determinación superestructural) y por las de valorización de montos de plusvalía creciente, la cual tiende a convertirse en capital excedente al no encontrar colocación en las ramas de la economía civil (determinación estructural). Veamos algunas de las características de este tipo o sector de la producción.

1. Es un sector de la economía nacional cuya estructura de insumo se articula con un gran número de sectores industriales; de ahí que la valorización de su capital se encuentre *determinada parcialmente* por la propia existencia del sector militar de la economía nacional.

2. El resultado de la valorización del capital colocado en el sector militar lo constituye un monto global de la plusvalía social; en términos de valor --es decir, de riqueza abstracta–, una parte regresa al sector para continuar el proceso de acumulación ampliada, y la otra pasa al fondo de consumo de la fracción de la clase dominante propietaria del sector. En otras palabras, los requisitos de su reproducción se cumplen como cualquier otra fracción del capital social.

3. Sin embargo, sus resultados en cuanto al valor de uso no se rearticulan al esquema de la reproducción del capital social en su conjunto, en tanto que

   a) Como valores de uso, no pasan al fondo de consumo de ninguna de las clases o sectores de la sociedad capitalista.

   b) Igualmente como valores de uso, no constituyen elementos materiales que puedan articularse posteriormente al ciclo del capital como elementos potenciales de un nuevo *capital productivo*.

4. Hay un sólo consumidor final: el Estado capitalista. El origen de su demanda se encuentra en los fondos presupuestales, es decir, en la plusvalía y el ingreso del conjunto de la población, mismos que se encuentran, mediante diferentes mecanismos de distribución, en poder del Estado.

Lo anterior obliga a una serie de consideraciones menos *propagandísticas* en cuanto a la crítica del sistema y más analíticas en cuanto al verdadero papel de este sector en la acumulación capitalista.

Evidentemente, este tipo de producción no escapa a las leyes generales que regulan el comportamiento del sistema. Este sector se encuentra altamente centralizado, y participa de los beneficios de los *precios administrados*, que se traducen en la obtención de una tasa de ganancia monopólica. Basta describir el tipo de relaciones entre el sector militar de la economía y el Estado norteamericanos para comprender lo anterior.

CUADRO 16

Los cinco grandes abastecedores del Pentágono, 1972

(En millones de dólares)

Compañía	Pedidos militares*	Ventas** anuales
1. Lockheed Aircraft	1 705,4	2 472,7
2. McDowell-Douglas	1 700,2	2 725,7
3. General Dinamics	1 289,2	1 539,4
4. General Electric	1 258,7	10 239,5
5. Boing	1 170,9	2 369,5

* Año presupuestal.
** Año calendario.
Fuente: G. M. Kuzmin, *Consorcios industrial-militares*, Editorial Idea, Moscú, 1974.

Los cinco principales abastecedores del Pentágono en 1972 realizaron una producción por valor de 7 124 millones de dólares, que constituyeron, sin ajustar la cifra, el 8 por ciento del total de los gastos militares de los Estados Unidos en 1970. Indudablemente, esta cifra incluye gastos no sólo de equipo militar, sino de la más variada índole, y además la compra de equipo a los cinco grandes no agota el renglón; existen más compañías, tanto del interior como del exterior de los Estados Unidos. Sin embargo, no es excluyente el tomar como punto de referencia el valor del producto realizado por estas compañías para tener una idea de su importancia en el proceso de acumulación interna de capital de la economía norteamericana. Establezcamos otro tipo de comparación: el valor de la venta total de ocho grandes corporaciones norteamericanas —no incluyendo a ninguna de las cinco principales abastecedoras del Pentágono— fue de 100 900 millones de dólares —aquí se incluyen General Motors, Exxon, Ford, IBM, Mobil Oil, Chrysler, Texaco.

En 1971, sin ajustar las cifras, el valor de la producción realizada a través de los pedidos del Pentágono por parte de las cinco grandes en 1972 constituyó el 7 por ciento del total de las ventas de los ocho gigantes industriales. Naturalmente, lo anterior es un cálculo que no tiene en cuenta muchas cosas. La comparación de dos cifras de dos años diferentes contiene en sí misma un margen de error; es posible que alguna o algunas de las ocho compañías mencionadas sean abastecedoras del Pentágono, aunque no tan importantes como las cinco primeras.

No obstante, lo importante de señalar es que la producción militar, en el monto global del capital productivo y de los volúmenes de realización, es cada vez menor, comparativamente hablando, en la economía norteamericana, caso típico usado para afirmar la importancia de la producción militar en el proceso de acumulación capitalista de los Estados Unidos. Lo anterior de ninguna manera entra en contradicción con la ya conocida naturaleza agresiva del imperialismo norteamericano, ni mucho menos soslaya la existencia de dos sistemas sociales en pugna. Lo importante radica en ubicar su grado de causalidad en las tendencias de la producción militarizada, que corresponden tanto a la específica estructura económica como al conjunto de las instituciones e ideologías de la superestructura.

CUADRO 17

Dinámica y estructura de los egresos del presupuesto federal de los Estados Unidos

	1960		1970		1976	
	Miles de Millones de dólares	(º/o)	Miles de Millones de dólares	(º/o)	Miles de Millones de dólares	(º/o)
1. Militares	45,9	49,8	79,2	40,4	94,0	26,9
2. Sociales (incluyendo seguro del desempleo)	17,6	19,1	43,1	22,0	118,6	34,0
3. Pago de la deuda pública	8,3	9,0	18,3	9,3	34,3	9,9
4. Habitación	1,0	1,1	3,5	1,8	5,9	1,7
5. Agricultura	3,3	3,6	5,2	2,6	1,8	0,3

Fuente básica: *The Budget of the U. S. Government.*
Elaboración: B.M. Usoskin, *Sistema monetario, crediticio y financiero de los Estados Unidos*, Editorial Finanzas, Moscú, 1976.

La tendencia observable en el presupuesto federal·de los Estados Unidos es la disminución del porcentaje de los gastos militares, que pasan del 49,8 por ciento en 1960 a 26,9 en 1976. En el análisis de esta tendencia deben entrar un sinnúmero de consideraciones, para captar objetivamente el proceso: los gastos internos y externos en este renglón, los gastos en equipo e instalaciones y los gastos en personal y abastecimientos. Indudablemente, el volumen real de este tipo de gastos tiende a crecer: de 45 900 millones de dólares en 1960 a 94 mil millones en 1976.

Quizás la respuesta a la tendencia a la disminución del porcentaje del gasto federal estadounidense en renglones militares deba ser encontrada en la crisis económica que atraviesa el sistema en su conjunto, y cómo se expresa particularmente en la economía norteamericana. La información que por ahora poseemos se vuelve insuficiente para ir más allá del simple planteamiento del problema.

III. PROCESO DE TRANSNACIONALIZACIÓN DEL CAPITAL

Uno de los procesos más importantes que se generó en el ciclo económico ascendente del capitalismo en su fase monopólica, 1947-1968, fue sin lugar a dudas la *internacionalización del ciclo reproductivo del capital* a partir de la conformación de los grandes conglomerados industrial-financieros, producto de un proceso acelerado de concentración y centralización del capital, el cual creó una compleja red de operaciones que rebasaron en mucho las actuales fronteras nacionales.

Los niveles alcanzados de concentración industrial se convirtieron en base material de una nueva revolución tecnológica, que tiene como sustrato fundamental la tendencia a la generalización de procesos complejos de automatización industrial y de informática, todo esto con la finalidad de reducir los costos de operación y de elevar los niveles de productividad. La absorción de nueva tecnología sólo fue posible a partir de la expansión del mercado mundial y de la interacción de los diversos aparatos productivos distribuidos por todo el mundo capitalista y controlados por las transnacionales.

La innovación tecnológica determinó un proceso de desagregación industrial por el surgimiento de nuevos sectores y el despliegue de los tradicionales a la periferia, a través del movimiento internacional del capital. De cálculos aproximados de fines de la década pasada se deriva que 7 mil corporaciones monopólicas, tanto de los Estados Unidos como de Europa Occidental, contaban con inversión directa en el exterior. Una idea del volumen de realización de las grandes corporaciones la brinda el hecho de que, ya en 1976, el valor de la producción de todas las filiales de las corporaciones norteamericanas se igualaba al 15 por ciento del producto nacional bruto de ese país.

La operación de este capital determinó, sin lugar a dudas, toda una estructura del poder internacional, que aseguró, en el ciclo económico estudiado, el papel hegemónico de los Estados Unidos. De 7 276 corporaciones matrices de los Estados Unidos y Europa Occidental que en 1970 tenían filiales en el exterior, el 34 por ciento lo constituían empresas norteamericanas; el 23, inglesas; el 13, alemanas; y el 7, francesas. El predominio norteamericano se pone aún más en evidencia al constatarse —en un periodo más largo - que las filiales en el exterior pasaron de 250 en 1918 a 5 500 en 1967, distribuidas por todo el orbe capitalista.

Indudablemente, el problema no se redujo al incremento de las filiales en el exterior, sino al enorme potencial económico que les dio el volumen de capital por ellas controlado. En 1966 el valor del volumen de producción de las filiales de estas corporaciones fue de 240 mil millones de dólares, llegando a rebasar los 300 en 1969. Esta magnitud del valor de producción de las filiales determinó un monto ascendente de la masa de ganancia controlada por las transnacionales, que, con relación a los países dependientes, también determinó un mecanismo parcial de su descapitalización.

Solamente en el contexto de un mercado mundial en expansión y de los movimientos del excedente económico, tanto en forma de inversión externa como de capitalización en el interior de las grandes potencias, puede comprenderse la evidente expansión del capital productivo en operación. Su incremento en los últimos 20 años fluctuó entre un 205 y un 325 por ciento, alcanzando en 1970 un valor, en los cinco países capitalistas más desarrollados, de 2 117 400 millones de dólares.

1. Concentración monopólica y financiamiento transnacional

La transnacionalización del capital tiene como centro el surgimiento y desarrollo de la gran corporación internacional, que articula, en forma coherente y orgánica, desde el proceso de financiamiento de las operaciones industriales hasta el proceso de realización del capital-mercancía. La empresa transnacional tiende a constituir un sistema integral, que contiene en sí mismo las más variadas formas y tipos de capital. Conforma sus propios sistemas de financiamiento, articula con alta eficiencia este sistema con la operación de su capital productivo y distribuye su capital productivo en la esfera internacional, de acuerdo con el comportamiento de los mercados nacionales, así como en función de la ubicación estratégica de las materias primas componentes de sus insumos y —cuestión importante— de los niveles salariales, que potencialmente hacen más rentable la operación del capital, en virtud del bajo costo del proceso de reproducción de la fuerza de trabajo asalariada.

Del proceso de financiamiento. Una vez realizado el *capital inicial de inversión* por la matriz de la transnacional, la operación del capital invertido reproduce una dinámica propia, que tiene que ver, en parte, con los diversos procesos de financiamiento durante su operación:

1. El mantenimiento de los niveles de operación del capital circulante, siendo ésta una de las partes del capital de la transnacional más estrechamente vinculada al mercado local.
2. La política de ampliación de la plánta productiva —que no necesariamente se determina por los montos de la ganancia obtenida— es trazada en forma centralizada por la matriz, en tanto los *stoks* de acumulación circulan internamente en la transnacional.
3. El financiamiento requerido para facilitar el proceso de realización del capital-mercancía.
4. Los financiamientos parciales para mantener la operación del capital de ciertas filiales, que en la coyuntura económica llegan a operar con pérdidas o con equilibrio entre costos y realización.

Todo lo anterior requiere una estructura compleja de los mecanismos de financiamiento de las filiales, que para ilustrarla bien puede servirnos como punto de referencia las tendencias que bajo este rubro sostienen las filiales de las corporaciones norteamericanas. En este caso se hace omisión de las diferencias que guarda este proceso, tanto en las filiales que operan en el interior de los propios países desarrollados como en los dependientes. Sin embargo, creemos que el análisis global puede indicar tendencias estructurales determinadas por el proceso de concentración a escala internacional.

El financiamiento interno de la filial. Este tipo de financiamiento registra el 66 por ciento del total, correspondiendo el 53 por ciento a los medios propios con que las filiales operan, los cuales tienen como procedencia los fondos de amortización y de ganancias no redistribuidas. Esta última fuente juega un papel importante en el circuito de acumulación ampliada de las filiales. El restante 13 por ciento del financiamiento interno tiene que ver con el movimiento de fondos de capital, desde la matriz hasta, en su caso, otras filiales. Hay que señalar que las líneas de financiamiento desde la matriz se proporcionan estrictamente bajo el rubro de préstamos y créditos, mecanismo que implica una racionalización de la operación del capital en el interior mismo de la corporación. No hay que olvidar que esta forma de organización del capital —la transnacional— permite ocultar, la mayoría de las veces, los volúmenes reales de su movimiento en la esfera internacional, recurriendo a prácticas comunes, como la sobrefacturación, los difícil-

mente medibles volúmenes de las ganancias no distribuidas, etcétera. El
alto porcentaje que ocupa el financiamiento interno de las filiales revela
la tendencia actual a desarrollar por parte de ls transnacionales sus propios y poderosos *mecanismos de autorregulación financiera*, todo ello
atendiendo la racionalidad que se deriva del circuito de operación del
capital productivo y su transformación incesante en capital-mercancía.

El financiamiento externo de la filial. En este caso es interesante
señalar que la tendencia revela la recurrencia a los préstamos obtenibles
en el *mercado internacional de capitales*, con un 25 por ciento del
financiamiento total; el restante 3 por ciento del financiamiento externo tiene que ver con las ventas de acciones –uno por ciento– y con
capitales obtenidos en el mercado interno de los Estados Unidos. La
corporación norteamericana, de esta manera, recurre al capital de
préstamo controlado por la *red privada bancario-financiera internacional*
del sistema. Para decirlo de otra manera, no resulta riesgoso establecer
la hipótesis de que las corporaciones recurren a estructuras financieras
con las que están estrechamente ligadas.

*La corporación financiera como espacio de articulación entre el capital
bancario y el capital industrial.* El proceso anteriormente señalado
puede ser apreciado desde la óptica de la estructura de los activos de
los cuatro gigantes financieros de los Estados Unidos.

CUADRO 18

*Estructura de los activos de los cuatro gigantes financieros
de los Estados Unidos*
(En miles de millones de dólares)

Grupo	Total de activos 1968	Esfera bancaria	Esfera industrial*
1. Morgan	166,7	54,7	112,0
2. Chase Manhattan	124,4	67,4	57,0
3. Bank of America	66,0	45,0	21,0
4. Continental Illinois	54,0	17,0	37,0

* Se incluyen las esferas comercial y de servicios

Los activos de estos cuatro gigantes financieros pasaron de 209 400
millones de dólares en 1963 a 413 800 en 1968. La tendencia,

como en su tiempo la enunció Lenin, se muestra con toda claridad: la
articulación orgánica de los capitales bancario e industrial, pero esta
vez en el interior de las corporaciones transnacionales. Las presiones de
estos capitales implican el predominio de la corporación en uno u otro
sector. Por ejemplo, el predominio del grupo de Morgan y de Continen-
tal Illinois se ubica en el sector industrial, mientras el Chase Manhattan
y el Bank of America tienen como punto primordial de operación
el sector bancario.

2. Transnacionalización de la acumulación y comportamiento de la ganancia

La internacionalización del capital constituye un proceso que puede
caracterizarse como uno de los más importantes resultados del desarrollo del capitalismo en su actual fase imperialista, proceso que le imprime
al movimiento de la ganancia, y por lo tanto a la dinámica de la acumulación, una serie de características que es necesario desentrañar y
enunciar en el campo conceptual, aunque sea en una primera instancia
a nivel descriptivo.

a) Los países desarrollados y la acumulación centralizada

Es un hecho que importantes volúmenes de *ganancia acumulada* en los
países capitalistas desarrollados tiende a revestir la forma de inversión
directa externa cada vez más controlada por las grandes transnacionales.
El resultado de este proceso puede definirse en función de dos tendencias:

1. Una objetiva capitalización de los países dependientes, que históricamente se ha traducido en ciertos niveles alcanzados en el campo
de la industrialización, los cuales han sido determinados, en cuanto
a su contenido, por la división internacional del trabajo en la fase
imperialista.

2. Un proceso objetivo hacia la centralización y monopolización del
sector de bienes de capital, cada vez más sofisticados, por parte
de los países capitalistas más avanzados, lo que implica la conformación de un mecanismo internacional de la acumulación capitalista,
cuya dinámica tiene su origen en el aparato productivo de los países
desarrollados, al menos como tendencia, y que se traduce o expresa
en el movimiento y operación de la inversión directa privada externa
entre los países desarrollados, así como en el movimiento de la
ganancia obtenida por este tipo de inversión.

CUADRO 19

El ingreso de la inversión privada directa externa de los Estados Unidos
(En miles de millones de dólares)

	Ganancias de las filiales y compañías controladas incluyendo las ganancias no distribuidas			Dividendos, porcentajes y ganancias trasladadas a los Estados Unidos		
	1960	*1965*	*1970*	*1960*	*1965*	*1970*
1. Total	2 350	3 892	5 852	3 549	5 297	8 317
2. Países desarrollados	844	1 641	2 737	1 684	2 690	4 629
3. Países dependientes	1 506	2 251	3 115	1 865	2 607	3 688

Las dos tendencias enunciadas a grandes rasgos pueden ser deducidas a partir del análisis del comportamiento tanto de la inversión directa externa de capital norteamericano como de la ganancia obtenida en el periodo 1960-1970.
En esa década la masa de ganancia de las filiales y compañías controladas por el capital norteamericano en el exterior creció en un 234,2 por ciento al pasar de un monto de 3 549 miles de millones de dólares en 1960 a 8 317 en 1970. Este monto de ganancia, que incluye la parte no distribuida en cuanto a su movimiento, se bifurca en dos direcciones:

1. La repatriación de parte del monto de ganancia a la economía de origen de la inversión; en este caso, a los Estados Unidos. Esta parte de la ganancia como porcentaje del total se mantuvo en un nivel que fluctuó entre 70,3 por ciento en 1960, 72,9 en 1965 y 69,1 en 1970. En sí mismo, y comparativamente, el porcentaje es sumamente alto, y revela una fuente importante de plusvalía internacional susceptible de ser **capitalizada** en el interior de la economía norteamericana o de revestir la forma de nueva **inversión** privada directa en el exterior. Aunque la serie establecida para el periodo no es lo suficientemente detallada, se detecta que el porcentaje del volumen de repatriación de la ganancia tiende ligeramente a decrecer. Es posible que ello pueda atribuirse a la irrupción de la crisis internacional del sistema, cuyas manifestaciones se presentan a finales de la década de los sesenta en el campo financiero y monetario internacional. A nuestro entender, esta disminución del porcentaje de la

ganancia repatriada se debe en parte a la decisión centralizada de las
grandes transnacionales de mantener en sus filiales mayores reservas,
como forma de respuesta a la crisis; en otras palabras, el financiamiento de la operación de las filiales debía encontrar fuentes directas
que no dependieran de los mecanismos internacionales de crédito o
de los movimientos de capital en el interior de la misma transnacional en la dirección centro-periferia.

2. Este mismo proceso adquiere una dimensión específica si se le
analiza por separado, ya sea con relación a los países desarrollados
o a las economías capitalistas dependientes. Comparativamente, de
acuerdo con los porcentajes obtenidos, es mayor el volumen de
ganancia que la inversión externa de capital norteamericano capitalizada en los países desarrollados, y, por el contrario, es mayor el
porcentaje de la plusvalía expatriada por el capital externo norteamericano de las economías dependientes.

Se comprueba, así, que el proceso de acumulación de capital, visto
desde la perspectiva internacional, tiende a centralizarse en los países
que conforman el *polo hegemónico* del sistema capitalista. La alta
composición orgánica de capital en las economías centrales obliga al
capital externo norteamericano que opera en ellas a montos mayores
de valor en el proceso de reinversión y renovación del capital en funciones, proceso objetivo que en algo puede ayudarnos a explicar el porqué
la inversión extranjera en las economías centrales dedica un mayor
monto de la ganancia en el proceso de acumulación interna de capital.
El proceso en sí mismo es necesario estudiarlo más a fondo, porque
revela una tendencia objetiva a fortalecer y diversificar el *potencial
de la acumulación capitalista de los países desarrollados*, lo que se
traduce en la gestación de un nuevo nivel en la división internacional
del trabajo en el sistema capitalista.

*3. La transnacionalización del capital productivo:
ganancia y realización*

El proceso de transnacionalización del capital encuentra uno de sus
principales mecanismos en la conformación de las compañías transnacionales surgidas en el periodo de la posguerra en el interior de las economías centrales, en especial de la norteamericana. Uno de los rasgos
señalados por Lenin en la caracterización del imperialismo: la exportación de capital, en cuanto al análisis de su desarrollo histórico, bien
puede constituir el hilo conductor para comprender las nuevas modalidades del comportamiento del sistema capitalista, y entender así su
estructura de mayor complejidad. La inversión externa de capital por

los centros hegemónicos del imperialismo se encuentra en la actualidad vinculada a las estructuras transnacionales de las grandes corporaciones, organismos que le dan un nuevo tipo de racionalidad en su operación a unidades de capital cuyo financiamiento rebasa las fronteras nacionales. De ahí que la categoría *capital productivo* bien nos puede servir para entender en su esencia el fenómeno, así como el proceso de realización del valor-capital-transformación del capital-mercancía en capital-dinero, sólo posible ahora, al menos como tendencia, en el espacio más amplio de un verdadero mercado internacional.

Si bien el plano nacional sigue determinando en parte el comportamiento del capital (diversos niveles históricos del desarrollo de las fuerzas productivas, estructuras diferentes de la composición orgánica de capital y, en función de esto, disparidades en la productividad del trabajo comandado por el capital o conformaciones específicas de las clases en sociedades capitalistas históricamente determinadas), también es cierto que operan tendencias expresadas en el plano internacional que tienen que ver con la articulación de las diversas partes del capital productivo colocado en diversos países por las compañías transnacionales, proceso que tiende a ser dirigido y programado centralmente por sus matrices.

La transnacional se presenta, pues, como un mecanismo impulsor de una nueva división del trabajo a escala internacional. Ya no sólo importa el comportamiento tendencial a la baja o a la alta de la tasa de ganancia, para de ahí determinar la inversión externa de capital por parte de la central, sino que hay además procesos que tienden a la integración de las diversas partes del capital productivo nacional, mismos que se expresan mediante un complicado y diversificado flujo de capital y ganancia, no sólo en la dirección unívoca de matriz-filial o filial-matriz, sino entre las propias filiales.

Los porcentajes de las operaciones en el exterior de las grandes transnacionales revelan tendencias significativas, tanto en las ventas como en la distribución de sus activos y en la ganancia obtenida. Si se toma como ejemplo a 10 importantes transnacionales en el año de 1971, se verá que el valor de sus activos en el exterior, como porcentaje del total, fluctuó entre el 15 por ciento de la General Motors y la General Electric, y un 40 y 60 por ciento de la Ford Motor Company y la Unibeler, respectivamente. El concepto de activos está determinado en parte por la magnitud del valor del capital productivo; por esto ya ahora existen transnacionales cuyos activos en el exterior representan casi la mitad del total de sus activos, lo que expresa un proceso extensivo de la acumulación internacional de capital como determinante de la tendencia a la *conformación de condiciones medias internacionales del proceso de valorización y realización del capital.*

CUADRO 20

Escala de las operaciones comerciales de las grandes transnacionales, 1971

Transnacionales	Venta Total en miles de millones de dólares	Porcentaje de las operaciones en el exterior (%)			Número de países donde operan.
		Ventas	Activos	Ganancia	Ocupación	

Transnacionales	Venta Total en miles de millones de dólares	Ventas	Activos	Ganancia	Ocupación	Número de países donde operan.
1. General Motors (Estados Unidos)	28,3	19	15	19	27	21
2. Exxon (Estados Unidos)	18,7	50	52	52	--	25
3. Ford Motor Company (Estados Unidos)	16,4	26	40	24	48	30
4. Royal Dutch Shell (Holanda)	12,7	79	---	--	70	43
5. General Electric (Estados Unidos)	9,4	16	15	20	--	32
6. IBM (Estados Unidos)	8,3	39	27	50	36	80
7. Mobil Oil (Estados Unidos)	8,2	45	46	51	51	62
8. Chrysler (Estados Unidos)	8,0	24	31	--	24	26
9. Texaco (Estados Unidos)	7,5	40	--	25	--	30
10. Unileber	7,5	80	60	--	70	31

Fuente básica: *Multinacional Corporation in World Development,* ONU, 1973, p. 1.
Elaboración: D. I. Kostlujin, *El mercado mundial contemporáneo,* Editorial Relaciones Internacionales, Moscú, 1977, p. 96.

La misma tendencia se expresa en el resultado del análisis del porcentaje de las ventas y los montos de ganancia de las transnacionales en el exterior. Así, para la Royal Dutch Shell, la Unilever y la Exxon el porcentaje de sus ventas en el exterior fue de 70, 80 y 50 por ciento, respectivamente. El alto porcentaje registrado en algunas de las transnacionales muestra cómo el bloqueo de la realización como producto de la sobreproducción en las fases de crisis que se genera en el interior de los centros capitalistas desarrollados encuentra mecanismos de

salida, sobre todo si se considera la gran corporación como una unidad transnacional de capital, cuyo ámbito de realización obligadamente debe ubicarse en una nueva estructura del mercado mundial. Con relación a la masa de ganancia obtenida en el exterior por las transnacionales el proceso no se presenta tan lineal. No obstante, la tendencia es manifiesta. Y decimos que no es tan lineal porque, por ahora, no se introduce en el análisis la diferencial de ganancia existente en los países capitalistas. Sin embargo, los porcentajes son elocuentes por sí mismos; la parte de la ganancia obtenida en el exterior por las transnacionales varía entre un mínimo del 19 por ciento, correspondiente a la General Motors, y un máximo del 52 por ciento, de la Exxon.

Todo lo anterior manifiesta, al menos en forma descriptiva, aspectos concretos del proceso de internacionalización del capital, que, si bien no agotan el planteamiento, revisten de todas maneras un carácter significativo.

4. Inversión externa: transnacionalización e integración del capital productivo

La exportación de capital excedente, como lo hemos afirmado, determina un proceso de ampliación del aparato productivo de aquellos países donde es colocada. Digamos que esto no determina en exclusiva la tendencia histórica, lo que no excluye que una parte de esta inversión de capital se desarrolle en función y requerimiento de procesos de acumulación intensiva, es decir, inversión que tiende a modificar la composición técnica del capital productivo en funciones, con el objeto de elevar los índices de productividad.

Quizás el análisis desarrollado hasta aquí, en cuanto a sus resultados, dé la impresión de que toda la industrialización de la posguerra encontró su único pivote en la inversión externa de capital, tanto entre los países centrales como entre éstos y las economías dependientes. Esto evidentemente no es así; existen factores y condiciones concretas de carácter histórico en cada país que contribuyen u obstaculizan el desarrollo del capitalismo nativo. Sin embargo, lo que hay que recalcar es que este tipo de inversión constituye uno de los factores decisivos en la conformación de un nuevo tipo de economía mundial, en la integración superior del sistema capitalista como un todo, que dista mucho de parecerse al sistema conocido por Marx y posteriormente por Lenin. Conceptos como *mercado mundial* o *economía internacional* dan paso a otros como *internacionalización del capital*, transmutación que refleja los nuevos niveles de articulación e integración de las arcaicas economías nacionales del capitalismo.

Se internacionaliza el mercado como expresión de la internacionalización del capital productivo, así como de la inversión de capital, proceso que determina y condiciona un mecanismo más complejo de la acumulación capitalista, difícil de ser comprendida en la actualidad en el marco estrecho de la nación, así se trate de los países capitalistas más desarrollados.

La habitual repetición de conceptos e imágenes sobre el funcionamiento del sistema capitalista, sin atender las modificaciones que éste ha sufrido durante su desarrollo —y aquí solamente tomamos en cuenta la fase imperialista—, no ha hecho más que velar y dificultar su comprensión. La idea común de que la inversión externa de capital por parte de los países centrales causa una descapitalización de las economías dependientes a través del mecanismo de la repatriación de las ganancias de las filiales, y que condiciona más —en función de otros factores— una situación estructural de dependencia, si bien es cierta, no agota el problema. En los últimos tiempos ha surgido una tendencia a la integración del sistema, tanto en su cúspide —mayores flujos de capital entre los países centrales— como en su base —traslación de valor-capital entre las filiales de las grandes transnacionales—, para sólo mencionar uno de los aspectos que tienen que ver con el tema que estamos abordando.

CUADRO 21

Estructura de la realización de la producción industrial de las filiales en el exterior de las transnacionales norteamericanas, 1972
(En porcentajes)

Países	Ventas locales	Exportación a los Estados Unidos	Exportación a otros países	Total
1. Países capitalistas desarrollados	77	6	17	100
a) Canadá	77	17	6	100
b) Europa Occidental	74	2	24	100
c) Japón	96	1	3	100
2. Países subdesarrollados	58	7	35	100

Fuente básica: *Survey of Current Business*, agosto de 1974, p. 27, citado en I. N. Sisoev, *Política financiera de divisas de los monopolios internacionales*, Editorial Finanzas, Moscú, 1977, p. 56.

Este proceso de integración puede analizarse estableciendo una relación entre el movimiento capital productivo-inversión externa y el movimiento del capital-mercancía como realización de la producción de las filiales. A primera vista y de acuerdo con los esquemas tradicionales comúnmente utilizados bastaría con la afirmación de que la inversión externa de capital busca nuevos mercados y posibilidades de valorización de un capital que en la economía central se encuentra en vías de convertirse en excedentario. Sin embargo, subyacen otras razones en el comportamiento de este capital que hay que precisar. Veamos qué pasa con la realización de las filiales norteamericas de las grandes corporaciones transnacionales.

En el caso de Japón se corroboraría la afirmación anterior: el 96 por ciento de la realización de la producción de las inversiones norteamericanas se efectúa en el interior de sus fronteras. Pero la situación cambia con relación al conjunto de los países de Europa Occidental, en el cual el promedio de las ventas locales llega al 74 por ciento, lo que significa que un 26 por ciento del volumen de realización de las filiales norteamericanas se constituye fuera de Europa Occidental. La primera opción explicativa es que ese porcentaje se realiza en economías dependientes, a través de los mecanismos de intercambio comercial.

En esta misma dirección operan tendencias todavía más importantes de ser tomadas en cuenta. Por ejemplo, solamente el 58 por ciento de la producción de las filiales que operan en los países dependientes se realiza en su interior. A nuestro juicio, esto puede ser explicado de la siguiente manera:

1. Parte de la producción de las filiales en los países dependientes se realiza dentro de las metrópolis. La inversión externa busca, de esta manera, espacios de oportunidad para obtener menores costos y mayores tasas de valorización del capital. *Así, la competencia intermonopólica que se presenta en el interior de los países centrales pasa por el mecanismo de colocación de capital en los países dependientes.*

2. Otra parte del volumen de realización de las filiales en los países dependientes tiene como destino final países de las mismas condiciones, pero con bajo nivel de industrialización y mercado interno reducido, situación que imposibilita la colocación de inversión externa. De esta manera, se establece un mecanismo de intermediación entre las metrópolis y el mundo subdesarrollado en su conjunto, mediante un reducido grupo de países que ha alcanzado un nivel de industrialización superior al promedio de las economías dependientes.

Es posible que existan otras determinantes, pero lo importante es señalar cómo operan, en esta fase del desarrollo del capitalismo, tendencias a la integración que se ubican en la dinámica y en la esfera del capital productivo, y menos en las políticas de estricto corte comercial.

IV. LA FENOMENOLOGÍA DE LA CRISIS

La evidente expansión industrial, los elevados montos anuales de la inversión de capital, los flujos mayores en el comercio internacional, constituyeron tendencias características del ciclo ascendente del capitalismo durante el periodo de 1947-1968, procesos que encontraron en la crisis mundial del sistema capitalista su límite objetivo al otrora ritmo acelerado de la acumulación de capital. La fluctuación coyuntural a corto plazo se convierte en forma de comportamiento del nuevo ciclo internacional del capital. Analicemos varias de las expresiones de la crisis como formas de su manifestación concreta:

1. Ciclo económico y crisis

En el análisis sobre el comportamiento del nuevo ciclo internacional del capital, éste puede ser caracterizado como *depresivo* y de *cortas recuperaciones*. Al respecto es importante hacer algunos señalamientos en torno a la caracterización de la fase actual del sistema capitalista. Para ello nos referiremos al planteamiento de Dos Santos, expresado en su trabajo *Imperialismo y dependencia*, en el que no hay caracterización uniforme. Algunas veces lo caracteriza como *"capitalismo monopólico integrado"*, otras, como *"capitalismo monopólico imperialista"*; y quizás otra, sin ser caracterización explícita, como *"imperialismo de las transnacionales"*, en tanto éstas tienden a constituir la "esencia del fenómeno". El capitalismo de Estado, para Dos Santos, *es condición* de la expansión de la nueva empresa transnacional, y no parte constitutiva de su esencia.

El punto de partida de la caracterización del actual ciclo económico se enmarca en la *teoría de los ciclos largos* que constituyen el desarrollo histórico del capital. Esta teoría no es compartida por muchas de las corrientes que se desarrollan en el interior del pensamiento marxista, en particular por la escuela soviética, que se mantiene en la posición inicial de Marx en torno al comportamiento del ciclo industrial del capitalismo premonopolista, al cual agrega nuevos rasgos. Dos Santos comparte las opiniones de Mandel* en lo referente a que este nuevo ciclo iniciado en 1967 será básicamente de recesión generalizada, no exento de cortas recuperaciones.

* Ernest Mandel, *El capitalismo tardío*, Ediciones Era, México.

En cuanto al punto de partida del nuevo ciclo depresivo, la estadística oficial se encarga de confirmar plenamente la inflexión de los principales indicadores macroeconómicos de los más importantes centros imperialistas a partir de 1967-1968: disminución de las tasas de crecimiento del producto interno bruto, contracción del volumen de la inversión productiva de capital, tasas crecientes del desempleo, desvalorización forzada de la fuerza de trabajo, disminución de los flujos internacionales de capital y bloqueo del movimiento internacional del capital-mercancía. Y en esto encuadra, a pesar de todo, el fortalecimiento de las corporaciones transnacionales, especialmente en el rubro excedentario de los recursos financieros, como forma parasitaria contemporánea de existencia del capital.

El primer intento —que terminó en fracaso— de recuperación se presentó a partir de la especulación financiera emprendida por las grandes transnacionales y de la política económica de estímulos a la inversión de capital, fomentada por algunos estados imperialistas. Los límites impuestos por la inflación fueron evidentes, y una política deflacionaria de corte clásico, como lo recomienda el propio Dos Santos, en tanto que mecanismo parcial de salida a la crisis, se contuvo por los riesgos sociales y políticos que representaba.

En realidad la actual crisis reviste características específicas. Parte del *boom* de los sesenta se sostuvo mediante el ensanchamiento de los canales crediticios en el campo del consumo general, la liberación de crédito entre y para los grandes capitales —así como para el consumo general— y un acelerado endeudamiento del Estado para cubrir sus crecientes déficits presupuestales. Los resultados se expresan ahora en la crisis, a través de una inflación crónica que se refuerza con la rigidez de los *precios administrados* por la gran empresa transnacional. Ante una contracción del mercado, se opta por mantener el nivel de la tasa de ganancia sobre la base de una estructura monopólica de los precios de sus productos.

La dinámica de la política económica de incentivos a la inversión de algunos estados imperialistas dio margen a procesos especulativos, en tanto que las condiciones de la reproducción ampliada del capital no han sido reconstruidas aún. Se generó un incremento de la producción industrial en 1973, pero la caída fue mucho más pronunciada en 1975 que en 1971.

Lo que puede constituir una respuesta clásica en el campo de la política económica para amortizar la crisis es el incremento de los gastos del Estado. El incremento de la participación de los gastos del Estado en la estructura del producto interno bruto en los Estados Unidos pasó del 32,8 por ciento en 1971 al 34,6 en 1974; en Japón, del 22,4 al 24 por ciento; y en Inglaterra, del 39,7 al 41,4 por ciento.

La tesis keynesiana se vuelve esta vez insuficiente, sobre todo si el gasto tiene un origen inflacionario en términos de la expansión del circulante interno, o en términos de un incremento de la deuda pública, o en la acostumbrada política de excesiva liberación del crédito. La reacción del proceso económico ha sido la de una *inflación crónica*, sin importar la fase del ciclo económico, y la única tendencia que no se expresa con grandes altibajos es la dinámica del costo de la vida.

CUADRO 22

El costo de la vida en los países capitalistas
(Tasa media anual)

	1966-1970	1970	1971	1972	1973	1974	1975
Todos los países capitalistas	3,4	5,7	5,9	5,9	9,5	15,1	13,6
1. Países desarrollados	2,9	4,9	5,1	4,5	7,6	12,6	8,16
2. Países dependientes	7,9	9,6	9,5	12,3	20,2	29,2	19,8

La crisis actual es, sin lugar a dudas, la más devastadora en toda la historia del capitalismo, si bien no se asemeja a la de 1929-1933, cuya mayor profundidad se localizó fundamentalmente en el polo dominante. La presente crisis tiene una expansión mayor: se da a partir de una mayor complejidad del aparato industrial y tiene mayores y expeditos canales de comunicación a través de los organismos financieros internacionales, que articulan férreamente entre sí a la mayoría de los países, lo cual repercute violentamente en el nivel de vida de amplios sectores de la población. Tal parece que todas las medidas anticrisis están encaminadas a profundizar el proceso de desvalorización de la fuerza de trabajo asalariado, con el objeto de reajustar el proceso de sobreacumulación de capital. Por otro lado, el nivel de mayor profundidad de la crisis tiende a igualarse.

CUADRO 23

Duración de la fase depresiva en los Estados Unidos, 1975-1976

Producto interno bruto	9 meses
Producción industrial	12 meses
Industria extractiva	12 meses
Industria metalúrgica	18 meses
Producción de maquinaria	12 meses

Existen dos tendencias específicas que caracterizan el actual ciclo del desarrollo capitalista: una tiene que ver con la respuesta a la crisis por parte del Estado; otra viene de más atrás, y es el proceo de financiamiento de las transnacionales.

La primera tendencia se expresa en el fortalecimiento de la inversión estatal, tanto en gasto improductivo como productivo, tendiente a la regulación de la fase crítica. Si bien existen diferencias en la política económica de cada Estado capitalista, la respuesta general se encuadra en las medidas anticíclicas tradicionales; pero esta vez con alto costo, expresado en el comportamiento crónico de la inflación, sobre todo cuando el gasto del Estado no se realiza a partir, y exclusivamente, de sus ingresos presupuestales reales. Aunado a lo anterior, también cuentan las diferencias entre el gasto corriente y la inversión del capital.

CUADRO 24

Peso específico de los gastos estatales en la estructura del PIB
(En porcentajes)

País	1961	1970	1974
1. Estados Unidos	29,9	35,0	34,6
2. Inglaterra	33,3	37,4	41,1
3. Alemania	36,1	37,4	41,3
4. Francia	35,2	38,1	39,2
5. Italia	29,2	32,6	34,2
6. Japón	0,9	35,0	34,6

La segunda tendencia muestra un aspecto peculiar a la actual fase del desarrollo del capitalismo, que es el alto grado de autofinanciamiento de las transnacionales, solamente posible por los altos márgenes de ganancia de sus operaciones y por el ensamblaje de las mismas estructuras financieras propias.

En fin, lo hasta aquí abordado revela la simple preocupación por motivar y crear conciencia sobre la importancia que tiene el estudio de los países capitalistas desarrollados, a efecto de comprender nuestra propia realidad.

2. El ciclo económico y la producción industrial, 1969-1975

Para el conjunto de los países capitalistas la fluctuación de la tasa de

CUADRO 25

*Estructura del financiamiento de las filiales
de las corporaciones norteamericanas, 1973-1975*
(En porcentajes)

	Financiamiento de la matriz			Autofinancia- miento			Financiamiento por otros países		
	1973	1974	1975	1973	1974	1975	1973	1974	1975
1. Todas las ramas industriales	12	18	16	69	61	68	19	21	16
a) Industria de transformación	13	19	14	67	44	61	20	37	25
b) Industria petrolera	12	18	19	66	79	74	22	3	7
c) Industria extractiva	6	1	11	94	99	89	---	---	---

CUADRO 26

*Dinámica de la producción industrial capitalista
Incremento o disminución con relación al año anterior*
(En porcentajes)

Países	1969	1970	1971	1972	1973	1974	1975
1. Total de países capitalistas	7,8	3,1	2,0	6,9	10,1	1,7	---
2. Países capitalistas desarrollados	7,7	2,0	2,0	6,5	9,2	1,0	---
a) Estados Unidos	5,1	-3,8	---	8,0	9,3	0,8	-9,0
b) Japón	15,8	13,6	3,0	6,8	15,5	-2,3	-10,5
c) Alemania	13,3	6,4	2,0	3,9	6,6	-1,8	-7,2
d) Inglaterra	3,1	---	---	2,0	7,8	-3,6	-5,0
e) Francia	11,9	6,4	4,0	7,7	7,1	2,5	-9,5
3. Países subdesarrollados	8,1	7,5	6,0	8,4	8,6	5,5	0,7

Fuente básica: *Monthly Bulletin of Statistics,* agosto de 1975 y febrero de 1976.
Elaboración: Colectivo bajo la dirección de N. N. Inozénciev e I. E. Gúriov, *La Profundización de la crisis general del capitalismo,* Editorial Idea, Moscú, 1976.

crecimiento de la producción industrial decreció 7,8 por ciento en 1969, 3,1 en 1970 y 2 por ciento en 1971. Se obtuvo una recuperación coyuntural para los siguientes años de 6,9 y 10,1 por ciento, y, de nueva cuenta, el ritmo decreció por abajo del mínimo alcanzado en 1970, con un 1,7 por ciento en 1974.

El año de 1975 se convirtió en el más crítico del actual ciclo económico, al generarse tasas negativas en el campo de la producción industrial en la mayoría de los países capitalistas desarrollados, tasas que fluctuaron entre un - 5 por ciento en Inglaterra, - 9 en los Estados Unidos y - 10,5 en Japón.

Hubo, en cierta medida, un nivel de intensidad en la contracción de la producción industrial que tendió a dar homogeneidad al conjunto de los países capitalistas desarrollados en el año más crítico. Sin embargo, la continuidad del descenso se hizo más evidente para los Estados Unidos en el periodo de 1969-1975. A este país le correspondió por primera vez una tasa negativa en la producción industrial del - 3,8 por ciento, el año de 1970, y se mantuvo con un crecimiento de cero en 1971. Esta caída de la producción industrial norteamericana prefiguró el comportamiento general de la crisis para el resto de los países capitalistas desarrollados, situación o tendencia que se confirmaría con toda su fuerza en el año de 1975. Se presenta, así, un proceso contradictorio: *el ejercicio de la hegemonía del polo imperialista por parte de los Estados Unidos se convierte, al mismo tiempo, en factor determinante del impulso a la crisis del sistema en su conjunto*.

Por su potencial económico, por su aún importante papel en el conjunto de las relaciones financieras y por su presencia en la economía internacional por medio de las transnacionales, los Estados Unidos inciden determinantemente en la expansión y profundidad de la crisis, que aparece por primera vez desde 1929-1933 como una *crisis mundial del sistema*, como una nueva contradicción periódica del capitalismo, que cancela históricamente un largo ciclo económico de ascenso del sistema.

La crisis, ubicada en el campo de la producción industrial, formalmente parecería que no se detecta en los países capitalistas dependientes si se tomara como indicador su incremento porcentual anual hasta antes de 1975, cuyas tasas fluctuaron entre un 8,1 por ciento en 1969, 6 en 1971 y 5,5 en 1974. Consideramos que, en este caso, la incidencia de los países productores de petróleo en el cálculo promedio para todos los países capitalistas dependientes deforma parcialmente la situación real de éstos durante la crisis.

En medio de esta tendencia decreciente de la producción industrial, existen países como Alemania Federal y Japón que mantuvieron tasas promedio por arriba de la tendencia, aun estando enmarcada en la coyuntura del corto plazo. Las cifras demuestran la desigualdad en el efecto de la crisis en cada uno de los países capitalistas desarrollados, a pesar de que el año crítico de 1975 tendió a hacer uniforme la profundidad de la crisis.

3. Los antecedentes de la contracción de la producción industrial: el caso de los Estados Unidos

La tendencia a la crisis era ya manifiesta en la última fase del ciclo económico ascendente de 1962-1968. Incluso con tasas positivas en el incremento de la producción industrial, se empiezan a generar los primeros síntomas de la contradicción potencial entre producción y mercado, y entre producción y circulación. Así, el volumen de los *stoks* de capital-mercancía no realizados tiende a incrementarse año con año, pasando de 61 100 millones de dólares en 1962 a 88 200 en 1968. La tasa de incremento de la producción no realizada pasa del 3 por ciento en 1962 al 5,2 en 1965, para llegar hasta el 9,7 por ciento en 1966. Todo esto en medio de un incremento de 204 mil millones de dólares en el volumen de la producción realizada entre 1962 y 1968.

Lo anterior revela el mecanismo en expansión de un proceso paulatino hacia la sobreproducción, que, en una primera fase, el sistema logra contrarrestar a través del enorme aparato crediticio y financiero, donde el endeudamiento público y privado parcialmente desbloquea el ritmo creciente de producción no realizada. El Estado y los particulares consumen parte de la producción sobre ingresos a futuro; la producción se incrementa sobre la expectativa cada vez más endeble de la realización. Los efectos de este proceso acumulativo se harán sentir *a posteriori*: el hecho de incrementarse el ritmo de los *stoks* acumulados conlleva dificultades mayores en el proceso de realización, repercutiendo sobre los niveles anuales de la inversión productiva y provocando su contracción. En forma diferida se incidirá en los ritmos de crecimiento de la propia producción industrial.

Así, queda demostrado en forma objetiva cómo *los factores determinantes de la crisis se localizan precisamente en las fases de expansión del sistema; de ahí que no hay que confundir la causalidad de la crisis con la crisis misma.*

4. La forma múltiple de manifestación de la crisis

Existen infinidad de indicadores que dan cuenta de la crisis en su conjunto, así como de los niveles de su profundidad, sobre todo si

CUADRO 27

Volumen de reserva de producción no realizada
en la industria de transformación de los Estados Unidos, 1962-1968
(En miles de millones de dólares)

	Valor de la producción embarcada	Valor de la producción almacenada	Incremento de la magnitud de la producción almacenada (%)
1962	399,7	61,1	3,0
1963	417,3	64,5	3,8
1964	445,6	68,7	3,8
1965	483,7	73,9	5,2
1966	538,5	83,6	9,7
1968	603,7	88,2	5,7

Fuente básica: *The Handbook of Basic Economic Statistics*, 1966, pp. 168-169 y 172; y *Survey of Current Business*, enero de 1968, pp. 5-6.

Elaboración: L. S. Miksha, *Lo nuevo en la sobreacumulación de capital en los Estados Unidos*, Editorial de la Universidad de Moscú, 1970, p. 25.

tomamos como punto de referencia los países que conforman el *polo hegemónico imperialista*. Cada indicador señala uno de los aspectos de la fase crítica en el proceso de reproducción del capital social; demuestra, en cuanto a su intensidad y magnitud, los límites parciales de la acumulación; señala los puntos dominantes que le dan, en cierta medida, su especificidad en cada uno de los países avanzados; y permite, al menos en términos de hipótesis de trabajo, establecer ciertas correlaciones generales.

Si nos decidimos a analizar la coyuntura de 1973-1975, que expresa los mayores niveles de profundidad de la crisis en el espacio del *polo hegemónico imperialista*, podremos observar las siguientes tendencias:

Los niveles de la caída del producto nacional bruto fluctuaron entre el mínimo registrado, de -4 por ciento en Japón, hasta el máximo, de -7 por ciento en los Estados Unidos. Al mismo tiempo, se registró una contracción de la inversión privada interna de capital, que va desde el -4,5 por ciento en Francia, pasando por un -18,6 en Alemania, hasta el -21,5 en los Estados Unidos. Los menores niveles se registraron en

CUADRO 28

El desarrollo de la crisis económica en el periodo 1973-1975
Cambios de los niveles más altos a los más bajos, y viceversa,
a partir de la información mensual o trimestral
(En porcentajes)

Indicador económico	*Estados Unidos*	*Japón*	*RFA*	*Inglaterra*	*Francia*
1. Producto nacional bruto	-7,8	-4,0	-5,0	-6,4	-5,6
2. Inversión privada interna de capital fijo (incluyendo hab.)	-21,4	-14,6	-18,6	-18,2	-4,5
3. Compra de mercancías y servicios	-4,3	-10,7	-0,01	-20,4	---
4. Índice de la producción industrial	-13,8	-23,0	-12,3	-11,0	-16,0

Elaboración: Colectivo bajo la dirección de N. N. Inozénciev e I. E. Gúrinov,
La profundización de la crisis general del capitalismo, Editorial
Idea, Moscú, 1976, p. 181.

el renglón de compra de mercancías y servicios, con un - 4,3 por ciento
en los Estados Unidos y - 0,01 en Alemania Federal; sólo en Inglaterra
la contracción fue mucho mayor, con un - 20, 4 por ciento.

Al establecer la relación entre las caídas del producto nacional
bruto, la inversión interna de capital y la compra de mercancías y servicios, mediante la comparación de sus niveles y profundidad, lo hacemos con el fin de señalar la importancia que tiene para el análisis
la especificación de los diversos niveles en que la crisis se manifiesta.

Primero, a nivel de la propia producción material de plusvalía, su
contracción revela en sí misma el bloqueo de las relaciones entre los
propios capitales; resalta las contradicciones inherentes al proceso de
valorización del capital, es decir, a la relación trabajo asalariado-capital.

Segundo, a nivel de realización, como forma evidente de la contradicción más general, que se presenta entre el proceso acelerado de socialización mundial de la producción capitalista y los estrechos márgenes
en los que se desenvuelve el proceso de apropiación privada del excedente económico, altamente concentrado por las transnacionales.

5. *La nueva tendencia en la realización entre producción*
   y precios en el contexto de la crisis

Si analizamos retrospectivamente qué sucedió con esta relación en el contexto de las crisis económicas precedentes, podremos darnos cuenta de lo que realmente pasa en la actualidad. Fue característico de las crisis del periodo premonopolista que una de las salidas al proceso de sobreacumulación, que se expresaba en *stoks* excedentes de capital-mercancía, era la caída de los precios, exacerbándose los niveles de competencia, en un intento por desbloquear los límites en el proceso de realización, hasta que no se reconstituyeran las condiciones óptimas del proceso de valorización del capital.

Una ilustración de este proceso nos la puede dar el comportamiento de los índices de precios de la economía norteamericana en las diversas crisis por las que atravesó.

CUADRO 29

Precios y crisis en la economía norteamericana

Fase de crisis	(⁰/₀)
1857-1858	- 16,26
1882-1886	- 24,14
1893-1894	- 10,30
1920-1922	- 37,6
1929-1934	- 53,9

Quizás el criterio para esclarecer la naturaleza de la modificación en el comportamiento señalado no debe reducirse a los conceptos premonopolista y monopolista, en tanto que las dos primeras crisis de la fase imperialista del sistema se caracterizaron, en cuanto al comportamiento de los precios, por la misma tendencia de la fase premono-polista. El análisis deberá atender nuevos procesos que se generan en la fase más avanzada del imperialismo.

En la actualidad, y con referencia a la crisis económica del sistema, la caída de la producción industrial es acompañada de un proceso ascendente de los niveles de precios, en su conjunto, para todo el sistema. Nos encontramos ante una nueva tendencia, que se ha convertido en comportamiento general, pero que tiene sus antecedentes en las crisis parciales que antecedieron a la actual, teniendo de nueva cuenta como punto de referencia la economía norteamericana.

La tendencia se invierte: a la caída de la producción industrial ya no corresponde una caída del nivel general de precios. Desde la crisis parcial de la economía norteamericana en 1953 se irá prefigurando una nueva tendencia, que se expresa, en un principio, por medio del alza moderada de los precios en la fase de crisis, fluctuando éstos entre un 0,3 y un 1,4 por ciento, dislocándose el proceso en 1974, cuando el incremento promedio de los precios alcanzó el 22,2 por ciento, intensidad del alza nunca antes registrada.

CUADRO 30

Cambios en los precios y la producción industrial
en las fases de crisis de los Estados Unidos
(En porcentajes)

Concepto	1949	1953	1957	1960	1967	1970	1974
1. Producción	-10,5	-10,2	-14,3	-7,4	-2,5	-7,6	-16,1
2. Precios	-2,0	+1,4	+0,3	-0,5	+1,5	+3,7	-22,2

En síntesis, el acelerado proceso inflacionario pasó a covertirse en el sustrato general de la crisis actual del capitalismo en la fase monopólica actual. Dada la importancia del fenómeno, se ha presentado una discusión generalizada, que versa sobre las causas y la naturaleza de la llamada *inflación galopante*. Aquí optaremos por la descripción y el enunciado de las condiciones en que aquélla se manifiesta.

Primero: los niveles de monopolización alcanzados han determinado una estructura general de los precios que posibilita a las grandes corporaciones mantener, en plena recesión, un alto nivel de sus *precios administrados*. Más allá del riesgo de una abierta competencia intermonopólica por medio de la baja de los precios, optan por compensar la pérdida potencial de ganancia que produce la contracción de la producción industrial mediante el mecanismo de la captación de valor que opera en las transacciones con los capitales de menor composición orgánica, así como por medio de la relación establecida con el consumidor final a través de los precios de monopolio.

Segundo: los niveles crecientes del endeudamiento público y privado han provocado serias distorsiones entre producción y mercado, entre producción y circulación. El endeudamiento permite mantener en forma artificial las condiciones generales de valorización del capital, solamente posibles por medio del consumo productivo e improductivo, todo esto basado en un ingreso a futuro, tanto del Estado como de las corporaciones, así como también de los consumidores finales. Para el caso de los Estados Unidos, por ejemplo, la deuda de los particulares representaba al final de 1978 el 79 por ciento del ingreso anual de los individuos y familias, después del pago de impuestos. Por su parte, el Tesoro Público —de los estados y localidades— había visto crecer su endeudamiento en un 52 por ciento desde 1974, que ya entonces rebasaba los mil millones de dólares. Asimismo, las empresas comerciales aumentaron su deuda en un 32 por ciento desde 1974, alcanzando la cifra de 1 100 millones de dólares a mediados de 1978. En suma, el endeudamiento público y privado alcanzó en 1978 la cantidad de 3 500 millones de dólares. El crédito como mecanismo de desbloqueamiento coyuntural de los límites de autorreproducción del sistema, al impulsar y favorecer el proceso de realización, se torna con el transcurrir del tiempo en factor de presión sobre los niveles de precios, determinando un proceso de espiral inflacionaria.

Tercero: la crisis pone al descubierto los mecanismos de respuesta que el sistema establece a partir de la política económica del Estado capitalista. No cabe duda de que ante el crónico y creciente déficit presupuestal, y ante la necesidad de reactivar el proceso de producción industrial y la generación de servicios, se recurre a viejas prácticas cada vez más ineficaces, por ejemplo, a la evidente tendencia a la elevación de los volúmenes de circulante, por arriba de la tasa de productividad y por arriba del incremento real de la producción industrial, mecanismo que se convierte, igualmente, en factor de presión inflacionaria. Analicemos este proceso en varios países capitalistas.

CUADRO 31

Dinámica del circulante en varios países capitalistas, 1951-1973
(En porcentajes)

Países	1951-1960	1961-1970	1971-1973
1. Estados Unidos	2,0	4,6	7,0
2. Inglaterra	2,6	5,5	15,8
3. Francia	11,8	9,4	12,4
4. Japón	20,1	15,5	23,0

Cuarto: una rígida política salarial, en medio de una espiral inflacionaria, ha sido adoptada por el Fondo Monetario Internacional como estrategia global para el conjunto del sistema capitalista, como importante mecanismo tendiente a la desvalorización real de la fuerza de trabajo asalariado, y esto con el fin de recobrar el impulso del proceso de valorización del capital sobre un proceso de sobreexplotación de la fuerza de trabajo.

Lo hasta aquí planteado —somos conscientes de ello— está lejos de todo intento de teorización general, y se queda, las más de las veces, en el estricto campo de la descripción del fenómeno, como una primera vía de acceso a la comprensión de la crisis contemporánea del sistema capitalista.

EL ESTANCAMIENTO DEL CENTRO DEL CAPITALISMO: LOS ESTADOS UNIDOS

FIRDAUS JHABVALA

Introducción

La turbulencia de los últimos quince años ha conducido al reinicio del debate acerca de la capacidad de la economía para crecer y ofrecer un alto nivel de vida a una fracción creciente de la población. Hasta la guerra de Vietnam la economía norteamericana mostraba un crecimiento casi ininterrumpido, con la posible excepción de la Gran Depresión, que le permitió esquivar las contradicciones de clase mediante la integración de una parte importante de la clase trabajadora al capital monopolista, y elevar estas mismas contradicciones a un plano más elevado, lo que ha facilitado la estabilidad del arreglo político, a espaldas de las contradicciones de clase, pero que posteriormente surgen a la superficie de la vida norteamericana con las rebeliones de la gente negra en los años sesenta. Creemos que un ingrediente básico de la fórmula que aseguró la paz entre las clases norteamericanas ha sido la habilidad de la política económica para pagar salarios suficientemente altos a una fracción sustancial de la fuerza de trabajo, lo que facilitó su integración al capital monopolista. Creemos que está disminuyendo el nivel de vida en los Estados Unidos, y que esta disminución afectará el trabajo asociado al capital monopolista (lo que llamaremos *trabajo monopolista*) y eliminará gradualmente uno de los principales pilares de la economía norteamericana.

No queremos dar la impresión de favorecer una teoría del *derrumbe* del capitalismo; sin embargo, la disminución del nivel de vida provocará una alteración fundamental de las relaciones internas y externas del capitalismo norteamericano. Una buena parte de la declinación del poderío externo será compensada por otros países capitalistas (grandes, medianos y pequeños). Este ensayo no especula sobre estas relaciones futuras entre el centro, la semiperiferia y la periferia del capitalismo, o sobre la estructura futura de estas formaciones. Su propósito es presentar nuestro concepto de *nivel de vida* y el tipo de datos que utilizaremos para documentar el comportamiento del nivel de vida en los Estados Unidos.

El primer apartado del presente ensayo establece nuestro esquema de análisis de la economía norteamericana, la cual dividiremos en dos sectores: monopolista y competitivo, para luego examinar sus interrelaciones. Argumentaremos que los acuerdos existentes entre los dos sectores desaparecerán completamente, y serán reemplazados por otros. El segundo apartado examina sucesos contemporáneos que afectan la economía y obstaculizan su crecimiento estable —no será posible aumentar simultáneamente las tasas de ganancia y de salario. El tercer apartado evalúa el impacto de la conexión extranjera sobre la economía norteamericana, que ha sido subestimado por los apologistas burgueses del mantenimiento del *statu quo*, quienes hacen un esfuerzo por minimizar la naturaleza imperialista de las relaciones norteamericanas con la periferia del capitalismo. Creemos que la dependencia de la economía norteamericana respecto de la periferia aumentará —es precisamente aquí en donde los movimientos de liberación nacional reducirán el espacio *disponible* de los Estados Unidos. El cuarto y último apartado concluye que la actual disminución del nivel de vida continuará por varios años, y que será acompañado de una creciente agitación social, hasta que cambie radicalmente la naturaleza del orden norteamericano. Pensamos que éste no es el momento para especular si la economía capitalista tenderá al fascismo, que representa su forma extrema, o si será reemplazada por algo similar al socialismo, o a algo diferente.

El nivel de vida para la clase trabajadora tiene como base, en términos económicos, sus ingresos reales y sus gastos, calculados éstos como promedio para toda la fuerza de trabajo. Esta definición excluye los aspectos no económicos que intervienen en la determinación del nivel de vida. No obstante, pensamos que hay tres razones que explican nuestra definición económica acerca del nivel de vida de la clase trabajadora. En primer lugar, en el *capitalismo central* existe por lo general solamente un modo de producción, que exagera la importancia de los indicadores económicos y de hecho los utiliza para medir los otros aspectos de la vida. En segundo lugar, los aspectos económicos son determinantes, y por lo tanto relacionados con los no económicos. Finalmente, los costos no económicos inciden en el aspecto económico del nivel de vida a través de gastos por parte de la sociedad entera —el capital privado y su gobierno— para disminuir o controlar sus efectos más dañinos. Así, estos costos crean obstáculos para la expansión futura del sistema económico, y el costo del esfuerzo por eliminarlos recae sobre los trabajadores mediante un salario más reducido y un precio mayor para la canasta de bienes socialmente necesarios, o de impuestos por parte de los tres niveles de gobierno.

A la luz de nuestra definición del nivel de vida, nuestros cálculos no incluyen:

a) Los crecientes costos físicos de la existencia humana en el centro, como la contaminación, el crimen, la aglomeración de la fuerza de trabajo y el distanciamiento del lugar de trabajo respecto del hogar.

b) Los costos sociales, como la ruptura de unidades tradicionales de vida, el individualismo, la hostilidad en las relaciones personales y la burocratización de la vida.

c) Los costos psicológicos, como la enajenación, la lucha sin cuartel para lograr el reconocimiento a través de la llamada *superación personal*, la estimulación de demandas posibles de satisfacer para una buena parte de la colectividad y las constantes frustraciones de los comprado-res de productos de la *industria de ilusiones*.

d) Los costos políticos, como la impotencia para incidir en el rumbo de la economía.

Con el desarrollo del capitalismo central crece cada uno de estos efectos sobre el nivel de vida de la clase obrera. Datos que miden estos fenómenos son normalmente ignorados por las agencias elabora-doras de estadísticas de los países capitalistas. Además, cuando existe información, ésta se dirige menos al proletariado y más al lumpenpro-letariado. Así, por ejemplo, existen abundantes datos sobre la criminalidad en las calles, que es el tipo de crimen en el que predomina el lumpenproletariado, pero no existe un énfasis similar sobre los crímenes típicos de la clase burguesa, como los fraudes, la evasión fiscal o la violencia empresarial y gubernamental. En el centro existe un gran resentimiento por parte de toda la sociedad, incluida la clase obera, por los *pagos de bienestar (welfare payments)*, cuyos receptores son princi-palmente miembros del lumpenproletariado. Por el contrario, no existe tal resentimiento para subsidiar las empresas privadas a través del dinero del gobierno o mediante cambios legales, fiscales y, ocasio-nalmente, dádivas disfrazadas como préstamos.

Los intentos para eliminar los costos ya señalados incluyen la seudo-solución de tirar dinero en ellos, actitud reflejada en una estructura impositiva cada vez más grande y en una elevada estructura de costos en las empesas. Así, tenemos un doble ataque al nivel de vida de los trabajadores: más impuestos y una mayor inflación. Hasta ahora los trabajadores de los países centrales han podido resistir el tercer arma de la burguesía: el desempleo. Sin embargo, la inflación conduce a una posición cada vez más débil de la economía norteamericana frente a la mundial, y las interrelaciones entre ellas se traducen en devaluacio-nes del dólar, en una creciente estructura de costos y precios, y en la progresiva reducción de la canasta de bienes de los trabajadores, en una disminución de su nivel de vida. Por eso creemos justificado concentrar nuestra atención en la *esfera económica* como indicador del comporta-miento del capitalismo central.

1. La estructura del trabajo en la economía norteamericana

El desarrollo del capitalismo norteamericano hacia el *capitalismo monopolista*, a través de su concentración y centralización, es un proceso que tiene más de un siglo en los Estados Unidos. En este apartado primero describiremos las características más sobresalientes del sector monopolista y los contrastaremos con el sector competitivo, para luego analizar el desarrollo del *capitalismo monopolista de Estado*.

Las industrias monopolizadas están constituidas por un pequeño grupo de grandes firmas, que forman el *núcleo* de la industria, y un grupo numeroso de pequeñas firmas que dependen del núcleo, al que llamaremos su *cola*. Este grupo puede servir a varias industrias monopolizadas a la vez, y su utilidad para el núcleo es la razón de su existencia. No obstante, siempre existe la posibilidad de su absorción por parte del núcleo, y en tiempos difíciles para la industria esto es exactamente lo que ocurre. Siguiendo la analogía con un cometa, es el núcleo el que decide la dirección de toda la industria.

Las industrias monopolizadas acumulan más capital que las competitivas, por gozar de bajos precios y, por lo tanto, de altas tasas de ganancia a niveles monopolistas. El monto del capital invertido en una industria altamente monopolizada es grande; además, estas industrias controlan simultáneamente el precio y el volumen de producción, aunque la determinación del precio es su característica fundamental. Para asegurarse contra las fluctuaciones del mercado, los monopolios utilizan dos recursos principales: la publicidad y la acción del Estado.

Observamos que los principales factores que mantienen la estabilidad de la estructura monopolista son dos: primero, existen pocas firmas monopolistas en cada industria, y los nuevos competidores encuentran serias dificultades por el monto del capital necesario para entrar en la industria. Los contactos entre las firmas monopolistas y las agencias gubernamentales también limitan la entrada de nuevas empresas a la industria. Segundo, el aparato publicitario, elevado al nivel de un arte de persuasión, convencimiento, exhortación y decepción, juega un papel que excede por mucho la mera venta de los productos de los monopolios, pues también condiciona toda la sociedad a la necesidad de los monopolios.

Así, existen dos maneras de llegar a ser una empresa monopolista: mediante el largo proceso de eliminación entre las firmas competitivas, en el caso de una nueva industria —como la de computadoras—, o a través de la intromisión de una firma monopolista en otra industria. Así, las tres o cuatro firmas monopolistas en cada industria son las mismas de hace 10, 20, 30, 40 y muchas veces más años.

El trabajo monopolista no incluye a todos los trabajadores en las empresas grandes; más bien emplea en ellas a aquellos con más entrenamiento y capacitación que los del sector competitivo. Usualmente existe alguna barrera para trabajar en el sector monopolista, basada normalmente en algún talento exhibido o entrenamiento y capacitación. Muchas veces esta prueba toma la forma de un diploma u otra evidencia de exclusividad; a veces se basa en las relaciones personales (los conocidos del aspirante), inclusive los familiares. Los puestos en industrias altamente sindicalizadas pueden ser heredados, algo así como sucede en PEMEX. El trabajo monopolista incluye a una buena parte de los trabajadores y técnicos, predominantemente de sexo *masculino, blancos* y *sindicalizados.*

En tanto que los trabajdores profesionales y técnicos de este sector no pertenecen a los sindicatos, la escasez general de estos trabajadores especializados, junto con su importante papel en la ejecución de las tareas de la empresa, la obliga a atar a este grupo de trabajadores mediante un rango de privilegios pecuniarios. Esto no quiere decir que la empresa esté sujeta a estos trabajadores. Como los ingenieros descubrieron a fines de los años sesenta, y otros trabajadores profesionales aprenden diariamente, la firma los despide de un día para otro, aunque estos trabajadores aspiran a puestos de dirección y en general se identifican con la gerencia de la empresa.

El segundo grupo que emplea el sector monopolista está compuesto por trabajadores que son gerentes u oficiales. Sin embargo, las estadísticas los mezclan con los propietarios, de tal manera que excluyen a aproximadamente la tercera parte del grupo por pertenecer al sector competitivo o ser propietario. Estos trabajadores constituyen una superaristocracia, y de hecho representan el puente social e ideológico entre la burguesía y los trabajadores. La carrera profesional de estos trabajadores puede incluir su trabajo en varias empresas monopolistas, con tendencia a establecerse como propietarios de una firma en la cola de la misma industria monopolizada en la que participó como gerente.

El tercer grupo de trabajadores se conforma con los artesanos, básicamente agrupados en gremios, y con superintendentes y capataces de todo tipo. El grupo es claramente identificable por raza y sexo, siendo predominantemente integrado por hombres blancos. Este grupo no tiene la posibilidad de llegar a ser capitalista, pero tiene el temor de bajar al próximo escaño: el del obrero, el elemento más vulnerable de perder su sitio en el sector monopolista y de ser relegado al siguiente sector o al de los desempleados.

El trabajo monopolista representa alrededor de la mitad de la fuerza de trabajo en los Estados Unidos, y cada uno de los cuatro grupos que lo constituyen ha estado creciendo en este siglo.

Cada grupo presentado se divide entre los dos sectores. Sin embargo, los hemos considerado según la orientación predominante de la ocupación.

El sector competitivo está constituido por cinco grupos: los oficinistas, los vendedores, los obreros no calificados, los trabajadores de servicios —incluyendo a los empleados domésticos— y los trabajadores del campo. En general el trabajo competitivo existe fuera de las industrias monopolizadas, pero el segundo tipo de trabajo que se emplea en estas industrias también corresponde al competitivo. De esta manera, queremos hacer una distinción entre el trabajo monopolista y el competitivo, lo que difiere de la idea de Gordon, Doeringer, Piore y otros sobre la segmentación del mercado de trabajo en dos tipos, aunque exista similitud en los conceptos.

El trabajo competitivo utiliza menos capital constante que el monopolista, y sus trabajadores reciben un salario inferior, por el bajo precio competitivo de su producto. El trabajo competitivo no es normalmente organizado, por varias razones debidas a su modo de producción; sin embargo, también existe el rechazo por parte del sindicalismo organizado, cuya burocracia considera el costo de organización del trabajo competitivo más caro que cualquier beneficio económico que pudiera recibir. Las mujeres predominan en las categorías de oficinistas y trabajadores de servicios, mientras que hay una relativa preeminencia de negros y chicanos entre los obreros no calificados, trabajadores de servicios y campesinos. Este segundo escaño trabaja en los dos sectores, pero predomina en el sector competitivo, en el cual existen pocos trabajadores del primer escaño.

Los trabajos del sector competitivo se caracterizan por el bajo nivel de entrenamiento; por su naturaleza agotadora, monótona o aburrida del trabajo; por la irregularidad del empleo; y por las escasas perspectivas de desarrollo del empleo. Hemos utilizado la ocupación del trabajador para asignarlo a uno de los dos sectores de trabajo; sin embargo, también podemos utilizar el criterio del salario por hora para distinguir los dos sectores, aunque este procedimiento —como también el usado en el caso de las ocupaciones— no es completamente confiable. Así, podemos obtener la cifra de alrededor de ocho dólares por hora, que lleva a un ingreso disponible —tras impuestos en los tres niveles y las deducciones de seguro social— de casi mil dólares por mes, cifra que no parece garantizar la reproducción de la fuerza de trabajo en las condiciones actuales y en términos generales.

Una buena parte del trabajo en líneas de ensamblaje entrará dentro del trabajo competitivo, aunque la empresa esté adscrita al capital monopolista y aunque su salario exceda nominalmente la cifra de ocho dólares por hora. Muy poco entrenamiento, capacitación, educación o talento son necesarios para este grupo de trabajadores, quienes comparten todas las características del trabajo competitivo, y normalmente el mayor salario se considera por el mayor riesgo de pérdida de los miembros, de la visión, del oído o de la vida misma.

Las firmas competitivas proliferan, y así mantienen un precio bajo y competitivo de su producto, que no permite las tasas de ganancia y salario obtenido en el sector monopolista. Así, el mismo tipo de trabajo, de igual productividad, causa diferentes tasas de salario en los dos sectores, algo así como los salarios pagados a los trabajadores petroleros en México. Por su gran número, pero cambiante, las empresas de este sector no pueden traspasar los aumentos de costos al público con la misma facilidad que el sector monopolista. La productividad del sector competitivo, medida en dólares, es baja no solamente por la pobre dotación de sus trabajadores y las modestas cantidades de capital con que trabajan, sino, más importante que todo, por su exclusión de los beneficios del capital monopolista, que enumeraremos en seguida.

La empresa monopolista está afectada principalmente por condiciones nacionales e internacionales, mientras que la competitiva sufre además las condiciones locales. Las ventajas de la empresa monopolista existen en cuando menos los siguientes renglones: el financiero, el abastecimiento de materia prima, el apoyo del Estado en la venta de sus productos y en negociaciones con empresas de su alrededor, tanto en sentido vertical como horizontal. Las ventajas de la sociedad por acciones sobre la empresa individual, también descrita por Hilferding,[1] se covierten en las ventajas del capital monopilista sobre el competitivo. Obviamente, el papel del Estado no se había esclarecido a principios del siglo.[2] Sin embargo, el mismo Estado se divide por niveles: el federal, para tratar esencialmente asuntos del sector monopolista, y el estatal y de condados, para los del sector competitivo. De manera semejante, la alta burocracia del Estado es básicamente federal, de forma similar a los puestos de gerencia de las empresas monopolistas. De hecho existe un intercambio de puestos que garantiza la homogeneidad de criterios entre esta parte del Estado y el capital monopolista.

Es muy conocido que en los tiempos de crisis existe una concentración y centralización más acelerada del capital.[3] La capacidad de la gran empresa para resistir la Gran Depresión quedó manifestada por la recuperación en activos de que gozó entre 1937 y 1943, como se observa en el cuadro 1. No obstante, aunque el número de pequeñas empresas aumentó proporcionalmente entre 1931 y 1943, su parte en

---

[1] Rudolf Hilferding, *El capital financiero*, cap. VII, parte 3.
[2] No obstante, Hilferding manifiesta entender las relaciones de dominación entre el capital financiero y el Estado en su descripción de las relaciones entre J.P. Morgan y Theodor Roosevelt en cuanto a las funciones de la bolsa.
[3] Cuando menos, desde las observaciones de Marx. Véase, de Marx, *El capital*, t. III, cap. XV y las últimas páginas del cap. XXVIII.

los activos disminuyó sensiblemente. Con una mayor perspectiva hasta 1970, las dos tendencias —concentración y centralización— fueron más claras. La capacidad de la gran empresa para resistir la Gran Depresión puede ser vista también por los siguientes ejemplos:

a) Entre 1929 y 1932 el capital y las reservas de las 23 mayores empresas aumentaron de 11,9 a 12 mil millones de dólares,[4] mientras que el conjunto de las empresas registró cifras de 160 400 y 133 600 millones de dólares en los mismos años.[5]

b) En la Gran Depresión, en 1932, mientras que el conjunto de las empresas registraba *pérdidas* (después de impuestos) por 3 792 millones de dólares, otras empresas distribuyeron dividendos por 3 996 millones de dólares.

c) De 1930 a 1937, durante la Gran Depresión, una sola empresa —General Motors— hizo ganancias por más de mil millones de dólares, y pagó dividendos por casi 950 millones.[6]

Antes de la Gran Depresión la economía de los Estados Unidos mostraba un alto grado de concentración y centralización. Pero el trauma de la primera gran crisis del centro del capitalismo forzó al capital competitivo y al trabajo monopolista a aceptar la dirección económica de la gran empresa. Así, podemos analizar los varios aspectos del *New Deal* de Roosevelt como elementos que aumentaron la estabilidad de la economía, socializaron algunos costos de la gran empresa y permitieron privatizar los beneficios sociales.

El gobierno federal ofreció mantener la demanda total de la economía a niveles que posibilitaron un mejor aprovechamiento del capital instalado, y a través del NRA (National Recovery Administration) lo logró en gran parte. La producción de automóviles, por ejemplo, había disminuido de 5,6 millones de unidades en 1929 a 1,4 en 1932, contra una capacidad de entre 7 y 9 millones de unidades.[7] Es decir, la producción había disminuido en un 75 por ciento en estos años y la utilización del capital de la industria en 1932 fue menor al 20 por ciento. En 1937 la producción se había recuperado a 5 millones de unidades, casi la producción de 1929.[8] La segunda guerra mundial dio otro gran impulso hacia la dominación de la dirección del Estado por parte del gran capital, tendencia que se ha visto reforzada en los años posteriores.

Creemos que es importante recalcar la naturaleza del *New Deal*

[4] E.D. Kennedy, *Dividends to Pay*, 1939, reeditado en 1969 por Augustus M. Kelley, Publishers, Nueva York, pp. 173 y 177.
[5] U.S. Dept. of Commerce, *Historical Statistics of the United States*, Washington, 1976, p. 926.
[6] E.D. Kennedy, *op. cit.*, p. 2.
[7] *Ibid.*, pp. 146 y 153.
[8] *Ibid.*, p. 156.

CUADRO 1

Número de empresas y sus activos por tamaño, 1931, 1937, 1943 y 1970

	Número de empresas	Activos (en millones de dólares)	º/o de empresas	º/o de activos
1931				
Empresas con activos de más de 50 millones de dólares	632	154 807	0,16	55,30
Empresas con activos de menos de 100 mil dólares	243 591	8 070	62,10	2,88
Total	392 021	280 083	100,00	100,00
1937				
Empresas con activos de más de 50 millones	749	161 311	0,18	53,20
Empresas con activos de menos de 100 mil	288 959	8 462	69,30	2,79
Total	416 902	303 357	100,00	100,00
1943				
Empresas con activos de más de 50 millones	887	229 828	0,24	59,00
Empresas con activos de menos de 100 mil	238 540	7 595	65,00	1,94
Total	366 870	389 524	100,00	100,00
1970				
Empresas con activos de más de 100 millones	2 635	1 752 228	0,16	66,50
Empresas con activos de menos de 250 mil	1 296 762	66 054	77,90	2,51
Total	1 665 477	2 634 707	100,00	100,00

Fuente: *Historical Statistics of the United States*, pp. 924, 925, 933, 934, 937 y 938, según declaraciones de impuestos sobre la renta de las empresas.

como un acuerdo pactado principalmente dentro del sector monopolista entre el capital monopolista, el Estado y el trabajo monopolista, para el beneficio del sector monopolista y aquellas empresas del sector competitivo ligadas estrechamente con el sector monopolista. Durante los años cuarenta, después del *New Deal* encontramos una concesión importante del trabajo organizado: dirigiría sus esfuerzos solamente en el sentido económico, y tomaría como dado el orden político existente. Así, no había posibilidad de otro Eugene Debs, o aun una vigorizada CIO. La división del producto entre capital y trabajo sería facilitada por la posibilidad del capital monopolista de trasladar cualquier aumento de salarios al consumidor, a través del precio del producto. A cambio, el trabajo monopolista recibiría aumentos constantes de salarios y otros beneficios marginales, y mejores condiciones de trabajo, privilegios no disponibles para el trabajo competitivo.[9]

Un examen del trabajo monopolista revela que aparte de los grupos de profesionales y técnicos —controlados directamente por el capital monopolista—, el resto del trabajo monopolista es controlado por los sindicatos, que llegaron de esta manera a minimizar el grado de descontento de toda la fuerza de trabajo mediante el mejoramiento del nivel de vida de su vanguardia, constituida por el trabajo monopolista. Los sindicatos no solamente estaban de acuerdo en beneficiar a sus miembros al costo de toda la fuerza de trabajo, sino que rápidamente exigieron nuevas barreras a la entrada de trabajadores provenientes del sector competitivo y volvieron a ser instrumentos de la segmentación de la fuerza de trabajo.

Esto no debe sorprender a nadie, puesto que el trabajo monopolista había estado al frente de los ataques raciales a inmigrantes rurales, quienes salieron de sus barrios segregados del este de San Luis en 1917 y de Chicago en 1919. Los ataques racistas al trabajador no blanco del sector competitivo jugaron un papel condicionante y de control sobre estos trabajadores, situación que se prolonga hasta hoy día.

El trabajo competitivo quedó así desorganizado, atacado por el racismo y el machismo, y dependiente de una forma o nivel de producción más antiguo y débil, jugando su papel en el segundo escaño del trabajo, dentro de un mercado claramente segmentado. Claro que la Gran Depresión fue una de las determinantes más fuertes que jamás haya conocido el capitalismo central. Los negros, por ejemplo, habían logrado ciertos avances a partir de su desplazamiento del sur agrario al norte industrial durante la primera guerra mundial, y en el auge de la década de los años veinte. Pero en Cincinnati, en mayo de 1933, un

---

[9] Por ejemplo, mientras que el sueldo promedio de los trabajadores con oficio en la industria de la construcción en 20 ciudades fue de 10,05 dólares por hora, el sueldo promedio rural fue de 2,25 por hora en junio de 1974. Esta diferencia de más de cuatro a uno es bastante frecuente entre los sueldos de los dos grupos de trabajadores. Los sueldos de trabajadores sin oficio en la industria de la construcción han oscilado alrededor de tres veces el salario mínimo, apenas alcanzado por un numeroso grupo de mujeres y no blancos que trabajan como meseros, cajeros o en el servicio de limpieza.

54,32 por ciento de los negros estaba desempleado, y un 12,85 fue afectado por el subempleo. Es decir, menos de la tercera parte de la fuerza negra de trabajo laboraba tiempo completo.[10] La lucha por mejorar las condiciones económicas del trabajo competitivo tropezó con dos barreras: el trabajo monopolista (y exclusivista) y la menor capacidad del capital competitivo para pagar mayores salarios, reflejada en su determinación de oponerse a toda demanda de los trabajadores. En cambio, el alto precio comparativo pagado al trabajo monopolista le permitió emplear a los mejores trabajadores del sector competitivo. Este salario se traslada vía precios (e inflación), protegiendo y aumentando así las ganancias. El papel del Estado en esta esfera es precisamente el de facilitar este movimiento, garantizando al capital monopolista la realización de la plusvalía encarnada en su producto. El peso de este compromiso recae en distintos grados sobre toda la fuerza de trabajo: la monopolista, la competitiva y la de los desempleados. De esta manera, el capital y el trabajo competitivo juegan un papel similar respecto al sector monopolista.

El acuerdo del *New Deal* fue rechazado inicialmente por el gran capital, a pesar de que trataba de crear una nueva base para proseguir con la acumulación de capital. La precaria posición del sistema capitalista durante la Gran Depresión no fue apreciada por estos *capitanes de industria*, quienes no comprendieron que las reformas de Roosevelt fueron diseñadas para matar dos pájaros de un tiro: por una parte, los programas sociales disminuyeron la agitación social; y, por otra, aumentaron la demanda efectiva, es decir, la tasa de ganancia. El capitalismo había pauperizado a mucha gente, pero ahora los trabajadores recibían un poco de seguridad, un poco de dinero. Fue un proceso que se extendió hasta fines de la segunda guerra mundial. Por esta y otras razones que examinaremos más adelante, el capitalismo estadounidense volvió a florecer en el periodo de la posguerra.

Entonces el *New Deal* exigió un mayor gasto gubernamental por las dos razones dadas. Sin embargo, el capital monopolista aprendió rápidamente que sería más fácil lograr sus objetivos a través de Washington que a través del mercado, aunque éste fuera monopolizado. Así, el Estado también apoyó la privatización de los bienes y beneficios sociales, a favor del capital monopolista, y de manera similar socializó sus costos privados. Finalmente, el crecimiento del Estado fue impulsado por razones internas, que se tradujeron en un crecimiento sostenido de la burocracia, que basó su desarrollo en su propia existencia ("somos la única gente capaz de hacer el trabajo"), y viceversa ("no se puede quitar el trabajo a toda esta gente"). Es difícil oponerse a la burocracia,

[10] U.S. Dept. of Labor, *Monthly Labor Review*, vol. 45, núm. 4, octubre de 1937, p. 872.

como lo descubrió Richard Nixon en 1974, y como lo descubrirá
Ronald Reagan ahora. Cuando está bajo presión, la burocracia da la
impresión de disolverse, pero en realidad se reagrupa en otra parte.
El financiamiento del Estado exige una mayor parte de la producción nacional. Baran y Sweezy[11] notan que el gasto gubernamental
representaba el 7,4 por ciento del producto interno bruto en 1903, el
9,8 en 1929, el 19,2 en 1939 y el 27,3 en 1959, y podemos agregar que
representó el 41,5 por ciento en 1970,[12] y ha seguido su camino
ascendente desde entonces. La ideología burguesa ha intentado implantar las ideas de que

a) Los impuestos y otras deducciones a los trabajadores constituyen
pagos al gobierno por la compra de sus *servicios.*

b) El gasto gubernamental es un beneficio colectivo.

En la primera explicación los ejemplos más comunes son la educación, la salud y los servicios sociales a los desafortunados de la sociedad,
como los desempleados, los jubilados, los niños o los viejos. La segunda
razón incluye los gastos para reducir la contaminación o aumentar la
defensa.

Se puede ver que los gastos gubernamentales que aumentan la productividad del trabajador pueden aumentar sus ingresos. Pero el procedimiento   correcto sería deducir estos gastos de los ingresos actuales
del trabajador y esperar que aumentara su productividad y luego
sus ingresos. Así, creemos incorrecta la idea de que el gasto gubernamental corresponde a un ingreso de la comunidad. Por el contrario, el
gasto representa una reducción del ingreso, y así lo hemos tratado en
nuestros cálculos del nivel de vida del trabajador.

El trabajo monopolista reconoce que soporta una buena parte de
la carga fiscal, y teme que otros —en particular el trabajo competitivo—
puedan participar de los beneficios generales. Por lo tanto, el trabajo
monopolista se opone al financiamiento gubernamental de programas
cuyo beneficio llegue al trabajo competitivo. En esta operación tiene
un aliado en el mismo capital competitivo, cuya hostilidad tradicional
o pequeñoburguesa al *gran gobierno* es **legendaria**. El antagonismo
de los dos trabajos es así apoyado y fomentado por los dos capitales.
Las concesiones extraídas al capital monopolista recaen finalmente
en los trabajadores a través de un mayor precio del producto, o el
gobierno absorbe el costo y lo pasa al trabajador a través del sistema
fiscal, o el trabajo competitivo lucha para también lograr un beneficio
que, cuando finalmente se distribuye a toda la fuerza de trabajo,
resulta ínfimo si se calcula percápita. Además, en el caso del trabajo
competitivo, es relativamente fácil quitarle los beneficios cuando no

---

11 Paul Baran y Paul Sweezy, *El capital monopolista,* cuadro 3.
12 *Historical Statistics of the United States,* pp. 235 y 1121.

existe una presión política, como muestra el manejo actual del paquete cada vez más reducido de beneficios sociales. Finalmente, la misma inflación reduce el monto real del beneficio con el paso del tiempo, sobre todo en los Estados Unidos, que son un país en el que los trabajadores no tienen una escala móvil de salarios que los aumente conforme aumentan los precios. Como veremos más adelante, la reducción real del salario permite un ahorro al capital monopolista y a su Estado en cuanto a concesiones pasadas hechas a los trabajadores.

Quisiéramos señalar tres factores más que minimizan el beneficio concedido al trabajador: en primer lugar, paralelamente al mayor salario, se presenta una mayor exigencia por parte del empleador. Mientras que la generación actual de trabajadores está mejor preparada y educada que la anterior, también es cierto que la competencia aumenta. Así, lejos de ser un lujo, la *preparación extra* es una necesidad, y no garantiza el mantenimiento del trabajo; de hecho las relaciones de poder entre capitalistas y trabajadores permiten al sector monopolista exigir que todo trabajador tenga las mejores cualidades si quiere retener el trabajo, *progresar*, etcétera. De esta forma, en los últimos años el trabajador empleado por los monopolios norteamericanos está constantemente amenazado por su patrón, en tanto que el trabajador japonés es más dedicado, el alemán más puntual, etcétera. Así se estimula una alta competencia entre los trabajadores, se aumenta un sentimiento de inseguridad y se presiona a que el mismo trabajador pague de su propia bolsa gastos indirectos tendientes a aumentar su productividad en el trabajo, y de esta manera convierte supuestos lujos en necesidades absolutas.

El segundo factor se refiere a la infraestructura de parásitos y seudoparásitos que se desenvuelven en *actividades de apoyo* a la clase obrera y al lumpenproletariado. Por ejemplo, consultores, abogados, proyectistas, trabajadores sociales y, en general, miembros de la *industria de la pobreza*, la cual oculta a un gran número de apropiadores de plusvalía, reduciéndose al mismo tiempo la cantidad y la calidad de los servicios que llegan verdaderamente a los pobres. En estas circunstancias, un mayor gasto gubernamental puede ser la señal que invita a un mayor número de parásitos al área, más que a un mejor servicio para los necesitados.

En tercer lugar, una buena parte del gasto gubernamental intenta fortalecer a los pobres después de la erosión de su nivel de vida. Así, por ejemplo, durante los años sesenta y setenta los estudiantes de universidades privadas se cambiaron a las del Estado o a los colegios de cooperación (*Community Colleges*) por el elevado costo de la educación. Ahora bien, el gasto gubernamental de los estados y condados invertido en sus colegios no puede ser aceptado como mejoramiento de la educación, en tanto que el alumnado recibe una educación inferior. Una situación similar prevalece en cuanto al gasto gubernamental para la protección del medio ambiente, que refleja una acción gubernamental para contrarrestar un estado de deterioro causado por las acciones del capital monopolista.

Por todas estas razones, los trabajadores tienden a considerar los impuestos como deducciones de sus ingresos. Existe otro tipo de declinación del nivel de vida debido a la disminución de la calidad de los bienes y servicios brindados a los trabajadores, y no hemos encontrado un índice general de tal calidad, por lo cual tenemos que depender de trabajos realizados sobre industrias particulares en periodos determinados. Un trabajo de este tipo es el de Fisher, Grilliches y Kaysen,[13] quienes tomaron el automóvil típico de 1949 como base; bajo la hipótesis de que el cambio tecnológico de la industria procediera como antes, intentaron estimar el costo al público de cambios de modelo entre 1949 y 1961. Concluyeron que estos costos llegaban a alrededor de 700 dólares por unidad, que fue más del 25 por ciento del precio de compra, o aproximadamente 3 900 millones de dólares por año en el periodo 1956-1960. (Además el kilometraje de la gasolina disminuyó del 12 al 6 por ciento en ese periodo, cuando debiera haber aumentado un 13 por ciento, por los cambios tecnológicos normales en esa industria.)

La evidencia sugiere que la calidad del trabajo de reparación, de partes, la cobertura de seguro, etcétera, disminuyeron cuando menos un 12 por ciento en estos doce años. Así, es justo suponer que la declinación de la calidad de las unidades es cuando menos de 1,5 por ciento cada año, proceso que no está captado por las estadísticas de precios de esos vehículos. Además la depreciación acelerada de los coches por la reducida vida de los modelos nos permite inferir una disminución adicional de 1 por ciento por año. Así, por una contabilidad conservadora, y excluyendo disminuciones de calidad que causan fatalidades, mutilaciones, etcétera, podemos afirmar que existe una disminución constante de la calidad de los automóviles de aproximadamente un 2,5 por ciento anual en comparación con los coches de 1949, pero no con lo que el automóvil pudiera ser si fuera producido racionalmente. Claro que se pueden hacer mejoramientos, y a veces se hacen, pero siempre cuestan. No tratamos de satanizar la industria automotriz norteamericana; al contrario, la presentamos como líder del capital monopolista, cuyo ejemplo no se pierde en el resto del conjunto.

Hemos observado que el Estado participa en la disminución del nivel de vida de los trabajadores mediante la pobre calidad de sus

---

[13] Franklin, Fisher, Zvi Grilliches y Carl Kaysen, "The cost of automovile model changes since 1949", en *Journal of Political Economy*, octubre de 1962.

servicios. Por si fuera poco, éstos cuestan cada vez más, como lo muestra el caso de la seguridad social en los Estados Unidos. Este programa empezó como un proyecto de seguro social para los pobres, con la idea de imponer sobre los trabajadores una tasa de contribución (igualada por sus patrones) que les pagaría la jubilación y los gastos de hospitalización e indemnizaciones por incapacidad. El programa fue hecho solamente para los trabajadores pobres. La contribución se fijó mediante un porcentaje fijo de los primeros dólares de ingreso, y, por lo tanto, el porcentaje máximo está pagado por aproximadamente el 60 por ciento de los trabajadores. Así, los trabajadores empleados pagan los beneficios de quienes han dejado de trabajar.

Pero el programa de seguridad social opera tomando en cuenta la productividad. Dentro de la mitología burguesa existe la idea de que los trabajadores y los capitalistas comparten el aumento de la productividad, de tal suerte que por lo general los aumentos de salarios superan los de los precios. Considerando un aumento de la productividad de un 3 por ciento anual —como a fines de los años sesenta—, sería posible entonces esperar que, cuando la inflación fuera del 2,75 por ciento, los salarios subirían a una tasa anual del 5 por ciento, y por lo tanto, sin afectar los márgenes de ganancia, sería posible:

a) Aumentar, en términos reales, los montos pagaderos a los ex trabajadores.

b) Apoyar a un número creciente de ex trabajadores en el caso de que se extendiera la esperanza de vida, o si aumentase la tasa de mortalidad de los trabajadores contribuyentes, dejando varios beneficiarios.

Así, se podrían entregar mayores beneficios a más trabajadores, aun tomando en cuenta los cambios demográficos y los aumentos de cobertura, mientras que el margen de produtividad sea lo suficientemente grande para que una parte del aumento de la productividad fuera trasladada a los trabajadores, para permitirles pagar más al programa de seguro social. Es decir, el programa funciona bien si las demandas de pagos de un lado no propician aumentos de tarifas en el otro lado, porque tal situación fomentaría aún mayores demandas por parte de los trabajadores contribuyentes cuando llegara su turno de recibir los beneficios. Esto es precisamente lo que ha ocurrido, como lo ilustran los siguientes datos:

En 1939-1940 los activos totales del OASI (Old Age and Survivors Insurance) Trust Fund sumaron más de tres veces el ingreso neto de la contribución. En 1960-1961 la relación disminuyó a menos de dos. En 1972, a menos de una. Y en 1979 el balance de los activos representa menos de cuatro meses de beneficios, todo esto a pesar del aumento en 60 veces de las contribuciones personales al seguro social entre 1940 y 1973, y el producto nacional bruto subiendo solamente 12 veces en el mismo periodo.[14] Entonces, las contribuciones de los trabajadores subieron más, relativamente, que las otras variables relevantes para pagar a los ex trabajadores.

Algunos voceros burgueses han argumentado que los beneficios del seguro social son mayores que el índice del costo de la vida, y que por lo tanto, aunque los trabajadores resienten las contribuciones, realmente salen beneficiados a la hora de cobrar.[15] Dejando a un lado el simple hecho de que algunos trabajadores no estarán en esta vida para cobrar, o estarán pero en forma mutilada,[16] este argumento no considera que, según los montos publicados, éstos crecieron durante los años setenta al ritmo anual de solamente 2,75 por ciento, mientras que la tasa de inflación entre 1970 y 1980 fue del 7,9 por ciento.[17]

Esta situación requiere un aumento constante de las contribuciones aportadas por los trabajadores del 1 por ciento de su salario, hasta un máximo de 3 mil dólares por año, al 4,8 por ciento, de 7 800 dólares anuales. Así, el constante aumento de los impuestos por el seguro social significó que en 1979 sumaran el 31,1 por ciento del presupuesto del gobierno federal, y alrededor del 20 por ciento del producto nacional bruto. Sin embargo, los gastos para todo tipo de seguridad fueron mayores, y sumaron el 32,2 por ciento del mismo presupuesto.[18] Aun así, es claro que los beneficios que llegan a los ex trabajadores son cada vez menores. Por ejemplo, de 1960 a 1970 el pago promedio de compensación estatal a los desempleados aumentó un 53,7 por ciento, cuando el aumento del índice del consumidor fue del 31,1 por ciento; esto representó un paso adelante. Pero de 1970 a 1980, mientras que los beneficios —en promedio— aumentaron sólo el 64,8 por ciento, los precios aumentaron un 113,2: dos pasos atrás, tales que el beneficio real del programa contra el desempleo en 1980 fue inferior al de 1960;[19] y se presentó una situación similar en cuanto a otros programas

14 Véase, por ejemplo, la selección de Mary J. Wilson, "Social security: our inflation hedge?", en *Sunday New York Times*, 13 de enero de 1974, sección P, p. 12.

15 *Social Security Bulletin*, noviembre de 1974, y *Statistical Abstract of the U.S., 1979*, p. 259.

16 En 1970 la tasa de indeminizaciones por incapacidad fue del 15,2 por millón de horas-hombre de trabajo. Considerando que un hombre trabaja dos mil horas por año, y 50 años en la vida, tiene 1,52 accidentes que le incapacitarán durante su vida de trabajo. Estos datos son de *Historical Statistics. . .*, p. 182. El número de trabajadores que sufrió accidentes que implicaron la incapacidad por más de un día de trabajo fue de 2,2 millones en 1978, lo cual equivale al 2,3 por ciento del total de individuos empleados. Véase *Statistical Abstract of the U.S., 1979*, pp. 416 y 431.

17 *Monthly Labor Review*, noviembre de 1980, p. 81.

18 *Statistical Abstract of the U.S., 1979*, p. 253.

19 Datos obtenidos de *Historical Statistics. . .*, pp. 210 y 345; y de *Montly Labor Review*, noviembre de 1980, pp. 79 y 81.

gubernamentales de jubilación, indemnizaciones por incapacidad, etcétera.[20] Esta disminución real de los beneficios a los desempleados debe tener en cuenta el índice de precios. En los países capitalistas es costumbre hacer un índice de precios que no refleja la canasta de bienes consumidos por los trabajadores. Así, en los Estados Unidos, separando a la gente rica de la pobre, se hizo dos canastas de bienes y servicios. Solamente al principio de la nueva política económica de Nixon, de agosto de 1971 a septiembre de 1973, el índice de precios para los pobres subió un 25 por ciento más que el de los ricos.[21]

No negamos la posibilidad de cubrir estos gastos a través de los bolsillos de otros trabajadores (de otras partes del centro o de la periferia), o aun a expensas de otros capitalistas.[22] Todas estas posibilidades serán consideradas más adelante. Aquí queremos remarcar que el capital monopolista ha socializado el costo privado de cuidar a sus ex trabajadores, y que estos costos suben más rápidamente que otras variables comparables, por lo que tienen que ser aportados por los trabajadores a través de sus contribuciones.

2. Eventos contemporáneos que afectan la economía estadounidense

En su búsqueda de una mejor tasa de ganancia, el capitalismo sistemáticamente elimina las oportunidades de inversión, aunque constantemente se crean otras. Cada nuevo monto de inversión rinde menores tasas de ganancia, hasta que el capitalista individual prefiere no invertir. Entonces se pretende que, para que no se estanque la economía, deben existir nuevos canales de inversión. La Gran Depresión mostró la incapacidad del capitalismo para crecer sin el apoyo del Estado. De ahí que el problema de la ganancia no pueda ser resuelto en el plano individual o por algunos capitalistas, sino por el conjunto de la clase. Keynes comprendió esto muy claramente cuando afirmó:

> El antiguo Egipto era doblemente afortunado, y, sin duda, debió a esto su fabulosa riqueza, porque poseía dos actividades: la de construir pirámides y la de buscar metales preciosos, cuyos frutos, desde el momento en que no podían ser útiles para las necesidades humanas consumiéndose, no perdían utilidad por

[20] Véase Statistical Abstract of the U.S., 1979, p. 332.
[21] Joint Economic Committee, Congress of the U.S., Inflation and the consumer in 1973, U.S. Government Printing Office, 14 de enero de 1974.
[22] Véase, por ejemplo, David Caplovitz, The poor pay more: consumer practices of low-income families, Free Press of Glencoe, Nueva York, 1963.

ser abundantes. La Edad Media construyó catedrales y cantó salmos. Dos pirámides, dos misas de réquiem, son dos veces mejores que una; pero no sucede lo mismo con dos ferrocarriles de Londres a York. Así que somos tan sensatos y nos hemos educado de modo tan semejante a los financieros prudentes, meditando cuidadosamente antes de agravar las cargas *financieras* de la posteridad· edificando casas-habitación, que no contamos con tan fácil escapatoria para los sufrimientos de la desocupación. Tenemos que aceptarlos como resultado inevitable de aplicar a la conducta del Estado las máximas que fueron proyectadas más bien para *enriquecer* a un individuo, capacitándolo para acumular derechos a satisfacciones que no intenta hacer efectivos en un momento determinado.[23]

A finales de la Gran Depresión, Hansen había propuesto su tesis del estancamiento,[24] basándose en tres ideas:

1. Los Estados Unidos no podían crecer extensivamente habiendo ya llenado sus fronteras geográficas.
2. El ritmo de nuevas inversiones sería mucho más lento que al inicio del capitalismo industrial.
3. La inmigración en gran escala a los Estados Unidos había terminado.

Creemos que las ideas de Hansen, como las de Sweezy,[25] son esencialmente válidas, y que el capitalismo ya exhibía una fuerte tendencia a estancarse hace medio siglo. El estancamiento del capitalismo central no se mantuvo porque esta tendencia fue superada por otras que propician el crecimiento. Es claro que ninguna economía central pudo salir de la Gran Depresión sin la demanda de armamentos que provocó la segunda guerra mundial, que fue un gran destructor de capital en todas partes, y la consecuente restauración de una tasa de ganancia aceptable tanto para los capitalistas vencedores como para los vencidos. Los viejos imperios europeos declinaban, y el capitalismo norteamericano aprovechó su situación para ubicarse en todo el mundo, con la excepción de los países socialistas.

Los primeros veinte años después de la segunda guerra mundial (1945-1965) representaron una nueva vida para el capitalismo mundial, sobre las siguientes bases:[26]

[23] John Maynard Keynes, *Teoría general de la ocupación, el interés y el dinero*, Fondo de Cultura Económica, México, 1943, p. 122.
[24] Alvin Hansen, "Economic policy and declining population Growth", en *American Economic Review*, marzo de 1939.
[25] Paul Sweezy, *Teoría del desarrollo capitalista*, Fondo de Cultura Económica, México, 8a. reimp. 1974.
[26] Estamos simplificando la situación con el objeto de concentrarnos en los factores que *inmediata* y *directamente* afectan la acumulación de capital.

1. La elevación del capitalismo monopolista al capitalismo monopolista de Estado.
2. La penetración del capital norteamericano en el resto del mundo capitalista en una etapa de su reconstrucción, favorable en términos de ganancia a los dos capitales.
3. El cumplimiento de demandas insatisfechas de la población norteamericana durante la segunda guerra mundial.

También agregamos las demandas de la guerra de Corea y la guerra fría en este periodo de ascenso del capitalismo central, y, además, la extensión del consumo mediante una expansión del sistema crediticio y de publicidad. Sin embargo, cada medida para resolver los límites de la ganancia en el corto plazo creó precisamente el efecto contrario en el largo plazo, causando un estancamiento del capitalismo central, del tipo que tenemos en los últimos diez años. En esta situación, ¿cómo respondería el capital monopolista?

Creemos que la respuesta gira alrededor de las siguientes posibilidades del capital monopolista:

1. Privatización de los costos del capital monopolista mediante préstamos gubernamentales y de cambios legales, fiscales, etcétera.
2. Aumento del desempleo, en un esfuerzo para ajustarse al menor campo de acción disponible al capital monopolista.
3. Incremento de la productividad a través de la intensificación del trabajo, de la incorporación de mujeres a la fuerza de trabajo, etcétera.
4. Aumento de los esfuerzos para conseguir una mayor demanda a través del complejo social, el complejo militar, la publicidad y el crédito.
5. Mayor penetración del capital monopolista en el sector competitivo y en el Estado.
6. Solución externa mediante la exportación de capital, combinado con las armas para defenderlo.

En esta parte analizaremos las posibilidades internas del capital monopolista, y en la siguiente, las externas.

1. El capital monopolista es cada vez más audaz en sus exigencias al Estado. Así, empresas ferrocarrileras en quiebra son *reorganizadas* con subsidio público, hasta la próxima quiebra. Cuando un banco quiebra, el gobierno acepta los préstamos malos después de que otros bancos toman los buenos. Hace siete años, por ejemplo, la Lockeed negoció un préstamo sin interés del gobierno federal por 250 millones de dólares. Hoy día Chrysler ya ha obtenido su segundo préstamo por 1 500 millones de dólares. La liberación de los precios del gas y del petróleo permiten aumentos de las ganancias de las empresas, así

como las disposiciones legales que permiten la aceleración financiera de capital hasta en más del 100 por ciento de su precio inicial. Es bastante claro, pues, que el costo privado está socializado, sin que éste se reduzca un centavo. Al contrario, la burocracia estatal y la ineficiencia capitalista inducen a una mayor irracionalidad del sistema productivo.[27]

2. El capital monopolista puede deshacerse de sus trabajadores como lo está haciendo en la actualidad. De hecho, las altas tasas de desempleo presentadas a fines del supuesto auge de los años 1978-1979 siguen siendo un enigma para los académicos burgueses. Menos de la mitad de los francamente desempleados recibe los beneficios públicos, y aún así el número de ellos se ha doblado en los últimos dos años. Sin embargo, el trabajo monopolista no está acostumbrado a esta situación, por lo que protestará ante un aumento importante de la tasa de desempleo. La intervención gubernamental resultante fomentará una serie de programas federales de capacitación, incentivos al capital monopolista para que conserve a sus trabajadores, el empleo de la competencia externa, etcétera. No obstante, cada una de estas medidas también tiene que ser financiada por el producto creado por los trabajadores. Veamos en detalle el caso de la industria automotriz, en las palabras de E. D. Kennedy, en su libro *El hijo del capitalismo.*

En 1950 las importaciones de vehículos, partes y máquinas sumaron aproximadamente 20 millones de dólares, o sea, el 2,5 por ciento del monto de las exportaciones. Sin embargo, en 1970 el panorama fue opuesto. Así, la producción de la industria automotriz en cuanto a capacidad es la misma que la que tenía hace medio siglo, las importaciones de automóviles cuentan con el 26 por ciento del mercado y el monto de ellas es dos veces el de las exportaciones.[28] Esta industria no es irrelevante en la economía estadounidense; al contrario, junto con la de construcción de viviendas, la consideramos como una de las dos claves del capitalismo central. Por ejemplo, las importaciones de la industria suman más del 10 por ciento del total.[29] Tomando en **cuenta** que había 37 mil dólares de activos por empleado en la industria en 1978, el déficit de la industria en 1978 significó la pérdida de casi 250 mil oportunidades de empleo.[30] Es importante destacar que todo esto ocurrió en una década en la que el dólar tuvo aproximadamente la mitad del valor de cambio de las monedas de sus principales rivales en esta área: Japón y Alemania Federal.

[27] Las cifras empleadas en este párrafo provienen de *Statistical Abstract of the U.S., 1973;* y de *Highlights of the U.S. Export and Import Trade,* Report PT 990, U.S. Bureau of the Census, septiembre de 1973.

[28] "Motor vehicles: model year 1980", en *Survey of Current Business,* octubre de 1980, p. 20.

[29] *Ibid.,* p. S-20.

[30] *Statistical Abstract of the U.S., 1979,* pp. 572 y 866.

3. Desde el fin de la segunda guerra mundial los trabajadores norte-americanos han estado perdiendo las ventajas de *productividad* de que gozaban. Estas ventajas se debieron en gran parte a la alta intensidad de capital acompañando no solamente el proceso productivo, sino también la infraestructura física y humana que se emplea para formar un trabajador. Como las otras economías se capitalizaron también, sus trabajadores se volvieron más *productivos*. Es decir, el proceso de trabajo implica una interrelación entre el capital y el trabajo, y, si el capital prefiere la estabilidad actual a una nueva inversión, el trabajo no puede aumentar su productividad muy rápidamente. Estos dos fenómenos se observan en los siguientes datos de productividad e inversión en nueva planta y equipo.

a) *Productividad.* De 1962 a 1968 el valor bruto agregado por cada trabajador subió un 62 por ciento en los seis países de la Comunidad Económica Europea, un 74 en Japón y un 33 en los Estados Unidos, apenas ganando a una Inglaterra estancada con un 26 por ciento.[31] El aumento de producción por hora en las industrias manufactureras fue del 27 por ciento entre 1967 y 1980 en los Estados Unidos, y una cifra similar en el caso de Inglaterra; entre un 50 y un 100 por ciento en los de Canadá, Francia, Alemania Federal, Italia y Suecia; y más del 100 por ciento en Dinamarca, Bélgica, Japón y Holanda.[32] Estos aumentos de productividad significan una posición cada vez más redu-cida del capital monopolista estadounidense frente a su competencia, y se reflejan en el nivel comparativo de vida de sus trabajadores.

b) *Inversión.* La economía norteamericana se encuentra en una situación de bajos niveles de ahorro, que oscilan en el caso de los individuos entre un 3 y un 6 por ciento de sus ingresos disponibles,[33] cifras sumamente bajas para un país con altos ingresos. Esto es debido en gran parte al alto nivel de consumo, incluyendo en este término los pagos de interés crediticio y amortización del costo de compras hechas con anterioridad. Otra razón es la posibilidad del autofinancia-miento de las empresas, basada en sus ganancias, particularmente de las que provienen de otros países. Es decir, mientras que el sistema exige un alto consumo para generar alta demanda para las mercancías no vendidas, la regeneración y la expansión del sistema dependen fundamentalmente de las ganancias. Como veremos, éstas dependen de la periferia en forma cada vez más significativa. El resultado de

---

[31] *The Common Market and the common man*, European Communities Press and Information, julio de 1970.
[32] *Statistical Abstract of the U.S., 1979*, p. 903; y *Monthly Labor Review*, noviembre de 1980, p. 96.
[33] *Survey of Current Business*, octubre de 1980, p. 4.

todo esto es que la formación bruta de capital fijo representa cuando mucho un 20 por ciento del producto nacional bruto de los Estados Unidos, mientras que este porcentaje es de 30 en Japón y entre 20 y 30 en la mayoría de los otros países centrales. No queremos decir con ello que el capital monopolista carece de fuentes de nuevo capital, sino que más bien encuentra estas fuentes en otros países y que invierte más fuera del sector secundario, manteniendo de esta manera una productividad relativamente estancada de sus trabajadores.

4. Hemos señalado que los gastos sociales se acercan a la tercera parte del presupuesto del gobierno federal, y creemos que habrá un intento de reducirlos; por lo tanto, no podemos esperar que estas partidas del gasto gubernamental sean parte de la solución al problema de las ganancias del capital monopolista. Los gastos sociales tienen la función de controlar a los pobres, como lo han establecido Piven y Cloward,[34] y pensamos que será difícil disminuir las concesiones que los necesitados han conseguido.

El complejo militar ofrece mejores oportunidades en el corto y mediano plazo, y es posible que la parte del capital monopolista más cercana a las industrias militares exija una apertura de gastos que intente regresar a la guerra fría, cuando en el pasado éstos sumaron más de la mitad del presupuesto federal, y en los años de mayor virulencia llegaron a casi dos terceras parte del mismo. En los últimos años los gastos militares no llegaron a la cuarta parte del presupuesto del gobierno federal, pero claramente puede haber cambios favorables al capital monopolista en esta área, lo que generaría una mayor declinación del nivel de vida de los trabajadores en el mediano y largo plazo.

En el caso de la publicidad vemos una saturación de los gastos publicitarios, por no poder generar ganancias mayores. Así, de 1960 a 1970 encontramos que los gastos de publicidad aumentaron alrededor de cuatro veces, mientras que las ganancias brutas de las empresas aumentaron un 80 por ciento. De 1970 a 1978 las ganancias aumentaron más rápidamente que los gastos publicitarios,[35] revelando una relativa saturación de la publicidad.

El uso extensivo del crédito para ampliar las ventas también parece haber llegado a un punto de estabilización, siendo más difícil su aumento por los esfuerzos para no disminuir el capital financiero real, que significa tasas de interés que superan la tasa de inflación. Por otra parte, se hace un préstamo con la intención de recuperar la serie de intereses pagados, aun reconociendo la imposibilidad de recobrar

[34] Frances Fox Piven y Richard A. Cloward, *Regulating the poor: the functions of public welfare*, Pantheon Books, Nueva York, 1971.
[35] *Statistical Abstract of the U.S., 1979*, pp. 567 y 595.

el principal. No obstante, cuando no existe la posibilidad de recuperar tan siquiera los intereses, se paraliza el proceso de comprometer los ingresos futuros del consumidor en función de las compras actuales que efectúa. En la actualidad el pago de intereses a las empresas por parte de los consumidores llega al 2,5 por ciento del gasto personal —más de la mitad de los ahorros de estos consumidores—,[36] la relación del crédito por pagar con el ingreso disponible de los consumidores fue del 22,4 por ciento en 1978, contra el 12 por ciento en 1950,[37] y el monto del crédito a los consumidores parece disminuir.[38] Todo esto quiere decir que en este caso también las tendencias en contra de una extensión del crédito son más fuertes que aquellas a su favor; por lo tanto, es difícil esperar un aumento de las ganancias fomentado por la ampliación del consumo en general.

5. El capital monopolista tiene dificultades para entrar en el sector competitivo por las bajas tasas de ganancia de éste. En las actividades primarias, como la agricultura, la minería o la explotación de hidrocarburos, es claro que le queda muy poco espacio al sector competitivo, y por lo tanto al capital monopolista, para crecer mediante la centralización del capital. Las actividades secundarias, como las manufacturas, también manifiestan una alta penetración del capital monopolista; por ello queda solamente parte del sector terciario abierto al proceso de centralización del capital. Sin embargo, la naturaleza personal de las actividades educativas y de salud obstaculizan la entrada del capital monopolista en las profesiones, que cuentan con grupos bien organizados y difíciles de desplazar, como los constituidos por médicos, maestros, trabajadores de hospitales, abogados, contadores, etcétera. Si consideramos la habilidad o capacidad para aumentar los precios como una muestra del poderío económico, varios de estos grupos son más fuertes que el capital monopolista. De ahí que creamos que existe poco espacio para el crecimiento del capital monopolista a costa del capital competitivo.

El sector gubernamental ha mostrado un gran crecimiento desde la Gran Depresión, y paralelamente su burocracia se encuentra bien establecida. Será posible el traspaso de algunas funciones gubernamentales al capital monopolista, pero cualquier cambio significativo encontrará la oposición no solamente de la burocracia gubernamental, sino de todo el Estado, desde gobernadores, jueces y legisladores hasta sus mozos. En este sector tampoco esperamos cambios importantes en favor del capital monopolista. Más bien es posible una pequeña reducción del papel gubernamental en la esfera de las concesiones

---

[36] *Survey of Current Business,* octubre de 1980, p. 12.
[37] *Statistical Abstract of the U.S., 1979,* p. 537.
[38] *Survey of Current Business,* octubre de 1980, p. S-16.

CUADRO 2

Posición de las inversiones internacionales de los Estados Unidos
(En miles de millones de dólares)

Año	Inversiones extranjeras de los Estados Unidos	Inversiones extranjeras en los Estados Unidos	Balance (⁰/o)
1869	0,1	1,5	- 1,4
1908	2,5	6,4	- 3,9
1919	9,7	3,3	+ 6,4
1935	23,6	6,4	+17,2
1946	39,4	15,2	+24,2
1960	85,6	40,9	+44,7
1970	166,9	97,7	+69,2
1976	346,4	265,7	+80,7
1977	381,3	311,3	+70,0
1978	442,5	375,4	+67,1
1979	504,2	413,0	+91,2

Fuentes: Los datos hasta 1970 son del *Historical Statistics of the United States*, p. 869; los de 1976 y 1977, del *Statistical Abstract of the U. S.*, 1979, p. 850; y los de 1978 y 1979 se consiguieron sumando los cambios anuales a los balances de principios de año, para obtener los balances de fines del año. Los cambios en las dos cuentas aparecen en *Survey of Current Business*, octubre de 1980, p. S-1.

a los trabajadores, y especialmente al lumpenproletariado. De esta manera, la salida a la crisis de ganancia queda en el exterior de la economía norteamericana.

3. La creciente importancia de la periferia

Hemos argumentado que el capital monopolista tiene pocas oportunidades para resolver su problema de obtener mayores ganancias dentro de la economía estadounidense. Desde su inicio, en el siglo XVI, el capitalismo norteamericano ha sido extensivo, basando su crecimiento en la apropiación de los recursos de los pueblos que habitaban lo que ahora es territorio de los Estados Unidos, por lo cual la época moderna difiere en el sentido de que la absorción de estos recursos por los capitalistas norteamericanos no significa la absorción territorial de tales lugares en los Estados Unidos, pues a principios del siglo XX ya tenían una inversión extranjera significativa, la cual superó ampliamente a la inversión extranjera invertida en los Estados Unidos al finalizar la primera guerra mundial, como lo muestra el cuadro 3.

CUADRO 3

Relación de inversiones extranjeras directas de los Estados Unidos, 1960, 1971 y 1978
(En millones de dólares)

Área	Monto de inversión directa al fin del año			Ingresos			Tasa de ganancia (%)		
	1960	1971	1978	1960	1971	1978	1960	1971	1978
El mundo desarrollado	31 865	86 001	168 081	2 355	7 286	25 656	7,4	8,5	15,3
(Canadá)	19 319	58 346	120 741	844	3 114	16 382	4,4	5,3	13,6
	11 179	24 030	37 280	361	1 000	3 435	3,2	4,2	9,2
Periferia	11 129	23 337	40 466	1 507	3 740	8 929	13,5	16,0	22,1
(Medio Oriente)	1 139	1 657	- 2 105	739	1 888	1 743	64,0	113,9	?

Fuentes: Los datos de 1960 y 1971 son del *Statistical Abstract of the U.S.*, 1973, y se refieren a las inversiones de largo plazo; los de 1978 son del *Statistical Abstract of the U. S.*, 1979, y representan las inversiones totales. Por ello existe una ligera diferencia entre los conceptos de los diferentes años.

De 1919 a 1960 sobreviene una aceleración en el balance de inversiones extranjeras en favor de los Estados Unidos, un crecimiento más lento de 1961 a 1976 y altibajos en los últimos cuatro años. Presentamos estos datos con la intención de mostrar la relativa erosión de los beneficios de la inversión extranjera, que ocurre en favor del capital monopolista y que afectan la posición del trabajo asalariado. Así, mientras que en 1965 el ingreso neto de las inversiones extranjeras ayudó a pagar más del 16 por ciento de las importaciones de bienes y servicios, en 1978 la cifra relevante fue de menos del 10 por ciento.[39] Pensamos, a la luz de estos datos, que el capital extranjero está por nivelarse con el capital norteamericano en cuanto a la inversión extranjera. Esto quiere decir que, en general, será más difícil penetrar las economías centrales del capitalismo. La situación actual de la batalla de los capitales queda expresada en los siguientes datos:

1. En 1977, mientras que las inversiones norteamericanas en Europa Occidental sumaron 102 700 millones de dólares, los Estados Unidos habían recibido en cambio 167 400, dejando un saldo a favor de los viejos imperialistas europeos de 64 700 millones de dólares. Una situación similar está ocurriendo en el caso de Japón.[40]

2. Los Estados Unidos logran tasas de ganancia mayores en la periferia. En el Medio Oriente, aun después de haber recuperado más del monto de la inversión inicial, quedan ganancias impresionantes. Marx advirtió que los ingleses fueron superiores a los alquimistas en su trato con la India, porque hacían oro de la nada. Nosotros podemos notar que los norteamericanos han avanzado un paso: hacen oro de los países árabes con inversiones negativas, haciendo difícil un cálculo de la tasa de ganancia.

3. La debilidad externa de la economía estadounidense no se refleja completamente en los crecientes déficits de la balanza de pagos después de 1971, puesto que el déficit en la balanza de intercambio de bienes es mucho mayor, lo que ha sido mitigado por los ingresos netos de sus inversiones externas de capital. En 1978 hubo un déficit récord en la balanza de intercambio de bienes por 33 800 millones de dólares, pero después de las transacciones militares (800 millones), de otros servicios —como los viajes y los transportes— (2 800 millones) y de los ingresos de las inversiones (20 900 millones) la balanza de bienes y servicios quedó con un déficit de 9 200 millones de dólares. En 1979 la balanza de bienes fue de -29 500 millones de dólares, y de bienes y servicios, de + 4 900 millones.[41] La importancia creciente de los ingresos por

[39] *Statistical Abstract of the U.S., 1979*, pp. 847-848.
[40] *Ibid.*, p. 850.
[41] *Survey of Current Business*, octubre de 1980, p. S-1.

las inversiones en las cuentas externas es un claro signo de la creciente dependencia de la economía respecto al exterior.

4. El monto de los ingresos por inversiones extranjeras refleja una proporción creciente de las ganancias de las empresas. En 1945 la relación de los ingresos provenientes del extranjero y las ganancias internas de las empresas fue de un 3 por ciento, en 1960 de un 8 y en 1979 de un 34 por ciento.[42]

5. En general los Estados Unidos tienen un superávit en su comercio de bienes con Europa Occidental y un déficit con Japón y la OPEP.[43] Por razones de inversión y productividad, esperamos que Japón mantendrá esta posición en el corto y mediano plazo. Por otra parte, la cuenta de petróleo es cada vez mayor, aumentando del 5 por ciento del monto de las importaciones en 1970 al 27 en 1979 y el 31 en los primeros siete meses de 1980.[44] La cuenta externa de petróleo pasa el 3 por ciento del producto nacional bruto, y puede alcanzar el 4 por ciento en 1981. La sangría causada a la economía norteamericana puede ser juzgada por los índices de valor por unidad de exportación (293,6) y de importación (444,7) en julio de 1980, tomando el año de 1967 como base (100).[44] Mientras que el precio recibido por unidad vendida subió menos de dos veces, el precio pagado por unidad comprada subió casi tres veces y media.

6. La pauperización de la periferia capitalista puede ser vista a la luz de los siguientes datos:

a) En 1978 la periferia produjo un 15,1 por ciento del producto mundial bruto en términos de valor de cambio, y constituyó más de la mitad de la población mundial, incluyendo en estas estadísticas los países exportadores de petróleo.[45]

b) La parte pobre de la periferia parece estar totalmente estancada. De 1970 a 1977 (en dólares constantes de 1972) el producto nacional bruto de los países más pobres y sin petróleo fueron los siguientes:[46]

---

[42] Las ganancias excluyen el ajuste por la valuación de inventarios. Los datos son de *Survey of Current Business*, octubre de 1980, pp. S-1 y 11; y de *Historical Statistics. . .*, pp. 234 y 864.

[43] *Statistical Abstract of the U.S.*, *1979*, pp. 862-865.

[44] *Ibid.*, p. 869; y *Survey of Current Business*, octubre de 1980, pp. S-19 y S-20.

[45] *Handbook of Economic Statistics*, *1979*, National Foreign Assessment Center, Washinton, 1979, p. 13.

[46] *Statistical Abstract of the U.S.*, *1979*, p. 895.

Afganistán	169 y 189
Birmania	118 y 131
Etiopía	94 y 95
India	134 y 141
Kenia	220 y 245
Madagascar	252 y 234
Mozambique	x y 149
Nepal	100 y 100
Paquistán	175 y 180
Sri Lanka	164 y 177
Sudán	212 y 234
Tanzania	154 y 173
Tailandia	289 y 390
Uganda	290 y 237
Zaire	116 y 190

¿Se puede llamar a esto *crecimiento*?

De la información expuesta se puede inferir que el capitalismo norteamericano depende cada vez más de su parte externa, precisamente de la periferia, que en general se encuentra en un estado de pauperización y que, en un esfuerzo por buscar una solución al intercambio desigual, ha logrado aumentar el precio de algunos de sus productos. La revalorización del petróleo es un buen ejemplo de lo que pasa cuando las tasas de ganancia en la periferia suben al punto de atraer la atención de los grupos internos.

Por otra parte, el agotamiento de los recursos naturales crea una situación de escasez generalizada. Hace algunos años Heather Dean[47] previno que los recursos empezarían a escasear hacia fines de los años setenta, pronóstico demostrado en el caso del petróleo. Ahora la invención de nuevas tecnologías está condicionada al criterio económico del capital monopolista, y cuando escasea un recurso no solamente sube su precio, sino que hay una revalorización del capital de toda la economía. En el caso del petróleo, por ejemplo, subieron también los precios de los buquetanques, estaciones de carga y descarga, máquinas de perforación, gasolineras, etcétera. Es difícil imaginar que el capital monopolista gaste recursos para detener el proceso de revalorización de su capital. De hecho desde 1973, y debido a los rápidos aumentos del precio del petróleo, las empresas petroleras han avanzado más rápidamente que el conjunto del capital monopolista, Exxon ha reem-

---

[47] "Scarce resources· the dynamics of American imperialism", en *Readings in U.S. imperialism*, K.T. Pann y Donald C. Hodges (comps.), Porter Sargent Publishers, Boston, 1971.

plazado a la General Motors tanto en activos como en ventas, pasando a ser la número uno del capitalismo. La industria petrolera aumentó su parte de gastos para nuevas plantas y equipos, pasando del 5,5 por ciento del total en 1973 al 9,5 en 1979.[48] Sin embargo, los aumentos de precios del petróleo siguen sin detenerse.

Los recursos minerales son vitales para el capitalismo central, como muestra la gráfica 1.[49] Sabemos que el capital monopolista puede asumir estas situaciones; pero esos ajustes le quitan parte de sus ganancias. En el caso del petróleo, por ejemplo, el capital monopolista se dedica a transportar, almacenar, procesar y distribuir el crudo; y, por otra parte, intenta recuperar sus gastos para comprar crudo a través de la venta de otros productos más caros, de servicios bancarios o de ventas militares. Pero esto es una reacción a la pérdida inicial de ganancias potenciales por el capital monopolista como clase, y ello repercute en el nivel de vida de los trabajadores.

4. Conclusiones

Las tendencias descritas en los apartados anteriores conducen a una disminución del nivel de vida de los trabajadores en los Estados Unidos. Tomando al trabajador urbano del sector privado casado con tres dependientes como nuestro objeto de estudio, vemos que, en términos reales, su ingreso semanal −después de pagar los impuestos y las contribuciones, y soportar la inflación−, llega a un máximo en 1972, a causa de las maniobras económicas electorales de ese año, pero después, con altibajos, disminuye lenta pero constantemente. Para mediados del año 1980 la disminución fue de más del 14 por ciento, en comparación con el punto alto, y a la vez menor que el nivel alcanzado en 1961.[50] Es decir, el trabajador norteamericano goza de un ingreso real en 1981 menor que hace veinte años, en términos reales y por las explicaciones dadas en los primeros dos apartados. En nuestra concepción, esto representa estancamiento, e inclusive retroceso del nivel de vida de los trabajadores en el primer país del capitalismo central. Hemos considerado un periodo de tiempo suficientemente largo para que no surja la idea de una declinación cíclica.

El mismo fenómeno puede ser advertido en el cada vez mayor número de países que superan a los Estados Unidos en los indicadores de bienestar. En esta situación, y considerando las opciones reales del capital monopolista que puedan mitigar el impacto de la crisis sobre sus ganancias, la única estrategia viable es un aumento del gasto militar, por las siguientes razones:

---

[48] *Statistical Abstract of the U.S., 1979*, p. 560.
[49] *Handbook of Economic Statistics, op cit.*, figura 8, p. 8.
[50] *Monthly Labor Review*, noviembre de 1960, p. 78.

GRÁFICA 1

Importaciones de minerales como muestra de consumo, 1978

(En porcentajes)

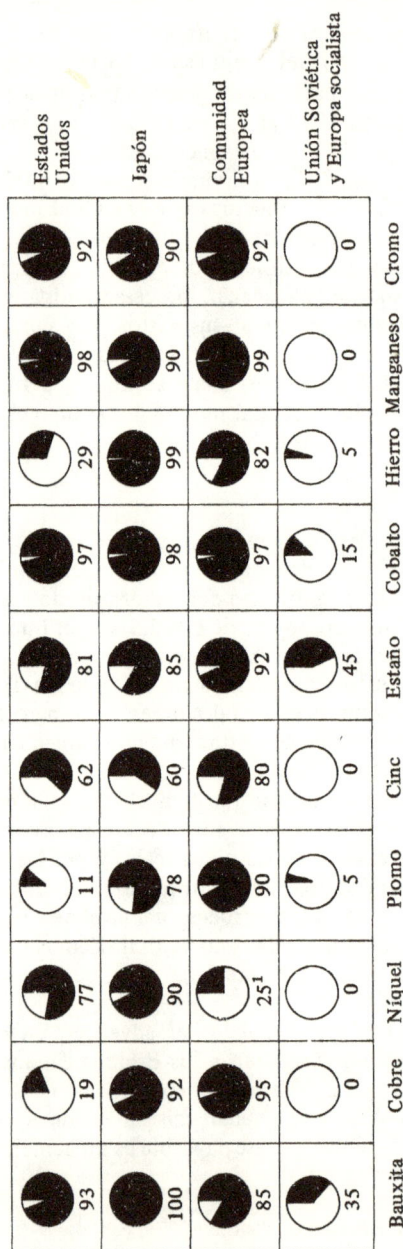

	Bauxita	Cobre	Níquel	Plomo	Cinc	Estaño	Cobalto	Hierro	Manganeso	Cromo
Estados Unidos	93	19	77	11	62	81	97	29	98	92
Japón	100	92	90	78	60	85	98	99	90	90
Comunidad Europea	85	95	25[1]	90	80	92	97	82	99	92
Unión Soviética y Europa socialista	35	0	0	5	0	45	15	5	0	0

[1] Información basada en depósitos franceses en Nueva Caledonia.

1. Como hemos analizado, un crecimiento de los gastos militares aumentará las ganancias de un sector del capital monopolista.
2. Políticamente, los gastos militares son más fácilmente aceptados por el capital monopolista que los gastos sociales.
3. Los gastos militares intentarán aumentar el campo externo del capital norteamericano o, cuando menos, resistir su disminución, y a la vez aumentar la capacidad negociadora con el resto del centro capitalista.

Un aumento del gasto militar contribuirá a un mayor deterioro del nivel de vida de los trabajadores norteamericanos, como consecuencia directa de la destrucción del valor creado por esa clase. Pero existe la esperanza para el capital monopolista de poder abrir nuevos campos en el exterior favorables a él, como sus sugerencias de invadir los países petroleros con el objeto de restaurar el *statu quo* de petróleo barato.

Mientras que el capital monopolista busca una solución a su crisis, también lo están haciendo los pueblos de la periferia y numerosos sectores del trabajo competitivo en el centro, como es el caso de los negros y los puertorriqueños en los Estados Unidos, con objetivos contrarios a los del capital monopolista, y cuyo conflicto seguramente se intensificará en el futuro próximo.

LA CRISIS ALIMENTARIA EN LA FASE ACTUAL
DEL CAPITALISMO

GONZALO ARROYO

Advertencia

El presente ensayo tratará de analizar los condicionamientos impuestos por las tendencias actuales del crecimiento económico dentro de un *periodo medio de crisis*, las cuales explican en buena parte los actuales problemas agrarios y campesinos. En una primera parte se discutirá el desarrollo de la agricultura y de la agroindustria, y también el desarrollo global de las economías. En la segunda parte se intentará proponer políticas alternativas de desarrollo agrícola y agroindustrial, así como estrategias de industrialización capaces de garantizar un grado aceptable de *seguridad alimentaria nacional*. Por último, se tratará sobre ciertas condiciones generales para lograr un desarrrollo global que asegure una mayor justicia redistributiva.

1. *Tendencias actuales del desarrollo agrícola y agroindustrial*

En el actual periodo de recesión económica a nivel mundial, y de alza relativa de los precios agropecuarios mundiales, el flujo de inversiones extranjeras (y nacionales) hacia la agroindustria alimentaria en los países latinoamericanos es considerable, debido a mayores tasas de ganancia logradas en estos países que en aquellos capitalistas industrializados. Una gran parte de estas inversiones no se dirige a la *producción de alimentos básicos*, sino sobre todo a aquella destinada a los mercados de altos ingresos o a la exportación. Este proceso va acompañado de una modernización y capitalización de la agricultura —destinadas a surtir de materias primas a la *agroindustria de transformación* y también al mercado mundial—, y, a la vez, de un estancamiento de la pequeña agricultura campesina.

Las políticas agrarias de los estados nacionales tienden, en general, a favorecer esta transformación de la agricultura y de la agroindustria. Esto implica simultáneamente, como *tendencia general*, una modernización considerable de la mediana y gran agricultura comercial, y el estancamiento de aquella orientada a la producción de alimentos básicos. La primera puede además expandirse a tierras ocupadas por la segunda, lo que disminuye el área destinada a cultivar alimentos básicos. Este *modelo de desarrollo agrícola y agroindustrial* genera cuatro

[384]

tipos de efectos económicos, que inciden desfavorablemente en la disponibilidad de alimentos básicos y en la economía del país:

1. No es aventurado afirmar que el aumento de la producción de alimentos procesados y diferenciados por agroindustrias integradas al *sistema agroalimentario internacional* puede inducir indirectamente la caída de la producción de **alimentos** de consumo popular, y, por **consiguiente**, producir un aumento de las importaciones de estos últimos, con consecuencias negativas para la balanza de pagos.

2. Aumenta la necesidad de importar *insumos agrícolas* requeridos por la agricultura orientada a la producción industrial o a la exportación, con los mismos efectos señalados para la balanza de pagos.

3. A medida que se desarrolla la agroindustria aumentan las importaciones de materias primas agrícolas no producidas en el país y de equipos industriales para la fabricación de alimentos, agregándose a éstos otros ítems, como pago de regalías, patentes y servicios tecnológicos, aparte de la repartición de ganancias.

4. Asimismo, aumentan las importaciones de petróleo y sus derivados, pues el modelo de agricultura y de agroindustria descrito tiende a ser altamente intensivo en el uso de energía, lo que afecta a los países no productores de petróleo, precisamente cuando su precio tiende mundialmente a subir.

Un análisis sectorial de la agricultura muestra que el *agronegocio transnacional* —a través del fomento de insumos agroindustriales, químicos y genéticos; de la articulación y subordinación de la agricultura a plantas procesadoras locales, y a través de la imposición de sistemas de distribución ligados a los mercados nacionales e internacionales— provoca una transformación de las estructuras agrarias. Esta transformación puede tener efectos más amplios y profundos que las reformas agrarias puestas en práctica por los estados en los años sesenta y setenta. El impacto de una y otra políticas en el campesinado y en la sociedad rural no es evidentemente el mismo.

En efecto, el proceso selectivo de la inversión **pública** en obras de infraestructura y también los incentivos económicos y servicios ofrecidos por el Estado para apoyar la producción de ciertos cultivos —junto con el desarrollo de ciertas agroindustrias, sobre todo de **capital** extranjero, que operan en mercados a la vez oligopólicos y protegidos— crean condiciones favorables para la aplicación concentrada de insumos agroindustriales en un solo sector de la agricultura.

No hay duda de que la drástica contrarreforma agraria chilena emprendida desde 1973 no es el caso general en el subcontinente. Sin embargo, es posible afirmar con fundamento la hipótesis de que *en los últimos años se produce en América Latina un proceso de con-*

centración de la tierra bastante generalizado, sobre todo en áreas de producción para la transformación agroindustrial y la exportación. En esas áreas las unidades agrícolas grandes y medianas aumentan su capacidad económica y política para acumular los recursos ofrecidos por el Estado, como son insumos subsidiados, créditos y asistencia técnica, y también precios diferenciales. Estas unidades productivas compiten por la tierra más rica y mejor ubicada, dejando sólo áreas marginadas y empobrecidas para el cultivo de alimentos básicos. En éstas el pequeño productor campesino, incapaz de llevar a cabo una acumulación capitalista, y situado en una sociedad rural que se monetariza, se ve obligado a buscar trabajo fuera de su tierra. De este modo, el número de los campesinos sin tierra engrosa considerablemente las diferentes corrientes migratorias registradas en los últimos años, sea hacia las ciudades, sea hacia trabajos eventuales dentro o fuera de cada país, las cuales deben ser comprendidas en este contexto. La insurgencia de los campesinos se explica sobre todo en países de elevada población rural, en los que la situación económica llega a ser tan insostenible, y la represión tan masiva, que la única solución posible es la rebelión.

En el pasado los programas de ayuda alimentaria bilateral —que disponían de los excedentes agrícolas producidos en los Estados Unidos— y la penetración de las agroindustrias transnacionales han contribuido a la adopción, bastante generalizada en la región, de un modelo de consumo alimentario calcado del de los países industrializados, el cual exige a menudo materias primas no disponibles en el país. La imposición del consumo de alimentos transformados y diferenciados, ampliamente publicitados por los medios masivos de difusión, es un fenómeno que se da en las áreas urbanas, pero también en áreas rurales. Por lo demás, este modelo pone énfasis en el consumo de carnes, y no en el de cereales, granos y tubérculos, con las consecuencias conocidas. Al adoptarse aquellos alimentos y abandonar dietas tradicionales, los efectos sobre los niveles de nutrición pueden ser particularmente negativos para los sectores de bajos ingresos. Por lo demás, el precio de los productos básicos, dada la baja de la producción, tiende a subir, lo que agrava el problema del hambre en la región.

Los efectos económicos y sociales señalados permiten concluir que, en general, el proceso de agroindustrialización —ligado a los oligopolios nacionales y extranjeros, y a ciertas políticas estatales y de organismos internacionales— *contribuye a reducir significativamente la seguridad alimentaria nacional.* Se registra un descenso de la producción de alimentos básicos y un concomitante aumento de las importaciones de los mismos. La falta de seguridad alimentaria es global en varios países de América Latina (por ejemplo, Venezuela y Perú), pero la tendencia al aumento de las importaciones de cereales y otros granos, y de lácteos, parece ser una constante para casi todos los países, aun cuando en ellos la producción de alimentos transformados y las exportaciones agropecuarias estén en relativo aumento, tanto en términos absolutos como de productividad.[1]

Una política agraria y agroindustrial guiada por los precios internacionales de los productos agropecuarios, y orientada al mercado interno suntuario o al mercado externo, desestimula la producción de alimentos básicos de consumo interno —rubro en el que generalmente las empresas transnacionales y los oligopolios nacionales no participan, pues prefieren los alimentos diferenciados, con alto valor agregado—, debido a las bajas tasas de ganancias que reditúan. Estos alimentos básicos son producidos en buena medida no por el sector capitalista de la agricultura, sino por el pequeño productor campesino y por la pequeña y mediana agroindustria.

Ante el déficit creciente, los gobiernos se ven obligados a importar esos alimentos. Mientras los precios de estos productos se mantengan por debajo de los costos internos de producción, la eficiencia económica aparentemente exigiría continuar importando, y a su vez producir internamente aquellas materias primas agrícolas de exportación para las que habría ventajas naturales frente a otros países (frutas y legumbres, productos tropicales, carne y algunos productos de países específicos, como el trigo de Argentina y la soya de Brasil).

Sin embargo, nada asegura que los precios de los productos básicos no fluctúen en el mercado internacional, puesto que éste es sumamente sensible a las bajas de producción acaecidas con cierta frecuencia en grandes países consumidores de granos, como la Unión Soviética y la India.[2] Si un país, con base en el modelo de ventajas comparativas, modifica la estructura productiva de la agricultura y de la agroindustria, abandonando en un porcentaje elevado el cultivo y la producción de alimentos básicos, se puede ver orillado a situaciones difíciles comerciales y de balanza de pagos, al tener que importar alimentos a precios que fácilmente se pueden duplicar, y aun triplicar. Esto último sucedió con los cereales en los años 1973-1974. Ese país podría haberse visto obligado a tomar decisiones económicas y políticas, que en otras circunstancias no habría tomado, para adquirir los alimentos de, por ejemplo, los Estados Unidos. Hoy día este país controla entre el 60 y el 80 por ciento de las exportaciones mundiales de cereales (excluido el arroz), y cinco grandes transnacionales controlan alrededor del 90 por ciento del comercio mundial de esos productos.[3]

[1] Food needs of developing countries: projections of production and consumption to 1990, International Food Policy Institute, Washington, diciembre de 1977.

[2] L'instabilité des marchés des produits agricoles, Organisation de Coopération et de Développement Economiques, París, 1980.

[3] Dan Morgan, Merchants of grain, The Viking Press, Nueva York, 1979.

Es evidente que lo anterior no sólo agrava los problemas de dependencia económica y de inestabilidad política interna, sino también redunda negativamente sobre las capas más desfavorecidas de la población, que consumen todavía en alta proporción alimentos básicos sin mayor procesamiento. En consecuencia, mientras más escaseen estos últimos y más altos sean sus precios, una mayor parte de la población estará sometida a la desnutrición y al hambre.

2. Políticas alternativas agrícolas e industriales alimentarias

Una política alternativa de desarrollo agrícola y agroindustrial que contemplase una razonable seguridad alimentaria, en lo que respecta a alimentos básicos y a la satisfacción de las necesidades nutricionales para la mayoría de la población, debería contemplar al menos los siguientes elementos:

1. Subordinar los criterios de estrecha eficiencia económica a la satisfacción de necesidades básicas, en términos de alimentación. Esto supone una *autosuficiencia nacional de alimentos básicos*, que proteja al país de las fluctuaciones de los mercados internacionales y de posibles presiones políticas de los países abastecedores. Para lograrla se debe estudiar la asignación de recursos de tierra, crédito y tecnología que aseguren un nivel de producción compatible con la seguridad alimentaria del país.

Sin embargo, el problema se plantea al menos en dos aspectos. En primer lugar, las tierras adecuadas por su localización y fertilidad para la producción de alimentos básicos pueden ser las mismas requeridas por productos con ventajas comparativas en el mercado internacional. Hay excepciones notables cuando ciertos productos (forestales) no requieren aquella tierra agrícola apta para cultivos de alimentos básicos (granos). Pero en otros casos ciertamente existe una competencia entre éstos y los productos agroindustriales o de exportación (trigo y maíz *versus* sorgo, soya o frutas, legumbres y carnes de exportación). En segundo lugar, los costos internos de producción pueden ser superiores a los internacionales vigentes. Esto es aún más cierto cuando las tierras aptas para la producción de granos básicos, en manos de pequeños productores cuya productividad —por hombre, pero no necesariamente por hectárea— es notablemente más baja que la de las agriculturas avanzadas, debido a la falta de capital, tecnología y crédito.

2. En el sector de los pequeños productores agrícolas es precisamente —en el caso de varios países, como México— donde puede quebrarse el círculo vicioso del hambre. Esto implica una nueva organización

de la agricultura y, en ciertos casos, la continuación de políticas de reforma agraria en las que el campesino tenga una participación activa. Parece claro que si las actuales políticas de crédito, de asistencia técnica, de precios y de comercialización —que en general favorecen a la gran agricultura comercial— no son modificadas para beneficiar en forma preferencial al pequeño agricultor, no habrá solución en el futuro para el problema del hambre, el desempleo y la pobreza, sobre todo en aquellos países con alto porcentaje de población rural y formas campesinas de producción. Más aún, aumentará la dependencia externa en lo que es más vital: la alimentación.

3. La base de esta política es el aumento de la productividad y de la producción del sector campesino, y al mismo tiempo de su ingreso, y no una mera asignación humanitaria de subsidios a los pequeños productores. El aumento de la productividad debe ser lograda utilizando una política tecnológica que no incida fuertemente en el desempleo. Este aumento no debe basarse tanto en el alza de los precios de garantía de los productos básicos, alza que en general favorece más al gran productor y afecta la economía en su conjunto. Se trata, más bien, de asignar subsidios diferenciados al pequeño productor por la vía del abastecimiento de insumos y de la prestación de créditos, asistencia técnica y servicios de comercialización. El objetivo, al menos en el mediano plazo, es el incremento de la productividad por hombre empleado en este sector. Pero el mejoramiento de los servicios de almacenamiento, transporte ·y distribución puede tener resultados a corto plazo, para elevar la productividad del aprovisionamiento de alimentos básicos.

4. El éxito de esta política supone, por un lado, un apoyo decidido del Estado, y, por el otro, un apoyo de los mismos interesados, cuya capacidad creativa ha sido sistemáticamente despreciada. La experiencia demuestra que los pequeños productores se pueden organizar bajo formas cooperativas o de asociación si no se les encuadra bajo rígidos planes estatales, sin mayor participación responsable de su parte, lo que impide a esta política tener éxito. Hay innumerables ejemplos de agriculturas de elevada productividad basadas en pequeñas explotaciones asociadas mediante organizaciones gremiales, como en Europa, Asia y aun en ciertas regiones de América Latina.

5. Esta política, sin duda, tiene implicaciones en la economía general. Dejando para más adelante el impacto sobre la industria en su conjunto, se insiste aquí en un solo punto: la evaluación del impacto actual y futuro de los subsidios a la agricultura. Es decir, se debe determinar el balance entre subsidios, que permiten aumentar la

producción de alimentos básicos, y sumas ahorradas en importaciones de los mismos. Asimismo, se debe evaluar el balance neto entre importaciones y exportaciones, y la posible reducción de exportaciones de productos agropecuarios. En verdad, no sería conveniente disminuir aquellas exportaciones hechas por el sector capitalista de la agricultura con base en productos con ventajas relativas en el mercado internacional, pues procuran divisas que alivian la balanza de pagos. *La excepción sería en el caso de que estos productos de exportación compitan directamente con los productos básicos.* Sólo en ese caso la política deberá procurar reducir la producción de los primeros, hasta el punto en que las tierras liberadas sean suficientes para cumplir con los requisitos mínimos de un *plan básico de consumo*, con base en la producción nacional.

6. Esta política de desarrollo agrícola requiere un plan de desarrollo agroindustrial complementario. Se deben fomentar las agroindustrias productoras de insumos para la agricultura y, asimismo, la industria procesadora y de distribución de alimentos básicos. Según sean los productos, existen posibilidades para las empresas agroindustriales cooperativas, o en manos de asociaciones de productores, de tener acceso al mercado regional o nacional sin necesidad de efectuar inversiones previas demasiado elevadas. Estas empresas tendrán éxito en la medida en que reciban apoyo del Estado, que debe imponer una política selectiva de inversiones extranjeras y, a la vez, de control de las empresas transnacionales ya presentes en el país.

7. Este desarrollo agroindustrial puede tener un impacto favorable o desfavorable sobre el empleo, dependiendo del tipo de tecnología introducida (intensiva en capital o en trabajo), y el impacto negativo o positivo sobre las estructuras agrarias, el desarrollo regional y la conservación de los suelos. Éstas son algunas de las razones por las que las inversiones extranjeras deben ser aceptadas de manera selectiva, y también en lo que compete al tipo de alimentos producidos y a los costos colaterales implicados (insumos adicionales e inversiones sociales a corto plazo), de los cuales los países receptores son habitualmente responsables y acreedores. Los proyectos de inversión extranjera deben ser puestos en competencia con proyectos de origen nacional, y también con operaciones que surgen local y regionalmente de productores organizados y de empresas mixtas.

3. Estrategias alternativas de industrialización y desarrollo

Un modelo de desarrollo agrícola y agroindustrial como el descrito supone en la práctica que la estrategia de industrialización (y de desarrollo) debe cambiar, puesto que ésta estará sometida a la condición de asegurar una autosuficiencia alimentaria nacional y la satisfacción de las necesidades básicas en bienes y servicios de la mayoría de la población.

Un breve diagnóstico del proceso de industrialización en América Latina, pese al desarrollo de la estructura y la capacidad industriales en varios países latinoamericanos, manifiesta que aún se está lejos de alcanzar los ritmos requeridos para lograr, por ejemplo, las metas fijadas para el año 2000 por la Declaración de Lima (ONUDI), de 1975. Éstas implicaban que la participación de los países del Tercer Mundo en el producto industrial mundial debería subir del 7 por ciento de entonces al 25 a fines de siglo. Esto significa que en cada país la industria manufacturera debería aportar entre un 30 y un 40 por ciento al producto nacional, como sucede actualmente en los países capitalistas industrializados. Sin embargo, estas metas no están siendo alcanzadas por el conjunto de los países latinoamericanos.

Más aún, la estrategia de industrialización predominantemente seguida hasta ahora está orientada, principalmente, hacia los mercados internos de altos ingresos —bienes durables, *suntuarios*, con respecto a la mayoría de la población—, sin lograr avanzar significativamente en la producción de bienes de capital, ni tampoco lograr competir en el mercado mundial mediante exportaciones de productos manufacturados a los países industrializados. Esta estrategia de industrialización ha llevado de hecho a un control extendido del capital transnacional en las ramas más dinámicas de la industria, con el consiguiente desplazamiento del mercado de empresas pequeñas y medianas del capital nacional que operaban en esas ramas. En los países de mayor crecimiento industrial —Brasil y México— sólo contadas empresas nacionales (privadas o estatales) logran compartir oligopólicamente con filiales transnacionales en el mercado de productos provenientes de ramas dinámicas, o sea, de aquellas con crecimiento más acelerado que el promedio de todas las ramas y con tasas de ganancia generalmente más elevadas.

Este modelo de desarrollo, cuyo eje de acumulación fue en los años sesenta la industria de bienes durables, exigió en los setenta para continuar la acumulación, en muchos casos, el uso de mecanismos extraeconómicos, como son las drásticas y regresivas políticas de salarios y de ingresos. Sus consecuencias económicas son la polarización estructural de las economías (agricultura e industrias modernas, relativamente dinámicas, orientadas al mercado interno de altos ingresos y a las exportaciones; y el polo tradicional estancado, con orientación al mercado interno de bajos ingresos); el estrechamiento de la demanda efectiva, debido a la redistribución regresiva de ingresos; el estrangulamiento de la balanza de pagos, por las mayores importaciones de bienes de capital, y aun agrícolas —como acabamos de analizar—, y el pago de dividendos, regalías y servicios tecnológicos. Esto exige obligatoriamente contratar préstamos externos, que provienen en los últimos años sobre todo de la banca privada transnacional, como lo atestigua la creciente deuda externa de los países latinoamericanos. Esta estrategia de industrialización sufre un contradicción estruc‑ tural: al estar orientada a un mercado interno (restringido al de altos ingresos, y, por lo tanto, de rápida saturación), pero financiada por el capital internacional, desarrolla una incapacidad estructural para devol‑ ver a la circulación internacional del capital financiero la parte corres‑ pondiente del excedente realizado en el país. Se entra, por lo tanto, en el círculo vicioso de que, para continuar el crecimiento económico, se debe aumentar aún más el endeudamiento externo.

En el pasado el Estado había intervenido en el campo económico para acelerar la sustitución de las importaciones, mediante políticas de precios, crediticias, fiscales y arancelarias que favorecían al sector industrial y lo protegían de la competencia extranjera, con desmedro del desarrollo agrícola y el consiguiente estancamiento de la producción de alimentos básicos. En la actualidad todavía acentúa el crecimiento industrial favoreciendo, en general, la entrada de firmas extranjeras que concentran y controlan la producción selectiva de bienes de consu‑ mo, pero trata de estimular las llamadas exportaciones no tradicionales, para saldar el déficit de la balanza de pagos. Esto último exige la supre‑ sión de barreras y la reducción de tarifas aduaneras, con el propósito de articular más estrechamente la economía nacional al comercio internacional, como al parecer única vía posible para mantener el creci‑ miento industrial, probablemente más dependiente en términos de tec‑ nología y, sobre todo, del financiamiento externo. Sin embargo, esta política abierta al comercio internacional, contraria al proteccionismo anterior, puede llevar a la eliminación masiva de industrias nacionales, medianas y grandes, que ahora son incapaces de competir con las ex‑ tranjeras —dada la libre importación de productos manufacturados extranjeros a precios más bajos— en términos de costo de producción en una gran parte de las ramas industriales.

4. Condiciones generales para un nuevo modelo de desarrollo

La superación de este debate entre el libre comercio y el proteccionismo tiene sin duda gran importancia para establecer estrategias alternativas de industrialización con seguridad alimentaria en los ochenta.

En efecto, para corregir las tendencias actuales del crecimiento económico se requiere: a/ una distribución más adecuada de los benefi‑ cios de un crecimiento que hoy es ajeno a la justicia social y que toda‑

vía obstaculiza gravemente la democratización de la región; b) mantener, o aun elevar, este ritmo de crecimiento económico; y, finalmente, c) idear mecanismos de defensa contra la inestabilidad y la incertidumbre propias de la actual situación de crisis de la economía mundial, con el fin de reducir los efectos negativos de la vulnerabilidad y de la dependencia, que caracterizan a las economías latinoamericanas.[4]

Estos tres objetivos, difíciles de obtener y de hacer compatibles entre sí, pueden quizás encontrar un medio eficaz para realizarse en el desarrollo más vigoroso de la agricultura y de la agroindustria, asegurando un grado de mayor autosuficiencia alimentaria en lo que concierne a los alimentos básicos consumidos por las masas de la población.

El primer objetivo señalado da lugar a un animado debate en las más diversas instancias internacionales. Tres líneas de pensamiento parecen predominar; las tres tratan de corregir las distorsiones actuales del crecimiento económico. La primera privilegia el problema de la *pobreza crítica*, desarrollado por el Banco Mundial.[5] La segunda extiende esta cuestión a la satisfacción de las *necesidades básicas* de las poblaciones de los países menos desarrollados. La OIT y, en América Latina, la CEPAL han desarrollado esta problemática.[6] La tercera integra y subordina las dos primeras preocupaciones a la formulación de una estrategia global capaz de obtener los objetivos de un desarrollo equilibrado mediante cambios de estructura. Parece indudable que sólo una estrategia capaz de modificar las bases estructurales de la economía y su mecanismo de distribución podrá dar una solución verdadera a los problemas planteados.

No se trata de olvidar objetivos específicos —como los de la eliminación de la pobreza crítica y los de la satisfacción de las necesidades básicas—, pero lo esencial parece ser una estrategia capaz de lograr simultáneamente una acumulación sostenida del capital, con el fin de ampliar la capacidad productiva de la economía, y a la vez una acción común del Estado, del sector privado y de grandes políticas para completar y corregir el papel del mercado en la asignación de bienes y servicios consumidos por las capas más pobres de la sociedad.

Conviene señalar que las estrategias del Banco Mundial y de otros organismos internacionales han sido a veces recibidas con reticencia por los países del Tercer Mundo. En particular, la tendencia actual a

[4] CEJA (Centro de Estudios José Artigas), "Bilan de l'économie latino-américaine: situation actuelle et interrogations pour les années 80", en *Amérique Latine*, núm. 1, CETRAL, París, enero-marzo de 1980, pp. 91-95. Este trabajo ha inspirado este ensayo.

[5] Banco Mundial, *El desarrollo económico mundial*, Washington, 1978, cap. IV.

[6] CEPAL, *Pobreza en América Latina: situación, evolución y orientación de políticas*, Santiago, agosto de 1979.

diferenciar los llamados *países en desarrollo* entre aquellos de *desarrollo medio* —donde ubicar la mayoría de los países latinoamericanos— del resto de los países más pobres, *en vías de desarrollo.* El riesgo de este concepto proviene de la falsa conclusión de que los *países medios* no tendrían necesidad de la cooperación internacional y de que las negociaciones para establecer un *nuevo orden económico internacional* podrían ser llevadas a cabo por sectores o separadamente, para las diversas categorías de países del Tercer Mundo. De hecho, hay varios países del Tercer Mundo, y particularmente de América Latina, cuya industria comienza a llegar a un grado de desarrollo tal que deja de ser *complementaria* y se torna *competitiva.* Estas nuevas doctrinas sobre los países subdesarrollados sin duda agravan las contradicciones entre el Norte y el Sur. Sin embargo, el desaliento causado por el retardo en llegar a acuerdos en las diversas instancias internacionales de negociación y las diferencias en los grados de desarrollo y de disponibilidad de recursos naturales de los países del Sur pueden comprometer gravemente la precaria unidad actualmente existente entre éstos. En un mundo donde los poderes de negociación son tan desiguales, la unidad en la negociación de los más débiles parece ser fundamental. Su unidad e integración progresivas, a nivel regional y global, pueden asegurar una cierta autosuficiencia colectiva, necesaria para que los países atrasados puedan vencer el desafío del desarrollo.

El segundo objetivo de una nueva estrategia de desarrollo manifiesta la necesidad de mantener, y aun de elevar, el crecimiento económico, para proporcionar empleo productivo y suficientemente remunerado a los vastos contingentes de desempleados y subempleados actuales, y a los que se incorporan cada año a la fuerza de trabajo. Este crecimiento económico debería tener un efecto positivo sobre la productividad, sin perjuicio de que se busquen tecnologías alternativas en aquellos sectores de la economía que no requieren colocarse a la punta en la competencia internacional. Es el caso, en cierta medida —como se vio antes—, de la agricultura y de la agroindustria. El crecimiento económico acelerado y capaz de desarrollar la estructura productiva nacional, junto con una política más equitativa de distribución de los ingresos, conducirían a un aumento y a cambios en la composición de la demanda nacional, en favor de bienes esenciales consumidos por la mayoría de la población. Esto a su vez estimularía el crecimiento industrial.

Es decir, un crecimiento rápido y continuo ayudaría a aumentar la viabilidad política de una estrategia de desarrollo decidida a extirpar la pobreza extrema y a mejorar la equidad de la distribución. No se debe olvidar las condiciones favorables en América Latina para implantar tal estrategia: disponibilidad de recursos naturales, calificación de la mano de obra, proceso de industrialización ya iniciado — y que ha avanzado hasta producir bienes de capital en algunos países—, dimensión considerable del mercado interno. Un programa basado en la profundización de los lazos interregionales tiene, por lo tanto, considerables potenciales de crecimiento.

La concepción y la aplicación de un conjunto coherente de políticas de crecimiento capaz de sacar provecho del potencial existente deben considerar, con todo, algunas restricciones. Estas políticas no podrían materializarse sin considerar el desarrollo agrícola y agroindustrial como un elemento importante de la estrategia para eliminar la carencia actual de alimentos básicos, situación que se agravará, puesto que la población no cesa de crecer. Pero, además, la agroindustrialización acelerada de la agricultura sirve de estímulo a una industria de bienes de capital, y a la vez, crea nuevos mercados para los productos manufacturados. Estas políticas, pues, tendrían que tomar en cuenta, para eliminarlos, los efectos negativos de una transnacionalización indiscriminada de la industria alimentaria, lo cual se ha analizado en este ensayo. Además, la agricultura, una vez asegurado un grado razonable de seguridad alimentaria, podría continuar haciendo contribución efectiva al aumento de las exportaciones, con el fin de asegurar el ritmo de crecimiento económico requerido. Esta contribución está al alcance de los países con dimensiones económicas limitadas, como asimismo de aquellos más vastos y desarrollados de la región.

Finalmente, en lo que toca a la creciente dependencia externa de las economías regionales, la experiencia de los últimos años muestra que la opción de algunos países por un desarrollo más articulado con la economía mundial, si bien puede ser sectorialmente positiva, trae consigo riesgos considerables, sobre todo en lo que toca al creciente endeudamiento externo de la región y a la dependencia del capital transnacional. Por otro lado, las fluctuaciones indeseables de la economía mundial infligen a las economías latinoamericanas una inestabilidad peligrosa. Una inserción más activa de los países de la región en los asuntos mundiales debería ser promovida por los estados, en consonancia con el desarrollo nacional y regional. Los estados latinoamericanos no pueden desestimar el papel que pueden jugar las fuerzas del mercado, pero deben al mismo tiempo fortalecer la capacidad de defensa de América Latina en el seno de la coyuntura internacional. Las medidas a tomar tienen relación con un activo proceso de diversificación de las exportaciones, sin comprometer la autosuficiencia nacional con la aplicación de políticas de regulación interna frente a la evolución de la economía mundial y, finalmente, con la definición de políticas capaces de someter las firmas transnacionales a los intereses nacionales.

5. *Conclusión*

La discusión sobre la seguridad alimentaria y el desarrollo global es algo vital para América Latina y los países subdesarrollados en su conjunto. La FAO estima que para América Latina los volúmenes adicionales de los principales productos agrícolas a procesar por la industria deberían aumentar, en promedio, un 70 por ciento entre 1980 y el año 2000. Este porcentaje es superior a las tasas previstas de crecimiento promedio de la agricultura en América Latina en ese mismo periodo. Éstas sólo alcanzarían un 60 por ciento para el trigo, 64 para el arroz, 46 para los cereales secundarios y únicamente en dos casos, el de las oleaginosas y frutas, así como el de las legumbres, se sobrepasaría el 100 por ciento.[7] El hambre se hace presente en forma creciente en nuestro subcontinente; según la FAO, 41 millones de personas registran niveles críticos de desnutrición.

El cuadro 1 ilustra la capacidad actual y futura del aparato productivo agrícola para satisfacer la demanda efectiva de alimentos.

CUADRO 1

América Latina: tasas de crecimiento de la producción y de la demanda agrícolas y de la población (datos observados y previsiones)
(En porcentajes)

Producción		Demanda		Población	
1963-1975	1980-2000	1963-1975	1980-2000	1963-1975	1980-2000
2,8	2,7	3,2	3,1	2,8	2,5

El cuadro 2 muestra que, mientras en 1963 la producción era superior a la demanda efectiva (o de mercado), la situación deficitaria se profundiza posteriormente, en momentos en que se consolida el *modelo transnacional de producción de alimentos*. Las previsiones señalan que esta situación se agravará considerablemente en los próximos 20 años, como lo manifiesta la disminución radical de la tasa de autosuficiencia. Esta última pasa de una posición excedentaria en 1963 (104 por ciento) a una tasa prevista de 83 por ciento para el año 2000. Estas tasas globales para América Latina en buena medida minimizan el problema, pues existe un país —Argentina— que es y será aún más, según las previsiones, un exportador neto de cereales. Pero otros países,

---

[7] FAO, *Agriculture: toward 2000*, 20 th section, Roma, 10-25 de noviembre de 1979, p. 160.

CUADRO 2

América Latina balance cerealero y tasa de autosuficiencia

Balance neto (millones de toneladas)				Tasa de autosuficiencia (porcentajes)			
1963*	1975*	1990**	2000**	1963*	1975*	1990**	2000**
2	- 2,1	- 14	- 28	104	97	89	83

* Datos observados.
** Previsiones.
Fuente: FAO.

como Venezuela y Colombia, bajarán a niveles ínfimos de autosuficiencia, inferiores al 50 por ciento.

Esta evolución de la situación actual, así como las pesimistas previsiones para el futuro, son confirmadas por varios estudios recientes.[8]

No existe duda de que la preocupación existente de los estados latinoamericanos frente a la crisis de la agricultura y la carencia de alimentos básicos es bastante limitada. En efecto, las políticas agrarias tienden a favorecer, en general, el modelo internacional de agricultura y de agroindustria, que trae los efectos negativos ya señalados. La apertura al mercado internacional no es sólo el caso de Argentina, capaz de competir con más posibilidades de éxito debido a sus ventajas naturales en la producción de granos y carne, sino que se extiende a países como Chile y Colombia, y otros de Centroamérica, que estimulan activamente las exportaciones *no tradicionales* de frutas y legumbres, de carne y aun de flores, sin tomar en cuenta el descenso de la seguridad alimentaria nacional.

Otros países, como Brasil, tratan de resolver el problema combinando una política de desarrollo agroindustrial sobre la base de filiales transnacionales, y a la vez de extensión de la frontera agrícola, para aumentar la producción de alimentos. Sin embargo, no todos los países latinoamericanos tienen tal cantidad de tierras de reserva como Brasil. En el caso de México, donde la crisis alimentaria se manifiesta por un cuantioso crecimiento de las importaciones de granos, que alcanzan ya los 10 millones de toneladas, con tendencia a aumentar, la frontera agrícola está ya prácticamente agotada. En este país se presenta un debate público muy animado, y se intenta, por parte del Estado, nuevas políticas de desarrollo agroindustrial y de estímulo a la pequeña

[8] UNIDO, *Draft world-wide study on agro-industries, 1975-2000*, Viena, 12 de diciembre de 1977; y el estudio más reciente del U.N. Centre on Transnational Corporations, *Transnational corporations in food and Beverage Processing*, ONU, Nueva York, 1980.

agricultura en tierras sobre todo de temporal. Con base en los recursos petroleros se pretende lograr a corto plazo la autosuficiencia nacional en alimentos básicos y la constitución de una canasta básica de consumo popular al alcance de las masas de la población.[9] Estos programas, más allá del poder político necesario para ponerlos en marcha y de los resultados prácticos de su eventual aplicación, muestran claramente un cambio de orientación en las políticas estatales, que en la última década han favorecido el desarrollo industrial y el de las exportaciones agrícolas, en detrimento de la agricultura dedicada a la producción de alimentos básicos para el mercado interno.

La clave de la respuesta no está tanto en la carencia de capital y de tecnología, ni menos en la de recursos naturales. *El problema crucial se sitúa en encontrar una nueva organización de la agricultura y de la agroindustria en la que la emergencia del campesinado de muchos países pueda ser el factor capaz de romper el círculo vicioso del estancamiento agrícola y del hambre.* Las políticas estatales que dentro de una nueva estrategia de industrialización favorezcan el desarrollo de la industria de bienes de capital para acelerar el desarrollo agrícola y de la economía en su conjunto, controlando el poder de las empresas transnacionales, suponen una reestructuración del poder político en la sociedad y, además, una nueva coalición de los países del subcontinente y de otros continentes subdesarrollados, para defender sus intereses frente a los países industrializados.

---

9 Se trata del Plan Nacional de Desarrollo y del Sistema Alimentario Mexicano (SAM), ambos proyectados por José López Portillo en mayo de 1980.

LA CRISIS ACTUAL
DEL CAPITALISMO Y LA CRISIS
MONETARIA INTERNACIONAL

1. Crisis generalizada del capitalismo y crisis del sistema monetario internacional (SMI) / Marco conceptual y niveles de análisis

La casi ininterrumpida expansión del capitalismo en la posguerra había relegado los estudios de las crisis y del ciclo económico a un capítulo de la historia del pensamiento económico. Antes de que terminara la segunda guerra mundial, el mundo capitalista dirimió el problema de la hegemonía (Estados Unidos), estableció un orden económico y político internacional (Yalta y Bretton Woods), hizo renacer la ideología de la democracia y libertad. Luego del interregno fascista, como instrumento de legitimación y consenso, modernizó el Estado e incorporó el keynesianismo como guía de acción práctica de la política económica. Creadas estas condiciones, y con el desafío que representaba la ampliación y consolidación del bloque de países socialistas, el capitalismo se aprestó a iniciar la mayor expansión económica de su historia. La reconversión de la economía de guerra, el acelerado avance científico-técnico gestado en la conflagración, la reconstrucción capitalista de Europa, el proceso de descolonización, la rearticulación de las relaciones de dominación en las áreas subdesarrolladas no coloniales y la cadena de pactos militares y políticos significaron una oleada de acumulación de capital y de expansión económica que reafirmó la fe en lo imperecedero del sistema capitalista, y dejaba en el cajón de los recuerdos las rivalidades, guerras y crisis que habían caracterizado la fase anterior de su desarrollo. Dos décadas de auge apenas interrumpido por breves recesiones (al terminar la guerra de Corea y en 1961) expresaban una realidad demasiado contundente como para que el pensamiento no burgués pusiera el acento en el problema de la crisis.

Recién a fines de los sesenta comenzaron a manifestarse síntomas de crisis, y durante la década siguiente ésta se presentó una y otra vez con persistencia, y abarcando poco a poco casi todo el mundo capitalista. Renacen entonces los estudios sobre la crisis, lo que permitió alcanzar interpretaciones más rigurosas del capitalismo contemporáneo. Las manifestaciones concretas que asume la crisis, y sus interpretaciones, sugieren que se está en presencia de una situación que trasciende la fase recesiva de un ciclo económico, que no se trata de una crisis de regulación para el inicio de un ciclo expansivo de la acumulación ampliada. Antes bien, el capitalismo contemporáneo se enfrenta a una crisis que se generaliza, que se hace simultánea a los diversos países, que su recuperación es breve y limitada, y que sus efectos recesivos tienden a acumularse. Estos síntomas pondrían de manifiesto la presencia de una onda larga recesiva, en contraste con el auge de posguerra.

Ahora bien, esta crisis generalizada del capitalismo se manifiesta en las múltiples dimensiones de la práctica social de los hombres, y con diversa intensidad en sus diferentes ámbitos y expresiones concretas. Aquí se abordará sólo una parte de la dimensión económica de la crisis, a pesar de las limitaciones que implica el dejar de lado las mutuas determinaciones entre lo económico y lo sociopolítico.

En la dimensión económica de la crisis se distinguirán sus expresiones en tres niveles: crisis de las economías de los países capitalistas, crisis de las relaciones económicas internacionales (REI) y crisis del sistema monetario internacional (SMI).

1. *Crisis de las economías de los países capitalistas.* Sus principales manifestaciones son la recesión con inflación, el aumento del desempleo, la denominada *crisis fiscal del Estado*, el abandono de las políticas anticíclicas de corte keynesiano y su reemplazo por una nueva política económica de corte *neoliberal*, la incapacidad de transferir totalmente a otros países capitalistas los efectos de la crisis económica interna, la quiebra del optimismo en el sistema capitalista que prevaleció desde la posguerra, el abandono del *welfare-state* (reducción de gastos en los programas sociales), el avance de posiciones políticas neoconservadoras e incluso el resurgimiento de posturas y prácticas neofascistas, los estímulos a la producción y compra de armamentos, etcétera. El grado de intensidad de esta crisis varía de país a país, en función del nivel alcanzado por sus contradicciones internas, y depende a su vez del papel que cumple en la economía mundial (grado de dominación o dependencia en el sistema capitalista mundial). Escapa a los límites del presente ensayo analizar este complejo proceso.

2. *Crisis de las relaciones económicas internacionales (REI).* Junto con la crisis de las economías de los países capitalistas, las REI están sometidas a síntomas evidentes de una situación de crisis que no admite ajustes parciales, sino que sugiere la necesidad de grandes cambios para poder alcanzar un nuevo orden económico internacional (NOEI). El orden internacional establecido al finalizar la segunda guerra mundial ha dejado de operar en los términos originalmente diseñados, y la inestabilidad y el desorden parecen ser los signos

de estos tiempos. En efecto, la crisis de las REI se manifiesta en profundas modificaciones de las corrientes de comercio y de los flujos de capital a nivel internacional; en la quiebra del sistema monetario internacional surgido en Bretton Woods; en la desconfianza y continuas transgresiones a las *reglas del juego* formuladas por el *viejo orden económico internacional*; en el avance del proteccionismo y en el uso creciente de mecanismos informales de competencia intercapitalista, etcétera. Las crisis en las economías de los países capitalistas no significan la presencia automática de crisis en las REI, y ni siquiera explica esta última. A su vez, la crisis de las REI no es, ni puede ser, la explicación de las crisis en las economías capitalistas. La crisis de las REI tiene sus propias especificidades; por ello la necesidad de deslindar niveles de análisis. Claro que, en última instancia, la crisis de las REI se explicaría por las contradicciones inherentes al capitalismo en cada país y a nivel internacional. La explicación puede hacerse girar en torno a la tendencia decreciente de la tasa de ganancia, a la sobreproducción como resultado de la desproporcionalidad y el subconsumo, a la contradicción entre el carácter social de la producción y el carácter privado de la apropiación. En realidad, éstas constituyen distintas aproximaciones teóricas al tratamiento de las crisis. Pero si la explicación se queda en este nivel no se avanza mucho en la elucidación del problema de la crisis del capitalismo contemporáneo. Se requiere algo más: es necesario precisar las expresiones concretas y específicas de las crisis, y avanzar en su explicación. En este ensayo se analizan las manifestaciones de la crisis de las REI, como marco para el examen de la crisis del SMI.

3. *Crisis del sistema monetario internacional (SMI)*. El SMI es una parte integrante de las REI, y su función consiste en proveer la liquidez a los países y al sistema en su conjunto para atender las necesidades del comercio internacional y del movimiento internacional de capitales (exportación de capitales). Le compete fijar también las reglas para establecer las paridades cambiarias entre las distintas monedas y vigilar el cumplimiento de tales reglas.

A pesar de que las relaciones monetarias y financieras internacionales sólo pueden concebirse a la luz de la estructura productiva y de circulación que están en su base, lo monetario-financiero posee su especificidad, una particularidad en la parte operatoria de su mecanismo y un aparato conceptual y de lenguaje que le es propio. Incluso en ciertos periodos adquiere una gran autonomía y se transforma en un elemento esencial para poder explicar varios fenómenos de la esfera de la producción y de la circulación. Ello se pone de manifiesto particularmente en épocas de crisis, en las que la esfera financiera se transforma en un mecanismo de revalorización del capital y en un medio eficaz de acelerar la concentración y la centralización de capitales.

La crisis del SMI se hizo presente antes de que se manifestara la crisis económica actual. En la década de los sesenta se acentuó el déficit de la balanza de pagos norteamericana. Los Estados Unidos disminuyeron sus reservas de oro, comienzan a modificarse las paridades cambiarias de varios países capitalistas desarrollados y surge la especulación con el precio del oro. En un primer momento tanto el FMI como las autoridades monetarias de los principales países capitalistas adoptaron medidas de ajuste tendientes a solucionar parcialmente estos problemas, las cuales buscaron restaurar la confianza en el sistema monetario y en las instituciones que lo regulan. Pero esto resultó insuficiente. La recesión de 1968 y las luchas sociales de obreros y estudiantes en varios países desarrollados agudizaron la inestabilidad cambiaria y renovaron las presiones sobre el dólar. En 1971 los Estados Unidos suprimieron unilateralmente la convertibilidad del dólar en oro; se quebró el sistema de paridades fijas y la *flotación* comenzó a imponerse. Se derrumbaba el sistema de Bretton Woods, y la crisis del SMI persiste hasta hoy, generando profundos cambios en las relaciones monetarias y financieras internacionales que gravitan y dan una especificidad particular a la crisis económica actual.

A continuación se examinará la crisis en las REI como paso previo al análisis de la crisis del SMI.

2. *Crisis de las relaciones económicas internacionales*

Para el análisis de las principales manifestaciones de la crisis en las REI, considerando sus principales transformaciones en el periodo de posguerra, se requiere un marco conceptual que permita precisar en qué consisten las REI.

a) El marco conceptual de las relaciones económicas internacionales en la teoría y su ámbito

El estudio de las REI constituye un campo específico de las relaciones económicas, o, más precisamente, de las relaciones sociales de producción a nivel internacional. Desde sus orígenes el modo de producción capitalista (MPC) se concibe como un modo de producción con vocación universal, manifestándose en su fase imperialista como un sistema mundial. De allí, entonces, que el estudio de las REI constituya una dimensión esencial para ser considerada en la explicación del MPC y de las leyes generales y específicas que dan cuenta de su funcionamiento y contradicciones.

En el pensamiento burgués las REI se abordan como una suma de aspectos y de teorías parciales que se identifican como *comercio internacional e integración económica, financiamiento externo, sistema monetario internacional, cooperación internacional e instituciones internacionales*. Los centros de comando de la burguesía monopolista internacionalizada (por ejemplo, la Comisión Trilateral, el Grupo de los Diez, etcétera) poseen un proyecto de dominación económica, militar, política, cultural, que alcanza una gran coherencia respecto a estos temas y una visión global e histórica. En contraste con ello, la cobertura *científica* de este proyecto, que se expresa en las publicaciones especializadas de la economía convencional sobre las REI, se caracteriza por su tratamiento parcial y ahistórico. Así, el comercio internacional se vincula con la teoría de las ventajas comparativas (versión clásica) o de los costos comparativos (versión neoclásica), para dar una explicación de una división internacional del trabajo que debe sustentarse en las bondades de la especialización y del libre comercio. El financiamiento externo (o movimiento internacional de capitales) se concibe desde una perspectiva limitada, al considerarlo básicamente como un aspecto del equilibrio de la balanza de pagos. El sistema monetario internacional se estudia en función de la liquidez internacional que requiere el comercio y sus fluctuaciones, y como instancia orgánica destinada a regular las relaciones cambiarias que impidan el proteccionismo y aseguren una *sana competitividad*. La cooperación internacional se inscribe dentro de la discusión acerca de la transferencia de recursos de los países ricos a los países pobres (denominada *ayuda*). Por último, las instituciones internacionales se conciben como resultado de la interdependencia creciente entre los países y como mecanismos para acordar reglas de juego internacionales, tendientes a proporcionar condiciones colectivas de seguridad política y económica para los países.

En el pensamiento marxista, y dentro del plano teórico, el estudio de las REI formaría parte de la teoría del imperialismo, expresión teórica totalizadora de la fase monopolista del capitalismo.[1] Existen desarrollos teóricos más recientes, que se inscriben en la teoría del imperialismo: intercambio desigual, intentos de periodización de la fase imperialista, algunos trabajos sobre dependencia, análisis recientes sobre las crisis, estudios sobre la nueva división internacional del trabajo y las nuevas modalidades de acumulación en la periferia. Para el análisis

---

[1] En rigor, el imperialismo se refiere a las transformaciones operadas en el MCP en su conjunto. En consecuencia, la teoría del imperialismo identifica y sintetiza una nueva fase del MPC. Se trasciende, así, ciertas visiones erróneas, que a menudo reducen esta teoría al ámbito de una política de dominación ejercida por los países capitalistas avanzados en su lucha por mercados o territorios, con la finalidad de exportar capitales o realizar sus mercancías.

de las REI desde la perspectiva marxista existen al menos dos complejos problemas para ser resueltos.

El primero de ellos se presenta a raíz de las agudas discusiones que en este momento existen en el ámbito de los nuevos desarrollos de la teoría del imperialismo. El significado de dichas controversias es difícil de precisar, y al menos en América Latina parecieran reflejar discrepancias ideológicas que mal pueden ser resueltas en el campo de las puras abstracciones.[2]

El segundo problema se refiere a la imprecisión en el tratamiento de las REI por parte de las nuevas extensiones del pensamiento sobre el imperialismo. Por ejemplo, algunos autores colocaron el énfasis en el intercambio desigual, sin articular en su análisis otras dimensiones de las REI. Por ello un punto de partida consiste en la identificación del ámbito de las REI.

El ámbito de las REI. Las REI estarían constituidas por los siguientes elementos:

1. *El comercio internacional* o intercambio de mercancías entre los países, junto con los servicios que acompañan dicho comercio (transporte, seguros, etcétera).
2. *Los movimientos de capital* a nivel internacional (exportación de capitales), distinguiendo sus dos vertientes principales: *inversión extranjera* y *préstamos o créditos.*
3. *El sistema monetario internacional,* con el análisis de las necesidades de liquidez monetaria internacional y de las relaciones cambiarias del sistema económico internacional.
4. *La institucionalidad de las REI,* distinguiendo entre la institucionalidad de las relaciones comerciales y la institucionalidad financiera y monetaria internacional.[3]
5. *El papel de las empresas transnacionales* (ET) en las REI, en el contexto del proceso de internacionalización del capital.

[2] Un ejemplo de ello se encuentra en la reciente polémica entre ciertos autores sobre el enfoque de la dependencia, y entre éstos y los críticos a la *teoría de la dependencia.* Otro ejemplo es el callejón sin salida a que condujo la polémica sobre el *intercambio desigual.*

[3] La institucionalidad de las relaciones comerciales está formada por los acuerdos comerciales bi o multilaterales, los organismos de integración (por ejemplo, en América Latina, ALADI, Acuerdo de Cartagena, Mercado Común Centroamericano, CARIFTA), el GATT, etcétera. La institucionalidad monetaria y financiera internacional se articula en torno a la presencia del FMI, del sistema del Banco Mundial, del DAC, de los organismos financieros regionales, como el BID, la CAF, el Banco Centroamericano de Integración Económica, etcétera. Debe también contemplarse la acción de organismos informales, como el Grupo de los Diez y su gravitación en las decisiones del FMI y del sistema del Banco Mundial.

El enunciado de estos cinco puntos no debe concebirse como una clasificación de los elementos constitutivos de las REI, ni como una simple suma de elementos aislados. Cada uno de ellos está ligado a través de leyes históricamente determinadas que regulan el funcionamiento de la reproducción del capital a nivel mundial en cada fase de la evolución del capitalismo. Por ejemplo, la acción de las ET influye sobre la naturaleza de los cambios que se manifiestan en las corrientes del comercio mundial, en los movimientos internacionales de capital, en la creciente inestabilidad de los tipos de cambio, e incluso ejerce cierta gravitación en los organismos comerciales y financieros multilaterales y, sobre todo, en la política externa de los países de origen. Así también el análisis de los desequilibrios cambiarios y de los problemas monetarios internacionales no puede dejar de lado las corrientes de comercio, los movimientos de capital a nivel internacional y el marco institucional que establece los límites y fija las reglas del juego de las REI. En consecuencia, los puntos señalados intentan, en un primer momento, identificar los principales elementos de las REI. Otro problema es establecer las formas específicas de articulación de estos elementos, para lo cual se requiere un esquema teórico que permita intepretar los cambios en las REI y su crisis.

b) Principales cambios en las REI y las manifestaciones de su crisis

Las manifestaciones de la crisis actual de las REI deben considerarse a la luz de las tendencias más generales del funcionamiento de la economía internacional de la posguerra.[4] Aunque se intenta presentar básicamente los hechos, es de rigor reconocer que los elementos elegidos, su jerarquización, los aspectos dejados de lado, los vínculos entre ellos, presuponen un enfoque y una concepción determinados. Con estas advertencias se intenta señalar los principales cambios de las REI y las expresiones de su crisis en sus diversos componentes.

Cambios en las corrientes de comercio y repercusiones de la crisis económica. En la posguerra y hasta 1970 se produjeron cambios importantes en la estructura del comercio mundial, principalmente en las relaciones comerciales entre países capitalistas desarrollados y países dependientes y subdesarrollados. En efecto, mientras las exportaciones de los países desarrollados crecieron un 8 por ciento entre 1948 y 1970, para el mismo periodo las exportaciones de los países subdesarrollados lo hicieron en 5,3 y las de América Latina en 3,8

---

[4] En aras de la brevedad de este ensayo, se prescindirá de cuadros estadísticos y de señalar en cada caso las fuentes de información; tampoco se harán las citas correspondientes cuando se haga referencia a una tesis o a un autor.

por ciento. Esto se reflejó en la caída de la participación de las exportaciones de los países subdesarrollados en las exportaciones mundiales, pasando de un 30 por ciento en 1948 a 21 en 1960 y a 17 en 1970. En América Latina se pasó de 11 por ciento en 1948 a 5 en 1970. El mayor crecimiento de las exportaciones de los países desarrollados se apoya en la ampliación del comercio entre estos mismos países, lo cual en 1948 significó 64 por ciento de sus exportaciones totales y en 1970 representó 77. El comercio entre países subdesarrollados, que significó 29 por ciento de sus exportaciones en 1948, bajó a 19 en 1970. (Estos porcentajes representaron para América Latina 9 y 11 por ciento respectivamente.)

Las exportaciones manufactureras como porcentaje de las exportaciones totales de los países desarrollados crecieron de 64 por ciento en 1955 a 76 en 1970. Para el mismo periodo ese coeficiente en los países subdesarrollados pasó de 13 a 24 por ciento, y en América Latina de 9 a 17 por ciento lo cual muestra la permanencia del carácter predominantemente primario de las exportaciones de la periferia. Además, conviene señalar que la participación de los países subdesarrollados en las importaciones totales de los países desarrollados cayó de 31 a 18 por ciento en el periodo 1948-1970, y, en el mismo lapso, el porcentaje correspondiente a América Latina pasó de 13 a 5 por ciento.

En las décadas de los cincuenta y sesenta, y como consecuencia de un dinamismo diferenciado de la producción global y de la producción industrial entre Estados Unidos, Europa y Japón, se manifestó un cambio significativo en las relaciones de poder comercial entre estos países. La participación de las exportaciones de Estados Unidos en las exportaciones totales cayó de 22 por ciento en 1948 a 14 en 1970; Europa incrementó su participación de un 29 a un 44 por ciento, mientras que para Japón las cifras fueron de 0,5 y 6 por ciento para los años mencionados. En el lapso de 1948 a 1970 las tasas de crecimiento anual de las exportaciones fueron de 5,7 por ciento para Estados Unidos, alrededor de 10 para Europa y de 21,6 para Japón.

El *intercambio desigual* (deterioro de los términos del intercambio en lenguaje cepalino) se agudizó en ese periodo para los países subdesarrollados. A manera de ejemplo, el crecimiento más rápido del rubro *servicios no procedentes de factores* de la balanza de pagos de estos países respecto del crecimiento de sus exportaciones muestra el alto costo de sus pagos por concepto de fletes, seguros y otros servicios que acompañan el comercio.

Aun cuando durante dicho periodo las ET operaron principalmente para los mercados internos de los países donde se radicaron, conviene señalar al menos ciertos efectos de su creciente presencia sobre las corrientes de comercio:

1. Canalización de parte del comercio internacional hacia relaciones comerciales entre filiales y casa matriz (más del 40 por ciento del comercio mundial), lo que propicia que se ejerzan prácticas de sobrefacturación de importaciones y de subfacturación de exportaciones, como mecanismos de ocultar ganancias y de remesar utilidades por canales no convencionales.

2. Control creciente de la industria alimentaria y de la comercialización externa de productos agropecuarios, junto con la utilización de la *revolución verde*, lo cual provocó importantes modificaciones en la estructura de la producción agrícola y en su comercio exterior. En materia de cereales, la información elaborada por Lester R. Brown revela quizás la faceta más notoria de este fenómeno:

(En millones de toneladas)

Año	América Latina	África	Asia	URSS	Europa Occidental	América del Norte	Australia y Nueva Zelanda
1934-1938	exp. 9	exp. 1	exp. 2	exp. 5	imp. 24	exp. 5	exp. 3
1975	imp. 3	imp. 10	imp. 47	imp. 25	imp. 17	exp. 94	exp. 9

3. Un reciente trabajo elaborado por Gonzalo Martner, en la UNCTAD, señala que las ET ejercen el control directo del comercio de varios productos (entre 70 y 75 por ciento del plátano, arroz, caucho y petróleo crudo; 80 por ciento del estaño; 90 por ciento del cacao, tabaco, té, café, trigo, algodón, yute, madera; 95 por ciento del acero y bauxita). Señala también que esa situación se traduce en que sólo una pequeña parte del precio final es recibido por los países productores (53 por ciento del precio del té, el 15 del cacao, 48 del aceite de cacahuate, 30 de los jugos de frutas, 20 del plátano, 24 del café, 32 del yute, 55 de los concentrados de cobre, 75 del estaño refinado, 10 del mineral de hierro).

Las tendencias aludidas respecto al comercio mundial constituyen el marco dentro del que deben examinarse las manifestaciones de la crisis en la última década. Tres hechos económicos parecieran ser los centrales en este periodo: el fin del sistema monetario de posguerra, establecido en Bretton Woods (agosto de 1971); la situación de crisis persistente en varios de los principales países del mundo capitalista, junto con una inflación que tiende a generalizarse; y, finalmente, el gran aumento de los precios del petróleo. Estos hechos, operando simultáneamente, provocaron cambios significativos en la estructura del comercio mundial:

1. Se acelera la inestabilidad de los precios no sólo de las materias primas, sino también de los productos manufacturados (en especial, de los bienes de capital). Todo este proceso se da en un contexto altamente inflacionario y de desaceleración persistente de los flujos del comercio mundial. A precios corrientes, las exportaciones crecieron anualmente en alrededor de 20 por ciento entre 1970 y 1975, en tanto que, a precios constantes, sólo lo hicieron un 4,7 por ciento para el mismo periodo. Durante 1980 las exportaciones se elevaron en 21 por ciento a precios corrientes, mientras que a precios constantes (en volumen) sólo crecieron 1 por ciento. Para 1981 no se prevé una recuperación de la producción y comercio mundiales.

2. En los países subdesarrollados surge una gran polarización entre los países exportadores de petróleo y los que no lo son. Los excedentes petroleros, luego del salto en 1974, tendieron a bajar por el crecimiento de las importaciones y de sus precios, pasando de 35 mil millones de dólares en 1974 a 32 y 30 mil millones en 1975 y 1976, y a 25 mil millones en 1978. Sin embargo, en los últimos años estos excedentes retomaron su ritmo ascendente, hasta alcanzar los 70 y 120 mil millones de dólares en 1979 y 1980, respectivamente.

Como consecuencia de su déficit comercial y del peso de los pagos por utilidades e intereses al capital extranjero, el déficit en cuenta corriente de los países subdesarrollados no exportadores de petróleo alcanzó niveles alarmantes, que hasta hoy perduran. En efecto, dicho déficit subió de 9 a 11 mil millones de dólares de 1970 a 1973, a 30 mil millones en 1974, a 38 mil millones en 1975, a 6 mil millones en 1976, a 21 mil millones en 1977 y a 31 mil millones en 1978. En 1979 alcanzó los 54 300 millones; en 1980 subió nuevamente, hasta los 72 400 millones; y, según estimaciones de la UNCTAD, se estima que la magnitud de este déficit será de 89 500 millones de dólares en 1981. Este déficit se cubre con un creciente endeudamiento externo, cuyas amortizaciones e intereses tienden a reproducir a escala ampliada dicho déficit, provocando el denominado *círculo vicioso del endeudamiento externo*, aspecto que se analizará más adelante.

Respecto a la exportación de manufacturas de los países subdesarrollados, se puede sostener que difícilmente fueron el eje de dinamización de estas economías en la década de los setenta, y menos aún que hayan constituido el centro de la nueva modalidad de acumulación. Las cifras incluidas en el anexo estadístico muestran esta situación, y dejan sin fundamento empírico la tesis del *redespliegue industrial*.

Vinculado con el análisis precedente, debe señalarse el recrudecimiento del proteccionismo por parte de las economías capitalistas desarrolladas, que se liga a la posibilidad de proteger sus mercados y sus procesos internos de acumulación. Entre países desarrollados se negocia el uso de estas prácticas; con los países subdesarrollados y dependientes, no. De allí la situación que pone de manifiesto la CEPAL en su balance sobre la evolución de la economía latinoamericana en 1978. El arancel promedio ponderado de los principales países desarrollados bajó de 58 a 9 por ciento en los últimos 20 años. No obstante, las tasas nominales comprendidas entre 30 y 50 por ciento se reservan a productos elaborados, como alimentos procesados, textiles y sus confecciones, y a industrias ligeras con alta densidad de mano de obra, productos en los que se podría apoyar con mayor viabilidad una expansión significativa de las exportaciones manufactureras de los países subdesarrollados. En el mencionado estudio la CEPAL sostiene:

> ... la tasa efectiva de protección media en Estados Unidos varía de 22 a 43 por ciento para los alimentos elaborados, industrias ligeras y textiles; en la Comunidad Económica Europea (CEE) esa tasa efectiva se extiende de 15 a 40 por ciento para textiles e industrias ligeras, estimándose que para alimentos procesados es aún mayor, y en Japón ese promedio está comprendido de 20 a 65 por ciento.

Y agrega que esos países establecieron además un sistema de barreras no arancelarias a través de "restricciones cuantitativas, regímenes de licencia, certificaciones sanitarias, sistemas arbitrarios de aforos y normas técnicas de embalado y marcado", para concluir que se ha configurado una *compleja red proteccionista* que obstaculiza el acceso de las manufacturas de los países subdesarrollados a los principales mercados importadores (Estados Unidos, CEE y Japón).

Como era previsible, las crisis de las economías de los países capitalistas se reflejan en las profundas modificaciones de las corrientes de comercio en la década de los setenta. Estas modificaciones revelan síntomas evidentes de una situación de crisis del comercio mundial, junto con indicios de que la recuperación no se hará presente en los próximos años. Según el GATT, 1980 fue uno de los tres peores años del último cuarto de siglo (junto con 1968 y 1975) si se toman en cuenta los siguientes indicadores: producción global y manufacturera, comercio mundial y comercio de manufacturas. Aún más, en los dos primeros meses de 1981 el volumen de intercambios fue inferior al promedio de 1980.

Cambios en los movimientos internacionales de capital en el contexto de la crisis. El movimiento internacional de capitales revela tres protagonistas importantes de las REI: las ET en la esfera productiva, el capital bancario en la esfera financiera y la institucionalidad monetaria y financiera internacional. Se señalarán, en primer lugar, algunos de los principales movimientos de las inversiones extranjeras (una expresión de la exportación de capitales).

Dado que los países europeos y Japón fueron importadores netos de capital hasta cerca de los setenta, el movimiento de la inversión externa norteamericana constituye un buen indicador de las corrientes internacionales de capital bajo la forma de inversión. *Desde 1950 y hasta fines de los sesenta la inversión directa de Estados Unidos tendió a radicarse cada vez más en las actividades manufactureras, y creció más rápidamente en los países desarrollados.* Del total de la inversión, en 1950 48 por ciento se radicó en Europa, principalmente; en 1968 esa participación subió a 67 por ciento. En contraste, en los países subdesarrollados esos coeficientes bajaron de 49 a 28 por ciento, y en América Latina de 38 a 16 por ciento, respectivamente. De las inversiones norteamericanas efectuadas en los países subdesarrollados y en América Latina, sólo 15 y 17 por ciento de ellas se orientaron a la actividad manufacturera en 1950; ya en 1968 tales porcentajes fueron de 26 y 31 por ciento. Por supuesto que en países con mayor grado de industrialización, como Argentina, Brasil y México, ese coeficiente fue aún mayor (64, 69 y 68 por ciento, respectivamente). Estas cifras expresan la naturaleza del proceso de internacionalización del capital, el papel decisivo de las ET en los procesos de acumulación de los países dependientes, el proceso de desnacionalización de las economías subdesarrolladas, la oligopolización de sus principales sectores, la apropiación concentrada de excedentes por parte de la burguesía transnacionalizada, etcétera.

Este proceso ya fue suficientemente explicado por las distintas vertientes del pensamiento latinoamericano, por lo que no se insistirá sobre el particular. Sólo se indica que un resultado importante en el plano financiero de dicho proceso es el creciente peso en la balanza de pagos de los saldos netos de utilidades e intereses de los países subdesarrollados. Para el periodo 1970-1977 la inversión extranjera directa en los países subdesarrollados fue de 34 915 millones de dólares, en tanto que los ingresos repatriados a los países inversores alcanzaron los 82 919 millones. Para el caso de América Latina, la diferencia entre el aporte neto de la inversión directa alcanzó en ese lapso un promedio anual de 1 175 millones. La *exportación de capitales* (apropiación de excedentes) hecho por América Latina en el periodo fue de 12 891 millones de dólares.

Ya en la década de los sesenta comienza a cambiar la composición de los ingresos netos de capital, disminuyendo la participación de la inversión directa (64 por ciento en 1950-1959, 27 en 1960-1969 y 13 en 1970-1975) y aumentando la de los préstamos (30, 60 y 86 por ciento, respectivamente). En las décadas de los cincuenta y sesenta esos préstamos provenían de créditos otorgados por organismos oficiales de los países desarrollados (principalmente de Estados Unidos) y por organismos financieros multilaterales (Banco Mundial, FMI, BID, etcétera). Durante ese lapso el capital, bajo la forma de préstamos, se articula en torno al modelo de acumulación que comandan las ET. Así, los créditos se usan para modernizar el capitalismo subdesarrollado (proyectos como el de la Alianza para el Progreso —que buscan superar las estructuras tradicionales en el agro—, modernización del Estado, programas sociales, etcétera), para proveer infraestructura e insumos baratos y energía suficiente a dicho modelo de acumulación, para consolidar el esquema de dominación necesario para ese proceso (préstamos de AID, préstamos de ayuda militar, etcétera) y, finalmente, para hacer frente a los desequilibrios de la balanza de pagos que se generen (FMI). Puede apreciarse, así, la coherencia y la diferenciación de funciones de los organismos financieros internacionales dentro de un esquema global de dominación y de un modelo específico de acumulación a escala mundial en las décadas de los cincuenta y sesenta. Esto significa una forma particular de operación del capital a nivel internacional, desdoblándose para actuar en la esfera productiva y en la de la circulación (ET), y para garantizar esa acción operando como capital-dinero institucionalizado (créditos de origen oficial).

La referencia al desdoblamiento de la acción del capital en el periodo de posguerra es esencial para establecer el nexo con los hechos de la década de los setenta, durante la cual se modificaron sustancialmente las corrientes de capital. Se trata de una transformación de sus funciones en el contexto de la crisis económica. En el cuadro de las REI la situación de crisis generó, en lo financiero, dos tendencias simultáneas. Por un lado, los flujos financieros tendieron a *privatizarse* respecto de su origen, junto con el avance de su internacionalización, *pari passu*, con una creciente limitación a las posibilidades de control por parte de las autoridades monetarias nacionales y supranacionales ante la inusitada expansión de sus operaciones. Por otro lado, como contrapartida de este proceso (y no como explicación) se ha generado un *explosivo crecimiento del endeudamiento externo* de todos los países subdesarrollados y dependientes (excepto los países beneficiarios de los excedentes petroleros).

Respecto del creciente endeudamiento de los países subdesarrollados, debe señalarse que toda la deuda acumulada por estos países hasta 1965 era de 37 mil millones de dólares, cifra que se duplica en 1971, al alcanzar los 75 900 millones. Para 1975 se había duplicado nuevamente la deuda, alcanzando los 161 mil millones. A fines de 1978 superaba los 307 mil millones, hasta alcanzar los 402 mil millones de dólares en 1980.

América Latina es la región subdesarrollada que muestra las tasas más altas de crecimiento de su deuda; por ejemplo, durante 1974 se endeudó tanto como antes lo había hecho entre 1950 y 1969. El crecimiento acelerado de la deuda de los países subdesarrollados en la década de los setenta es un fenómeno general, pero se concentra en los países de mayor dimensión geoeconómica y en los que más había avanzado su industrialización dependiente. En efecto, México y Brasil absorben 62 por ciento de la deuda total de América Latina; de la deuda pública de origen privado constituyen 75 por ciento; y aún más, en 1976, del total de los créditos otorgados por la banca internacional privada a América Latina, estos dos países recibieron un 95 por ciento.

Debe señalarse, además, que este gran crecimiento de la deuda se presenta cuando prácticamente han desaparecido los periodos de gracia, cuando se acortaron significativamente los plazos de amortización y cuando, como consecuencia de la inflación mundial, las tasas de interés y otros cargos financieros se elevaron considerablemente. América Latina es la región que está en las peores condiciones respecto de sus futuros compromisos financieros. De los 115 mil millones de dólares de deuda en 1978, 77 600 los debe a los bancos comerciales internacionales privados. De seguir las tendencias actuales, la deuda de los países dependientes podría duplicarse nuevamente en los próximos tres o cuatro años. Una parte cada vez más significativa de los nuevos créditos se debe utilizar exclusivamente para pagar los servicios de la deuda. Si se compara la evolución de los créditos obtenidos con el nivel de las reservas internacionales de estos países, se puede apreciar cómo los déficit de comercio y los servicios al capital extranjero *consumen* casi toda la deuda.

En un reciente ensayo[5] se intentó señalar las causas del endeudamiento externo del Tercer Mundo, y al respecto se sugería que dicho fenómeno era el resultado de la convergencia de tres elementos que se articulan en función del carácter dependiente del funcionamiento de sus economías: la naturaleza de la inserción comercial de estos países en el sistema de la división internacional del trabajo; el modelo de acumulación que tiene como principal protagonista a las ET, y que define en sus rasgos centrales la acción del Estado; y, finalmente, la presencia de una creciente disponibilidad de excedentes en los mercados financieros internacionales.

En el proceso señalado la banca internacional privada, operando en el mercado de eurodivisas, desempeña el papel decisivo en la modificación de las corrientes de capital en la situación de crisis. En sólo 10 años ha multiplicado por 20 su nivel de operaciones, cambió la orienta-

5 Pedro Paz, "Las causas del endeudamiento externo del Tercer Mundo", en *Investigación Económica*, vol. XXXVII, núm. 143, México.

ción de sus créditos, fue el principal canal de reciclaje de los petrodólares, ha inundado de liquidez la economía mundial, tiene un nivel creciente de operaciones financieras con los países socialistas, sus desplazamientos masivos provocan agudos desajustes cambiarios en las monedas de los países capitalistas desarrollados, *ha rebasado la acción del FMI como organismo regulador de las relaciones monetarias y cambiarias internacionales*, etcétera. Esta enumeración bastaría para mostrar que, en el análisis de la actual crisis y sus repercusiones, no puede prescindirse de un estudio riguroso acerca del papel de la banca internacional privada.

Las nuevas formas de operación del capital a nivel internacional en el complejo cuadro de la última década desplazan el capital a diversas esferas de acción y, en consecuencia, modifican sus funciones. La situación recesiva de los años setenta sustrae capital del proceso de acumulación (esfera de la producción) y canaliza excedentes a la esfera financiera, como capital de préstamo para estimular la demanda internacional y garantizar el proceso de realización a nivel mundial. El capital-dinero institucionalizado se privatiza y se transforma en capital-dinero crediticio, para completar el ciclo del capital en la esfera de la circulación a nivel internacional y garantizar que los estados de los países subdesarrollados obtengan las divisas que requiere el capital productivo (ET) en materia de importaciones de maquinarias e insumos, remesas de utilidades, etcétera. Esta lógica del capital es parte de una explicación plausible del creciente endeudamiento.

La recesión coloca frenos a la acumulación, no así a la centralización. El endeudamiento busca atenuar los efectos recesivos de la crisis, aun cuando encuentra límites en las previsiones sobre la capacidad potencial de pago de los deudores. Pero la década pasada no sólo muestra recesión, sino inflación, desajustes cambiarios, quiebra del sistema de Bretton Woods, excedentes petroleros en busca de colocación y exceso de liquidez.

En esta situación el capital-dinero se desplaza a la esfera especulativa, como una forma necesaria de revalorización y centralización del capital. Los monopolios bancarios pasan a manejar un monto considerable de capital-dinero, producto de la creación de dinero internacional que ellos mismos realizan, de la administración financiero-especulativa de los activos líquidos de las ET, del reciclaje de los petrodólares, de las compras y ventas de oro y divisas en el marco de la *flotación*, de las ganancias obtenidas en sus operaciones crediticias a nivel internacional, etcétera. Así, en este proceso el capital-dinero, operando bajo la forma de créditos y actividades especulativas al interior de las REI, revaloriza el capital y da un nuevo impulso al proceso de concentración y centralización del capital. Este tema se retomará más adelante.

Crisis de la institucionalidad de las REI. Al finalizar la segunda guerra mundial se articula un aparato institucional para regular las relaciones económicas y políticas entre los países capitalistas desarrollados (bajo la hegemonía de los Estados Unidos), para establecer ciertos canales de negociación y para organizar las relaciones de dominación con los países dependientes. Esta institucionalidad de las REI presenta claros síntomas de crisis en esta década, la cual es producto de la crisis económico-financiera y de la ruptura del esquema de poder económico-político establecido en la posguerra. Ni la CEE ni Japón son capaces de imponer a los Estados Unidos un nuevo esquema de poder y hegemonía, ni los Estados Unidos pueden reproducir las condiciones de poder prevalecientes al terminar la guerra. Esto aparece claramente expresado en las propuestas de la Comisión Trilateral, cuando en ellas se sugiere que Europa y Japón compartan la responsabilidad que le cupo a los Estados Unidos en la posguerra.

Prescindiendo del tratamiento de los diversos aspectos de las propuestas de la citada Comisión, se sostiene que la propia presencia de éstas constituye un evidente síntoma, y a la vez un reconocimiento, de la caducidad del *viejo orden internacional.* La decadencia de la UNCTAD, el fracaso de los diversos intentos del diálogo Norte-Sur, el cuestionamiento que desde diversos ángulos se hace al sistema de las Naciones Unidas, la incapacidad de los organismos financieros internacionales para dar soluciones al *desorden* monetario y financiero internacional, la búsqueda inconducente de soluciones que expresan el informe Río y el informe Brandt, los foros y reuniones cada vez más frecuentes en torno a la necesidad de establecer un *nuevo orden económico internacional* (NOEI), revelan la profundidad de la crisis de aquella institucionalidad que montó el capitalismo en la posguerra. Los problemas y rivalidades que desata la crisis económica internacional impiden llegar a acuerdos entre países y bloques de países, y, mientras la actual crisis mantenga su vigencia, será difícil que en los hechos el mundo capitalista logre establecer un nuevo orden internacional; la proliferación de propuestas e informes en torno a un NOEI sugieren que se está preparando una nueva institucionalidad que buscaría regular las REI. Para que ella pueda operar se requiere alcanzar un nuevo eje de hegemonía que regule las nuevas relaciones de poder en el ámbito internacional, y que la crisis económica esté superada o en vías de serlo. Como todavía pasarán algunos años para que el capitalismo resuelva estos problemas, es probable que se presente una oportunidad para que los países progresistas del Tercer Mundo (por ejemplo, los que son parte del Movimiento de los Países No Alineados), junto con los países socialistas, puedan participar con más fuerza y poder en la readecuación del sistema económico internacional.

Crisis del sistema monetario internacional y expansión de la liquidez internacional. En 1971 se produjo la quiebra del sistema monetario establecido en 1944, en Bretton Woods, y esta quiebra constituyó un hecho irreversible. La crisis del SMI en el contexto de la crisis económica generalizada de los setenta tuvo como respuesta una expansión inusitada de la liquidez internacional, al margen de los canales y reglas del juego de la institucionalidad monetaria y financiera internacional. A las fuentes tradicionales de creación de reservas internacionales se sumaron nuevas fuentes de liquidez internacional, que nacieron y se desarrollaron en esta fase de crisis de la economía mundial, bajo la acción de la banca internacional privada: ampliación del mercado de eurodivisas, reciclaje de los petrodólares, uso de los superávit comerciales, etcétera. Además, al generalizarse el sistema de *flotación* de las monedas, se configura un cuadro de persistente inestabilidad cambiaria.

En síntesis, la crisis del SMI a partir de 1971 pone de manifiesto el exceso de liquidez internacional, la inconvertibilidad del oro y la inestabilidad cambiaria. Ello significa que el SMI ha perdido su equivalente general de valor, carece de un medio de pago de aceptación generalizada y el sistema de valorización de los DEG es sólo un paliativo para contar con una unidad de cuenta.

El análisis de la crisis del SMI se desarrolla en el siguiente apartado; se mencionó aquí para completar la visión de la crisis de las REI.

Conclusiones preliminares acerca de la crisis de las REI. El análisis de las REI muestra las profundas transformaciones de los últimos años y revela significativas repercusiones de la profunda crisis que padece el sistema capitalista de nuestros días. Los momentos actuales configurarían un periodo de transición entre el *patrón histórico-estructural de acumulación* que surge en la posguerra y los nuevos procesos de acumulación que se intentarían instaurar luego del doloroso reajuste que la seria crisis actual posibilitaría.

En otras palabras, puede ya hablarse con propiedad de que el orden internacional establecido en Yalta y en Bretton Woods bajo la hegemonía norteamericana constituye hoy el *viejo orden económico internacional.* Pero la puesta en marcha de un NOEI es bastante problemática. Una crisis de hegemonía no se resuelve sólo con base en la buena voluntad y con la creación de una conciencia de que ello es necesario. *El establecimiento de un NOEI exige redefinir previamente las relaciones de poder entre los países capitalistas desarrollados; entre éstos y los países dependientes, y con el bloque socialista.* Esa redefinición trae aparejados altos costos que no siempre se está dispuesto a pagar. Y si la crisis es el medio a través del que se posibilita el reajuste para una nueva regulación del sistema en su conjunto, la propia situación de crisis internacional se refleja internamente como crisis de las economías de los principales países capitalistas, y limita los márgenes de acción de la política internacional para buscar una salida a dicha crisis.

Sólo a título de ejemplo, se recuerda que desde hace varios años existe el convencimiento de que, en la situación de crisis e inflación mundial, agudos desequilibrios e inestabilidad cambiaria, resulta necesario y urgente solucionar la crisis del SMI. Se conocen desde principios de los setenta múltiples propuestas para reformar este sistema; se cuenta con un organismo con experiencia en los problemas monetarios (FMI); las reuniones a los más altos niveles se repiten con mayor asiduidad. ¿Qué impide, entonces, encontrar una salida estable para la crisis del sistema monetario internacional?: la crisis económica y la ausencia de un nuevo eje articulador de hegemonía. Además, los márgenes de acción de los estados y de sus políticas internas y externas se reducen a medida que la acción del capital se internacionaliza y que *la banca internacional privada adquiere, en la crisis, cada vez mayor autonomía*.

Lo que fue planteado para el sistema monetario internacional se reproduce en lo relativo a las relaciones comerciales, cambiarias, etcétera. También se reproduce cuando el capital de distintos orígenes nacionales sale a buscar nuevos mercados o a colocar sus excedentes financieros. En ese contexto, ¿cómo y quién o quiénes pueden establecer las reglas del juego que regulen las relaciones económicas en la nueva situación?

3. Crisis del sistema monetario internacional

a) La crisis del sistema de Bretton Woods / Breve reseña histórica
   y su carácter inherentemente inestable

Recuérdese que en la conferencia de Bretton Woods, de 1944, la discusión giró en torno a dos documentos: el Plan Keynes y el Plan White (funcionario del Departamento del Tesoro de los Estados Unidos). Este último, que reflejaba la posición de los Estados Unidos, constituyó la base del sistema monetario que se instaurara. Resumidamente, los resultados principales de la conferencia fueron los siguientes:

1. La adopción del oro como patrón de cambio (*Gold Exchange Standard*) implicó lo siguiente:

   a) Las reservas monetarias se constituyeron con oro, dólares norteamericanos y, subsidiariamente, libras esterlinas.
   b) Los tipos de cambio y la paridad se fijaron en torno al oro. Su

precio oficial se estableció en 35 dólares por onza troy. A ese precio los Estados Unidos se comprometían a mantener la convertibilidad del oro.

c) Se estableció para los países un tipo de cambio fijo de paridad, el cual sólo podría modificarse cuando se presentara un nunca definido *desequilibrio fundamental* de la balanza de pagos. Toda modificación del tipo de cambio que sobrepasara 10 por ciento necesitaría la autorización del organismo monetario a crearse.

d) Las monedas debían relacionarse a través de un tipo único de cambio que les permitiera moverse libremente entre sí. Se admitió la conversión a oro de los saldos de moneda de un país a otro.

2. La creación de un Fondo Monetario Internacional, que otorgaría préstamos condicionados a los países deficitarios, al mismo tiempo que no establecía ninguna regla para los países superavitarios.

3. Se fijaron las cuotas a asignar a los principales países del nuevo organismo monetario. Se estableció el total de cuotas que integraría los fondos de operación del organismo, el cual sería representativo de las necesidades de liquidez del comercio mundial (8 mil millones de dólares). Como las cuotas estaban ligadas al número de votos, se estableció también las relaciones de poder al interior del organismo próximo a crearse.

Con base en los acuerdos de Bretton Woods, en marzo de 1946 se formalizó la creación del FMI y del BIRF (hoy Banco Mundial). Se establecieron sus funciones, la forma de aportar la cuota (25 por ciento en oro y 75 en la moneda del país miembro), la política de crédito a los países deficitarios, los mecanismos de control de los programas monetario-financieros que exigía el Fondo, el sistema de votación y la adopción de decisiones, etcétera.

Dado el sistema de votación, los Estados Unidos se reservaron el derecho de veto respecto del convenio constitutivo del Fondo. No es de extrañar que, desde el punto de vista de los intereses estadounidenses, la creación del FMI significara asegurar su hegemonía sobre el SMI, ya que

1. Su moneda pasó a ser el eje del patrón oro de cambio.
2. Las paridades fijas, y la casi imposibilidad de cambiarlas sin su anuencia, evitó que otros países usaran el tipo de cambio con fines competitivos.
3. La acción del FMI se ejercería sólo sobre los países deficitarios, lo que impidió al nuevo organismo actuar sobre los países superavitarios, como era la situación de los Estados Unidos.

4. Los Estados Unidos no sólo quedaron como el único país con derecho a veto, sino que su posición era decisiva para el nombramiento de las autoridades del Fondo y para la toma de decisiones.

5. Las formas de operación del sistema les permitieron apropiarse de recursos reales, con el recurso de inundar de dólares la economía internacional.

Un sistema así constituido encontraba su base de sustentación en el dominio indiscutido de la economía de los Estados Unidos en 1944. Además de poseer los mayores niveles de productividad, de estar a la cabeza del progreso técnico, de poseer vastos recursos naturales en un territorio que no fue escenario de la guerra, era evidente su gravitación política y militar en el panorama internacional. Por último, en Fort Knox se encontraban depositadas las tres cuartas partes del oro monetario mundial, lo que daba un fuerte respaldo monetario al dólar, a lo que se agregaba la holgura de su balanza comercial y de pagos en dicha época.

Sin embargo, y como se intentará mostrar más adelante, las mismas formas de operación del sistema eran intrínsecamente inestables, aunque sirvieron eficazmente como instrumento para transferir recursos reales, sin contrapartida financiera, a la economía estadounidense. Como ya se señaló en el análisis de las REI, durante la posguerra se presentó, cada vez en forma más persistente, la pérdida de dinamismo de la economía norteamericana, su desplazamiento de varios mercados por algunos países europeos y Japón, y la gran disminución de sus reservas de oro. Ello significó debilitar paulatinamente el poderío económico que, al instaurarse este sistema, poseía el dólar.

Pero antes de examinar la evolución del SMI hasta desembocar en su crisis, se intentará explicar su carácter intrínsecamente inestable, y la transferencia de recursos reales que significa el hecho de que el dólar se haya transformado en moneda internacional (unidad de reserva).

El sistema de Bretton Woods significaba que, ante flujos crecientes de comercio, se requerían necesidades también crecientes de liquidez; y, dado el relativo estancamiento de la producción de oro, estas necesidades se satisfacían en dólares. Pero para que estos dólares pudieran quedar a disposición de los bancos centrales como reservas para atender los requerimientos de liquidez era necesario un déficit de la balanza de pagos de la economía estadounidense. Ahora bien, un continuo déficit en su balanza de pagos crea a largo plazo una creciente desconfianza en términos de una posible devaluación de esa moneda, como mecanismo para solucionar los problemas de su sector externo. Hay implícitos dos supuestos para que esto no ocurra: que la cuantía de reservas de oro en los Estados Unidos sea tan grande que las posibilidades de su agotamiento sean remotas y que el resto de las economías acepten *ad infinitum* el endeudamiento de la economía norteamericana, y la consiguiente transferencia de recursos reales a esa economía que ello involucre. Sin duda, los hechos de los últimos años muestran que ninguno de estos dos supuestos son válidos.

Además, ese mecanismo significa ligar el sistema monetario internacional a la suerte de los vaivenes de la economía de un país, y ello representa un contrasentido, aun cuando este país gravite poderosamente en la economía mundial. Esta ligazón se transforma, así, en un elemento básico de inestabilidad. En otras palabras, dado el relativo estancamiento de la producción de oro, las necesidades crecientes de liquidez hacen necesario un déficit de la balanza de pagos de los países cuyas monedas sean activos de reserva. Ahora bien, ese mismo déficit, cuando se torna persistente, implica la necesidad de que tales países adopten ciertas medidas para solucionarlo, y entre estas medidas juega un importante papel la devaluación de sus monedas o la aplicación de políticas económicas con efectos equivalentes a la devaluación. Ello crea inmediatamente una desconfianza por la inestabilidad de tales monedas. De esta manera, las formas de operación del sistema son *intrínsecamente inestables*.

Por otra parte, a medida que los países deben guardar dólares en sus bancos centrales para solucionar sus necesidades de liquidez internacional, de hecho ese mecanismo se transforma en un traspaso de recursos reales de tales economías a la economía de los Estados Unidos. Por ejemplo, supóngase que los dólares que algunos países guardan en sus bancos centrales provienen de ciertos superávit de la balanza comercial (lo cual significa que, en términos reales, se exportó más de lo que se importó), y si éstos se traducen en un *stock* de dólares en las arcas de los bancos centrales, esa diferencia surgida del intercambio de mercancías se traducirá, en última instancia, en una transferencia de recursos reales de los países que acumulan dólares a la economía estadounidense. Por otra parte, supóngase que los dólares acumulados en el banco central de cualquier país provienen de inversiones directas norteamericanas; ello significa que, para que tales dólares lleguen al banco central de ese país, han debido intercambiarse por el uso de recursos reales dentro de esa economía (pagando sueldos y salarios, contratando construcciones de edificios o plantas, adquiriendo equipos o materias primas, etcétera). Si esos dólares se guardan como reservas, o sea, no se utilizan para transferir recursos reales de la economía norteamericana mediante importaciones, dará como resultado una forma indirecta de transferencia de recursos reales. Otro tanto puede suceder si los dólares acumulados en el banco central provienen de la adquisición, por parte de empresas norteamericanas, de acciones de empresas existentes en cierto país. En esta situación se presentará una transferencia patrimonial, que en algunos casos puede conducir a la transferencia del control de las decisiones.[6] Cabe advertir que el tipo de análisis hasta aquí realizado es formal, y constituye una evidente simplificación, ya que el *stock* de dólares que las autoridades monetarias y cambiarias mantienen en cada momento como reservas internacionales es el resultado final de numerosas y complejas operaciones comerciales y financieras con el exterior. Con ello sólo se quiso describir algunos mecanismos que ilustran *la transferencia de recursos reales que un país realiza siempre que mantiene stocks crecientes de dólares como reservas internacionales*. Esto no es sólo un problema de especulación teórica. Téngase presente el impresionante volumen de los compromisos de la economía estadounidense por los dólares que circulan fuera de sus fronteras. En la medida en que tales dólares no se reviertan a la economía de los Estados Unidos a cambio de importaciones de equipos, materias primas o bienes de consumo, y es poco probable que esto ocurra a corto o mediano plazo, se puede plantear la hipótesis de que todos estos movimientos financieros y monetarios se han traducido, como resultado, en una transferencia de recursos reales del resto del mundo a la economía norteamericana.[7] Usando una imagen, tal transferencia operaría como un flujo de *créditos* sin intereses ni obligación cierta de amortizarlos que han otorgado los distintos países a la economía de los Estados Unidos. Dichos *créditos* cada vez poseen un menor *aval* o *garantía*, debido a que la pérdida de dinamismo de la economía estadounidense, su desplazamiento de varios mercados por algunos países europeos y Japón, y la gran disminución de sus reservas de oro, han quitado el respaldo y el poder económico que poseía el dólar.

Como interesa principalmente analizar el funcionamiento del SMI en la actual situación de crisis, se hace referencia a la evolución del sistema monetario en un anexo, en el que se distinguen cuatro fases de su proceso a partir de la posguerra:

a) 1944-1967. Funcionamiento estable del SMI.
b) 1967-1971. Debilitamiento del dólar y del SMI.

---

[6] En el caso de préstamos otorgados por Estados Unidos que se usen para importar bienes de ese país se presenta una situación inversa; es decir, la economía norteamericana adelanta recursos reales que luego puede resarcirlos usando los recursos financieros que recibe cuando se va amortizando la deuda y pagando los intereses. Pero si los préstamos se usaran en importaciones, los dólares no quedan como reservas internacionales, por lo que su significación es reducida en el problema que se está analizando.

[7] Un efecto contrarrestante se generaría con la compra de activos reales en los Estados Unidos por parte de poseedores europeos y japoneses de dólares, y, más recientemente, por parte de los beneficiarios de los excedentes petroleros.

c) 1971-1973. Quiebra del sistema de Bretton Woods.
d) 1973-1980. Crisis económica y agudización de la inestabilidad
monetaria y cambiaria internacional.

Luego de más de 20 años de funcionamiento estable del SMI en el
contexto de la gran expansión del capitalismo en la posguerra, a partir
de 1967 comienza a gestarse la crisis del sistema monetario. Ésta se
desencadena en 1971 con el plan Nixon, que provoca la quiebra del
sistema de Bretton Woods.

b) Inestabilidad cambiaria y la banca internacional privada

La ruptura del sistema de tipos fijos de cambio y su reemplazo por el
sistema de la *serpiente en el túnel*, primero en Europa y luego por la
generalización del sistema de la *flotación*, constituye una demostración
de la incapacidad del FMI para tener injerencia en el control de las
paridades cambiarias. *Así concebido, la quiebra del orden monetario
fue un prerrequisito para privatizar el manejo de los tipos de cambio
y despojar así a las autoridades monetarias nacionales y supranacionales
del control sobre el movimiento del capital en la esfera financiera.* La
gran expresión que en sus operaciones internacionales mostraba la gran
banca privada encuentra así un panorama alentador para una nueva
fase de auge en sus operaciones. La *flotación* le permite operar con
eficacia frente a modificaciones en los tipos de cambio que su misma
acción provoca, al mismo tiempo que actúa con mayor agilidad y
flexibilidad en un contexto inflacionario. De allí que el denominado
desorden monetario internacional constituya el nuevo orden, en el que
la banca internacional privada, a pesar de la crisis económica, revaloriza
el capital en la esfera financiera y acelera el proceso de concentración
y centralización de capitales que la propia crisis económica alimenta.

Esta situación está en la base explicativa del porqué en la década
de los setenta, luego de la quiebra del sistema de Bretton Woods, los
flujos financieros tendieron a privatizarse y a internacionalizarse,
pari passu, con una creciente limitación a las posibilidades de control
de este proceso por parte de las autoridades monetarias nacionales
e internacionales.

Una parte importante del proceso de privatización e internacionalización de las corrientes financieras se alimentó, luego de la ruptura
del SMI, con el surgimiento de nuevas formas de creación de dinero
internacional (por ejemplo, eurodólares, petrodólares, etcétera) por la
banca privada. A medida que este proceso se afianzó con la quiebra
del SMI, y luego con la crisis económica generalizada, el capital financiero fue adquiriendo cierto margen de autonomía y una mayor gravi-

tación en los centros de decisión de las REI. Esto tuvo como resultado una gigantesca expansión de la liquidez internacional, lo cual redefinió en los setenta las modalidades del financiamiento internacional. Esta ampliación de la liquidez se ha apoyado en la crisis del SMI, y a su vez profundiza y alimenta la propia crisis. Así, uno de los rasgos distintivos de la actual crisis económica se expresa en el crecimiento explosivo de la liquidez internacional, que tiene como contrapartida una espiral de endeudamiento externo del Tercer Mundo y un nuevo papel del capital financiero.

Por otra parte, los alcances y límites del financiamiento externo de los países subdesarrollados, y de sus problemas de liquidez, dependerán en buena medida de las características y niveles de la liquidez de la economía mundial. Un contexto de exceso de liquidez internacional significa exceso de liquidez de los países desarrollados dominantes y del sistema financiero internacional privado. Ello a su vez implica para los países subdesarrollados un mayor acceso a los mercados de capital privado y un mayor margen de operación con los organismos bi y multilaterales oficiales de crédito, junto con un endurecimiento de las condiciones de endeudamiento. En suma, más flexibilidad para hacer frente a los déficit de la balanza de pagos —que, como se apreció, alcanzan niveles altísimos en los últimos años—, pero más endeudamiento, condiciones más rigurosas para *vigilar* su amortización, más vulnerabilidad en el futuro. En contraste, un contexto de liquidez a nivel internacional puede traducirse en restricciones al financiamiento externo, en dificultades crecientes ante los déficit de la balanza de pagos y en una mayor presión para adelantar las famosas *políticas de ajuste*, con sus secuelas de disminución del nivel de actividad económica, mayor desempleo y aumento de las tensiones sociales y políticas. De allí la necesidad de intentar una evaluación de la liquidez a nivel internacional, que es el objeto del análisis que continúa.

c) Liquidez monetaria internacional

El término *liquidez internacional* expresa la disponibilidad y características de los medios de pago de la comunidad internacional, y también la cantidad y calidad de los medios de pago que posee un país para hacer frente a sus compromisos comerciales y financieros con el exterior. Por consiguiente, el análisis de la liquidez internacional se concibe en dos niveles: el relativo a la liquidez de la economía internacional y el referido a la liquidez internacional de un país. En ambos casos deben tomarse en consideración las *fuentes de liquidez* (oferta de), por un lado, y los elementos que explican las necesidades de liquidez (demanda por). En este trabajo se examina sólo la liquidez a nivel de la economía mundial.

La hipótesis central que se intentará probar en este apartado consiste en que el funcionamiento actual de la economía capitalista a nivel internacional y sus tendencias recientes en esta situación de crisis provocan un continuo y creciente exceso de liquidez respecto de las necesidades monetarias internacionales del comercio entre países, y de las corrientes de capital implícitas en el proceso de acumulación a nivel mundial. Esto es producto de la crisis económica actual y del quiebre del SMI, que ponen en movimiento un conjunto de factores, entre los cuales los más importantes son los siguientes:

1. El ya comentado proceso de internacionalización y privatización del capital en sus diversos ciclos.
2. La crisis, que agudiza el problema de la realización y reduce los niveles de acumulación, ampliando así los excedentes que se transfieren a la esfera financiera para la valorización y centralización del capital.
3. La consolidación y el mayor margen de autonomía del capital financiero respecto del capital productivo y comercial.
4. La reducción del poder y de la capacidad para controlar los niveles de liquidez, establecer mecanismos aceptados o impuestos de regulación en las relaciones monetarias y financieras internacionales e implantar instrumentos compensadores de las asimetrías y desequilibrios del comercio mundial por parte de las autoridades monetarias nacionales y supranacionales.

Esta hipótesis se examina primero a nivel conceptual y como expresión específica de una tendencia general a largo plazo del funcionamiento de la economía mundial. A nivel concreto, el análisis de la evolución de las fuentes y niveles de liquidez monetaria internacional debiera corroborar a su vez esta tendencia, que se agudiza en el reciente periodo de crisis.

Cuando se trasciende una visión estática o coyuntural del funcionamiento de la economía, y se intenta captar el proceso de transformación de las economías y sociedades a largo plazo, se conciben ciertas tendencias generales y totalizadoras, capaces de explicar tal proceso de transformación.

En este contexto, se admite que el sistema capitalista tiende a producir, como tendencia general, un excedente monetario —por sobre los requerimientos del proceso de acumulación—, diferencia que se amplía en los momentos de crisis. El mismo Keynes planteaba que una tendencia general a largo plazo del sistema capitalista es un exceso de ahorro por sobre las oportunidades de inversión. Analíticamente, ello se explicaría por la tendencia decreciente de la propensión al consumo a largo plazo; de allí, entonces, que dentro del marco del mismo sistema capitalista la política económica debe buscar expandir las oportunidades de inversión, hasta alcanzar el nivel de ingreso del pleno empleo.

Para alcanzar este objetivo, la política monetaria en la recesión debe buscar una disminución de la tasa de interés, para que aquellas inversiones planteadas con una menor eficacia marginal del capital se transformen en inversión realizada. A su vez, la política fiscal, ante un déficit de la demanda efectiva (tendencia general), debe buscar aumentar el nivel de los elementos autónomos de dicha demanda (inversión, gasto público, exportaciones), para alcanzar el nivel de ingreso del pleno empleo. Y aunque lo principal de la aportación teórica de Keynes se vincula con el análisis del corto plazo, su agudeza para captar el funcionamiento del capitalismo con una visión macroeconómica, y la articulación coherente que logra entre la esfera de la producción y la esfera monetaria y financiera en su *Teoría general*, constituye un respetado punto de referencia y de apoyo a la hipótesis que se está intentando comprobar.

En el pensamiento marxista también se concibe que en el capitalismo las crisis de realización (que se expresan como crisis de subconsumo y crisis de desproporción), junto con la caída de la tasa de ganancia por el aumento de la composición orgánica del capital, frenan la acumulación, aumentando así la masa de dinero que se sustrae del proceso productivo, lo que genera la concentración y la centralización del capital, así como la necesidad de exportar capitales. En la visión de largo plazo las crisis tenderían a ser más agudas y a profundizar las contradicciones de un modo de producción que, como el capitalista, es por naturaleza antagónico. Estos procesos no son unilineales, ya que el propio sistema genera mecanismos que le permiten superar la crisis y, en un nuevo nivel, entrar en una fase expansiva, que a su vez trae en su seno las contradicciones que conducirían a una nueva crisis. Con la evidente simplificación con que se presentaron las ideas de Keynes y del pensamiento marxista respecto de algunas tendencias del funcionamiento del capitalismo, sólo se quiso expresar que el exceso de liquidez tiende a presentarse como *fenómeno general e inherente* al capitalismo en el largo plazo.

Desde esta perspectiva más amplia, es necesario precisar que el concepto de liquidez internacional abarca no sólo aquellos elementos que se consideran constitutivos de las reservas internacionales,[8] sino también todos aquellos medios de pago que se usan en las transacciones

---

[8] Habitualmente se toma como indicador del nivel de la liquidez internacional el total de las reservas internacionales de los distintos países. En las reservas internacionales se incluyen las tenencias oficiales de monedas extranjeras, de oro monetario, los derechos especiales de giro (DEG) y las posiciones de reservas en el FMI.

internacionales, y que son creados o están en poder del sector privado.[9] Con esta conceptuación más comprensiva se podrán analizar las profundas modificaciones presentadas en la composición de las reservas internacionales y en los niveles de la liquidez internacional de los últimos años. A su vez, con este enfoque se podrán identificar con mayor precisión los principales factores que, junto con la institucionalidad financiera internacional, han expandido considerablemente la liquidez internacional. Esta expansión constituye uno de los principales resultados, y a la vez parte de la explicación de los actuales *desajustes* cambiarios y monetarios internacionales.

Las fuentes de liquidez desde Bretton Woods hasta su crisis en 1971-1973. Desde los acuerdos de Bretton Woods, y hasta bien entrada la década de los sesenta, las fuentes de liquidez se ampliaron en forma moderada, e incluso se hacía referencia, en varios foros internacionales y en reuniones de expertos, a la falta de liquidez internacional y a la necesidad de poner en práctica nuevos mecanismos de creación de liquidez, en los marcos del sistema monetario internacional vigente.[10]

Durante dicho lapso las fuentes de liquidez internacional fueron: las tenencias de oro monetario (producción de oro, menos su uso no monetario), las tenencias de moneda de los centros de reserva (dólares, fundamentalmente), las posiciones de reservas en el FMI y ciertos mecanismos entre las autoridades monetarias que podrían considerarse como *fuentes indirectas* de liquidez internacional.

La expansión de las tenencias de oro monetario se enfrentó con la seria limitación impuesta por el reducido crecimiento de la producción de oro. Ésta crece a un ritmo cercano a 1 por ciento acumulativo anual, lo que, ante el crecimiento del comercio mundial —de 9 a 10 por ciento anual—, generaba una importante brecha entre las tenencias mundiales de oro monetario y sus posibilidades de hacer frente a las necesidades de liquidez de un comercio internacional dinámico y de la ampliación de las corrientes de capital implícita en el proceso de internacionalización, que en dicho periodo comenzaba a manifestarse crecientemente. Así, en las décadas de los cincuenta y sesenta esa brecha fue cerrándose por los déficit de la balanza de pagos del principal centro de reserva: los Estados Unidos.

---

[9] Desde un enfoque convencional, Carlos Massad plantea que las tenencias privadas de activos de reserva deben tomarse en consideración en el análisis de las necesidades y disponibilidad de la liquidez internacional. Para ello sugería la introducción del concepto de *liquidez total*. Véase, *Liquidez internacional total: evaluación económica y consecuencias de política*, mimeografiado, agosto de 1972.

[10] Cabe advertir que los países con superávit significativos en sus balanzas de pagos (principales países de la CEE y Japón) casi siempre tuvieron una visión contraria a los planteamientos de expandir la liquidez internacional.

Otras de las fuentes de liquidez internacional la constituyen las posiciones de reservas en el FMI (recursos de los países depositados en el Fondo, de los cuales se puede hacer uso en el corto plazo, sin que estén sujetos a condiciones).[11] Cuantitativamente, esta fuente de liquidez no ha sido muy significativa, debido a la posición conservadora del FMI, sobre todo respecto a los países subdesarrollados.

En el periodo 1950-1970 se crea y consolida un conjunto de mecanismos que pueden considerarse como fuentes indirectas de liquidez internacional, en el sentido de que disminuyen las necesidades de liquidez del sistema monetario internacional. Se trata de ciertos convenios monetarios y financieros que existen en determinadas áreas económicas.[12] El mismo papel cumplen los acuerdos SWAP,[13] y también algunos convenios financiero-administrativos entre bancos centrales de los países, mediante los cuales establecen mecanismos especiales de transferencias financieras.[14] Estos mecanismos han contribuido de manera indirecta a disminuir las necesidades de mantener un mayor *stock* de liquidez internacional.

En este periodo podría considerarse que la presencia del Área Esterlina significó un elemento que reducía las necesidades de liquidez internacional. Los países integrantes de esta Área tenían depositadas sus reservas en Londres, a cargo de las cuales giraban, lo cual disminuía la presión por mayor liquidez respecto a otras monedas (dólares, principalmente) y al oro monetario; y, al mismo tiempo, simplificaba las operaciones comerciales y traspasos financieros entre ellos. A fines del periodo analizado, y ante el colapso de la libra esterlina como unidad de reserva internacional, este mecanismo se tornó casi inexistente.

Ahora bien, los elementos señalados como fuentes de liquidez internacional tuvieron una presencia diferenciada en el periodo, y esto se pone de manifiesto en los cambios que se presentaron en la composición de las reservas internacionales.

---

[11] Sólo a partir de 1958 se aceptaron las disponibilidades en el FMI como reservas internacionales.

[12] Por ejemplo, la Unión Europea de Pagos, la Cámara de Compensación de la ALALC, etcétera.

[13] Acuerdos de intercambio de monedas entre bancos centrales, el cual se usa para otorgar ciertas facilidades a países cuyas balanzas de pagos presentan déficit. Opera de la siguiente manera: el banco central de un país deficitario solicita al banco central de otro país que le adelante un cierto monto de la moneda de este último para reforzar la propia moneda. Este adelanto se efectúa al tipo de cambio oficial, entregando como garantía —el banco central que solicita el adelanto— el equivalente en su propia moneda. Este mecanismo tiene en general un carácter transitorio, es decir, opera mientras el país solicitante aplica las medidas para atenuar o eliminar el déficit en su balanza de pagos.

[14] Aperturas de cuentas especiales en los bancos centrales para agilizar los traspasos financieros a y del exterior, convenios sobre corresponsalías, etcétera.

En breve síntesis, se puede señalar que en esa etapa todavía es significativa la función del oro monetario en el *stock* de las reservas monetarias internacionales, pero su crecimiento contrasta con un incremento cuatro veces mayor de las disponibilidades de monedas extranjeras. En el total de las reservas internacionales el oro monetario, en 1952, representó 72 por ciento; esta participación declinó a 52 por ciento en 1969, a 40 en 1970 y a 29 en 1971. Las disponibilidades en el FMI son de escasa significación en el total. Los déficit de la balanza de pagos de los centros de reserva (principalmente de los Estados Unidos) durante buena parte del periodo permanecen en un nivel razonable, pero a partir de la segunda mitad de la década del sesenta este proceso tiende a agudizarse. A su vez, la expansión de la liquidez es desigual, ya que el crecimiento de las reservas en oro y en divisas tiende a concentrarse en los países capitalistas desarrollados (con excepción de los Estados Unidos, cuyas reservas comienzan a mermar a partir de 1958).

Estos cambios expresan la participación de las distintas fuentes en la evolución de la liquidez internacional del periodo. En contraste con el oro, la participación de las divisas en las reservas internacionales sube moderadamente durante los cincuenta, al pasar de 34 por ciento en 1952 a 37 en 1960; comienza a acelerarse en la primera mitad de los sesenta (41 por ciento), y ya para 1971 las divisas constituían 75 por ciento del total de las reservas internacionales. A su vez, las reservas en monedas extranjeras sufrieron modificaciones, ya que aumentaron señaladamente las tenencias en dólares, lo que disminuyó los saldos en libras, y comenzaron a consolidarse como activos de reserva el yen, el marco y otras monedas europeas. Esto era el reflejo de la mayor o menor aceptación como medio de pago de las distintas monedas, que hacen las veces de reservas internacionales.

Aun cuando el oro seguía siendo en este periodo el elemento de mayor aceptación como medio de pago (aunque no como medio de cambio), el dólar desplazaba al oro como fuente de liquidez. En un primer momento, luego de la posguerra, el dólar cumplía eficazmente las funciones que desempeñaba el oro. Pero a partir de 1958, y fundamentalmente desde 1961, las expectativas de devaluación del dólar, junto con el persistente déficit de la balanza de pagos norteamericana, condujeron a crear un clima de desconfianza con respecto a esta moneda como activo de reserva. Por otro lado, las monedas que se fortalecieron sólo en una pequeña medida pasaron a cumplir el papel de activos de reserva, lo cual de hecho significó que en todo el SMI comenzara a manifestarse un clima de creciente desconfianza. Todo ello sucedía a pesar de las continuas y prontas medidas adoptadas por las principales autoridades monetarias internacionales[15] y por los organismos responsables de los países de mayor gravitación económica y financiera.

Además, varios países europeos intentaron cambiar por oro sus tenencias en dólares, contribuyendo así a generar una creciente inestabilidad y a acelerar la quiebra del SMI, fenómeno que perdura hasta el presente.

Hasta 1967 las presiones especulativas lograron ser neutralizadas a través de acuerdos entre las autoridades financieras internacionales y las autoridades de los bancos centrales del Grupo de los Diez. Por ejemplo, a raíz de la recesión económica de 1961 surgen fuertes presiones sobre el dólar, debido fundamentalmente a que una serie de países, principalmente europeos, intenta y logra cambiar buena parte de sus tenencias en dólares por oro. Esto conduce a la creación del *pool* del oro,[16] para hacer frente a las maniobras especulativas respecto a este metal.

Se consigue, así, una cierta estabilidad, hasta que en noviembre de 1967 Gran Bretaña, para solucionar los problemas del continuo déficit de su balanza de pagos, devalúa la libra esterlina en un 14,3 por ciento. Esto se traduce en una nueva corrida sobre el oro y en un aumento del precio de mercado respecto a su valor monetario internacional de 35 dólares por onza troy. En los primeros meses de 1968, y por la presión europea, que ya comenzaba a adquirir fuerza, los Estados Unidos se comprometen a adoptar una serie de medidas para aliviar el déficit, y crear así un ambiente de relativa tranquilidad en el SMI. Junto con ello se creó el compromiso del *pool* del oro, para desdoblar el mercado del oro; por un lado, el mercado estrictamente monetario, que se maneja fundamentalmente a través de ciertos acuerdos con los bancos centrales de los países más fuertes; y, por otro, se dejó flotar el valor del oro en los mercados no monetarios. En agosto de 1968, luego de las tensiones sociales y políticas que emergieron en mayo de ese año, Francia se vio compelida a devaluar el franco, que pasó de 4,93 a 5,53 francos por dólar. En octubre de 1969, ante los continuos superávit de la balanza comercial alemana, este país acordó la revaluación del marco en un 9,29 por ciento. Esta medida estuvo precedida por un significativo movimiento a favor del marco, lo cual creó una nueva presión sobre el precio del oro.

El análisis de los cambios presentados en la composición de las reservas internacionales y la presencia de una creciente inestabilidad

---

[15] El denominado Grupo de los Diez está integrado por los siguientes países: los Estados Unidos, Canadá, Alemania Occidental, Gran Bretaña, Italia, Suecia, Japón, Bélgica, Holanda y Francia.

[16] Compromiso de los principales países industrializados de aportar su oro en cualquier mercado en el que la presión de la demanda sobre el oro pudiera alejar su precio del mercado libre respecto a su paridad en los Estados Unidos (35 dólares por onza troy).

prefiguraron la quiebra del SMI en 1971, la que constituyó el punto de partida de nuevos y continuos trastornos monetarios y cambiarios, que hasta hoy persisten.

La liquidez internacional en el marco de la crisis económica y monetaria internacional, 1973-1980. A partir de la crisis del SMI, la creación de liquidez internacional se modificó sustancialmente. Su expansión es significativa; se diversifican las fuentes de liquidez y se debilitan los mecanismos oficiales de su regulación. Además, este proceso se presenta en un contexto de inflación mundial y de crisis económica, que se generaliza.

Durante 1971 persistió la presión para el canje de dólares por monedas europeas; también la tendencia al déficit de la balanza de pagos de los Estados Unidos, y en junio de ese año se confirmó oficialmente que las reservas de oro en dicho país habían descendido de los 10 mil millones de dólares. En ese mes la Conferencia de Estadistas Europeos buscó una salida para el problema del dólar, y el resultado significó una serie de ajustes monetarios que condujo a una especie de devaluación implícita del dólar. Estos antecedentes ejemplificaron el marco monetario internacional, en el cual se plantea el denominado Plan Nixon, que desencadena la ruptura del sistema monetario vigente. A través de este Plan, los Estados Unidos anuncian a la comunidad internacional la inconvertibilidad del dólar por oro y la aplicación de un impuesto a las importaciones, rompiendo así los compromisos adquiridos por este país al instaurarse el sistema de Bretton Woods. Pero al examinar con detenimiento las medidas adoptadas por Nixon se puede apreciar que éstas no son sólo una respuesta ante la debilidad del dólar con respecto a otras monedas, sino que tales medidas se tomaron principalmente para solucionar los problemas internos por los que atravesaba en ese momento la economía estadounidense. El Plan Nixon, a pocos meses de postularse éste para su reelección, señaló explícitamente que su objetivo era frenar la inflación, reducir el desempleo, estimular el crecimiento económico y fortalecer la balanza de pagos de su país. El análisis presentado en torno a las REI y a su crisis muestra el deterioro de la situación de la economía norteamericana en el panorama internacional. Dicha situación, junto con la gravedad que tenían sus problemas internos, explican el carácter del Plan Nixon, que significó la ruptura definitiva del sistema establecido al finalizar la segunda guerra mundial.

Se señaló ya que esta ruptura dio lugar a la adopción cada vez más generalizada del sistema de *flotación*. En el plano institucional fracasan durante los setenta todas las propuestas de reformas al sistema monetario internacional. Sobrevienen luego la denominada *crisis de los energé-*

ticos y los grandes excedentes de los países exportadores de petróleo. La inflación y un cuadro recesivo se presentan simultáneamente, derribando viejos y arraigados mitos de las teorías monetarias convencionales. Esta crisis evidente de la economía internacional y del sistema monetario constituye el transfondo histórico específico de las modificaciones de la liquidez internacional en la década actual.

Fuentes de liquidez en la situación de crisis, 1973-1980. Recuérdese que el concepto de reservas internacionales es un indicador parcial del nivel de liquidez internacional. Durante la década de los setenta la composición de las reservas internacionales se modificó. Hicieron su aparición los *derechos especiales de giro* (DEG) con las asignaciones otorgadas a los países de acuerdo con su participación de cuotas en el FMI. El grueso de la asignación de los DEG se depositó en los años 1970, 1971 y 1972, manteniéndose casi sin crecer, lo que frustró las expectativas que en torno a los DEG se crearon. Sólo en 1980 y 1981 se realizaron nuevas asignaciones. Las tenencias de oro monetario crecen en forma insignificante (1,9 por ciento anual). Las posiciones de reservas en el FMI incluso empeoraron entre 1970 y 1973 (de 8 a 4 por ciento), pero entre 1974 y 1976 se incrementaron, al amparo de las nuevas líneas de créditos no condicionados que esta institución estableció en forma transitoria. Hacia 1977-1979 bajaron nuevamente, de 7 a 4 por ciento. Las tenencias en moneda extranjera que en 1970 constituyeron 48 por ciento de las reservas totales, en 1971 pasaron a ser 61; en 1975 fueron 71, hasta alcanzar 81 por ciento en 1979.

El hecho de que la expansión de la tenencia de monedas extranjeras pasara a ser el principal componente de las reservas, en un contexto inflacionario internacional y con la generalización del sistema de flotación, significó una importante pérdida de valor de las reservas internacionales, sobre todo para los países del Tercer Mundo, cuyas tenencias en oro monetario son insignificantes.

Por otro lado, la crisis del sistema monetario internacional acentúa el carácter asimétrico de las relaciones económicas internacionales con respecto a la liquidez internacional, ya que los principales beneficiarios de la creación de reservas internacionales son los países capitalistas desarrollados, en tanto que los países del Tercer Mundo solucionan sus necesidades de liquidez internacional (divisas) a costa de un vertiginoso endeudamiento externo, lo cual aumenta su dependencia y compromete sus futuros excedentes monetarios internacionales. Como ya se indicara, la crisis monetaria crea condiciones concretas para la expansión de la liquidez internacional al margen de los canales y reglas del juego de la institucionalidad monetaria y financiera internacional. Es cada vez mayor la cantidad de liquidez internacional que se crea fuera de los circuitos oficiales (nacionales o internacionales), y se han diversificado las fuentes y mecanismos de crecimiento de la liquidez internacional originada en el sector privado. Esto conduce a configurar exceso de liquidez internacional, con escasas perspectivas de un control oficial sobre este proceso. A continuación se intenta describir este exceso de liquidez.

Diversificación de las fuentes de liquidez internacional durante la crisis del SMI. La crisis del sistema monetario, la inflación mundial y la crisis de hegemonía de los Estados Unidos a nivel internacional crearon un campo propicio para una notable expansión y mayor gravitación del capital financiero de origen privado (banca internacional privada). Los mecanismos que se fueron estableciendo en la década de los setenta reflejan dicho proceso. Se analizarán brevemente tales mecanismos, para identificar los nuevos canales de expansión de liquidez internacional.

Mercado de eurodivisas. A partir de la segunda mitad de la década pasada, y sobre todo en la de los ochenta, la banca privada alcanza niveles crecientes de participación en las corrientes financieras internacionales. Opera a través del mercado de eurodivisas, mercado que quedó fuera del control de las autoridades monetarias de la CEE, Japón y los Estados Unidos, y del propio FMI. La notable expansión de este mercado se pone de manifiesto en su evolución: en 1965 su nivel de operación alcanzó los 15 mil millones de dólares; en 1969 creció a 44 mil millones; en 1973, a 132 mil millones; y en 1976, según estimaciones diversas, entre 230 y 285 mil millones. Se calcula que para 1980 sus operaciones serían de 600 mil millones de dólares. Esta expansión indica en buena medida el explosivo crecimiento del endeudamiento externo del Tercer Mundo, que por esa vía alivió los problemas de realización de los países capitalistas desarrollados en los últimos años.

Las cifras presentadas son bastante elocuentes con respecto a la creación adicional de liquidez internacional que el mecanismo de operación de este mercado provoca. La notable expansión en los setenta de las operaciones del mercado de eurodivisas significó una mayor concentración y centralización de capitales, con un decisivo papel desempeñado por los bancos más importantes del sistema bancario de los Estados Unidos. Significó también que los usuarios principales de estos recursos pasaron a ser los países del Tercer Mundo.[17] *En la actualidad cerca*

[17] Se concluye que la banca internacional privada toma la iniciativa para otorgar dichos créditos: "Los banqueros extranjeros querían darnos dinero aun antes de que lo pidiéramos. Los italianos tenían liras para nuestra represa. Los franceses tenían francos para nuestra fábrica de acero". Rober Derlin, "Financiamiento externo y los bancos comerciales", *Revista de la CEPAL*, Santiago de Chile, primer semestre de 1978, p. 98.

de la mitad de la deuda externa de estos países es de origen privado. En
América Latina, en 1978, la deuda de origen privado era ya 67 por
ciento de la deuda pública externa total, con países que excedieron
este porcentaje (Brasil, 70,7 por ciento; México, 81,7, y Venezuela,
91,9). La privatización e internacionalización[18] se transforman en una
base para la ampliación del nivel de sus operaciones. La cantidad de
préstamos otorgados sólo es posible alcanzar con el funcionamiento
de un multiplicador bancario elevadísimo, no sujeto a ningún control
de autoridades monetarias. Esto representó la creación acelerada de
dinero internacional; es decir, la significativa ampliación del nivel de
la liquidez internacional.

El Tercer Mundo se endeuda con este mercado, por ser más flexible
que los organismos bi o multilaterales, aunque sus créditos sean más
caros y a plazos más cortos. Las cifras presentadas en el anexo muestran
la reducción de los plazos en plena crisis y la elevación de las tasas de
interés. En 1979 los créditos en euromonedas se destinaron en 61,7
por ciento al Tercer Mundo; 27,4 por ciento a los países desarrollados,
y 10,5 por ciento a los países socialistas.

Ante la imposibilidad de las autoridades monetarias nacionales e
internacionales de establecer controles eficaces que permitan limitar
la expansión del mercado de eurodivisas, se buscan establecer controles
más rígidos sobre los principales deudores (países subdesarrollados).
Para ello se propone ampliar el capital del FMI y de otros organismos
financieros multilaterales oficiales, lo cual amplía la liquidez internacional originada en fuentes oficiales.

*Ampliación del nivel de operaciones de los organismos financieros
multilaterales.* La respuesta de las autoridades monetarias a la creciente
privatización de las corrientes internacionales de capital (y la creación
privada de liquidez) consistió en buscar un mayor fortalecimiento
de los organismos financieros oficiales multilaterales (FMI, Banco
Mundial, bancos regionales, etcétera). Se intenta, así, aumentar su poder
de control en la regulación de los movimientos internacionales de
capital, o incrementar considerablemente el volumen de recursos para
préstamos, o combinando ambos mecanismos.

El FMI nunca alcanzó a operar totalmente como un banco central
mundial con funciones y poder que le permitiera imponer reglas del
juego a todos los participantes del sistema monetario y regular las
relaciones monetarias financieras internacionales. Antes bien, constituyó un instrumento de dominación —primero de los Estados Unidos
y luego del Grupo de los Diez— sobre el resto de las economías. Fue
incapaz de neutralizar la expansión financiera de la banca internacional

[18] En 1976 el 75 por ciento de las utilidades de los bancos norteamericanos
se originó por actividades realizadas en el extranjero.

privada y de contrarrestar las agudas asimetrías de la economía internacional. No tiene, ni tuvo, posibilidad de someter a los Estados Unidos a sus clásicas políticas de ajuste ante sus déficit de la balanza de pagos. Tampoco pudo presionar a los países capitalistas desarrollados con superávit para que atenuaran la asimetría de las corrientes de comercio y capital. Su poder lo ejerció sobre quienes no eran sus mandantes: los países subdesarrollados. Constituyó un buen centinela para que estos últimos adoptaran una disciplina financiera que los habilitara como beneficiarios de créditos, como deudores responsables de sus compromisos financieros internacionales. Sus conceptos laudatorios o condenatorios, sus felicitaciones o satanizaciones a través de sus informes, son aspectos claves para el tratamiento que los países subdesarrollados reciben de la comunidad financiera internacional. La incapacidad del FMI para limitar la expansión monetaria privada internacional y la orientación de ésta hacia los países subdesarrollados lo conduce a ampliar sus recursos para préstamos. En efecto, en 1980 se ratificó un aumento de 33 por ciento de las cuotas (algo más de 10 mil millones de dólares). Este aumento es insignificante si se compara con el nivel de operaciones del mercado de eurodivisas, e incluso con el ritmo de endeudamiento de países como Brasil o México. Lo paradójico es que, para neutralizar la expansión monetaria y el aumento de la liquidez internacional, el Fondo se muestra incapacitado para controlar las fuentes de dicha expansión monetaria de origen privado; y, entonces, su respuesta es ampliar sus recursos para préstamos, creando así más liquidez internacional.

El Banco Mundial y los bancos regionales también ampliaron últimamente sus recursos para préstamos, creando de esta manera otra fuente adicional de liquidez internacional. En América Latina, en diciembre de 1978, la asamblea de gobernadores del Banco Interamericano de Desarrollo (BID) recomendó aumentar en cerca de 10 mil millones de dólares sus recursos. Con ello los recursos del BID se elevarían a algo más de 30 mil millones de dólares. En síntesis, en los últimos años la institucionalidad financiera internacional se transformó en una fuente de expansión monetaria y de liquidez monetaria internacional.

Es poco probable que por consideraciones puramente financieras los organismos multilaterales logren cambiar significativamente la composición del endeudamiento del Tercer Mundo orientándolo hacia fuentes oficiales. Se ejercerán presiones de otro tipo, pero en un contexto de exceso de liquidez internacional estas presiones tendrán un alcance limitado.

Reciclaje de los petrodólares. Desde el gran aumento de los precios del petróleo, a fines de 1973 y hasta culminar 1976, los países de la

OPEP acumularon un excedente en cuenta corriente que alcanzó aproximadamente los 145 mil millones de dólares, suma que se elevó a 185 mil millones a fines de 1978. Estos excedentes (petrodólares) se estuvieron depositando de preferencia en bancos privados que operan en los Estados Unidos y Europa, los que pasaron así a desempeñar un papel clave en el *reciclaje* o proceso de recirculación de los excedentes petroleros.

Depositar en los bancos privados una parte importante de los excedentes petroleros explica, en buena medida, la gran expansión del mercado de eurodivisas a que se aludió anteriormente; y, a su vez, tal expansión es una de las principales fuentes de ampliación de la liquidez internacional de origen privado. Al hacer referencia al *reciclaje* de los petrodólares se señala que su canalización a la banca privada, y el exceso de liquidez que ello genera, es producto de un sistema monetario en crisis, de una institucionalidad financiera multilateral dominada por muy pocos países y de un proceso de privatización de los ciclos de circulación del capital. Esta visión difiere de todos aquellos enfoques que atribuyen a los países de la OPEP el origen de la crisis económica general y de los desajustes monetarios y cambiarios internacionales. Antes del aumento de los precios del petróleo, de todas maneras el mercado de eurodivisas multiplicó por nueve el nivel de sus operaciones entre 1965 y 1973. Los depósitos de los excedentes petroleros aceleraron este proceso, pero no lo crearon. Lo mismo puede señalarse con respecto a la crisis económica y a la crisis monetaria internacional.

En 1978 se estimaba que los excedentes en cuenta corriente de la OPEP habrían alcanzado un promedio anual de 45 mil millones de doláres desde 1974, y que "en general se supone que dicho promedio anual se mantendrá cercano a los 40 mil millones de dólares durante varios años más".[19] Los montos de los excedentes alcanzados en 1979 y 1980 (70 y 120 mil millones) han superado con creces tales expectativas, como se estima, a su vez, que el proceso de recirculación de estos excedentes seguirá siendo manejado por los bancos privados y que las perspectivas de expansión del mercado de eurodivisas son bastante sólidas. Esto significa que el exceso de liquidez seguirá su curso, alimentando de esta forma la inestabilidad monetaria y cambiaria internacional.

Sistema monetario europeo. La pérdida relativa de hegemonía por los Estados Unidos, junto con la crisis del SMI, condujo a la decisión adoptada por la CEE (con la abstención británica) de establecer desde principios de 1979 un sistema monetario europeo. Este sistema se

[19] David Dollock y Carlos Massad, "El Fondo Monetario Internacional en una nueva constelación financiera internacional: comentario interpretativo", en *Revista de la CEPAL*, Santiago de Chile, primer semestre de 1978, p. 238.

basaría en un mecanismo de ajuste común para asegurar cierta estabilidad de las paridades entre las monedas europeas, al abrigo de las fluctuaciones del dólar. Escapa a los límites de este trabajo evaluar las repercusiones económicas y monetarias de esta medida. Sólo se quiere señalar que probablemente su futura puesta en marcha y el perfeccionamiento de sus mecanismos de operación tenderán a canalizar parte de las operaciones monetarias y financieras dentro de este sistema, disminuyendo las necesidades de otras fuentes de liquidez monetaria por parte de sus participantes. Si ello es correcto, esto se transformaría indirectamente en una nueva fuente generadora de liquidez monetaria internacional.

Derechos especiales de giro (DEG). La asignación de los DEG constituye una fuente de liquidez internacional y los países los incluyen como parte de sus reservas internacionales. Las expectativas con que se saludó su establecimiento fueron totalmente frustradas. Su primera emisión se realizó entre 1970 y 1972, asignando 10 mil millones en estos tres años. Hubo de pasar varios años para una nueva emisión de 12 mil millones de DEG, prevista para los años 1979-1981.

Los Estados Unidos fracasaron en sus intentos por transformar en DEG las tenencias en dólares de otros países. Es probable que esto se deba a que, aunque los DEG fueron presentados como el germen de una futura moneda mundial, su forma de funcionamiento deja en manos de las autoridades del FMI las decisiones con respecto a los países que deben recibir los DEG y a los países que deben reconstituir sus tenencias de DEG. Como el sistema de votación, de elección de autoridades, de toma de decisiones, en suma, el sistema de poder dentro del Fondo, no reflejan cabalmente las relaciones de poder de la economía mundial, es probable que un mecanismo como los DEG encuentre serias resistencias para su uso más generalizado como fuentes de liquidez internacional. Más remotas son aún sus posibilidades de usarlos como mecanismo de financiamiento del desarrollo, tal como lo propone la UNCTAD y lo reafirman los planteamientos del NOEI. No obstante, habrá que observar atentamente su futura evolución, ya que tanto la Comisión Trilateral[20] como el Informe Brandt sostienen que un SMI renovado debiera poner los DEG en posición de primacía sobre otros activos de reserva.

Otras fuentes probables de liquidez. De persistir el superávit en la cuenta corriente de varios países europeos y Japón con respecto a sus relaciones comerciales con el Tercer Mundo, se seguirá ampliando la masa de reservas internacionales en poder de estos países. Si la econo-

[20] "Hacia un sistema monetario internacional renovado", informe del Grupo Monetario Trilateral, en *Cuadernos Semestrales*, CIDE, núm. 2-3, México, 1978, pp. 321-328.

mía internacional sigue sin recuperarse de su cuadro recesivo, parte de los excedentes en divisas de dicho superávit tenderá a canalizarse al circuito financiero para no permanecer ociosa.

Como las corrientes financieras tienden a privatizarse e internacionalizarse —y como, a su vez, el superávit comercial de estos países implica un déficit de otros (principalmente del Tercer Mundo) que habrá de financiar—, este proceso puede traducirse en una fuente adicional de liquidez internacional.

Por otra parte, el sistema de *patrón oro* es ya un capítulo de la historia monetaria; el oro pierde continuamente participación en la composición de las reservas internacionales, y varias de las decisiones importantes de las autoridades monetarias tienden a desmonetizar el oro (ventas del SMI, creación de los DEG, ruptura del vínculo entre el dólar y los DEG con el oro, dejar en *flotación* el precio del dólar y del oro, etcétera). Ahora bien, de persistir la actual inestabilidad cambiaria y la crisis del sistema monetario, el oro seguirá siendo un activo de reserva más *noble* que las otras monedas que cumplen esa función. Ello se reforzaría si perdurara su actual precio o éste subiera. Así las cosas, y a pesar de los esfuerzos de las autoridades por desmonetizarlo, el oro podría recuperar posiciones como dinero internacional. Y esto significaría agregar una fuente adicional de liquidez internacional.

Conclusiones preliminares. Los hechos examinados componen un cuadro de exceso inevitable de liquidez y de perspectivas ciertas de continuidad de este fenómeno. Se deduce del análisis precedente la escasa capacidad para contrarrestar o regular esta mayor creación de liquidez por el FMI y las autoridades monetarias de los principales países capitalistas desarrollados. Lo que se espera para el Tercer Mundo y para América Latina es que la comunidad financiera le seguirá concediendo préstamos que serán cada vez más riesgosos, por los niveles que alcanzarán los servicios de la deuda externa, los servicios de las inversiones extranjeras directas y el déficit comercial. Esta mayor disponibilidad de créditos irá acompañada de presiones o de *sugerencias* para imponer condiciones de endeudamiento más rigurosas a los países prestatarios. Tanto los organismos financieros multilaterales como la banca internacional privada estarán interesados en prestar, por un lado, y en exigir condiciones más estrictas de endeudamiento, por el otro. Estas condiciones se refieren a presiones directas o indirectas para que los países deudores asuman políticas *adecuadas*, a fin de controlar su déficit de la balanza de pagos y poder así hacer frente a los compromisos en divisas del mayor endeudamiento. Ahora bien, el organismo encargado de imponer estas condiciones más rigurosas será el FMI. Su presencia, experiencia y gravitación política en los países dependientes hacen de este organismo el instrumento de dominación idóneo para que estos países adopten las conocidas políticas de *disciplina financiera*. Por ello resulta probable esperar que tanto el Grupo de los Diez como la banca internacional privada busquen otorgarle al FMI mayores facultades disciplinarias para que pueda ejercer una vigilancia más estricta.

Todo lo anterior conduciría a acentuar lo que se denomina, eufemísticamente, *comportamiento asimétrico* del FMI. Por una parte, éste perderá capacidad de control sobre los países desarrollados y la banca internacional privada. Por la otra, se hará más evidente su función de *celoso guardián* con respecto a las políticas que adopten los países del Tercer Mundo. Como su historia toda lo muestra, los amos del FMI serán el Grupo de los Diez, la banca internacional privada y ciertos países *donantes* y amigos de la OPEP. Las características de las crisis de las economías capitalistas, de las crisis de las REI y del quiebre irreversible del SMI establecido en Bretton Woods sugieren un panorama de crisis generalizada, que se mantendrá por unos cuantos años. Ello implica un doloroso camino de transición hasta que se alcance un nuevo SMI. Durante ese *impasse* los países del Tercer Mundo, que siempre fueron convidados de piedra en las decisiones monetarias y financieras, seguirán siendo los principales afectados.

Los problemas que se derivan de la crisis del SMI representan claros obstáculos para el establecimiento de un NOEI. Para hacer frente a tales obstáculos se deben trascender las posiciones voluntaristas y declarativas, que han precedido las deliberaciones en torno al NOEI en la mayoría de los foros internacionales. Abandonar esas posiciones y romper los obstáculos que se interponen al establecimiento de un NOEI más justo se traduce en relaciones de poder. El Tercer Mundo debe concebir estrategias y buscar alianzas donde el poder esté en juego. El Movimiento de los Países No Alineados es el principal instrumento político de la liberación del Tercer Mundo en el plano de las REI.

Por último, deben buscarse los caminos para que los países dominantes se informen de que, al menos en el plano del pensamiento, el Tercer Mundo pasó de la conciencia ingenua a la conciencia crítica y creativa en la identificación de sus problemas y de las causas que los generan. Esto constituye un paso previo para la formulación de estrategias alternativas, las cuales deben ubicarse en el contexto de una rigurosa visión de las perspectivas económicas y políticas del capitalismo contemporáneo en su situación de crisis. Este aspecto se intenta esbozar en el siguiente apartado.

4. *Crisis económica y crisis monetario-financiera a la luz*
   de las interpretaciones generales acerca de las tendencias
   del capitalismo contemporáneo / Perspectivas de un NOEI

Una vez presentado el análisis de la crisis de las REI y de la quiebra
del SMI, se intentará una evaluación crítica de las distintas interpretaciones sobre el capitalismo contemporáneo. Se propondrá luego una
articulación de estas interpretaciones en lo que podría considerarse
como una visión comprensiva de la crisis. Y, a modo de ensayo, se
planteará una hipótesis acerca de las perspectivas que dicha visión
sugiere.

a) Las interpretaciones sobre el funcionamiento actual
   del capitalismo / Alcances y limitaciones

En términos generales, se puede sostener que los intentos de interpretación sobre el funcionamiento, situación y perspectivas del capitalismo en la década de los setenta se desarrollaron partiendo de tres orientaciones diferentes de análisis: los estudios sobre la crisis, el redespliegue
industrial y, por último, la revolución científico-técnica.

Crisis. Un conjunto de interpretaciones recientes se vincula con las
explicaciones de la actual crisis (Mandel, De Bernis, Arrighi, Sweezy y
Magdoff, Dos Santos, etcétera). En todas estas interpretaciones subyace
la idea de que se está en presencia de una recesión generalizada, de una
crisis general del capitalismo, crisis que anuncia un nuevo esquema
de acumulación y, por consiguiente, una nueva división internacional
del trabajo. Se pone de manifiesto la convergencia de una serie de
problemas de difícil solución a los que se enfrenta el capitalismo en
la actualidad: crisis del sistema monetario internacional, junto con la
inestabilidad cambiaria; recesión con inflación, que se generaliza;
aumento de los niveles de desempleo; cuestionamiento y quiebra del
viejo orden económico internacional y desconfianza ante las reglas
del juego de la posguerra, que permitían armonizar las relaciones
internacionales; agudización de las tensiones sociopolíticas en varios
países y regiones del mundo; etcétera.
   Los diferentes análisis de la crisis del capitalismo sugieren que el
capitalismo se encamina hacia la articulación de una nueva fase histórica de su desarrollo. Ello por cuanto no se trata sólo de una recesión
dentro del ciclo económico. Muchos autores sostienen que la crisis
actual posee una naturaleza similar, en sus efectos, a la de 1929-1933,
lo cual indicaría, o haría necesaria, una nueva división internacional
del trabajo y una rearticulación de las relaciones de poder en cada país

y a nivel internacional. Pero todos estos análisis, si bien muestran que el capitalismo está a las puertas de un cambio cualitativo en su funcionamiento, son insuficientes para identificar las características que podría asumir la nueva división internacional del trabajo y su proceso de acumulación.

Redespliegue industrial. Existe una línea de interpretación que busca avanzar en el análisis de las perspectivas del capitalismo contemporáneo y del futuro papel que correspondería desempeñar a los países subdesarrollados y dependientes en las nuevas tendencias de la acumulación mundial capitalista. Se trata de aquellos autores que colocan el énfasis en una nueva relocalización del proceso de acumulación a nivel internacional, que se genera en la búsqueda de la utilización industrial de mano de obra barata de los países subdesarrollados, en producción destinada básicamente al mercado mundial.

Pedro Vuskovic establece dos modalidades que tendería a asumir este proceso: "una general, en que la exportación industrial proviene de unidades productivas que operan bajo condiciones *regulares*, diseminadas en el conjunto del aparato productivo y ... articuladas... [con] corporaciones transnacionales". Otra, en la que "la exportación proviene de unidades productivas que operan en condiciones *de excepción*, bajo el régimen de *maquila* o de *zonas libres de producción*". Concibe estas dos modalidades como "formas de tránsito hacia nuevos esquemas de división internacional del trabajo". Señala que estos procesos profundizarán la dependencia y acentuarán las desigualdades sociales, lo que conducirá a un aumento de la represión.

I. Minian presenta una variante dentro de esta perspectiva de análisis. Parte señalando el carácter más integrado de la economía mundial, como producto del proceso de internacionalización del capital, que ha expandido los movimientos internacionales de mercancías y capitales. Esta expansión surgiría de la nueva revolución de las fuerzas productivas, de las distintas formas de relocalización de la industria mundial, del fraccionamiento de los procesos de trabajo y de las especializaciones nacionales para elaborar partes y componentes. En un contexto de rivalidad intercapitalista y de competencia internacional de capitales privados, intenta explicar los procesos de desarrollo industrial y el gran crecimiento de la exportación de manufacturas de países capitalistas subdesarrollados. Distingue dos formas de actividad del capital multinacional en el sector industrial de los países subdesarrollados:

1. Actividades de las ET "ligadas a las áreas relativamente protegidas de rápida acumulación de capital".
2. Actividades "ligadas a la búsqueda de diferenciales de costos, fundamentalmente en salarios".

C. Palloix plantea la necesidad de la economía capitalista mundial de redefinir sus esquemas de acumulación para aprovechar la mano de obra con bajos salarios de las áreas periféricas. Se rearticularía la localización de la industria operando fundamentalmente para el mercado mundial.

Silva Michelena señala también lo del *redespliegue* industrial, a lo que agrega la necesidad del capitalismo, en su nivel hegemónico, de expandir la acumulación para la utilización intensiva de los recursos naturales del Tercer Mundo y de derivar recursos a la investigación sobre los problemas energéticos. Debe advertirse que Silva Michelena plantea estos tres aspectos (redespliegue, recursos naturales y energía) como parte de una estrategia del imperialismo, y no como la expresión de tendencias reales de la economía capitalista contemporánea.

En síntesis, estos autores señalan la existencia o el tránsito hacia nuevas formas de la división internacional del trabajo, en las cuales resulta clave la presencia de bajos salarios en la periferia y en las que la producción de mercancías para el mercado mundial constituiría el elemento unificador del proceso de acumulación.

Con respecto a esta línea de interpretación, se sostiene que constituye un caso típico de generalización del caso especial, y además su fundamentación empírica no es lo suficientemente rigurosa. Para advertir las perspectivas del Tercer Mundo en un nuevo eje de acumulación a escala mundial, se debe hacer abstracción de los *enclaves manufactureros* (Hong Kong, Singapur, Corea del Sur, Taiwán, Filipinas, etcétera) y de las *zonas libres* industriales, por sus características tan particulares. También debe tenerse cuidado con el hecho de que algunas ET articulen una cierta estrategia para productos que puedan aprovechar las ventajas del mercado y tributarias de los esquemas de integración económica existentes en ciertas áreas de los países subdesarrollados. El análisis de las cifras de UNIDO sobre las exportaciones de manufacturas de los países subdesarrollados sugiere que tales exportaciones se canalizan, en general, en función de un comercio fronterizo en mercados tradicionales y complementarios; en función de convenios comerciales coyunturales y de ventas de manufacturas esporádicas. Estas modalidades comerciales son incapaces por sí solas de consolidar una tradición exportadora de productos manufacturados. En los denominados *nuevos países industriales* (NPI) las exportaciones manufactureras tuvieron altas tasas de crecimiento, pero a costa de la participación de otros países subdesarrollados.

Contrariamente a lo que comúnmente se sostiene, la información que se elaboró nos muestra la siguiente situación: de 1955 a 1968 la exportación mundial de manufacturas creció 10,1 por ciento anual; la de los países desarrollados, la misma tasa; la de los países subdesarrollados, 10,2 por ciento; y América Latina, 8,4 por ciento. Entre 1970 y 1975 el crecimiento de las exportaciones mundiales a precios corrientes fue de 18,8 por ciento, el de los países subdesarrollados alcanzó 19,7 y América Latina, 17,3 por ciento, manteniéndose la tendencia en los setenta. Por último, la participación de las exportaciones manufactureras mundiales bajó de 1970 a 1975 de 1,5 a 1,3 por ciento, al mismo tiempo que el porcentaje de las exportaciones manufactureras en relación con sus exportaciones totales también cayó: de 16 por ciento en 1970 a 13 por ciento en 1975. Respecto al redespliegue industrial, un estudio muy reciente de A. Calcagno y J. M. Jakobowicz se pregunta si efectivamente existe una relocalización a escala mundial de la producción industrial. La amplia información empírica en que se apoya dicho trabajo sugiere a los autores las siguientes respuestas:

1. "Durante los 15 últimos años solamente 3,3 por ciento de la producción industrial se desplazó de los países desarrollados a los países subdesarrollados: 2,5 por ciento a los nuevos países industriales (NPI); y 0,8 por ciento a los otros países en desarrollo."

2. Los países desarrollados han conservado y consolidado su posición preponderante en el comercio mundial de manufacturas: "durante 1976, de los países desarrollados provenía 83,5 por ciento de las exportaciones mundiales de manufacturas, frente a 82,6 por ciento en 1963. Si los NPI han podido aumentar su participación en el mercado mundial en 3,45 por ciento, ello correspondió a una disminución correlativa de los demás países en desarrollo y de los países del Este".

3. Tanto en 1963 como en 1978 la casi totalidad de las importaciones de manufacturas que realizaron los países desarrollados provino de otros países desarrollados.

4. Los únicos rubros donde los NPI tuvieron éxito en los mercados de países desarrollados fueron los de vestuario, calzado, textiles y máquinas eléctricas. Estos rubros representaron 2 por ciento del consumo total de productos manufacturados, y 4,5 de las importaciones totales de los países de la OCDE. Además, estos rubros son los que están sujetos a un mayor proteccionismo. Por último, un estudio de la función del consumo de las familias de los países desarrollados refleja una relativa saturación de la demanda de vestuario y calzado, de alimentos, de muebles y, más recientemente, de aparatos electrodomésticos.

Se ha considerado oportuno detenerse en el análisis empírico del comercio internacional de manufacturas, debido a la aparente aceptación de la tesis del redespliegue industrial, a pesar de que los hechos muestran su escasa presencia en la realidad concreta. En efecto, varias

de las políticas instauradas en América Latina por gobiernos dictatoriales y represivos esperan que, con la apertura a la economía internacional (producto de la aplicación de la doctrina neoliberal friedmaniana),
el famoso redespliegue industrial les permita una nueva inserción dependiente en la economía mundial. Esperan que, mediante los bajos salarios
derivados de la represión en sus más sofisticadas formas, las ET llegarán
tras el redespliegue, para acelerar la acumulación y para exportar
manufacturas al mundo desarrollado. Otros países esperan ser centros
financieros internacionales, al estilo de Panamá o las Bahamas.

En todos estos casos el redespliegue no es más que una aspiración
de los regímenes represivos, antes que una realidad. La apología que el
Informe Brandt realiza en torno a las bondades de la industrialización
y la exportación manufacturera de los nuevos países industriales del
Tercer Mundo transformaría el redespliegue en un camino deseable
para el Tercer Mundo. En esta perspectiva, la tesis del redespliegue es
una política y un instrumento ideológico de la derecha, más que un
reflejo de las tendencias reales del funcionamiento del capitalismo
contemporáneo. A esto obedece la crítica que aquí se realiza a las interpretaciones que, desde la izquierda, se basan en el redespliegue o
relocalización como eje de explicación de la nueva división internacional del trabajo. Más adelante se retomará el análisis del redespliegue.

La revolución científico-técnica. Otra línea interpretativa sobre la
situación y perspectivas del capitalismo en la actualidad se liga a los
análisis de la revolución científico-técnica. A partir del trabajo pionero
de R. Richta, se reflexiona cada vez más sobre las repercusiones del
desarrollo de la técnica y de la ciencia. Se ha identificado de qué
manera dicho desarrollo ha potenciado las fuerzas productivas, transformando los instrumentos de trabajo, los objetos de trabajo, las
funciones de la fuerza de trabajo. Se plantea incluso que la ciencia
se convierte en una fuerza productiva directa, introduciendo nuevas
fuerzas sociales en el proceso de producción. Cambia el proceso de
producción como resultado de tres procesos simultáneos:

1. Cibernización.
2. Quimización.
3. Automatización.

Estos procesos modifican y modificarán sustancialmente la estructura productiva: nuevas ramas se fortalecen (electrónica, química,
energética, etcétera) y otras se debilitan (extracción de carbón, textiles,
etcétera). El sistema de módulos, los sistemas dirigidos por programas,
por ejemplo, introducen modernas formas flexibles de automatización
para producir modelos únicos o pequeñas series. Sostiene Richta que,
salvo algunas pocas ramas, "la perspectiva de la automatización ulterior
conjunta de los procesos de producción fundamentales... está ya

teóricamente establecida por los descubrimientos contemporáneos de la ciencia mundial".

Resultan evidentes las profundas repercusiones que estos hechos provocarán en el proceso de acumulación y en las REI. Otro problema consiste en prever la manera como el capitalismo, en su fase de crisis actual, podrá utilizar el desarrollo científico-tecnológico como aspecto central para salir de su crisis general. Cabe recalcar la importancia de las investigaciones sobre la revolución científico-técnica, para poder detectar las nuevas modalidades de acumulación y para rescatar la versión clásica del materialismo histórico, en el sentido de destacar las transformaciones de las fuerzas productivas como hilo conductor de los cambios en la esfera de la producción.

Cabe advertir que las tres líneas de interpretación que se reseñaron no son excluyentes entre sí, ya que constituyen diferentes aproximaciones a las diversas dimensiones y aspectos del funcionamiento actual del capitalismo. Por último, se puede traer a colación la tesis de la supremacía del capital financiero (por ejemplo, la de Xabier Gorostiaga) en la nueva articulación del capitalismo a escala mundial.

b) Una propuesta de visión global de las perspectivas
    del capitalismo a manera de síntesis

Como las interpretaciones examinadas destacan o ponen de manifiesto fenómenos que efectivamente están presentes en el capitalismo contemporáneo, una visión de conjunto de sus crisis y perspectivas debe contener tales fenómenos en su explicación. Por ello se propone una articulación de tales interpretaciones, en lo que podría ser una concepción global para el análisis de los problemas y perspectivas del capitalismo de nuestros días.

De los análisis de la crisis se rescataría el planteamiento de que, efectivamente, se trata de una crisis generalizada del capitalismo, con todas las manifestaciones a que se hizo referencia. Tales manifestaciones sugieren que el capitalismo se dirige hacia la articulación de una nueva fase de su desarrollo; estaría inmerso en una onda larga recesiva, cuya futura solución anunciaría un nuevo modelo de acumulación a escala mundial, o sea, una nueva división internacional del trabajo y una rearticulación de las relaciones de poder en cada país y a nivel internacional. Pero los análisis de la crisis destacan los hechos, que son su expresión, y no los fenómenos que podrían permitir solucionarla. Por ello estos estudios no permiten identificar las características que tendría un nuevo esquema de acumulación.

El capitalismo buscará desencadenar una nueva oleada de acumulación, acicateada por la crisis. Pero para que se ponga en marcha este proceso debe antes terminar la crisis, resolviéndose los problemas que la propia crisis agudiza en el momento en que se desencadena.

Ello significa concebir la crisis como un fenómeno inherente al capitalismo, y que cumple funciones específicas en el desarrollo de éste. Llegado a este punto, interviene el papel que el capitalismo financiero (o más precisamente, el capital en la esfera financiera) cumple en la revalorización del capital en situación de crisis, y como mecanismo privilegiado de una aguda centralización de capital. Un despiadado proceso de centralización es prerrequisito para el establecimiento de un nuevo modelo de acumulación ampliada en una fase expansiva. En ese momento el capital de la esfera financiera se trasladará a la esfera productiva.

Para avizorar los nuevos ejes de acumulación se deben examinar los estudios en torno a la revolución científico-técnica. Allí seguramente se encontrará la eventual salida de la crisis generalizada por la que atraviesa el capitalismo como perspectiva de más largo plazo. Pero antes de llegar a ello el capitalismo deberá pasar por un tortuoso, doloroso y peligroso camino en el que están en juego complejos problemas de no fácil solución. Para citar sólo algunos: la redefinición de la hegemonía del mundo capitalista; la presencia del mundo socialista como una realidad indiscutible en la geopolítica; el avance de las posiciones revolucionarias o reformistas en las clases subordinadas, que pueden desarrollarse en la propia crisis; la lucha entre fracciones interburguesas que la centralización provoca; la agudización de la rivalidad de las burguesías apoyadas en un territorio nacional y en un Estado nacional cuando unas intentan hacer pagar a otras los efectos de las crisis. Incluso un intento belicista o el desencadenamiento de una guerra puede ser peligroso para el capitalismo como sistema mundial de dominación en el mundo contemporáneo. Estos problemas ejemplifican las dificultades que debe sortear el capitalismo para establecer una nueva división internacional del trabajo, y no deben interpretarse como una premonición acerca del derrumbe del sistema. El capitalismo saldrá de la crisis, pero desgajado, diríase desgarrado. Sin embargo, los problemas que debe resolver son de difícil solución y las perspectivas de salida de la crisis no son inmediatas. Aquí se coincidiría con quienes sostienen que los efectos de la crisis actual son más atenuados que los de la crisis de 1929-1933; pero ello a su vez sugiere que su solución es más lenta, y que pasarán algunos años para lograrla. Si se postula que la crisis actual tiene todavía varios años por delante para que pueda entrar en vías de solucionarse, se postula también que no estamos en presencia de una nueva división internacional del trabajo, aunque hoy pudieran ya existir indicadores de un nuevo modelo de acumulación.

Por último, se ensayará un *ejercicio de futurología* para poder conceder algún espacio a la manida tesis del redespliegue industrial. El proceso de internacionalización del capital, en su sentido lato, seguirá desempeñando un papel decisivo en el nuevo proceso de acumulación. El capital centralizado en la esfera financiera se trasladará a la esfera de la producción y de los servicios de moderna tecnología. Las nuevas ramas de acumulación tendrían que ver con la electrónica, la química, la energía atómica, la alimentación, las nuevas formas de atender a la salud, las nuevas formas de explotación de los recursos naturales y, muy especialmente, las nuevas fuentes de energía, que sin duda encontrará el capitalismo. Si dentro de este nuevo proceso de acumulación futura la maquila, los enclaves manufactureros que usan mano de obra barata en los países subdesarrollados, la producción de zapatos u otras menudencias, tienen algún sentido, entonces sí ese redespliegue industrial del que tanto se habla formará parte de la nueva división internacional del trabajo. Pero no será la nueva división internacional del trabajo.

He allí correctamente ubicada la tesis del redespliegue industrial. Y si esta interpretación es correcta (y se cree que lo es) se podrá apreciar también cómo, cuando no se tiene cuidado de confrontar las interpretaciones o hipótesis con los hechos de la realidad concreta, la historia se transforma en metahistoria, y pasa a ser la expresión, en el plano del pensamiento, de un conjunto de abstractas concatenaciones analíticas.

A modo de conclusión se sostiene que pasará un buen tiempo para que se creen las condiciones para el establecimiento de un NOEI. Mientras tanto, se abren perspectivas para que en ese intervalo se pueda avanzar hacia una mayor cohesión entre los países subdesarrollados y dependientes. Es necesario que los países del Tercer Mundo, y en especial América Latina, participen en la nueva reestructuración del orden económico internacional, con ideas precisas apoyadas por estudios rigurosos que los prevengan contra soluciones que puedan afectarlos negativamente, y que, al mismo tiempo, les permitan contribuir creativamente al establecimiento de un NOEI en el que sus propios intereses sean respetados. Pero para hacer respetar intereses se requiere tener fuerza política, poseer una alternativa política viable que, aunque impregnada de un cierto margen de utopía, se apoye en el Movimiento de los Países No Alineados. Se trata, entonces, de que economistas y científicos sociales del Tercer Mundo se comprometan y aúnen sus esfuerzos para que dicho Movimiento pueda formular, y llevar a la práctica, un proyecto de contrahegemonía que tenga planteamientos específicos en las diversas dimensiones de las REI, para poder negociar con solvencia teórica y técnica, pero también con fuerza política, un NOEI más justo para las grandes mayorías de nuestro vapuleado y explotado Tercer Mundo.

ANEXO:
EVOLUCIÓN DEL SISTEMA MONETARIO
INTERNACIONAL

CUADRO 1

Organización del sistema monetario
(Inherentemente inestable)

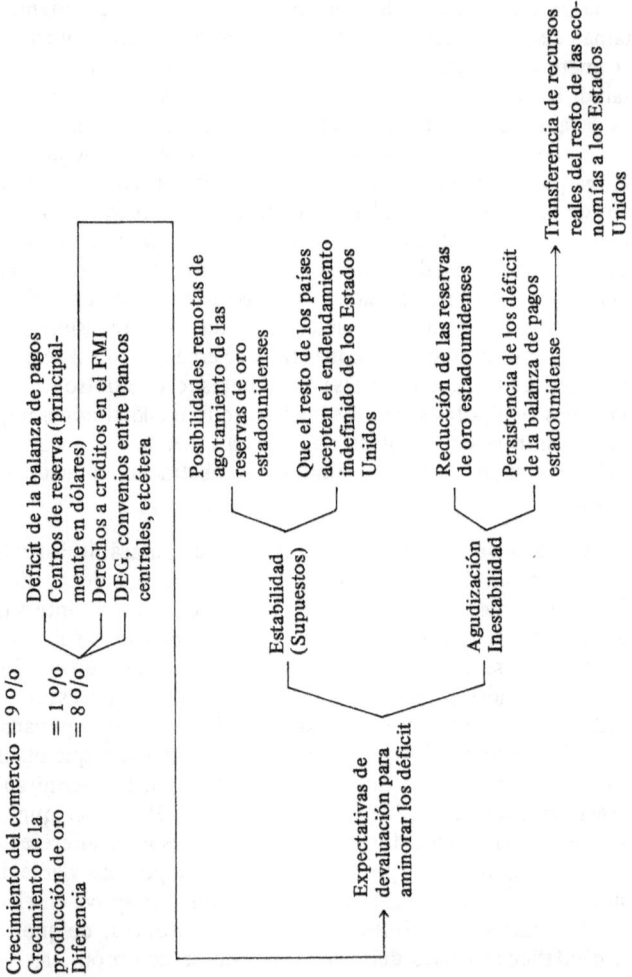

Crecimiento del comercio = 9 %
Crecimiento de la producción de oro = 1 %
Diferencia = 8 %

Déficit de la balanza de pagos
Centros de reserva (principalmente en dólares)
Derechos a créditos en el FMI
DEG, convenios entre bancos centrales, etcétera

Expectativas de devaluación para aminorar los déficit

Estabilidad (Supuestos)

Posibilidades remotas de agotamiento de las reservas de oro estadounidenses

Que el resto de los países acepten el endeudamiento indefinido de los Estados Unidos

Agudización Inestabilidad

Reducción de las reservas de oro estadounidenses

Persistencia de los déficit de la balanza de pagos estadounidense

Transferencia de recursos reales del resto de las economías a los Estados Unidos

CUADRO 2

Funcionamiento estable del sistema monetario internacional

1944-1956 ——— Estabilidad y eficacia de su funcionamiento
1958 ——— Devaluación de la libra esterlina
Fines de 1960 ——— Presiones sobre el oro en el mercado de Londres (45 dólares por onza troy)
Noviembre de 1961 ——— Continúan las presiones, y como respuesta se crea el *pool* del oro y los acuerdos SWAP
1961-1967 ——— Estabilidad del sistema monetario internacional
Reducción de las reservas de oro estadounidenses y perspectivas de sus déficit de la balanza de pagos

CUADRO 3

Debilitamiento del sistema monetario internacional

Noviembre de 1967 ——— Devaluación de la libra esterlina en 14,3 por ciento
Enero de 1968 ——— Nuevas presiones sobre el dólar y respuesta de los Estados Unidos con el Plan Johnson
Marzo de 1968 ——— Desdoblamiento del mercado del oro ——— Operaciones de bancos centrales a 35 dólares por onza de oro
Mercado no monetario ——> Precio fluctuante

Mayo-agosto de 1968 — Crisis de la economía francesa
- Retiro de 745 millones de dólares del FMI
- Reducción de oro y divisas por 306 millones de dólares
- Crédito del Grupo de los Diez por 2 mil millones de dólares
- Alta cotización del marco (Londres, Nueva York, París)

Julio de 1969 — Creación de los derechos especiales de giro (DEG)

Agosto de 1969 — Devaluación del franco: de 4,93 a 5,53 francos por dólar

Octubre de 1969 — Revaluación del marco alemán en 9,29 por ciento

Octubre de 1970 — Plan Wernes: creación de una zona de estabilidad monetaria europea

Junio de 1971 — Conferencia de ministros europeos de finanzas
- Flotación del marco
- Paridad del marco y del franco francés
- Monedas de Austria y Holanda en *flotación*
- Franco suizo: revaluación de 7 por ciento

Agosto de 1971 — Plan Nixon
- Supresión de la convertibilidad del dólar en oro
- Impuesto adicional provisional de 10 por ciento a las importaciones

Crisis y agudización de la inestabilidad, 1973-1981

Marzo de 1973	Cierre de los mercados cambiarios de los países de la CEE y Japón
Junio de 1973	Revaluación del marco alemán en 5,5 por ciento
Julio de 1973	Alza del oro hasta 127,9 dólares la onza
Octubre de 1973	Se declara el embargo petrolero y la OPEP decreta el alza del precio del petróleo
Agosto-diciembre de 1973	Revaluaciones del marco alemán y del florín Especulación sin precedentes Elevación de las tasas de interés en los mercados europeos
1974	Creación del mercado de petrodólares Salida de Francia de la *Serpiente Europea* Pérdida del dólar en 21 y 10 por ciento frente al franco suizo y al marco alemán, respectivamente Devaluaciones de la libra esterlina y de la lira, y revaluaciones del yen y del marco como mecanismos de reajuste Establecimiento del servicio ampliado y del servicio financiero del petróleo en el FMI Especulación con oro y divisas a través del desplazamiento masivo de capitales flotantes dentro del circuito del mercado de eurodólares y petrodólares *(Hot Money)* Encarecimiento del crédito global Revaluación de las reservas en metal al precio corriente del mercado (220 dólares por onza)
1975	Tentativas de desmonetarización del oro a través de: Eliminación definitiva de la base-oro en las transacciones internacionales Incorporación de los DEG como moneda de cuenta de reserva fundamental

1975   Baja del precio del oro a 140-160 dólares por onza

Redistribución de las reservas mundiales entre los bloques de países

Reunión cumbre de Rambouillet. Se ratifica la necesidad de poner en marcha una estrategia global de reajuste desde los centros fundamentales del imperialismo

Expansión de los tramos del crédito regular del FMI y ampliación del servicio de financiamiento compensatorio

Creación de la cuenta de subvención

Reunión en Jamaica del Grupo de los Veinte y del Comité Provisional. Se da más poder al FMI como vigilante del sistema de paridades monetarias y de las políticas económicas de los países miembros

1976   Puesta en práctica de políticas estabilizadoras en los países desarrollados:

Creación de los Acuerdos *Stand-by* en Inglaterra e Italia

Programa anticíclico en Francia

Los Estados Unidos, Alemania Federal y Japón acuerdan un conjunto de medidas deflacionarias (*estrategia de la locomotora*)

Persistencia del proteccionismo y de la manipulación de las cotizaciones como elementos fundamentales de elevación de la competitividad en el mercado mundial

Generación de mayores desequilibrios en los pagos internacionales

1977   Reforzamiento de la inconvertibilidad de las monedas

Aceleración de la especulación con los medios de pago

Deterioro sostenido del dólar frente al resto de las *monedas fuertes*

Las divisas de la *Serpiente Europea* inician un proceso de regulación aislada mediante fuertes intervenciones de los estados de la CEE en los mercados de cambio, las manipulaciones de las tasas de interés y la contracción del crédito interno

1977	Fortalecimiento del marco alemán y del yen japonés
	Continuos desplazamientos de capitales a corto plazo y de liquidez en los principales mercados de eurodólares
	Nueva oleada especulativa con el oro emprendida desde los propios organismos financieros del imperialismo (desconfianza en los DEG como moneda de reserva mundial)
1978	Reunión de la OCDE. Se adopta la *estrategia del convoy*, buscando la reducción de la presión inflacionaria interna y tratando de regular sus problemas de pagos internacionales
	La CEE intenta la reestructuración del sistema monetario europeo mediante la creación de una unidad de cuenta común: la ECU (European Currency Unit)
	Se constituye el sistema monetario europeo
	Creación del servicio de crédito complementario o Servicio Witterveen en el FMI
1979	Aprobación de la cuenta de sustitución por el Comité Provisional del FMI, con lo que se pretende la absorción del exceso de dólares, contrarrestando su declinación en los mercados monetarios
	Comienzo de la crisis estadounidense-iraní
	El gobierno de Irán decide no aceptar dólares como medio de pago de su petróleo
	Baja de la cotización del dólar y especulación con el oro, que llega a 642 dólares la onza
	Comienza a funcionar el sistema monetario europeo
1980-1981	El oro alcanza un precio récord de 845 dólares la onza
	El FMI aplica una nueva forma de cálculo de los DEG. Su valor se calcula en función de las paridades de cinco divisas: el dólar, el marco, el yen, el franco francés y la libra esterlina
	La tasa de interés que se aplica por el uso de los DEG se elevó de 8,5 a 10,875 por ciento.

ANEXO ESTADÍSTICO

CUADRO 1

Estimación de las disponibilidades de la OPEP y su destino, 1977-1979
(En miles de millones de dólares)

	1977	*1978*	*1979*
Superávit de la cuenta corriente	29	7	70
Préstamos	11	18	8
Disponibilidad	40	25	78
A países subdesarrollados	6	5	6
A depósitos en bancos	14	6	38
A otros	20	14	34

Fuente: A. E. Calcagno y J. M. Jakobowicz, *El monólogo Norte-Sur,* CECADE, México, 1980 [Hay edición de 1981, Siglo XXI Editores, México, con algunos datos actualizados.]

CUADRO 2

Inversiones directas extranjeras en países subdesarrollados e ingresos por inversiones directas repatriadas a los países inversionistas (montos acumulados), 1970-1977
(En millones de dólares)

	Inversiones directas en los países subdesarrollados	*Ingresos por inversiones directas repatriadas de los países inversionistas*[1]
Todos los países subdesarrollados	35 707	82 918
América Latina	18 756	22 052
África	3 750	13 327
Medio Oriente	411	33 090
Asia del Sur y del Sudeste	12 167	13 862
Oceanía	623	587

[1] Incluye los beneficios no distribuidos (reinvertidos) de las inversiones, que aparecen igualmente con signo contrario en la categoría de inversión directa en el país subdesarrollado.

Fuente: A. E. Calcagno y J. M. Jakobowicz. *El monólogo Norte-Sur,* CECADE, México, 1980.

CUADRO 3

Créditos en euromonedas por países prestatarios
(En miles de millones de dólares)

	1977 Abs.	1977 %	1978 Abs.	1978 %	1979 Abs.	1979 %
Total	*34,1*	*100,0*	*73,5*	*100,0*	*68,7*	*100,0*
Países desarrollados	*11,1*	*32,6*	*31,3*	*42,6*	*18,8*	*27,4*
Canadá	0,5	1,5	9,6	13,1	0,9	1,3
Estados Unidos	0,8	2,4	2,5	3,4	3,8	5,5
Francia	1,9	5,6	2,5	3,4	2,7	3,9
Italia	0,8	2,4	2,8	3,8	3,4	4,9
Inglaterra	2,5	7,3	4,7	6,4	1,4	2,0
Países subdesarrollados[1]	*20,1*	*58,9*	*38,3*	*52,1*	*42,4*	*61,7*
Argelia	0,4	1,2	2,1	2,9	1,7	2,5
Argentina	0,8	2,4	1,3	1,8	2,1	3,1
Brasil	2,3	6,7	5,1	6,9	5,7	8,3
Corea del Sur	0,8	2,4	1,7	2,3	2,6	3,8
España	1,9	5,6	2,2	3,0	3,5	5,1
Filipinas	0,7	2,1	1,9	2,6	1,7	2,5
México	2,9	8,5	6,6	9,0	7,7	11,2
Nigeria	- - - -	- - - -	1,8	2,4	1,1	1,6
Venezuela	1,7	5,0	2,1	2,9	3,2	4,7
Yugoslavia	0,4	1,2	0,7	1,0	1,5	2,2
Países socialistas	*2,7*	*7,9*	*3,7*	*5,0*	*7,2*	*10,5*
Organismos internacionales	*0,2*	*0,6*	*0,2*	*0,3*	*0,3*	*0,4*

[1]   Incluye países subdesarrollados y otros poco desarrollados.
Fuente: *Informe anual, 1980*, Banco Mundial, Washington, 1980.

CUADRO 4

Deuda total de los países subdesarrollados
(En miles de millones de dólares)

Año	Deuda total	Aumentos absolutos	Crecimiento anual (º/o)	Déficit de la cuenta corriente
1971	75,9			10,0
1972	82,3	6,4	8,4	10,5
1973	102,3	20,0	24,3	11,0
1974	132,7	30,4	29,7	30,0
1975	161,0	28,3	21,3	38,0
1976	200,0	39,0	24,2	26,0
1977	247,6	47,6	23,8	21,0
1978	307,1	59,5	24,0	31,0
1979	345,0	37,9	12,3	54,3
1980	402,8	57,8	16,8	72,4

Fuentes: *Informe anual, 1980,* Banco Mundial, Washington, 1980, y *Annual Report, 1979,* FMI, Washington, 1980.

CUADRO 5

Deuda pública externa de los países subdesarrollados, 1971-1978
(En miles de millones de dólares)

Años	Total		Oficial				Privada					
			Bilateral		Multilateral		Proveedores		Banca		Otros	
	Abs.	%	Abs.	%	Abs.	%	Abs.	%	Abs.	%	Abs.	%
1971	75,9	100,0	38,8	51,1	14,7	19,4	11,9	15,7	7,4	9,7	3,1	4,1
1972	82,3	100,0	40,4	49,1	17,3	21,0	11,5	14,0	9,9	12,0	3,2	3,9
1973	102,0	100,0	47,3	46,4	21,1	20,7	13,0	12,8	17,0	16,7	3,6	3,5
1974	132,7	100,0	58,5	44,1	26,6	20,0	16,5	12,4	26,6	20,0	4,5	3,4
1975	161,0	100,0	65,5	40,7	33,4	20,7	18,7	11,6	39,1	24,3	4,3	2,7
1976	200,0	100,0	76,8	38,4	40,7	20,4	21,1	10,6	55,4	27,7	6,0	3,0
1977	247,6	100,0	88,7	35,8	51,2	20,7	25,4	10,3	73,3	29,6	9,0	3,6
1978	307,1	100,0	101,9	33,2	63,0	20,5	29,0	9,4	101,0	32,9	12,2	4,0
Tasa media de crecimiento (%)	20,0*		13,8		20,8		12,7		37,3		19,6	

Fuente: *Informe anual, 1980*, Banco Mundial, Washington, 1980.

CUADRO 6

Concentración de la deuda pública externa, 1978
(En miles de millones de dólares)

	Total		*Oficial*		*Privada*		*Total*
	Abs.	*%*	*Abs.*	*%*	*Abs.*	*%*	*%*
T							
Total de 87 países sub- desarrollados	307,1	100,0	164,9	53,7	142,2	46,3	100,0
América Latina	115,8	100,0	38,2	33,0	77,6	67,0	37,7
Argentina	8,9	100,0	2,9	32,6	6,0	67,4	
Brasil	33,4	100,0	9,8	29,3	23,6	70,7	
Chile	5,6	100,0	2,3	41,1	3,3	58,9	
México	31,2	100,0	5,7	18,3	25,5	81,7	
Perú	7,2	100,0	3,3	45,8	3,9	54,2	
Venezuela	7,4	100,0	0,6	8,0	6,8	91,9	
Otros países	22,1	100,0	13,6	61,5	8,5	38,4	
Asia	100,1	100,0	71,9	71,8	28,2	28,2	35,6
Corea del Sur	18,2	100,0	8,1	44,5	10,1	55,5	
Filipinas	7,6	100,0	4,2	53,2	3,4	46,8	
Indonesia	18,9	100,0	12,7	67,2	6,2	32,8	
India	20,6	100,0	20,3	98,5	0,3	1,4	
Pakistán	9,9	100,0	9,4	94,9	0,5	5,1	
Otros países	24,9	100,0	17,2	69,1	7,7	30,9	
África	91,2	100,0	54,8	60,1	36,4	39,9	29,7
Argelia	20,1	100,0	3,6	17,9	16,5	82,1	
Egipto	14,1	100,0	12,4	87,9	1,7	12,1	
Marruecos	7,4	100,0	4,2	56,8	3,2	43,2	
Otros países	49,6	100,0	34,6	69,8	15,0	30,2	
Total de 14 países sub- desarrollados	210,5	100,0	99,5	47,3	111,0	52,7	68,5

Fuente: *Informe anual, 1980*, Banco Mundial, Washington, 1980.

CUADRO 7

Deuda externa y su servicio por grupos de países subdesarrollados,
1975-1980

(En miles de millones de dólares)

	Deuda			Servicio de la deuda		
	1975	*1980*	*Creci-miento anual (º/o)*	*1975*	*1980*	*Creci-mien-to anual (º/o)*
Países importadores de petróleo	130,3	287,5	15,8	19,4	38,1	13,5
Países exportadores de petróleo	40,9	115,3	20,7	5,6	21,0	26,4
Total de países subdesarrollados	171,2	402,8	17,1	25,0	59,1	17,2

Fuente: A. F. Calcagno y J. M. Jakobowicz, *El monólogo Norte-Sur*, CFCADF, México, 1980.

CUADRO 8

Tipos de interés, mercado monetario y eurodólares, 1970-1979
(En porcentaje anual)

Países	1970	1971	1972	1973	1974	1975	1976	1977	1978	1979
Estados Unidos	7,18	7,66	4,43	8,73	10,50	5,82	5,05	5,54	7,93	11,20
Canadá	5,99	3,56	3,56	5,47	7,83	7,40	8,87	7,38	8,07	11,68
Japón	8,29	6,42	4,72	7,16	12,54	10,67	6,98	5,68	4,38	5,86
Bélgica	6,25	3,70	2,48	4,81	9,25	4,63	8,31	5,49	5,28	7,97
Francia	8,68	5,84	4,95	8,91	12,91	7,92	8,56	9,07	7,98	9,04
Alemania	8,65	6,06	4,30	10,19	8,87	4,41	3,89	4,14	3,36	5,87
Italia	7,38	5,76	5,18	6,93	14,57	10,64	15,68	14,03	11,49	11,86
Países Bajos	7,96	4,85	1,93	6,44	9,20	4,17	7,28	3,80	6,24	9,03
Noruega	---	---	4,89	7,00	8,09	7,53	7,43	9,84	9,38	8,39
Suecia	---	---	3,34	3,83	7,50	7,83	7,94	9,96	7,16	8,19
Gran Bretaña	7,01	5,57	5,54	9,34	11,37	10,18	11,12	7,68	8,51	12,98
Eurodólar en Londres	8,52	6,58	5,46	9,24	11,01	6,99	5,58	6,00	8,73	11,96

Fuente: *International Financial Statistics, 1980*, FMI, Washington, 1980.

CUADRO 9

Comercio mundial por origen y destino, 1970
(En miles de millones de dólares)

	Total	Países desarrollados		Estados Unidos		Europa		Países subdesarrollados		América Latina		Países socialistas	
		Abs.	%	Abs.	%	Abs.	%	Abs.	%	Abs.	%	Abs.	%
Total	312,2	220,7	70,7	39,1	12,5	143,4	45,9	58,4	18,4	18,6	6,0	31,4	10,1
Países desarrollados	224,2	172,5	76,9	28,7	12,8	114,9	51,5	41,9	18,7	13,9	6,2	8,4	3,7
Estados Unidos	42,6	29,6	69,5	---	---	14,0	32,9	12,6	29,6	6,5	15,3	0,4	0,9
Europa	137,5	111,0	80,7	11,0	8,0	91,9	66,8	18,8	13,7	5,5	4,0	6,4	4,7
Países subdesarrollados	55,0	40,5	73,6	10,2	18,5	21,8	39,6	11,1	20,2	3,6	6,5	3,2	5,8
América Latina	17,4	12,9	74,1	5,7	32,8	5,6	32,2	3,3	19,0	3,0	17,2	1,1	6,3
Países socialistas	32,9	7,8	23,7	0,2	0,6	6,6	20,1	5,2	15,8	1,0	3,0	19,9	60,5

Fuente: *Statistical Yearbook*, 1978, ONU.

CUADRO 10

Comercio mundial por origen y destino, 1975.
(En miles de millones de dólares)

	Total	Países desarrollados		Estados Unidos		Europa		Países subdesarrollados		América Latina		Países socialistas	
		Abs.	%	Abs.	%	Abs.	%	Abs.	%	Abs.	%	Abs.	%
Total	872,6	573,0	65,7	93,5	10,7	373,1	42,7	200,8	23,0	58,3	6,7	91,0	10,4
Países desarrollados	577,2	402,0	69,6	55,0	9,5	280,5	48,6	138,3	24,0	37,6	6,5	33,4	5,8
Estados Unidos	106,2	64,6	60,8	- - - -	- - - -	28,8	27,1	38,0	35,8	16,9	15,9	3,1	2,9
Europa	362,9	271,3	74,8	20,2	5,6	233,2	64,3	65,1	17,9	14,1	3,9	23,8	6,6
Países subdesarrollados	210,8	147,9	70,2	37,7	25,5	73,4	34,8	49,2	23,3	18,0	8,5	10,0	4,7
América Latina	47,7	31,7	66,5	17,0	35,6	10,9	22,9	11,5	24,1	9,6	20,1	4,1	2,1
Países socialistas	84,6	23,1	27,3	0,8	0,9	19,2	22,7	13,3	15,7	2,7	3,2	47,6	56,3

Fuente: *Statistical Yearbook*, 1978, ONU.

CUADRO 11

Comercio mundial por origen y destino, 1977
(En miles de millones de dólares)

	Total	Países desarrollados		Estados Unidos		Europa		Países subdesarrollados		América Latina		Países socialistas	
		Abs.	%	Abs.	%	Abs.	%	Abs.	%	Abs.	%	Abs.	%
Total	1 123,6	751,1	66,8	114,1	10,2	481,5	42,9	258,5	23,0	68,5	6,1	104,2	9,3
Países desarrollados	727,8	516,1	70,9	79,9	11,0	360,8	49,6	172,9	23,8	41,5	5,7	34,0	4,7
Estados Unidos	117,9	73,3	62,2	— — —	— — —	32,6	27,7	41,7	35,4	17,6	14,9	2,7	2,3
Europa	462,6	349,9	75,6	28,3	6,2	302,5	65,4	85,0	18,4	15,6	3,4	24,3	5,3
Países subdesarrollados	288,3	205,1	71,1	62,8	21,8	95,6	33,2	67,1	23,3	23,8	8,3	11,7	4,1
América Latina	60,8	39,5	65,0	20,4	33,6	14,8	24,3	15,1	24,8	12,1	19,9	5,2	8,6
Países socialistas	107,5	29,9	27,8	1,4	1,3	25,1	23,3	18,5	17,2	14,7	13,7	58,5	54,4

Fuente: *Statistical Yearbook, 1978,* ONU.

CUADRO 12

Flujos de inversión extranjera directa hacia los países subdesarrollados por país de origen

(En millones de dólares)

	1965-1967		1970-1972		1975		1976	
	Abs.	%	Abs.	%	Abs.	%	Abs.	%
Total	2 245,4	100,0	3 882,7	100,0	10 493,8	100,0	7 592,6	100,0
Estados Unidos	1 147,0	51,1	1 909,3	49,2	7 241,0	69,0	3 119,0	41,1
Japón	80,2	3,6	229,3	5,9	222,7	2,1	1 084,2	14,3
Alemania	146,6	6,5	425,6	11,0	815,9	7,8	765,4	10,1
Inglaterra	204,0	9,1	321,5	8,3	796,5	7,6	722,6	9,5
Canadá	33,7	1,5	105,4	2,7	300,0	2,8	430,0	5,7
Francia	339,1	15,1	212,0	5,5	274,2	2,6	245,5	3,2
Otros	294,8	13,1	669,6	17,4	843,5	22,9	1225,9	16,5

Fuente: *Transnational Corporations in World Developments: A Re-examination*, ONU, mayo de 1978.

CUADRO 13

Balanza en cuenta corriente por grupos de países, 1973-1979
(En miles de millones de dólares)

	1973	1974	1975	1976	1977	1978	1979[1]
Total	15	20	7	7	2	2	- - - -
Países industriales	19	− 4	25	7	4	33	10
Países de producción primaria más desarrollados	1	− 14	− 15	− 14	− 13	− 6	10
Países exportadores de petróleo (principales)	6	68	35	40	32	6	43
Países subdesarrollados no exportadores de petróleo	− 11	− 30	− 38	− 26	− 21	−31	− 43

[1] Proyecciones

Fuente: *Annual Report 1979*, FMI, Washington, 1980.

CUADRO 14

Composición de las reservas monetarias internacionales (fin de periodo)
(En miles de millones de DEG)

	Total		Oro[1]		Divisas		Posiciones en el FMI		DEG	
Año	*Abs.*	*%*	*Abs.*	*%*	*Abs.*	*%*	*Abs.*	*%*	*Abs.*	*%*
1970	93,2	100	37,0	40	45,5	49	7,6	8	3,1	3
1971	123,2	100	35,9	29	75,1	61	6,4	5	5,8	5
1972	146,5	100	35,6	24	95,9	66	6,3	4	8,7	6
1973	152,3	100	35,6	23	101,7	67	6,2	4	8,8	6
1974	180,3	100	35,6	20	127,0	70	8,8	5	8,9	5
1975	194,5	100	35,5	18	137,6	71	12,6	6	8,8	5
1976	222,2	100	35,4	16	160,4	72	17,7	8	8,7	4
1977	262,2	100	35,5	14	200,5	76	18,1	7	8,1	3
1978	279,4	100	35,7	13	220,8	79	14,8	5	8,1	3
1979	302,9	100	32,5	11	246,1	81	11,8	4	12,5	4

[1] Tenencias de oro a DEG 35 la onza.

Fuente: *International Financial Statistics, 1980*, FMI, Washington, 1980.

LAS INDUSTRIAS MINERO–METALÚRGICAS
EN EL CONTEXTO DE LAS CRISIS DEL CAPITALISMO

*notas para un estudio de algunos elementos prospectivos**

Las industrias minero-metalúrgicas comprenden un conjunto de actividades productivas dedicadas a la extracción y concentración de minerales metálicos, y a su metalurgia. En esta oportunidad **nos referiremos** a algunos de los problemas que podrían confrontarse en el curso de la presente década. Se trata, sin embargo, de formulaciones generales, cuyo principal propósito es la presentación de algunos elementos significativos para el análisis prospectivo. Dichos elementos de análisis son agrupados en torno a dos grandes **temas: la** disponibilidad de recursos y la crisis y tendencias a la restauración de las industrias minero-metalúrgicas.[1]

1. Disponibilidad de recursos y crecimiento

Los minerales no combustibles (en adelante nos referiremos a ellos como minerales simplemente) se **encuentran,** en la práctica —en mayor o menor medida—, en todo el globo terrestre. Sin embargo, a largo plazo la disponibilidad de recursos adquiere contenido en relación con condiciones de explotación y de consumo de minerales históricamente definidas. *Así, por ejemplo, generalmente sólo se considera reservas a los recursos mineros cuya existencia ha sido probada o puede ser inferida, y que pueden ser explotados con la tecnología disponible, a las tasas de rentabilidad que requiere normalmente la inversión.* El cuadro 1, que aparece al final del presente trabajo, muestra las relaciones existentes entre las principales categorías estadísticas, que por lo general se utilizan en la cuantificación de reservas y de recursos. A manera de ejemplo, se recalca que, en un momento dado, las reservas

* Las opiniones que se expresan en esta ponencia son de orden estrictamente personal, y por lo tanto no comprometen de manera alguna a la institución en la que colaboro.

[1] Para un tratamiento sistemático de las industrias minero-metalúrgicas, desde el punto de vista de la economía política, véase nuestro trabajo "Internalización y regionalización del capital: el caso de la minería latinoamericana", en *Economía de América Latina*, vol. 1, núm. 2, México, segundo semestre de 1979, pp. 29-59.

de base (suma de los recursos económicamente explotables, cuya existencia ha sido confirmada o indicada) constituyen tan sólo *una parte de los recursos identificados*. Dicha parte será menor aún si se la compara con el *potencial total de recursos*.

A corto plazo, así como a mediano, la disponibilidad de recursos se específica en relación con la capacidad productiva instalada y el nivel de la demanda efectiva de minerales. Ahora bien, la oferta y la demanda expresan condicionantes y dinámicas estructurales de índole económica y política.

a) La disponibilidad de minerales metálicos y metales

El tema de la disponibilidad de recursos ha tenido creciente importancia en el curso de. los últimos años. Debe ser abordado en relación con las aseveraciones formuladas acerca del agotamiento de los recursos, y sobre todo en relación con el ciclo de la inversión y de la demanda de minerales, así como con los factores políticos que puedan afectar la disponibilidad de recursos.

Como es conocido, en un estudio preparado para el Club de Roma se ha planteado el eventual agotamiento de los recursos renovables y no renovables, señalándose que "si se mantienen las tendencias actuales del crecimiento de la población mundial, industrialización, contaminación ambiental, producción de alimentos y agotamiento de los recursos, este planeta alcanzará los límites de su crecimiento en el curso de los próximos cien años".[2] Los mismos autores han calculado diferentes ratios entre reservas y consumo a nivel mundial, con el propósito de sustentar sus planteamientos acerca de la disponibilidad de recursos a largo plazo.[3]

En verdad, no se puede hablar en términos absolutos de agotamiento de recursos no renovables, incluso si nos refiriéramos a periodos bastante mayores a los cien años. Si nos referimos a los metales, se observará que las rocas ígneas y cristalofinas de la corteza terrestre, y el mar, contienen recursos considerables, cuya explotación será capaz de satisfacer las necesidades de consumo de la humanidad durante miles de años, y en algunos casos durante periodos bastante mayores. *Los problemas se plantean con la conversión de los recursos potenciales*

---

[2] Donella Meadows *et. al.*, *Los límites del crecimiento*, Fondo de Cultura Económica, México, 1972, p. 40.

[3] Así por ejemplo, las reservas de cinc durarían: *a)* 23 años, si el ratio se calcula en función del tiempo que duraría la explotación de las mismas, dados los actuales niveles de consumo; *b)* 18 años, si el consumo se incrementa exponencialmente, según la tendencia registrada en los últimos años; y *c)* 50 años, en el supuesto de que las reservas se quintuplicaran y que el consumo se incrementara exponencialmente, según la tendencia.

en recursos capaces de ser explotados, primero; y luego, en reservas
inmediatamente explotables. En las economías capitalistas las posibilidades de la conversión dependerán, es cierto, de la prospección geológica, pero sobre todo de la especificidad de la estructura de precios
relativos, propia de la actividad minera: se produce únicamente aquello
que es rentable. Ahora bien, la estructura de precios puede ser modificada por el juego de factores, como la innovación tecnológica y la
tasa de salarios, sabiéndose, asimismo, que la intervención del Estado
en la economía no corresponde de manera directa o exclusivamente
a los parámetros de la rentabilidad privada. En las llamadas economías
socialistas las razones son diferentes, pero en ellas cada vez se otorga
mayor importancia a los parámetros vigentes a nivel internacional en lo
que a precios y productividad se refiere.[4]

La cuantificación de recursos no podría realizarse, en consecuencia,
si se considera que los volúmenes de las reservas y del consumo de
minerales constituyen factores exteriores al proceso de acumulación
de capital, y que por lo tanto no cambian en el tiempo. Todo lo contrario, los volúmenes de las reservas cambian con el desarrollo de la prospección y con las modificaciones eventuales de la estructura de precios
relativos, de la misma manera que el consumo varía según las fases del
ciclo económico y de acuerdo con las variaciones de precios, a menos
que su demanda sea inelástica.

Todo ello debe ser remarcado a propósito del análisis de los informes
del Club de Roma: en el curso de los años previos a la recesión generalizada de 1975-1976, las reservas de la mayor parte de los minerales
han aumentado de manera significativa, en circunstancias que la recesión ha determinado la baja sensible del ritmo de incremento del
consumo de minerales, e incluso la disminución de los niveles absolutos
de consumo, así como de los esfuerzos de prospección geológica. Sobre
el particular podríamos referirnos al caso del cobre. Según el Bureau
of Mines de los Estados Unidos, entre 1970 y 1974 las reservas identificadas de cobre aumentaron de 308 a 450 millones de toneladas
cúbicas (un aumento anual de 9,8 por ciento), mientras que la tasa
de incremento anual del consumo —que había sido de 4 por ciento
durante el periodo 1971-1974— disminuía a 1,6 por ciento en el curso
de los años 1974-1977.[5] El mismo Bureau of Mines estimó en 1976

---

[4] La discusión del carácter de estas economías —que podría partir de la consideración de diversas categorías de análisis, como serían los casos de formaciones
de transición al socialismo, capitalismo o socialismo de Estado, estados obreros
degenerados, etcétera— escapa a las pretensiones de este texto. Sólo queremos
recalcar la creciente relación de estas economías con las economías capitalistas.

[5] Sobre las reservas, véase Bureau of Mines, *Mineral Facts and Problems*,
Department of the Interior, Washington, 1975. Sobre el consumo, *Statistical Bulletin*, CIPEC, 1975; y *Quarterly Review*, CIPEC, octubre-diciembre de 1978.

que las reservas mundiales de cobre ascendían a 460 millones de toneladas métricas,[6] lo que demuestra la declinación de las reservas.

Con fines ilustrativos, se incluyen en el cuadro 1 diversos datos
relativos a las reservas, los recursos y la duración de las reservas. Se
observará que los recursos identificados en 1977 son varias veces
mayores que las reservas de base cuantificadas hasta ese año. Ahora
las cifras correspondientes a los recursos la mayoría de las veces no
incluyen los depósitos marinos, afirmándose a este propósito que, si
se toman en cuenta "los nódulos marinos, en muy pocos casos la
relación de los recursos con las reservas sería inferior a 300 por ciento".[7] En el mismo cuadro se puede observar que las reservas de base
de los principales metales durarán, con las excepciones del cinc y de
la plata, más allá del año 2000. La existencia de los recursos identificados sería bastante más prolongada. Es lógico que se concluya que "una
penuria física generalizada de materias primas industriales derivada
del agotamiento de los recursos no constituye una eventualidad probable".[8]

Los problemas de disponibilidad de recursos, y más exactamente, de
materiales minero-metalúrgicos, adquieren una dimensión especial a
corto y mediano plazo. *Sucede que los ciclos de la inversión minera
no coinciden necesariamente con los de la demanda de minerales.* Para
que hubiera compatibilidad sería necesario —aunque no suficiente— que
durante las fases depresivas (de contracción de los precios y de disminución del ritmo de crecimiento de la demanda) no se interrumpiera
el desarrollo de la capacidad productiva, de forma tal que la fase expansiva de la economía no coincidiera con una carestía relativa de minerales metálicos y metales. Como ello no sucede, el balance entre la oferta
y la demanda es asegurado (con las carestías, las alzas de precios y los
movimientos especulativos característicos), mediante los yacimientos
menores (muchas veces inactivos durante la recesión, debido a que en
un determinado nivel de precios no es rentable explotarlos, así como
por un mejor uso de la capacidad instalada, una mayor recuperación
de materiales usados (reciclaje)[9] y un mayor uso de la sustitución
entre metales y por otros productos.

*En la actualidad el grueso de la inversión minera adquiere la forma de
grandes explotaciones, cuyo desarrollo necesita periodos de maduración que fluctúan, la mayoría de las veces, entre los cuatro y los seis
años.* Se trata de yacimientos que pueden llegar a cubrir individualmente

---

6 Citado por Raymond Mikesell, *New Patterns of World Mineral Development*,
British-North American Committee, Washington, 1979, p. 84.
7 *Interfuturs: face aux futurs*, OCDE, París, 1979, p. 46.
8 *Ibid.*, p. 44.
9 El tema del reciclaje es abordado en la segunda parte de este trabajo.

el incremento anual de la demanda de un producto, o parte importante del mismo.[10] *Si el periodo de maduración del proyecto no coincide con las fases del ciclo de la demanda, el ingreso a la producción de estas grandes explotaciones aumenta los desequilibrios, al agravar durante la depresión los problemas de sobreproducción y de desocupación de la capacidad instalada,* así como los de subdimensión de la capacidad productiva durante la expansión. *La crisis actual agrega problemas derivados de la inflación: los precios reales de la mayor parte de los minerales han disminuido, pero sus costos de producción se han elevado de manera considerable.* La disminución de la tasa de rentabilidad esperada ha influido de manera negativa en el volumen de la inversión.[11]

Se piensa por ello que, si la economía mundial ingresa en una fase expansiva de corto plazo en el curso de los años 1980-1982, podría confrontar una cierta carestía de minerales metálicos y, consecuentemente, de metales, cuya amplitud dependerá de la intensidad de la expansión. En otros casos, se han producido desequilibrios respecto al desarrollo de la capacidad metalúrgica.

Señalamos, asimismo, que la oferta de estos materiales también puede ser afectada por razones político-económicas –como en el caso de los recortes de los programas de producción y exportación impuestos por los cárteles de países exportadores o por las propias empresas–, o simplemente políticas (algunos cárteles de exportadores o países exportadores podrían adoptar posiciones similares a los de la Organización de Países Árabes Exportadores de Petróleo, por solidaridad,[12] o como mecanismos de presión). Agreguemos a ello que la situación política y sindical de los países exportadores puede afectar seriamente

[10] Tal fue el caso de los yacimientos cupríferos de Bouganville (Papúa, Nueva Guinea) y de Cuajone (Perú). Cabe señalar, a manera de ejemplo, que, si las producciones de La Caridad (México) y Sar-Checnek (Irán) hubieran ingresado al mercado en los plazos programados (a mediados de 1978 y principios de 1979, respectivamente), se habría generado un importante excedente de cobre.

[11] Así, por ejemplo, se piensa que el desarrollo de nuevos yacimientos de cobre exige precios, la mayoría de las veces, superiores a un dólar la libra, aproximadamente. Este precio cubre los costos de operaciones de la mayor parte de los yacimientos en explotación, y en gran medida permite beneficios si el capital invertido ya ha sido amortizado. El actual precio también permite extraer beneficios en aquellos yacimientos en los que, no habiendo sido amortizado el capital, los costos de producción son bajos, porque se cuenta con leyes mineras particularmente elevadas, costos salariales muy por debajo de los niveles internacionales y otros factores.

[12] Algunas organizaciones, como el CIPEC, han suscrito acuerdos de solidaridad, en caso de agresión a uno de sus miembros. Sin embargo, las condiciones políticas actualmente imperantes en la mayor parte de los países miembros de dicha organización se han modificado sustancialmente, por lo que parecería improbable –aunque no imposible– que reaccionen unívoca y duramente en caso de agresión.

la oferta de estos materiales,[13] y que los movimientos sindicales de los propios países desarrollados pueden llegar a tener repercusiones de alguna importancia en el nivel de la oferta.[14]

b) Abastecimiento externo: la *creciente dependencia* de los países desarrollados

La producción minera representa aproximadamente 1 por ciento del valor de la producción mundial total. Sin embargo, su importancia es bastante mayor, puesto que los minerales metálicos constituyen directa o indirectamente insumos de la mayor parte de las actividades industriales. Por su parte, la producción de metales básicos, *es decir, la correspondiente a las actividades de refinación y de primera transformación, suma alrededor de 6 por ciento del valor de la producción mundial.*[15] De allí que la localización y el control de las fuentes de aprovisionamiento de otras materias primas, y la seguridad de las mismas, tengan una importancia particular para la actividad industrial.

Con objeto de tener una mejor idea del problema, nos referimos en el cuadro 1 a las reservas identificadas, y en el cuadro 2, a la producción de minerales metálicos y de metales. Sobre las reservas debe recordarse que utilizamos el concepto de *reservas de base*, es decir, aquellas reservas demostradas, probadas e indicadas, consideradas de común acuerdo con las actuales escalas y tecnologías de producción, y a las de beneficios institucionalizados. Debe recalcarse que sólo se han tomado en consideración los recursos del suelo y del subsuelo, no los de profundidad ni de los fondos marinos. Evidentemente, estos cálculos no reflejan con precisión los cambios que podrían haberse producido en los años más recientes en el *stock* de reservas, como resultado de la eventual intensificación de la prospección o del hecho de que factores como el aumento de los precios, los costos de producción, la disminución de los precios y de la rentabilidad pueden haber convertido en económicamente no explotables recursos que antes podrían ser considerados rentables, o viceversa.

[13] Como ha sucedido en Zaire, con la invasión de la provincia de Shaba y la emigración de buena parte de los técnicos europeos que allí trabajaban, y como sucedió en Perú, con la respuesta sindical a las políticas gubernamentales de Velasco Alvarado, y sobre todo de Morales Bermúdez, y que bien podría suceder con Belaúnde Terry. En Zambia se confrontan problemas derivados de la liberación de Zimbabwe, junto con la falta de transportes adecuados. La situación boliviana es igualmente ilustrativa.

[14] Así sucede en los Estados Unidos con las renegociaciones de los contratos colectivos de trabajo.

[15] Datos referentes a 1975. Ver sobre el particular *Monthly Bulletin of Statistics*, ONU, mayo de 1980, cuadro especial A, pp. XVIII a XIX.

Se inferirá del segundo de los cuadros la relativa dispersión de la industria minera, aunque se constata una cierta concentración en los Estados Unidos y la URSS. La minería norteamericana continúa siendo la primera productora mundial de cobre, gas natural, molibdeno y uranio,[16] y sus reservas de cobre, molibdeno, plomo, selenio y uranio[17] son las más importantes del mundo. La URSS, por su parte, es la primera productora de carbón, cromo, hierro, manganeso, plata, plomo y tungsteno, y posee las mayores reservas de carbón, gas, hierro, manganeso, plata y tungsteno.

Se observará, asimismo, la importancia de las industrias mineras de las economías subdesarrolladas, más aún si se toma en cuenta que la mayor parte de las veces sus territorios no han sido objeto de prospectos de manera intensiva y sistemática, y que en ellos el grado de explotación de las reservas es menor que en otras áreas. Países del Tercer Mundo aseguran las mayores producciones de cobalto, columbio, estaño y germanio, y si se les considera en conjunto, también serían los mayores productores de bauxita, cobre, petróleo y plata. Es aún mayor la significación del hecho de que las reservas hasta hoy identificadas en el conjunto de estos países ocupan el primer lugar entre las reservas mundiales de bauxita, cobalto, cobre, columbio, cromo, estaño, hierro, níquel, petróleo y tantalio. Es de notar, asimismo, la importancia de la industria minera de países como Australia, Canadá y Sudáfrica.

La relativa dispersión geográfica de la industria minero-metalúrgica, así como la de las reservas geológicas, no ha impedido que cristalice una cierta división internacional del trabajo. Parecería que en el futuro se asistirá a una diferenciación más acusada entre países productores-exportadores y países consumidores-importadores de materiales minero-metalúrgicos. *La tendencia implica una mayor dependencia de los países capitalistas desarrollados —nos referimos en este caso a los grandes consumidores e importadores— en materia de abastecimiento minero-metalúrgico.*

Señalemos que en la actualidad la dependencia de los referidos países con respecto al abastecimiento externo de materiales minero-metalúrgicos alcanza proporciones considerables. El grado de dependencia no es homogéneo, pues varía de país a país, según el producto de que se trate, pero hoy en día se plantean problemas de disponibilidad de recursos en la mayor parte de las economías del mercado desarrollado, con la excepción de Australia, Canadá y Sudáfrica, que producen y exportan minerales metálicos y metales.

Los cuadros 3 y 4 tienen como principal finalidad ejemplificar la

---

16 Sin considerar las economías socialistas.
17 Asimismo, sin tomar en cuenta las economías socialistas.

parte del abastecimiento de minerales y derivados (productos minerales no metálicos y metales ferrosos y no ferrosos) que es cubierta en las principales economías capitalistas desarrolladas mediante el recurso de la importación. En el primero de los cuadros se relaciona la importación con el *consumo aparente*. Los datos corresponden al promedio de 1973 y 1974. En términos generales, la parte de la importación de minerales es considerable, y crece con el tiempo. Sin embargo, la participación en el abastecimiento externo es bastante más elevada en la CEE, y más aún en el Japón, que en los Estados Unidos. Se puede afirmar que estas economías *dependen* de la importación de minerales.

La situación es distinta cuando se trata de los metales: la importación alcanza niveles relativamente elevados, pero, con la excepción de los Estados Unidos, sus proporciones son inferiores a las que alcanza la exportación de metales. Ello se explica por la posición que ocupan estos países en la división internacional del trabajo (la mayoría de las veces se exportan metales que provienen de la refinación de minerales o de metales fundidos que se han importado), así como por el hecho de que la refinación emplea metales reciclados, los que, como se sabe bien, pueden llegar a representar una parte importante del consumo aparente.[18]

Así por ejemplo, si se analiza el caso de Francia, se observará que la crisis de su industria del hierro es creciente: *sus altos costos de producción han provocado que perdiera prácticamente sus mercados exteriores* (Bélgica, Luxemburgo y República Federal Alemana) y que importara crecientemente mineral de hierro y de la bauxita, que son productos en su *hexágono* europeo. Parte nada despreciable de la producción minera de Francia proviene de sus ex colonias, hoy territorios ultramarinos: el níquel, de Nueva Caledonia (TOM), y podría serlo en el futuro con la explotación de la bauxita de Cayena, Guyana Francesa (DOM). Se debe señalar, también, que la dependencia externa de la economía norteamericana está alcanzando proporciones significativas. *Uno de los principales voceros de la administración de James Carter ha señalado que, para satisfacer sus necesidades minerales en 1950, los Estados Unidos dependían sólo en un 15 por ciento de las importaciones del extranjero, consideradas en dólares. Para 1970 la proporción mencionada había aumentado aproximadamente a 25 por ciento; y para el año 2000 esta proporción posiblemente fluctúe entre 60 y 70 por ciento.*[19]

[18] Algunos datos sobre la parte de los metales recuperados o reciclados en la satisfacción de la demanda interna de los Estados Unidos ilustran acerca de la importancia de estas actividades. En 1974 cinco por ciento del consumo de aluminio, 20 del cobre, 19 del estaño, 37 del hierro, 23 del níquel y 30 del de la plata procedieron de metales recuperados.

[19] Zbigniew Brzezinski, "Los Estados Unidos en un mundo cambiante", en *Perspectivas Económicas*, núm. 17, primer trimestre de 1977, pp. 8-14.

Las razones de la creciente dependencia norteamericana son de índole estructural, debiendo observarse que en este aspecto la economía de los Estados Unidos tiende a reproducir el camino seguido por otros países desarrollados en lo que a importación de minerales se refiere,[20] si bien es cierto que cuenta con una determinada dotación de recursos internos que los otros países del grupo no poseen.

Se comprenderá, así, que la OCDE afirme, respecto a la disponibilidad de estos recursos:

> El verdadero problema es el *acceso a las materias primas*: lo más frecuente es que los países productores o aquellos que poseen los recursos no sean los centros de consumo. La CEE y el Japón, e incluso los Estados Unidos, para ciertas materias primas ilustran perfectamente esta situación. Para los países de la OCDE los casos críticos resultan de la superposición de una fuerte concentración regional de la producción de las reservas, y de una fuerte dependencia de las importaciones provenientes de los países del Este, de los países subdesarrollados y de África del Sur.

c) Las políticas de los países desarrollados

¿Cómo reaccionan los países capitalistas desarrollados que confrontan una creciente dependencia de la importación de minerales? Se debe recalcar que la *creciente dependencia* debe ser analizada en relación con las reivindicaciones de los países productores-exportadores, así como respecto a las prácticas de las empresas que aseguran el abastecimiento. La dependencia puede implicar: *a)* inseguridad del abastecimiento; y *b)* aceptación de las decisiones de los exportadores en materia de precios o de condiciones de venta.

No obstante, la mayoría de las veces las exportaciones no son aseguradas por países, sino por estructuras empresariales e institucionales complejas. De allí que los países importadores cuenten generalmente con mecanismos para mediatizar las decisiones de los países exportadores. Dichos mecanismos tienen que ver con el conjunto de las relaciones establecidas entre los países consumidores-importadores y los países productores-exportadores. Así, por ejemplo, la minería del Tercer Mundo se ha desarrollado con el propósito de aprovisionar a los países

[20] Ver sobre el particular nuestro ensayo "El abastecimiento externo de los Estados Unidos: el caso de las materias primas no renovables", en *Problemas del Desarrollo*, núm. 36. También a Jun Nishikawa, "Restricción de recursos: un problema de la economía japonesa", en *Estudios de África y Asia*, vol. XII, núm. 35, 1978; y Ministère de l'Industrie et de la Recherche: *Les matières premières minerales: Perspectives mondiales et politique d'approvisionnement*, La Documentation Française, París, 1975.

consumidores-importadores. La tecnología y el financiamiento de los proyectos proceden fundamentalmente de estos países. *Más aún, las llamadas relaciones Norte-Sur expresan una estructura centrada en la subordinación financiera y en el intercambio desigual, que se articulan en un contexto caracterizado por una superexplotación de la fuerza de trabajo.*

Por ello los conflictos que enfrentan a los países del Tercer Mundo con los países desarrollados consumidores-importadores (nacionalizaciones y, en menor medida, reivindicaciones de precios) responden, en el mejor de los casos, a los parámetros de procesos dialécticos de ruptura franca y definitiva. *Se podría decir que el proceso de internacionalización del capital ha creado mecanismos que implican la reproducción de relaciones que* denominaríamos *de* interdependencia subordinada.

Los Estados Unidos. La creciente dependencia de la industria estadounidense respecto a parte de sus aprovisionamientos ha impelido al gobierno federal de los Estados Unidos a adoptar un cierto número de medidas destinadas a robustecer la acción de las transnacionales del país.

1. En lo que se refiere al desarrollo de los recursos nacionales, el U. S. Geological Survey hace un fuerte esfuerzo inventariando, e incluso evaluando, yacimientos potenciales en función de las futuras condiciones de explotación de tal o cual sustancia. Pero también actúa en el exterior de los Estados Unidos: uno de sus programas más conocidos, que es el de la prospección mediante sensores remotos vía satélite (*landsat*), estudia nuevas técnicas de valorización, directamente o mediante contratos suscritos con la industria privada. Estos estudios han sido particularmente profundos en el campo de la valorización de nuevas fuentes de minerales para la producción de alúmina (primer estadio de la fabricación de aluminio) -de la que se postula la sustitución de la bauxita por la alunita, la anortosita y la dawsonita— y para el desarrollo de recursos de níquel a partir de yacimientos nacionales. Sin embargo, la mayor parte del presupuesto de investigación del Bureau of Mines se dedica actualmente a problemas de seguridad laboral y ambientales.

2. En lo que respecta a sus aprovisionamientos externos, se debe recordar que las dos terceras partes de las importaciones de materiales brutos proceden de países desarrollados, como Canadá, Australia y África del Sur. Pero la proporción está decreciendo, principalmente debido a que a largo plazo tiende a disminuir la importancia de la minería canadiense. Con respecto a los países del Tercer Mundo, cabe recordar que la política del gobierno de los Estados

Unidos es hostil a los de cárteles de países exportadores.[21] En otro
contexto, debe tenerse presente que los acuerdos de estabilización
por producto, al estilo del acuerdo de estabilización del estaño, eran
considerados tradicionalmente como reglamentaciones superfluas,
que perturban el equilibrio natural de los intercambios comerciales;
pero sobre este punto la opinión del gobierno estadounidense ha
cambiado. Así por ejemplo, está promoviendo un acuerdo sobre
el cobre y ha aceptado —en principio, al menos— el llamado Programa Integrado de Estabilización de Precios, elaborado por la UNCTAD.

3. Los límites del papel de la Overseas Private Investment Corporation
(OPIC), organismo por cuyo intermedio se aseguran las inversiones
estadounidenses en el extranjero, han sido destacados especialmente
en el Congreso norteamericano (en particular, luego de las nacionalizaciones que afectaron a las empresas cupríferas estadounidenses en
Chile, cuando el gobierno de la Unidad Popular, y en Perú), recono-
ciéndose, sin embargo, que en el pasado la OPIC concretó operaciones de aprovisionamiento útiles para la economía estadounidense. La
atención se centra igualmente en la posibilidad de diluir los riesgos
por medio de operaciones de carácter multinacional (*joint-ventures*)
y por la asociación con intereses locales, públicos y privados. Estas
experiencias no siempre son operativas. Se recordará al respecto
que el contrato de explotación de la empresa cuprífera El Teniente
entre la Kennecott y el gobierno socialista de Chile diversificó las
fuentes de financiamiento y los mercados de destino, comprome-
tiendo a financieros y a *smelters* de varios países, con el claro propósito de internacionalizar el conflicto en el caso de nacionalizaciones;
pero, sabemos bien, no pudo impedir en su momento la acción del
gobierno de la Unidad Popular. American Smelting (Asarco) tomó
en ese entonces otras providencias, al ceder parte del paquete accionario de la empresa que explota la mina de Cuajone a la Billiton
(Shell).

4. La política del *stockpile* (*stock* estratégico estadounidense) ha sido
igualmente objeto de remodelación. De *stock* que tenía únicamente
el carácter estratégico-militar y de presión política a los países
exportadores, tiende a ser concebido como órgano de intervención
en el mercado, que pretende el reequilibrio y la estabilización
coyuntural. Para algunos funcionarios de la administración de

21 Sin embargo, algunos países desarrollados forman parte de esos cárteles,
como Australia, miembro de las asociaciones de la bauxita, del cobre, del hierro y
del tungsteno. Suecia, por su parte, se ha adherido a la del hierro; Italia, a la del
mercurio; y Portugal, a la del tungsteno. Por otro lado, la suscripción empresarial
de cárteles, en la que participan activamente ETN estadounidenses, es un hecho
extensamente difundido.

Carter, estas acciones no debieron excluir la concertación de acuerdos con los países exportadores, pero al margen de todo formalismo o cuadro institucional. Por otra parte, el *stock* estratégico estadounidense ha cumplido una función determinada frente a la falta de disponibilidad de metales (aluminio, cinc, cobre, estaño), padecida durante 1973 y 1974.

Japón. La necesidad de asegurar el aprovisionamiento externo domina aspectos importantes de la política exterior del Japón. Se trata del país desarrollado que depende en mayor medida del aprovisionamiento externo. Las materias primas minerales constituían, antes del alza del precio del petróleo, la parte más significativa de las importaciones japonesas, y llegaron a representar, en 1970, 56 por ciento de sus importaciones totales. La parte de estas industrias se acrecentó en el curso de la década pasada, debido a la expansión de las industrias pesadas y metalúrgicas, en las que (junto con la electrónica) se ha especializado la economía japonesa. El Japón se ha convertido en el segundo consumidor mundial de la mayor parte de los minerales, y en el más grande importador mundial de los mismos, siendo probable que continúe incrementando su participación en el mercado mundial de minerales, a pesar de la disminución que ha registrado el ritmo de crecimiento de su economía. Ello tiene que ver, en buena medida, con la especialización que ha adoptado en el seno de la economía internacional.[22] Una fuente estimó que en 1980 el mercado japonés podría representar un 30 por ciento del comercio internacional de minerales.[23]

Los objetivos de la política de aprovisionamiento han sido expuestos en un *Libro blanco* sobre las materias primas, publicado en octubre de 1971.[24] Un autor señala que, después de la crisis del petróleo, "los principales pilares de la política japonesa sobre recursos descansaron en: *a)* desarrollo de las fuentes de energía domésticas; *b)* ahorro de

---

[22] El consumo medio de materias primas de origen mineral por unidad del producto nacional bruto es más elevado en el Japón que en los otros países desarrollados. Igualmente, es más elevada la elasticidad del consumo de energía y de materias primas industriales en relación con el producto nacional bruto. Véase Edouard Maciajewski, *Le Japon, maturité et vulnerabilité d'une experience économique originale*, LDF, París, 1977, pp. 69-71. Jun. Nishikawa (*op. cit.*) recalca que la especialización en las industrias química y pesada ha hecho que el Japón se convierta en un gran importador de minerales, dejando de lado el desarrollo de los recursos internos. Asimismo, señala, ha provocado la degradación del medio ambiente.

[23] *Les matières premières minerales. . . op. cit.*

[24] Jun Nishikawa, en su obra citada, presenta los principales informes del gobierno japonés. El *Libro blanco* de 1971 es citado como *Shigen Mondai no Tembo* (La perspectiva de la restricción de recursos), Ministerio de Comercio Exterior e Industria, Tokio, 1971.

energía; c) inversión en el extranjero para asegurar estos recursos; y d) la acumulación de recursos (petróleo, madera, frijol de soya, alimentación animal, metales no ferrosos tales como cobre, aluminio y cinc)".[25] En esto no difiere fundamentalmente de los otros países. Se debe recalcar, asimismo, la decisión del gobierno japonés de limitar la intermediación de las transnacionales (principalmente estadounidenses), que controlaban la producción y el comercio de minerales durante los años sesenta. Es así que entre 1969 y 1972 Japón desarrolla los conceptos de *desarrollo autónomo* (desarrollo de empresas mineras japonesas) y de *desarrollo cooperativo* (asociación con los países productores-exportadores).[26]

En lo que a la política minera propiamente dicha se refiere, debe señalarse:[27]

1. El incremento de la participación de capital japonés en las explotaciones foráneas, tanto a nivel de minas como de metalurgia.[28] La decisión implica inversiones directas en las que se asume la totalidad del paquete accionario, o sea, principalmente la participación con capital transnacional o nacional.[29] La inversión en el extranjero, en lo que al sector minero y al periodo 1971-1980 se refiere, ha sido estimada por el Ministerio de Comercio Exterior e Industria (MITI) en 15 mil millones de dólares. La mayor parte de las inversiones es asegurada mediante créditos estatales. Una fuente precisa que las inversiones directas japonesas se financian con créditos a razón de 1 300 yens por cada 5 yens invertidos por el sector privado.[30]

25 Jun Nishikawa, *op. cit.*, p. 286.
26 *Ibid.*, p. 275.
27 Los lineamientos principales son extraídos de la presentación que se hace del *Libro blanco* de 1971, en *Les matières premières minerales. . ., op. cit.*
28 El capital japonés había financiado empresas transnacionales estadounidenses o de otras nacionalidades, a cuenta de contratos de venta a largo plazo. Tales son los casos de Andina (propiedad de Cerro de Pasco Co., en Chile) y la Marcona Mining, en Perú.
29 El desarrollo de la minería de Australia y Canadá en el curso de los años sesenta se basó, en buena medida, en la venta de metal concentrado o fundido a *smelters* japoneses, que no participaban en el capital accionario de las empresas que desarrollaron los proyectos así financiados. En Canadá sólo hemos encontrado un caso en el que participan. Al igual que en Chile y en Perú, el capital estadounidense era muy fuerte, y no hacía concesiones. Sin embargo, en Mauritania, en 1968, Mitsui obtiene que la empresa anglonorteamericana Charter Consolidated se asocie con ella y con el Estado, para desarrollar la empresa Somima. Y en 1969 Nippon Mining se asocia con el Estado de Zaire para desarrollar la sociedad Sodimiza. Sucede que en África el capital japonés y el capital estadounidense ingresan casi al mismo tiempo en una región que era controlada por antiguas metrópolis coloniales europeas.
30 Dato relativo al conjunto de las inversiones directas, citado por Jun Nishikawa, *op. cit.*, p. 286.

2. Mejor utilización de la capacidad *oligopsónica* y financiera del Japón, con el propósito de obtener ventajas complementarias a nivel de los precios en que adquirirán los materiales; por ejemplo, exigiendo participar en la gestión de las minas o instalaciones metalúrgicas, obteniendo prioridad en la provisión de los bienes de capital requeridos por los proyectos o imponiendo fuertes *maquilas* a los minerales o metales que transformará.

3. Diversificación de las fuentes de aprovisionamiento, por lo que se reexaminan las relaciones con los países del Tercer Mundo. En el curso de los años sesenta, Japón privilegió la adquisición de materias primas producidas en Australia, y en alguna medida, en Canadá. En la actualidad se otorga especial importancia a la diversificación del aprovisionamiento mediante lo producido en el Tercer Mundo. A principios de la década se prestaba particular atención a países africanos, como Zaire y Zambia; y asiáticos, como Irán e Indonesia. Hoy en día algunas de estas fuentes se encuentran comprometidas. Japón ha intensificado la cooperación técnica y económica con estos países, con el propósito de asegurar su aprovisionamiento de materias primas.

4. Desarrollo de *stocks* de materias primas. En virtud de este objetivo, los industriales japoneses pueden obtener créditos a corto plazo. Sin embargo, se sabe que el MITI desea crear una agencia estatal dedicada al acopio de materias primas.

La Comunidad Económica Europea (CEE). Los países de la CEE son altamente dependientes de la importación de materias primas minerales, si bien es cierto que en proporciones menores que las de Japón. La mayoría de las veces el aprovisionamiento es asegurado por las ex colonias, con las que se han desarrollado relaciones especiales: con la Convención de Yaounde, primero; y, desde 1975, bajo los términos de la Convención de Lomé. Pero al interior de la CEE las políticas no son siempre similares, variando conforme la posición que cada país adquirió en los procesos de colonización y descolonización, así como conforme la particularidad de su posición en la división internacional del trabajo.

La Comisión de las Comunidades Europeas, por su parte, ha propuesto un conjunto de medidas tendientes a asegurar el aprovisionamiento de materias primas. Se debe destacar, en primer término, que la Comisión ha recomendado medidas destinadas a favorecer las inversiones en los países del Tercer Mundo,[31] así como la aceptación de contratos

---

[31] Desarrollo de las fuentes de financiamiento, sea del sector privado o de organismos internacionales; protección de las inversiones; garantía de la transferencia de beneficios; promoción de *joint ventures*.

de aprovisionamiento a largo plazo y la búsqueda de una cierta coherencia entre los programas nacionales de inversión (para evitar la generación de supercapacidades de producción). A ellas se deben agregar proposiciones tendientes a favorecer la transferencia de tecnología, la transformación parcial de las materias primas en los propios países productores-exportadores del Tercer Mundo y la estabilización de sus ingresos de exportación.[32] La Comisión ha solicitado la adopción de una contratación apropiada; pero ello sólo ha prosperado en el marco de la Convención de Lomé.

A manera de ejemplo, recordamos algunas medidas propuestas y puestas en práctica por dos de los más importantes miembros de la CEE: Alemania y Francia. Como es conocido, la República Federal Alemana ha seguido el ejemplo de los Estados Unidos en lo referente a garantías y apoyo crediticio a la inversión en el extranjero, con el propósito de promover la expansión de sus empresas, como los casos de la Norddetsche Affinerie-Metallgesellschaft y la de Mannesman Preussag. Mediante esta medida se piensa asegurar buena parte de las necesidades de importación. Se sabe, sin embargo, que en el pasado la RFA promovió la firma de contratos de abastecimiento a largo plazo de cobre, hierro y cinc, la mayoría de las veces con empresas transnacionales de origen estadounidense. Pero en la actualidad también se busca que mediante la inversión directa o la asociación con los estados del Tercer Mundo se satisfagan sus necesidades de dichos metales.

El abastecimiento de bauxita y de alúmina ha seguido un camino diferente: en la RFA se han construido plantas de fundición y de refinación de aluminio, en sociedad con Alussuisse y Reynolds, las cuales se encargan de proveer la materia prima. De la misma manera, se promueve la valorización de los recursos mineros nacionales,[33] y en 1979 se anunció que se estudiaba la creación de un *stock* estratégico.[34]

Francia, por su parte, diseñó en enero de 1975 una política que pretendía: *a)* el establecimiento de políticas de seguridad coyuntural mediante la constitución de *stocks* estratégicos; *b)* el desarrollo de los recursos minerales del subsuelo francés, tanto en la metrópoli como en los territorios ultramarinos; *c)* el ahorro de materias primas y la promo-

[32] Commission des Communautés Européennes: "Développement et matières: Problèmes actuels", en *Bulletin des Communautés Européennes*, suplemento de junio de 1975.
[33] Sobre este tema véase *Les matières premières minerales... op. cit.* El gobierno de la RFA promueve asimismo la exploración y la explotación de los fondos marinos. Igual hacen los de Japón, Francia, Gran Bretaña y los EUA.
[34] *L'Express*, París, 28 de abril de 1979. Sin embargo, en *The Economist* del 5 de mayo de 1979 se señaló que los objetivos iniciales de dicho *stock* eran bastante limitados.

ción del reciclaje; *d)* el desarrollo de la investigación científica y técnica en materia de prospección minera, y de transformación y utilización de minerales y derivados; *e)* mejores condiciones de acceso del capital francés a la explotación de los recursos mineros situados en el exterior, sea por su participación directa en el desarrollo de proyectos mineros, sea mediante la cooperación bilateral, y *f)* la acción diplomática en favor de la estabilización de los precios internacionales.[35]

Como es conocido, el Bureau de Recherches Géologiques et Minières (BRGM) tiene a su cargo la puesta en práctica de los principales planteamientos esbozados. Por regla general, el BRGM no ingresaba al plano empresarial, en el que se favorecía la implantación del capital privado. Sin embargo, la referida entidad ha creado recientemente una filial, la Coframines, con la que ingresa en el campo de la producción. Se debe indicar que el gobierno francés decidió en 1975 la constitución de un *stock* estratégico equivalente a dos meses de consumo, el cual fue encomendado al Grouppement Interindustriel de Rachat de Minerais (GIRM), pero, por la abundancia relativa que caracterizaba al mercado, la medida sólo se puso en marcha en un 10 por ciento.[36] Con posterioridad, el 24 de junio de 1980, se ha creado la Caisse Française des Matières Premières, encargada de formar la totalidad del referido *stock* de ese año a 1985; la nueva entidad operará por intermedio del GIRM.[37]

d) Especialización y desarrollo

En líneas generales, los países capitalistas desarrollados se aprovisionan con la producción de unos mil yacimientos; una parte importante de ellos se encuentra en sus propios territorios. En el cuadro 4 se proporcionan cifras de las exportaciones mundiales. En 1970, 54,4 por ciento de las exportaciones mineras y 65 de las metalúrgicas (sin incluir las siderúrgicas) fueron asegurados por los propios países desarrollados. Los países subdesarrollados, por su parte, exportaron 40,7 por ciento de los minerales y 30,6 de los metales. Los países socialistas exportaron 4,9 y 4,4 por ciento, respectivamente.

No obstante, se están produciendo cambios que no dejan de tener importancia, y que podrán adquirir mayor significación en el futuro. Por un lado, se asiste a una disminución importante de la participación de los países desarrollados importadores-consumidores en la producción

[35] *Les matières premières minerales. . ., op. cit.*
[36] Pierre-Noël Giraud "Francia y las materias primas", en *Le Monde Diplomatique,* edición en español, febrero de 1979. En este trabajo se informa que en enero de 1979 se decidió poner en práctica en un 40 por ciento el referido *stock.*
[37] *Le Monde,* 24 de julio de 1980. Según la información, parte de los depósitos podría localizarse en zonas militares.

mundial de minerales. Las pérdidas son significativas en lo que a la industria minero-metálica se refiere, como se puede apreciar en el cuadro 2. Por el otro, contrariamente, crece la participación de los países productores-exportadores. La cuestión está en saber si al interior de este grupo mejorará la posición de los países del Tercer Mundo o si continuará progresando la de los países capitalistas desarrollados (como los casos de Australia, África del Sur y Canadá), como ha sucedido en el curso de los años 1965-1975.

Se trata de cambios que influirán en la composición u origen geográfico de las exportaciones mundiales de minerales. En el mismo sentido, provocará sin lugar a dudas la creciente incorporación de las economías centralmente planificadas al mercado mundial de minerales.

Por regla general, se admite que existen precondiciones para que el Tercer Mundo incremente de manera sustancial su participación en la inversión y en la producción mineras: yacimientos que, por lo general, tienen una ley geológica más elevada; tasa media de salarios marcadamente inferior; mayor disponibilidad relativa de recursos energéticos; menores trabas legislativo-ambientales; disposición de los más importantes centros consumidores para aprovisionarse con las exportaciones de estos países. Los gobiernos de los países del Tercer Mundo, por su parte, muestran especial interés en desarrollar estos recursos.

Queda, sin embargo, el problema político: nos referimos a la inestabilidad, que afecta al volumen de la producción antes que a los problemas que podrían suscitar disposiciones acerca de la inversión extranjera directa. En realidad a los consumidores que no controlan la fase extractiva tiende a inquietarles más la regularidad y el nivel de precios de los embarques que la identidad de quien produce. Así se pudo apreciar con motivo de la nacionalización del cobre chileno. Por otro lado, los países desarrollados con menor presencia en la industria minera recurren a todos los medios para subsanar la deficiencia, llegando a privilegiar sus relaciones con los estados de los países con reservas mineras cuando ello es necesario. *Señalemos, finalmente, que no existen barreras financieras o tecnológicas infranqueables cuando se trata de desarrollar yacimientos cuya explotación asegurará una tasa de rentabilidad superior a la media.*

Cabe preguntarse, sin embargo, ¿cuál es el interés del Tercer Mundo en el desarrollo de sus recursos mineros? Al parecer, la industria minera será afectada a largo plazo por tendencias que determinarán la disminución de la tasa media de rentabilidad que le es característica. Ello podría impulsar el desarrollo de la minería del Tercer Mundo.

En efecto, con la caída de la tasa de rentabilidad se verán afectados, en primer término —y en muchos casos seriamente—, los yacimientos de baja ley geológica y alta tasa de salarios, es decir, aquellos que tienen menor rentabilidad, y que, por lo general, se localizan en los propios países consumidores-exportadores. Esto está sucediendo con parte de la minería en los Estados Unidos y en Francia. Los resultados del ciclo de corto plazo son conocidos: rentabilidades negativas, cierre de empresas, disminución de la oferta, disminución de los *stocks*, recuperación coyuntural de los precios.

Sin embargo, a largo plazo, el ajuste entre la oferta y la demanda exige que la inversión sea rentable. A menos de que se transfiera valor de otras industrias a la industria minero-metalúrgica, ello sólo puede ser asegurado: *a)* por la inutilización de parte de la capacidad instalada y el desarrollo de nuevas inversiones en áreas en las que la rentabilidad es mayor, mediante la valorización de los recursos mineros del Tercer Mundo, y *b)* la innovación tecnológica. Estos movimientos no son contradictorios, pero al parecer se está dando prioridad al primero de ellos, pues la rentabilidad de la innovación tecnológica minera resulta comprometida por la misma crisis.

En tales circunstancias, el desarrollo de la minería del Tercer Mundo contribuiría a la *socialización* de la disminución de la tasa media de rentabilidad que se producirá en toda la actividad minero-metalúrgica. En efecto, los países consumidores-importadores podrían seguir contando con los suministros mineros que sus economías requieren. Pero, para los países productores-exportadores, dar prioridad al desarrollo de sus recursos mineros podría implicar la especialización en actividades que a largo plazo pierden importancia, dinamismo y capacidad motriz. Sobre el particular no estaría de más recalcar que estas perspectivas de largo plazo implican que el excedente económico que se extraerá de la explotación minera será proporcionalmente inferior al extraído en el pasado, lo que neutralizará en parte los efectos que el desarrollo de la minería del Tercer Mundo podría tener en favor del financiamiento de otras actividades. Agreguemos a esto los problemas de agotamiento de recursos —minerales no combustibles y combustibles— y los problemas ambientales y de distorsión del aparato productivo que ello involucraría.

Así se explican, en consecuencia, propuestas como la creación de un banco de recursos, formulada por Kissinger en Nairobi, en 1976, con ocasión de la IV UNCTAD. En el mismo sentido se debe interpretar el creciente interés de la banca mundial por el financiamiento de proyectos mineros en el Tercer Mundo. Al parecer, la CEE también se orientará por la misma vía.[38] Sin embargo, hay quien piensa, en los

[38] La Comisión de la CEE ha sugerido la creación de fondos nacionales originales de exploración minera, puesto que la banca europea de financiamiento se interesa en el financiamiento de proyectos energéticos y mineros. (*Le Monde*, 16 de marzo de 1979.)

países desarrollados, que los problemas de disponibilidad de recursos no serán resueltos mediante la movilización de capitales —y más precisamente, mediante créditos internacionales otorgados en condiciones promocionales—, sino que será necesario hacerlas rentables manteniendo los precios de los minerales.[39] El problema está en que la crisis internacional impide que las operaciones de apoyo —como las de los *buffer stocks* y las de las transferencias compensatorias— tengan la consistencia necesaria.

2. Crisis de estructura y perspectivas de reabsorción

Uno de los problemas que plantea el análisis de la crisis económica en curso es el de su naturaleza. Se formula, a este propósito, un interrogante fundamental: *¿crisis de coyuntura o crisis de estructura?* En el primero de los casos, las probabilidades de que las políticas anticíclicas reabsorban los desequilibrios *disfuncionales* expresados por la crisis serían considerables. Se podría decir que en estos casos la crisis actúa como mecanismo de regulación del desequilibrio no controlado que se establece entre la producción y la circulación de mercancías. Una vez controlado, o en vías de serlo, el proceso de acumulación se recupera, aunque, si bien es cierto, la mayoría de las veces lo hace a partir de un nivel inferior de actividad al que hubiera registrado la economía si no se hubiese producido la crisis. Las manifestaciones, causas y problemas se plantean de manera distinta cuando se trata de una crisis de estructura, y no como en el caso antes señalado de los ciclos de negocios o crisis coyunturales.

Por ello nos referiremos a los casos en que se produce un bloqueo del proceso de valorización y de acumulación de capital, que cuestiona los mecanismos vigentes de regulación económica.[40] Se afirma al respecto que una crisis de estructura o *gran crisis* puede ser definida como "todo episodio en el curso del cual la dinámica económica entra en contradicción con las bases sociales que le sirven de soporte", de forma tal que la eliminación de las causas que condujeron al bloqueo de la acumulación de capital y a la caída de la tasa de ganancia "supone la alteración del contenido preciso que habían tomado anteriormente las diversas formas institucionales".[41] Es decir, impone la modificación

[39] Las posiciones que asumió Fred Bergsten, ex subsecretario del Tesoro de los Estados Unidos, son muy conocidas.

[40] Gérard Destanne de Bernis, *Quelques propositions au sujet de la crise et de ses issues possibles*, Grenoble, 1977.

[41] Robert Boyer, "La crise actuelle: une mise au point en perspective historique. Quelques reflexions à partir d'une analyse du capitalisme français en longue période", en *Critiques de l'Économie Politique*, núm. 7-8, abril-septiembre de 1979, p. 15.

de las formas específicas tomadas por la organización de la relación salarial, la naturaleza de la concurrencia y de la centralización del capital, los mecanismos de reproducción del equivalente general y el modo de articulación de la economía, considerada *vis à vis* la división internacional del trabajo.[42]

Por su duración, por su intensidad, por los fracasos sucesivos en los diversos intentos de reabsorción puestos en práctica, la actual crisis del capitalismo debe ser calificada como crisis de estructura o gran crisis. Su solución eventual por el capital debería producirse junto con modificaciones sustanciales del modo de acumulación vigente después de la segunda guerra mundial en los países capitalistas desarrollados, y que es calificado por diversos autores como modo de acumulación intensiva centrado en el consumo de masas[43] o modo de acumulación progresiva.[44] El concepto de acumulación intensiva expresa las condiciones específicas que adquiere la valorización y la acumulación del capital cuando se realiza con base en el mecanismo de la plusvalía relativa, es decir, con base en el aumento del valor del trabajo muerto asociado a cada unidad de trabajo vivo.[45] Al relacionarlo con el consumo de masas, se quiere hacer hincapié en que "se define como una articulación original entre un cierto tipo de proceso de trabajo (generalización y extensión por el fordismo de los principios del taylorismo) y una *revolucionarización* de las condiciones de reproducción de la fuerza de trabajo, en la que el capitalismo, gracias a la extensión de consumo de masas, toma a su cargo una fracción creciente de la canasta obrera".[46]

Lo señalado no constituye un juicio moral, ni una legitimación de los *avances del capitalismo* o de sus mutaciones, sino la simple aplicación de una categoría analítica a una etapa del desarrollo capitalista. Queremos recalcar, asimismo, que la reabsorción de la crisis implica, desde el punto de vista de la acumulación del capital, tanto opciones intensivas como extensivas; en el segundo de los casos, la extensión de las relaciones capitalistas de producción a nuevos contingentes de fuerza de trabajo. Dicha extensión puede realizarse absorbiendo

---

[42] *Ibid.*, pp. 9-10. Sobre el concepto de regulación económica, véase asimismo Gérard Destanne de Bernis, *Une alternative à l'hypothèse de l'équilibre économique génerale: la regulation de l'économie capitaliste*, Budapest, enero de 1977.

[43] Como el caso de Boyer.

[44] Como el caso de Wladimir Andreff, *Profits et structures du capitalisme mondial*, Calmann-Levy, París, 1976. Señalemos que Andreff parte del concepto empírico de *sector*.

[45] Esta formulación permite incorporar los casos cada vez más frecuentes de que la innovación ahorre en proporciones significativas de capital por unidad de producto, al margen de economías de escala.

[46] Robert Boyer, *op. cit.*, p. 43.

formas precapitalistas o no capitalistas, incorporando formas capitalistas que se encuentran en etapas o niveles de acumulación anteriores.
Dichas opciones podrían ser formuladas, en otros términos, en función
de las relaciones que pueden ser establecidas entre *innovación tecnológica* y *relocalización de actividades*.

Es dentro de este contexto que deben ser analizados, a nuestro
modo de ver, los problemas y las perspectivas de la economía mundial,
sea de las secciones y ramas productivas, sea de las industrias y sectores
que las componen. Las industrias minero-metalúrgicas confrontan,
desde fines de la década de los sesenta, una crisis de estructura.[47] Ello
tiene que ver con problemas de valorización del capital, que se expresan
en la sensible caída de las tasas de ganancia y de rentabilidad. *La tasa
de plusvalía ha decrecido en función del agotamiento relativo de los
yacimientos, del incremento de la tasa unitaria de salarios y de un cierto
estancamiento del progreso técnico.* Coincidentemente, han perdido
importancia relativa las barreras oligopolistas que las protegían, en
mayor o menor medida, de la competencia.[48] Luego, han debido
enfrentar problemas de sobreproducción. *La crisis de estructura ha
impulsado un proceso de reestructuración del capital minero-metalúrgico centrado en la incorporación de ciertas innovaciones tecnológicas
y en la relocalización segmentaria internacional de actividades, proceso
que se ha visto parcialmente obstaculizado por la misma crisis.*

a) Nueva recesión, conciencia de la crisis

Gana adeptos la idea de que la economía mundial capitalista ha ingresado en una etapa de desarrollo que será caracterizada —en el curso de
sus primeras fases, como la que actualmente estaría viviendo, en su
conjunto— por una lenta acumulación de capital y por un débil crecimiento de la producción. Ya no se trata solamente de los análisis
formulados por representantes del pensamiento marxista contemporáneo —como sería el caso de Ernest Mandel—, sino que diversas instituciones académicas e intergubernamentales —como Batelle, la OCDE
y el propio Banco Mundial— han sido ganadas por esa concepción.
No nos corresponde desarrollar los planteamientos formulados al
respecto. Tan sólo queremos recalcar que las perspectivas de crecimiento formuladas en el pasado por muchas de esas instituciones están

---

[47] Este tema ha sido desarrollado en nuestro texto publicado en *Economía
de América Latina*, núm. 2, 1979. Véase, asimismo, a Robert Pollin, "The Multinational mineral industry in crisis", en *Monthly Review*, abril de 1980, pp. 25-38.
[48] Raymond Vernon (*Storm over Multinationals*, Harvard University Press,
Cambridge, pp. 80-83) desarrolla similares puntos de vista a los que hemos formulado al respecto.

siendo revisadas, asumiéndose la hipótesis de que la economía mundial no recuperará en los próximos años el ritmo de crecimiento de la década de los sesenta.

Sobre el particular cabe señalar que el Banco Mundial —que en 1979 pronosticaba para la presente década una tasa de crecimiento económico superior a la registrada en el curso de la pasada década, aunque inferior a la de los años sesenta— revisó las hipótesis que formulara, reduciendo la tasa de crecimiento pronosticada. De acuerdo con recientes estimaciones en los países capitalistas desarrollados el producto percápita sólo crecería a razón de 3,2 por ciento durante la presente década. En 1979 la misma institución previó un crecimiento de 3,5 por ciento, tasa superior al 2,4 que registraron esas economías en el curso de los años setenta, aunque inferior al 3,9 por ciento que ellas alcanzaran durante los años sesenta.[49] Según estas mismas estimaciones del Banco Mundial, el producto percápita de dichos países crecerá en el curso de los años 1980-1985 a razón de 2,8 por ciento anual.

Cabría preguntarse a este propósito si en el curso de los próximos meses, ante la eventual persistencia de la coyuntura, el Banco Mundial no procederá a revisar, una vez más, sus previsiones, remarcando la tendencia a una desaceleración mayor aún que la que hoy en día pronostica. En realidad el agravamiento de la situación no puede ser calificado de improbable. Comentando unos pronósticos particularmente optimistas de la Wharton School, un funcionario de la OCDE ha señalado que "las perspectivas de crecimiento de los años ochenta, así como de los posteriores, dependerán en buena medida del éxito o fracaso de las políticas de estabilización y de reequilibrio económico que hoy en día se ponen en práctica en los países industrializados".[50]

Ahora bien, estas políticas no parecerían tenerlas todas consigo. Y lo que suceda en los próximos años en las economías de los países capitalistas desarrollados tendrá particular significación para la industria minero-metalúrgica. Señalemos que en ellas se genera el grueso de la tecnología empleada por estas industrias y se localiza la mayor parte de las plantas metalúrgicas, de la misma manera que concentran las dos

---

[49] Banco Mundial, *Informe sobre el desarrollo mundial, 1979*, Washington, agosto de 1979, p. 4; y referencias al *Informe sobre el desarrollo mundial, 1980*, citadas en *Uno más Uno*, México, 18 de agosto de 1980, p. 15. En el primero de los informes se considera que el producto interno bruto de los países desarrollados crecerá a razón de 4,2 por ciento anual. El 3,5 por ciento que mencionamos resulta de la deducción de una tasa de incremento de la población de 0,7 por ciento anual que diversas publicaciones estiman para el crecimiento de esas poblaciones para el curso de la presente década.

[50] Sylvia Ostry, "The world economy in the 1970s and the 1980s", en *The OECD Observer*, núm. 103, marzo de 1980, pp. 13-15.

terceras partes de la demanda mundial de metales y que hacia ellas se destinan las tres cuartas partes de las exportaciones minero-metalúrgicas de los países subdesarrollados. El tema de las perspectivas de la economía mundial sobrepasa los propósitos específicos de este trabajo. Nos hemos referido a ellas con la finalidad de extraer algunas hipótesis de interés para el análisis de las perspectivas de la industria minero-metalúrgica. Agregaremos a los pronósticos planteados que en los primeros años de la crisis —o más bien, cuando se tuvo conciencia de ella— se desarrollaron algunos planteamientos que hacían énfasis en que los países subdesarrollados no seguirían el mismo curso. Existe la idea de que es en los periodos en que se presentan graves distorsiones de las relaciones económicas internacionales —derivadas de crisis de estructura en los países capitalistas desarrollados o de guerras mundiales— que las economías subdesarrolladas tienen sus mejores posibilidades de diversificación y de expansión de sus estructuras productivas. Se trata de una interpretación fundada, por ejemplo, en el análisis de los factores externos que favorecieron en América Latina la sustitución de importaciones. Independientemente de su validez, se trata de un criterio que no puede ser extrapolado fácilmente. En todo caso, hoy en día se tiene conciencia de que la crisis involucra a las economías subdesarrolladas.[51] Existía la presunción, asimismo, de que la crisis se restringiría a la economía mundial capitalista, y que la socialista, por el contrario, no sería afectada. En la actualidad se tiene conciencia de que también confrontan serias dificultades económicas, que podrían llegar a asumir formas particularmente graves.[52] Se puede uno preguntar por la naturaleza de dichas dificultades, e incluso si no se trata de una crisis de estructura, cuyos caracteres específicos, causas y perspectivas de reabsorción deben ser estudiados. Sin lugar a duda, el análisis debería prestar especial atención a las formas y a las consecuencias de la creciente integración de estas economías con la economía mundial capitalista, pero no debería restringirse a ellas.

No extraña que la situación actual y las perspectivas de corto, mediano y largo plazo afecten de una u otra forma la demanda de minerales y de metales. Nos referiremos brevemente a algunos hechos relacionados con la coyuntura actual, pero sin duda se trata de hechos que remiten a la crisis de estructura señalada. En síntesis, los precios de la mayor parte de los metales han bajado con alguna fuerza en el curso de

---

[51] Según el *Uno más Uno* del 18 de agosto de 1980, el Banco Mundial estima que el producto percápita de las economías subdesarrolladas tan sólo crecerá, en 1980-1985, entre 2 y 2,6 por ciento.

[52] Véase el informe de la 34 sesión del Consejo de Asistencia Económica Mutua, inaugurada el 17 de junio de 1980 en Praga, publicado en *Le Monde*, París, 18 de junio de 1980, p. 8.

los últimos meses de 1980, especialmente los de aquellos que se cotizan en bolsa. Cabe señalar, a este propósito, que el índice de precios de *The Economist* correspondiente a los metales perdió 13,3 por ciento de su nivel entre el 15 de enero y el 15 de julio de 1980.

Sobre el particular, algunas reflexiones. La disminución de los precios se produce en un contexto marcado por un nivel de precios que puede ser calificado de bajo, sobre todo si no nos limitamos a la comparación de los precios nominales, y comparamos los reales. Así por ejemplo, entre 1973 y el primer trimestre de 1980 (los precios de los metales alcanzan en estos años su más alto nivel en febrero de 1980) el índice de precios de los metales no ferrosos exportados por los países subdesarrollados perdió 17,2 por ciento de su valor real.[53] La caída registrada en el curso de los últimos meses de 1980 se produjo en momentos en que los *stocks* de metales se encontraban en niveles relativamente moderados, e incluso se preveía para el curso de 1981 algunas dificultades de abastecimiento. Ahora bien, para algunos analistas la recesión no hace sino empezar, y en todo caso aún no se manifiesta plenamente en las economías europeas y en el Japón, economías que, se piensa, difícilmente evitarán la recesión.

A mediados de julio de 1980 los trabajadores norteamericanos de la industria del cobre iniciaron una huelga, presionando por un mejor contrato colectivo de trabajo. El precio del cobre, que había disminuido 30 por ciento entre febrero y mayo de 1980, recuperó buena parte de esas pérdidas, y bajo tal influencia también ha recuperado algunos puntos el índice de precios de los metales que publica *The Economist*. Estos contratos colectivos se negocian cada tres años. En otras circunstancias la huelga, que por lo general se produce en el curso de estas negociaciones, habría provocado un incremento sustancial de las compras de metal, movimientos especulativos y el alza significativa del precio del cobre, involucrando en tales perspectivas a otros metales. La debilidad de las reacciones que hasta el momento ha provocado es sintomática.

Esta situación contradice a quienes pensaban, en el segundo semestre de 1979, que la coyuntura mejoraría; y sobre todo a quienes, en un exceso de optimismo, llegaron a afirmar que existía la posibilidad de un corto *boom* en el mercado de los metales. Cierto, la coyuntura no era buena, pero al menos tres factores podrían mejorarla. Por un lado, la crisis ha motivado que se posterguen, e incluso se cancelen definitiva-

[53] "Índice de precios de las Naciones Unidas", en *Monthly Bulletin of Statistics*, junio de 1980, cuadro especial C, pp. XX-XXI y 160-163. El índice de precios de las exportaciones de manufacturas de los países desarrollados es utilizado como deflactor.

mente, numerosos proyectos de inversión.[54] Se agregaba a ello problemas de índole política y sindical, que repercutían en el nivel de la producción y de las exportaciones mundiales. Por el otro, la recuperación de los años 1977-1979 aumentaba el consumo, si bien es cierto que en proporciones moderadas; pero, coincidentemente, se trataba de crear un clima de guerra fría, alentado por el presidente Carter, en circunstancias tales que los conflictos de Afganistán, Kampuchea e Irán, principalmente, provocaban la compra de metales estratégicos para uso militar, o cuyo tráfico podría ser afectado.

Para algunos metales la acción de los factores descritos podía haber planteado desequilibrios —transitorios, pero no por ello insignificantes-- entre la oferta y la demanda, contribuyendo en tal forma a propiciar alzas de precios de cierta magnitud. Igualmente importante es la especulación que se inició con estos mercados, como consecuencia de la que han sido objeto los metales en que se refugian financieros y corredores de bolsa cuando las monedas fuertes —y en especial el dólar— sufren variaciones cambiarias importantes. Nos referimos al oro y, en segundo término, a la plata, sobre los que la especulación llegó a tales proporciones que robusteció la tendencia moderadamente alcista que se vivía en ese momento en el campo de los metales de uso exclusivamente industrial.

La recesión ha terminado con las disputas que se suscitaban acerca del carácter que asumiría la coyuntura. No es que los motivos de *optimismo* hayan desaparecido; lo que sucede es que han perdido dimensión, empequeñeciéndose ante la realidad de una fuerte contracción de la demanda de metales, que podría agravarse incluso y afectar el nivel mismo de la demanda si la recesión progresa. En realidad, desde el punto de vista de la demanda, su reactivación dependería, a inmediato y a muy corto plazo, de un eventual regreso a la economía de guerra; y, desde el punto de vista de los precios, de limitaciones al ritmo de la producción o a los embarques.

A la huelga de los trabajadores cupríferos norteamericanos podrían seguir otras, no solamente en los países capitalistas, sino también en los socialistas. Hay que tener en cuenta que Polonia se ha convertido en un gran exportador mundial de cobre. También podrían producirse recortes derivados de huelgas y movimientos políticos en los países subdesarrollados, como pasa en Bolivia, o generados por la caída de la rentabilidad empresarial.

b) Perspectivas de la demanda

La demanda de materiales minero-metalúrgicos tiende a aumentar

---

[54] Sobre este punto véase el último párrafo del presente apartado.

moderadamente, y a un ritmo decreciente. En el cuadro 5 se incluyen algunos datos acerca de la evolución de la demanda de los principales metales, así como del hierro, en los años de 1969 a 1978. Se observará que en la segunda mitad del periodo el ritmo de crecimiento decae significativamente, y en algunos casos se convierte en negativo. En términos generales, ello tiene que ver con la recesión generalizada de 1975-1976, así como con la debilidad manifiesta del posterior proceso de recuperación y con las primeras manifestaciones de la reestructuración industrial actualmente en curso. Se trata, sin embargo, de un tema vasto y complejo. Pensamos a este propósito que todo intento de explicación debe partir del análisis de las condiciones imperantes en materia de acumulación de capital en las economías capitalistas desarrolladas en el curso de la segunda posguerra. El intento nos ayudaría, también, a plantear algunas hipótesis con respecto a las perspectivas de la demanda de estos productos.

Hemos recalcado dos de las características que especificarían el modo de acumulación, cuyo paradigma aún se pretende vigente en dichos países: la innovación económica acelerada y el consumo de masas, cuyas principales connotaciones se manifiestan en la fase expansiva del ciclo, durante los años 1948-1950 a 1965-1966. En esta fase la difusión de nuevos y perfeccionados procesos de producción dieron lugar a la constante disminución de la proporción en que se usan estos materiales por unidad de producto. El proceso se constata independientemente del *natural* despilfarro de materias primas y del desarrollo de barreras oligopólicas, así como del hecho de que las empresas tienden a preferir la diferenciación de productos a la adopción de innovaciones más consistentes.[55]

Coincidentemente, el progreso técnico, las modificaciones que progresivamente se desarrollan en el aparato industrial y la creciente hegemonía de plantas de producción transnacionalizadas desplazan ciertos productos y calidades, e incorporan otros.[56] La demanda de estos productos es afectada, asimismo, por la sustitución que opera en el interior mismo de estas industrias —los casos más conocidos son los del acero y el cobre, en favor del aluminio— en relación con productos de otras industrias, como es el caso de la sustitución de estos materiales por los plásticos. En otras ocasiones, la imposición de normas de producción diseñadas con el propósito de controlar los problemas ambientales desplaza ciertos productos, como ha sucedi-

---

[55] Además de la búsqueda de protección que procuró en un primer momento la transnacionalización de actividades.

[56] Así, el desarrollo de la colada continua del cobre desplaza el *wirebar* en favor de los cátodos de cobre, de la misma manera que aquél había desplazado el cobre refinado a fuego.

do con los minerales de alto contenido arsenical o sulfuroso.

Es lógico que dentro de este contexto la evolución de la demanda minero-metalúrgica dependa estrechamente del dinamismo y de la capacidad motriz de las industrias que utilizan estos productos. Sería cuestión de analizar sistemáticamente el papel asumido por las industrias —modernas, enteramente nuevas, etcétera—,[57] en las diferentes etapas del proceso de acumulación, en relación con la composición y el crecimiento de la demanda de estos materiales. En la actualidad la referida demanda es particularmente dependiente del crecimiento y de la evolución de las condiciones de producción[58] imperantes en la construcción, la industria automotriz y la fabricación de maquinaria, cuyas producciones, como se sabe bien, crecieron a un ritmo particularmente sostenido en el curso de la fase expansiva del ciclo de posguerra,[59] y la generación y transporte de electricidad. Señalemos que durante la guerra fría el equipamiento militar también jugó un papel significativo en la generación de demanda, aparte del impacto que sobre ella generó la constitución del *stockpile* norteamericano.[60]

Los primeros síntomas de la crisis afectarán este panorama desde los años 1968-1970. Sin embargo, la crisis no se ha hecho sentir con toda su crudeza, sino en la recesión generalizada de 1975-1976. En lo que a la demanda respecta, debe hacerse hincapié en la significativa contradicción que aquélla registra en el curso de estos dos años. Si nos preguntamos con respecto al futuro, las perspectivas de la demanda distan considerablemente de ser optimistas. En el cuadro 6 se resumen algunas de las conclusiones a que llegan los primeros estudios prospectivos realizados en los últimos años. Se observará que —con excepción de los pronósticos formulados en el informe Leontief, cuyo optimismo es encomiable—, en líneas generales, se espera que la demanda

[57] Utilizamos, en esta oportunidad, la nomenclatura difundida por François Perroux (*Las técnicas cuantitativas de la planificación*, Ariel, Barcelona, 1967, cap. VI).

[58] Nos referimos a las pautas asumidas por la innovación tecnológica en materia de utilización de estas materias primas: tendencias a la economía de materiales, nuevos productos, nuevos usos.

[59] Así por ejemplo, en 1973 26,7 por ciento de la demanda norteamericana de aluminio correspondió a la construcción; 20,8, a la fabricación de medios de transporte; 13,8, a los usos eléctricos, y 7, a la fabricación de maquinaria. En el caso del cobre las proporciones eran 14,6; 8,1; 59,9, y 10,4 por ciento, respectivamente; y en el del acero, 13,3; 14, y 8,1 por ciento para los tres primeros usos, respectivamente (*Mineral Facts and Problems, op. cit.,* pp. 61, 307 y 573).

[60] Helge Hveem, "Militarization of nature: conflict and control over strategic resources and some implications for peace policies", en *Journal of Peace Research*, vol. VXI, núm. 1, 1979. El autor recalca que la creciente militarización de la economía mundial provoca el consumo de recursos con relativa independencia de las fases del ciclo.

crezca a un ritmo inferior al manifestado en 1968-1979, periodo en el que, como bien se sabe, el incremento de la demanda fue bastante moderado.

Ahora bien, estas proyecciones han sido formuladas en circunstancias en las que se pensaba —o al menos así lo pensaban las instituciones y personas que las formularon— que la economía mundial capitalista se recuperaría de lo que muchos calificaban como *accidente de ruta*. Hoy en día pocos continúan creyendo tal cosa. Se podría decir, a manera de hipótesis, que muy probablemente la demanda minero-metalúrgica crecerá, en los próximos años, *a tasas inferiores a las previstas en los estudios señalados*. Sin embargo, nuestra hipótesis no se basa únicamente en las perspectivas de un crecimiento económico o industrial, sino que incorpora consideraciones acerca del *proceso de reestructuración industrial*. Para completar este panorama, y hacer explícitos algunos interrogantes en torno a la demanda de metales primarios, desarrollaremos algunos puntos de vista sobre la demanda de metales secundarios, es decir, del reciclaje.

La evolución industrial. Las industrias de la construcción y de los medios de transporte aseguran entre 25 y 50 por ciento de la demanda de la mayor parte de los metales de uso más difundido. Se piensa que estas actividades crecerán moderadamente, pero que la crisis y la lucha antiinflacionaria pueden comprometerlas aún más. Con respecto a la industria de construcción, cabe señalar que sus perspectivas de crecimiento dependerán, entre otras consideraciones, de la amplitud y el sentido de las políticas de estabilización económica que se pongan en práctica en los países capitalistas desarrollados, así como de la implantación de programas de reconversión energética. La construcción de infraestructuras relacionadas con nuevas fuentes energéticas, o destinadas al ahorro de energía, constituyen los rubros que podrían impulsar la demanda de metales que se derivaría de la construcción civil. No obstante, la dinámica de éstos puede verse comprometida por la crisis, y, de manera especial, por las políticas de estabilización que se pongan en marcha. Asimismo, estas políticas podrían afectar sensiblemente la construcción de viviendas, de plantas industriales y de otras obras de infraestructura, actividades que, como bien se sabe, constituyen actualmente los rubros más importantes de la construcción civil. Así, los efectos generales que tal coyuntura tendría sobre la demanda de metales pueden ser previstos.

Con respecto a la fabricación de medios de transporte, debe hacerse una primera reflexión a propósito de la industria automotriz. Se sabe bien que la crisis energética obliga a los fabricantes de vehículos de turismo —la reflexión podría ser aplicada también, dentro de ciertos límites, a la fabricación de los utilitarios— a construir unidades de menor peso, y a la consiguiente disminución del tamaño del modelo y el uso de materiales de menor densidad. Se piensa que en el curso de la década de los ochenta factores como el empleo de materiales de menor peso —aluminio, plásticos— reducirá el peso promedio de los automóviles entre 17 y 22 por ciento.[61] En el cuadro 7 se proporcionan algunos datos acerca de la probable evolución de la cantidad de materiales que serían utilizados por unidad en la General Motors. Se observará que entre 1975 y 1985 el peso de los vehículos de turismo de la referida empresa baja entre 21 y 24 por ciento, disminuyendo sensiblemente la utilización de materiales como el acero y el cinc.

Es conocida la probabilidad de que la industria automotriz crezca lentamente en las próximas décadas. Se piensa que se está llegando a la saturación de la demanda automotriz en los países de la OCDE, países en los que se genera actualmente 83 por ciento de la demanda de autos y 35 de la demanda de utilitarios. Se ha señalado que en los países de la OCDE la demanda de vehículos de turismo "va a reducirse progresivamente de aquí hasta fines del siglo, en que se llegará a un crecimiento nulo", y que, "los cambios en la distribución de la renta nacional y la disminución de la tasa de crecimiento tendrán efectos desfavorables en la demanda de vehículos utilitarios".[62]

Las perspectivas de crecimiento radican, por ello, en la evolución de la demanda en los países subdesarrollados y en las llamadas economías socialistas. Sin embargo, las limitaciones de mercado son significativas en el caso de los países subdesarrollados, mientras que en los socialistas existen importantes problemas de distribución sectorial de recursos, que impiden u obstaculizan el crecimiento de esta industria.[63]

Habría que preguntarse cuáles serían las manifestaciones de ambas tendencias en la evolución de la industria automotriz en el curso de la presente década. Algunas fuentes estiman que en 1981 el nivel de la producción norteamericana será 20 por ciento inferior a la de 1978. Tales perspectivas nos dan una idea de las dificultades que confronta la recuperación de una actividad cuya crisis es evidente.[64]

[61] Wolfgang Lincke, "The motor vehicle in the eighties", en *Industry and Environment*, abril-junio de 1979, p. 15. Lincke es director de Investigaciones de la Volkswagen.

[62] *Interfuturs: face aux futurs, op. cit.*, p. 377.

[63] Señalemos que, en alguna medida, la industria automotriz de estos países es tributaria del mercado de la OCDE.

[64] Para una apreciación de la crisis de la industria automotriz en la década pasada véase Rhys Jenkins, *The international motor industry in the post-war period and the crisis of the seventies*, University of East Anglia, Norwich, diciembre de 1979, pp. 18-28.

Por su parte, la construcción de barcos confronta perspectivas poco optimistas. La crisis económica, al reducir el tráfico marítimo, ha afectado significativamente la demanda de nuevas embarcaciones, así como su construcción. Señalemos que, en países como Japón, algo más de 20 por ciento del consumo industrial de acero se destinaba a la construcción de embarcaciones.

Con respecto a las perspectivas de la construcción de embarcaciones cabe señalar que la OCDE estima que "la producción mundial, que fuera de 34 millones de grt. (*gross register tonnage*) en 1976, y que cayera a 17,6 millones a fines de 1978, podría continuar disminuyendo hasta 1981, en que, de acuerdo con diversos pronósticos, será de tan sólo 8 a 10 millones de grt. Una gradual recuperación podría ocurrir en 1983, pero se estima que el equilibrio con la demanda, que se obtendría hacia 1985, se situará en un nivel muy inferior al de los años 1975-1976".[65]

Habría que preguntarse por los efectos de la disminución del consumo de petróleo en el tráfico marítimo y en la construcción de barcos. Señalemos que entre 1960 y 1972, es decir, durante el periodo de mayor expansión del tráfico marítimo, más de 60 por ciento del incremento correspondió al tráfico petrolero. La disminución pudiera provenir, eventualmente —aparte de la actual recesión—, de la decisión adoptada por los países capitalistas desarrollados de sustituirlo por otras fuentes energéticas, así como del progresivo agotamiento de este recurso. En los dos últimos casos la disminución operaría a largo plazo,[66] pero no dejaría de influir en las perspectivas (de por sí pobres) de recuperación de la industria armadora. Podría demorar más de lo previsto por la OCDE. En realidad sólo dos factores parecerían apoyar la recuperación de la demanda del transporte marítimo: el impulso que se pretende dar a la producción de carbón y los crecientes déficit de granos que padecen los países del Tercer Mundo y los llamados países socialistas. No parecerían suficientes, sin embargo, para suplir el dinamismo que en alguna época tuvo el tráfico marítimo petrolero.

c) Demanda secundaria: el reciclaje

Una de las fuentes de suministro de materias primas es el *reciclaje*, nombre con el que se conoce un conjunto de operaciones que compren-

[65] "The shipbuilding crisis", en *The OCDE Observer*, marzo de 1979, pp. 10-11.

[66] En mayo de 1980 los países miembros de la Agencia internacional de la Energía anunciaron su decisión de disminuir su dependencia del petróleo, hacia 1990, a 40 por ciento de sus requerimientos energéticos. En la actualidad se sitúa en 47 por ciento. Algunos países, como Francia, pretenden situar esa dependencia, en 1990, en 30 por ciento.

de la recuperación de los desperdicios del proceso industrial (*new scrap*), así como de los metales contenidos en los bienes de consumo o de capital inutilizados. Estas operaciones han merecido especial atención de los países industrializados. Siendo los mayores consumidores, es lógico que en ellos se encuentren las mayores disponibilidades de metal reciclable, situación que los faculta para aminorar —dentro de ciertos límites— la dependencia que tienen de la importación de metales de origen primario. Asimismo, la recuperación de metales posee problemas ambientales y costos energéticos singularmente menores que la extracción de minerales y la fundición de metales.

1. En términos generales, se usa una cantidad significativa mayor de metal de origen primario que de origen secundario. En el cuadro 10 se pueden apreciar datos sobre el consumo de metales secundarios en los Estados Unidos. Así por ejemplo, en 1974 5 por ciento del consumo norteamericano de aluminio, 20 del consumo de cobre y 37 del consumo de acero (arrabio) provinieron del reciclaje. Se observará en el cuadro que los porcentajes correspondientes a la parte del consumo de cada metal que es cubierta por el reciclaje varían en cada década. Ello tiene que ver, en lo fundamental, con la disponibilidad y con los precios relativos del metal de origen primario. Pero, por lo general, las variaciones se registran en el interior de rubros más o menos establecidos. Se explica así el papel anticíclico que muchas veces juega el reciclaje de metales.

2. Las economías de energía pueden ser considerables. Así por ejemplo, se utiliza igual cantidad de energía para producir 20 toneladas métricas y de aluminio recuperado que una de aluminio de origen primario. El cuadro 9 proporciona algunos datos de interés. Por ejemplo, en la actualidad, en los Estados Unidos el reciclaje de los siete metales considerados en el cuadro permite economizar $1,2 \times 10^{15}$ Btu por año, cantidad equivalente a 1,6 por ciento del gasto energético total de ese país.[67]

Con respecto a la recuperación de desperdicios se puede afirmar que la operación depende de las innovaciones tecnológicas asimiladas por el proceso productivo, es decir, de las posibilidades tecnológicas y de las posibilidades que la innovación ofrece a la valorización del capital. En el segundo de los casos, antes de la crisis ambiental y energética, predominaban más bien consideraciones económicas, puesto que la tecnología requerida es bastante sencilla. Sin embargo, la recuperación de metales ya utilizados tiene problemas de importancia. Señalemos

[67] Herbert H. Kellog, "Sizing up the energy requirements for producing primary materials", en *Engineering and Mining Journal*, abril de 1977, p. 65. El cálculo se basa en una comparación con la situación que prevalecería si todos los requerimientos fueran cubiertos con metales de origen primario.

al respecto que por regla general se desarrolla en operaciones de pequeña escala, lo que dificulta la obtención de economías de escala. Asimismo, sus productos tienen una calidad singularmente inferior a la de los de origen primario, por lo que en épocas de abundancia y bajos precios muchas veces son desechados. Muchos procesos productivos han sido diseñados para emplear metales primarios, o para preferirlos. Consideración especial merece el tema de la disponibilidad de metales secundarios. Dos variables parecerían tener especial importancia. Por un lado, la cantidad de bienes de consumo y de capital de que se dispone para el reciclaje. En este caso interviene, entre otras consideraciones, la rapidez con que los productos se hacen viejos, es evidente que en periodos de crisis dicha velocidad disminuye. Hay que considerar también el metal contenido y las dificultades relativas que implica su extracción. El problema está en que los precios del metal primario tienen un papel importante en la determinación de la rentabilidad de las operaciones de recuperación. Si a ello agregamos la irregularidad del *ramassage* y las limitaciones del volumen de producción se explicará que el reciclaje sólo pueda jugar un papel secundario y anticíclico en el abastecimiento de metales.

Se trata de funciones de ninguna manera insignificantes, pero no constituyen una respuesta cabal a los problemas de disponibilidad de recursos minero-metalúrgicos. Sin embargo, es posible que en el futuro crezca el reciclaje en el abastecimiento de metales. Ello podría producirse, a mediano plazo, en los rubros que podríamos denominar *normales*, debido al desfase que se está produciendo entre el consumo y la capacidad de producción; y, a largo plazo, debido al incremento de los costos relativos de extracción y de fundición. Sin embargo, el establecimiento de medidas que incrementen la disponibilidad de metal recuperable —como sería el caso de un desarme generalizado— podría tener repercusiones importantes en el desarrollo del reciclaje, sobre todo si coincidentemente se produce un alza general de los precios del metal primario. En el cuadro 8 se muestran los resultados de los cálculos realizados por el Bureau of Mines sobre la participación futura del metal secundario o recuperado en el abastecimiento de los Estados Unidos.

CUADRO 1

Recursos identificados y reservas confirmadas e indicadas

	Recursos metal conte- nido 10^6 TM	Reservas metal conte- nido 10^6 TM	Años de duración de las reservas en relación con:		Distribución regional de las reservas en 1977 (%)
			La demanda de 1976	La demanda acumulada 1976-2000	
Hierro	195 000,0	93 400,0	194	5,1	URSS (30,2), Brasil (17,5), Canadá (11,7), Australia (11,5), India (5,8)
Cobre	726,0	456,0	54	1,4	EUA (18,5), Chile (18,5), URSS (7,9), Perú (7,0), Canadá (6,8) y Zambia (6,4)
Plomo	4 360,0	124,0	29	1,2	EUA (20,8), Australia (13,8), URSS (13,2), Canadá (9,5) y África del Sur (4,1)
Estaño	37,0	10,2	42	1,5	Indonesia (23,6), China (14,8), Tailandia (11,8), Bolivia (9,7), Malasia (8,2), URSS (6,1) y Brasil (5,9)
Cinc	1 800,0	150,0	27	0,9	Canadá (18,7), EUA (14,5), Australia (12,6), URSS (7,3) e Irlanda (5,5)
Aluminio	7 600,0	5 000,0	200	6,2	Guinea (33,9), Australia (18,6), Brasil (10,3), Jamaica (6,2), India (5,8), Guyana (4,1) y Camerún (4,1)
Titanio	2 015,0	394,0	300	4,4	Brasil (26,3), India (17,5), Canadá (15,2), África del Sur (8,6), Australia (6,6), Noruega (6,4) y EUA (6,0)

					Principales países productores (%)
Cromo	5 300,0	820,0	300	10,3	África del Sur (74,1), Zimbabwe (22,2), URSS (0,6), Finlandia (0,6), India (0,4), Brasil (0,3) y Madagascar (0,3)
Cobalto	4,5	1,5	44	1,3	Zaire (30,3), Nueva Caledonia-Francia (18,8), URSS (13,9), Filipinas (12,8), Zambia (7,7) y Cuba (7,3)
Columbio	14,6	10,7	850	17,0	Brasil (76,6), URSS (6,4), Canadá (5,5), Zaire (3,8), Uganda (3,0) y Níger (3,0)
Manganeso	3,2	1,8	185	4,6	África del Sur (45,0), URSS (37,5), Australia (8,0), Gabón (5,0) y Brasil (2,2)
Molibdéno	31,7	9,0	108	8,2	EUA (38,4), Chile (27,8), Canadá (8,1), URSS (6,6) y China (6,0)
Níquel	127,7	54,4	83	2,2	Nueva Caledonia-Francia (25,0), Canadá (16,0), URSS (13,5), Indonesia (13,0), Australia (9,3) y Filipinas (9,0)
Tautalio	0,26	0,06	60	1,8	Zaire (55,0), Nigeria (11,0), URSS (2,9), Corea del Norte (6,4) y EUA (6,1)
Tungsteno	3,4	2,0	57	1,4	China (46,9), Canadá (12,1), URSS (10,6), Corea del Norte (5,6), EUA (5,4) y Australia (2,7)
Vanadio	56,2	9,7	300	8,2	URSS (74,8), África del Sur (18,7), Chile (1,4), Australia (1,4), Venezuela (0,9) e India (0,9)
Bismuto	0,13	0,08	30	0,8	Australia (20,7), Bolivia (16,3), EUA (10,9), Canadá (6,5), México (6,5) y Perú (5,4)
Plata	0,51	0,19	20	0,6	URSS (26,2), EUA (24,8), México (13,9), Canadá (11,6) y Perú (10,0)

	Recursos metal contenido 10^6 Tm	Reservas metal contenido 10^6 TM	Años de duración de las reservas en relación con:		Distribución regional de las reservas en 1977 (%)
			La demanda de 1976	La demanda acumulada 1976-2000	
Mercurio	0,80	0,24	30	0,9	España (38,4), URSS (18,2), Yugoslavia (8,6), EUA (8,6), China (4,5), México (4,6), Turquía (4,5) e Italia (4,1)
Platino	0,026	0,009	110	3,1	África del Sur (82,3), URSS (15,6), Canadá (1,6), Colombia (0,3) y EUA (0,1)
Amianto	135,0	87,0	22	0,5	Canadá (42,7), URSS (32,3), África del Sur (38,6), Zimbabwe (6,3) y EUA (4,2)

Fuente: *Interfuturs: face aux futurs*, OCDE, París, 1979.

CUADRO 2

Producción minera: participación de los países consumidores, de los países exportadores y de los países socialistas, 1965 y 1975
(En porcentajes)

	Bauxita		Cobre		Estaño		Hierro		Níquel		Plomo		Cinc	
	1965	1975	1965	1975	1965	1975	1965	1975	1965	1975	1965	1975	1965	1975
Países consumidores	15,7	9,7	28,0	21,1	1,7	2,5	31,9	19,3	3,5	4,6	21,3	27,2	29,3	22,1
Estados Unidos	4,5	2,3	24,2	17,5	---	---	15,4	9,8	2,8	1,8	9,9	17,9	13,1	7,7
Europa	11,2	7,4	1,7	2,4	1,2	2,2	16,1	9,5	0,7	2,8	9,4	8,1	11,0	10,3
CEE[1]	(7,8)	(3,3)	(0,1)	(0,2)	(0,9)	(1,7)	(8,7)	( )	(--)	(--)	(3,9)	(4,0)	(5,8)	(6,2)
Otros países	(3,4)	(4,1)	(1,6)	(2,2)	(0,3)	(0,5)	(7,4)	( )	(0,7)	(2,8)	(5,4)	(4,1)	(5,3)	(4,1)
Japón	--	--	2,1	1,2	0,5	0,3	0,4	--	--	--	2,0	1,2	5,2	4,1
Países exportadores	62,1	74,2	52,7	55,2	74,3	78,9	34,4	47,0	69,6	72,0	48,2	41,1	46,8	49,4
Australia, resto de Oceanía y África del Sur[2]	3,2	26,4	3,0	8,2	2,9	6,4	2,5	13,7	15,2	29,2	17,4	11,9	9,1	9,0
América Latina[3]	46,8	28,6	16,8	15,0	13,4	15,4	12,1	15,6	--	4,1	14,9	15,0	12,8	15,4
África (excepto África del Sur)	5,7	14,7	21,0	16,9	9,1	5,4	6,6	6,3	--	2,2	1,7	3,6	6,3	3,0
Asia	6,4	4,5	2,8	5,3	48,9	51,7	6,5	5,9	0,6	3,3	4,6	2,3	1,0	3,0
Canadá	--	--	9,1	9,8	--	---	6,7	5,5	53,8	33,2	9,6	8,3	17,6	19,0

CUADRO 2 (Continuación)

	Bauxita		Cobre		Estaño		Hierro		Níquel		Plomo		Cinc	
Países socialistas	22,2	16,1	19,3	23,7	24,0	18,6	33,7	33,7	26,4	23,6	30,5	32,7	23,9	28,5
URSS	12,6	7,6	14,8	15,1	11,2	6,8	24,9	25,6	18,3	17,1	14,5	16,0	10,6	16,1
Europa⁴	8,5	7,5	2,5	6,4	0,6	0,6	1,3	0,9	1,4	1,5	10,2	9,7	9,0	7,5
Asia y América														
Latina	1,1	1,0	2,0	2,2	12,2	11,2	7,5	7,2	6,7	5,0	5,8	7,0	4,3	4,9
Total	100,0	100,0	100,0	100,0	100,0	100,0	100,0	100,0	100,0	100,0	100,0	100,0	100,0	100,0

1 Los datos correspondientes a 1965, 1966 y 1967 incluyen a los nueve países de la CEE.
2 Inclusión hecha de Namibia.
3 Incluye a los países del Caribe.
4 Incluye a Yugoslavia.

Fuente: *Mettallgessellschaft*, 1970; y *Metal Statistics Annual Report*, 1976.

CUADRO 2bis

Producción de fundición y de refinería. participación de los países consumidores, de los países exportadores y de los países socialistas, 1965 y 1975*

(En porcentajes)

	Alúmina		Aluminio		Arrabio		Cobre blíster		Cobre refinado	
	1965	1975	1965	1975	1965	1975	1965	1975	1965	1975
Países consumidores	53,4	37,2	61,2	59,8	61,2	59,7	34,7	33,6	55,3	43,9
Estados Unidos	35,9	17,8	38,0	27,7	25,1	17,1	25,4	18,0	31,6	19,2
Europa	13,0	13,5	18,8	24,1	27,5	24,6	4,2	5,4	17,8	14,9
MCE[1]	(12,4)	(11,7)	(11,2)	(14,3)	(24,7)	(21,7)	(1,9)	(2,6)	(14,9)	(11,6)
Otros países	(0,6)	(1,8)	(7,6)	(9,8)	(2,8)	(2,9)	(2,3)	(2,8)	(2,9)	(3,3)
Japón	4,5	5,9	4,4	8,0	8,6	18,0	5,1	10,2	5,9	9,8
Países exportadores	23,8	42,6	15,6	16,9	8,1	8,4	46,3	42,6	25,7	29,3
Australia, resto de Oceanía y África del Sur[2]	2,1	19,3	1,4	3,1	2,3	2,5	3,1	5,0	1,8	3,3
América Latina[3]	10,7	14,8	0,8	2,1	1,4	2,1	15,0	13,4	6,1	8,2
África (excepto África del Sur)	3,5	2,4	0,8	1,6	---	0,1	19,9	15,9	11,1	10,6
Asia	1,4	1,8	1,2	3,1	2,5	1,9	0,8	1,2	0,3	0,9
Canadá	6,1	4,3	11,4	7,0	1,9	1,8	7,5	6,8	6,4	6,3

CUADRO 2 bis (Continuación)

	Alúmina		Aluminio		Arrabio		Cobre blíster		Cobre refinado	
	1965	1975	1965	1975	1965	1975	1965	1975	1965	1975
Países socialistas	22,8	20,2	23,2	23,3	30,6	31,9	19,0	24,1	19,0	26,8
URSS	17,6	12,8	18,2	16,9	18,4	18,4	14,6	15,1	14,1	17,0
Europa[4]	5,1	3,6	6,1	4,0	5,4	5,8	2,0	6,8	3,1	6,8
Asia y América Latina	1,2	1,3	1,4	1,3	6,8	7,7	2,4	2,2	1,8	3,0
Total	100,0	100,0	100,0	100,0	100,0	100,0	100,0	100,0	100,0	100,0

* En los casos de la alúmina y del arrabio ha sido necesario considerar 1966 y 1974.
1 Los datos correspondientes a 1965, 1966 y 1975 incluyen a los nueve países de la CEE.
2 Inclusión hecha de Namibia.
3 Incluye a los países del Caribe.
4 Incluye a Yugoslavia.

Fuente: *Mettallgessellschaft*, 1970 y 1975, *Metal Statistics Annual Report.*

CUADRO 3

Países desarrollados de economía de mercado: participación de las importaciones en el consumo aparente[1] de materias primas y de semimanufacturas minerales, 1973-1974
(En porcentajes)

	CEE[2]	EUA	*Japón*
Materias primas			
Minerales en general	72,2	32,2	79,1
Semimanufacturas			
Minerales no metálicos	3,2	3,5	0,9
Metales ferrosos y no ferrosos	18,2	12,9	14,7

[1] Consumo aparente: producción interna más importaciones menos exportaciones.
[2] Europa *de los seis* no incluye a Dinamarca, al Reino Unido ni a Noruega.

Fuente: *Handbook of International Trade and Development Statistics*, UNCTAD, Nueva York, 1976.

CUADRO 4

*Participación de los países desarrollados (PD), de los países en vías de
desarrollo (PVD) y de los países socialistas (PS) en las exportaciones
mundiales de minerales y metales, 1970*
(En miles de millones de dólares)

	Valor de las exportaciones mundiales (ºlo)	*PD*	*PVD*	*PS*
Aluminio				
Bauxita	0,29	88,0	12,0	- - -
Metal	2,44	5,0	84,0	11,0
Cromo				
Mineral	0,10	22,0	37,0	41,0
Cobre				
Mineral	0,56	42,0	58,0	- - - -
Metal	5,62	44,0	54,0	2,0
Estaño				
Mineral	0,05	64,0	36,0	- - - -
Metal	0,60	77,0	23,0	- - - -
Hierro				
Mineral	2,20	42,0	58,0	- - - -
Níquel				
Mineral	0,48	24,0	76,0	- - - -
Metal	1,02	7,0	93,0	- - - -
Plomo				
Mineral	0,12	12,0	88,0	- - - -
Metal	0,40	11,0	84,0	5,0
Cinc				
Mineral	0,25	14,0	86,0	- - - -
Metal	0,39	12,0	74,0	14,0
Fertilizantes en bruto	0,45	43,0	22,0	35,0
Conjunto de los minerales				
y de los metales	15,12	33,7	61,8	4,5
Minerales	(4,65)	(40,7)	(54,4)	(4,9)
Metales	(10,47)	(30,6)	(65,0)	(4,4)

Fuente: *Les matières premières minerales: perspectives mondiales et politiques
d'approvisionnement*, Ministerio de la Industria, La Documentattion
Française, París, 1975.

CUADRO 5

*Evolución del consumo mundial de algunos minerales metálicos y
metales importados*
(En porcentajes anuales)

	1969-1973	1973-1978	1969-1978
Aluminio (refinado primario)	8,9	2,3	5,5
Cadmio	2,4	- 1,1	1,2
Cobre (refinado primario y secundario)	6,0	1,7	3,8
Estaño (refinado primario y secundario)	2,9	- 1,6	0,7
Hierro	- - -	- - -	3,6[1]
Níquel (refinado primario y secundario)	5,8	1,8	3,7
Plomo	4,8	3,4	4,1
Cinc (refinado *slab*)	6,0	- 0,2	2,9

[1] 1963-1978.
Fuente: *a)* Hierro: *Mineral facts and problems,* Bureau of Mines, Departament of
the Interior, Washington, 1975.
   b) Otros metales: *World Metal Statistics,* World Bureau of Metal Statistics,
junio de 1980, p. 9.

CUADRO 6

Diferentes previsiones del crecimiento de la demanda mundial de algunos minerales metálicos y metales importados

(En porcentajes anuales)

	Bureau of Mines[1]	*Banco Mundial*[2]	*Leontief*[3]	*Malenbaum*[4]
Aluminio	5,2 (1973-2000)	6,7 (1974/76-1990)	4,8 (1970-2000)[5]	3,0 (1975-2000)
Cobre	3,9 (1973-2000)	3,4 (1977 -1990)	5,3 (1970-2000)	2,1 (1975-2000)
Estaño	1,5 (1973-2000)	1,3 (1974/76-1990)	- - - -	1,7 (1975-2000)
Hierro	2,8 (1973-2000)	3,2 (1976 -1990)	5,2 (1970-2000)	2,1 (1975-2000)
Níquel	2,6 (1973-2000)[6]	5,1 (1976 -1990)	4,8 (1970-2000)	2,1 (1975-2000)

[1] *Mineral Facts and Problems*, Bureau of Mines, Departament of the Interior, Washington, 1976.
[2] Publicaciones internas; los datos excluyen a los países socialistas. Citado por Raymond F. Mikesell, *New Patterns of World Mineral Development*, British-North American Committee, Washington, 1979.
[3] Wassily Leontief et al., *El futuro de la economía mundial*, Siglo XXI Editores, México, 1977.
[4] Wilfred Malenbaum, *World Demand for Raw Materials in 1985 an 2000*, McGraw-Hill, Nueva York, 1978; citado por Raymond Mikesell, *New Patterns of World Mineral Development*, British-North American Committee, Washington, 1979.
[5] Bauxita.
[6] 3,5 por ciento según J. D. Carrick, *Nickel-1977*, Bureau of Mines, Department of the Interior, Washington, 1977; citado por Raymond Mikesell, *op. cit.*

CUADRO 7

Peso promedio de diversos materiales utilizados en los automóviles de General Motors
(En libras netas por automóvil)

	1975	1979	1985
Arrabio	643	585	310
Acero	2 347	2 050	1 735
Aluminio	56	110	175-235
Plomo	26	22	22
Cobre	26	31	29
Cinc	39	15	9
Vidrio	99	92	79
Caucho	125	97	84
Plásticos	175	191	235-300
Otros	254	227	189
Total	3 790	3 420	2 867-2 992

Fuente: *IBA Review*, vol. V, núms. 2-3, diciembre de 1979-marzo de 1980.

CUADRO 8

EUA: Estimaciones previsibles de la demanda de metal secundario (old scrap) para

Materia prima	Unidad	1985			2000		
		Demanda total	Demanda secundaria Cantidad	Porcentaje del total	Demanda total	Demanda secundaria Cantidad	Porcentaje del total
Aluminio	Miles TC	11 800	700	6	22 960	2 000	9
Antimonio	Miles TC	60	29	48	90	40	44
Berilio	TC	430	—	—	1 170	20	2
Bismuto	Miles libras	4 220	120	3	4 720	220	5
Cromo	Miles TC	780	80	10	1 240	140	11
Cobalto	Miles libras	27 900	800	3	44 700	1 700	4
Cobre	Miles TC	3 600	900	25	6 000	1 800	30
Oro	Miles OzT	7 900	900	11	17 000	1 700	10
Hierro	Millones TC	165	58	35	198	69	34
Plomo	Miles TC	2 000	800	40	2 430	900	37
Magnesio	Miles TC	207	12	6	395	30	8
Mercurio	Miles frascos	62	9	15	58	11	19
Niquel	Miles TC	360	100	28	550	165	30
Paladio	Miles OzT	1 200	225	19	1 580	240	15
Platino	Miles OzT	1 285	305	24	1 440	215	15
Rodio	Miles OzT	90	15	17	145	20	14
Plata	Millones OzT	225	65	29	310	80	26
Tantalio	Miles libras	2 600	300	12	5 300	700	13
Estaño	Miles TL	71	13	18	80	16	20
Titanio	Miles TC	45	16	36	70	25	36
Tungsteno	Miles libras	27 700	1 000	4	51 800	2 400	5
Cinc	Miles TC	2 230	110	5	3 200	150	5

CUADRO 9

Unidades de energía requeridas para la producción primaria
y secundaria de metales
(10⁶ Btu por TM de metal)

	Primaria (Procedente mineral)[1]	Secundaria[2]	Energía ahorrada con reciclaje
Magnesio	358	12	346
Aluminio	244	12	232
Níquel	144	15	129
Cobre	112	18	94
Cinc	65	18	47
Acero	32[3]	13	19
Plomo	27	12	15

[1] Basado en datos de Battelle Columbus Laboratories.

[2] Estimados realizados por H. H. Kellogg.

[3] Dato ajustado teniendo en cuenta los desechos que se generan en la producción de arrabio.

Fuente: H. H. Kellogg, 1977.

CUADRO 10

EUA: Demanda de metal secundario (old scrap), en 1950, 1960, 1970 y 1974

Materia prima	Unidad	1950 Demanda total	1950 Demanda secundaria Cantidad	1950 Porcentaje del total	1960 Demanda total	1960 Demanda secundaria Cantidad	1960 Porcentaje del total	1970 Demanda secundaria Cantidad	1970 Porcentaje del total	1970 Demanda total	1974 Demanda total	1974 Demanda secundaria Cantidad	1974 Porcentaje del total
Aluminio	Miles TC	990	76	8	1 680	95	6	177	4	4 128	6 222	304	5
Antimonio	Miles TC	34	19	56	32	20	63	18	55	33	43	23	53
Berilio	TC	120	ND	—	388	—	—	2	1	380	209	—	—
Bismuto	Miles libras	1 853			1 853	36	2	78	3	2 315	2 374	9	(1)
Cromo	Miles TC	277	49	18	381	28	7	67	13	529	625	66	11
Cobalto	Miles libras	5 126	126	2	10 920	240	2	69	(1)	16 259	23 453	270	1
Cobre	Miles TC	1 757	485	28	1 536	429	28	504	24	2 076	2 436	483	20
Oro	Miles OzT	3 850	1 050	27	4 396	1 311	30	2 781	31	8 928	4 580	650	14
Hierro	Millones TC	95	33	35	97	32	33	33	28	117	138	51	37
Plomo	Miles TC	1 126	428	38	1 009	470	47	506	38	1 335	1 532	601	39
Magnesio	Miles TC	23	5	22	55	4	7	3	3	99	129	6	5
Mercurio	Miles frascos	49	2	4	51	5	10	8	13	62	60	6	10
Níquel	Miles TC	103	3	3	149	27	18	49	24	205	284	65	23
Paladio	Miles OzT	150	21	14	414	34	8	198	27	737	886	213	24
Platino	Miles OzT	309	34	11	325	37	11	109	21	516	944	96	10

Rodio	Miles OzT	14	ND	—	25	1	4	49	13	27	62	11	18
Plata	Millones OzT	185	50	27	197	49	25	129	56	43	178	54	30
Tantalio	Miles libras	150	ND	—	578	70	12	1 335	215	16	2 272	312	14
Estaño	Miles TL	97	24	25	81	22	27	73	20	27	57	11	19
Tungsteno	Miles libras	6 797	200	3	11 605	200	2	16 700	500	3	16 298	600	4
Cinc	Miles TC	1 221	74	6	1 024	68	7	1 374	72	5	1 539	75	5

ND No disponible
TC Toneladas largas
TL Toneladas cortas
OzT Onzas troy
(1) Inferior a 0.5 por ciento

Fuente: Bureau of Mines, 1976.

IDEOLOGÍA Y CRISIS EN EL CAPITALISMO CONTEMPORÁNEO

AMÉRICO SALDÍVAR

1. La ideología, un enfoque teórico-metodológico

En el capitalismo la ideología dominante niega el carácter social presente en las relaciones de producción. Éstas se ven como relaciones entre cosas, como problemas técnicos o de **organización**, rechazando el carácter histórico y socialmente determinado de las **mismas**: "en la relación de los hombres con las cosas media la relación de los hombres entre sí", recalcó Marx.

No se pueden entender la estructura social y las relaciones de producción si no se consideran como una *totalidad orgánica;* es decir, como niveles o instancias articulados entre sí. Esa totalidad se construye a partir del principio de determinación, en el que las nociones de estructura económica y superestructura constituyen la totalidad dentro de una formación social o del bloque histórico. Vale decir, todas las relaciones de producción son relaciones sociales, si bien no todas las relaciones sociales constituyen necesariamente relaciones de clase.

Es en la ideología y por la ideología que es encubierta la base económica, las relaciones de producción (de poder y de propiedad) y los conflictos inherentes a ellas. Pero también, por otra parte, es en la ideología por la relación ideología-base económica— que esos conflictos pueden ser percibidos y formulados.[1] Karl Marx, en el prólogo de la *Contribución a la crítica de la economía política*, aborda la relación existente entre las condiciones económicas y las formas ideológicas:

> Al considerar esta clase de trastocamientos [modificación del fundamento económico], siempre es menester distinguir entre el trastocamiento material de las condiciones económicas de producción, fielmente comprobables desde el punto de vista de las ciencias naturales, y las formas jurídicas, políticas, religiosas, artísticas o filosóficas, en suma, ideológicas, dentro de las cuales los hombres cobran conciencia de este conflicto y lo dirimen.[2]

Más adelante, Marx agrega que no se pueden juzgar las revoluciones (o cambios sociales) por la conciencia que los individuos tengan de

[1] M. Limoeiro. *La ideología dominante*, Siglo XXI, México, 1975, p. 60.
[2] Karl Marx. *Contribución a la crítica de la economía política*, Siglo XXI, México, 1980, p. 5.

ellas, sino que, por el contrario, "se debe explicar esta conciencia a partir de las contradicciones de la vida material, a partir del conflicto existente entre fuerzas sociales productivas y relaciones de producción."[3] Las formas ideológicas (relaciones) abarcan a todas las demás relaciones que se presentan en el nivel de la superestructura. A su vez, las prácticas ideológicas tienen autonomía con respecto a las *prácticas económicas*. En este sentido, afirma Gramsci, "se debe rechazar toda concepción reduccionista que conciba a la ideología como *reflejo*, representación o falsa conciencia, o como un sistema de ideas *útiles* para invertir la realidad, explicando todos los fenómenos a partir de la economía".[4] Gramsci insistía en que es en el terreno de la ideología donde los hombres adquieren conciencia de su situación y de los conflictos de la estructura, por lo que juega un papel político invaluable. Además recalcaba que no se puede desarrollar una clase nacional y su formación económica si no se presenta un desarrollo paralelo de lo ideológico, lo cultural, lo jurídico, lo religioso, etcétera. Aún más, en el nivel abstracto de la ideología, particularmente cuando se analizan las verbalizaciones, el proyecto y el discurso estatales, lo económico se subordina a lo político. El desarrollo, por ejemplo, va a obedecer a las necesidades de lograr estabilidad política, seguridad, bienestar social, etcétera.[5] En la sociedad capitalista moderna y desarrollada lo ideológico y lo político, junto con lo económico, son los principales elementos que definen y articulan tanto la organización social como el propio proyecto histórico de la clase en el poder.

Si el desarrollo obedece al proyecto de las clases dominantes, las crisis aparecen como interrupciones o desviaciones de ese desarrollo; la ideología dominante las va a presentar como procesos desatados por fuerzas *subjetivas*, como desajustes provocados por fallas y errores de la política económica: salarios, excesivas demandas de los trabajadores, inflación, recesión, estrechez del mercado, etcétera; estos fenómenos aparecen como esenciales de la explicación. Los antagonismos de las relaciones burguesas de producción crean las condiciones para su propia solución en el seno mismo de la sociedad burguesa. Pero, a pesar de la determinación de lo económico *en última instancia*, existe pluralidad en las instancias y autonomía de la superestructura. Lás prácticas ideológicas juegan un papel de primer orden, y actúan como condición adicional e imprescindible para que se origine la ruptura o se evite. Y no de otra manera se debe entender el planteamiento teórico más general de que la política es *expresión concentrada* de la economía.

---

[3] *Ibid.*
[4] Antonio Gramsci, *Obras escogidas*, Editorial Juan Pablos, México, 1975, t. II, p. 50.
[5] M. Limoeiro, *op. cit.*, p. 142.

La naturaleza material e institucional de las prácticas ideológicas, su elaboración y difusión, están conformados por los aparatos hegemónicos: sindicatos, escuelas, partidos, Iglesia, familia, televisión, radio, prensa. Estas *instituciones privadas* de la sociedad civil conforman la estructura ideológica de la clase dominante, a través de la cual se ejerce la hegemonía política y social, así como el dominio de esa clase sobre la sociedad. Gramsci acusaba de infantilismo primitivo el tratar de presentar y exponer cada fluctuación de la política y de la ideología como una expresión inmediata de la estructura y de lo económico. Pero también se refiere críticamente a la teoría del derrumbe, al apuntar que las crisis económicas por sí solas no son suficientes para que el capitalismo se derrumbe, sino que para ello hace falta también un movimiento revolucionario, anticapitalista, capaz de contrarrestar la ideología dominante y su hegemonía en el seno de la sociedad civil. Aquí se remarca precisamente tanto la interacción dialéctica como la autonomía relativa y entre sí que existe entre ambas instancias. Creemos que estos planteamientos analíticos son fundamentales para entender el surgimiento de las crisis estructurales —cíclicas o coyunturales— y su organicidad con las crisis políticas y sociales de más amplio espectro.

La ideología se debe concebir según las funciones que cumpla dentro de una formación social específica, vinculada con la relación existente entre las clases sociales. Al contrario de la noción **althusseriana**, la ideología *en general* no necesariamente expresa una falsa representación del mundo y de la sociedad; no es necesariamente tergiversadora y deformadora de la realidad. La *objetividad* y la realidad

> ... son propiedades que el hombre ha destacado y diferenciado de acuerdo a sus intereses prácticos (la construcción de su vida económica y de sus intereses científicos), o sea, de su necesidad de encontrar un orden en el mundo y de describir y clasificar las cosas; necesidad que también está ligada a intereses prácticos inmediatos y futuros ...[6]

Por su parte, en *La ideología alemana*, Marx y Engels se refieren a la función tergiversadora de la ideología dominante en un modo particular de producción: el capitalista. En este aspecto no se analiza la ideología *en general*, **sino la** ideología dominante; es decir, una manera específica de pensar y de concebir el mundo. Su objetivo es parcial, tendiente a combatir las desviaciones de la ideología alemana poshegeliana predominante en esa época. Por último, según ellos mismos advierten, ese manuscrito estaba destinado a esclarecer sus propias ideas, no a ofrecer una teoría acabada o una concepción sobre la ideología (en general),

---

[6] Antonio Gramsci, *Quaderni del carcere*, edición crítica al cuidado de Valentino Gerratana, Einaudi Editore, Torino, 1978, p. 1290.

por lo que, de buen grado, arrojaban ese manuscrito a "la crítica roedora de los ratones".

La ideología intenta proporcionar a los hombres una representación de su mundo y de sus relaciones con ese mundo, con el propósito de que puedan cumplir las funciones que se les asignan en la división social del trabajo. La ideología como representación está, por lo tanto, íntimamente vinculada con el cumplimiento de las tareas que el orden económico determina. Así, la necesidad de la ideología para el funcionamiento de la sociedad *no* se refiere a la sociedad en general, sino al funcionamiento específico de una sociedad particular, definida por un determinado tipo de división del trabajo. En este sentido, aquella ideología que apunta al *mantenimiento* del funcionamiento y reproducción adecuados de la sociedad de la que forma parte la denominamos *ideología dominante.*[7]

Al intentar el análisis concreto de la ideología y del discurso ideológico podemos ver su uso y funcionamiento en una realidad y prácticas específicas: *la crisis.* Además consideramos que la ideología dominante, en su discurso general, se presenta como defensora del interés social común, si bien también adquiere diferentes formas y contenidos, según sea el sector o grupo social al que va dirigido el mensaje.[8]

Finalmente, queremos hacer hincapié en que el papel que juegan las clases, y su interrelación en el nivel económico, en las relaciones de clase y en las relaciones sociales de producción, no puede ser explicado exclusivamente por la base material (producción). Para ello es importante también conocer cuál es el grado de identificación que tienen las clases consigo mismas, su nivel de organización y de conciencia, su praxis política, ya que las clases existen y se mueven simultáneamente en el nivel de la estructura y la superestructura; es decir, en el plano económico, político e ideológico.[9]

2. *Diversas concepciones sobre la crisis*

Pocos son los que niegan la situación de crisis o, al menos, la presencia de serios y prolongados desajustes que afectan actualmente la totalidad del sistema capitalista. Las divergencias surgen en el momento de su caracterización y de las modalidades específicas que adopta, así como de su duración en una economía y país determinados. En este apartado no nos vamos a ocupar de los aspectos causales estructurales, ni del

[7] M. Limoeiro, *op. cit.*, p. 69.
[8] Américo Saldívar, *Ideología y política del Estado mexicano, 1970-1976*, Siglo XXI, México, 1980, p. 50.
[9] M. Limoeiro, *op. cit.*, pp. 59-60.

carácter histórico de la crisis, sino sólo de algunos fenómenos que se observan en la superestructura, y su explicación derivados de ésta.

Decíamos que en la explicación de la crisis y de las causas del atraso y subdesarrollo prevalece una explicación tecnicista y ahistórica. Por ejemplo, Arthur Lewis escribe que

> La causa principal de la pobreza en los países en desarrollo y de su desfavorable relación factorial de precios del intercambio es que la mitad de su fuerza de trabajo... produce alimentos a niveles de productividad muy bajos. Esto limita el mercado interno de manufacturas y servicios, mantiene una propensión a importar demasiado elevada, reduce la capacidad tributaria y el ahorro, y provee bienes y servicios de exportación en condiciones desventajosas.
>
> [Y agrega más adelante el economista norteamericano:] El modificar esta situación constituye la manera fundamental de cambiar las relaciones entre países en vías de desarrollo y los más desarrollados. Pero esto toma tiempo.[10]

En el problema de la realidad de la crisis (económica), tal y como es presentada por los políticos y los economistas burgueses, se trata de encubrir los momentos causales, históricos y estructurales de la crisis, minimizando sus alcances y efectos en lo social y lo político. Para el economista burgués existe un reconocimiento del carácter contradictorio y del crecimiento desigual del capitalismo; mas no explica sus causas, y menos aún cuáles son las vías para la eliminación de esos antagonismos y de la naturaleza contradictoria de la economía capitalista, proponiendo meros ajustes y mejoras, a fin de atenuar los efectos más agudos de la crisis.

El alto grado de pragmatismo ofrecido en las sociedades del capitalismo moderno (Estados Unidos, Europa Occidental y Japón) está caracterizado por el conformismo y por una ausencia de reflexión teórica y filosófica. Esto proporciona un terreno propicio para que prosperen las ideas sobre las causas y el origen de la crisis económica y social ofrecidas por la clase dominante. Este condicionamiento cultural y político facilita, al mismo tiempo, que predominen las soluciones a la crisis propuestas por la clase en el poder, lo mismo que su estrategia de desarrollo. En un marco de serios desequilibrios económicos y sociales, la burguesía se adapta a las nuevas situaciones impuestas por la prolongada recesión y el proceso ascendente de internacionalización de la economía. Con todo, la regulación estatal, los ajustes estructurales o entre ramas y valores, buscan invariablemente el esta-

---

10 W. Arthur Lewis, *Evolución del orden económico internacional*, El Colegio de México, México, 1980, pp. 85-86.

blecimiento de un nuevo equilibrio en las variables económicas de la producción.

La expansión posbélica del capitalismo mundial se apoya en dos puntos centrales de partida: uno es la modalidad adoptada por el proceso de internacionalización del capital; el otro, el crecimiento acelerado de la intervención estatal en la economía. Este tipo de desarrollo implica una serie de contradicciones. Primero, el capital deja cada vez más de ser *nacional*, internacionalizándose y obedeciendo a la dinámica que le imponen los países hegemónicos del sistema. Segundo, el Estado-nación actúa como un agente en la competencia entre capitales; no obstante, ese Estado debe seguir interviniendo para garantizar la reproducción de las clases en el interior de la propia formación socioeconómica, a pesar del proceso de internacionalización económica. En otras palabras, si el Estado debe actuar en favor de la internacionalización del capital, esta intervención estará condicionada por las necesidades de garantizar la reproducción en el interior de cada país y el mantenimiento de las condiciones generales de valorización del capital existente. Con todo, tales funciones son cada vez más reducidas por los efectos de la expansión internacional del capital y por la propia naturaleza subordinada y atrasada de los países periféricos.

Con o sin crisis, la constante del intervencionismo estatal es la de regular y moderar la lucha de clases, esforzándose por mantener condiciones óptimas para la reproducción social y económica.

La crisis moderna ha puesto en evidencia la gradual emergencia del contraste entre las relaciones económicas universales (mercado mundial, industrias, capitales, tecnologías, etcétera) y la persistencia de instituciones reguladoras *nacionales*. La primera **tendencia** estimula procesos de integración que la segunda tiende a contener y distorsionar. Se busca una **cierta** homogeneización universal dentro de una heterogeneidad estructural, confinada no solamente a los espacios nacionales. La ruptura entre **Estado** representativo y sociedad civil *clásica* —explica Umberto Cerroni— conduce a una crisis que abarca tanto la esfera de lo político como del derecho y la ideología. En la necesidad de reencontrar el equilibrio se ofrece la fórmula de relaciones de fuerza: una relación social y política que se polariza entre las clases de la sociedad capitalista moderna.[11]

Se asume, así, que la crisis que tiene un carácter amplio y complejo —que abarca aspectos de desequilibrio económico, social, político y moral de la sociedad entera— puede definirse como *situación revolucionaria*, en la que se yuxtaponen y convergen los elementos citados. En este contexto, la ley fundamental de la revolución planteada por

[11] Umberto Cerroni, *Teoria della crisi sociale in Marx*, De Donato, Roma, 1973, p. 254.

Lenin[12] tiene como preocupación central el problema de la crisis de la sociedad capitalista moderna, como crisis de la sociedad en su conjunto (la situación económica, insistimos, no determina la situación política, ni la crisis económica se torna en el elemento *determinante* y exclusivo de la situación revolucionaria, sino que son relaciones de fuerza y contradicciones múltiples las que ésta desata).

En rigor, la teoría marxista de la crisis se opone tanto al catastrofismo mecanicista de los teóricos de la Segunda Internacional (Kautsky, Bernstein, Plejánov) como al voluntarismo y subjetivismo característicos de toda una corriente socialista (Bakunin, populistas rusos, Sorel y otros).[13]

Una concepción catastrofista-economicista del capitalismo considera que, en sí misma, la crisis cíclica o periódica debilita el sistema, y que bastaría añadirle ciertos ingredientes políticos e ideológicos para que surja una situación revolucionaria y se presente una ruptura del Estado burgués.[14] Por ello no podemos inferir —como lo hizo Rosa Luxemburgo— que una crisis económica automáticamente desemboca en una crisis política, puesto que, partiendo de la autonomía relativa de la política, en el mejor de los casos para que la crisis económica se convierta en crisis política e ideológica (y no sólo en cuestionamiento del sistema de dominación o en deterioro de la hegemonía estatal) dependerá del grado de organización y beligerancia del movimiento obrero y de la propia lucha de clases.

Gramsci, en su visión ampliada del Estado y de la complejidad del binomio sociedad política-sociedad civil (coerción y consenso), hizo frente a planteamientos de esta índole, acusando de infantilismo y dogmatismo a quienes sólo veían en el Estado una máquina o instrumento de represión al servicio del poder económico.

Por otra parte, la intensa y prolongada crisis actual del capitalismo, si bien representa una amenaza a sus estructuras políticas, revela al mismo tiempo la brutal y profunda crisis existente entre las filas socialistas europeas, y la impotencia de partidos socialreformistas, encabezados por los Schmidt, Callaghan, Soares y otros. Crisis multifacética

---

12 Lenin, en su ensayo sobre la bancarrota de la II Internacional, escrito en 1915, señala que no puede haber revolución sin una situación revolucionaria previa, pero que no cualquier situación revolucionaria lleva a la revolución. Menciona los tres momentos fundamentales o condiciones objetivas para que se dé esta situación; pero más adelante agrega que, si no se unen las condiciones subjetivas, no estalla la revolución —la capacidad y disposición de la clase revolucionaria para actuar en acciones revolucionarias de masas÷. Lenin, *Polnoe sobranie Sochinenie, Politisheskoe Isdanie*, Moscú, 5a. ed., 1961, vol. XXVI, pp. 218-219.

13 Umberto Cerroni, *op. cit*., p. 255.

14 Antonio Cortez T. critica esta concepción en "Democracia y estrategia del poder obrero", en *Revista de América Latina*, núm. 1, México, abril de 1979.

que afecta también al movimiento obrero y a la izquierda comunista, parlamentaria o no. Es una crisis de representatividad y de desencanto de las bases sobre la creencia, alimentada durante décadas, de los grandes *modelos de verdad* que han dominado el pensamiento europeo contemporáneo, refulgor de los *nuevos filósofos*; es, a decir de un marxista catalán, "no sólo la crisis de una teoría, sino de todo un modelo de sociedad por el que había apostado bastante gente",[15] refiriéndose al socialismo realmente existente.

En las sociedades capitalistas altamente desarrolladas ha aparecido el fenómeno de un nuevo individualismo —evolución intimista de una sociedad que abandona la esfera de lo público y de lo colectivo en beneficio de lo privado y lo individual. Lo que moviliza hoy en buena medida a la sociedad europea, norteamericana y japonesa es el ecologismo romántico y el nacionalismo autonomista (Irlanda, España, Francia) o el nacionalismo competitivo a secas (Japón). En suma, interpretando al autor, éste es el ambiente político que se vive hoy en la mayoría de los países altamente desarrollados: repliegue intimista, crisis de lo público y tendencia individualista, privatización social, o sea, disolución del espacio público (desinterés por lo colectivo) en beneficio del individual real y de la intimidad.

Abundando sobre este complejo fenómeno, parece que el concepto de capitalismo monopolista de Estado (CME) no ha sido suficientemente desarrollado y entendido como para que con él se pueda dar una explicación teórica y metodológica de este contradictorio proceso en el que se interrelacionan los fenómenos económicos con aquellos otros que abarcan la esfera de lo político y lo superestructural. Es decir, la crisis de los valores y de la conciencia social, que, sin embargo, no han podido ser sustituidos por un avance paralelo de las ideologías socialistas y de la conciencia revolucionaria. Con todo, debemos recuperar el concepto de CME y darle su connotación adecuada, capaz de explicar la realidad de formaciones socioeconómicas de desarrollo medio y de los fenómenos ligados a la articulación dialéctica entre estructura y superestructura. Por ejemplo, por capitalismo monopolista de Estado no podemos entender la fusión del Estado con los monopolios, o del uso del poder político por estos últimos, como algunos marxistas ortodoxos sugieren. *Bajo el concepto de CME se deben contemplar los alcances y límites del Estado capitalista contemporáneo y las formas específicas que adquiere su intervención para garantizar la reproducción del modelo, así como las condiciones de acumulación y dominio político en una sociedad determinada.*

Sin afirmar que exista una separación radical de la política y la

---

[15] Josep Ramoneda, *Poder, Estado y sociedad civil*, edición mimeografiada, Universidad Autónoma de Barcelona, Barcelona, 1979.

economía, sí podemos decir que la presencia de formas democráticas en la esfera política y en la sociedad civil condiciona ya un nivel de separación y de autonomía entre ambas, al mismo tiempo que se agudizan las tendencias a la concentración monopólica y a la centralización del capitalismo contemporáneo.[16] De esto no se puede deducir que las formas políticas, necesariamente y para todos los países, adquirirán formas antidemocráticas.

Las formas específicas que adquiera la lucha de clases (resistencia obrera, conciencia de la crisis, nivel de movilización) determinarán las orientaciones particulares de la política y los efectos de la crisis en los diferentes sectores de la población.

En su intervención para tratar de solucionar la crisis, como señala Alan Wolfe, el Estado se ve atrapado entre dos posiciones: las exigencias del capital y las de los trabajadores. La expansión económica y la crisis crean conflictos con el gran capital y sus homólogos transnacionales. Por ello cobran vigencia las demandas por un programa de nacionalizaciones y reformas económicas, y por una política de controles directos e indirectos al capital.

En México, por la debilidad de las fuerzas obreras para impulsar un programa de alternativa al sistema y de solución de la crisis, los espacios de maniobra del gran capital no pudieron ser reducidos, por lo que la crisis se resolvió en su favor. La solución dada se limitó al marco de las relaciones económico-políticas *existentes*, con reacomodos apenas perceptibles, tenues, en el interior del bloque dominante. Si bien la orientación fue claramente transnacional y de apoyo al gran capital nativo, el Estado eligió la opción de acuerdo con las condiciones económicas predominantes y los cambios objetivos en la correlación de fuerzas, favorables a los monopolios y al gran capital ligado a las transnacionales. Con ello se consolida toda una fase de desarrollo económico marcado por el avance del gran capital financiero monopólico y por la producción industrial concentrada, que impulsan la integración-inserción del capital extranjero en los monopolios y el capital nacional, públicos y privados.

Los esfuerzos realizados durante el régimen de Echeverría por aumentar los espacios del capital nacional y controlar el proceso de internacionalización resultaron infructuosos. Hoy los éxitos de la política económica aplicada a partir de la devaluación del peso en 1976 son innegables: aumento de la tasa de rentabilidad del capital concentrado, bancario e industrial; recuperación del ritmo de inversión y de crecimiento económico; mayor ritmo de inversión del capital extranjero y de endeudamiento del país; desplazamiento del capital

16 Alan Wolfe, "El malestar del capitalismo: la democracia, el socialismo y las contradicciones del capitalismo avanzado", en *Revista de América Latina*, núm. 1, México, abril de 1979.

medio y pequeño, etcétera. La estrategia ha sido coherente con el proyecto del gran capital y las recomendaciones consecuentes de los organismos financieros transnacionales: recuperación de la *confianza* empresarial en la política económica estatal, cortes presupuestarios, congelación de salarios, creciente explotación y exportación de los recursos petroleros.

El creciente intervencionismo estatal alimenta las creencias sobre la *neutralidad* del Estado, limitando la conciencia revolucionaria y antiestatalista de las masas trabajadoras; además soluciona ciertos problemas derivados de la nacionalización de algunas ramas de la producción. El Estado aparece, así, como la arena de la lucha de clases, y está marcado, en sus instituciones políticas e ideológicas, por todas las contradicciones propias del capitalismo y sus crisis de estructura y cíclicas. Pero el Estado no es el simple espacio en el que se condensa la lucha de clases y la correlación de fuerzas sociales, puesto que tiene y asume una orientación ideológica y política definida por los intereses económicos predominantes.

3. Análisis empírico de la crisis; su manipulación ideológica·
   la así denominada crisis de energéticos

La presente crisis de acumulación ha mostrado con particular relevancia la paradoja del capitalismo contemporáneo: los efectos de la regulación y el control, de las contradicciones interburguesas, serán tanto mejores cuanto mayor y mejor sea el nivel y grado de internacionalización de la economía. Mas ello no significa la solución de las crisis periódicas, sino la constatación de que el capitalismo no se puede desarrollar sin ellas.

La llamada *crisis de energéticos* es una confirmación palpable de la aseveración anterior. Nunca antes como a partir de 1973-1974 el capital transnacional había lucrado y especulado políticamente en una situación de crisis de *realización* de abastecimiento y de consumo. La gran falacia difundida febrilmente, y apoyada por los grandes organismos internacionales de decisión y poder económicos –FMI, BIRF (Banco Mundial), BID, GATT, Mercomún Europeo, Comisión Trilateral–, organismos que expresan la hegemonía ejercida por los Estados Unidos sobre el conjunto de los países capitalistas, consiste en sostener que la recesión económica mundial se inicia con el gran embargo petrolero de 1973-1974 y la consecuente crisis de energía.

Todavía en 1980 el Fondo Monetario Internacional atribuía a los incrementos del precio del petróleo (más del doble entre 1978 y 1979) las elevadas tasas de inflación, la desaceleración del crecimiento del

producto en los países industrializados y, finalmente, los fuertes desequilibrios de la balanza comercial y de cuenta corriente.[17] Por su
parte, el aumento de la inflación en los países subdesarrollados, parcial
pero correctamente, es atribuible al incremento de los precios de los
productos de importación, el que, a su vez, es provocado por el alza
del precio del petróleo. Resulta, pues, incuestionable el manejo ideológico de culpar a los países productores de petróleo, particularmente
a los miembros de la OPEP, de que por su política de precios han
provocado una grave crisis en Occidente. Tal opinión prevaleció en la
Conferencia sobre Energía, realizada en Alemania en septiembre de
1980.

Al transferir la propia responsabilidad a otros países —en este caso
a los miembros de la OPEP, y a los precios del petróleo—, los países
capitalistas industrializados oscurecen y falsean la realidad, presionando
y chantajeando económica y políticamente a fin de impedir la formación de un frente de defensa de los recursos energéticos por parte de
los países productores. La falacia queda al descubierto si examinamos
algunos datos aportados por los propios organismos transnacionales:
según el Banco Mundial, en 1980 los Estados Unidos pagarían por
importaciones de petróleo menos de 0,5 por ciento de su producto
nacional bruto (PNB). En Europa y Japón la relación petróleo importa-
do-PNB es un poco más alta que la de los Estados Unidos (éste *produce*
10 millones de barriles diarios), pero nunca es mayor del 2 por ciento
del PNB.

Tales cifras resultan irrelevantes como para que influyan de modo
importante en el proceso inflacionario actual de esos países, cuyas
causas estructurales tienen su origen mucho antes de 1973, momento
del inicio de la elevación de los precios del petróleo. El cuadro siguiente
muestra el grado de incidencia de estos últimos en el índice de inflación
de algunos países:

	Inflación
En Francia incidieron sólo	0,7 sobre 11,0
En Italia	1,0 sobre 16,7
En Alemania Federal	1,1 sobre 6,0
En Holanda	2,0 sobre 12,0

Sí, en cambio, existe una diferencia sustancial entre el comportamiento de los precios de los productos industriales con relación a los

[17] Se estima que para los próximos años la tasa real de crecimiento de los
países industrializados alcanzará sólo el uno por ciento. Su déficit en cuenta corriente fue de 10 mil millones de dólares en 1979, y de 50 mil millones en 1980,
cuando en 1978 tenían un superávit de 33 mil millones. (FMI, información publicada en el periódico *Uno más Uno*, México, 15 de septiembre de 1980.)

del petróleo. Según el Morgan Guaranty Trust, el poder de adquisición del petróleo de la OPEP, en términos de manufacturas, se redujo de 100 en 1974 a 81 en 1978. O sea, los precios de las manufacturas crecieron más rápidamente que los de los hidrocarburos, con el consecuente deterioro de los términos de intercambio.

Ha sido práctica común trasladar la crisis y la inflación –vía precios diferenciales–, el comercio (intercambio desigual) y la especulación a los países dependientes y menos desarrollados. En 1980 los Estados Unidos exportaron inflación, al inundar el mundo de dólares devaluados y pagando el petróleo con dinero especulativo. El hecho de que el actual sistema monetario esté centrado en el dólar ha significado una tácita reducción de los precios del petróleo y una formidable acumulación de esa divisa en el exterior (creación de medios de pago con moneda sin respaldo real). Las consecuencias de ese proceso inflacionario son patentes en todos los países.[18]

El mecanismo de ajuste propuesto por la OPEP, que consiste en indexar los precios del petróleo de acuerdo con los precios de los productos manufacturados, el índice de inflación y las fluctuaciones de 10 divisas monetarias de los principales países importadores de crudos, es una buena solución a los problemas planteados por el intercambio desigual.

Por otra parte, en muchos países industriales los impuestos y gravámenes fiscales internos a las importaciones del petróleo representan una cantidad mayor que aquella pagada por el crudo.[19] Estos ingresos del Estado, sumados a las altas ganancias de las compañías petroleras, contribuyen al incremento de los precios. Más aún, los altos precios estimulan la revolución técnico-científica en la creación y desarrollo de fuentes alternativas de energía.[20] Mientras los países productores y exportadores de energéticos no tengan el control de los procesos básicos, una política de precios altos, paradójicamente, seguirá beneficiando en lo fundamental a las grandes corporaciones transnacionales.[21]

El ciclo económico iniciado en 1967-1968, caracterizado por la

18 J. María Alponte, "Energéticos e ideología", en *Unomásuno*, México 29 de agosto de 1980.

19 Según el Plan Carter, en una década los ingresos fiscales que obtendría el gobierno norteamericano al suprimir los controles de precios sobre el petróleo, más las ganancias de su venta (358 + 227 = 585 millones de dólares), representarán una cifra similar al pago total del petróleo importado. (*Ibid.*)

20 En la Conferencia sobre Energía, llevada a cabo en Alemania en 1980, se predijo que para el año 2000 la energía nuclear apenas cubrirá el 30 por ciento de las necesidades energéticas mundiales. Aun para países desarrollados todavía por algún tiempo resultará *económicamente incosteable* el uso de la energía nuclear como fuente alternativa del petróleo, debido a las cuantiosas inversiones que su utilización exige.

21 Según *Petroleum Economist*, de enero a septiembre de 1979 las ganancias

recesión económica, la contracción industrial, el desempleo y el alto índice inflacionario, es muy anterior a la llamada *crisis energética*, que se agudizó con el bloqueo petrolero de 1974. Según datos, las fluctuaciones de la tasa de crecimiento industrial para el conjunto de los países capitalistas desarrollados decreció de 7,7 por ciento en 1969 a 2 por ciento en 1970 y 1971. En los siguientes dos años se presentó una leve recuperación, para caer nuevamente en 1974 al 1 por ciento, y generar tasas negativas en 1975, considerado como el año más crítico para los principales países capitalistas en cuanto a la producción industrial.[22]

La realidad de la crisis energética abarca múltiples planos y deviene en campo de lucha ideológica, que trasciende con mucho el tratamiento usual de la crisis en el modo de producción capitalista, y de ninguna manera puede ser agotada con una crítica ecologista.[23] La manipulación ideológica de nueva cuenta se pone de manifiesto. Ésta implica un serio desafío a la soberanía de los países productores de petróleo, independientemente de la sustracción y apropiación transnacional de beneficios económicos que de otra manera se podrían derivar si mediara una explotación y uso racionales por parte de esos países.

La actual crisis de ninguna manera es una crisis contingente, sino que es expresión *normal* de las contradicciones de la reproducción en escala ampliada. En este sentido, la llamada *crisis de energía* sólo constituye una porción pequeña de aquélla, y no la determina. Los países imperialistas trabajan con diligencia, a través de la propagación ideológica en los medios masivos de difusión, sobre la amenaza que representa para ellos que se efectúe un nuevo embargo petrolero. Por ejemplo, los crecientes aumentos de los presupuestos militares encuentran una *justificación* mediante una supuesta necesidad de impedir el estrangulamiento del suministro de energía. Se cree que ése es el objetivo fundamental de la Fuerza de Despliegue Rápido (FDR), creada por los Estados Unidos para intervenir en caso de crisis o cuando los intereses norteamericanos se vean afectados. Precisamente los planes bélicos y militares se encuentran estimulados al usarse como pretexto la crisis de energía y el posible boicot petrolero.

Asimismo, hoy el petróleo mexicano peligrosamente se ha tornado

---

de las transnacionales por la importación de hidrocarburos aumentaron así: Exxon, 70 por ciento, Gulf, 152; Mobil, 41; Socal, 113; y Texaco, 230.

22 Datos tomados de Pedro López Díaz, *Imperialismo y crisis: algunas tendencias estructurales del capitalismo en su fase monopólica*, edición mimeografiada, División de Estudios de Posgrado, Facultad de Economía, UNAM, México, 1979, p 52.

23 Véase sobre el particular Mauricio Shojet, "Bases para una política petrolera racional en el Tercer Mundo", en la compilación de varios autores *Las relaciones México-Estados Unidos*, Editorial Nueva Imagen, México, 1980, t. I.

en cuestión estratégica para los Estados Unidos, y fundamental para la economía de ese país. En un estudio elaborado para el Departamento de Energía norteamericano se afirma que:

> ... el descubrimiento y el desarrollo de los principales recursos petroleros en el sudeste de México se han convertido en factores críticos en las relaciones entre los Estados Unidos y México ... México podría —y probablemente debería— ayudar a los Estados Unidos a resolver sus problemas de seguridad energética, si bien sería costoso política y económicamente para México, y peligroso para la relación entre ambos países, el que se promueva y se hagan presiones para que México produzca y exporte tanto petróleo como sea posible.[24]

La actual situación geográfica, económica y política de México hace efectivamente bastante vulnerable a nuestro país al imperialismo norteamericano. A ello habría que agregar el alto grado de subordinación alimentaria en que México está cayendo con respecto a los Estados Unidos. La amenaza: "México no debe vender el petróleo más caro que los países de la OPEP; ¿por qué? ¿qué pasaría si nosotros aumentáramos el precio de los granos que en este momento México nos compra?", se preguntó a sí mismo un funcionario norteamericano.[25]

Curiosamente, para México el *oro negro* también se torna producto de primer orden. Su importancia social y política es enorme; además, el riesgo de una economía petrolizada no es ninguna hipótesis descabellada. Por ejemplo, en 1980 el petróleo ocupó ya el 68 por ciento del volumen total de exportaciones de mercancías, concibiéndose como el único factor capaz de equilibrar el déficit de nuestra balanza de pagos y de cuenta corriente. Ese año el sector energético, incluyendo la petroquímica, participaba con aproximadamente 8 por ciento del producto interno bruto. También cerca de 13 por ciento de los ingresos tributarios dependieron en 1980 del petróleo, contra solamente 4 en 1970.[26]

Con todo, no se puede negar que el petróleo, junto con el sindicalismo paraestatal y semicorporativo, constituyen las palancas más importantes de apoyo a la reproducción del capital y de solución a la crisis económica.

---

[24] "El petróleo de México y la política de los Estados Unidos: implicaciones para los ochenta" (estudio para el Departamento de Energía de los Estados Unidos), en *Excélsior*, 17-18 de septiembre de 1980.

[25] *Excélsior*, 18 de septiembre de 1980.

[26] A principios de 1981 México se colocó en el quinto sitio mundial por su producción de hidrocarburos, y el primero en América Latina. Por el volumen de reservas probadas, el país ocupa el sexto lugar mundial. (*Panorama Económico*, núm. 2, Bancomer, México, febrero de 1981, pp. 35-37.)

Es incuestionable el carácter estratégico del petróleo a nivel internacional. El avance sin precedentes del sector petrolero a partir de 1976 ha convertido a México en fuente importante para la satisfacción de las crecientes necesidades energéticas norteamericanas, al mismo tiempo que propicia que no se desate un alza incontrolable de los precios fijados por la OPEP. Sin embargo, pensamos que el petróleo mexicano debe ser usado como un arma de poder y negociación tanto en lo político como en lo económico.

4. Crisis y democracia

La lucha por recomponer y reestructurar las condiciones de acumulación del capital es una lucha que ocupa no sólo el espacio económico, sino todo el complejo de relaciones sociales, de producción y de explotación del trabajo asalariado. En este sentido, parece ser que la democracia y la lucha política cada vez más se transforman en un impedimento para la acumulación del capital (al menos en su solución reaccionaria), tanto al interior de cada país como internacionalmente.[27]

Alan Wolfe señala cuatro procesos que impiden el crecimiento correlativo y la incompatibilidad entre democracia y acumulación: a) creciente internacionalización del capital; b) intensificación de la división internacional del trabajo; c) desacumulación en los países centrales, particularmente en los Estados Unidos; y d) los problemas relacionados con la pérdida de legitimidad del Estado.[28] El reconocimiento de una situación de crisis da pie para la adopción de medidas restrictivas en el ámbito de la democracia y para acciones en el plano económico y político. Se crean estados de excepción, de facto, no de derecho. También se vuelven más difíciles las condiciones de lucha para la clase obrera en sus demandas económicas. Parece ser que, en aquellos países en los que es más rápida la integración al mercado y a la economía mundial, la democracia es más inestable, se mantiene en suspenso, como señala Wolfe:

> La proclamación de las condiciones de crisis dan a estas sociedades el carácter de democracia en suspenso, en la que algún dirigente autoritario relega las aspiraciones democráticas para un futuro indeterminado, cuando las cosas retornen a lo normal.[29]

Los análisis marxistas por lo general han mantenido un cierto carácter lineal y mecánico en sus enfoques sobre la crisis. Plantean por

---

[27] Alan Wolfe, op. cit., pp. 14-15.
[28] Ibid., p. 16.
[29] Ibid., p. 26.

ejemplo que, a mayor concentración y expansión capitalistas, mayor será la ofensiva contra la democracia, máxime si la sociedad en cuestión atraviesa por un periodo de crisis económica, o bien cuando el Estado nacional pierde capacidad para controlar la vida económica del país.

Tales planteamientos se sustentan en la experiencia histórica vivida por los principales países capitalistas europeos, en los que el desarrollo de las fuerzas productivas y la instauración del capitalismo monopolista de Estado (CME) del periodo de entreguerras se realizaron bajo regímenes autoritarios o abiertamente fascistas. Lo mismo ocurrió en Japón, y parcialmente se vio confirmado en la fase posbélica de los Estados Unidos, con el fenómeno del macartismo y la guerra fría.

Más aún, la mayoría de los países latinoamericanos de mayor desarrollo capitalista relativo en la región vive hoy bajo regímenes de fuerza y dictaduras militares, los cuales sostienen esquemas de acumulación altamente concentradores de la riqueza. Argentina, Brasil, Chile, Uruguay y, en menor medida, Colombia responden a este modelo, que supone una mayor integración-subordinación al capital monopólico transnacional y a formas compulsivas de acumulación y extracción de plusvalía. Otros países más atrasados, tres de América Central, Haití y Bolivia también viven bajo regímenes militares y un alto grado de inestabilidad política.

Parece ser que la excepción a esta regla la constituye México, país en el que el ascenso vertiginoso de los monopolios en las tres últimas décadas y la consolidación del CME no han requerido la instauración de una dictadura militar, al tenor conosureño. Los binomios *coerción-consenso, acumulación-legitimización,* en lo fundamental han sido equilibrados, lográndose mantener por más de medio siglo una estabilidad política y una *pax social* envidiables para el resto del continente. Aquí el civilismo y la dirección estatal han sido funcionales, respondiendo al proceso ascendente de la burguesía y a las necesidades de *inserción-subordinación* al capital transnacional.

Contrariamente al planteamiento descrito, el proceso de acelerada concentración y centralización económicas iniciado en la década de los setenta, y la propia crisis económica y política vivida por el país, no impidieron el ascenso de las fuerzas democráticas y una relativa apertura política, que desembocó a finales de 1977 en una reforma electoral. Durante este periodo surgieron nuevas agrupaciones de izquierda, en sus diferentes matices (PMT, PST, PSR, PRT, etcétera), y hubo un avance en las filas del Partido Comunista Mexicano.

En suma, en la formación social mexicana se han observado dos fenómenos combinados: *el desarrollo de la sociedad civil, junto con una salida a la crisis favorable al gran capital monopólico y el reforzamiento del CME.* El Estado no abandona ni pierde el control básico del movimiento obrero, de las organizaciones campesinas y populares, luchando por mantener sus espacios de legitimidad y conservar el apoyo por consenso (pasivo o activo) de las clases subalternas. Ello, a su vez, ha posibilitado que la crisis o deterioro político surgido después de 1968 pueda ser resuelto por vías político-electorales, impidiendo al mismo tiempo que la crisis latente en lo social y económico pudiese alcanzar niveles incontrolables.

En lo fundamental, en la sociedad mexicana las formas de expresión y libertad políticas y democráticas tienen su mayor obstáculo en las limitaciones al derecho de huelga y a la democratización de los sindicatos. Estos últimos reducen su práctica a la consecución de una política de gestión y de reivindicaciones *tradeunionistas*, las cuales son aceptadas unilateralmente por el Estado, siempre y cuando su eventual puesta en práctica dependa de la propia burocracia sindical. A ello se agrega el cinturón de seguridad impuesto contra el movimiento independiente de un buen sector de trabajadores (no fabriles), al incluirlos en el apartado B de la Ley Federal del Trabajo. Éstos son calificados como trabajadores de excepción, sin derecho de huelga ni a la realización de paros de solidaridad: sujetos también a leyes especiales reglamentarias.

Existe cierto grado de tolerancia por parte de los aparatos políticos para que se desarrolle una lucha legal, siempre y cuando no rebase los límites impuestos por la propia clase dominante y el Estado. Quizás lo característico de la democracia restringida *a la mexicana* se deba, paradójicamente, a la incapacidad, falta de organización y reformismo en los que se desenvuelve la mayoría de los agrupamientos proletarios. Lo que se viene presentando desde la última década es una *paulatina y lenta democratización de los órganos e instancias de mediación estatal, junto con una mayor racionalización del ejercicio del poder.*

La hipótesis anterior necesariamente debe ser comprobada con estudios empíricos. Por ahora sólo queremos adelantar que la enajenación, captabilidad y baja conciencia de la clase obrera mexicana es un *fenómeno histórico estructural* que ha facilitado el desarrollo y difusión en gran escala de la manipulación ideológica y política (con dirección *moral* e intelectual) de la clase en el poder. La ideología dominante históricamente se ha presentado como una *ideología nacionalista*, sólidamente asentada y articulada con elementos desarrollistas-populistas y antiimperialistas, los que, aún hoy día, constituyen un factor de movilidad social y movilización política.

Merced a su predominio ideológico y a la virtual hegemonía (copamiento), en México, como lo señala acertadamente Pablo González Casanova, las luchas políticas se libran bajo las condiciones y con las características que fijan o imponen los grupos políticos de la clase dirigente.[30] Aún más, la especificidad de la democracia *a la mexicana* continúa marcada por el caciquismo, los fraudes electorales, la intolerancia político-partidista, la corrupción administrativa, además de la virtual subordinación de los poderes Legislativo y Judicial al poder unipersonal del Ejecutivo. Todo ello, sin duda, le imprime un alto grado de ilegitimidad al sistema político mexicano.

En suma, la salida a la crisis a través de la vía impuesta por el gran capital asociado con las transnacionales no implicó, para el caso de México, la instauración de un régimen de fuerza. Por su parte, la crisis política tampoco llegó a producir una erosión significativa de los aparatos políticos del Estado, ni a superar las formas tradicionales estatales de control. Lo que es más importante, esta crisis no significó una ruptura de la *relación representantes-representados*. En este contexto, la reforma política se presenta como un complemento necesario para el proyecto económico del Estado y del bloque de poder.

Si bien durante la década 1970-1980 se originó un deterioro de las formas políticas de dominación y de los mecanismos tradicionales de control, la consustancial debilidad de las fuerzas proletarias alternativas —crisis de ideología; incapacidad para presentar un proyecto de nueva sociedad y para convocar a las masas para que luchen por él— es un factor explicativo de que la crisis se resolviera en el sentido deseado por la clase dominante y su ideología.

El manejo de lo ideológico, la manipulación y la creación de falacias son recursos indistintos e independientes de la existencia de una situación de crisis; de lo que se trata en momentos de crisis es de una exacerbación e incremento no usuales del discurso ideológico. Pero la crisis en sí no es más que un catalizador de su uso, mismo que requiere un mayor grado de teorización, organización y coherencia interna. Cuando estalla la crisis económica, el capitalismo en su conjunto pierde legitimidad política e ideológica. De ahí que se recurra al reforzamiento de esto último para tratar de explicar o justificar una situación anormal de disfuncionamiento del sistema. Ello no quiere decir que se reduzca el aspecto coercitivo, sino que éste se mantiene invariablemente como una posibilidad límite. Se recurre a todo un sistema de valores y de creencias, acompañado de acciones prácticas, a efecto de relegitimar la ideología y de reestructurar el modelo de acumulación del capital.

30 Pablo González Casanova, "Enajenación y conciencia de clases en México", en la compilación de varios autores *Ensayos sobre las clases sociales en México*, Editorial Nuestro Tiempo, México, 1968.

CRISIS ORGÁNICA Y TRANSFORMACIONES DEL PROCESO DE TRABAJO

DORA KANOUSSI

Es evidente que hoy, en la fase última del capitalismo (imperialismo), se acentúa la intervención del Estado en la economía, y con ello hay una nueva relación entre economía y política. De ahí que ahora, más que nunca, la política adquiere *centralidad*, la cual es como nunca antes *economía concentrada*. Esta es también la concepción de Gramsci. Pero la primacía y centralidad de la política no es un *invento* gramsciano. Esta característica de la política como ciencia y forma es quizás el antecedente leninista más inmediato de Gramsci. Tanto él como Lenin (por lo menos desde su obra *¿Qué hacer?*) conciben la política como relación entre las clases, y entre ellas y el Estado.

A un nivel más concreto, la primacía de la política en el concepto de Gramsci parte de los análisis leninistas en sus tres componentes (teoría del imperialismo, del Estado y de la revolución, y teoría de la organización). Y aún más: la concepción gramsciana del capitalismo actual surge de la de Lenin, en cuanto éste caracteriza la fase imperialista como de crisis y transición, fase de la *actualidad de la revolución*, que al mismo tiempo es, de parte del capital, una continua readaptación y recreación de las condiciones del sistema, en respuesta a las crisis (revolución pasiva).

Gramsci no es así el *teórico de las superestructuras*, en el sentido reduccionista, *politicista*, que se ha querido dar a su teoría. Para él el problema crucial de la teoría marxista, en cuanto guía para la acción, es precisamente el de la relación entre estructura y superestructura; es el problema de cómo "surge el movimiento histórico a partir de una estructura determinada". La importancia de la centralidad de las superestructuras (de la política, del Estado) en la teoría gramsciana es reflejo de las condiciones actuales reales, de la *morfología* que adquiere en esta fase histórica la relación estructura-superestructura, Estado-economía (De Giovanni).

Sin embargo, aun cuando la concepción de la política como práctica consciente (organizada) y la caracterización de la fase última del capitalismo como de crisis de predominio del capital financiero ligan a Gramsci directamente con Lenin, en lo específicamente teórico sus innovaciones al marxismo parten de una lectura directa y *ortodoxa* de las categorías y leyes contenidas en *El capital*: para Gramsci el núcleo lógico-histórico que determina el contexto del funcionamiento del capital, en su fase más alta, es la ley del valor y su *expresión fenoménica*, la tendencia de la tasa de ganancia a la baja. Es con relación a ella que Gramsci define la crisis como *crisis orgánica* (totalizadora, pero no por ello catastrófica, ni menos aun revolucionaria), y que implica trastornos en toda formación social capitalista. Ella es el sustrato de las transformaciones en la estructura de las clases sociales, y por tanto en la forma del Estado y en sus relaciones con la sociedad civil (economía-masas).

La *crisis orgánica* concebida como resultado en última instancia del funcionamiento de la ley del valor (tendencia de la tasa de ganancia a la baja) tiene como consecuencia las contratendencias puestas en práctica por las clases dominantes en los niveles productivo y estatal. Estas contratendencias, en continuo movimiento frente a la tendencia a la crisis, se concretan en transformaciones importantes de la organización de las fuerzas productivas —proceso de trabajo—, y también en transformaciones de la forma del Estado: surge el Estado *ampliado* o integral, o Estado = sociedad civil + sociedad política.

El nuevo papel, la nueva función del Estado, su *productividad* como tal, que empieza a aparecer precisamente a partir de la difusión de la crisis del Estado liberal (crisis de un Estado que ya no corresponde a los desarrollos del capital monopólico), consiste en sus funciones más directamente productivas y reproductivas. Ya no es el Estado *separado* de la sociedad civil, que reproducía las condiciones generales del modo de producción capitalista.

Es así, apenas ahora, que *se cumplen* las teorías de Gramsci acerca de la nueva relación Estado-economía: el Estado como "potencial organizador de las necesidades colectivas" (Estado fascista, Estado del bienestar, etcétera); es un Estado que regula las leyes de mercado, que concentra el ahorro de las masas para ponerlo a disposición del capital financiero, que gestiona la reproducción de la fuerza de trabajo (política salarial, de salud, de instrucción, etcétera). En fin, es un Estado *difundido* en la sociedad civil a través de sus aparatos, instituciones, ideologías, que está en contacto directo con las masas, penetrando en su vida cotidiana.

El resultado de todo esto es que la mediación política ya no es *externa* a la sociedad civil. Hay una nueva relación Estado-economía, Estado-masas o instituciones-masas; relación más estrecha y compleja, cualitativamente nueva. Relación que es resultado de los intentos de regulación de la crisis por la planificación de la economía, que ya no puede funcionar automática ni espontáneamente. Dicho de otro modo, la *crisis orgánica* que permea el sistema exige una dirección que centralice las decisiones y las intervenciones en la producción y en el mercado;

dirección cuya puesta en práctica trastoca la relación *clásica* público-privado, Estado-economía, instituciones-masas. De tal manera, es obvio que la intervención de la política, la centralidad del Estado en la producción y en la reproducción (en cuanto conservación del capital), es al mismo tiempo el gobierno de las masas, ya que, para gobernar la economía, es necesario gobernar a las masas ("la economía es ingobernable sin el gobierno simultáneo de las masas"). Así, el gobierno de las masas por y a través de la economía hace que *lo social emerja ya como político, y lo político ya no pueda separarse de lo social.*

Pero el núcleo fundamental de los cambios apuntados en la morfología del capitalismo avanzado (en la relación estructura-superestructura), el núcleo del trastocamiento de la estructura de las clases que se resuelve en el Estado integral, la razón del papel esencial de la ciencia y de los intelectuales —y, por tanto, la necesidad de un nuevo partido y de una nueva estrategia—, el núcleo y la base de todo ello se encuentra en las transformaciones que sufre el proceso de trabajo. Transformaciones que corresponden al predominio de la plusvalía relativa, a la *acumulación intensiva*, y, por tanto, a la crisis.

Las investigaciones más recientes sobre la organización o proceso de trabajo, y sobre todo la extraordinaria aportación en este sentido de Aglietta, comprueban la certeza de las reflexiones gramscianas (hace más de cuarenta años) sobre la importancia *epocal* del americanismo (taylorismo y fordismo) como revolución pasiva, como respuesta compleja del Estado del capital financiero a la *crisis orgánica* (a la tendencia decreciente de la tasa de ganancia).

Para Gramsci la fase del capitalismo avanzado, presidida por la *crisis orgánica*, está basada fundamentalmente en la nueva organización del trabajo, en los modelos Taylor-Ford, que posibilitaron un desarrollo inaudito de las fuerzas productivas.

Ambos modelos surgieron por la necesidad de aumentar el rendimiento del trabajo --contrarrestar la crisis— en el proceso mismo, mediante la parcelación, automatización o recomposición de las operaciones que desembocan en la producción y el consumo de masas. En ello se expresa la socialización, según la racionalidad o lógica capitalista, que a su vez significa una separación extrema entre trabajo manual y trabajo intelectual.

La actualidad e importancia de los sistemas de las fuerzas productivas, según los modelos de Taylor y Ford, radican en el hecho de que, si bien éstos revolucionaron con su aparición la historia del capital, hace ya muchas decenas de años que estos mismos modelos, en muchos lugares de capitalismo atrasado y dependiente, apenas están cobrando vigencia. Si en los centros de más avance del capital la ciencia es ya fuerza productiva, y los sectores de punta de la industria hace mucho que se desplazaron de la industria automotriz a la electroquímica y a la industria aeroespacial, en otros menos avanzados apenas se empieza a poner en práctica el principio mecánico de Taylor. Existe, así, una *sobreposición de fases de desarrollo*, aun en un mismo país, y más todavía a nivel del capitalismo mundial.

La socialización implícita en el taylorismo es, sin embargo, lo más lejano posible del espíritu colectivo, ya que la parcelación del proceso de trabajo significa que lo que une a éste en su conjunto es la cadena mecánica, y no el pensamiento del obrero, quien es así individualizado y despersonalizado en extremo (*El gorila amaestrado*, ideal de Taylor). El sistema tayloriano es cerrado, y todo movimiento interior es preestablecido y determinado desde el exterior.

El funcionamiento del taylorismo implica la rigidez del ciclo productivo; la relación entre éste y la sociedad es unidireccional, ya que le es necesario un mercado infinito y, por tanto, un comportamiento social de consumo según la cadena que domina este mercado. En esto consiste su límite, por esto el taylorismo como subsucción por excelencia del trabajo vivo al trabajo muerto tiene que ser superado. El taylorismo encuentra sus límites en cuanto se convierte en freno para el desarrollo de la productividad y la ganancia, desde el momento en que la parcelación que le es inherente no permite la introducción de nuevas tecnologías.

La solución al callejón sin salida en el que se convierte el taylorismo está en el fordismo, que lo incluye separándolo: éste sigue con la mecanización del proceso de trabajo, pero la combina con los altos salarios y lleva al capital a otra fase, al neofordismo, por un hecho determinante: la introducción de la ciencia como fuerza directamente productiva. La ciencia se convierte, así, en causa y efecto del proceso de formación de la fuerza de trabajo. También el neofordismo es colectivización del trabajo, según la valorización del capital; es una homogeneización de la producción por el trabajo abstracto (Aglietta). La total sumisión de la ciencia al capital marca una nueva época de revolución pasiva.

Pero el neofordismo no es solamente la introducción de la ciencia en el proceso de trabajo: además es la articulación de los sectores productivos con la reproducción de la fuerza de trabajo (la articulación de las relaciones de producción y mercantiles, según Aglietta). De ahí que la clave de la expansión de la relación salarial, la creación de nuevas capas o categorías sociales, sea la producción en masa que da como resultado la baja del trabajo necesario para la reconstitución de la fuerza de trabajo.

El proceso de trabajo como sistema previamente integrado y organizado, sistema automático no dividido en fases independientes —como

el taylorismo—, es una extrema reducción del capital variable. El neofordismo es sinómino del predominio de la plusvalía relativa, a la vez
que de una gran expansión de la relación salarial, de la creación de
nuevas categorías sociales. Por esto los desarrollos del proceso de
trabajo como respuesta a la crisis, hasta la incorporación de la ciencia
al proceso productivo, sean también la transformación del espectro
de clases de la sociedad, paralela y simultánea a la injerencia del Estado
en la economía (precisamente a través de la ciencia, pero no sólo).

Todos estos nuevos elementos que constituyen la morfología del
capitalismo avanzado con base en el proceso de trabajo son lo que
Gramsci llamó *americanismo* o *revolución pasiva* en las condiciones
actuales. La nueva fase de la historia del capital es por tanto la de la
aparición de elementos típicos de una nueva época (de transición).
Estos elementos son la *antítesis*, de la que hablaba Lenin, creada por
el desarrollo mismo del capital. Antítesis que consiste en una vasta
socialización de la producción, que no es otra cosa que la presencia
de las masas, quienes a su vez hacen necesaria la presencia del Estado
no sólo para el mantenimiento y reproducción de las fuerzas productivas (clase obrera, ciencia), sino también para gobernar a estas masas,
sin las cuales la economía, y por tanto la esencia del sistema, se convierte en ingobernable.

A esta socialización (antítesis) le es inherente la tendencia a la reconversión total o subversión de las relaciones, categorías, figuras e instituciones del capital, y la sustitución de su despotismo por el protagonis-
mo de las masas o autogobierno de los productores directos; la sustitución del gobierno de los hombres por la administración de las cosas, la
aparición de la *sociedad regulada*.

Dicho de otro modo, las contratendencias (transformaciones del
proceso de trabajo, plusvalía relativa) no harían más que afirmar la
tendencia principal (la baja de la tasa de ganancia).

A estas alturas Gramsci permite una lectura inédita de *El capital*,
verificable ya no sólo como interpretación de un mecanismo, sino como
Crítica al programa de Gotha, como teoría del advenimiento del trabajo
socialmente necesario en cuanto tal, o indiferenciado. En otras palabras,
se vive ya el surgimiento del predominio del valor de uso sobre el de
cambio, del trabajo concreto sobre el abstracto, de lo social sobre lo
político, de la ciencia sobre el capital, de una relación equilibrada
entre producción y consumo.

Todas estas tendencias y contratendencias objetivas (cuyo contenido
es la crisis y la nueva morfología social) harían cambiar también la
cuestión de la hegemonía para ambas clases fundamentales: para la
burguesía ya se vio que de lo que se trata es de cómo gobernar la economía y a las masas; para el proletariado la inversión de las tendencias,

categorías, figuras e instituciones del capital es la base material de una *nueva hegemonía*, y por ello el terreno lógico-histórico de una *nueva estrategia* ("la guerra de posiciones: el problema más difícil de la ciencia política").

Nueva estrategia que surge por la imposibilidad de *asaltar* un Estado ya no separado, sino sumergido en la sociedad civil, a la vez que por la necesidad de alcanzar el punto de no retorno en la relación Estado-masas, que sea el salto al autogobierno de los productores. Es así como se concibe el partido de masas, como contenido complejo, superestructura política y cultural de las masas en relación directa con el nuevo Estado —Estado integral—, masas que están contituidas por la clase y las nuevas categorías,

Es entonces que se presenta este nuevo papel de la ciencia, como fuerza productiva que enriquece el contenido de la clase; que media entre Estado y producción, y es por tanto el papel y la función de los intelectuales masificados (*taylorizados*) lo que lleva a Gramsci a concebir el partido —*Príncipe Moderno*— como pensador colectivo, y a los intelectuales como intelectuales orgánicos de la clase, como *nuevos intelectuales*, como científicos que al mismo tiempo son dirigentes políticos de la clase a la que pertenecen, ya no por razones ideológicas, sino estructurales, de origen.

Este partido nuevo, de masas, sellaría la alianza entre el proletariado —con su nueva estructura y composición— y las tendencias anticapitalistas de las nuevas categorías (mujeres, intelectuales). Esto equivaldría a lo que Paggi llama "la laicización última del partido", como elemento complejo de la sociedad, y ya no sólo de la clase, cuestión ésta que por demás supone un enriquecimiento inédito del marxismo revolucionario, concebido como hecho político-cultural. La *crisis orgánica*, como causa última y punto de partida de las transformaciones del proceso de trabajo —y por tanto de las clases y del Estado en su conjunto—, remite por ello a la necesidad de transformación de la estrategia con respecto "a la expropiación de los expropiadores". El problema ahora para el obrero-masa es el de la apropiación del control de las condiciones de un proceso de trabajo complejo, científico, que signifique la subversión de la generalización del trabajo abstracto, y su sustitución por el trabajo concreto, en presencia de un Estado con *productividad propia*, integral. Es en este sentido en el que Gramsci decía que "la hegemonía nace en la fábrica". Con el fin de la separación Estado-economía, termina también la separación entre lucha económica y lucha política. La ciencia, en el proceso de trabajo, implica necesariamente para el obrero-masa la inversión de la subordinación de la ciencia al capital; implica la apropiación de la ciencia por el trabajo; vale decir, la conversión del partido en pensador o intelectual colectivo.

Para terminar, resulta claro que lo nuevo y fundamental de la crisis que se expresa en la universalización de la relación salarial por la introducción de la ciencia como fuerza productiva (neofordismo o americanismo) consiste precisamente en el papel y la función de esta última, y por tanto de los intelectuales que la encarnan como nuevas categorías sociales; categorías cuya ligazón con el proceso productivo y el Estado (que organiza, promueve e introduce la ciencia en la producción) cambia el espectro de clases en la sociedad del capital financiero.

Las transformaciones de la estructura de clases en la sociedad de masas a partir de la calificación-descalificación del obrero colectivo significa para éste la necesidad de tomar en cuenta tanto la expropiación del conocimiento de la clase como la introducción en ésta de este conocimiento (la ciencia), a través de lo que Aglietta llama "la expansión o ampliación de la relación salarial".

Pero la existencia del obrero colectivo en su expresión más alta, el obrero-masa, no implica la existencia automática, *per se*, de la conciencia colectiva, organizada. No obstante, sí implica, como lo vimos, la existencia de condiciones objetivas, materiales, para un nuevo nivel de conciencia colectiva y, por tanto, para un nuevo nivel de organización social. El problema, ahora, es el de resolver la cuestión de la *subjetividad* a partir de estas condiciones materiales: relacionar en los hechos la existencia del obrero colectivo como hombre-masa con una organización correspondiente. Y la dificultad adicional de la fase alta del capital es precisamente la de la presencia de la ciencia en la producción −y por ello en el proceso de trabajo−, presencia que se traduce para la conciencia colectiva en la necesidad inmediata de apropiarse del conocimiento científico como tal, para que aquélla pueda pensar en un proyecto de sociedad nueva a fundar.

Es en este sentido que en la fase actual, en la fase del americanismo, el problema de los intelectuales es parte esencial del problema del Estado en la acepción leninista: el de la toma del poder como paso a una organización superior de la sociedad.

LA MANO REBELDE
DEL TRABAJO

crisis, proceso de trabajo capitalista y programa obrero *

ADOLFO GILLY

> *Cuando el capital enrola la ciencia a su servicio, la mano rebelde del trabajo aprende siempre a ser dócil.*
>
> A. Ure[1]
>
> *Ya Lassalle dijo una vez: sólo cuando ciencia y obreros, estos polos contradictorios de la sociedad, se unan, sofocarán entre sus brazos inflexibles cualquier dificultad. Todo el poder del moderno movimiento de los trabajadores se basa en el conocimiento teórico.*
>
> Rosa Luxemburg
> *Reforma o revolución*

1. Premisa

Como recuerda Elmar Altvater, "la crisis no es sino la agudización dramática de la normalidad burguesa".[2] Ella comporta una exacerbación de todas las contradicciones de ésta: socialización del trabajo-apropiación privada; producción de valores de uso-realización de valores de cambio; proceso de trabajo-proceso de valorización; acumulación-valorización, etcétera.

Pero, viviendo el capitalismo —como la realidad misma— en la contradicción, cada crisis es también la ocasión y la forma de resolución de esas contradicciones: abriendo paso a una nueva fase del proceso de valorización, si resuelta por las tendencias espontáneas de la economía capitalista y por sus expresiones políticas: cediendo el

---

* Esta ponencia no se propone agregar elementos nuevos sobre el tema, sino sistematizar información —en forma muy sintética— ya conocida, para permitir la discusión en el Seminario.

[1] Citado en Karl Marx, *Progreso técnico y desarrollo capitalista. Manuscritos 1861-1863*, México, Cuadernos de Pasado y Presente núm. 93, 1982, p. 103.

[2] Elmar Altvater, "Crisis económica y planes de austeridad", en *Transición*, núm. 1, Barcelona, 1978.

lugar a nuevas relaciones sociales, si resuelta por las fuerzas conscientes de la política obrera.

La primera salida es la *normal*, y, si se quiere, la propia del automatismo del sistema. La segunda es la *excepcional*, porque requiere la ruptura de ese automatismo por fuerzas generadas dentro del sistema capitalista (la clase obrera), ruptura imposible si previamente no ha sido realizada en la conciencia de esas fuerzas, si no existe en ella como proyecto o como programa. Y si esto no es así, la clase obrera no se encuentra, con respecto a la sociedad, en la condición del albañil que prevé la construcción que se propone hacer, sino en la de la abeja cuyo *trabajo* está regulado por la *lógica* de la reproducción indefinida de la colmena.

Pero no es de la *crisis* ni de sus efectos de donde surge dicha conciencia, sino del conocimiento obrero socializado y organizado en su partido, y articulado en éste con el programa marxista y el proyecto socialista.

2. *La agresión masiva del capital*

Si la crisis es la agudización de la normalidad burguesa, ella conlleva, en consecuencia, una agudización del sustrato de esa normalidad: la lucha de clases, la contradicción capital-trabajo; y de la forma de esa normalidad: la competencia entre diversos capitales. Dicho en otras palabras, la crisis provoca una renovada agresividad del capital contra la fuerza de trabajo, y de cada capital contra los otros capitales, para, a través de los procesos concomitantes de desvalorización de la fuerza de trabajo y de desvalorización del capital, recuperar la tasa de ganancia y relanzar la acumulación capitalista.

Esto significa, como también recuerda Altvater, que "la crisis implica una mutación de las premisas del proceso de valorización del capital", mediante

> ... la introducción de nuevas tecnologías, la reestructuración del proceso de trabajo y de producción, ya sea a nivel de las diversas unidades de capital, ya a nivel del conjunto del capital social, el reajuste de la división internacional del trabajo, la tendencia hacia la concentración y centralización del capital, las nuevas condiciones y formas de la intervención estatal en la economía.[3]

Todas y cada una de estas transformaciones operan, como es inherente al sistema, mediante la lucha y la violencia contra la clase obrera

---

[3] *Ibid.*

y entre los diversos capitales. Cada una encierra en sí misma esa doble violencia, y sólo puede abrirse camino a través de ella, rompiendo y reestructurando las anteriores relaciones verticales de dominación-subordinación (capital-trabajo) y horizontales de competencia (capital-capital) previas a la crisis.

Otros trabajos de este Seminario se ocupan específicamente de este segundo aspecto decisivo de la reestructuración capitalista a través de la crisis. Queremos ocuparnos en lo que sigue particularmente del primer aspecto: de la "agresión masiva del capital contra el trabajo asalariado", que constituye siempre una crisis de sobreproducción;[4] de las políticas en las que se pone en práctica dicha agresión en el nivel de la producción. En otras palabras, de lo que ha sido denominado el *uso capitalista de la crisis*.

Ese uso busca cambiar en beneficio de la reafirmación y la recomposición del poder de la burguesía, utilizando las condiciones creadas por la crisis, las relaciones de fuerza capital-trabajo impuestas por las luchas obreras en la anterior fase de expansión y ocupación, relaciones materializadas en conquistas específicas de la clase trabajadora en la sociedad y en la producción: salarios, seguridad social, condiciones y horarios de trabajo, formas de control sobre el proceso productivo, sindicalización, organización política autónoma, derechos democráticos, etcétera.

Para ello necesita la subordinación del proletariado —por convicción ideológica o por destrucción de sus organizaciones— a esos proyectos de reestructuración, que son presentados como producto ineludible de la *racionalidad económica* y como medidas indispensables de *salvación nacional*, fundadas en la *objetividad* de las leyes económicas.

Bajo esa cobertura ideológica se presentan las diferentes *políticas de austeridad*, comunes hoy a todos los estados capitalistas, en las cuales se materializa la agresión generalizada contra los asalariados.

Pero justamente la condición del éxito de esas políticas es la ruptura de la resistencia obrera —por sumisión de sus organizaciones o por la destrucción de éstas— a dicha ofensiva, en defensa de las conquistas anteriores.

Veamos las condiciones que el capital trata de reunir para obtener dicha ruptura.

3. Ejército industrial de reserva y organización obrera

Históricamente, la situación más favorable al capital en su enfrentamiento con los asalariados la constituye la desorganización de éstos

---

4 Ernest Mandel, *La crisis*, Ediciones Era, México, 1980, p. 258.

o, lo que es lo mismo, el aumento de la competencia en el interior de la clase obrera por la venta de su mercancía: su fuerza de trabajo.

Cuanto más fuertemente la *relación de competencia* entre fuerza de trabajo y fuerza de trabajo —por individuos, por ramas o por países— se sobreponga y domine la *relación de solidaridad* —que se basa, en última instancia, en la *relación de cooperación* implícita en el proceso de trabajo capitalista y en la realidad material del trabajador colectivo—, más fácilmente podrá el capital imponer su propia racionalidad en estado puro, que es la del mercado, en contra de la clase obrera, y en su conciencia.

La crisis, por sí misma, crea una serie de condiciones objetivas que facilitan esa tarea bajo sus dos formas complementarias e interpenetradas: por convicción y por represión. En esta agudización general de las contradicciones que buscan alcanzar un nuevo equilibrio, en cada contradicción se abre paso el interés del sector que se encuentra mejor preparado para tomar la iniciativa e imponer *su salida* a la crisis.

Sobre la burguesía la crisis determina: *a)* un nuevo impulso al proceso de concentración y centralización del capital, liquidando, absorbiendo o desplazando las fracciones marginales del capital; *b)* una consiguiente reestructuración de la división internacional del trabajo; y *c)* una reorganización y actualización de las formas de intervención estatal en la economía, con los subsecuentes —o precedentes— reacomodos y desplazamientos de los representantes políticos del capital y de la composición del bloque de poder. Para la clase obrera esos mismos cambios implican, en primer lugar, la desocupación y la amenaza de desocupación, el crecimiento o la reaparición (bajo formas abiertas o encubiertas) del ejército industrial de reserva y, por ende, el aumento automático de la competencia en el interior de la fuerza de trabajo.

Desde este punto de vista, en principio la crisis coloca naturalmente, por sí misma, *a la defensiva* a la clase obrera y *a la ofensiva* al capital, que es quien toma enérgicamente la iniciativa para dar su propia salida. (Y decimos *en principio* porque una fuerte organización obrera —consolidada en la fase de expansión previa a la crisis, en favor de la mayor cohesión de la clase, debido, entre otras cosas, a la absorción total o parcial del ejército industrial de reserva— puede permitir al **proletariado** no sólo resistir el asalto del capital contra sus conquistas, sino incluso tomar iniciativas contra el capital, a condición de que éstas no queden en los marcos del sistema, dentro de los cuales sólo las soluciones burguesas, favorables a una u otra fracción del capital, son racionales y razonables.)

Los cierres de empresas, la reducción de personal, el bloqueo de nuevas contrataciones (más, en ciertos países, la presión siempre presente del ejército industrial de reserva campesino), presentados todos como *sacrificios* que también pesan sobre el capital, y ubicados dentro de una crisis mundial en la que es visible que en otros países se recurre a las mismas medidas de *saneamiento*, colocan a la clase obrera en la situación de tener que defender, ante todo, el *puesto de trabajo*, aceptando sacrificar otras conquistas en aras de esta defensa.

La lucha entre las diversas fracciones del capital —lucha real—, el sacrificio, la eliminación o el desplazamiento de las perdedoras —también real—, es lo que da su núcleo racional a la ideología de los *sacrificios compartidos*, y sirve para encubrir el hecho de que a través de la crisis se abre paso e impone sus intereses contra la clase obrera y los otros capitales la fracción más agresiva, moderna y concentrada del capital, para abrir una nueva fase de acumulación. Al ser la portadora de esa necesidad del sistema —toda crisis, como es sabido, es la preparación de una nueva fase de acumulación—, dicha fracción del capital lleva consigo la representación de *todo* el sistema (incluso de las fracciones desplazadas) y de su supervivencia, y la salida que propone constituye, por ello, la salida lógica.

Esa salida incluye como cuestión central, invariablemente, una extensión del ejército industrial de reserva, bajo una u otra forma (que veremos más adelante), y un consiguiente debilitamiento de la posición negociadora de la clase obrera.[5]

Desdichada la clase obrera si sus organizaciones y su ideología la conducen, en medio de la crisis, a aceptar la alianza que invariablemente le proponen las fracciones en desventaja del capital en torno a su política supuestamente *progresista*, *nacional* o *redistributiva* (los nombres son variados), porque se condenará de antemano a la derrota en las condiciones más desastrosas: la derrota no en la lucha por el propio programa, que aun así prepara las condiciones de victorias futuras, sino en la defensa del programa de una fracción de la clase enemiga (programa destinado de antemano al fracaso por la lógica misma del sistema, y por lo tanto *utópico* en el peor sentido de la palabra, porque es engañoso, desmoralizante e ilusorio). Lucha estéril si la hay, porque sólo deja desconcierto y desorganización en el prole-

---

[5] "El capitalismo avanzado no puede evitar un periodo de expansión económica relativamente desacelerada si no logra destruir la resistencia de los asalariados y lograr así un aumento radical de la tasa de plusvalía. Esto es inconcebible, sin embargo, sin un periodo de estancamiento, y de hecho, incluso, sin una caída transitoria de los salarios reales... En esta intensificación de la lucha de clases el capital no tiene posibilidades de lograr un aumento efectivo de la tasa de plusvalía comparable al que se logró bajo la dictadura nazi o en la segunda guerra mundial, en tanto que las mismas condiciones en el mercado de trabajo inclinan la balanza de las *respectivas fuerzas combatientes* en favor del proletariado. La extensión del ejército industrial de reserva se ha convertido, por tanto, en la actualidad, en un instrumento consciente de política económica al servicio del capital". (Ernest Mandel, *El capitalismo tardío*, Ediciones Era, México, 1979, p. 177.)

tariado, como pueden atestiguarlo las derrotas sufridas en esas condiciones, en los últimos quince años, en Brasil, Uruguay, Chile, Argentina y Bolivia.

4. *Austeridad, pacto social, represión*

La política de austeridad, por otra parte, presentada como política de *salvación nacional*, supone siempre un enfrentamiento de cada fracción nacional de la clase obrera mundial con las otras clases obreras nacionales, en nombre de la *competitividad* de *su* capitalismo en el mercado mundial; y, por lo tanto, el ajuste de las demandas obreras a las exigencias de esa *competitividad capitalista* (es decir, a la lógica de la clase enemiga), lo cual tiene su expresión ideológica en las llamadas *compatibilidades económicas*. Esto significa que las demandas obreras sólo pueden ser propuestas, y las conquistas pasadas sólo son defendibles, en la medida en que sean *compatibles* con el funcionamiento del sistema (en otras palabras, en una época de crisis, con la necesidad del capital nacional de restablecer la tasa de ganancia y abrir un nuevo ciclo de acumulación).

Cada burguesía propone a su clase obrera este *pacto social*, esta lógica de las compatibilidades, cuya *necesidad objetiva* está demostrada por los *sacrificios* (cierres de empresas/desocupación) que la crisis ha impuesto a burguesía y clase obrera, pacto necesario para *salvar conjuntamente a la nación* (el barco en el cual *navegamos todos...*, salvo que unos en clase de lujo y los otros en la sentina) frente a las otras naciones con sus respectivos *pactos*. El nacionalismo es el cemento ideológico, preparado y probado por siglos, de esa propuesta.

Desde la *austeridad* italiana (incluida la versión *sui generis* formulada en Italia por Berlinguer) hasta el *pacto social* español (el pacto de La Moncloa y políticas derivadas), pasando por la austeridad francesa de Raymond Barre, la austeridad inglesa de Margaret Thatcher y las muchas otras austeridades en sus variantes nacionales puede reconocerse, como lo han hecho diversos economistas marxistas, que asistimos a "un ofensiva de austeridad universal del gran capital contra los asalariados".[6]

Pero como nacionalismo y sentido común (o sea, la ideología dominante) suelen no ser suficientes para hacer aceptar el pacto a la clase obrera o a todos sus destacamentos decisivos (sindicales y aun políticos), la burguesía esgrime al mismo tiempo el argumento del peligro —o de la amenaza— de la dictadura terrorista, en caso de que el pacto social

6 Ernest Mandel, *La crisis, op. cit.*

para establecer la austeridad no funcione. Las formas de presentar esta amenaza son tantas como burguesías (y, en consecuencia, enfrentamientos capital-trabajo) hay en el mundo, desde el espantajo de la actividad real de las Brigadas Rojas en Italia hasta el franquismo (también real) del ejército y la guardia civil en España, pasando por la presencia (igualmente real) del ejército tras la silla presidencial en Colombia o en Perú.

El ejemplo práctico de que esa amenaza no es simbólica contribuyen a darlo, por otra parte, aquellos países donde la resistencia de la clase obrera aliada definitivamente a una fracción marginal de la burguesía, y en definitiva con el programa de ésta (es decir, sin proponerse romper los marcos del sistema), y afirmada además en poderosas organizaciones construidas en la etapa anterior, ha sido tan grande como para bloquear todos los asaltos de la austeridad. Allí esa resistencia ha exigido la intervención del ejército en primera persona, para lograr quebrarla con el terror y reorganizar dictatorialmente el sistema. Argentina (con la huelga general que en junio de 1975 derrotó al plan de austeridad de Isabel Perón y su ministro Rodrigo y preparó así el recurso militar al golpe de marzo de 1976) podría ser el ejemplo clásico de este tipo de imposición represiva y terrorista de la austeridad; pero también corresponden a él los casos de Uruguay, Bolivia y, a su modo especial (gobierno Allende, diverso del peronismo o la UDP), Chile.

Un caso peculiar de la combinación de ambos métodos podría ser la actual situación en Brasil (adelanto a su vez de la relación estatal, que busca institucionalizar las dictaduras vecinas). Los trabajadores brasileños han sufrido la experiencia de la dictadura antiobrera en carne propia, a partir de 1964 y sobre todo desde 1968 (Acto Institucional Número 5). El periodo que se inicia en 1976-1977 (tal vez antes) ha visto una notable reorganización de sus luchas y un aumento relativo de sus conquistas. Pero, por factores a la vez nacionales e internacionales, se están agotando los efectos de la reorganización impuesta por la dictadura. La burguesía necesita imponer nuevas restricciones a las concesiones salariales arrancadas por la clase obrera en los últimos años. En consecuencia, algunos de los sectores (los más amenazados directamente por la retracción de inversiones estatales y por el grado de organización de su proletariado, como el sector de bienes de capital) están llamando a un *pacto antirrecesivo* en el cual ofrecen a sus trabajadores ciertas concesiones en cuanto a garantías del puesto de trabajo (reducción del *turn over*) y derechos de organización (mediados por los *pelegos*), a cambio de que los trabajadores acepten disminuir demandas salariales o que incidan en el salario.[7]

7 Francisco de Oliveira, "La situación económica del Brasil en la actual coyuntura internacional", conferencia sustentada en la División de Estudios de Posgrado de la Facultad de Economía, UNAM, en enero de 1981.

La alternativa, si este pacto no es aceptado y se confirma la posibilidad de recesión, sería –según los ideólogos de ese sector– un cierre de la *apertura democrática* y un endurecimiento del gobierno militar. Como se ve, en este caso los argumentos económicos y políticos se combinan específicamente para justificar los *sacrificios*, la *moderación* de las demandas y el *pacto social*.

5. Innovación tecnológica y ejército industrial de reserva

La agresión del capital no se limita a las esferas de la ocupación, del salario y de las conquistas sociales (reducción de gastos sociales del Estado), ni sus métodos se agotan en la represión estatal o en la subordinación ideológica del proletariado a sus proyectos mediante la subordinación de sus organizaciones a la racionalidad capitalista.

El núcleo de la dictadura del capital sobre el trabajo no está, como es sabido, en las instituciones estatales, sino en el proceso de producción, en la fábrica misma. En último análisis, no está en las condiciones de *compra* de la fuerza de trabajo en el mercado, sino en las condiciones de *uso* de la fuerza de trabajo (ya adquirida por el capitalista) en la producción –en el trabajo, pues–. Está –el núcleo, decimos, no toda la dictadura– en la organización capitalista del trabajo, organización que es siempre y en cada momento la expresión concentrada de la contradicción entre proceso de trabajo y proceso de valorización, y de su solución capitalista.

Es allí donde el capital lleva constantemente su trabajo de Sísifo: hacer surgir la figura del obrero colectivo como condición de la organización capitalista del trabajo y tratar de lograr, al mismo tiempo, que del trabajador colectivo, de ese ser de innumerables brazos como decía Marx, no surja una conciencia obrera colectiva y autónoma, sino una multitud pulverizada de conciencias individuales, es decir, una no conciencia colectiva. El carácter insoluble de la empresa reside en que el proceso de trabajo, en el cual la mercancía fuerza de trabajo que el capitalista adquiere consume su valor de uso en el trabajo, requiere el pensamiento del trabajador (sin el cual no existen su conocimiento ni su iniciativa, y entonces su fuerza de trabajo no se materializa en trabajo, no tiene valor de uso): pero ese pensamiento es indivisible, y no puede poner en movimiento al trabajo vivo del que forma parte (y mover al trabajo objetivado: las máquinas, que se le contrapone) sin materializarse al mismo tiempo (mal o bien, es otro problema) en pensamiento colectivo. En otras palabras, no hay fuerza colectiva de trabajo, cooperación –condiciones indispensables del proceso de trabajo capitalista–, sin conciencia colectiva, condición elemental (no suficiente) de la organización obrera. La fuerza de trabajo es una mercancía que piensa, es decir, que resiste y tiene iniciativa dentro del proceso de trabajo y fuera de él.

Y sin el proceso de trabajo capitalista, soporte material del proceso de valorización, no hay acumulación ni reproducción del capital. Pero a su vez la continuidad del proceso de valorización del capital (y más todavía en esa agudización de todas las contradicciones capitalistas que es la crisis) requiere que en el proceso de trabajo se llegue a la mayor eliminación posible de la iniciativa, la autonomía y el pensamiento de la fuerza de trabajo. Ésta es la lógica última (no la única) que preside el proceso secular de introducción de innovaciones tecnológicas, enormemente acelerado con la tercera revolución tecnológica posterior a la segunda guerra mundial.[8]

La otra lógica (en última instancia reductible a la anterior) es la dictada por la competencia entre los diversos capitales y la obtención temporal de superganancias a través de la introducción de las innovaciones en la tecnología todavía no extendidas al conjunto de la industria o rama de industria.

De este modo, en la introducción de innovaciones tecnológicas dichos objetivos se combinan con otros dos: *a)* la reconstitución del ejército industrial de reserva,[9] por un lado, y *b)* la destrucción de las

---

[8] Karl Marx, *El capital,* Siglo XXI Editores, México. En el ya citado *Progreso técnico y desarrollo capitalista,* pp. 101 y 103-104, Marx anota: "Las huelgas se llevan a cabo principalmente para esto: para impedir la reducción del salario o para arrancar un aumento del salario o para establecer los límites de la jornada de trabajo. En ellas se trata siempre de contener dentro de ciertos límites la masa absoluta o relativa del tiempo de plustrabajo, o de hacer que el trabajador mismo se apropie de una de sus partes. Contra esto el capitalista emplea la introducción de la maquinaria. En este caso la maquinaria aparece directamente como medio para acortar el tiempo de trabajo necesario; *idem* como forma del capital –medio del capital; poder del capital– sobre el trabajo, para reprimir cualquier pretensión de autonomía por parte del trabajo. En este caso, la maquinaria *también entra en escena intencionalmente como forma del capital hostil al trabajo."* Y, entre varias citas, transcribe a continuación la siguiente, de Peter Gaskell (*Artisans and machinery,* Londres, 1836): "Los primeros patrones de la manufactura, que debían confiarse enteramente al trabajo de la mano de obra, sufrían periódicamente graves o inmediatas pérdidas debido al espíritu rebelde de la mano de obra, que escogía el momento justo y ventajoso para ella, cuando el mercado presionaba de manera particular, para hacer valer sus pretensiones... se estaba acercando rápidamente una crisis que hubiera bloqueado el progreso de los manufactureros, cuando el vapor y su aplicación a las máquinas desviaron de golpe la corriente, revirtiéndola contra los obreros."

[9] "En la actualidad el capital tiene a su disposición dos maneras de reconstruir el ejército industrial de reserva: por un lado, la intensificación de las exportaciones de capital y la reducción sistemática de las inversiones internas, lo que significa transferir capitales a donde todavía existe un exceso de mano de obra, en lugar de traer ésta a donde existe un exceso de capital; y, por otro lado, la intensifi-

condiciones sobre las que se dio previamente la organización de los trabajadores, por el otro.

Esto, al menos, de tres maneras complementarias:

En primer lugar, no es sólo la existencia de capital excedente en los países centrales, sino las posibilidades creadas por la llamada *revolución informática* lo que ha permitido la escala actual en que se realiza la exportación de capital productivo y la internacionalización de los procesos productivos. Esto facilita la utilización, en los países semindustrializados, de máquinas y equipos en vía de desvalorización en los países centrales, junto con máquinas último modelo, combinación que permite modernizar en los países receptores las relaciones de explotación y dominación del capital sobre los asalariados en relación con las existentes anteriormente, y recomponer en los países centrales —con métodos más recientes— esas mismas relaciones, desorganizando las bases anteriores de organización y resistencia de la fuerza de trabajo en el seno de la producción.[10]

Esto permite, por otro lado, internacionalizar el ejército industrial de reserva y presionar sobre las condiciones de organización y de negociación de la fuerza de trabajo frente al capital en los países centrales. Las diferentes partes de un producto (automóvil o aparato electrónico) pueden producirse en diferentes establecimientos y en diferentes países, y montarse en otros: "existe una división internacional del trabajo que ahora ya atraviesa el producto mismo".[11]

En segundo lugar, permite introducir métodos más flexibles de organización del trabajo allí donde es mayor la resistencia obrera organizada (las llamadas técnicas de *job enrichment* o enriquecimiento de

cación de la automatización o, en otras palabras, la concentración de inversiones para liberar la mayor cantidad posible de trabajo vivo (la industrialización *en profundidad* más que *en amplitud*)" (Ernest Mandel, *El capitalismo tardío, op. cit.*, p. 179.)

[10] "Ante todo debe tenerse en cuenta el lugar que ocupan estas economías [los países semindustrializados de América Latina] dentro de la estructura de la economía mundial. Al estar sometidas a las contradicciones que vive la acumulación del capital en los polos dominantes, ellas sufren desde el fin de los años cincuenta un proceso de internacionalización del capital *productivo* materializado en máquinas y equipos en vías de desvalorización y/o destrucción en los países centrales, que a su vez es *resultado* de las resistencias crecientes que encuentra la dominación/explotación de la clase obrera en los países desarrollados, y *engendra* una estructura productiva particularmente heterogénea, que es el fundamento de nuevas formas de sumisión del trabajo al capital en los países subdesarrollados." (Gilberto Mathias, "Acumulación del capital, proceso de trabajo y nuevas formas de las luchas obreras en América Latina", en *Coyoacán*, núm. 9, México, julio-septiembre de 1980, p. 23).

[11] Lis De Sanctis, Paola Manacorda y Lucio Rouvery, "L'automazione entra nella fabbrica e negli uffici", *Dossier Lavoro de Il Manifesto*, Roma, octubre de 1980. Véase también la nota 32 del presente trabajo.

tareas, de las cuales resulta una parcial recomposición de tareas antes pulverizadas al extremo por el taylorismo) y exportar los métodos más rígidos allí donde las posibilidades de control patronal-policial sobre los trabajadores en el interior del proceso productivo son mayores.[12] En ambos casos las viejas condiciones de organización de la fuerza de trabajo sufren alteraciones decisivas por iniciativa del capital.

En tercer lugar, el capital puede mantener y proseguir bajo su control el proceso de descalificación-recalificación (por lo tanto, recomposición) de la fuerza de trabajo, extendiéndolo a escala internacional y ampliando así las fronteras relativas del ejército industrial de reserva y las relaciones de competencia en el interior de la clase obrera.

Innovación tecnológica e internacionalización del capital y de los procesos productivos son, por lo tanto, condiciones complementarias para la salida capitalista de la crisis y para la recomposición del poder burgués frente al proletariado. El capital internacionaliza su ofensiva, sin por ello interrumpir la competencia entre los muchos capitales, sino precisamente sobre esa base. Pero asimismo, con la ideología de las *compatibilidades* empuja al proletariado a *nacionalizar su respuesta*, encerrándolo en los marcos de sus pasadas condiciones históricas de organización en cada país y de la mediación del Estado nacional.

Es indudable que, visto en el largo periodo histórico, la internacionalización del capital sería la internacionalización de la clase obrera o la extensión internacional del trabajo asalariado y la tendencia a la homogeneización de su relación con el capital. Pero, aparte de las poderosas contratendencias que la estructuración del capitalismo en estados nacionales opone a esta *tendencia*, los conflictos se resuelven, las crisis se solucionan y las rupturas se presentan en la historia concreta, no a *largo plazo;* y en esa realidad, que es hoy la de la crisis, el capital lleva todavía la iniciativa.[13]

6. Nuevas tecnologías y organización obrera

Son conocidos los estudios[14] que muestran hoy, cómo Marx explicaba

---

[12] Véase Gilberto Mathias, *op. cit.*, pp. 24-25.

[13] Es curioso y agudo, como otras de sus observaciones, el comentario de Antonio Negri a la famosa frase de Keynes sobre el largo plazo: "¿Qué es en realidad este futuro, con el cual tan acremente quiere ajustar cuentas Keynes, si no una vez más aquella catástrofe para él y para los suyos, aquel partido de la catástrofe que ve vivir frente a sí como clase obrera? Desde este punto de vista, la afirmación keynesiana, tantas veces superficialmente repetida: *a largo plazo todos estaremos muertos*, es casi un rabioso presagio de clase." (Sergio Bologna, Antonio Negri *et al., Operai e Stato*, Feltrinelli, Milano, 1972, p. 87.)

[14] Entre otros, Harry Braverman, *Labor and Monopoly Capital*, Monthly

ayer,[15] de qué modo la introducción de nuevas máquinarias y la consiguiente reorganización del proceso de trabajo van expropiando el saber

Review Press, Nueva York, 1974 (hay traducción al español publicada por Editorial Nuestro Tiempo, México, 1977); David F. Noble, *America by Design*, Oxford University Press, Nueva York, 1977; Benjamin Coriat, *Science, technique et capital*, Editions du Seuil, París, 1976; Benjamin Coriat, *El taller y el cronómetro*, Madrid, Siglo XXI, 1982; Michel Freyssenet, *La division capitaliste du travail*, Savelli, París 1977; Michel Aglietta, *Regulación y crisis del capitalismo*, Siglo XXI Editores, México, 1979; varios autores, *la division capitaliste du travail (Colloque de Dourdan)*, Editions Galilée, París, 1978; CFDT, *Les dégâts du progrès*, Editions du Seuil, París, 1977 (hay traducción al español); Fernando Chiaromonte, *Sindicato, ristrutturazione, organizzazione del lavoro*, ESI, Roma, 1978; *Dossier lavoro del Manifesto*, Il Manifesto, Roma, 1980; más una abundante bibliografía italiana y revistas como *Classe, Primo Maggio, I Consigli* y otras. También diversos artículos de la revista *Capital and Class* de Londres.

15 En los manuscritos de 1861-1863, ahora publicados con el título *Progreso técnico y desarrollo capitalista* cit., pp. 187-190, Marx afirma:

Por lo tanto, la tendencia de la producción a máquina se manifiesta, por una parte, en un *continuo despido de obreros* (de empresas mecánicas o artesanales) pero, por la otra, en un constante *reclutamiento*, desde el momento que en un determinado grado de desarrollo de las fuerzas productivas el plusvalor sólo puede aumentar a través del aumento del número de obreros ocupados simultáneamente. Esta atracción y repulsión son características, como lo es también, por consiguiente, la continua *oscilación del nivel de vida del obrero*.

Con las huelgas se pone de manifiesto el hecho de que las máquinas se usan e inventan a pesar de las exigencias directas del trabajo vivo, y sirven como medio para aplastarlo y someterlo. (Véase a Ricardo sobre la continua contradicción entre las máquinas y el trabajo vivo.)

En consecuencia, aquí es mucho más evidente la alienación de las condiciones objetivas del trabajo —del trabajo pasado— respecto al trabajo vivo como contradicción directa; al mismo tiempo, el trabajo pasado (o sea, las fuerzas sociales del trabaio, comprendidas las fuerzas de la naturaleza y de la ciencia) se presenta como arma que sirve, en parte para echar a la calle al obrero y reducirlo a la condición de *hombre superfluo*, en parte para privarlo de la especialización y acabar con las reivindicaciones basadas en esta última, y en parte para someterlo hábilmente al despotismo de la fábrica y a la disciplina militar del capital.

En este aspecto resultan decisivas, por lo tanto, *las condiciones sociales* del trabajo creadas por la *fuerza productiva social* del trabajo y por el trabajo mismo, no sólo como fuerzas ajenas al obrero, fuerzas pertenecientes al *capital*, sino también como fuerzas hostiles a los obreros y que los oprimen, dirigidas contra cada uno de los obreros, en defensa de los intereses del capitalista.

Además, ya hemos señalado que el modo de producción capitalista no sólo cambia formalmente, sino que realiza una revolución en todas las condiciones sociales y tecnológicas del proceso laboral; el capital no se presenta ahora sólo como condiciones materiales de trabajo *que no pertenecen* al obrero —la materia prima y los medios de trabajo—, sino como encarnación de las *fuerzas sociales* y de las formas de su trabajo común, contrapuestas a cada uno de los obreros.

El capital se presenta también bajo la forma de trabajo pasado —en la máquina automática y en las máquinas puestas en movimiento por él—; se presenta, como es posible demostrarlo, independiente del trabajo vivo; en lugar de someterse al trabajo vivo, lo somete a sí mismo; el hombre de hierro interviene contra el hombre de carne y hueso.

obrero e incorporándolo al capital como su propiedad y como su poder sobre la fuerza de trabajo; en otras palabras, cómo el conocimiento abandona el trabajo vivo para incorporarse o subordinarse al trabajo muerto, y potenciar a éste frente a aquél.

Pero al hacerlo así destruyen también, como recordamos antes, las condiciones materiales del proceso de trabajo, sobre las cuales se organizó la fuerza de trabajo en fases anteriores, y le plantean a ésta incógnitas nuevas, tanto para enfrentarse al capital como para relacionarse consigo misma. Esto había sido ya cuidadosamente constatado en 1836 por el señor Ure.[16]

Esta constante reorganización ha sido llevada a formas extremas con el taylorismo y el fordismo, y, en la actualidad, con la automatización. Ésta, como señala Paola Manacorda, no constituye tanto una superación del taylorismo cuanto una ulterior evolución de éste al establecer "un nivel diverso, seguramente más global, de organización científica de la producción".[17]

Ciertamente, la introducción de la automatización, como hemos recordado, no obedece solamente a las necesidades de subordinación de la fuerza de trabajo al capital. Creemos que Paola Manacorda precisa bien la cuestión, y nos parece útil hacer la cita por extenso:

La sumisión del trabajo del hombre de carne y hueso al capital, la absorción de su trabajo por parte del capital, absorción en que está encerrada la esencia de la producción capitalista, interviene aquí como hecho tecnológico...
El dominio del trabajo pasado sobre el vivo, junto con la máquina —y con el taller mecánico basado en esta última—, no sólo deviene social, expresado en la relación entre capitalista y obrero, sino también, por así decirlo, una *verdad tecnológica*

[16] Anota Marx en *Progreso técnico...* cit., pp. 101-102: "Refiriéndose al invento de una nueva máquina textil, A. Ure afirma: 'De este modo, la horda de los descontentos, que se creía invenciblemente atrincherada detrás de las viejas líneas de la división del trabajo, ha sido atacada y vencida por los flancos y, habiendo sido aniquilados sus medios de defensa con la táctica mecánica moderna, se ha visto obligada a rendirse sin condiciones'."

[17] "El otro carácter profundamente innovador de las tecnologías de automatización es la ruptura del carácter estrechamente determinístico del proceso productivo, y su sustitución por una lógica de sistema de tipo probabilístico, que ve las diversas fases del proceso interrelacionadas de manera compleja y no necesariamente lineal. Es este carácter lo que ha llevado a muchos, como es sabido, a hablar de superación del taylorismo. Y ciertamente es una superación si del taylorismo se asume solamente el carácter, justamente, determinístico; mientras, no se puede hablar de superación, sino de ulterior evolución, si se considera la automatización como un nivel diverso, seguramente más global, de organización científica de la producción." (Paola Manacorda, "Modifiche del lavoro e nell' organizzazione del lavoro indotte da processi informatici e di automazione" [informe a la conferencia], en *Realtà, tendenze e ideologia del lavoro in Italia*, organizada por *Il Manifesto*, Milán, octubre 31, 1 y 2 noviembre de 1980.)

Para evitar retomar temas que ya han sido objeto de análisis en otros lugares y ocasiones [dice Paola Manacorda como introducción a su informe], queremos limpiar la escena de las dos interpretaciones, ambas reductivas y esquemáticas, que a veces se encuentran. La primera, de marca reformista, según la cual la automatización es sólo el fruto lógico y natural de un genérico *progreso científico y tecnológico*, que se debe aceptar sin discutir su finalidad y sus mecanismos; la segunda, que ve en la innovación tecnológica solamente la maniobra opresiva del capital con respecto a la clase obrera.

Queremos en cambio reiterar que los análisis más completos han conducido a entrever en la automatización, como en todos los fenómenos complejos que tienen lugar en una sociedad de clases, elementos contradictorios que son el fundamento de las decisiones tomadas y que se pueden resumir, esquemáticamente, del siguiente modo. La automatización ha sido:

a) Un instrumento para enfrentar, por parte del capital, la creciente complejidad y turbulencia del ambiente externo, sea bajo la forma de mercados o la de productos tecnológicamente nuevos.

b) Una estrategia para recuperar, al menos en parte, la flexibilidad del proceso productivo puesta en cuestión por la rigidez de la clase obrera y por la organización del trabajo rígidamente taylorista.

c) Una respuesta a algunas exigencias planteadas por la clase obrera, en términos de eliminación de la nocividad y repetitividad del trabajo y de recomposición de las tareas.

d) Un instrumento, especialmente en lo referente a la automatización administrativa, para acelerar la circulación del capital.

Las interpretaciones que tienden a avalar sólo la motivación técnico-económica, o sólo la política, son por lo tanto bastante limitadas, y descuidan los profundos entrelazamientos que siempre se presentan entre estos dos aspectos en el desarrollo de las fuerzas productivas.[18]

Pero si bien ambos componentes deben ser incluidos y comprendidos en su interrelación específica en cada caso si ha de formularse una política obrera frente a la política del capital, nos interesa aquí ocuparnos del salto ulterior que la aceleración de la innovación tecnológica introduce en la lucha del capital por la desorganización y la subordinación de la fuerza de trabajo; o, en otros términos, del *uso capitalista de las transformaciones del proceso de trabajo para la desorganización de la fuerza de trabajo*.

[18] *Ibid.* Véase, en un sentido similar, las consideraciones de Gilberto Mathias, *op. cit.*, pp. 21-23.

Recapitulemos, muy esquemáticamente, las grandes etapas históricas de este proceso.

a) Maquinismo y gran industria

El obrero colectivo se constituye con la formación y la extensión de la gran industria, especialmente a partir de la segunda mitad del siglo XIX. Esa clase obrera, en proveniencia directa del artesanado y de la manufactura, es decir, antes dueña de su oficio, no es todavía expropiada totalmente de sus conocimientos. Progresivamente, parte de éstos se incorporan a las máquinas, pero nuevos conocimientos, nuevas prácticas con respecto al funcionamiento de las propias máquinas, se crean nuevamente, y son reapropiados por la fuerza de trabajo. Este proceso es muy nítido cuando son introducidas las máquinas llamadas *universales*, en las que el obrero debe recurrir, para operar con ellas, a los conocimientos del viejo oficio, tanto sobre el instrumento como sobre el objeto de trabajo.[19] Pero ese *saber práctico* se reproduce, bajo otras formas, hasta en las más modernas industrias de proceso, químicas y petroquímicas.[20]

[19] Sobre la introducción de máquinas todavía muy poco especializadas en las fábricas Renault, a principios de siglo, dice Michel Freyssenet: "Los grados de la mecanización y la especialización de las máquinas son muy variados, y van a elevarse rápidamente, echando las bases para la automatización. El maquinismo tampoco se impone de un golpe en todas las fabricaciones. En una misma fábrica coexistieron durante mucho tiempo obreros de oficio y obreros de máquina. Lo que es importante señalar es que éstos fueron considerados, en esa época, como obreros descalificados con relación a aquéllos." Sin embargo, sus conocimientos se remitían todavía directamente a los del oficio, como recuerda Alain Touraine (citado por Freyssenet): "A falta de un conocimiento riguroso de los metales y del modo de trabajo de las herramientas, era preciso confiar en la experiencia personal del obrero. El cortador de madera escoge personalmente su materia de trabajo; el tornero siente la vibración de la pieza mal fijada, demasiado profundamente atacada por la herramienta... Las antiguas perforadoras eran denominadas *sensitivas*. El perforador, como el tornero, modificaba continuamente, con movimientos delicados, la marcha de la máquina, adaptándola a la naturaleza del metal y a la precisión del trabajo que se quiere obtener." (Michel Freyssenet, *op. cit.*, p. 42.)

[20] Robert Linhart, en un estudio sobre el proceso de trabajo en las grandes unidades de refinación petrolera y de producción petroquímica de base, dice: "El proceso de producción aparece gobernado por un doble sistema de saber. Por un lado, el saber teórico: aplicación de la química a cierto número de reacciones que son desencadenadas a escala industrial... Por otro lado, un saber práctico, adquirido empíricamente en el lugar de trabajo por los obreros de fabricación —operadores y ayudantes de operador, pero sobre todo jefes de puesto—, saber que ellos se trasmiten oralmente, lo cual no excluye, por lo demás, los particularismos entre puesto y puesto... Se podría imaginar que este saber práctico se reduce a una pura y simple explicación sectorial del saber teórico. Sin embargo, no es así: hay

Aquella clase obrera, en transición entre el oficio y el maquinismo, que comenzaba a sufrir los embates del taylorismo desde inicios de siglo y que a partir de 1914 iba a ser atacada por la cadena de montaje (que desde ese año empezó a producir ininterrumpidamente los primeros modelos T en la fábrica Ford), es la clase obrera que emprendió la primera gran ola mundial de enfrentamiento con el capital; la que organizó entre los años diez y los años veinte de este siglo los consejos obreros en Alemania, en Italia, en Inglaterra; la que contribuyó a demoler el imperio austro-húngaro; la que hizo las huelgas generales de esos años en América Latina (Argentina, Chile, Perú, México, Brasil); la que, en una prefiguración del futuro proletariado industrial, organizó la Industrial Workers of the World en los Estados Unidos; la que, en la punta más avanzada de ese asalto internacional a las posiciones del capital, formó los soviets en Rusia y abrió la primera brecha, que ya no volvió a cerrarse, en el sistema capitalista mundial con el establecimiento de la República de los Soviets.[21]

Ciertamente, ya hay aquí una primera ampliación del ejército industrial de reserva a través de la descalificación de la fuerza de trabajo. Pero el proceso está en sus inicios, y en cambio ha llegado a maduración la constitución del obrero colectivo, precisamente sobre la combinación mencionada, en cuya figura se disuelven definitivamente el antiguo **artesano** y sus reminiscencias mutualistas, y se afirma con energía juvenil un personaje nuevo y ya maduro: el obrero de la gran industria, seguro de sí mismo y conocedor de su enemigo; aquel que realizará, entre otras, hazañas como la ocupación de las fábricas en Italia en septiembre de 1920.

Contra esa figura **se lanza** la nueva ofensiva del capital y su reestruc-

---

un margen de divergencia. Constituidos a partir de bases diferentes y conservados por prácticas perfectamente distintas, los dos saberes no coinciden. *De ahí surge un desdoblamiento entre el funcionamiento oficial de la unidad de producción y su funcionamiento efectivo.* En teoría, habría que proceder de tal modo, que obedece a la teoría química de la reacción. En la práctica, se procede de tal otro modo que corresponde mejor al funcionamiento *cómodo*, puesto a punto por los tanteos de los obreros de fabricación. Por supuesto, la dirección de la empresa conoce bien ese desdoblamiento." A continuación, Linhart explica las diversas razones por las que la empresa acepta y hasta estimula esa situación. (Robert Linhart, "Procès de travail et division de la classe ouvrière", en *La division du travail* [*colloque de Dourdan*] *op. cit.*) Véase, en el mismo sentido y en el mismo volumen, la ponencia de Benjamin Coriat, "Differentiation et segmentation de la force de travail dans les industries de process."

21 *Critique* (revista de estudios soviéticos y teoría socialista), Londres, núm. 3, 1974, publicó un ensayo de Chris Goodey, "Factory Committees and the Dictatorship of the Proletariat 1918", en el cual se analiza el surgimiento de los consejos antes de la revolución rusa y el tipo de obreros especializados que resultaban elegidos como delegados para integrarlos.

turación de las fábricas, espoleada además por las exigencias de la industria de guerra a partir de 1914.[22]

b) Taylorismo y fordismo

La introducción del taylorismo y del fordismo (y con ellos la cadena de montaje, la producción que pasó al consumo de masa, los salarios más altos que favorecen este consumo y ligan al obrero a la empresa Ford), en las industrias entonces de punta revoluciona la anterior organización del trabajo y constituye un nuevo e insidioso "ataque por los flancos", como diría Ure, contra "las viejas líneas de la división del trabajo", en las que se había afirmado la organización obrera luego de años de luchas y experiencias nacionales e internacionales.

El sistema de Taylor, que él mismo llamó inicialmente *sistema de dirección por fijación de tareas*, se constituye como un tipo de organización del trabajo que es a la vez un proceso de expropiación del saber obrero en provecho del capital, reduciendo ese saber a sus elementos más simples (estudio de tiempos y movimientos para cada tarea) y recomponiéndolo bajo la forma de tareas precisas fijadas por la dirección a cada trabajador. En las palabras de Benjamín Coriat:

La idea de tarea resume y concentra en sí todos los principios básicos del taylorismo:

Mediante la reducción del saber obrero a sus elementos más simples, donde la tarea se define como la parte más pequeña de un proceso homogéneo de trabajo, se opera el trastrocamiento que el taylorismo realiza.

Toda la *actividad clasificatoria* del taylorismo, el estudio "científico" de *los tiempos y los movimientos*, no busca otra cosa que definir *tareas simples* fijadas a los obreros y susceptibles de ser controladas.

Finalmente, y éste es un elemento muy importante, la tarea instaura la práctica *individual* del obrero, allí donde el equipo y las solidaridades de grupo —surgidas de los oficios— eran fuertes y vivaces.[23]

De este modo, agrega el mismo autor, "todo lo que el maquinismo todavía no ha realizado en materia de expropiación técnica de los

---

[22] En el libro citado, Antonio Negri pone el acento sobre este aspecto del proceso: "Taylorismo, fordismo, tienen esta función inmediata: quitar el partido bolchevique a la clase, a través de la masificación del modo de producir y la descalificación de la fuerza de trabajo; introducir por esa vía nuevas fuerzas obreras en el proceso productivo."

[23] Benjamin Coriat, *Science, technique et capital*, Editions du Seuil, París, 1976, p. 120.

obreros, el taylorismo lo realiza por medio de la **organización** del trabajo y, con eso mismo, viene a tomar el relevo del maquinismo y a imprimirle un nuevo impulso".[24] (Confróntese en la nota 17 una afirmación similar de Paola Manacorda en cuanto a la relación que guarda la automatización con su predecesor: el taylorismo.)

El taylorismo, iniciado en los Estados Unidos, se extendió a Europa, y se afirmó allí bajo la presión de las necesidades de la producción de guerra entre 1914 y 1918. En las fábricas Renault la primera reacción contra el taylorismo fue el abandono de la empresa por muchos obreros; después, en diciembre de 1912, estalló la primera huelga contra la nueva organización del trabajo. Suspendida por tratativas, volvió a comenzar el 10 de febrero de 1913, y terminó el 26 de marzo con la victoria de la patronal. La reconversión de las fábricas para la industria de guerra en 1914 terminó de afirmar los nuevos métodos de organización del trabajo.[25]

El siguiente paso, que completa el taylorismo, lo constituye la invención de la cadena de montaje, elemento central (pero no único) del método de explotación —dominación de la fuerza de trabajo concebido por Henry Ford y extendido luego a todo el mundo. Citemos nuevamente a Benjamin Coriat:

> Ford, con la introducción de la *cadena* realiza un desarrollo creador del taylorismo, que lo lleva —desde el punto de vista del capital— a una especie de perfección. En efecto, la introducción de la cadena de montaje permite al mismo tiempo:
> *a)* Incorporar los tiempos y movimientos en el maquinismo mismo; *b)* *desmigajar* y *parcelar* en grados nunca alcanzados hasta entonces los... [movimientos] requeridos por parte del

---

[24] *Ibid.*, p. 133. En el mismo lugar, Coriat resume así su apreciación sobre "el papel histórico desempeñado por Taylor y el taylorismo": "Todo cuanto Marx *anuncia* en lo que se refiere a las *características específicamente capitalistas del proceso de trabajo* (parcelización de las tareas, incorporación del saber técnico en el maquinismo, carácter despótico de la dirección), Taylor, en lo que toca a él, *lo realiza*, o más exactamente le da una esfera de extensión que hasta entonces no tenía. El interés excepcional que presenta Taylor reside en que se trata de la expresión *consciente, concentrada y sistemática* de los intereses del capital en un momento estratégico de su historia. Hace conscientes a la burguesía los imperativos de la valorización del capital con relación a las formas a imprimir al proceso de trabajo, formas que Marx, en forma deductiva, anunciaba."

[25] Michel Freyssenet, *op. cit.*, p. 43. En el mismo lugar, Freyssenet registra: "Alphonse Merrheim, secretario de la Federación de Metalúrgicos de la CGT, escribía en 1913 en *La Vie Ouvrière*: 'La inteligencia es expulsada de los talleres y de las fábricas; no deben quedar allí sino brazos sin cerebros, autómatas de carne y hueso adaptados a autómatas de hierro y de acero. Si esto es lo que se llama progreso, nosotros debemos estar contra esta forma de progreso. Pero esto no es el progreso'. No se puede decir más claramente que la forma de desarrollo de las fuerzas productivas está dictada por las relaciones sociales de producción."

trabajo vivo; c) todo esto haciendo posible una considerable intensificación del trabajo. Y por supuesto es el trabajo muerto (la propia cadena) lo que constituye el fundamento del proceso de trabajo. No tiene, pues, nada de sorprendente que la cadena fordiana, desde 1920, haya ganado terreno incesantemente y haya sido adoptada cuantas veces la naturaleza del producto lo permitía.

Taylorismo más fordismo determinan, entonces, un nuevo impulso de las fuerzas productivas y les imprimen hasta en sus aspectos materiales (como objetos físicos) características muy precisas. Si se trata de *una revolución de las condiciones de producción*, es un revolución interna al capital, en su beneficio y sobre cuyo proceso tiene el dominio completo.[26]

Taylorismo y fordismo, con su trastocamiento de las anteriores condiciones de trabajo, extienden el proceso de descalificación de la fuerza de trabajo, vuelven a ampliar las fronteras reales o potenciales del ejército industrial de reserva y operan una recomposición de la clase obrera. Nace lo que posteriormente se ha llamado el obrero-masa, el obrero de la cadena de montaje. La lucha para volver a anteriores formas de organización del trabajo es una lucha perdida, como se comprueba desde las primeras huelgas contra el taylorismo. La clasé obrera no tarda en comprender que debe reorganizarse para hacer frente y derrotar el nuevo desafío desde el mismo interior de la producción.

De esa lucha fue naciendo una nueva forma de unidad y de articulación entre las diversas categorías y calificaciones de obreros, creada por las modificaciones del proceso de trabajo. Esas luchas estuvieron en la base del surgimiento, en los Estados Unidos de los años treinta, de los grandes sindicatos de industria y del CIO, así como de las grandes

---

[26] Benjamin Coriat, *op. cit.*, p. 126. A todo ello el mismo autor agrega el siguiente comentario. "La idea de la *neutralidad* de las técnicas, tan fuertemente anclada entre los economistas y que corresponde a la tesis según la cual las máquinas, herramientas, medios de producción en general, poseen como objetos materiales características que son requeridas por las reglas *técnicas* de su fabricación, tiene aquí un desmentido muy neto. Por supuesto, la técnica permanece. Pero antes que la técnica está la política, la lucha de clases y la apropiación de la técnica por el capital. Lo cual explica y hace posible que las características técnicas sean las que exige no la mayor eficacia del trabajo *en general* —lo que en realidad no quiere decir nada, no se trabaja *en general*, sino siempre bajo determinadas relaciones de producción—, sino la maximización del producto (para hablar con rigor, hay que decir: del *plusvalor*) en las condiciones de una división del trabajo que asegura al capital el dominio sobre el proceso de trabajo. Recordemos que estos dos objetivos *no son contradictorios*. La instauración de la dominación es, en cierto modo, la condición de la extorsión máxima de plusvalor, por lo que ambos imperativos aparecen mucho más complementarios."

movilizaciones y conquistas de 1936 en Francia. La incorporación de
nuevas fuerzas obreras —muchas veces de origen campesino— a las
fábricas sólo transitoriamente tuvo el efecto de rebajar la anterior
conciencia obrera, que buscaba el capital. Después de un tiempo la
recomposición de la clase, combinada con una situación favorable en el
mercado de trabajo, dio origen a una mezcla explosiva para el mantenimiento de las condiciones de control del capital sobre el proceso
productivo.

De esa combinación surgió, entre otros, el gran movimiento de masas
que dio origen a los nuevos sindicatos industriales en Argentina, en los
años iniciales del peronismo (1944-1946), y a la formación de las
comisiones internas como órganos unitarios y democráticos de control
de los trabajadores en el proceso productivo. De ella, y de las viejas
tradiciones del proletariado italiano, surgieron en la gran ola de luchas
de 1968 y 1969 (especialmente en el llamado *otoño caliente* de 1969)
los *consigli*, los consejos de fábrica, que son hasta hoy —pese a los
ataques incesantes de la patronal y a los procesos de burocratización
interiores— la estructura de base de los grandes sindicatos unitarios
italianos. La misma combinación fue gestándose en Brasil durante
los años del desarrollo capitalista estimulado por la dictadura militar,
particularmente a partir de 1968, y de allí vinieron el impulso, las
formas organizativas y los nuevos dirigentes de las huelgas emprendidas
entre 1978 y 1980, que renovaron el sindicalismo brasileño y dieron
origen al Partido de los Trabajadores.[27]

En este punto, en el curso de los años setenta la crisis y la resistencia
obrera a las políticas de austeridad aceleraron la introducción de innovaciones tecnológicas desarrolladas a partir de la segunda posguerra, y
estimularon en los países centrales los procesos de automatización y
nuevas modificaciones en el proceso de trabajo (propiciando con ello la

---

[27] La revista *Coyoacán* ha publicado diversos artículos sobre esta temática.
Véase número 4: Francisco Leal, "La oposición sindical en el resurgimiento del
proletariado brasileño"; y Oposición Sindical, "Nuevas formas de organización
obrera en Brasil". Número 5: C.E.P., "Luchas obreras y desarrollo de la Ford en
Gran Bretaña"; y Adolfo Gilly, "Los consejos de fábrica: Argentina, Bolivia, Italia". Número 6: Iris Santacruz Fabila, "Nueva industria y cambios en la clase
obrera en México". Número 7/8: Tullo Vigevani, "Sindicatos, comisiones de fábrica y reorganización del movimiento obrero en Brasil (1964-1979)"; y Ronaldo
Munck, "El movimiento sindical en Brasil y en Argentina: estudio comparativo".
Número 9: Gilberto Mathias: "Acumulación del capital, proceso de trabajo y nuevas formas de las luchas obreras en América Latina"; John Humphrey, "Los obreros del automóvil y la clase obrera en Brasil"; Guillermo Almeyra, "La clase obrera en la Argentina actual"; y Augusto Urteaga, "Autonomía obrera y restauración
empresarial: una experiencia de comités de fábrica". También aparecen varios
artículos relacionados con estos problemas en *Cuadernos Políticos*, nums. 24,
26 y 27.

exportación de maquinaria en proceso de desvalorización a los países semindustrializados, en los que las condiciones de organización de la fuerza de trabajo no oponen la misma resistencia).

c) Automatización

La automatización, introducida todavía gradualmente en algunos procesos productivos y más aceleradamente en otros (según el carácter del proceso mismo, las disponibilidades de capital, las necesidades de aceleración de la circulación del capital, la resistencia obrera, etcétera), constituye una nueva fase de la organización capitalista del trabajo. En relación con las técnicas de control de la fuerza de trabajo, reúne características comparables y objetivos idénticos a los de las anteriores fases de la innovación tecnológica, pero en forma mucho más concentrada. Su introducción es sumamente desigual, tanto en el interior de cada empresa[28] como en una misma rama de la industria, en diversos países o en diversas ramas de industria. Veremos más adelante las razones que tienden a hacer persistir y a reproducir esta desigualdad.

En el informe antes citado de Paola Manacorda se sostiene que, con relación a las anteriores tecnologías de mecanización, la automatización constituye "un efectivo salto cualitativo, y que su carácter innovador no está tanto en haber llevado hasta el límite extremo de velocidad y regularidad el proceso de transformación de la materia, sino en haber integrado en sí misma el *sistema informativo de la producción*, es decir, tanto las informaciones sobre el proceso de transformación de la materia como las informaciones relativas dal gasto (erogación) de fuerza del trabajo".[29]

---

[28] La Fiat italiana, por ejemplo, ha impulsado más la automatización en aquellos departamentos donde, por un lado, el proceso de trabajo la facilitaba; pero, por el otro, donde la resistencia obrera a trabajos pesados y nocivos era mayor, y estimulaba las luchas en todo el establecimiento: soldadura, pintura, prensas. Dichas operaciones, en la planta similar de la Fiat brasileña, continúan realizándose con los métodos anteriores, con alta intensidad de trabajo vivo pero con un fuerte control represivo-policial sobre éste, imposible de ejercer en la empresa de Turín.

[29] A lo que agrega esta precisión: "Cuando hablamos de automatización nos referimos a modificaciones tecnológicas bastante diversas, aunque todas derivadas de la misma tecnología de base: la tecnología electrónica; y de la misma concepción general: la de la integración del sistema informativo al sistema productivo. Las diferencias entre los diversos tipos de automatización están constituidas por la mayor o menor integración de los dos procesos, por la mayor o menor globalidad y extensión de la automatización y, fundamentalmente, por la relación entre automatización y organización de conjunto del trabajo."

Harley Shaiken explica así este control del gasto de fuerza de trabajo.
El *sistema de administración de fábrica* por computadora da a la administración la capacidad de efectuar estudios de tiempos tanto de la producción como de los trabajadores calificados, durante 24 horas por día y 7 días por

Al controlar de este modo el gasto de fuerza de trabajo, impidiendo al mismo tiempo su control por parte del obrero, ya que la información pasa a través del sistema automatizado al que el trabajador está subordinado, la automatización viene a constituir la respuesta más avanzada, desde el punto de vista del capital, al problema que se había planteado Taylor, y del cual partía toda su concepción:

> La gran mayoría de los obreros [anotaba Taylor] cree que si trabajara a su velocidad óptima causaría un daño considerable a la profesión, provocando la desocupación de muchos de sus colegas...

semana. El sistema une una gran computadora central con un microprocesador instalado en la máquina. Cuando la máquina funciona, esto es registrado en la gran computadora central. Cuando la máquina no produce una pieza en el tiempo asignado, esto resulta evidente de inmediato no sólo para la computadora: esa información aparece en una pantalla de televisión en la oficina del capataz, y queda registrada en hojas especiales por la computadora. La pantalla de televisión da instrucciones al capataz para que vaya a la máquina e investigue el problema. La hoja impresa es enviada también a la administración superior para su análisis. Cada minuto del tiempo del trabajador es tomado en cuenta. El registro muestra con cuántos minutos de retraso regresó de su tiempo de comida o de reposo, cuántos minutos estuvo parada la máquina sin justificación y cuántos minutos de interrupción se registraron.

Con este sistema ya no es el capataz quien decide disciplinar a los obreros. El se limita a cumplir las decisiones *automáticas* del sistema. Esto impide que el supervisor se vuelva *tolerante* o *amistoso* con el operador.

En una fábrica donde se instaló este sistema, los obreros idearon rápidamente una manera de tomarse un descanso y dejar que la máquina funcionara *cortando aire*. Durante un tiempo todo el mundo estuvo contento: los obreros podían controlar su ritmo de trabajo y las computadoras continuaban registrando sus números.

Pero entonces la administración comparó la cantidad de piezas registradas con la cantidad de piezas producidas, y contraatacó conectando la computadora directamente con el motor de la máquina. Cuando una máquina corta metal, consume más energía que cuando funciona en el vacío. De este modo la administración podía decir cuándo realmente se estaban produciendo piezas. Se terminaron los descansos no autorizados.

Este control gerencial sin precedentes sobre la fuerza de trabajo representa un cambio mayor en las condiciones de trabajo, cambio impuesto bajo la cobertura de la introducción de nueva tecnología. Si el objetivo fuera sólo reunir información, en cada máquina se instalaría una terminal de computadora, y el trabajador podría marcar allí su producción al final de su turno. Entonces el trabajador estaría dando información a la computadora, en lugar de que la computadora estuviera controlando al trabajador.

Los sistemas de información por computadora están establecidos de tal modo que sujetan también al obrero especializado bajo un control patronal más estrecho. Muchas de las tradiciones de los obreros calificados, adquiridas en dura lucha —tales como la prevención contra el estudio de tiempos—, se ven así debilitadas y minadas por la base. En todas las áreas de la fábrica, y en todos los turnos, se llevan registros de las interrupciones del trabajo. Pueden llevarse en cada establecimiento, aun en una empresa tan grande como la General Motors, y pueden ser comparados para la investigación de diferentes tipos de respuesta ante determinada disciplina. (Harley Shaiken, "The Brave New World of work in auto", en *In These Times*, Nueva York, 19-25 de septiembre de 1979.)

Debido a esta opinión falsa, una gran parte de los obreros de nuestros dos países (los Estados Unidos y Gran Bretaña) *disminuye deliberadamente su ritmo de trabajo*, a fin de disminuir la producción.

[A lo cual agrega esta observación penetrante:] difícilmente se encontrará en cualquier establecimiento moderno importante, cualquiera que sea el modo de pago de los salarios, un obrero competente que no dedique una parte importante de su tiempo a estudiar cuál es la *lentitud límite* a la que puede ir, convenciendo al mismo tiempo a su patrón de que va a un ritmo normal.[30]

Tanto el sistema de Taylor como el salario a destajo habían atacado este problema, pero no lo habían resuelto. Lo mismo ocurrió con la cadena: la clase obrera encontró los modos para recuperar control sobre su propio gasto de fuerza de trabajo y para contrarrestar, al menos en parte, los efectos de las nuevas técnicas.

Mediante la automatización el capital lanza un nuevo asalto a fondo contra las líneas de defensa, en las que, a través de luchas y experiencias, se había atrincherado y lanzaba otra vez sus contraofensivas la clase obrera. La organización del trabajo, los equipos de trabajo, la división de tareas y los departamentos de fábrica sobre los que se basaba la organización de delegados y consejos de fábrica son cambiados y transformados por las nuevas tecnologías. Esto no se produce instantáneamente, sino que es un proceso gradual y combinado con el mantenimiento, en zonas extensas y mayoritarias, de las anteriores formas de organización del trabajo. Pero el proceso ha sido puesto en camino, junto con otros métodos de ataque contra las posiciones conquistadas por los trabajadores.

Por ejemplo, el autocontrol de los obreros de ciertos ritmos y pausas del trabajo, reconquistado del taylorismo y de la cadena, vuelve a ser atacado por un sistema que tiende a cerrar todos los poros del proceso productivo:

La penetración capilar de la informática en el proceso de trabajo ha tenido un efecto de compresión general de todos los tiempos, en los cuales se basaba precedentemente el proceso productivo, reduciéndolos integralmente a la dimensión de *tiempo real.* Tendencialmente, cada fracción de tiempo muerto conexa a la transmisión-decisión-retransmisión de directivas viene reducida a cero, reduciendo integralmente el tiempo de fábrica a tiempo directamente productivo (es decir, a tiempo que se incorpora totalmente al producto).[31]

[30] Citas tomadas de Benjamin Coriat, *op. cit.*, pp. 111-112.
[31] Marco Revelli, "La informática, dueña de la fábrica", en *Dossier lavoro de Il Manifesto, op. cit.* En ese mismo artículo agrega Revelli:

No hace falta decir que la crisis, y sus formas específicas en la segunda mitad de los años setenta e inicios de los ochenta, resulta un poderoso estimulante de este proceso de cambios. La incorporación de la informática permite abrir otros frentes de ataque del capital contra la fuerza de trabajo mediante:

a) Una aceleración del proceso de descalificación-recalificación, que debilita las posiciones de la clase obrera y facilita el aumento del *turn over* cuando los sindicatos no están en condiciones de resistir.

b) Una descentralización de la producción en diversos países o en diversos establecimientos en el mismo país, que permite al capital sortear los focos de resistencia obrera en tal o cual punto del proceso productivo, desviando esa producción sobre otro establecimiento o importando partes del producto o el producto entero de sus filiales en el exterior. Esto pueden hacerlo hoy tanto la Volkswagen como la Renault, y es uno de los motivos de preocupación de los trabajadores estadounidenses de la General Motors con relación a la construcción del moderno establecimiento de Ramos Arizpe, Coahuila. La Fiat importa motores de sus filiales en Polonia, España y Brasil, y los monta en carrocerías fabricadas en Italia, así como las maquiladoras producen en México partes enteras de los aparatos electrónicos que se montan en los Estados Unidos.[32]

"Esta posibilidad de extraer al obrero cuotas mayores de trabajo en el mismo arco de tiempo pasa por otro efecto significativo, inducido por la informatización de la fábrica, el que podríamos llamar *efecto de desorientación*, conectado con la facultad del capital de modificar continuamente su propia morfología, trastocando la relación espacio-temporal en el interior del ciclo productivo. La facultad obrera de percibir y controlar las cuotas de trabajo erogado e incorporado a la mercancía —elemento de fuerza en el ciclo de luchas del último decenio— se basaba, en efecto, en la capacidad de establecer un nexo inmediato entre tiempo de trabajo y cantidad de producto (número de piezas en la unidad de tiempo), capacidad relacionada con la repetición de operaciones iguales, según un orden siempre igual a sí mismo y con la posibilidad de medir los tiempos de la producción sobre un recorrido fijo en el que el *hacerse* de la mercancía era inmediatamente ubicable. Con la facultad del capital de cambiar rápidamente el tipo de producto que pasa por el flujo de la producción, y de modificar continuamente el recorrido productivo cambiando en orden diverso los segmentos del proceso productivo, la dimensión temporal resulta dilatada y comprometida, según una lógica y un orden totalmente comandados por el capital, y cada vez menos cognoscibles por la fuerza de trabajo, a punto tal que resulta imposible realizar un efectivo control obrero sobre la productividad del propio trabajo; es decir, sobre la cantidad de trabajo erogado en la unidad de tiempo. Es todo un patrimonio de inteligencia técnico-científica obrera, acumulada en años de experiencia dentro del capital, hecha de trucos y sabiduría, de maniobras y de refinado análisis de las tareas, lo que es arrasado con brutalidad."

[32] Pino Ferraris, en su trabajo "Fiat Import", en *Il Manifesto*, 24 de enero de 1981, dice:

c) Una descomposición y recomposición de las tareas según nuevas líneas determinadas por el capital para contrarrestar, absorber o disolver las formas de resistencia obrera.

d) Una desconcentración mayor, en pequeños establecimientos subsidiarios, de parte de la producción de la gran fábrica, disminuyendo el blanco que ésta ofrece a las luchas obreras, y tratando de debilitarla como lugar principal de organización del sindicato, al mismo tiempo que mantiene el cinturón protector —frente a la crisis y a las luchas obreras— constituido por muchas empresas pequeñas y medianas.

e) Una creciente separación en la fuerza de trabajo entre el proceso de ideación, cada vez más expropiado al obrero de fábrica y concentrado en un número cada vez más reducido de técnicos, y el proceso de ejecución, simplificado y parcelado al máximo, y desprovisto cada vez más de todo contenido concreto. Dentro del sector obrero se opera a su vez otra separación entre una categoría de *gestores del sistema automático*, con cierto conocimiento de su funcionamiento y ciertas posibilidades de intervenir en él, y otra de *alimentadores* y *controladores* pasivos, con exclusivas funciones de vigilancia. Estas características están siendo ahora extendidas rápidamente al trabajo de oficina.

En 1979 la Fiat, importando a Italia más de 60 mil autos fabricados en el exterior, conquistaba el puesto de sexto exportador en nuestro país, por encima de la Opel y apenas por debajo de la Talbot. En 1980, seguramente, habrá subido más en la lista. No sabemos todavía cuánto importó la Fiat de Polonia y de España, pero *Business Week* nos informa que, sólo del Brasil, llegaron a Italia 150 mil motores y varios miles de autos del modelo 127. Con la caída de la Fiat exportadora (−20 por ciento en 1980) y el crecimiento de la Fiat importadora, Agnelli parece calificarse como un útil colaborador de la buena marcha de nuestra balanza comercial.

El año 1980 fue de huelgas por despidos y suspensiones masivas en la Fiat, pese a lo cual la productividad del trabajo, según cálculos de Ferraris, habría aumentado hasta un 20 por ciento en ese periodo.

El proyecto más característico de esta tendencia es tal vez el nuevo *auto mundial (worldcar)*, lanzado a partir de 1981 tanto por la Ford como por la General Motors. Dice al respecto Harley Shaiken:

Además de las nuevas formas de automatización en la fábrica, la tecnología de las computadoras está cambiando la forma en que las corporaciones operan en escala global. Las computadoras y las telecomunicaciones permiten que las decisiones básicas se tomen en la casa matriz, mientras la fabricación se descentraliza por todo el mundo, para explotar los bajos salarios y otras ventajas en el exterior. La Ford, por ejemplo, acaba de completar un nuevo centro de computación de 10 millones de dólares en Dearborn, suburbio de Detroit. Durante el día, cinco mil ingenieros y técnicos en todos los Estados Unidos alimentan el sistema, y por la noche sus colegas en Gran Bretaña, Alemania, Suiza y España pueden tener acceso a la misma información, y así trabajar en el mismo proyecto. Respondiendo a las deci-

f) En el sector de los técnicos se presenta una misma separación entre funciones de ideación y funciones de rutina que en el sector obrero, y los mismos procesos de descalificación/recalificación.

g) Nuevas posibilidades de potenciar el trabajo a domicilio, subordinándolo bajo nuevas formas a la gran producción industrial y agregando así otro elemento de presión sobre la fuerza de trabajo (en lo que constituye una ampliación parcial y disimulada del ejército industrial de reserva). Según Paola Manacorda, en los Estados Unidos comienza a abrise camino "la tendencia a la desaparición del lugar físico del trabajo colectivo y a la extensión del trabajo a domicilio, ligado al lugar de trabajo mediante terminal".

Todas éstas son, evidentemente, tendencias contrarrestadas por otras contratendencias, y no procesos cumplidos y terminados.[33] En vastísimos sectores la automatización es todavía cosa del futuro, y en otros la automatización crea nuevas tareas no automatizables, generalmente trabajos realizados por fuerza de trabajo no calificada y menos pagada. Según Paola Manacorda, en teoría la automatización ya está prácticamente completada en la industria de ciclo continuo, mientras que en

siones básicas tomadas en Dearborn, los técnicos de Ford en todo el mundo están en condiciones de relacionarse entre sí como si estuvieran en la misma habitación.

El nuevo auto mundial Ford es un producto de este tipo de tecnología de computadoras. Aunque la Ford lo presenta en los Estados Unidos como "un luchador contra importaciones", las partes del auto se fabrican en doce países del mundo, desde Yugoslavia hasta Brasil. "Al mismo tiempo que pide restricciones a la importación de vehículos armados, Ford está expandiendo su 'propia importación' de motores, transmisiones y componentes electrónicos", declaró al *Wall Street Journal* William Niskanen, Jr., ex director económico de Ford.

Este proceso interesa directamente a México, como lo explica a continuación el mismo ensayo:

La tendencia hacia *fuentes* extranjeras, como se le conoce en la industria, se ve en la construcción de fábrieas de motores en México. General Motors está construyendo una planta capaz de producir anualmente 500 mil motores de seis cilindros; Chrysler está duplicando la capacidad anual de su fábrica, aún no terminada, hasta en 440 mil unidades; Ford está construyendo una fábrica que producirá inicialmente 500 mil motores o más; y Volkswagen ha cancelado planes para una fábrica de motores en los Estados Unidos a cambio de una expansión de 300 mil unidades de su actual fábrica mexicana. El mercado mexicano del automóvil, aunque crece rápidamente, no se espera que supere los 500 mil autos anuales en 1985, dejando así una buena parte de estos 1 700 000 motores para exportación a los Estados Unidos. (Harley Shaiken, "The New World Car", en *The Nation*, Nueva York, 11 de octubre de 1980.)

[33] Véase al respecto Gianni Rigacci, "Il processo di ristrutturazzione e riorganizzazione nelle fabbriche", en *Critica Comunista*, núm. 3, Milán, junio-julio de 1979.

la industria de ciclo discreto el obstáculo actual reside en la limitación de la tecnología (a su vez determinada por las grandes cantidades de capital necesarias para el estudio y puesta en práctica de ulteriores progresos). En los servicios todos los no personalizados (correos, transporte, etcétera) pueden automatizarse al estado actual de la tecnología, no así los personalizados (sanidad, enseñanza, etcétera). "En éstos el proceso productivo no es automatizable, no tanto por defecto de tecnología, sino por insuficiente conocimiento analítico del propio proceso y, por lo tanto, por imposibilidad de su reproducción uniforme". Por otro lado, agrega: "el costo que comporta no tanto la tecnología como el estudio y la simulación de las tareas y su inserción en un proceso integrado se justifica sólo cuando no haya disponible fuerza de trabajo a bajo costo y más flexible que la tecnología".

La misma autora, en otro trabajo,[34] observa que

... en el curso del progreso de la tecnología ha habido una promesa constante de reducción de la fatiga, a la cual ha correspondido en la realidad, en cambio, una continua *sustitución de formas de fatiga diversas*: desde la *muscular*, anterior al maquinismo, y la *nerviosa*, introducida precisamente por el maquinismo con la necesidad de hacer frente a mecanismos del tipo estímulo-respuesta, hasta la que hoy parece presentarse como fatiga típica de las formas de trabajo automatizado, es decir, la fatiga *mental*. Ésta consiste no ya en la serie de mecanismos de respuesta a estímulos, sino **en la necesidad** de *entrar en un esquema lógico desconocido*, y de adaptarse a él.

Esto nos lleva a un último problema: qué posibilidades tienen los trabajadores de recuperar el conocimiento del ciclo productivo y, en consecuencia, de restablecer formas de control sobre él, reorganizando sus líneas de defensa y de ataque contra el capital desde el interior mismo de los nuevos procesos de trabajo.

La automatización, en la medida en que se extienda, lleva en sí una posibilidad de revolucionar permanentemente el proceso de trabajo: o, si se quiere usar la vieja metáfora, el paso del capital a una *guerra de movimientos* contra la fuerza de trabajo, en el terreno mismo donde ésta se atrinchera para una *guerra de posiciones*: en la organización del trabajo. Esa posibilidad está contenida no en la tecnología de la automatización (o sea, no es una cuestión *técnica*), sino en un hecho social: el capital conoce el proyecto del proceso productivo y su lógica; la fuerza de trabajo es despojada, por el ritmo mismo de los cambios, de

34 Paola Manacorda *et al.*, "L'automazzione entra nella fabbrica negli offici", en *Dossier*. . . cit.

la posiblidad de conocerlo. El capital tiene la iniciativa en la división del trabajo a escala del establecimiento, de la empresa, del territorio nacional, de la rama de industria, y a nivel internacional; la fuerza de trabajo sufre esa iniciativa, es su objeto. Puede resistir, y lo hace, a veces con relativo éxito. Pero sus líneas vuelven a ser desbordadas. No tiene en sus manos la clave de la iniciativa, el poder en la sociedad: es la ley del sistema y el secreto último del proceso de valorización del capital.

Siendo esa la ley, la organización de la producción y del trabajo es un *secreto* que pertenece por derecho y por entero al capital. Es lo que constata Paola Manacorda en el informe citado:

> En teoría podría plantearse la hipótesis de una organización en la que los trabajadores producen, controlan, actualizan y mantienen el sistema automatizado. En la práctica la tecnología es producida, en general, fuera del establecimiento; es *un dato* que la clase obrera encuentra frente a sí, y en torno a ella debe recomponer y hacer progresar sus propios conocimientos y capacidades de control.
>
> La cantidad de proyecto y control que está inserta en un sistema automatizado es tal, en efecto, que excluye que el trabajador individual pueda intervenir para modificarla, o incluso solamente que, operándola pasivamente, pueda aprender a conocerla en profundidad. Lo que el obrero del sistema ve es la apariencia del proceso de trabajo, no su lógica intrínseca, porque no le es dado a conocer el proyecto lógico que está detrás. De esto parece derivar, en definitiva —a nivel de la subjetividad—, el sentido de no estar sometido como en la cadena, sino de ser propiamente un engranaje del sistema, una parte de éste que debe plegarse a su lógica.

¿Ha conseguido entonces con la automatización el capital traspasar la última línea defensiva de su **antagonista**? ¿Ha expropiado e incorporado a sí mismo todos los conocimientos, todo el antiguo saber obrero, logrando de este modo el objetivo de reducir el proceso de trabajo a puro gasto de fuerza trabajo sin pensamiento y sin iniciativa? ¿Todo trabajo se ha **convertido** en puro trabajo abstracto e intercambiable? ¿Llegó, pues, a la última frontera, y sólo le falta hacer universal el uso de la automatización e instalarse en ella indefinidamente?

Si bien desde el punto de vista del capital éste parecería ser el caso, basta que extienda la mano para que los frutos se alejen. La automatización lleva a un punto crítico todas las contradicciones del modo de producción capitalista, y desde el punto de vista opuesto, el del trabajador colectivo, lleva a la necesidad objetiva de generalizar la lucha de fábrica en lucha política, y de fundar ineludiblemente ésta en aquélla, porque enfrentar al capital en la fábrica se vuelve imposible sin dominar el conjunto del proceso de producción social. Son los mismos obstáculos que la automatización alza frente a la lucha de los asalariados los que obligan a ésta a adquirir un carácter político, o sea, a abarcar críticamente el conjunto de las relaciones sociales, oponiéndoles su proyecto comunista.

El informe de Paola Manacorda plantea algunos de esos obstáculos:

Hay una posible estrategia de *reapropiación del control*, entendida no sólo como conocimiento de todo el proceso productivo, sino sobre todo como posibilidad de intervenir en él. Esta posibilidad se vuelve técnicamente realizable por las tecnologías electrónicas precisamente por su capacidad de permitir un control capilar sobre todas las fases del trabajo; por lo tanto, esto parecería requerir sólo un potencial de movilización y de lucha para ser puesto en práctica. Pero incluso con relación a esta perspectiva estratégica hay una serie de problemas importantes.

Ante todo, la real dificultad para los trabajadores de reapropiarse de los conocimientos científicos y técnicos incorporados en el sistema. Si es cierto que la máquina tradicional había incorporado el conocimiento obrero en términos de energía a emplear, material a utilizar, movimientos a realizar, también es cierto que el sistema automático incorpora todo esto, más un mecanismo de coordinación de las fases que no proviene directamente de la *ciencia obrera*, o que por lo menos se encuentra en el sistema con un grado de *intensidad de conocimiento* no inmediatamente abordable por la subjetividad obrera.

Con esto no se quiere decir que tal reconstrucción sea imposible, sino sólo que la cantidad de *ciencia* —entendida como formalización de los lenguajes, uso de modelos matemáticos para la simulación de los procesos de decisión, recurso a estructuras lógicas complejas para el gobierno del sistema— convierte la reconstrucción del conjunto del proceso productivo en una tarea mucho más ardua que el simple conocimiento de *qué sabe hacer el robot* o *qué hay que hacer para obtener su funcionamiento*. Tampoco resulta irrelevante para este problema la cuestión de las dimensiones del proceso y de la cantidad de trabajadores involucrados en él. Si el proceso entero se basa en 130 mil trabajadores, en parte descentralizados, ¿cuáles son las posibilidades de reconstruirlo a partir de grupos homogéneos (grupos de departamento) lo suficientemente pequeños como para tener la posibilidad de expresar conocimientos concretos y subjetividad?

Es posible refundar un proceso productivo con objetivos de *liberación del trabajo*, es decir, de asumir responsabilidades de tomas de decisión a nivel colectivo, de posibilidades de autocontrolar la erogación de fuerza de trabajo, de determinar los contenidos del trabajo, todo esto a *tecnología dada*, aunque no a *organi-*

zación dada. Probablemente esto es posible dando al término *control y proyección del ciclo* un significado más amplio, que se refiera cada vez menos a las modalidades concretas de la transformación de la materia y cada vez más a las modalidades de gestión de la información, ya sea la relativa a la transformación de la materia, ya sea, sobre todo, la que se refiere a la erogación de la fuerza de trabajo.

Las reflexiones y el razonamiento de esta extensa cita y la serie —inconclusa— de problemas que ella plantea nos vuelven a conducir a lo antes dicho. Con la automatización, el capital parece haber terminado su tarea de expropiación de los productores directos, primero de sus medios de producción, finalmente de su saber y su pensamiento. Por lo mismo, ha llegado a maduración última la vieja consigna de Marx: la expropiación de los expropiadores, que puede dar una razón y una estrategia a las innumerables luchas parciales, y sin cuyo objetivo global éstas se ven cada vez más condenadas a una lucha defensiva que, en lugar de permitir mantener las posiciones alcanzadas, se ve permanentemente desbordada y desorganizada por el dinamismo y la iniciativa del capital.

Pero a su vez la automatización tiene su propio límite en el modo de producción capitalista, y crea, por otro lado, nuevas potencias de lucha en los trabajadores.

En primer lugar, no sólo por cuestiones técnicas, sino por los imperativos del proceso de valorización, el capital no extiende la automatización a todas las ramas o a todas las empresas de una rama (ni aun a todos los departamentos de una empresa). Como recuerda Mandel:[35]

Una vez entendida la esfera de la producción del capitalismo tardío como una unidad contradictoria de empresas no automatizadas, semiautomatizadas y automatizadas (en la industria y en la agricultura, y por tanto en todos los sectores de la producción de mercancías) se hace evidente que el capital, por su propia naturaleza, *debe* oponer una creciente resistencia a la automatización después de cierto límite. Las formas de esta resistencia incluyen el uso de mano de obra barata en las ramas semiautomatizadas de la industria (como el trabajo femenino y juvenil en las industrias de textiles, alimentos y bebidas), que amplía el umbral de rentabilidad para la introducción de los sistemas plenamente automatizados; los cambios constantes y la competencia mutua en la producción de los sistemas de máquinas automatizadas, que impiden el abaratamiento de estos sistemas y de este modo su introducción más rápida en otras ramas de la industria; la búsque-

---

35 Ernest Mandel, *El capitalismo tardío, op. cit.*, pp. 202-203.

da de nuevos valores de uso, que se producen **primero** en empresas no automatizadas o semiautomatizadas, etcétera. El punto más importante es que, así como en la primera fase de la gran industria operada por maquinaria las grandes máquinas no fueron producidas por máquinas sino por el trabajo vivo, así en la actual primera etapa de la automatización las piezas de las máquinas automáticas no son construidas automáticamente, sino en la línea de ensamble. De hecho, la industria que produce medios de producción electrónicos tiene una composición orgánica de capital *notablemente baja*.

En segundo lugar, hay un límite absoluto para la automatización dentro de las leyes mismas del modo de producción. Afirma el mismo autor, a continuación de las líneas transcritas precedentes:

La producción automática de máquinas automáticas constituirá por lo tanto un nuevo viraje cualitativo, igual en significado al surgimiento de la producción maquinizada de máquinas a mediados del siglo pasado . . . Estamos aquí frente al límite inherente absoluto del modo de producción capitalista. Este límite absoluto no reside ni en la penetración total del capitalismo en el mercado mundial (es decir, la eliminación de las esferas de producción no capitalistas), como creía Rosa Luxemburg, ni en la imposibilidad final de valorizar el total del capital acumulado, como creía Henryk Grossman. Ese límite reside en el hecho de que *la masa de plusvalía misma disminuye como resultado de la eliminación del trabajo vivo del proceso de producción en el transcurso de la etapa final de mecanización-automatización*. El capitalismo es incompatible con la producción completamente automatizada en toda la industria y la agricultura, debido a que ello ya no permite la creación de plusvalía o la valorización del capital. Es imposible, por tanto, que la automatización se extienda a toda la esfera de la producción en la era del capitalismo tardío.

En realidad, como anota más delante, "la automatización capitalista, en cuanto desarrollo poderoso *tanto de las fuerzas productivas del trabajo como de las fuerzas destructivas y enajenantes de la mercancía y el capital*, viene a ser la quintaesencia objetivada de las antinomias inherentes al modo de producción capitalista".

En tercer lugar, finalmente, la automatización —sobre todo en la forma en que ella existe en la realidad del modo de producción capitalista, combinada con la semiautomatización o la simple maquinización— no elimina, ni puede eliminar, la figura del trabajador colectivo, ni, por lo tanto, su pensamiento y su conciencia, que no empiezan ni se agotan en el proceso de trabajo, aunque en éste se ubique su punto de fricción más agudo con el capital. Al expropiar capacidades y conocimientos al trabajador individual, la automatización plantea nuevos problemas al obrero colectivo en la medida en que al despojar de contenido concreto al proceso de trabajo, llevando al extremo los aspectos rutinarios ya contenidos en el taylorismo, exacerba también el contenido de explotación, que es el sustento del proceso de valorización.

Pero, al mismo tiempo, la automatización presenta por primera vez ante los ojos de los productores directos, después del largo proceso de expropiación de sus medios de trabajo y de los conocimientos del oficio, los instrumentos y la posibilidad de reapropiarse inteligentemente del conocimiento y del control del conjunto del proceso productivo. Y si el dominio del proceso y de los instrumentos de trabajo en forma individual había llegado a una especie de virtuosismo con el maestro artesano, la automatización crea las condiciones de su reapropiación, infinitamente ampliada, pero sólo posible en forma colectiva y como productor colectivo. Es decir, ella ofrece los medios materiales para la realización del proyecto social de la clase obrera: su programa socialista, incluida la eliminación de la división manual e intelectual del trabajo y del carácter mercantil de la fuerza de trabajo; o sea, la abolición del asalariado.

Pero apropiarse de esos medios materiales exige romper los lazos de las relaciones sociales de producción capitalistas que los aprisionan y ponerlos al servicio, y bajo el control, de la inteligencia colectiva de los productores democráticamente organizados. La automatización, el arma más moderna del capitalismo para desorganizar las filas de la clase obrera, coloca a ésta, colectivamente, ante su propio programa socialista. En ese sentido, las batallas de clase por el control de las condiciones de organización del trabajo, en la forma compleja y desigual que ésta asume internacionalmente y en cada país, deben ser hoy, más que nunca, una escuela de socialismo, si es que al mismo tiempo han de dar resultados prácticos e inmediatos en cada lugar de trabajo.

quinta
parte

américa latina
en el contexto
de la crisis

CAPITALISMO PERIFÉRICO Y CRISIS: ESBOZO DE UNA CRÍTICA A LA INTERPRETACIÓN DE RAÚL PREBISCH*

ORLANDO CAPUTO

1. Síntesis de la interpretación de Prebisch sobre el capitalismo periférico[1]

En los primeros trabajos de Raúl Prebisch y de la CEPAL se hace un análisis interpretativo del desarrollo del capitalismo periférico, cuyo objetivo último era proponer una determinada interpretación del desarrollo capitalista de los países latinoamericanos. Ahora, en los últimos trabajos de Prebisch, se hace una interpretación cuyo objetivo es proponer la transformación del sistema.

En el análisis se reconoce que en los últimos decenios se dio un gran avance en la industrialización, se han alcanzado elevadas tasas de desarrollo y se están exportando manufacturas. Además, la técnica penetra sectores donde se demoraba en llegar. Sin embargo, ese desarrollo se extravía desde el punto de vista social, y está limitado a la sociedad privilegiada de consumo. De aquí se formula, como síntesis interpretativa, que "el capitalismo periférico es excluyente y conflictivo".[2]

Estas dos fallas son acentuadas por las relaciones centro-periferia, pero la explicación medular se encuentra en el funcionamiento interno: "el origen interno de esas fallas se encuentra en la forma de apropiación y distribución del fruto de la creciente productividad".[3] Prebisch centra todo su análisis interpretativo en el origen, apropiación y uso del excedente.

El origen del excedente y su apropiación por los dueños de los medios de producción es posible porque los trabajadores no logran que sus remuneraciones aumenten conforme los aumentos de productividad. Asimismo, los precios de las mercancías que han sido produci-

* Agradezco los comentarios y sugerencias que en varias discusiones hizo José Valenzuela Feijoo. Agradezco también la valiosa aportación crítica brindada por Graciela Galarce.

[1] La síntesis se hace sobre la base de los dos trabajos últimos publicados en la Revista de la CEPAL: "Estructura socioeconómica y crisis del sistema", núm. 2, segundo semestre de 1978; y "Hacia una teoría de la transformación", núm. 10, abril de 1980.

[2] Raúl Prebisch, "Hacia una teoría de la transformación", op. cit., p. 165.
[3] Ibid., p. 165.

das con esa mayor productividad no bajan de precio. El resultado es la apropiación del excedente por los dueños de los medios de producción, o concentrados —como dice Prebisch— en los estratos superiores de la estructura social.

Así la apropiación del excedente por los estratos superiores "estimula en ellos la imitación prematura de las formas de consumo de los centros".[4] Esta situación, unida a la transferencia de parte de ese excedente a los centros, resta posibilidades a un potencial de acumulación de capital.

La insuficiente acumulación no permite absorber la fuerza de trabajo, la que a su vez se incrementa bastante por el aumento de la población. Esta sobreoferta de fuerza de trabajo permite que el excedente continúe generándose y se transforme en estructural. *Ésta sería la dinámica del desarrollo del capitalismo periférico.*

Prebisch muestra que en cierta etapa el excedente crece a un ritmo superior al crecimiento del producto, y en esas condiciones el sistema podría seguir funcionando. Sin embargo, ese mismo desarrollo hace surgir sectores medios, niveles de organización sindical, etcétera, que presionan tanto al mercado como al Estado para captar parte de ese excedente por la vía de aumentos de salarios y gastos sociales. La lucha por el excedente lleva a que la parte de éste apropiada por los dueños de los medios de producción empiece a bajar, y tanto el consumo suntuario como la acumulación comienzan a ser afectados. El límite se presenta cuando los excedentes crecen menos que el crecimiento del producto. La solución inicial es el incremento de precios, que posibilita por esta vía recomponer el excedente. Pero la lucha social sigue, se producen nuevos incrementos de salarios y presiones sobre los gastos sociales del Estado, terminando el proceso en una abierta espiral inflacionaria.

La espiral trae aparejado el desbaratamiento de la economía y su desintegración social. Y ello, tarde o temprano lleva a los estratos superiores a acudir a otros de los resortes del Estado: el resorte de la fuerza.[5]

Con el golpe de Estado —la anulación de la democracia y la represión— se restablece la dinámica del excedente, y, por tanto, la dinámica de la acumulación y la dinámica de la sociedad de consumo. Prebisch plantea que el desarrollo posterior de esta situación puede llevar de nuevo a formas democráticas, pero con el correr del tiempo se reproduce el proceso descrito en esta interpretación. De esta manera, el avance

4 *Ibid.*, p. 166.
5 *Ibid.*, p. 170.

democrático real —nos dice Prebisch— es incompatible con el tipo de sociedad establecido en el capitalismo periférico actual.

En el análisis interpretativo se reconocen las diferencias que hay entre los países latinoamericanos. Sin embargo, pretende ser un análisis interpretativo global. Para los países que tienen abundantes recursos naturales y ciertas condiciones políticas internas especiales también se da la tendencia a la crisis, aunque ésta puede ser postergada. Así, Prebisch *no le ve salida a la forma actual de desarrollo del capitalismo periférico*. Para el autor no es solución el capitalismo sin democracia, ni tampoco el socialismo como existe actualmente. De ahí que desarrolle su teoría de la transformación, que en síntesis consiste en el *uso social del excedente.*

> Estoy buscando una síntesis entre socialismo y liberalismo. . .
> Una versión del socialismo basado en la libertad del individuo y en nuevas formas de convivencia social.
> Socialismo, en cuanto que el Estado tendrá que cumplir una responsabilidad fundamental, además de otras: la responsabilidad de decidir democráticamente cómo ha de emplearse socialmente el excedente, a fin de acumular con mucha más intensidad y distribuir equitativamente los frutos del progreso técnico.
> Y liberalismo, en cuanto que el cumplimiento de esa responsabilidad tiene que ser compatible con el ejercicio de esa libertad económica, tanto por lo que significa en sí mismo como por ser esencial a la libertad política y a los derechos humanos que le son inherentes.[6]

El análisis interpretativo de Prebisch sobre el capitalismo periférico, como se ve, es muy sugerente. Es producto de un estudio serio del balance, entre las proposiciones de la CEPAL en las décadas anteriores y el resultado real del desarrollo del capitalismo en América Latina. Así queda plasmado en el subtítulo de uno de sus trabajos, "Reflexiones al cumplirse nuestros primeros treinta años" (de la CEPAL).[7] En estos trabajos se apuntan problemas muy importantes del desarrollo del capitalismo en América Latina; para mencionar algunos: *la heterogeneidad estructural; los problemas centro-periferia; los graves problemas de desocupación; la mala distribución del ingreso, y, ahora, todo ello ligado al excedente, a su apropiación, al consumo suntuario, a la insuficiente acumulación, y, finalmente, la crisis.* Detrás de esta interpretación existen riquísimos trabajos desarrollados en la CEPAL sobre problemas concretos, y con un cúmulo muy importante de información

---

6 *Ibid.*

7 Raúl Prebisch, "Estructura socioeconómica y crisis del sistema", *op. cit.*, p. 167.

estadística. Sin embargo, reconociendo altamente el significado de todo esto, estamos convencidos de la necesidad de someter a una profunda crítica teórica, y también concreta, estos trabajos; y, en especial, la interpretación actual del funcionamiento del capitalismo periférico y su *teoría de la transformación.*

Pensamos que su interpretación en el fondo es incorrecta. A nivel general aparece bien estructurada, y además parece corresponder exactamente a lo que ha sucedido en algunos países de América Latina. Pero, como veremos más adelante, el análisis interpretativo se queda sólo en el nivel de la *apariencia,* y localizado en los problemas de la *circulación,* sin ir a la fase de producción, como corresponde. Por lo tanto, no va a la esencia de los fenómenos. En ese sentido, los análisis de Prebisch, como veremos, permanecen inscritos en las *concepciones neoclásicas.*

Las notas que presentamos en este trabajo constituyen por nuestra parte una *crítica inicial.* Como el análisis interpretativo del capitalismo periférico que hace Prebisch y también su teoría de la transformación están basados, como él mismo reconoce, en el origen del excedente, su apropiación y uso, es justamente con relación al excedente que centramos nuestras notas críticas. Sugerimos líneas de análisis e intentamos señalar errores teóricos en el interior de las formulaciones que Prebisch hace suyas, como también sugerimos líneas de análisis crítico desde la perspectiva teórica de la crítica de la economía política.

Es imposible en un ensayo de este tipo abarcar todos los aspectos del excedente que Prebisch analiza. Por ello nos hemos concentrado en dos de esos aspectos: el *origen del excedente* y la *apropiación del excedente,* aspectos que a su vez constituyen la base más general de la teoría del excedente que el autor desarrolla. Al criticar esos aspectos fundamentales estamos criticando también los otros aspectos; y, por tanto, su análisis interpretativo del capitalismo periférico y su teoría de la transformación. Sin embargo, pensamos que, siendo importante la crítica de estos aspectos y las repercusiones globales que tienen sobre las formulaciones de Prebisch, la crítica debería avanzar en otros trabajos, abarcando todos los elementos no abordados, para concluir con una crítica global.

¿Por qué le damos tanta importancia a esta crítica? Primero, porque el análisis de Prebisch —no nos cabe duda— tendrá una seria repercusión en los círculos académicos y políticos; segundo, porque —como decíamos— se trata ahora de un análisis interpretativo para proponer la transformación del sistema frente a otras alternativas que el análisis teórico y la realidad concreta ya están ofreciendo; y, en tercer lugar —repetimos—, estamos convencidos de que su análisis interpretativo es incorrecto *teórica y prácticamente.*

2. *Definición del excedente: su carácter estructural*

Presentamos en este apartado la definición de excedente y el carácter estructural de él, muy apegados a los textos de Prebisch. En otros términos, dichos planteamientos se refieren al origen del excedente. El excedente, nos dice el autor:

> Podríamos definirlo como aquella parte de ese fruto [fruto del progreso técnico] que en la medida en que no fue compartido por una parte de la fuerza de trabajo en el juego espontáneo del mercado, tiende a quedar en manos de los propietarios, además de la remuneración de su trabajo empresarial que le corresponde por su capacidad, iniciativa y dinamismo, así como por el riesgo que corre.[8]

A continuación Prebisch recuerda la clara diferencia que la teoría neoclásica establece entre *remuneración* y *ganancia empresarial*. La ganancia empresarial tiende a desaparecer con la competencia, cuando el sistema se orienta hacia su *equilibrio dinámico*. De esta manera, la ganancia empresarial se presentaría en una situación de anormalidad, que la competencia eliminaría, quedando las remuneraciones empresariales por un lado, y, por otro, la remuneración al factor capital, determinada por su productividad marginal. En las economías centrales de las que nos habla Prebisch, por la *homogeneidad estructural* que en ellas se logra, se da una correspondencia entre formulación teórica y realidad.

En el capitalismo periférico el concepto de excedente definido anteriormente no es transitorio, sino *permanente*. "Aquí está cabalmente la diferencia entre la ganancia, con su carácter transitorio, y el concepto de excedentes, pues éste tiende a retenerse, como se demostrará en el lugar pertinente".[9]

En su trabajo posterior, "Hacia una teoría de la transformación", además de insistir en el carácter permanente del excedente en el capitalismo periférico, a diferencia del planteamiento neoclásico, al excedente lo denomina también como ganancia.

> En nuestros trabajos precedentes hemos procurado demostrar que no es así, pues lejos de tender el sistema [en el capitalismo periférico] a la eliminación de la ganancia, ésta se acrecienta y se retiene incesantemente en manos de los propietarios en forma de excedente, dando ímpetu a la sociedad privilegiada de consumo. Este fenómeno estructural del excedente ha sido

---

[8] *Ibid.,* p. 195.
[9] *Ibid.*

ignorado por los economistas neoclásicos. Y por ello, sobre todo, sus razonamientos se alejan irremisiblemente de la realidad periférica.[10]

Hasta aquí hemos presentado la definición del excedente y la afirmación de Prebisch de que éste tiene un carácter permanente en el capitalismo periférico. ¿Pero por qué surge este excedente? El autor responde planteando que el excedente tiene un origen estructural.

La clave del desarrollo [del capitalismo periférico] está en la propagación de la **técnica** productiva de los centros mediante la acumulación de capital físico y la formación humana requerida por dicha técnica. La técnica se propaga mediante una superposición continua de lo que hemos denominado capas técnicas... de creciente productividad y eficacia, se añaden a capas precedentes de menor productividad y eficacia, en cuyo tramo inferior suelen encontrarse aún técnicas precapitalistas o semicapitalistas. A medida que se cumple este proceso, las capas técnicas superiores van absorbiendo, con mayor o menor intensidad, la fuerza de trabajo empleada en las capas técnicas precedentes, así como su incremento vegetativo. Sin embargo, las remuneraciones de esa fuerza de trabajo absorbida no se elevan correlativamente al aumento de su productividad.[11]

Ahora bien, ¿por qué la fuerza de trabajo no comparte los frutos del desarrollo tecnológico, es decir, por qué no logra ser remunerada según su productividad? Ello se debe, según el autor, a un exceso de oferta de trabajo frente a la demanda que la acumulación genera. Con relación a esto, y partiendo de los de alta calificación, nos dice:

Allí la relación entre demanda y disponibilidad de fuerza de trabajo suele ser estrecha; pero, conforme se desciende en la estructura social, la oferta se va ampliando con relación a la demanda, y disminuye la aptitud de comportamiento, hasta ser insignificante en los estratos inferiores de ingreso. Tal es el juego de las leyes del mercado.[12]

Y reafirmando lo anterior, agrega:

Mientras una masa considerable de trabajadores se encuentra en tales condiciones, en esas capas técnicas de inferior producti-

---

10 Raúl Prebisch, "Hacia una teoría de la transformación", *op. cit.*, p. 169.
11 Raúl Prebisch, "Estructura socioeconómica y crisis del sistema", *op. cit.*, pp 195-196.
12 *Ibid.*, p. 176.

vidad ello seguirá constituyendo un obstáculo considerable para que aumenten sus remuneraciones, aunque aquéllos sean absorbidos en capas técnicas de mayor producto por hombre.[13]

En otro artículo concluye que

> Conviene recordar, ante todo, la significación estructural del excedente. Si el fruto del progreso técnico se concentra en los estratos superiores es porque la mayor parte de trabajadores que la acumulación de capital permite emplear no logra aumentar sus remuneraciones correlativamente a su creciente productividad. Esto se explica por la competencia regresiva de la fuerza de trabajo que permanece en capas técnicas de inferior productividad o está desocupada.[14]

3. Notas para la crítica de la definición y del carácter estructural del excedente

1. En un periodo de tiempo se genera un producto global. Parte de este producto puede transformarse o no en excedente. No hay excedente cuando la distribución del nuevo producto generado se hace sobre la base de la productividad marginal de los factores. Según Prebisch, esta formulación teórica neoclásica tiene vigencia en los países capitalistas desarrollados. En el capitalismo de América Latina parte del producto generado se transforma en excedente, y como tal aparece permanentemente, ya que a la fuerza de trabajo no se le remunera según el producto marginal. De esta manera, el excedente así definido por Prebisch es producto de una *anomalía*. El excedente es una anomalía por cuanto su existencia es incierta, y para que surja es necesario que existan otras anomalías. La fuerza de trabajo no logra ser remunerada según su productividad marginal, porque existe una oferta de fuerza de trabajo mayor a las necesidades de la acumulación del capitalismo periférico. Esta anomalía del excedente se manifiesta también en la imposibilidad de establecer el nivel que puede alcanzar el excedente. No existe en la formulación de Prebisch análisis respecto al nivel del excedente ni a las regulaciones que lo podrían determinar.

2. Nos parece que el error fundamental de la definición y del carácter estructural del excedente propuestos por Prebisch se debe a que se *niega que el excedente se constituye en el proceso de producción*. Para él el excedente surge sólo en el proceso de distribución de la producción.

13 *Ibid.*, p. 196.
14 Raúl Prebisch, "Hacia una teoría de la transformación", *op. cit.*, p. 167.

Es un resultado de la distribución del producto. Dependiendo de si esta distribución es más o menos regresiva, el excedente en volumen se modificará o podrá desaparecer. En la concepción teórica de la economía política marxista, el excedente tiene su origen en el proceso de producción capitalista. *El uso de la mercancía fuerza de trabajo crea en una jornada un producto de valor que es mayor al valor de la mercancía fuerza de trabajo. Este plusvalor constituye la masa de plusvalía o excedente que se origina permanentemente en el proceso de producción.* La distribución del producto global es determinada en lo fundamental por las relaciones de producción y de propiedad. De esta manera, la producción del excedente y su apropiación por los dueños del capital no es una anomalía, sino *el resultado lógico y permanente de la forma de funcionamiento del capitalismo.*

3. En los análisis de la CEPAL, como en los últimos trabajos interpretativos de Prebisch, se niega sin mayor fundamentación la existencia de las relaciones de explotación en el capitalismo periférico. Recordamos que Prebisch pone un gran énfasis en demostrar el carácter estructural del excedente, y este carácter estructural lo ubica como la clave teórica de su interpretación. Sin embargo, es necesario aclarar que el estructuralismo de la CEPAL se refiere sólo a la atención que ponen en el desarrollo de las fuerzas productivas, en la estructura de la producción —sectorial, ramal, etcétera—, en la heterogeneidad estructural, pero no incluye en sus concepciones estructuralistas las relaciones sociales de producción, como podría deducirse del propio uso del término *estructural.* En un interesante trabajo de Octavio Rodríguez, economista ligado a la CEPAL, se plantea la siguiente crítica:

> Sin embargo, la limitación del pensamiento **estudiado** no depende de estas **carencias** de formas, sino del propio enfoque que utiliza, es decir, de su naturaleza estructuralista. En breve, la limitación que se desea destacar deriva de que los aportes teóricos de la CEPAL (que dicen esencialmente respecto al modo como se va transformando la estructura de la producción de bienes y servicios durante la industrialización periférica) no consideran ni analizan las relaciones sociales que están en la base del proceso de industrialización y de las **transformaciones** de estructura que éste trae consigo.[15]

La ausencia del análisis de las relaciones sociales de producción en las interpretaciones que la CEPAL hace sobre el desarrollo del capitalismo periférico —y que son muy notorias en la concepción general sobre

[15] Octavio Rodríguez, *La teoría del subdesarrollo de la CEPAL*, Siglo XXI Editores, México, 1980, p. 273.

el desarrollo— en la concepción centro-periferia y en su interpretación sobre la industrialización sigue presente en la reciente interpretación que ha desarrollado Prebisch, como queda de manifiesto en la concepción estructural del desarrollo y en la concepción estructural del excedente, las cuales hemos citado anteriormente y que en parte transcribimos.

La clave del desarrollo está en la propagación de la técnica productiva de los centros . . .

La técnica se propaga mediante una superposición continua de lo que hemos denominado capas técnicas . . . de creciente productividad y eficacia, se añaden a capas técnicas de menor productividad y eficacia . . .

Conviene recordar . . . la significación estructural del excedente. Si el fruto del progreso técnico se concentra en los estratos superiores es porque la mayor parte de trabajadores que la acumulación de capital permite emplear no logra aumentar sus remuneraciones correlativamente a su creciente productividad. Esto se explica por la competencia regresiva de la fuerza de trabajo que permanece en capas técnicas de inferior productividad o está desocupada.

El excedente, definido como estructural por Prebisch, sólo tiene relación con la existencia de capas técnicas de diferentes productividades, con la cantidad de acumulación de capital y con la cantidad relativa de fuerza de trabajo existente. No se refiere para nada a las relaciones del capital con la fuerza de trabajo, ni a la relación de los capitalistas con los trabajadores para llevar adelante el proceso de producción social. Y como no analiza esto, no puede entender el carácter de las relaciones de producción y por ausencia niega la explotación económica en la producción capitalista y en el capitalismo periférico.

La CEPAL, repetimos, ha destacado en forma muy nítida las formas de manifestarse de algunos fenómenos en el capitalismo periférico, pero es incapaz de explicar las causas de ese fenómeno. Como dice Octavio Rodríguez:

En otras palabras, las mencionadas contribuciones detectan los síntomas del subdesarrollo y llevan a cabo un análisis incisivo de los mismos. Pero, debido a su carácter ideológico, no logra captar estos síntomas como expresión del proceso socioeconómico global en el que se inscriben, ni vincularlos con el contenido de clase de la explotación económica existente en la periferia, y entre ésta y los grandes centros capitalistas.[16]

16 *Ibid.*, p. 287.

En la definición del carácter estructural del excedente según Prebisch, lo formulado anteriormente —en el sentido de desconocer la explotación económica— queda de manifiesto al plantear su origen no en la producción, sino en la distribución. Si la producción se distribuye según la productividad marginal de los factores en la formación del producto global, no hay explotación. Cada quien recibe según su aporte a la producción. Si no es así, surge el excedente, pero no como producto de la forma de producción capitalista, sino de anomalías de la distribución. Este enfoque teórico tiene, como todo enfoque teórico, el carácter ideológico que Octavio Rodríguez destaca:

> El pensamiento de la CEPAL postula ideológicamente la reproducción de las relaciones capitalistas de producción en las formaciones sociales de la periferia. Aunque en forma tácita... Por otra parte, desconoce la existencia de una relación básica de explotación entre capital y trabajo, tanto en la periferia como a nivel internacional, y el condicionamiento que la misma virtualmente impone al desarrollo periférico.[17]

Al desconocer la relación de explotación en la producción capitalista, la CEPAL se encuentra ideológicamente en el campo de la burguesía.

4. Si partimos de la definición del carácter estructural del excedente que hemos presentado (el excedente como la apropiación que hacen los dueños de los medios de producción de aquella parte del producto que correspondería a los trabajadores, y esto debido a que existe en forma permanente una oferta de trabajo mayor que las necesidades de la acumulación), tendríamos que los dueños de los medios de producción se apropian de parte del producto que corresponde a los trabajadores. Esto, en términos si se quiere vulgares, es un robo; y un robo de carácter permanente. Quien se lo apropia lo hace en forma indebida. Si tenemos presente que todas las formulaciones de Prebisch sobre el excedente constituyen el núcleo central de explicación del desarrollo del capitalismo periférico, de su funcionamiento y dinamismo, concluiríamos que el capitalismo periférico, como forma social de producción concreta, se construye sobre una base tan débil y frágil como lo es la apropiación indebida del excedente como parte del producto social.

Nos parece, sin embargo, que el capitalismo en América Latina, con independencia de los problemas que genera y las crisis por las que atraviesa, tiene cierta estabilidad, como lo prueban sus varias décadas de existencia. Ello se debe, en nuestra opinión, a que el excedente como producto de las relaciones de explotación no es un robo, sino que es el resultado lógico del funcionamiento del capitalismo. Como ya

17 *Ibid.*, p. 286.

dijimos, el excedente surge en la producción, y sobre la base del cumplimiento de las leyes mercantiles. Es decir, el uso de la fuerza de trabajo –que es remunerada en su valor– produce en una jornada de trabajo un producto de valor mayor que su propio valor. Por otro lado, el capitalista, pagando lo que corresponde a los trabajadores, obtiene y se apropia de un plusvalor; o sea, el capitalista no se apropia en forma indebida del excedente. El capitalista, por ser dueño de un capital individual, puede comprar medios de producción y fuerza de trabajo, cuyo uso le pertenece por haberlos comprado, como también el producto generado al usar la fuerza de trabajo en la transformación de los medios de producción. En esta perspectiva, lo que se debe criticar no es la apropiación del excedente por parte de los capitalistas, sino las relaciones sociales de producción y de propiedad que permiten que los capitalistas se apropien del excedente creado por los productores directos.

No se puede desconocer la existencia, por sobre este excedente apropiado, de un *excedente adicional* que puede provenir del pago de la fuerza de trabajo por debajo de su valor. No obstante, lo central en el excedente global es aquella parte constituida por las condiciones de funcionamiento de las leyes mercantiles. La otra parte puede ser transitoria; e incluso, *en el caso de ser relativamente permanente, no constituye parte esencial del excedente global*.

5. Aquí nos interesa anotar algunos comentarios en el sentido de si los últimos trabajos de Prebisch superarn o no las concepciones teóricas neoclásicas. En todos los trabajos recientes, y particularmente en "Las teorías neoclásicas del liberalismo económico",[18] Prebisch realiza una crítica a esta corriente teórica. Sin embargo, a pesar de esos avances, la interpretación actual de Prebisch sobre el capitalismo periférico está enmarcada y sujeta a lo esencial de las concepciones teóricas neoclásicas. Subsiste actualmente lo que Octavio Rodríguez destacaba:

Se puede entonces concluir que si bien el pensamiento cepalino introduce alteraciones importantes en la economía convencional y ofrece así una interpretación del subdesarrollo original y sugerente, no logra superar los marcos de dicha economía, a la cual en definitiva pertenece.[19]

En la definición de excedente y en su caracterización estructural

---

[18] Raúl Prebisch, "Las teorías neoclásicas del liberalismo económico", en *Revista de la CEPAL*, núm. 7, abril de 1979.
[19] Octavio Rodríguez, *op. cit.*, p. 287.

se acepta la formulación teórica central neoclásica de que *a los factores se les paga según la productividad marginal*. La crítica no es a su base teórica, sino sólo al hecho de que en *el capitalismo periférico la realidad no funciona según los postulados de la teoría neoclásica, y que es necesario rescatar los fenómenos de la realidad no considerados para integrarlos al cuerpo teórico*. Tanto en la concepción sobre el desarrollo como en la concepción centro-periferia y en la del excedente subsiste el apego a la teoría neoclásica. El excedente es producto de una anomalía de la realidad en relación a lo que la teoría neoclásica plantea. *De ahí que si se soluciona esa anomalía, teoría y realidad coincidirán perfectamente*. En efecto, si por el nivel y la forma de la acumulación se logra que la demanda de trabajo y oferta coincidan, desaparecería el excedente, y los trabajadores serían pagados según su productividad marginal. En dicha situación, teoría neoclásica y realidad coincidirían.

Lo primero que tendrían que demostrar los trabajos de la CEPAL y los de Prebisch es que en el capitalismo se remunera a los factores según su productividad marginal. No estamos en condiciones de desarrollar en este trabajo la crítica sobre esas formulaciones teóricas, ni le corresponde a este breve ensayo. Sin embargo, queremos afirmar que en ningún capitalismo se les paga a los trabajadores según o en relación con el producto del trabajo que ellos generan directamente.

Ahora bien, si como constata Prebisch en el capitalismo periférico, el excedente surge porque los trabajadores no logran una remuneración de acuerdo con su productividad marginal, y que esta situación tiene un carácter permanente en el capitalismo periférico, ellos podrían preguntarse: ¿si la realidad funciona así permanentemente, no es la realidad la que tiene anomalías, o es que las bases teóricas no tienen fundamento real?

LA CEPAL y Prebisch constatan que la teoría neoclásica no capta algunos elementos de la realidad, e incluso algunos elementos importantes de la realidad. Pero no rompen con ella, y le siguen perteneciendo, como queda de manifiesto en la parte final de su capítulo sobre el excedente.

Llegado a este punto cabe una reflexión final. Ya tuve oportunidad de afirmar en otra parte, en este mismo trabajo, que el pensamiento neoclásico no tiene la virtud de explicar los fenómenos del desarrollo. *Cuando discurren acerca de los precios, sus explicaciones teóricas son inobjetables. Si se circunscriben al examen de los fenómenos que acontecen en el desenvolvimiento de las empresas tomadas aisladamente, y en especial en lo tocante a la competencia, la productividad y la elasticidad ingreso de los bienes... el razonamiento parcial de la teoría neoclásica* [no referido a la dinámica global del desarrollo] *conserva, pues, plena validez.*[20]

Así tenemos que el análisis del excedente en el capitalismo periférico, tiene por base de explicación la teoría neoclásica sobre la productividad y las remuneraciones, vinculada y modificada por las anomalías que en último término se refieren al exceso de fuerza de trabajo por sobre la demanda de trabajo que el nivel y forma de acumulación requieren en estas economías.

En síntesis, el excedente de Prebisch es explicado sobre la base del núcleo central de la teoría neoclásica, a la que se le adicionan algunas correcciones que dimanan de la confrontación teoría-realidad. De ahí en adelante se entiende que *la realidad funciona según la teoría neoclásica corregida.*

4. La apropiación del excedente y la teoría de la demanda

Hemos analizado la definición del excedente y su carácter estructural. Sin embargo, el hecho de que el excedente exista porque los trabajadores no logran ser remunerados según su productividad marginal, debido a una gran oferta de fuerza de trabajo, no asegura —según Prebisch— que el excedente sea apropiado por los dueños de los medios de producción. Con relación a esto, el autor desarrolla los siguientes planteamientos:

> Ya hemos anotado más arriba la diferencia entre el concepto neoclásico de ganancia empresarial y el de excedente. Recuérdese que, de acuerdo con las teorías neoclásicas, la ganancia tiende a eliminarse a la larga por el juego de la competencia entre empresarios, sea por el alza de las remuneraciones de la fuerza de trabajo, sea por el descenso de los precios.

> Acaba de verse que lo primero en realidad no sucede debido a la heterogeneidad social. Gran parte de la fuerza de trabajo . . . no logra aumentar sus remuneraciones correlativamente al aumento de productividad.[21]

Prebisch pasa a analizar qué sucede con los precios de las mercancías si éstas han sido producidas en condiciones de aumento de productividad y sin modificación de las remuneraciones de los trabajadores. En

[20] Raúl Prebisch, "Estructura socioeconómica y crisis del sistema", *op. cit.*, pp. 204-205. (Las cursivas son mías.)

[21] *Ibid.*, p. 197.

esas condiciones los precios de las mercancías deberían bajar, por la competencia de los capitalistas. Al disminuir los precios se eliminaría el excedente, el que volvería a ser parte de las remuneraciones de los trabajadores, aumentando el salario real en condiciones de salario nominal constante. Para que el excedente pueda ser apropiado por los dueños de los medios de producción es imprescindible que los precios no disminuyan a los niveles que la competencia los llevaría. Al respecto el autor nos dice:

> Ahora bien, según los razonamientos neoclásicos, los precios tendrían que descender en la medida en que no subieran las remuneraciones. Sin embargo, no ocurre así, debido a la expansión de la demanda.[22]

De inmediato se pregunta de dónde surge esa demanda, y responde que la ley de Say, "según la cual la oferta crea su propia demanda, o sea, que los ingresos generados en la producción se transforman en demanda de los bienes producidos",[23] es erróneo, como también lo son los razonamientos "clásicos y neoclásicos", "en los que se pierde de vista... el factor tiempo".[24]

Si estos razonamientos fueran correctos, oferta y demanda en el mismo periodo coincidirían; y en las condiciones de aumento de la producción por aumento de la productividad, los precios bajarían y desaparecería el excedente. Para que el excedente subsista, y sea apropiado por los dueños de los medios de producción, debe haber una demanda mayor. Prebisch, considerando el factor tiempo, plantea que son los ingresos pagados en el periodo siguiente los que ejercen la demanda sobre la producción actual.

> Los ingresos generados en la producción de los bienes finales que en un momento dado se ofrecen en el mercado no crean la demanda de dichos bienes, sino de bienes finales que antes han aparecido en el mercado... no es la oferta actual la que crea su propia demanda, sino son los ingresos que pagan las empresas en el curso de circuitos productivos [los] que van a terminar en un incremento futuro de la oferta. Trátase de un fenómeno esencialmente dinámico.[25]

> En efecto, debido al tiempo la oferta de hoy no genera la demanda correspondiente; ha generado demanda antes, demanda que

22 *Ibid.*
23 *Ibid.*
24 *Ibid.*
25 *Ibid.*, p. 198.

no se refiere a los bienes de hoy, sino a los de ayer, para decirlo en forma esquemática.[26]

En el segundo periodo se supone que hay más producción, más empleo y se pagan más ingresos. De esta manera, la demanda originada en el segundo periodo es mayor que la oferta de bienes del primer periodo, evitando así que los precios bajen, y posibilitando que los dueños de los medios de producción se apropien del excedente.

Pues bien, lo que impide que esto ocurra es el aumento de ocupación y de los ingresos correspondientes requeridos para acrecentar la producción futura. Aquí está el origen de la mayor demanda, que permite a los empresarios captar el excedente.[27]

Para demostrar este planteamiento el autor profundiza la explicación analizando los circuitos de la producción en proceso.

Consideremos más de cerca este aspecto tan importante del fenómeno que consideramos, *donde se encuentra la clave de nuestra interpretación teórica*. La conclusión que dimana de este ejercicio es a mi juicio terminante. Si los precios no bajan de acuerdo con la productividad y en la medida en que ésta no se traduce correlativamente en aumento de remuneraciones, se debe al crecimiento de la demanda en los circuitos destinados a aumentar la producción futura.[28]

Reafirmando lo anterior, agrega:

En el movimiento ascendente de la producción cada circuito exige más ocupación que el precedente, y, en consecuencia, genera mayores ingresos y mayor demanda global. Y esta mayor demanda contribuye a que los precios de los bienes cuyo circuito termina no desciendan correlativamente a la producción acrecentada por el aumento de ocupación y la mayor productividad.[29]

Esto explica por qué el excedente queda en manos de los propietarios de los medios productivos. El excedente, ya lo hemos dicho, es un fenómeno estructural, pero no podría captarse (ni tampoco retenerse) sin el aumento originado en la misma dinámica de la producción.[30]

[26] *Ibid.*
[27] *Ibid.*
[28] *Ibid.*, p. 200. (Las cursivas son mías.)
[29] *Ibid.*, pp. 198-199.
[30] *Ibid.*, p. 201.

5. *Notas para la crítica a la teoría del excedente y a la teoría de la demanda*

Como afirma Prebisch, su *teoría de la demanda constituye el núcleo central teórico de su explicación de la concreción y apropiación del excedente por parte de los dueños de los medios de producción.* En efecto, de no darse un incremento de la demanda, los precios de los bienes deberían bajar conforme el aumento de la productividad, si es que la remuneración de la fuerza de.trabajo no se ha modificado. De no existir esta demanda incrementada, los precios bajarían hasta hacer desaparecer el excedente. Como el excedente y su apropiación constituyen el centro interpretativo del funcionamiento y dinámica del capitalismo periférico, de su teoría de la demanda depende por tanto todo su análisis interpretativo del desarrollo de las economías latinoamericanas. Además, consideramos que su teoría de la demanda es un planteamiento teórico general, y no sólo referido al funcionamiento del capitalismo periférico. No encontramos explicación para que dicha formulación no tenga este carácter general. Nuestras notas para la crítica a esta particular teoría de la demanda abarcan: primero, interrogantes y dudas si ella fuese verdadera, y sobre su relación con el excedente; y, posteriormente, apuntamos otras cuestiones que ayudan a negar, con las primeras, la validez de dicha teoría.

1. La teoría de la demanda incrementada del periodo 2] sobre la oferta del periodo 1], de nuevo estaría explicando no sólo la apropiación del excedente, como supone Prebisch, sino que es una condición adicional para la formación y el nivel del excedente. En efecto, una condición necesaria, pero no suficiente, que explica el excedente a nivel de la distribución del producto es el no pago a la fuerza de trabajo según la productividad marginal. La otra condición que se transforma en suficiente es la existencia de una demanda incrementada, que posibilite que los precios no disminuyan, para que finalmente se conforme el excedente y pueda ser apropiado por los dueños de los medios de producción. Si oferta y demanda coinciden, desaparece el excedente.

2. De ser cierta la teoría de la demanda incrementada, de nuevo tenemos que el excedente se origina en la esfera de la circulación, y no en la de la producción, con la diferencia respecto de la definición y el carácter del excedente —que analizamos en el punto anterior— de que allí el excedente surge en la esfera de la distribución y aquí se concreta en la esfera del cambio y en la formación de los precios de las mercancías. Por lo tanto, la mayoría de las críticas que hacíamos también cabe en este apartado, especialmente aquellas referidas a la no consideración de las relaciones de producción y de explotación, que explican el origen del excedente como la parte fundamental del nivel que puede

alcanzar, así como las críticas en relación con su ubicación ideológica y teórica.

3. Anteriormente el excedente dependía de la situación de la competencia en el mercado de trabajo. Aquí depende de la situación del mercado de bienes. Allá, la competencia no puede funcionar, según las afirmaciones teóricas, por el exceso permanente de fuerza de trabajo. Aquí la competencia, como la define la teoría para el mercado de bienes, no puede funcionar porque la oferta actual se encuentra con una demanda creciente, generada en el periodo siguiente, siendo esta situación también de carácter permanente. En el mercado de trabajo, una oferta excesiva o una demanda deficiente; en el mercado de bienes, una demanda excesiva o bien una oferta limitada. En los dos mercados se dan condiciones para transformar o completar la teoría neoclásica.

4. En relación con el nivel del excedente, éste va a estar determinado, en gran medida, ya no por la distribución de la producción en el ciclo en que aquélla se produce, sino por el nivel de la producción y la distribución del periodo siguiente. Si la producción en el tiempo 2] se incrementa en cierto nivel, generando pagos de ingresos crecientes en forma correspondiente, el nivel de demanda que genera hará que aumente o disminuya el excedente del primer periodo. Asistimos a una segunda indeterminación del nivel del excedente.

En concreto, su existencia y nivel dependerán del nivel de la producción futura. Podemos tener una primera situación, en la que el nivel de la producción futura y los ingresos que se generen correspondan por completo a aquel que se necesita para originar una demanda incrementada en el periodo anterior. Si los precios de las mercancías no se modifican, el excedente no bajará, y coincidirá con el excedente que potencialmente aparecía igual que la magnitud del producto no apropiado por los trabajadores debido al aumento de productividad. Como veremos, nada explica la forma de asegurar esa correspondencia.

Una segunda situación es la de que la producción futura y los ingresos generados estén por debajo de la demanda necesaria. En estas condiciones, bajarán los precios y disminuirá el excedente. Los límites pueden llevar, en un caso, a que la producción futura y los ingresos generados sean iguales a la producción anterior. En esta circunstancia disminuyen los precios, hasta hacer desaparecer el excedente; la otra situación probable corresponde a las crisis. Ésta la abordaremos más adelante.

Un tercer caso es el que corresponde a una producción futura y a la generación de ingresos mayores a los necesarios, de tal manera que la demanda futura sea bastante mayor a la oferta del periodo anterior, de tal forma que no sólo se mantengan los precios, asegurando el excedente, sino que la demanda es tal que provoca un aumento de los precios y un aumento del excedente. Así, el excedente estaría formado por aquel que viene determinado en la distribución del producto por no aumentos del salario frente a los aumentos de productividad, más aquel excedente formado en el proceso de cambio de las mercancías, y ahora a cargo de una disminución del salario real. En este tercer caso la teoría de la demanda creciente, a cargo de los ingresos generados en la producción futura, podría constituirse en un elemento más de la explicación del proceso inflacionario.

Este largo desarrollo tiene por objeto dejar establecido que tal teoría de la demanda generada en el futuro tiene grandes efectos en varios aspectos de la realización de la producción del periodo anterior, y sobre todo en la determinación del nivel del excedente.

5. En este punto veremos de qué depende, en las formulaciones de Prebisch, la producción futura.

> Hemos sostenido que el excedente, por su continuo crecimiento, constituye la fuente primordial de acumulacion de capital. Compréndese, pues, que este fenómeno estructural del excedente transtorne las abstracciones neoclásicas en materia de acumulación. Como según ellas la ganancia era un fenómeno transitorio, y el fruto de la mayor productividad tendía a difundirse, debía imaginarse un mecanismo que permitiera recoger en toda la colectividad el ahorrro necesario para la acumulación.[31]

Después de negar las formulaciones neoclásicas sobre la acumulación ligada al proceso ahorro-inversión y tasa de interés, insiste en su afirmación:

> La acumulación proviene principalmente del excedente, sea en forma directa o indirecta.[32]

Y en otro trabajo insiste en este mismo sentido:

> Como ya sabemos, aquella parte considerable del aumento de productividad que no se transfiere a la fuerza de trabajo es el excedente. Y el excedente constituye la fuente primordial de acumulación de capital reproductivo, y también consuntivo.[33]

Prebisch afirma que la acumulación de capital depende fundamentalmente del excedente, o se hace con cargo a este excedente. De aquí

31 Raúl Prebisch, "Las teorías neoclásicas del liberalismo económico", *op. cit.*, p. 177.
32 *Ibid.*
33 Raúl Prebisch, "Estructura socioeconómica y crisis del sistema", *op. cit.*, p. 207.

se concluye que los aumentos de la producción futura dependen de la acumulación, y ésta, del excedente. En síntesis, los aumentos de la producción futura dependen del nivel del excedente obtenido anteriormente. Previamente nos había dicho que la existencia y el nivel del excedente dependen de la demanda creciente que se forma con los ingresos pagados por la producción creciente del periodo siguiente. En resumen, nos dice que, primero, el excedente del periodo anterior depende del nivel de la producción futura; segundo, el nivel de la producción futura depende del excedente del periodo anterior. Esto es un error de lógica, y constituye una explicación circular; por tanto, no explica nada: ni el excedente, ni la producción futura. Pensamos que con ello se derrumba su teoría del excedente y su teoría de la demanda futura.

6. Si suponemos que su teoría de la demanda futura es la que realiza la producción del periodo anterior, podemos establecer dos posibilidades más:

Si estamos de acuerdo con que el capitalismo periférico es una economía mercantil desarrollada, en la que funciona plenamente el dinero, ¿qué sucede con la demanda si hay un aumento del atesoramiento o de las reservas monetarias en el periodo siguiente, en condiciones de aumento de la producción y de los ingresos generados?

La demanda real o efectiva disminuye por el incremento de las reservas monetarias, lo que llevaría a una disminución de precios en la oferta de los bienes anteriores, y, por lo tanto, una disminución y hasta una posible anulación del excedente. El excedente, como lo define Prebisch, debe necesariamente existir, porque si no se derrumba la base teórica de la interpretación del capitalismo periférico. En este caso quizás la respuesta pueda ser el aumento del gasto estatal, que supla la demanda no hecha efectiva por el atesoramiento en el segundo periodo; pero si ésta fuera la solución, para qué explicar la demanda creciente sobre la base del periodo siguiente, y no explicarla mediante un incremento del gasto estatal, con las emisiones respectivas a cargo, por ejemplo, de los incrementos e ingresos de la producción futura. En este mismo sentido, nos parece que si es necesario encontrar una demanda incrementada para sustentar la teoría del excedente, podríamos explicarla a través del sistema de crédito, que es bastante generalizado en el capitalismo y también en el capitalismo periférico. Queremos insistir sobre todo en el hecho de que si el excedente depende de las condiciones futuras de la producción, existiría una serie de fenómenos futuros de la economía que determinará una variable clave para su funcionamiento, como lo es el excedente.

¿Qué sucede con el excedente si la producción futura está en una fase recesiva, es decir, si hay una disminución de la producción y de los ingresos generados con relación al periodo anterior? Recordamos que en el análisis de Prebisch se exige una demanda futura incrementada para que se pueda lograr el excedente. Si los ingresos generados en la producción futura fuesen iguales a la oferta de bienes pasada, bajarían los precios, anulando por completo el excedente. En las condiciones de recesión que hemos planteado, los ingresos generados en la producción futura serían menores a los del periodo anterior. En estas condiciones habría tal disminución de precios que no sólo haría desaparecer al excedente, sino que también parte de los ingresos pagados al factor capital. La recesión futura tendría un efecto de reproducción de la recesión, pero hacia atrás. Nuevamente encontramos inconsistencias, ahora relacionadas con la evolución de la crisis.

7. La teoría de la demanda futura, como hemos dicho, es una teoría general. En este sentido, no encontramos argumento para no pensar que ella tiene validez y aplicación universales. Nos preguntamos cómo operaría la teoría de la demanda futura en los países capitalistas desarrollados. Si tenemos presente la caracterización que hace la CEPAL de estas economías —en el sentido de que en ellas hay una estructura homogénea o relativamente homogénea, y que allí, dada esa característica, la fuerza de trabajo es remunerada según su productividad marginal, o sea, que en esas economías no hay excedente en los términos en que lo define Prebisch—, ¿qué sucede con la oferta presente de bienes frente a la demanda creciente formada por los ingresos acrecentados pagados en la producción futura? En el caso del capitalismo periférico, esa demanda acrecentada permite que los precios no bajen, y de esta manera se llega a obtener el excedente y posibilitar que sea apropiado por los dueños de los medios de producción.

En el capitalismo desarrollado no se requiere una demanda acrecentada para lograr excedentes, ya que ellos no existen. Entonces, la demanda futura —aquí mayor que la oferta— llevaría a incrementar los precios de las mercancías, y no a mantener los precios, como en el capitalismo periférico. Así como la demanda futura se supone siempre mayor que la oferta de bienes de periodos anteriores, habría permanentemente un incremento de los precios. Este aumento de los precios sería relativamente proporcional a los incrementos de la producción futura. De esta manera, la inflación podría ser explicada a través de este mecanismo: *el futuro ya no como expectativa, sino como resultado, decidiendo el presente*. ¿Cómo explicar los grandes periodos de estabilidad en el nivel de precios, e incluso disminuciones en estas economías y en periodos que coinciden con un alto ritmo de crecimiento de la producción?

8. La teoría de la demanda futura aparece transformando todas las corrientes teóricas del pensamiento económico: pero, ¿la realidad

concreta funcionará así?; o más bien, ¿esta teoría surge en la mente de Prebisch como un paso lógico de algo que era necesario descubrir para que toda su teoría del excedente, y de funcionamiento y dinamismo del capitalismo periférico, no se derrumbara? Nosotros tendemos a pensar esto último. Éste es un paso teórico, con fallas lógicas, pero que es necesario para los desarrollos de Prebisch, de lo contrario, todas sus formulaciones se derrumban. Pero nos preguntamos: ¿por qué Prebisch se encuentra obligado a esto? Pensamos que la causa de ello es que permanece íntimamente atado a la teoría neoclásica.

Él acepta, a nivel de la teoría, que a los factores se les remunera según su productividad marginal. Si a cada quien se le paga lo que corresponde, no hay explotación, no hay excedente. En cuanto al capitalismo periférico, nos dice que a la fuerza de trabajo no se le remunera según su productividad marginal. Esto puede dar origen al excedente. Pero la teoría neoclásica plantea que, en estas condiciones, el excedente se anularía, porque la competencia en el mercado de bienes llevaría a una disminución de precios, correspondiente a los aumentos de productividad. De esta manera, la teoría neoclásica asegura que el excedente desaparece. *Para Prebisch esta argumentación teórica es fatal, pues desaparece el excedente y su análisis interpretativo del capitalismo latinoamericano.*

La teoría neoclásica afirma que los precios deben bajar. Para que se obtenga el excedente, según Prebisch, es necesario que los precios no bajen. Él sigue razonando como neoclásico: para que no bajen los precios, la teoría dice que la demanda de bienes debe igualar a la oferta. Pero el excedente potencial está condicionado a que se presente un aumento de productividad, y por tanto un aumento de la producción total y de la oferta de bienes. En este caso, tenemos una demanda nominal frente a una oferta real incrementada de bienes. La teoría neoclásica sostiene que, en esas condiciones, los precios de los bienes bajan, aumenta el salario real y desaparece el excedente. Esto no puede ser, pues anula todo el análisis interpretativo. Los precios no deben bajar; la teoría neoclásica plantea que eso sucede si hay un incremento de la demanda, pero la demanda actual es menor a la oferta, ya que ésta ha sido incrementada como resultado del incremento de la productividad.

Falta una demanda incrementada que se confronte con la oferta incrementada, para que así no disminuyan los precios, y el excedente y la interpretación se salven. ¿Dónde encontrar esa demanda incrementada que salve el análisis y sea compatible con la estructura teórica neoclásica? Ése es el gran problema que encontró Prebisch, al cual le dio una fácil solución: su teoría de la demanda futura creciente. De esta manera, hace funcionar la competencia neoclásica en la formación de los precios, con algunas modificaciones que le permiten, en el interior de esa teoría, explicar el excedente.

Tan empecinado está Prebisch en su análisis, y tan amarrado a la
teoría neoclásica, que se olvida de los análisis realizados por los propios
neoclásicos, y enseñados a generaciones de economistas. Nos referimos
a los trabajos que destacan la mala distribución del ingreso en América
Latina, en los cuales se recalca también la limitación o estrechez del
mercado interno como una de las características importantes del capitalismo periférico. En esta caracterización de la economía latinoamericana el significado importante es la limitación de la demanda como un freno
a la expansión de la producción. Olvidándose de esto, Prebisch ahora
nos presenta una caracterización diferente. En efecto, la producción
se encuentra siempre con un mercado ampliado, según se desprende de
su teoría de la demanda futura.

En los documentos interpretativos globales de la CEPAL siempre
se ha dejado a un lado el proceso de concentración y centralización
de la economía, y la constitución y dominio de los monopolios. Últimamente la CEPAL y otros organismos internacionales han hecho valiosísimos trabajos al respecto, en los que se demuestra este agudo proceso
de concentración y centralización de la producción, y el predominio
en la generalidad de las ramas de los monopolios nacionales, junto
con las empresas extranjeras.[34] Sin embargo, los textos de Prebisch,
como los trabajos globales anteriores de la CEPAL, olvidan esta realidad
objetiva. Así sucede en sus trabajos, como se puede constatar cuando
analiza la concentración y la desigualdad en materia de tenencia de
medios productivos, y en los aspectos sobre el poder económico.[35] En
éste, como en todos sus últimos trabajos, el análisis del monopolio está
ausente, y cuando se refiere a él es para negar su papel de dominio
en la situación del mercado.

Se sostiene, a veces, que si los precios no descienden conforme
aumenta la productividad, se debe a que intervienen combinaciones monopólicas u oligopólicas que restringen la competencia, al
abrigo de la protección aduanera, de patentes o de licencia que
impiden aquélla, o de otras formas conocidas. *No es ésta mi
interpretación.*[36]

*Frente a la existencia objetiva de los monopolios, de su control
del mercado y de su papel en la determinación de precios, Prebisch
opone el predominio de la competencia en el mercado.* En este sentido,
sigue tan sujeto a la teoría neoclásica tradicional que incluso se abstiene

    34 Documentos de la CEPAL y de la Comisión de Empresas Transnacionales.
    35 Raúl Prebisch, "Estructura socioeconómica y crisis del sistema", *op. cit.*,
pp. 182-183 y 219.
    36 Raúl Prebisch, "Crítica al capitalismo periférico", en *Revista de la CEPAL*,
primer semestre de 1976, p. 37. (El subrayado es nuestro.)

de usar teorías neoclásicas cuya variante considera la competencia oligopólica.

9. El problema de la realización de la producción ha sido un problema recurrente en la discusión de los economistas a partir de las primeras escuelas de pensamiento. La discusión ha girado en torno a los dos siguientes criterios opuestos: los que plantean que la producción capitalista no genera internamente las posibilidades de realización de la producción global o de sus partes integrantes, y aquellos que plantean que la producción capitalista genera las condiciones que hacen posible la realización de la producción global y de cada una de sus partes. En los primeros la realización de la producción no es posible en las condiciones de funcionamiento de las leyes mercantiles, por falta de demanda, y se afanan en buscar otros componentes de la demanda fuera del sistema. Estas corrientes están estrechamente vinculadas a las teorías del derrumbe del capitalismo por la imposibilidad en el tiempo de realizar la producción y, por tanto, de valorizar el capital. La otra corriente afirma que las condiciones para la realización de la producción están dadas en el capitalismo, en condiciones de cumplimiento de las leyes mercantiles. Se afirma que la producción va generando ampliación del mercado, pero se insiste en que el capitalismo crea las condiciones de realización, aunque no asegura que ello sea así efectivamente, ya que la producción y la realización están separadas en el espacio y en el tiempo. Algunas ramas pueden producir más que las necesidades del mercado; otras, menos. Puede haber una limitación del consumo de las grandes masas, acompañada de ingresos concentrados por parte de ciertos sectores que no los usan ni en consumo productivo ni en consumo personal, sino que los atesoran, etcétera; o sea, están dadas las posibilidades, pero nada asegura que la realización de la producción se realice permanentemente. *La separación de la producción y de la circulación en el espacio y en el tiempo es uno de los elementos que puede ayudar a que las crisis capitalistas comiencen, y, al mismo tiempo, en las crisis mismas se hace evidente la separación entre producción y circulación.*

Recordamos también que uno de los contenidos esenciales de la teoría keynesiana consiste en la limitación de la demanda efectiva para realizar la producción capitalista. De ahí la necesidad de ampliar esa demanda.

Entonces la teoría de la demanda futura de Prebisch no es nueva, aunque difiere con las polémicas anteriores en que en ésta se busca una nueva demanda, no para realizar la producción en condiciones de equilibrio —en este caso sobre la base de precios de competencia—, sino generando una demanda que posibilite precios superiores a los que fijaría la competencia, con objeto de obtener o concretar el excedente.

Además, una vez encontrada la solución, la oferta de bienes o la producción se encuentran con una demanda creciente, con un mercado ampliado. En tanto, las concepciones teóricas anteriormente citadas más bien han afirmado la situación opuesta: la producción capitalista, si bien crea mercado, éste tiende a ser estrecho, producto del propio funcionamiento del capitalismo.

La demostración más categórica del error de la teoría de la demanda creciente y de la teoría del excedente, de Prebisch, ha sido desarrollada por la economía política marxista, y en forma recurrente ha sido usada para destacar los errores de las variantes parecidas a la que formula Prebisch. Esta demostración consiste en probar que la producción de un periodo genera *todas las posibilidades* para su realización, tanto desde el punto de vista global como de sus componentes en su doble carácter: de valor de cambio y de valor de uso. No es necesario recurrir aquí a la conocida demostración. Sólo añadiremos que ella, al mostrar *la posibilidad* de que la oferta de un periodo pueda ser realizada por la demanda del mismo, en condiciones de las leyes mercantiles, demuestra la falsedad de la necesidad de una demanda fuera del proceso; en este caso, fuera del periodo, y, por tanto, también la falsedad de la teoría del excedente.

6. *Notas finales*

La crítica que hemos realizado debe profundizarse y ampliarse en lo posible a todos los aspectos de la interpretación sobre *el capitalismo periférico* y *la teoría ae la transformación*. Esta crítica debe orientarse a demostrar que no basta con asumir formalmente el reconocimiento de la existencia del capitalismo periférico; no basta mencionarlo. Es necesario reconocer la lógica del funcionamiento del capitalismo, es decir, estudiar el proceso de valorización del capital. Además, la crítica debe mostrar los errores a que conduce el análisis cuando sólo se hace un reconocimiento formal del capitalismo. Ésta debe ayudar al desarrollo de una propuesta alternativa de análisis.[37]

Quedan muchos aspectos por criticar; entre ellos, para mencionar algunos: la concepción que se desarrolla sobre el dinero como un aspecto técnico de la economía, y referido casi exclusivamente a la circulación de las mercancías; el análisis de la acumulación y su nivel **insuficiente,** desligado casi **completamente** de las expectativas y el comportamiento de la tasa de ganancias; la crisis que es explicada funda-

---

[37] Nuestro trabajo "Notas teóricas metodológicas para el estudio de las formas de funcionamiento del capitalismo en América Latina" se orienta en este sentido.

mentalmente a nivel de las estructuras del poder, y no de la base económica. Desde el punto de vista de la ciencia política, debe ser criticada la concepción del Estado que, si bien está referido a las estructuras de poder, aparece en esta interpretación como un aparato *neutral*, por sobre las clases sociales.

La teoría de la transformación, que surge de la interpretación del capitalismo periférico y del carácter del Estado, por las implicaciones políticas que puede tener en la lucha social latinoamericana debe ser también profundamenta criticada. En síntesis, consiste en socializar el excedente, pero, como lo define Prebisch, sólo ese excedente, sin afectar mayormente la propiedad capitalista. La lucha por el excedente lleva a la crisis, a los golpes de Estado y a la supresión de la democracia. Sin embargo, Prebisch propone lo mismo. En eso consiste el uso social del excedente, pero ahora no con base en una lucha por el excedente, sino a través del convencimiento. Se trata de que los capitalistas dejen de ser en parte capitalistas y que los trabajadores se conviertan parcialmente en capitalistas. Para ello plantea que, en un determinado periodo de tiempo, los excedentes usados socialmente se traduzcan en una disminución relativa de la propiedad de los capitalistas y en una participación de los trabajadores en dicha propiedad. Anticipándonos a la crítica a la que estamos exhortando, no quisiéramos concluir, por su gran claridad, sin citar a Marx, quien planteó con relación a teorías utópicas lo siguiente:

La escuela filantrópica es la escuela humanitaria perfeccionada. Niega la necesidad del antagonismo; quiere convertir a todos los hombres en burgueses; quiere realizar la teoría en tanto que se distinga de la práctica y no contenga antagonismos. Ya se ha dicho que en la teoría es fácil hacer abstracción de las contradicciones que se encuentran a cada paso en la realidad. Esta teoría equivaldría entonces a la realidad idealizada. Por consiguiente, los filántropos quieren conservar las categorías que expresan las relaciones burguesas, pero sin el antagonismo que constituye la esencia de estas categorías, y que es inseparable de ellas. Los filántropos creen que combaten firmemente la práctica **burguesa**, pero son más burgueses que nadie.[38]

---

[38] Karl Marx, *Miseria de la filosofía*, Siglo XXI Editores, México, 1970, pp. 109-110.

CRISIS MUNDIAL E INDUSTRIALIZACIÓN EN AMÉRICA LATINA

ROSA CUSMINSKY

Introducción

1. El advenimiento de la crisis en los años 1974-1975 y sus prolongados efectos múltiples en el ámbito mundial hacen propicias las circunstancias para reflexionar en torno al fenómeno de la industrialización. Lejos de incurrir en una impertinente disquisición, baste solamente partir de una referencia bibliográfica:

> La producción capitalista, por consiguiente, no desarrolla la técnica y la combinación del proceso social de producción sino socavando, al mismo tiempo, los dos manantiales de toda riqueza: *la tierra y el trabajador.*

Esta visión de largo plazo, con la cual cierra Marx su investigación sobre "Maquinaria y gran industria", a mediados del siglo pasado, cobra en las actuales circunstancias toda la fuerza de una profecía ineluctable.

En el país de la gran industria, los Estados Unidos,* se ha llegado a desarrollar la técnica hasta el punto de conocer la forma de aniquilar a los seres humanos sin destruir los bienes materiales que les rodean; el uso capitalista de la maquinaria industrial viene provocando de manera creciente el agotamiento de los recursos no renovables de la naturaleza; las fuentes perennes de la fertilidad de la tierra desaparecen bajo la explotación capitalista de la agricultura; la contaminación de la atmósfera, de las cuencas fluviales y lacustres tiene su origen en el funcionamiento de las fábricas y de los artefactos que generan. Cuanto más avanza la industrialización, sus efectos destructivos se hacen más profundos.

¿Para qué sirvió a la posteridad aquel mensaje que escribió Marx, hace ciento cincuenta años, como corolario de una investigación de profundo rigor científico?

---

* Marx se refiere en el cap. XIII del t. I de *El capital* ("Maquinaria y gran industria") a los Estados Unidos en los siguientes términos: "Este proceso de destrucción [del obrero y de la tierra] es tanto más rápido cuanto más tome un país —es el caso de los Estados Unidos de Norteamérica, por ejemplo— a la gran industria como punto de partida y fundamento de su desarrollo." (*El capital*, I/2, p. 612.)

Si las leyes de la dialéctica de la historia se cumplen, puede ser que la humanidad no llegue al punto de no retorno. Mientras tanto...

2. Mientras tanto, cada nación (y son cada vez más numerosas en la sociedad contemporánea) se empeña en acelerar el ritmo de su industrialización. Los estados propician las políticas destinadas a impulsar la acumulación de capital en la industria y a mantener la reproducción del sistema. Los gobiernos están dispuestos a promoverla, ya sea con el fin de aumentar su poder --identificándolo con el de la nación en su conjunto-- o para asegurar el predominio de la clase social que representan.

El poder de las naciones se mide en términos de su desarrollo industrial, y el desarrollo industrial, en términos de producto. De todas formas, se alimenta el mito de la nación-potencia-industrial, aunque sus habitantes perezcan de inanición o como resultado de la contaminación ambiental.

3. Los economistas, sociólogos y politólogos analizan el fenómeno de la industrialización de la nación o de la región. Nadie echa por la borda la ideología nacional o regional.

Y como el capitalismo se ha adueñado hipócritamente de la ideología de *lo universal*, los apologistas de las empresas transnacionales se escudan detrás de sus hazañas planetarias para ocultar las perspectivas de la lucha interimperialista y del sometimiento de los pueblos débiles.

En la primera parte del presente ensayo se hace un análisis del desarrollo industrial en América Latina, a partir de la posguerra. En la segunda parte se consideran los efectos de la crisis mundial sobre aquél.

1. Análisis del desarrollo de la industria
en América Latina a partir de la posguerra

1. En este análisis se intenta dar, primero, una explicación de la marcha del proceso histórico de la fase de expansión del sistema capitalista en busca de la valorización del capital sobreacumulado por el capitalismo maduro, y de la colosal superestructura jurídica y política determinada por esta base, tanto en el orden internacional como en el orden interno de las formaciones económico-sociales de la región. Segundo, recalcar algunas consecuencias significativas del costo de la industrialización, desde el punto de vista de los recursos humanos y naturales de la región. Y, tercero, ofrecer algunos resultados del crecimiento industrial en términos del análisis convencional, sustentado sobre la base de los datos estadísticos oficiales.

2. Los países de América Latina fueron insertados en el modo de producción capitalista y en las relaciones internacionales del sistema mundial cuando dejaron de ser colonias; en todos ellos se ensayaron industrias en alguna escala mínima, pero sólo unas pocas formaciones económico-sociales de la región poseyeron una infraestructura apreciable antes de la segunda guerra mundial. En la posguerra se dio la coincidencia del comienzo de la etapa de expansión del capitalismo a nivel mundial y la elaboración de teorías económicas que, como un evangelio, aseguraban la llegada al cielo del desarrollo sólo mediante la industrialización. Los poderes públicos se aprestaron a acelerar dicho proceso.

La teoría del desarrollo de las áreas subdesarrolladas con base en la instalación de industrias había sido adelantada por el economista belga Rosenstein-Rodan,[1] entre otros, refiriéndose a las zonas subdesarrolladas de Europa. Esto puso a la Comisión Económica para América Latina poco después de su creación, en 1948, sobre la pista de una teoría que encajaba precisamente en las expectativas de los gobiernos de la época: las de disponer de estrategias que, apoyándose en una teoría explicativa del subdesarrollo relativo, jus.ificaran las medidas de fomento a la industrialización, que ya a principios de los años cuarenta habían comenzado a implantarse en algunas naciones.

Estas medidas de fomento industrial, implícita y explícitamente, nunca dejaron de responder al patrón de regulación del capitalismo, y en el transcurso del tiempo fueron reflejando cada vez más su adaptación a los intereses del capitalismo desarrollado. Fue éste, en definitiva, el que marcó el ritmo y profundización del crecimiento industrial en América Latina.

3. Sobre la base real del modo de producción capitalista se elevó una colosal superestructura jurídica y política que siguió condicionando el proceso de la vida social, garantizando, por supuesto, las relaciones de propiedad. Esta superestructura tuvo una expresión tanto en el orden internacional como en el orden nacional de la región latinoamericana y demás países del mundo que bregaban por industrializarse.

En el orden internacional la superestructura incluyó dos instrumentos forjados para regir, directa o indirectamenta, el orden económico de la posguerra, que sirvieron para regular el ritmo de la expansión del capital internacional en busca de su valorización: el Fondo Monetario Internacional y el Banco Internacional de Reconstrucción y Fomento.

Además de estas dos agencias internacionales de derecho público, por cuya mediación se reguló el ritmo del crédito y las políticas internas

---

[1] P.N. Rosenstein-Rodan, "Problems of Industrialization of Eastern and Southeastern Europe", en *Economic Journal*, julio-septiembre de 1943.

de casi todos los países del área, las potencias imperialistas dispusieron, en el curso de la industrialización iniciada en la posguerra, del Acuerdo General sobre Comercio y Tarifas (GATT), de origen híbrido y características maleables, que usaron a medida que avanzaba la internacionalización del capital.

Si agotar, ni mucho menos, la referencia al contenido de la superestructura jurídica y política que se presentó en el orden internacional, cabe mencionar a la Comisión Trilateral, especie de club de debates en el que desde un primer momento figuraron como miembros hombres de negocios, políticos y profesores universitarios de los Estados Unidos y Canadá, de países de Europa Occidental y de Japón. No eran totalmente informales dichos debates, y su publicación puso claramente de manifiesto que, más allá de difundir una ideología agresivamente defensora de la urgencia imperiosa de consolidar el capitalismo y reconstruirlo, transnacionalizándolo,[2] lo que en concreto ocupaba a la Comisión allá por los años 1973-1974 era la tarea de eslabonar los intereses industriales de Japón, los Estados Unidos y países del capitalismo maduro del oeste de Europa. Trataban de evitar la lucha intermonopólica, que finalmente la crisis mundial desencadenó ya.

4. La superestructura internacional se hizo sentir desde muy temprano en América Latina. Ya en la década de los cincuenta el Fondo Monetario Internacional impuso severas condiciones a varios países, obligando a sus gobiernos a poner en marcha planes de estabilización. Desde entonces, en virtud de las políticas *aconsejadas* para solucionar problemas de balance de pagos, la producción industrial se vio siempre sujeta a fluctuaciones, sin que nunca o casi nunca se lograran estabilizar las monedas en forma permanente, ni atenuar, sino en forma pasajera, los déficit de balances de pagos.

Por su parte, el Banco Internacional de Reconstrucción y Fomento sustentó durante mucho tiempo una política de créditos basada en criterios comerciales,[3] más que en las necesidades del desarrollo al que aspiraban las naciones que con su ayuda pretendían infraestructuras para la industrialización.

5. La superestructura jurídico-política a nivel nacional respondió, mediante la transformación de las funciones de cada Estado concreto, a las necesidades de la expansión capitalista requeridas por el proceso de valorización del capital. En ese sentido, se presentó en los países latinoamericanos, desde la iniciación del desarrollo industrial de posguerra, primero la destrucción del Estado oligárquico —que abrió paso al capita-

---

[2] F. Fajnsylber, "La reconstrucción del capitalismo y su repercusión en América Latina", en *Trimestre Económico*, 1979.

[3] Teresa Hayter, *Ayuda e imperialismo*, Editorial Planeta, Barcelona, 1972.

lismo de Estado—, y luego una tendencia incipiente al comienzo y luego acelerada a la conformación de un capitalismo monopolista de Estado, que adquirió formas particulares en cada formación económico-social del área.

En principio, cada Estado concreto que deseaba asegurar la aceleración del crecimiento de la industria tenía un sola opción: recurrir al capital extranjero. Y como a escala mundial ya se había pasado a la etapa monopólica del desarrollo capitalista, ante la irrupción de las empresas extranjeras oligopolizadas, el Estado tuvo que articular las fuerzas internas con la nueva etapa de la competencia monopólica.

Escaparía a los límites de este trabajo un análisis de las diferencias que caracterizaron, y aún lo hacen, la superestructura jurídica y estatal de cada país latinoamericano. Se pueden destacar los rasgos comunes, por ejemplo, de las políticas estatales de fomento industrial, de las políticas de alianza de clases, de la creación de empresas estatales, es decir, de todos los elementos que parecían apuntar en dirección de un desarrollo nacional autónomo. Pero a pesar de todos los cambios superestructurales,

El desarrollo nacional autónomo no fue, en efecto, más que una quimera.[4]

Este fracaso se puede explicar de muchas maneras. Por ejemplo:

La industrialización de América Latina, como movimiento central de su capitalismo, plasmó una convergencia de intereses nacionales e internacionales que denominamos capitalismo asociado.[5]

Lo extraño es que se sustente esa tesis, y se agregue que la dinámica de este capitalismo depende crucialmente de masas de capital nacional situado en otras órbitas (agraria, mercantil, bancaria), a pesar de lo cual el capitalismo asociado "implica la renuncia al sueño de un proyecto de desarrollo nacional autónomo".

Posiblemente se quiere expresar así la impotencia de las políticas siempre superestructurales ante las leyes de funcionamiento del capitalismo a escala mundial.

En América Latina existe la tendencia a suponer que las empresas del Estado pueden hacer posible todavía el desarrollo autónomo, sin reparar que hasta ahora las empresas del Estado siguen contribuyendo

[4] Agustín Cueva, *El desarrollo del capitalismo en América Latina*, Siglo XXI Editores, México, 1977.
[5] C. Lessa y D. Sulamis, *Estado y desarrollo en América Latina/Notas para un debate*, edición mimeografiada, México, 1981, p. 4.

a valorizar el capital privado mediante políticas de precios subsidiados, que favorecen a la industria cada vez más transnacionalizada.

Puede ser oportuno recordar aquí que ya a fines del siglo pasado, y ante el carácter neosocializante que parecía ir adoptando durante el gobierno de Bismarck el desarrollo de la industria en conexión muy estrecha con el Estado, Federico Engels señaló: "Mientras las clases poseedoras llevan el timón, toda nacionalización no constituye una supresión de la explotación, sino un cambio de forma de ésta."[6]

6. Es legítimo suponer que Engels hablaba de la explotación del hombre y de los recursos naturales. Y es a este aspecto al que se hace referencia ahora.

La industrialización latinoamericana acelerada en la posguerra debiera medirse no sólo por las tasas de crecimiento de su producto industrial, sino también en términos del ritmo de la destrucción de sus recursos. Las industrias urbanas y rurales establecidas en el área en el lapso aproximado de un cuarto de siglo llegaron a ser tan depredadoras de los recursos naturales como lo fueron hasta ahora las más antiguas industrializaciones realizadas bajo el modo de producción capitalista.

Pero hay, en el origen de estos costos causados por la destrucción, otros costos: en este caso, el costo de los prejuicios ideológicos que limitan el conocimiento. Y no es posible sustraerse a veces de reflexionar sobre los mismos.

Un caso en cuestión lo representa el número 12 de la *Revista de la CEPAL*, correspondiente al segundo semestre de 1980, que contiene ensayos de algunos economistas que admiten haber ejercido su profesión sin darse cuenta del papel depredador de la producción capitalista, y que ahora analizan los enormes daños que este aceleramiento de la industrialización ha ocasionado en el medio ambiente.

Ni aún ahora, a tantos años de distancia, se le acredita a Karl Marx aquel mensaje — ¡con el que él temía llegar tarde!—[7] que contiene el primer volumen de *El capital*, y que citamos en la introducción.

En la publicación mencionada se abunda en el tema de la relación entre el desarrollo y el medio ambiente en términos generales, y en particular en América Latina, y ello nos exime de ahondar en los problemas que "una ceguera generacional" (mediante la que se excusa uno de los economistas de la CEPAL) está causando en la región.

Lo que sí es importante destacar es la preocupación que campea en la mayor parte de los ensayos: la de que se llegue a sembrar un ambiente de *catastrofismo* semejante al que se impuso después de la

---

[6] Citado en Sergio Bagú, *Marx-Engels: diez conceptos fundamentales*, p. 189.

[7] Marx le escribe a Lasalle, en carta del 22 de febrero de 1858· "Si he terminado demasiado tarde para atraer todavía la atención del mundo sobre estos temas, será evidentemente culpa mía."

publicación de *Los límites del crecimiento*, más conocido por la política que aconsejaban sus autores: *crecimiento cero*.

Sin embargo, también en este caso —en que se pasa del análisis a las estrategias, y éstas tratan de solucionar los problemas de la destrucción del medio ambiente propiciando nuevos estilos de desarrollo— cabe preguntarse si dentro del sistema o modo de producción capitalista se podrá encontrar esa solución.

No basta satanizar a las empresas transnacionales, como lo hacen algunos autores, porque después de todo éstas son la expresión del capitalismo en su forma contemporánea. No basta condenar la economía de mercado y propiciar la planificación para el mejor uso de los recursos, siempre dentro del sistema. Ni bastará tratar con sentido puramente ético, como lo pretenden hacer las instituciones y economistas conmovidos por el hambre y la pobreza de las masas, la destrucción del hombre, que es, junto con los recursos naturales, la otra fuente de la riqueza.

7. En América Latina la inserción del sistema capitalista lleva al extremo la sobreexplotación, porque en los países subdesarrollados el Estado capitalista tiene buen cuidado de reprimir, con mayor o menor firmeza, la organización de los trabajadores, que podrían ponerle algunos límites: por lo menos en una medida tal que evitara esa pobreza crítica que hoy muchos padecen y por la que la lamentación surge *a posteriori*.

El origen de los problemas que hoy acosan a la humanidad tiene que estudiarse con rigor científico; porque no es la ética, ni los buenos deseos de reformarlo, lo que puede hacer cambiar las leyes objetivas de funcionamiento del capitalismo.

8. Hechas las reflexiones anteriores, cuya pretensión es la de influir en un cambio de enfoque analítico de la industrialización, pasamos a registrar los datos empíricos, registrados en fuentes oficiales, sobre el *desarrollo industrial latinoamericano*.

La expresión *desarrollo industrial latinoamericano* conduce a suponer que existe en el continente una situación especial, que está muy lejos de la realidad, puesto que son sólo unos pocos países de la región los que en términos internacionales podrían exhibir características de áreas industrializadas. Las diferencias entre el grado de industrialización alcanzado por los países de mayor dimensión económica (Argentina, Brasil y México) y el resto de naciones latinoamericanas se pueden atribuir al hecho de haber sido éstas las *first comers*, y las demás, las *late comers* (para utilizar la terminología puesta en boga por Eric Hobsbawm). México, Brasil y Argentina fueron, en efecto, las *primeras en llegar.* Pero no estaría allí toda la explicación de sus ventajas logradas sobre los otros países de la región.

El ritmo de crecimiento industrial latinoamericano y su orientación han dependido en lo fundamental de impulsos y presiones determinadas por la forma en que se combinaron en cada país la política económica y de industrialización con las potencialidades internas del desarrollo y los factores externos. Estas variadas combinaciones originaron a lo largo de los últimos decenios notables diferencias en los niveles de desarrollo alcanzados por los países no sólo en el campo industrial, sino también en otras áreas económicas y sociales.

La disparidad en la dotación de los recursos naturales, el tamaño de los mercados, la posición geográfica, el nivel de desarrollo previamente alcanzado, el grado de apertura de la economía, las pautas y la estabilidad socio-política y la disposición de definir y ejecutar estrategias promocionales, son algunos de los elementos que en gran medida han determinado las distintas aptitudes de los países y permiten explicar los avances logrados en los respectivos procesos de industrialización y, muy especialmente, las diferencias que entre ellos se manifiestan en cuanto a dinamismo y transformación de las estructuras de producción.[8]

La explicación que se acaba de transcribir concede gran importancia a las políticas económicas y de industrialización de cada país, y a las estrategias promocionales.

Cabría preguntarse si en este análisis —como en muchos otros de la CEPAL— no se comete el error de minimizar el papel determinante (en muchos aspectos) que en la industrialización de América Latina desempeñó la expansión del capitalismo a nivel mundial; las políticas económicas nacionales de América Latina no pudieron, por ese medio superestructural —aun proponiéndoselo—, alterar las leyes del funcionamiento del modo de producción capitalista.

9. El heterogéneo crecimiento industrial de la región aparece reflejado en la gráfica 1 y en el cuadro 1 del apéndice; de la comparación de este crecimiento con el respectivo crecimiento demográfico da cuenta el cuadro 2; el grado de industrialización y la participación de cada país en el producto bruto industrial del área latinoamericana se reflejan en los cuadros 3 (para 1950) y 4 (para el año 1978).

La estructura de la producción industrial revela, por otra parte (cuadro 5), las grandes diferencias que existen entre los países grandes,

---

[8] *Análisis y perspectivas del desarrollo industrial latinoamericano* (edición mimeografiada), CEPAL, 69/1..2., 1979.

medianos y pequeños, y las variaciones experimentadas entre los años 1950 y 1975. Del cuadro 6 se desprende que, entre 1950 y 1975, casi el 80 por ciento del incremento de la producción industrial correspondió a los países de mayor dimensión económica (Argentina, Brasil y México), el 13 por ciento a los de tamaño mediano y el 7 por ciento a los más pequeños. Adicionalmente se puede ver en el cuadro 7 la evidente ventaja de los países grandes de América Latina sobre los países pequeños, y un poco menor sobre los medianos, en cuanto al valor agregado industrial de sus empresas metalmecánicas a mediados de la década de los setenta.

La fabricación de productos metálicos, maquinarias y equipo en Brasil, Argentina y México, que al producto industrial agregaron respectivamente 31, 28 y 24 por ciento, coloca a estos países a la cabeza del proceso de desarrollo industrial de América.

10. El papel desempeñado por las inversiones extranjeras directas en el desarrollo industrial de América Latina a partir de la posguerra, aun utilizando criterios convencionales para juzgarlo, arrojó resultados dudosamente positivos.

Para empezar, debe recordarse que la CEPAL —inspirada en las ideas de Raúl Prebish— había advertido en repetidas ocasiones que, para lograr el desarrollo económico del área, el capital extranjero debía constituir sólo un complemento del ahorro interno. Pero al mismo tiempo preconizaba la necesidad de acelerar el proceso de industrialización.

En esa etapa de expansión del capitalismo mundial los gobiernos latinoamericanos entendieron que debía atraerse el capital a las industrias, y esto se hizo mediante el otorgamiento por el Estado de importantes estímulos a las empresas —nacionales e internacionales. En lo que respecta a estas últimas, no cabe duda de que esas transferencias contribuyeron a que una parte del excedente absorbido por las mismas desde las naciones latinoamericanas sirviera, en otras parte del mundo, para la acumulación de capital. Baste este dato:

> Durante el periodo comprendido entre 1960 y 1975, la inversión neta de los Estados Unidos en Europa y Canadá alcanzó un total de 13 700 millones de dólares (70 por ciento de toda la inversión extranjera directa), mientras que durante el mismo periodo las transferencias por concepto de utilidades, intereses y derechos de patente generados por las inversiones estadounidenses en los países en desarrollo alcanzaron 20 mil millones de dólares, la mayor parte de los cuales provenía de América Latina.[9]

[9] B. de Groot, G. Evers y W. Wagenmans, *Perspectivas de reajuste industrial: la Comunidad Económica Europea y los países en desarrollo*, Cuadernos de la CEPAL, núm. 35, 1980, p. 9.

11. Entre los años 1967 y 1976 la inversión extranjera directa total en América Latina pasó de 19 407 millones de dólares a 37 740 millones de dólares, y la proporción correspondiente al sector manufacturero creció en los mismos años, porque pasó de 37,8 a 43,2 por ciento, pero no en la misma proporción que el total de la inversión. En 1967 el sector manufacturero de los países grandes, es decir, Argentina, Brasil y México, absorbía en conjunto 68,3 por ciento. Cuatro países medianos: Colombia, Chile, Perú y Venezuela, 14,5 por ciento en 1967, y 36,6 en 1976. Los países pequeños, del Mercado Común Centroamericano y otros, 15 por ciento en 1967 y 18 en 1976 (cuadro 9). Se advierte por estos datos que la inversión extranjera directa en cada país fue destinada, en forma creciente entre estos dos años, al sector manufacturero. Fueron los países medianos mencionados los que más avanzaron en ese sentido.

Los Estados Unidos es el país que ha acumulado más inversiones directas en América Latina. El cuadro 9 muestra la inversión directa acumulada de los Estados Unidos en la región, en actividades de minería y fundición, petróleo, manufacturas y otros, en años seleccionados en el periodo comprendido entre los años 1929 y 1976. Se advierte allí que en el periodo 1970-1976 ha disminuido la inversión acumulada en los primeros rubros, y ha aumentado, en cambio, en manufacturas y otros.

En el cuadro 10 se registra la inversión directa acumulada de los Estados Unidos en dos años: 1976 y 1977. La información es detallada por ramas de manufacturas y por países, y, aunque sólo se trata del plazo muy corto de un año, se puede advertir que es significativo el crecimiento en algunas ramas, como las de productos químicos y equipos de transporte.

El número de filiales de empresas transnacionales en países de América Latina era de 7 488 en el año de 1973. De ellas, 3 421 tenían su matriz en los Estados Unidos; 2 809 en las naciones de la Comunidad Económica Europea y 1 185 en Gran Bretaña. Alrededor de 60 por ciento del número total de filiales se encontraba distribuido entre Brasil (21,5), México (18,7), Argentina (11,5) y Venezuela (8,4). Los números absolutos para estos y los demás países latinoamericanos aparecen en el cuadro 11.

12. "El comercio ha perdido gran parte de su poder como motor del crecimiento, y parece improbable que vuelva a cumplir en el futuro cercano el papel que le correspondió en los años sesenta."[10]

El vaticinio que se transcribe sobre las perspectivas desfavorables

[10] *Ibid.*, p. 15.

con respecto al comercio internacional se basó en la siguiente conclusión:

> ... el estado de desequilibrio entre los países, reinante en la economía mundial, en la estructura cambiante del crecimiento de los países más industrializados y en los acontecimientos traumáticos de la primera mitad del decenio, han dejado un legado de políticas y sentimientos que tienen matices netamente autárquicos.[11]

Desde entonces la tendencia a la autarquía fue marcándose más y más en las economías desarrolladas, y, aunque el proteccionismo ha sido un componente de la política económica de estos países en todo momento, aquél se ha intensificado y extendido a nuevos bienes que restringen las posibilidades de exportación de los países en desarrollo.

Las restricciones arancelarias, como instrumento de protección, han ido perdiendo importancia relativa; pero han aumentado en cambio las medidas no arancelarias que los países desarrollados están introduciendo, las cuales les permiten una protección efectiva muy superior a la que pudo proporcionarles el uso del arancel aduanero. Este *nuevo proteccionismo*[12] usa como instrumentos el subsidio a las exportaciones y, en forma cada vez más frecuente y sistemática, cláusulas de salvaguardia, encarecimiento discriminatorio de los transportes y medidas que favorecen la *cartelización* por ramas de industria.

El argumento que están invocando los países que ponen en práctica tales medidas es el de que las importaciones provocan mayor desempleo, aunque ya ha sido demostrado que en los países desarrollados son los cambios tecnológicos, asociados con el aumento de la productividad, lo que más lo genera.[13]

Entre los años 1965 y 1975 los países de América Latina y el Caribe mantuvieron casi invariable su estructura de importaciones y exportaciones. Sin embargo, el peso relativo del comercio en bienes de las ramas *química, maquinaria* y *material de transporte* fue relativamente alto dentro del total del año 1975; el porcentaje sobre valores *fob* de las exportaciones de dichos bienes superó el de los países socialistas y el de las demás áreas en desarrollo. En el rubro *maquinaria y material de transporte* América Latina superó incluso el porcentaje que para el mismo año de 1975 exportaron los países desarrollados de economía de mercado (cuadro 12).

[11] Naciones Unidas, *Estudio económico mundial, 1975*, ONU, p. 116.
[12] Bela Balassa, *The New Proteccionism and the International Economy*, Banco Mundial, 1980.
[13] *Ibid.* Se menciona una investigación de la Organización Internacional del Trabajo, de la que se extrae tal conclusión para diversas ramas.

La exportación de manufacturas no tradicionales gozó de amplios estímulos estatales. Su tasa de crecimiento se incrementó en 17 por ciento entre 1965 y 1970, y en 25 por ciento entre los años 1970 y 1973. Argentina, Brasil y México llegaron a absorber el 80 por ciento de este tipo de exportaciones en el total de la región.

Hasta 1972 América Latina fue receptora de sus propias exportaciones de manufacturas, y se atribuye el éxito de este proceso a los esquemas regionales de integración. El estancamiento de la ALALC y del Mercado Común Centroamericano contribuyó a que estas exportaciones se desplazaran hacia países externos a la región; pero entonces, en el aumento de las exportaciones manufactureras, prevalecieron nuevamente las tradicionales. En cambio, en el comercio interregional se habían ido afirmando los intercambios de productos metalmecánicos.

La *nueva división internacional del trabajo*, de la cual se hablará en la segunda parte, nos pone frente a un *cuadro de situación*, con respecto al alcance adjudicado hasta ahora al comercio internacional, muy diferente al que se tenía en el análisis convencional.

13. Mientras tanto, en América Latina la oferta de mano de obra sigue excediendo siempre a su demanda. El crecimiento de la industria no ha dado lugar a la absorción de trabajadores en las proporciones que suponía la teoría del desarrollo de la CEPAL.

Este hecho se debe relacionar con las técnicas introducidas por las empresas transnacionales en las ramas productivas, en las cuales son líderes; de manera notable, en las industrias de bienes de consumo.

Si bien en las legislaciones específicas dictadas por algunos latinoamericanos en relación con la inversión de capitales extranjeros se menciona el requisito de que ésta debe asegurar, para ser admitida, un incremento de la oferta de empleo, en la práctica no hubo un seguimiento adecuado para verificar el cumplimiento de su compromiso en este sentido.

Pero aunque éste hubiera sido el caso, ¿cómo detener la *modernización* implicada por el progreso tecnológico, que tiene por finalidad ahorrar trabajo vivo —automatizando los empaques de alimentos para estandarizar su presentación, o el envasado automático de los productos farmacéuticos, o la construcción de viviendas prefabricadas?

Por otra parte, sigue siendo lenta la instalación de industrias del sector I. Las empresas extranjeras no estuvieron demasiado interesadas en su establecimiento en América Latina, salvo en Brasil, México y, menos, en Argentina; pero siempre asociadas con el Estado.

Es probable que la adhesión generalizada a la teoría tradicional de las economías de escala —hoy día rechazada por experiencias empíricas ya realizadas en algunas ramas— indujera a *convencer* a los gobiernos de los países subdesarrollados de la imposibilidad del rendimiento rentable de plantas de bienes de equipo y capital que no fueran de las dimensiones concebidas para los países industrializados.

14. Algunas de las opiniones vertidas sobre la industrialización de América Latina revisten interés, porque señalan algún aspecto particular —como lo es el espíritu imitativo de la misma, aun en desmedro de las industrias ya establecidas o de la agricultura—, como la siguiente apreciación, que se generaliza para el Tercer Mundo:

> Esta estrecha identificación, tanto con los medios como con los fines del proceso de desarrollo logrados por los países avanzados, fue la causa principal de que la industrialización del Tercer Mundo revistiera la forma que actualmente se observa. Durante los años cincuenta y sesenta muchos de los países en desarrollo prefirieron apresurar el ritmo del crecimiento industrial otorgando enormes incentivos fiscales a empresarios tanto del Norte como del Sur, para que construyeran grandes plantas que fabricaran el mismo tipo de productos que las del Norte, utilizando sus mismas técnicas. A veces en los países del Sur el mecanismo estatal intervenía directamente en el proceso de industrialización, pero no cambiaba, en la mayoría de los casos, su carácter esencialmente imitativo. Se esperaba que la estrategia adoptada diera rápidos resultados, aunque tácitamente discriminara a la pequeña industria tradicional y a la del sector rural, en favor del desarrollo urbano en gran escala.[14]

O bien aquellas que han provocado un animado debate con respecto a las posibilidades de desarrollo industrial en países del capitalismo dependiente, como es el caso de las opiniones de varios connotados marxistas ingleses que aquí se comentan:

Para Bill Warren, iniciador del debate, la industrialización capitalista en los países subdesarrollados ha sido muy exitosa en su conjunto, y las perspectivas para el futuro (escribe en 1973) son cada vez mejores. Para Emmanuel Arghiri no basta yuxtaponer fenómenos en términos estadísticos para descubrir si es posible un desarrollo futuro del Tercer Mundo a lo largo de la vía capitalista, o si este camino está de hecho bloqueado. En el mismo debate, Phillip McMichael, James Petras y Robert Rhodes antagonizan también con Bill Warren por la insistencia con que éste trata de visualizar un mundo en el que la industrialización creciente de los países capitalistas subdesarrollados está poniendo fin al imperialismo.[15]

[14] Organización de las Naciones Unidas para el Desarrollo Industrial, *La industria en el año 2000: nuevas perspectivas*, Nueva York, 1979, p. 79.

[15] *Debates/Industrialización y Tercer Mundo*, Editorial Anagrama, Barcelona, 1976.

Por su parte, Fernando Fajnzylber puntualizó, con respecto a la industrialización de América Latina, lo siguiente:

El catálogo de insuficiencias acumuladas por la industrialización en América Latina es sin duda abundante, pero, lo que es más importante, existe un grado elevado de consenso con respecto a su contenido: se ha generado una estructura productiva ineficiente, que se traduce en el hecho de que la balanza comercial del sector manufacturero es fuertemente deficitaria; se carece de una capacidad de innovación tecnológica, lo que se refleja en la incapacidad para adecuar el patrón industrial de las naciones avanzadas a las carencias y potencialidades específicas de los países de la región; no se ha verificado la articulación entre el sector industrial y el agrícola que se observa en países industrializados, lo que repercute en términos negativos tanto en la balanza comercial como en las presiones inflacionarias.[16]

2. La crisis mundial y el crecimiento industrial en América Latina

1. Más acá de la importantísima disputa teórica que sobre la naturaleza, características y eventual salida de la crisis actual se está desarrollando en los círculos académicos de todo el mundo, la segunda parte de este trabajo está dedicada a señalar algunos aspectos que, durante el transcurso de la crisis iniciada en 1974-1975, se vienen manifestando en el plano concreto de la realidad latinoamericana.

En primer término, se hace necesario señalar que, ante el fracaso de las estrategias para el desarrollo —que después de más de un cuarto de siglo se pone en evidencia en la región—, no son pocas las confusiones en que involuntariamente se incurre en cuanto a los problemas causados por el subdesarrollo y aquellos que se derivan o atribuyen a la crisis.

En segundo término, parece importante tomar en consideración que, en virtud de la heterogeneidad presentada en el desarrollo industrial de las naciones latinoamericanas —a la cual se hizo referencia en la primera parte del presente trabajo—, la crisis está provocando impactos de distinta naturaleza en cada una de ellas, según el atraso o adelanto poseídos en la transformación de su estructura productiva.

2. En 1979 se decía en un foro internacional:

16 Fernando Fajnzylber, "Industrialización, bienes de capital y empleo en las economías avanzadas", en Comerio Exterior, agosto de 1980, p. 867.

... el sistema productivo se ha seguido mostrando incapaz de dar respuesta y solución a acuciantes problemas, como los de la pobreza crítica masiva, el creciente desempleo, la insuficiencia de servicios sociales básicos y la escasa participación de los estratos mayoritarios de la población en la vida económica y social de sus países.

La cita que antecede hacía referencia, después de cuatro años de crisis, a los problemas típicos del subdesarrollo. Eso no fue un impedimento para que al año siguiente los países subdesarrollados pusieran de manifiesto su preocupación por el empeoramiento de la crisis económica mundial, por considerarlo síntoma de desajustes estructurales, desequilibrios y desigualdades cuyos efectos más graves afectaban a las economías de los países subdesarrollados.

Unos meses después, en la asamblea de las Naciones Unidas, se volvieron a retomar los argumentos del subdesarrollo y se volvió a proponer la reestructuración de la industria a nivel mundial, y a pedir el apoyo de los países desarrollados para que en el año 2000 pudieran los primeros alcanzar la meta fijada en la Segunda Conferencia de la ONUDI (Lima, 1975) de un 25 por ciento del producto bruto manufacturero mundial. ¿Para salir de la crisis o del subdesarrollo?

Las negociaciones entre los países desarrollados y los subdesarrollados tienen su foro en las conferencias Norte-Sur, que han permanecido congeladas durante algún tiempo, pero que se renovaron en octubre de 1981, en Cancún, Quintana Roo.

Mientras tanto, el desarrollo del capitalismo, que exige objetivamente la búsqueda de la mayor rentabilidad para seguir acumulando a escala mundial, parece haber ya diseñado su estrategia para una *nueva división internacional del trabajo*, cuyas exigencias, posibilidades y obstáculos pueden llegar a dividir a los países subdesarrollados, según las oportunidades que cada uno pueda inferir de la propuesta para su inserción en dicho esquema. Se trata de un riesgo que amenaza también a América Latina, porque en la región es asombrosamente dominante el papel que desempeñan México, Brasil y Argentina, que a los efectos de la *nueva división internacional del trabajo* ocupan un lugar más próximo a los países del capitalismo avanzado que el resto de las naciones latinoamericanas.

3. Sin embargo, el papel que América Latina ha desempeñado en la *vieja* división internacional del trabajo pesa todavía fuertemente, en términos generales, sobre sus perspectivas futuras. Ello no quiere decir que no estén ya en juego los elementos de una dinámica que cambie, aunque no con demasiada rapidez, dicho papel.

La dependencia que América Latina tiene de la exportación de tres productos principales ha ido menguando. Si en el año de 1955 dependía en un 80 por ciento de la exportación de esos tres productos, esta dependencia se redujo en 1968 a 66 por ciento, y en el año de 1973, a 57. Pero estos promedios están influidos por el desempeño de las tres economías mayores de la región.

Brasil redujo su dependencia de 75 por ciento en 1955 a 30 en 1973, al mismo tiempo que elevó sus exportaciones de manufacturas de 3,5 a un 22 por ciento. México redujo esta dependencia de 51 a 17 por ciento, e incrementó sus exportaciones industriales de 9,7 a 40 por ciento. Argentina la redujo de 62 por ciento en 1955 a 44 en 1973, y logró aumentar el porcentaje de sus exportaciones de bienes manufacturados de 3,6 a 22 por ciento.

Los casos particulares demuestran que ahora como antes las posibilidades de las naciones latinoamericanas de incrementar su producto interno bruto dependen del precio y volumen de sus principales productos de exportación; ahora, más que antes, de las necesidades de pago de su deuda externa y del precio del petróleo, cuando se ven obligados a importarlo. Cuando los países son exportadores, como es el caso de Venezuela, que exporta nueve décimas partes del petróleo que produce, a los precios fijados por la OPEP —de la cual es miembro fundador—, el cuello de botella para la transformación de su estructura productiva puede ser otro; por ejemplo, la insuficiencia de mano de obra que pudiera adecuarse a una industrialización que no fuera meramente maquiladora.

4. La crisis que estalló en 1974-1975 significó un retraso notable en los esfuerzos que, a nivel global, había tenido el desempeño del producto bruto industrial de la región. Éste se había estancado en 1975, pero volvió a incrementarse en un 6,5 por ciento (menos que el correspondiente al crecimiento del conjunto de los países subdesarrollados del mundo, que fue de 8,1) en el año de 1976. El crecimiento del producto industrial percápita, que había sido de 4,5 por ciento anual entre 1971 y 1974, entre el año de 1975 y el año de 1977 sólo fue de 1,2 por ciento anual en la región.

Las razones que explican este retraso pueden encontrarse en las significativas fluctuaciones de los precios de los productos tradicionales de exportación en estos años, aunque la breve recuperación económica de los Estados Unidos y Japón en 1976 impulsó el volumen de las ventas a estos países.

Pero la recuperación relativa de los países de Europa fue más lenta; además, la Convención de Lomé dio un tratamiento preferencial a las importaciones provenientes de nueve países que habían sido antes colonias europeas. A pesar de ello, y de algún grado de escasez relativa de algunos artículos tradicionales de exportación, mermados por causas naturales —como los casos del café, la cocoa y el algodón—, las exportaciones latinoamericanas, exceptuando el petróleo, aumentaron en 1977 en un 24 por ciento.

5. Parece sensato rechazar, por el momento, los intentos teóricos que pretenden discernir en qué medida subdesarrollo y crisis se afectan mutuamente. En todo caso, la realidad latinoamericana revela que, si en la etapa anterior a la crisis —durante la cual se mantuvo un crecimiento relativamente estable y sostenido de las economías— los problemas del subdesarrollo se fueron ahondando, es menos probable que un crecimiento bajo y errático, propio de un periodo de crisis, contribuya a solucionarlos.

Aun la salida capitalista de la crisis, en la forma en que se le está plasmando, no significará que mejoren las condiciones que vienen prevaleciendo allí donde las manifestaciones del subdesarrollo son más extremas, porque "no es probable que la pobreza absoluta se elimine de aquí al año 2000".[17]

Los cálculos efectuados por el Banco Mundial proyectando los niveles de pobreza absoluta que existirán en el mundo hacia fines de siglo arrojan un incremento anual de 100 millones de individuos. Para América Latina y su industrialización, ¿qué importancia reviste el incremento de la pobreza absoluta?; ¿puede afectar este fenómeno la marcha de las economías?

Además de estos índices sobre los incrementos de la pobreza absoluta, otros revelan el gran número de personas sin empleo o subempleadas, y que con el transcurso del tiempo el ejército industrial de reserva ha ido aumentando. No es extraño, entonces, que esta situación haya inducido a pensar que la fuerza de trabajo es prácticamente inagotable en América Latina.

6. Para la marcha y expansión del capitalismo esta gran disponibilidad de fuerza de trabajo como tal —aunque no como mercado consumidor de sus productos— significa una nueva oportunidad de seguir preparando la internacionalización de la economía, tarea que el sistema capitalista empezó hace 500 años.[18]

Durante este largo periodo histórico el modo de producción capitalista siguió funcionando de la misma manera, siempre en busca de la valorización del capital; y en su expansión ha ido absorbiendo todos los modos de producción precapitalistas que encontró a su paso, para incrementar la extracción de plusvalía.

[17] Banco Mundial, *Informe sobre el desarrollo mundial*, 1979, p. 22.
[18] Immanuel Wallerstein, *El moderno sistema mundial*, Siglo XXI Editores, México, 1979.

Los que dan *apariencia* de transformación al capitalismo son los cambios incesantes que éste va determinando en la superestructura jurídica y política en cada etapa de su desarrollo. El proceso concreto de *industrialización* (valorización de capital) que viene abriendo el capitalismo en América Latina y en otras partes del Tercer Mundo puede ser explicado a partir de la breve referencia que antecede.

7. Si en las dos primeras décadas de la posguerra el capital penetró en la industria latinoamericana para valorizarse en las condiciones que se expusieron en la primera parte de este trabajo, ante el agotamiento paulatino de los impulsos que incrementaban los ritmos de crecimiento de la economía mundial, las grandes empresas de las naciones industrialmente avanzadas empezaron a revisar sus estrategias.

Durante el periodo de prosperidad habían tenido que satisfacer las demandas laborales aumentando los salarios; casi al mismo tiempo se elevaron los costos industriales debido a la obligación de instalar equipos anticontaminantes, por imposición de los gobiernos; con la constitución de la OPEP se acabaron los tiempos de la energía barata. Incluso en algunas ramas de industria, y especialmente en los Estados Unidos, se redujeron los ritmos de incremento de la productividad. Hubo un descenso de la tasa promedio de ganancia de la industria. La inflación en ascenso añadió su cuota de incertidumbre para el cálculo de los beneficios.

Frente a esas perspectivas se contrajo el nivel de la inversión en los centros industriales, y su rápida consecuencia fue el despido masivo de obreros, que hasta ahora no ha cesado de alimentar el nivel de desempleo.

Las empresas mayores ya venían ensayando *desplazamientos* hacia la zonas de los propios centros industriales o hacia otros países más o menos cercanos, en busca de regiones que les permitieran abaratar sus costos. La ofensiva del capital fue adquiriendo poco a poco otras características. Una de ellas —la que interesa destacar en este análisis— es que ya no abandona una rama de industria para colocarse en otra; abandona el país, la región o el lugar donde tradicionalmente efectuaba todo el proceso de producción, y pasa a producir plusvalía allí donde la fuerza de trabajo abundante puede ser explotada.

Para que se hubiera dado este cambio en la ofensiva del capital, al *descubrimiento* de la abundancia de una oferta de trabajadores, aparentemente inagotable en los países subdesarrollados, ha debido coincidir con otras dos condiciones: con las posibilidades de fragmentar el proceso productivo y con el extraordinario desarrollo de la tecnología de los transportes y las comunicaciones.

El *descubrimiento* del exceso de fuerza de trabajo en algunas naciones se ha dado gracias al *esfuerzo* de los gobiernos de países subdesarrollados, donde la presión demográfica es incontenible, en pregonar ante los inversionistas extranjeros, a quienes tratan de atraer, las ventajas de una gran oferta de trabajo barato. Y aun agregan en sus promociones que su gente está dispuesta a trabajar en cualquier tipo de industria y de condiciones laborales.[19]

La fragmentación del proceso productivo correponde —según Michel Aglietta—[20] a la fase más reciente de evolución del modo de producción capitalista, y el desarrollo de la tecnología de los transportes y las comunicaciones ha hecho posible "realizar producciones completas o parciales en cualquier parte del mundo".[21]

9. Tal vez sea demasiado temprano para aceptar que esta tendencia a construir la industria en los países subdesarrollados sobre la base del emplazamiento de factorías y de fábricas para el mercado mundial vaya a prevalecer en el futuro. La estrategia del desplazamiento de actividades productivas del centro a la periferia comenzó apenas en los años sesenta, y la crisis del sistema parece estarla apuntalando.

Lo que aquí se intenta recalcar es que mientras tanto ya se está creando una superestructura jurídica y política que ofrece a la expansión del capitalismo, en esta etapa de su desarrollo, los elementos aparentes de un cambio, como si las demandas del Tercer Mundo fueran a considerarse en la nueva estrategia de las empresas.

A nivel de las naciones latinoamericanas, la superestructura cuenta ya con el capitalismo monopolista de Estado, transformándose progresivamente; incluye un ingrediente que el capital necesita para valorizarse: los medios para reprimir las demandas laborales, a veces incluso por el terror policial.

A nivel internacional, esta superestructura está siendo rápidamente montada por algunas agencias especializadas de las Naciones Unidas —especialmente por la ONUDI—, que a partir de 1969 propician lo que el capitalismo ya estaba poniendo en práctica, es decir, la *reestructuración* (un nuevo tipo de *racionalización* de la producción) de las industrias en los países de industrialización avanzada y el *desplazamiento* o *redespliegue* de ramas industriales —predominantemente de las industrias de transformación—, a la periferia. Ofrecen el esquema como

---

[19] En las páginas 443 a 448 del libro de F. Fröbel, J. Heinrichs y O. Kreye (*La nueva división internacional del trabajo*, Siglo XXI Editores, México, 1981) se transcriben varios textos que documentan esta afirmación.

[20] Citado por Ch. Palloix, *Procès de production et crise du capitalisme*, p. 99.

[21] F. Fröbel *et al.*, *op. cit.*, p. 17.

una nueva división internacional del trabajo, que de hecho lo es, aunque resulta muy dudoso que sea aquella a la que aspiran las naciones del Tercer Mundo, dentro de un nuevo orden económico internacional.

10. La propia heterogeneidad del grado de desarrollo industrial alcanzado por las economías latinoamericanas indica que la estrategia del *redespliegue* no tiene perspectivas de ser aplicada en todas ellas.

Sin embargo, y a pesar de los enormes crecimientos registrados en el ritmo de sus respectivas industrializaciones, los dos países que han venido aceptando esta estrategia empresarial de los centros desde más temprana época son México y Brasil, dada su urgencia de emplear el excedente de mano de obra marginada en el proceso productivo.

Por otra parte, se ha llegado a admitir que:

> Es posible que en este periodo de lento crecimiento industrial en los países avanzados se geste una transformación industrial profunda, cuya influencia posterior en la industrialización de América Latina y su inserción en el mercado internacional podrían ser decisivas.[22]

Parece desprenderse de esta afirmación, y aun por el contexto en el que se expresa, que la transformación industrial se sigue concibiendo como la suma de los avances tecnológicos, aunque claro está, atendiendo la necesidad de dar empleo a las personas.

Pero en el mismo ensayo no deja de mencionar Fernando Fajnzylber que:

> A medida que se intensificaba la competencia internacional y se encarecía la mano de obra en los países avanzados, adquirió relevancia la fase de internacionalización, motivada por la búsqueda de mano de obra abundante y barata.[23]

Sin embargo, el autor no extrae ninguna conclusión en cuanto a las perspectivas que esta fase de internacionalización tendría en la industrialización futura de América Latina. Lo que constituye el tema medular de su ensayo es la demostración del papel estratégico que desempeña la industria de bienes de capital, en sus diversas ramas, en el crecimiento rápido y eficaz (desde el punto de vista de la absorción de mano de obra) de las economías.

11. Contrariamente a las felices consecuencias que la ONUDI asigna al esquema del *redespliegue*, las investigaciones que hasta donde llega

[22] Fernando fajnzylber, *op. cit.*
[23] *Ibid.*, p. 875.

nuestra información[24] se han realizado sobre las condiciones concretas que predominan en las industrias *redesplegadas* del Tercer Mundo, desde el punto de vista de la clase obrera en primer término, y de las perspectivas que ofrecen para su futuro y para el futuro de las regiones donde se instalan, obligan a pensar que ni remotamente se pueda esperar una *transformación industrial profunda* a partir de las industrias *redesplegadas*. Podrán dar una salida capitalista a la crisis, pero conservarán —y en algunos casos incrementarán— el subdesarrollo de la periferia.

La crisis mundial representa para la industrialización de América Latina problemas coyunturales que no son nuevos, pero no por eso son menos difíciles de solucionar que en el pasado.

De momento, una nueva ola de neocolonialismo se abate sobre la región; pero las luchas populares, que anuncian un modo nuevo, alientan la esperanza de que ésta será la última.

[24] Estas son: Isaac Minian, *Progreso técnico e internacionalización del proceso productivo* (edición mimeografiada), CIDE, 1978.

Oswaldo Martínez, "Industrialización y redespliegue industrial", en *Comercio Internacional*, agosto de 1980.

Raúl Trajtenberg, *Transnacionales y fuerza de trabajo en la periferia*, Instituto Latinoamericano de Estudios Transnacionales (ILET), México, 1978.

Pedro, Vuskovic, "América Latina ante los nuevos términos de la división internacional del trabajo", en *Economía de América Latina*, CIDE, marzo de 1979.

Otto Kreye, *World Market-Oriented Industrialization/Free Production Zones and World Market Factories*, edición mimeografiada, Max Plack Institute, 1977, que forma parte del libro Bonn, de reciente publicación en español: F. Fröbel *et al., op. cit.*

GRÁFICA 1

América Latina: producto[1] de la industria manufacturera, 1950-1978

(En millones de dólares de 1970)

Escala semilogarítmica

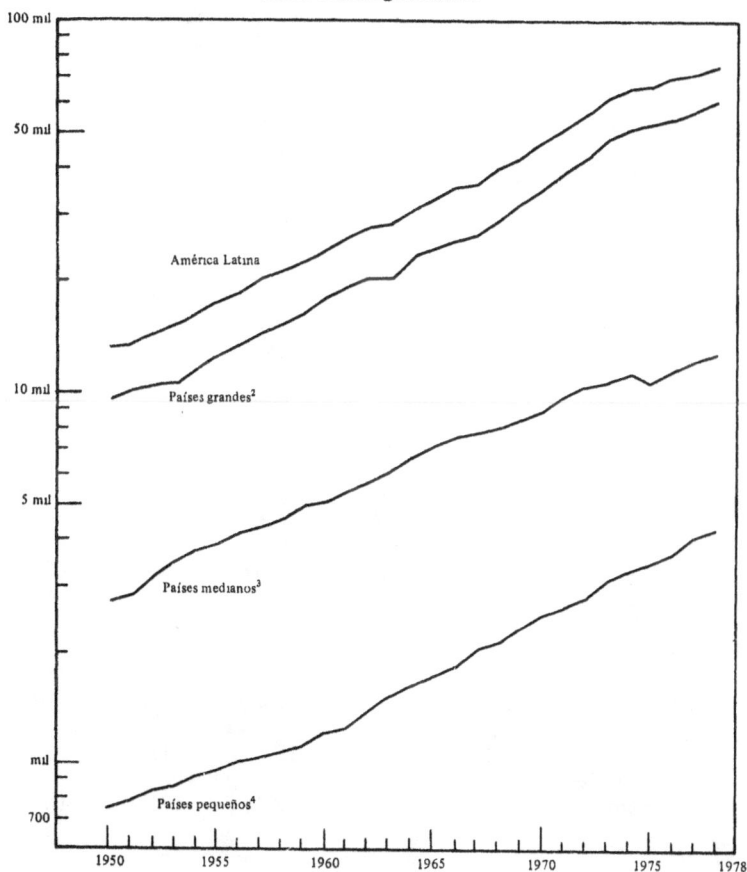

---

[1] Producto interno bruto a precios de mercado (en dólares norteamericanos de 1970), según tipo de cambio de paridad.

[2] Argentina, Brasil, México.

[3] Colombia, Chile, Perú, Uruguay, Venezuela.

[4] Costa Rica, El Salvador, Guatemala, Honduras, Nicaragua, Bolivia, Ecuador, Haití, Panamá, República Dominicana.

Fuente: CEPAL, con base en informaciones oficiales de los países.

CUADRO 1

*América Latina: ritmo de crecimiento de la población
y del producto manufacturero*[1]

(En tasas anuales)

Población	Producto industrial				
	1950-78	*1950-65*	*1965-73*	*1973-78*	*1960-78*
Países grandes	*2,8*	*6,3*	*9,9*	*4,5*	*6,8*
Argentina	1,6	4,8	5,9	-1,0	4,1
Brasil	3,0	7,3	12,0	6,3	8,5
México	3,3	7,2	8,1	6,3	7,3
Países medianos	*2,9*	*6,4*	*5,1*	*3,7*	*5,6*
Chile	2,1	5,5	3,4	-1,4	3,7
Colombia	3,2	6,2	7,7	5,4	6,5
Perú	2,8	7,8	6,6	1,8	6,4
Uruguay	1,4	2,7	0,9	5,9	2,7
Venezuela	3,5	9,5	5,0	7,6	7,9
Países pequeños	*2,9*	*5,6*	*7,7*	*6,7*	*6,4*
Costa Rica	3,2	7,9	9,4	8,1	8,3
El Salvador	3,1	7,2	5,8	5,2	6,4
Guatemala	2,8	5,4	7,7	6,2	6,2
Honduras	3,2	8,3	6,4	6,3	7,4
Nicaragua	3,0	9,5	6,9	3,6	7,6
(MCCA)	(3,0)	(7,1)	(7,3)	(6,1)	(7,0)
Bolivia	2,4	2,0	5,6	8,3	4,2
Ecuador	3,2	5,3	7,1	11,9	7,0
Haití	2,3	1,5	6,1	6,6	3,7
Panamá	2,9	10,1	8,1	0,2	7,7
Paraguay	2,7	3,3	6,0	7,2	4,8
República Dominicana	3,2	4,7	13,0	4,0	6,8
(Otros países pequeños)	(2,8)	(4,6)	(8,1)	(7,1)	(6,0)
Total América Latina (19 países)	*2,8*	*6,3*	*8,2*	*4,5*	*6,5*

[1] Cálculos basados en el producto interno bruto a precios de mercado de 1970, en dólares al tipo de cambio de paridad.

Fuente: CEPAL, con base en informaciones oficiales de los países.

CUADRO 2

América Latina y el Caribe: producto interno bruto
manufacturero por habitante

(En miles de millones de dólares de 1970)

	1950	1965	1970	1973	1978
Países grandes	*100*	*165*	*213*	*265*	*287*
Argentina	239	373	448	531	474
Brasil	59	109	153	215	254
México	93	165	215	237	273
Países medianos	*88*	*142*	*156*	*194*	*177*
Colombia	50	77	89	107	119
Chile	149	236	256	265	226
Perú	58	120	138	158	149
Uruguay	214	250	263	246	312
Venezuela	82	181	198	211	264
Países pequeños	*33*	*51*	*85*	*73*	*87*
Costa Rica	58	102	137	165	218
El Salvador	39	72	80	87	96
Guatemala	37	55	71	79	93
Honduras	17	38	47	48	55
Nicaragua	27	69	88	92	93
(MCCA)	(35)	(63)	(79)	(87)	(101)
Bolivia	34	33	40	42	56
Ecuador	42	58	67	78	116
Haití	10	9	10	11	14
Panamá	41	110	150	163	143
Paraguay	50	55	63	71	87
República Dominicana	36	45	73	92	94
Total América Latina (19 países)	*87*	*143*	*178*	*215*	*233*
Caribe	---	*101*	*119*	*122*	---
Barbados	---	60	75	87	—
Guyana	—	46	47	40	—
Jamaica	---	89	102	114	---
Trinidad y Tobago	—	173	218	211	---
Total general	---	*143*	*177*	*214*	---

Fuente: CEPAL, con base en información contenida en cuadro 2; y *Boletín Demográfico*, CELADE, núm. 20.

CUADRO 3

América Latina: población, producto interno bruto, grado de industrialización y peso industrial en la región, 1950

	Población (En millones de habitantes)	PIB (En millones de dólares)	Grado de industrialización (En porcentajes)	Valor relativo de la industria en la región (En porcentajes)
Países grandes	*96 657*	*43 382*	*22*	*73,0*
Argentina	17 150	15 699	26	30,9
Brasil	52 901	14 440	22	23,4
México	26 606	13 243	19	18,7
Países medianos	*32 879*	*16 991*	*17*	*21,3*
Chile	6 019	3 914	23	6,8
Colombia	11 689	4 658	13	4,4
Perú	7 832	2 774	16	3,4
Uruguay	2 194	2 141	22	3,5
Venezuela	5 145	3 504	12	3,2
Países pequeños	*22 475*	*5 944*	*13*	*5,6*
Costa Rica	866	335	15	0,4
El Salvador	1 940	554	14	0,6
Guatemala	3 054	947	12	0,9
Honduras	1 390	359	7	0,2
Nicaragua	1 109	261	11	0,2
(MCCA)	(8 359)	(2 456)	(12)	(2,3)
Bolivia	3 019	754	14	0,8
Ecuador	3 224	867	16	1,0
Haití	3 380	441	7	0,2
Panamá	809	399	8	0,2
Paraguay	1 371	430	16	0,5
República Dominicana	2 313	597	14	0,6
(Otros países pequeños)	(14 116)	(3 488)	(13)	(3,3)
Total América Latina (19 países)	*152 011*	*66 317*	*20*	*100,0*

Fuente: CEPAL, con base en datos oficiales de los países.

CUADRO 4

América Latina: población, producto interno bruto,
de grado de industrialización y peso industrial en la región, 1978

	Población (En millones de habitantes)	PIB (En millones de dólares)	Grado de industrialización (En porcentajes)	Valor relativo de la industria en la región (En porcentajes)
Países grandes	*211 293*	*208 151*	*29*	*77,9*
Argentina	26 395	38 011	33	16,1
Brasil	119 477	101 056	30	38,9
México	65 421	69 084	26	22,9
Países medianos	*72 955*	*63 634*	*20*	*16,6*
Chile	10 843	10 335	24	3,1
Colombia	28 424	19 162	18	4,3
Perú	17 148	10 323	25	3,4
Uruguay	3 207	3 478	29	1,3
Venezuela	13 333	20 336	17	4,5
Países pequeños	*49 537*	*24 067*	*18*	*5,5*
Costa Rica	2 111	2 031	23	0,6
El Salvador	4 524	2 238	19	0,6
Guatemala	6 623	3 783	16	0,8
Honduras	3 362	1 166	16	0,2
Nicaragua	2 559	1 195	20	0,3
(MCCA)	(19 179)	(10 413)	(19)	(2,5)
Bolivia	5 848	2 072	16	0,4
Ecuador	7 798	4 434	20	1,2
Haití	6 343	768	11	0,1
Panamá	1 823	1 866	14	0,3
Paraguay	2 888	1 553	16	0,3
República Dominicana	5 658	2 961	18	0,7
(Otros países pequeños)	(30 350)	(13 654)	(17)	(3,0)
Total América Latina (19 países)	*333 785*	*295 852*	*26*	*100,0*

Fuente: CEPAL, con base en datos oficiales de los países.

CUADRO 5

América Latina: estructura de la producción industrial según tamaño económico de los países, 1950 y 1975

(En porcentajes sobre el valor agregado del sector manufacturero)

		Manufacturas de consumo no duradero A	Manufacturas intermedias				Manufacturas de consumo y de capital E	Total de manufacturas
			B	C	D	B+C+D		
Países grandes	1950	64	10	10	4	24	12	100
	1975	35	9	21	7	37	28	100
Países medianos	1950	66	10	15	3	28	6	100
	1975	48	9	20	6	35	17	100
Países pequeños	1950	85	8	6	0	14	1	100
	1975	65	11	14	1	26	9	100

Fuente: CEPAL con base en informaciones oficiales de trece países (censos e índices de producción industrial).

A. Alimentos, bebidas y tabaco (división 31); textiles, prendas de vestir e industria del cuero (división 32); muebles y accesorios excepto los metálicos (agrupación 332); imprentas, editoriales e industrias conexas (agrupación 342); objetos de barro, loza y porcelana (agrupación 361); y otras industrias manufactureras (división 39); según la CIIU, Rev. 2.

B. Productos de madera y corcho, excepto muebles (agrupación 331); papel y productos de papel (agrupación 341); vidrio y productos de vidrio (agrupación 362); y otros productos minerales no metálicos (agrupación 369), según la CIIU, Rev. 2.

C. Productos químicos, derivados del petróleo, caucho y plásticos (división 35), según la CIIU, Rev. 2.

D. Industrias metálicas básicas (división 37), según la CIIU, Rev. 2.

E. Productos metálicos, maquinaria y equipo (división 33), según la CIIU, Rev. 2.

CUADRO 6

América Latina: estimación de la distribución del incremento de la producción industrial, por ramas de actividad 1950-1975

| | Total industria manufacturera (%) | Manufacturas[1] | | | | |
| | | De consumo no duradero | Intermedias | | De consumo duradero y de capital | |
		A (%)	B (%)	C (%)	D (%)	E (%)
Países grandes	80	71	80	83	86	87
Países medianos	12	17	13	13	13	10
Países pequeños	7	12	7	4	1	3
Total América Latina	*100*	*100*	*100*	*100*	*100*	*100*

Fuente: CEPAL, con base en cifras oficiales del producto manufacturero correspondiente a 1950 y 1975, y en los valores sobre estructura industrial que figuran en el siguiente cuadro.

[1] Las columnas A, B, C, D y E representan las ramas y grupos manufactureros del CIIU, Rev. 2, indicados al pie del cuadro anterior.

CUADRO 7

*Países de América Latina: estructura de la producción industrial
a mediados de la década de los setenta*
(En porcentajes sobre el valor agregado industrial)

	Industrias de bienes no duraderos de consumo[1]	Industrias metalmecánicas[2]	Demás industrias
Países grandes			
Argentina	39	28	33
Brasil	30	31	39
México	36	24	40
Países medianos			
Chile	50	17	33
Colombia	50	17	33
Perú	47	20	33
Venezuela	45	15	40
Países pequeños			
Costa Rica	69	9	22
Ecuador	57	15	28
El Salvador	69	8	23
Guatemala	71	11	17
Honduras	77	7	16
Nicaragua	72	8	20
República Dominicana	74	7	18

[1] Alimentos, bebidas y tabaco (división 31); textiles, prendas de vestir e industrias del cuero (división 32); muebles y accesorios, excepto los metálicos (agrupación 332); imprentas, editoriales e industrias conexas (agrupación 342); objetos de barro, loza y porcelana (agrupación 361); y otras industrias manufactureras (división 39), según la CIIU, Rev. 2.

[2] Productos metálicos, maquinaria y equipo (división 38), según la CIIU, Rev. 2.

Fuente: CEPAL, con base en informaciones oficiales de los países (censos e índices de producción).

CUADRO 8

América Latina y el Caribe: La inversión extranjera directa total y en el sector manufacturero en algunos países, 1967-1976

	1967 (En millones de dólares) Total	Sector manufacturero	Proporción en el sector manufacturero (%)	Distribución porcentual en la región Total	Sector manufacturero	1976 (En millones de dólares) Total	Sector manufacturero	Proporción en el sector manufacturero (%)	Distribución porcentual en la región Total	Sector manufacturero
Países grandes	*7 336*	*5 014*	*68,3*	*48,1*	*81,1*	*16 000*	*12 000*	*75,0*	*59,0*	*79,0*
Argentina	1 821	1 201	66,0	11,9	19,4	2 250	1 500	66,7	8,3	9,9
Brasil	3 728	2 526	67,8	24,4	40,9	9 100	6 900	75,8	33,6	45,4
México	1 787	1 287	72,0	11,7	20,8	4 650	3 600	77,4	17,1	23,7
Países medianos	*5 968*	*864*	*14,5*	*39,1*	*14,0*	*6 360*	*2 330*	*36,6*	*23,5*	*15,4*
Colombia	728	238	32,7	4,8	3,9	1 250	850	68,0	4,6	5,6
Chile	963	93	9,7	6,3	1,5	410	150	36,6	1,5	1,0
Perú	782	142	18,2	5,1	2,3	1 800	330	18,3	6,6	2,2
Venezuela	3 495	391	11,2	22,9	6,3	2 900	1 000	34,5	10,7	6,6
Países pequeños	*1 946*	*303*	*15,6*	*12,7*	*4,9*	*4 750*	*853*	*18,0*	*17,5*	*5,6*
MCCA[1]	601	114	19,0	3,9	1,8	970	350	36,1	3,6	2,3
Otros[2]	1 345	189	14,1	8,8	3,1	3 780	503	13,3	13,9	3,3

América Latina y el Caribe: La inversión extranjera directa total y en el sector manufacturero en algunos países, 1967-1976

	1967					1976				
	(En millones de dólares)		*Proporción en el sector manufacturero (%)*	*Distribución porcentual en la región*		*(En millones de dólares)*		*Proporción en el sector manufacturero (%)*	*Distribución porcentual en la región*	
	Total	*Sector manufacturero*		*Total*	*Sector manufacturero*	*Total*	*Sector manufacturero*		*Total*	*Sector manufacturero*
Total de 19 países de América Latina	15 250	6 181	40,5	100,0	100,0	27 110	15 183	56,0	100,0	100,0
Caribe³	4 157	660	15,9	27,3	10,7	10 630	1 130	10,6	39,2	7,4
Total general	19 407	6 841	35,2	127,3	110,7	37 740	16 313	43,2	139,2	107,4

[1] Costa Rica, El Salvador, Guatemala, Honduras y Nicaragua.

[2] Bolivia, Ecuador, Panamá, Paraguay, Uruguay, Haití y República Dominicana.

[3] Barbados, Guyana, Jamaica, Surinam, Trinidad y Tobago, y además Bahamas e Indias Occidentales y los estados asociados a éstas.

Fuente: Elaboraciones de la Unidad Conjunta CEPAL-CET, sobre la base de estadísticas de OECD: *Develoment Cooperation*, 1978, cuadro E. 1; y U. S. Departament of Commerce-BEA, *Survey of Current Business*, agosto de 1978.

CUADRO 9

Inversión direćta acumulada de los Estados Unidos
en América Latina[1]

Año	Total	Minería y fundición	Petróleo	Manufactura	Otros[2]
		Valor en millones de dólares			
1929	3 519	732	617	231	1 939
1943	2 798	405	618	325	1 450
1950	4 576	666	1 303	781	1 826
1960	9 249	1 331	3 264	1 631	3 023
1966	11 398	1 565	3 425	3 318	3 090
1970	14 761	2 071	3 938	4 621	4 131
1976	22 536	1 600	2 940	9 242	8 754
1976	17 693	1 465	1 691	8 868	5 669c
		(En porcentajes)			
1929	100	21	17	76,5	55
1950	100	14,5	28	17	40
1960	100	14	35	18	33
1970	100	14	27	31	28
1976	100	7	13,0	41	38
1976	100	8	9,5	50	32[3]

[1] Incluye Bahamas, Bermudas y otros territorios dependientes.
[2] Incluye agricultura, comercio, servicios públicos e industrias varias no manufactureras.
[3] Excluye Bahams, Bermudas y otros territorios dependientes.
Fuente: Richard S. Newfarmer y Willard F. Mueller, Report to the Subcommittee on Multinational Corporations of the Committee on Foreign Relations, *Multinational Corporations in Brazil and Mexico: Structural Sources of Economic and Non Economic Power*, Senado de los Estados Unidos, Washington, 1975. El cuadro fue elaborado a partir de *US Business Investment in Foreign Countries, 1960*, US Departament of Commerce, Washington, 1961, para los años 1929, 1943 y 1950; *Survey of Current Business*, vol. 41, núm. 8, agosto de 1961, para 1960; *Survey of Current Business*, vol. 53, núm. 9, septiembre de 1973, para 1966; y 1970; *Survey of Current Business*, vol. 57, núm. 8, agosto de 1977, para 1976.

CUADRO 10

Inversión directa acumulada de los Estados Unidos en América Latina

(En millones de dólares)[1]

Año 1976

	Total	Minería y fundición	Petróleo	Total manufacturas	Productos alimenticios	Productos metámicoslicos	Productos	Maquinaria	Equipo de transporte	Otras manufacturas	Transporte, comunicaciones y servicios públicos	Comercio	Finanzas y seguros	Otros
Argentina	1 366	53	174	898	49	207	72	143	221	206	(D)	104	72	(D)
Brasil	5 416	140	336	3 673	185	676	153	1 141	634	884	26	490	423	328
Chile	179	5	(D)	49	1	(D)	11	(*)	(D)	18	6	35	(*)	(D)
Colombia	654	11	56	388	27	120	14	65	1	161	(D)	64	101	(D)
México	2 976	89	17	2 218	224	654	213	451	221	455	49	448	55	102
Panamá	1 961	1	97	139	11	107	1	9	1	10	45	517	781	381
Perú	1 364	(D)	(D)	168	42	(D)	19	8	(D)	42	-1	62	8	43
Venezuela	1 506	-21	229	740	87	189	48	108	64	243	(D)	289	152	(D)
Otros														
(Centroamérica)	680	23	65	229	74	73	(D)	21	3	(D)	65	58	54	184
Otros	1 024	(D)	367	139	49	28	23	9	(*)	30	28	53	285	(D)
Jamaica	578	302	38	226	(D)	17	(D)	2	0	11	-26	8	4	26

Año 1977

Argentina	1 505	56	223	930	51	222	(D)	155	232	(D)	(D)	134	91	(D)
Brasil	5 956	(D)	364	3 935	232	827	176	1 228	542	931	26	501	564	(D)
Chile	187	(D)	(D)	52	2	26	12	-1	(D)	(D)	7	39	1	(D)
Colombia	706	10	71	436	37	134	17	72	(D)	(D)	(D)	68	93	(D)
México	3 175	97	24	2 328	205	685	216	452	294	475	(D)	510	92	(D)
Panamá	2 215	1	95	157	11	115	1	12	(D)	(D)	28	635	905	396
Perú	1 409	807	328	157	41	23	20	8	(D)	(D)	(*)	59	8	51
Venezuela	1 779	(D)	223	917	110	235	55	125	129	263	26	328	151	(D)
Otros (Centroamérica)	734	28	71	248	84	80	(D)	(D)	2	(D)	63	73	55	195
Otros	1 063	24	(D)	171	60	29	28	13	(*)	40	33	64	334	(D)
Jamaica	578	(D)	(D)	221	(D)	15	(D)	1	0	12	-26	8	(*)	24

[1] (D) Suprimido para evitar la revelación de datos de empresas particulares.

* Menos de 500 mil dólares.

Fuente: *Survey of Current Business*, U. S. Departament of Commerce, Bureau of Economic Analysis, vol. 58, núm. 8, agosto de 1978, pp. 16-38.

CUADRO 11

América Latina: número de filiales por países de origen, 1973

	Francia	Bélgica	Países Bajos	Rep. Fed. Alemana	Italia	Reino Unido	Dinamarca	Luxemburgo	Total CEE	Noruega	Suecia	Suiza	Estados Unidos	Canadá	Japón	Otros países	Total países	Porcentaje
Argentina	80	21	18	116	29	130	3	6	403	4	68	48	332	11	10	14	890	11,9
Bahamas	9	9	6	11	8	191	3	2	239	–	1	18	234	78	2	24	596	8,0
Barbados	–	–	–	1	–	36	–	–	37	2	2	–	13	8	–	–	62	0,8
Brasil	108	35	50	280	52	183	18	10	736	17	95	54	501	39	132	38	1 612	21,5
Colombia	17	9	18	26	21	22	4	1	118	3	49	13	181	1	2	6	373	5,0
Costa Rica	2	–	4	1	–	68	–	–	75	–	–	16	62	–	5	2	160	2,1
Chile	17	9	6	33	5	40	–	1	111	3	20	5	65	2	4	1	209	2,8
El Salvador	1	–	6	5	–	9	–	–	21	–	–	–	23	–	6	–	52	0,7
Ecuador	3	4	2	7	6	27	–	–	49	–	4	2	63	2	1	2	121	1,6
Guatemala	–	–	4	10	1	5	–	–	20	2	–	1	66	5	3	2	97	1,3
Guyana	1	–	1	1	–	48	1	–	52	–	2	–	3	2	–	–	61	0,8
Jamaica	1	–	3	3	–	107	–	3	117	2	2	3	68	17	–	–	207	2,8
México	45	11	17	104	22	83	2	1	285	5	56	48	955	20	21	12	1 402	18,7
Nicaragua	–	–	4	1	–	4	–	–	9	1	–	–	41	1	–	1	53	0,7
Panamá	13	10	5	13	5	42	–	1	89	1	9	24	224	6	8	6	367	4,9
Perú	11	9	15	22	19	39	3	1	119	7	25	22	157	–	16	9	355	4,7
Trinidad y Tobago	–	–	3	4	1	83	1	–	92	2	4	–	23	9	2	–	132	1,8
Uruguay	9	8	1	4	6	16	–	1	45	4	15	4	37	1	–	2	108	1,5

Venezuela	28	18	33	37	18	52	5	1 192	2	18	14	373	17	11	4	631	8,4
Total	345	143	196	679	193	1 185	40	28 2 809	52	370 272	3 421	217 224	123	7 488	100		
Porcentajes	4,6	1,9	2,6	9,1	2,6	15,8	0,5	0,4 37,5	0,7	5,0 3,6	45,7	2,9 3,0	1,6	100			

Fuente: *Survey of Multinational Enterprises*, Commission of the European Communities, Bruselas, julio de 1976, vol. 1, pp. 44-45.

CUADRO 12

América Latina y el Caribe: estructura (1965 y 1975) y peso relativo
(1975) de las importaciones y exportaciones de manufacturas según
tipos de países de origen y destino
(En porcentajes sobre valores, fob)

País de origen y destino / producto	Estructura				Origen y destino 1975	
	Importaciones (origen)		Exportaciones (destino)			
	1965	1975	1965	1975	Importa-ciones	Exporta-ciones
Mundo	100	100	100	100	100	100
Químicos[1]	16	16	28	22	100	100
Maquinaria y material de transporte[2]	50	56	10	28	100	100
Otros[3]	34	28	62	50	100	100
Países desarrollados de economía de mercado	100	100	100	100	88	57
Químicos	16	17	32	23	87	59
Maquinaria y material de transporte[2]	52	57	4	19	91	39
Otros	32	27	64	58	84	65
Países socialistas	100	100	100	100	4	3
Químicos	13	11	88	15	3	2
Maquinaria y material de transporte[2]	49	59	- - -	10	4	1
Otros	38	30	12	75	4	4
Países en desarrollo (excluida América Latina y el Caribe)	100	100	100	100	1	4
Químicos	7	20	29	14	1	3
Maquinaria y material de transporte[2]	4	24	- - -	56	0.5	8
Otros	89	56	7	30	2	2
América Latina y el Caribe	100	100	100	100	7	37
Químicos	23	22	23	22	9	36
Maquinaria y material de transporte[2]	17	39	17	39	5	52
Otros	60	39	68	39	9	28

[1] Sección 5 de la CUCI.
[2] Sección 7 de la CUCI.
[3] Secciones 6 y 8 de la CUCI, excluido el capítulo 68 (metales no ferrosos).
Fuente: CEPAL, con base en informaciones de la UNCTAD, *Handbook of international Trade and Development Statistics.*

EL ESTADO LATINOAMERICANO EN LA CRISIS DEL CAPITALISMO

AGUSTÍN CUEVA

1. Consideraciones de orden teórico

No es un azar el que en esta fase de crisis del sistema capitalista en general, y del capitalismo de América Latina en particular, se haya desarrollado entre nosotros un marcado interés por todo cuanto concierne a la problemática del Estado. Después de todo, es ésta la instancia en que parecieran haberse condensado las principales contradicciones de la sociedad latinoamericana: cosa en cierto sentido *normal*, en razón de la propia crisis, pero que no por ello deja de actualizar una pregunta de mayor alcance: ¿es que el Estado capitalista de nuestros países no ha adolecido siempre de una especie de crisis que la presente coyuntura no ha hecho más que agudizar y replantear?

La pregunta no es, desde luego, inocente, ya que apunta a un asunto crucial, cual es el de saber si la problemática del Estado capitalista latinoamericano puede o no ser dilucidada, como algunos lo pretenden, a partir de una teoría del Estado capitalista *en general*, en el supuesto de que tal teoría exista. Y hablamos de un simple supuesto, para recalcar que es este mismo punto de partida el que encontramos controvertible. En efecto, ¿qué puede significar tal teoría más allá de la afirmación, tan cierta como genérica, de que a determinado modo de producción corresponde necesariamente determinado tipo de Estado; vale decir, para el caso que aquí interesa, que el Estado de nuestros países capitalistas es un Estado de tipo capitalista?

Es verdad que en los últimos tiempos ha habido intentos de desarrollar dicha teoría en el sentido llamado *deductivista*, tendiente a demostrar que al modo de producción capitalista corresponde no sólo determinado *tipo* de Estado, sino además determinada *forma*, en la medida en que en la configuración misma de aquel modo de producción estaría inscrita, de manera *lógica*, una forma democrático-parlamentaria de Estado. Mas lo que cabe preguntarse a este respecto es si se trata realmente de una *necesidad* o de una simple *posibilidad*. A nuestro juicio, la historia demuestra hasta la saciedad que la primera hipótesis resulta insostenible, dado que tal forma de Estado ha sido siempre la excepción, y no la regla, para el conjunto del sistema capitalista. Hasta hoy es el *privilegio* de un puñado de países que ni siquiera llegan a representar la quinta parte de cuantos integran la cadena capitalista imperialista, hecho que mal puede ser la expresión de una *necesidad estructural* que se supone va en sentido estrictamente inverso. Y si de la segunda hipótesis se trata, esto es, de la de una mera posibilidad estructural, queda por averiguar en qué condiciones históricas concretas dicha posibilidad se realiza. En cuyo caso, ya no nos encontramos ante una teoría del Estado capitalista en general, sino de la forma que éste tiende a asumir en determinadas condiciones históricas.

Con ello queremos decir que, para comprender la problemática del Estado capitalista latinoamericano, de poco sirve partir de un sesgo conceptual que, a la postre, no conduce más que a la elaboración de una especie de tipología ideal del Estado denominado *occidental*. Incluso las apasionantes y tan en boga reflexiones de Gramsci sobre la diferenciada relación entre *sociedad civil* y *sociedad política* en *Occidente* y *Oriente* corren el riesgo de tornarse estériles si no se les despoja de los términos geográfico-culturalistas, de textura meramente descriptiva, que el pensador italiano utilizó para eludir la censura fascita. Esto es, si no se *retraducen* dichos términos a un lenguaje explicativo que confiera un sentido teórico a ese *Occidente* y a ese *Oriente*, ubicándolos como puntos diferenciados del sistema capitalista-imperialista.

Como ya lo sugerimos, *el Estado capitalista en general no posee forma alguna que le sea necesaria: lo único que lo define como tal es la necesidad, ella sí estructural, de reproducción en escala ampliada del modo de producción al que está integrado como superestructura.* Pero, ¿revistiendo qué forma concreta el Estado capitalista ha de cumplir tal función? Esto ya no es posible predecir ni *deducir* en un nivel tal alto de abstracción. Como escribiera Marx en su momento:

> La sociedad actual es la sociedad capitalista, que existe en todos los países civilizados, más o menos libre de aditamentos medievales, más o menos modificada por las particularidades del desarrollo histórico de cada país, más o menos desarrollada. Por el contrario, el Estado actual cambia con las fronteras de cada país.[1]

Y es que el Estado capitalista sólo existe, en cuanto forma ya concreta, como Estado capitalista de determinada formación económico-social, con todas las determinaciones histórico-estructurales allí presentes, resultado tanto de un específico desarrollo interno como del lugar que cada formación ocupa en el seno del sistema imperialista. Y es precisamente la configuración de cada formación lo que determina en última instancia la forma del Estado capitalista, de acuerdo con el grado de intensidad y desarrollo de las contradicciones acumuladas

---

[1] Karl Marx, "Glosas marginales al programa del Partido Obrero Alemán", en *Obras escogidas*, Editorial Progreso, Moscú, 1966, t. II, p. 24.

en su interior, de la posibilidad objetiva de atenuación o acentuación de las mismas y de las tareas (*funciones* concretas) que de allí se desprenden para la instancia estatal. En este sentido, parece evidente que las tareas que tiene que cumplir el Estado capitalista en formaciones tan disímiles como son las de los Estados Unidos y Bolivia, por ejemplo, mal pueden ser idénticas, ni hacia dentro ni hacia fuera de las respectivas formaciones económico-sociales, siendo por lo tanto imposible que el Estado capitalista asuma en ambos casos idéntica forma. Si esto último ocurriese, sencillamente peligraría la reproducción ampliada del sistema capitalista-imperialista en su conjunto.

Y valga este ejemplo para señalar, aunque sea de manera tangencial, la invalidez de aquella tesis según la cual la forma, democrático-parlamentaria o no, que asume el Estado capitalista es el resultado *indeterminado* de la intensidad y orientación de la lucha de clases. De ser así, es probable que el Estado boliviano tuviese una forma mucho más democrático-burguesa que la de los Estados Unidos . . . La incidencia de la lucha de clases sobre la forma del Estado burgués jamás es mecánica ni indeterminada, sino que se inscribe necesariamente en los parámetros estructurales de cada formación social del sistema capitalista todo.

Ahora bien, resulta que en el interior de este sistema, y haciendo abstracción de las *singularidades* más concretas de cada país, la forma del Estado capitalista *tiende* a ser marcadamente distinta (aunque a la vez complementaria), según se trate del Estado correspondiente a las *formaciones imperialistas* o del Estado correspondiente a las *formaciones dependientes*. Y ello no porque estas últimas no hayan alcanzado todavía la suficiente *madurez* política, sino en virtud de la propia ley de desarrollo desigual del capitalismo, que no puede dejar de traducirse en un desarrollo formalmente desigual del Estado burgués. Tesis que parte de la idea leninista de que el sistema capitalista imperialista es, metafóricamente hablando, una especie de *cadena* compuesta por eslabones de distinto espesor (eslabones *fuertes* y eslabones *débiles*), lo cual equivale a decir, en términos teóricos, que el propio desarrollo del capitalismo, sobre todo en su fase imperialista, lejos de tender a la homogeneización del vasto espacio por él denominado, registra un movimiento más bien inverso, que al mismo tiempo que va creando áreas de *descongestionamiento* —o sea, de *atenuación* de sus contradicciones— crea también áreas, más amplias aún, de *acumulación* de las mismas, con todas las situaciones intermedias que en el límite de estos dos campos pueda haber.

De todos modos, parece claro que, en una aproximación de orden global, las áreas de mayor acumulación de contradicciones (*eslabones débiles*) coinciden con el espacio de los países llamados subdesarrollados o dependientes. Lo que es más, creemos legítimo sostener que es aquella acumulación la que define el carácter de estos países, no sólo en lo que a su base económica concierne, sino también, y correlativamente, en lo que atañe a su instancia estatal. En efecto, ésta se constituye como una superestructura sobrecargada de *tareas* en la medida en que *a)* tiene que asegurar la reproducción ampliada del capital en condiciones de una gran *heterogeneidad estructural*, que comprende desde la presencia de varios modos y formas de producción hasta la propia *malformación* del aparato productivo capitalista; *b)* tiene que llevar adelante ese proceso de reproducción en medio de un constante drenaje de excedente económico hacia el exterior, con todo lo que ello implica en términos de acumulación, y de la consiguiente necesidad de establecer determinadas modalidades de extracción de tal excedente; *c)* tiene que imponer cierta *coherencia* a un desarrollo económico-social inserto en la lógica general de funcionamiento del sistema capitalista-imperialista, cuando a veces ni siquiera está concluida la tarea de integración de un espacio económico nacional y de la nación misma.

Con sólo mencionar estos grandes nudos problemáticos, que por supuesto no agotan la cuestión, uno está ya en capacidad de forjarse una idea más precisa de la *sobrecarga de funciones* que le toca asumir al Estado burgués de la *periferia* y de las correspondientes formas *anómalas* que éste tiene que adoptar para garantizar la reproducción capitalista. No es un azar, entonces, que el llamado *Estado de excepción* tienda a convertirse aquí en la regla; que la sociedad civil y hasta las propias clases *parezcan* configurarse a partir del Estado, y no a la inversa; o que ese Estado adquiera una contextura ambigua, de casi simultánea debilidad y fortaleza, balanceándose entre tales extremos dialécticos en una suerte de *crisis permanente*.

Obviamente, el contexto histórico estructural señalado no constituye el terreno más propicio para el florecimiento de formas democráticas de dominación burguesa, ni para la edificación de esa serie de *trincheras* y *fortificaciones* en el tejido institucional de la sociedad civil del que hablaba Gramsci. En los países dependientes dichos bastiones no son simples metáforas, sino a menudo realidades tangibles, *cuando la siempre protuberante instancia política penetra con sus tentáculos militares por todos los poros de la sociedad civil*, sea por medio de los aparatos represivos locales, sea con el peso de la maquinaria represiva imperial.

De todos modos, el Estado de los *eslabones débiles* tiende a adquirir formas dictatoriales, o en el mejor de los casos, despóticas, en razón misma del cúmulo de contradicciones que la sociedad civil no está en capacidad de atenuarla y que, por lo tanto, a él le corresponde *regular*. La *hegemonía*, o sea, esa capacidad de *dirección intelectual y moral* que el mismo Gramsci descubrió como una dimensión importante de la dominación burguesa en *Occidente* (léase: en los países imperialistas), no es precisamente el rasgo más destacado de la dominación burguesa imperialista en los países dependientes. Lo que es más, todo parece contribuir a que tal *hegemonía* sea siempre insuficiente y precaria: escasez de un excedente económico que permita *suavizar* las contradicciones más agudas; desarrollo extremadamente desigual y *a saltos*, que constantemente conspira contra la propia unidad de la clase dominante; brechas culturales, en el sentido cualitativo del término, que muchas veces aísla a la cultura burguesa de la del grueso de la nación; en el límite, y sobre todo en las coyunturas críticas, incluso la dificultad de recuperar lo nacional y popular *desde arriba*, por temor a que por allí *salte la liebre* bajo la forma de sentimientos antiimperialistas.

Los tropiezos en la construcción de una hegemonía burguesa (en el sentido gramsciano del término) en la *periferia* no obedecen por lo tanto a razones meramente coyunturales, y menos todavía a simples *fallas* ideológicas, sino que están inscritos en la propia configuración estructural de nuestras formaciones sociales, y, más allá de ellas, en la estructura misma de la cadena imperialista, que, en cuanto totalidad de desigual desarrollo, implica no sólo desniveles y discontinuidades infraestructurales, sino también desniveles y discontinuidades superestructurales. Por eso, si admitimos como válida aquella fórmula según la cual la dominación burguesa está compuesta de coerción y hegemonía, habrá que admitir también que esos componentes no están *equitativamente* repartidos en el mundo capitalista. La dominación burguesa imperialista en los países *periféricos* no se mantiene precisamente gracias al *consenso activo de los gobernados*.

Contrariamente a lo que a veces se piensa, la forma democrático-parlamentaria del Estado capitalista, como modalidad relativamente sólida y estable de dominación (y no sólo como punto precario de un movimiento pendular), no es en modo alguno la superestructura *natural* del capitalismo, sino más bien la forma histórica que dicha dominación tiende a asumir, salvo casos y situaciones de excepción, en los eslabones fuertes del sistema, merced a la relativa homogeneidad estructural de los mismos y, sobre todo, al flujo favorable del excedente económico, del que se han beneficiado y siguen beneficiándose sus burguesías por su posición dominante en el conjunto del sistema.

En los países dominados, en cambio, la forma democrático-parlamentaria de Estado es una flor un tanto exótica; en todo caso, esporádica, y no por casualidad en razón de las propias modalidades que aquí asume la acumulación de capital. En este sentido, no deja de ser altamente significativo que Raúl Prebisch, fundador de la CEPAL y gran teórico del desarrollismo, haya tenido el valor de reconocer, con encomiable lucidez, que "el capitalismo aplicado en los países periféricos es incompatible con la democracia", dado su "modelo concentrador", que crea un abismo, según sus palabras, entre la minoría que controla los medios de producción y la clase trabajadora. Situación ante la que Prebisch ve una sola salida, consistente en "la utilización de los excedentes como instrumento de corrección de las desigualdades sociales",[2] cosa que desde luego no nos parece muy compatible con el proceso de acumulación de capital en escala mundial, salvo en casos de verdadera excepción.

Por lo demás, no hay que olvidar que también en el nivel político el sistema capitalista-imperialista funciona como un todo articulado. La preservación de un espacio democrático más o menos *impoluto* en el interior de los centros imperiales se basa indudablemente en el mantenimiento de situaciones bastante menos idílicas en el exterior. Cuando las burguesías imperialistas envían cuerpos expedicionarios hacia sus *zonas de interés*, o cuando, valiéndose de los cuerpos represivos locales, promueven la implantación de dictaduras como las latinoamericanas, en el fondo no están realizando otra cosa que una constante distribución internacional de cuotas de violencia y *hegemonía*. Esas intervenciones directas o indirectas en el exterior tienen la función de mantener las condiciones estructurales de su *hegemonía* interior.

2. Reflexiones sobre la crisis actual

La última fase de crisis del Estado latinoamericano, ubicable sobre todo en los años setenta, arrancó precisamente de un intento de utilización del excedente económico "como instrumento de corrección de las desigualdades sociales", para utilizar la expresión de Prebisch. Pero lo característico del caso fue que tal proyecto no provino de una burguesía modernizante y reformista, que a estas alturas de nuestra historia era ya raquítica, si no es que inexistente, sino de las fuerzas populares que irrumpieron en el escenario político de Chile, Uruguay, Argentina, Bolivia y otros países, a raíz de la bancarrota de las experiencias nacional-populistas y reformistas, así como de las configuraciones estatales a que ellas habían dado lugar.

Muchas de las tareas que aquellas fuerzas populares impulsaron o trataron de impulsar, según los casos, en rigor no eran tareas socialistas: eran medidas de corte democrático, como la reforma agraria; o medidas de corte patriótico, como la nacionalización de los sectores económicos

---

[2] Confróntese *El Día*, "Sección Internacional", México, 21 de diciembre de 1980, p. 14.

en manos del capital extranjero. Pero dada la debilidad de la burguesía nacional propiamente dicha, el enorme peso histórico de los burgueses agrarios (*oligarquía*) y la importancia cada vez mayor del capital monopólico transnacional, así como la íntima ligazón entre todas estas fracciones del capital y su expresión estatal, fue la propia existencia del capitalismo *periférico* y su Estado la que se vio cuestionada, hecho que configuró una polarización de fuerzas entre un campo revolucionario y otro contrarrevolucionario. Y es que la propia crisis del modelo de acumulación llamado de posguerra, patente ya en los años sesenta, no dejaba mayor margen para fórmulas intermedias: o bien se emprendían transformaciones estructurales profundas que tendiesen a la homogeneización de la matriz económico-social y a la contención del drenaje del excedente económico hacia el exterior, o bien se implantaba una nueva modalidad de acumulación de capital por la vía reaccionaria, basada en la acentuación de las desigualdades de todo orden y, fundamentalmente, de la originada en la reacción entre el trabajo asalariado y el capital. Y esto no porque la burguesía local fuese ideológicamente incapaz de superar sus intereses *estrechamente corporativos* y de realizar algunas *concesiones*, sino porque ella misma se encontraba atrapada en la red de un conjunto de contradicciones históricamente acumuladas, dentro de la que cualquier tipo de *concesiones* ponía en peligro el propio proceso de acumulación de capital. En efecto, la crisis *aparentemente coyuntural* derivada del agotamiento del modelo previo de acumulación no había hecho más que poner al descubierto una crisis estructural más profunda,[3] imposible de solucionar mediante el mero diálogo en torno a un mesa de negociaciones. No se trataba de un simple regateo sobre la distribución del excedente económico, sino de un replanteamiento de las condiciones estructurales de generación del mismo.

Las luchas sociales tendieron, pues, a radicalizarse, apuntando, como es lógico, a significativas transformaciones de la instancia estatal. Rígidas a la vez que débiles, en razón de la siempre tensa relación entre *sociedad civil y sociedad política*, las instituciones de esta última eran poco aptas para *absorber* y regular el agudo conflicto. La confrontación que se venía desarrollando en el seno de la sociedad civil sólo podía conducir, por lo tanto, a situaciones de ruptura, que a la postre llevarían a una transformación de las formas estatales.

El triunfo de la contrarrevolución en el Cono Sur, que hacia mediados de la década de los setenta era un hecho general y consumado,

[3] Crisis de una estructura agraria producto de la vía reaccionaria de desarrollo del capitalismo y de la inserción subordinada en la división internacional capitalista-imperialista del trabajo; crisis de un sector secundario compuesto sobre todo de industria liviana y dependiente, para la adquisición de maquinaria, de las divisas generadoras por el sector primario exportador, e incapaz, por lo mismo, de realizar una adecuada acumulación de tecnología, etcétera.

produjo una drástica alteración de la correlación de fuerzas, que a su turno allanó el camino para sustanciales cambios en el Estado capitalista de América Latina.

Como resultado del propio proceso contrarrevolucionario armado (guerra abierta de clases), surgió un Estado altamente militarizado, que expresaba una forma de dominación terrorista por parte de la burguesía, lo cual equivalía a una violenta acumulación de poder, antesala de una no menos violenta acumulación de capital.

La derrota del movimiento popular, con la consiguiente desarticulación de sus organizaciones partidarias y gremiales, permitió, en efecto, una brusca redefinición de la relación previamente establecida entre el capital y el trabajo asalariado: el drástico proceso de pauperización de la clase obera que siguió dice todo a este respecto. La conversión de un buena parte del fondo de consumo obrero en fondo de acumulación de capital se convirtió en el rasgo distintivo del nuevo modelo. Incapaz de reactivar el proceso de acumulación a través de innovaciones tecnológicas o de una reorganización empresarial, por ejemplo, a la burguesía en el poder no le quedaba otro recurso que el de reactivarlo mediante un ajuste de cuentas con el trabajo asalariado. Y en el agro la respuesta tampoco podía ser democrática: la vía reformista fue cancelada, en beneficio de una política que favorecía el desarrollo del gran capital.

Pero la forma terrorista que asumió el Estado no sólo sirvió para esto, sino también, y simultáneamente, para una redefinición de las relaciones entre las distintas fracciones del capital, tanto a nivel económico como a nivel político. Era obvio, en primer lugar, que a estas alturas de la historia latinoamericana la fracción burguesa nacional (relativamente autonomista) ya no tenía ningún proyecto coherente de desarrollo que ofrecer. Es más, la crisis del modelo de acumulación llamado de posguerra —que culminó en los años cincuenta y declinó en la década siguiente— no fue otra cosa que la expresión del fracaso de esa fracción burguesa.

En segundo lugar, parece igualmente evidente que en el decenio de los setenta la fracción oligárquica ya no poseía ninguna perspectiva histórica: el capitalismo latinoamericano mal podía salir de su crisis retornando hacia formas primitivas y caducas de acumulación de capital.

La única fracción burguesa que podía ofrecer una alternativa y dirigir el proceso imponiendo su proyecto histórico era, pues, la fracción monopólica. Ésta representaba, por lo demás, el punto exacto de confluencia entre el proceso de acumulación en escala nacional y el proceso de acumulación en escala mundial. Así, la redefinición de la relación entre el trabajo asalariado y el capital en el plano interno expresaba no sólo un cambio de la modalidad de acumulación en este ámbito, sino al mismo tiempo la creación de la posibilidad de una nueva forma de inserción en la división internacional del trabajo, tal como ahora lo requería el sistema imperialista. Era además la fracción monopólica, transnacionalizada ella misma, la que mejor podía concebir e impulsar una brusca transnacionalización de los puntos medulares de la sociedad latinoamericana: transnacionalización de la propiedad en los sectores económicos de punta, desde luego, y con ello del sistema mismo de producción; pero igualmente transnacionalización del consumo (*consumismo* desatado en ciertos niveles); transnacionalización de los precios de las mercancías (libre juego de la oferta y la demanda monopólicas, salvo en lo que al precio de la fuerza de trabajo concierne); transnacionalización, en fin, de importantes esferas de la ideología y la cultura a través del control de los medios masivos de difusión.

Si la lógica de la contrarrevolución había llevado a la configuración de un Estado dictatorial terrorista, que extendía sus tentáculos militares por toda la sociedad civil, la lógica de la nueva modalidad de acumulación exigía, a su turno, no sólo el mantenimiento de tal forma de dominación, sino además que ésta tratara de institucionalizarse mediante una remodelación del cuerpo social en una dirección corporativa destinada a encuadrar y regimentar la actividad ciudadana en función de los intereses y expectativas del gran capital. Que este proyecto no acabe hasta hoy de cuajar, gracias a la resistencia popular, es ya otro asunto, que remite a las debilidades que, aun en sus momentos de mayor autoritarismo, caracteriza a las sociedades dependientes. Sea de esto lo que fuere, es un hecho que el Estado latinoamericano sufrió en este proceso una significativa transformación: se despojó de su aspecto *arbitral*, populista y, en cierta medida, *benefactor* y paternalista; redefinió sus formas de intervención en la economía; canceló su dimensión de capitalismo de Estado a secas para convertirla en capitalismo monopolista de Estado. Transformaciones, todas éstas, que mal podían realizarse por una vía democrático-parlamentaria o similar.

Se podría pensar, a estas alturas de nuestra exposición, que tal vez estamos extrapolando arbitrariamente la situación del Cono Cur a todo el contexto latinoamericano. Pero, sin desconocer las *significativas diferencias* existentes entre los distintos países de la región, conviene señalar que, si tomamos como punto de referencia el año de 1976, por ejemplo, las situaciones de dictadura reaccionaria eran casi la regla en América Latina. Las había en Argentina, Brasil, Bolivia, Uruguay, Chile, Paraguay, Perú, Ecuador, Nicaragua, El Salvador, Guatemala, Haití y Granada; en buena medida también en la República Dominicana y Honduras, y, bajo una fachada civilista, en Colombia. Al mismo tiempo, y no por azar, se desarrollaban procesos de desestabilización en Jamaica, Trinidad-Tobago, Guyana e incluso en México, amén de la situación ambigua por la que atravesaba Panamá. La crisis del capitalismo había sacudido profundamente las sociedades latinoamericanas, cuyos estados vivían un momento también crítico, de redefinición, caracterizado por una serie de procesos de desarticulación y rearticulación que por lo general hallaron su punto de *equilibrio* en las fórmulas dictatoriales reaccionarias.

Sin embargo, el proceso todo estaba cargado de una ambivalencia y una precariedad tales que no podían dejar de expresarse aun en el momento en que el Estado burgués parecía haber adquirido su mayor consolidación. Y es que la respuesta reaccionaria a la crisis del capitalismo, que por un lado era la única capaz de dar una salida a la crisis desde la perspectiva del gran capital, por otro lado implicaba una acentuación de las contradicciones y desigualdades de todo orden, que no un principio siquiera de acentuación (*descongestionamiento*) de las mismas. No es una casualidad que el citado Prebisch, perplejo ante el curso que finalmente tomó el desarrollo del capitalismo en América Latina, haya llegado a descubrir en éste una especie de verdadera *corrupción*:

> Además de ser significativamente concentrador, el capitalismo periférico, especialmente el que existe en países de América del Sur, viene presentando una suerte de corrupción que —es opinión de Prebisch— es inconcebible. Una forma de corrupción es la tendencia a imitar el consumismo de los grandes centros. Otra es la penetración incontrolable de las transnacionales, al mismo tiempo que los sindicatos prácticamente han sido anulados. Sin embargo, lo que más impresiona al economista argentino es la expropiación de sectores dentro del propio capitalismo. "La situación llega a tal extremo", dice Prebisch, "que los capitalistas financieros comienzan a usurpar a los capitalistas productivos. En otras palabras, los bancos comienzan a engordar y las industrias a enflaquecer".[4]

¿Corrupción de la historia o devenir previsible de formaciones regidas por un modo de producción que necesariamente implica procesos de concentración, centralización, monopolización y transnacionalización del capital, bajo la égida del sector financiero, y cuya única lógica de desarrollo es la determinada por las posibilidades de obtención de superganancias para dicho sector? Nos inclinamos a pensar que más bien se trata de un proceso *natural*, pero que produce efectos tanto más aberrantes cuanto más débil es el eslabón de la cadena capitalista-imperialista en que tal *desarrollo* ocurre.

4 *El Día, op. cit.*

En semejantes condiciones, este mismo desarrollo tropieza, inevitablemente, con una nueva forma o nivel de contradicción, que en cierta medida viene a obstaculizar la reproducción ampliada del sistema. Nos referimos a un problema de orden superestructural, que consiste en la dificultad, la casi imposibilidad, de conformar una hegemonía burguesa (siempre en el sentido gramsciano del término) en un área del mundo que ahora más que nunca necesitaría, bajo la perspectiva del sistema imperialista, ser *estabilizada*, convertida en zona de *consenso*, aunque sólo fuese por estas dos razones: el notable cambio de la correlación de fuerzas entre *Occidente* y *Oriente* —que para el caso son sinónimos de sistema capitalista y sistema socialista—, y la gran extensión de las *situaciones críticas* a nivel mundial, es decir, la multiplicación de los puntos de ruptura y desmoronamiento de la dominación imperial. Mas, ¿cómo construir esta capa de *consenso*, de ideal *hegemonía*, en una región donde el desarrollo del capitalismo requiere, estructuralmente, implantar modalidades de acumulación, y por ende de extracción del excedente económico, que demandan las más férreas formas de dominación?

La administración de Carter trató de resolver esta contradicción mediante un acto de voluntarismo que *desde arriba* pretendía alterar la relación entre violencia y *hegemonía*. Pero esta relación, ya lo dijimos, no se establece de manera indeterminada, sino que se desarrolla como correlato político del desarrollo desigual del capitalismo en escala mundial, hecho que, desde luego, mal podía ni quería subvertir la administración de Carter. Hacerlo hubiera equivalido, por lo demás, a subvertir la estructura misma de la cadena imperialista, forma inherente al desarrollo del capitalismo en su fase superior.

Por esto la política de *democratización* preconizada por Carter terminó en un rotundo fracaso, salvo en casos excepcionales, y que tampoco obedecieron a una lógica sencillamente político-ideológica. Tal es el caso de Ecuador, por ejemplo, en donde el *retorno* al régimen constitucional de 1979 (bastante precario por lo demás) tuvo por base las posibilidades abiertas por siete años de participación burguesa relativamente ventajosa en el reparto mundial del excedente económico capitalista, como país *petrolero*, antes que por las prédicas del gobierno de Washington.

En efecto, el propio cambio en la correlación mundial de fuerzas creó, en la década pasada, la posibilidad de que las burguesías de algunos países del Tercer Mundo modificaran su cuota de participación de aquel excedente, en un movimiento de efectos plurivalentes para el conjunto del sistema. Por una parte, la alteración del precio de los energéticos no hizo más que agravar la crisis de los países capitalistas *avanzados* (por más que sus corporaciones petroleras, pescando a río revuelto, obtuvieran jugosas superganancias), y desde luego precipitar las contradicciones en los países *periféricos* carentes de energéticos.

Por otra parte, abrió la posibilidad de que en el interior del Tercer Mundo se robustecieran, en términos relativos, algunos eslabones: sería en América Latina sobre todo el caso de México (por razones concretas que no es del caso entrar a analizar aquí), en menor medida el de Venezuela y, en un nivel menor aún, el del Ecuador. Pero el reforzamiento relativo de estos eslabones, que en determinada perspectiva constituía y constituye un factor estabilizador (atenuación de ciertas contradicciones internas; posibilidad de afianzamiento, aunque sea temporal, de la democracia burguesa), en otra perspectiva introdujo una *variable* que implicaba la aparición de una nueva contradicción en el plano regional. Al desarrollarse en algunos países del área una modalidad de acumulación que real o potencialmente dejaba de gravitar sobre el eje de una drástica redefinición de la relación entre el capital y el trabajo asalariado (en el sentido ya señalado), para apoyarse más bien en una mejor participación en la distribución mundial del excedente económico capitalista, tales países tendieron a diseñar políticas con grados variables de autonomía, que en última instancia terminaron por resquebrajar al bloque proimperialista de América Latina. La crisis que sobrevino de la OEA quizás sea la expresión más clara de este fenómeno.

Dentro de este contexto se produjo el fin del reflujo coyuntural de las luchas de las clases populares de la región, que a partir de 1978 volvieron a estremecer la superestructura política impuesta por el gran capital, rebasando naturalmente los proyectos de *democratización* desde arriba, elaborados por la administración de Carter. La *apertura democrática* de la dictadura brasileña tuvo que ir, en cierto nivel, más allá de lo que la cúspide burguesa había previsto, gracias a los espacios abiertos por un impetuoso movimiento de masas, mientras que en otro plano dicha *apertura* tendía a cerrarse. En Bolivia la crisis del Estado burgués se expresó en bruscas oscilaciones que culminaron con el golpe contrarrevolucionario de García Meza. En Colombia y Perú el Estado no termina por salir de su crisis, enmarañado, en formas ambiguas en las que los hilos de la democracia burguesa —agonizante en el primer caso y extraída con forceps en el segundo— se ven constantemente en peligro de ser cortados por las bayonetas.

Pero a partir de 1978 en ningún área la crisis del Estado capitalista latinoamericano ha sido tan aguda como en el eslabón relativamente más débil constituido por Centroamérica y el Caribe. Y hay razones histórico-estructurales para ello, ya que en ninguna otra región de América Latina el capitalismo ha acumulado tantas contradicciones simultáneas: presencia del imperialismo bajo sus formas más abiertamente colonialistas, que incluso han truncado la formación de nacionalidades autónomas; contraste extremo entre zonas de atraso aberrante y puntos de denso desarrollo capitalista monopólico, en una especie de *enclave*; problema agrario ni mínimamente resuelto; capas medias paupérrimas y marginadas; opresión cultural y racial; existencia de múltiples tiranías semicoloniales, etcétera. En este caso la crisis del capitalismo no ha hecho más que precipitar el estallido de aquel cúmulo de contradicciones que, en las situaciones de mayor maduración de las condiciones subjetivas, se han expresado por el desarrollo de procesos armados de liberación.

En la situación de Nicaragua, y bajo otras condiciones en la de Granada, el Estado burgués dependiente ha saltado en pedazos, dando paso al establecimiento de Estados democrático-populares, que de hecho implican puntos de ruptura en la cadena de explotación y dominación imperialista. El imperialismo estuvo, por lo demás, consciente de ello, como lo demostró el viraje de la propia administración de Carter, que desde mediados de 1979 sustituyó su política de *defensa de los derechos humanos* por una política de mano dura hacia esta área. Es más, fue virtualmente a partir del cambio de la correlación de fuerzas ocurrido en la zona de Centroamérica y el Caribe que se desencadenó la etapa de la llamada *segunda guerra fría*, que tomó como uno de sus principales pretextos la supuesta presencia de una brigada soviética de combate en Cuba, poco antes de que se realizara la Sexta Reunión Cumbre del Movimiento de los Países no Alineados, en La Habana.

Esto no es suficiente, desde luego, para detener el creciente *deterioro* de la situación centroamericana. El caso salvadoreño es elocuente a este respecto, ya que muestra, precisamente en la profundidad de su crisis, la real contextura del Estado burgués de la *periferia*, que, ante el embate decidido de las fuerzas populares, queda literalmente pendiente de un hilo: con mayor precisión, del cordón umbilical que lo liga con la metrópoli. En esta metrópoli no se ignora, por lo demás, que la debilidad de tal Estado no es un fenómeno simplemente superestructural, sino que tiene sus raíces en una base infraestructural que de alguna manera necesita ser *reformada*; sólo que esa reforma no puede efectuarse realmente sin cuestionar al mismo tiempo la propia contextura del sistema imperialista, que no por casualidad es lo que es.

Si la primera fase, al menos, de la administración de Carter se caracterizó por ese voluntarismo al que nos hemos referido —que intentó revestir la dominación imperial con un ropaje *intelectual y moral* democratizante—, la administración de Reagan está marcada, en cambio, por el designio contrario: el de una dominación pura y dura. Como afirmó Roger Fontaine, uno de los principales asesores de Reagan para asuntos latinoamericanos, lo que convendría en el mejor de los casos para nuestros países es una democracia con *d* minúscula, lo que bien podría significar, más allá del eufemismo, que se proyecta sobre nosotros una etapa caracterizada por el predominio de dictaduras con *D* mayúscula. En este sentido, hasta resulta cruelmente sarcástico que, al mismo tiempo que en algunos esquemas teóricos —que no han dejado de ejercer cierta influencia en el pensamiento latinoamericano— se llegaba a la conclusión de que la burguesía *reina* sobre todo gracias a su *hegemonía* ideológica, la burguesía del mayor centro *hegemónico* imperialista haya arribado a una conclusión práctica y estrictamente inversa.

Una cosa, claro está, son los proyectos del imperialismo y otra, seguramente muy distinta, los resultados de un proceso histórico en el que cuentan cada vez más las grandes luchas populares. Dentro de este proceso no está descartado en absoluto que se abran espacios democráticos: lo que es más, pensamos que es indispensable luchar por su desarrollo, pero imprimiéndoles nuevos contenidos y con la clara conciencia de que no tendrán como fin la consolidación del Estado burgués, sino que serán espacios de luchas en pro de las futuras transformaciones revolucionarias de nuestras sociedades.

sexta
parte

crisis
del capitalismo
en méxico

CRISIS Y REGULACIÓN
DEL CAPITALISMO MEXICANO

ARTURO HUERTA G.

1. *Antecedentes y crisis económica*

La preocupación de este trabajo es analizar la crisis de la economía mexicana y del proceso de ajuste (o regulación)[1] que le ha seguido. Estudiaremos en qué medida este proceso ha solucionado los problemas que ocasionó la crisis en 1976 y 1977, así como las contradicciones que ha generado.

El estudio de la crisis económica implica el análisis de la dinámica económica previa y de sus contradicciones, ya que éstas, al incidir negativamente en la tasa de ganancia, afectan la estabilidad del proceso de acumulación de capital y propician la crisis económica.

Desde inicios de la década de los setenta la situación económica empezó a evidenciar un comportamiento distinto al de la década de los sesenta. Los problemas que se agudizan permanentemente son la *baja productividad* en ciertos sectores productivos, junto con la *agudización de las desproporciones inter e intrasectoriales*, presionando ello sobre los *precios*, sobre el *déficit comercial externo* y sobre los *niveles de endeudamiento externo* (véanse cuadros 1, 2, 3, 4 y 5).

La baja productividad del sector agrícola, al traducirse en escasez de productos y alza de precios, ha interrumpido la transferencia de plusvalía que de este sector se realizaba al resto de la economía, afectando, por consecuencia, el proceso de acumulación de la economía mexicana.

Los bajos niveles de productividad no sólo se observan en la agricultura; también en ciertas ramas industriales y de servicios, lo que actúa en detrimento de las tasas de plusvalía y de ganancia ya alcanzadas (véase cuadro 3).

En la agricultura la baja productividad es resultado, en gran medida, de la política económica aplicada a dicho sector, encaminada a apoyar la transferencia de valor al resto de la economía, lo cual terminó *descapitalizando la agricultura*. En la industria de los setenta la baja productividad y el rezago de ciertas ramas industriales obedecieron a un gran número de factores, entre los cuales se contaron problemas derivados

---

[1] Se hablará indistintamente de proceso de ajuste, de regulación o reestructuración, denotando con ello los cambios que acontecen en el sistema económico, endógenos e inducidos, para la reproducción ampliada del proceso de acumulación de capital.

del proceso productivo, de mercado, de dependencia tecnológica, así como aquellos derivados de la situación de los países capitalistas desarrollados, que inciden en nuestra industria.

Los problemas del lento crecimiento del mercado que enfrentaba la industria manufacturera (véase cuadro 6)[2] tendían a generar altos niveles de capacidad ociosa, lo cual, al incidir negativamente en los niveles de productividad y afectar la tasa de ganancia, desestimulaba la inversión (véase cuadro 7),[3] disminuyendo la incorporación de progreso técnico y redundando en menor crecimiento de la productividad y de la actividad económica.

La década de los setenta se inicia con la casi saturación de la fase de industrialización, que mantuvo la dinámica de la industria manufacturera en los cincuenta y sesenta. Para mantener la dinámica y avanzar en la industrialización se requería, por lo tanto, pasar a invertir en nuevas ramas industriales, lo cual dependía tanto de una estrategia gubernamental como, en gran medida, de la estrategia de crecimiento de las empresas transnacionales, pues ellas monopolizan la tecnología requerida para el desarrollo de esas nuevas ramas, como es el caso de la de bienes de capital. Al no presentarse esto, prosiguen los desequilibrios interindustriales, con sus consecuencias en el sector comercial externo.

La baja de la productividad y de la inversión industrial en México coincide con cierto desfase, con la saturación (o fase de rendimientos decrecientes) de la ola tecnológica que permitió la dinámica del capitalismo en los cincuenta y sesenta.[4] Ello repercute en nuestro país tanto en la restricción del proceso de diversificación, que había permitido a la industria manufacturera obtener altas tasas de crecimiento en los sesenta, como en menores niveles de productividad. Esta situación contribuyó a desestimular la inversión en la industria y repercutió en el menor crecimiento de la producción.

Si comparamos *inversión, productividad y precios* en los sesenta y setenta, encontramos que en los sesenta el crecimiento de la inversión y de la productividad[5] estuvo acompañado de estabilidad de precios (véanse cuadros 3, 4 y 7). En los sesenta los capitalistas no necesitaron recurrir a aumentos significativos para incrementar sus ganancias. Los

---

2 Obsérvese en ese cuadro cómo de 1970 a 1977 disminuyó el ritmo de crecimiento de la demanda interna con respecto a la década anterior.

3 En ese cuadro se observa que de 1970 a 1975 el crecimiento promedio anual de la inversión privada fue de 5,3 por ciento, y de 1970 a 1977, de 2,5 por ciento, mucho menores que el del periodo 1965-1979.

4 Esta desaceleración del progreso técnico es un fenómeno que aparece en los países capitalistas desarrollados a fines de los sesenta, y tiene serias incidencias en la tasa de ganancia y la tasa de crecimiento económico. Véanse Ernest Mandel, *Capitalismo tardío*, Ediciones Era, México, y J. Steindl, "Stagnation Theory and Stagnation Policy", en *Cambridge Journal of Economics*, marzo de 1979.

altos niveles de productividad les permitía reducir costos y aumentar ganancias, manteniendo los precios estables. Asimismo, los altos niveles de productividad permitieron en ese periodo remuneraciones medias crecientes (véase cuadro 10), sin que ello afectase el proceso de acumulación de capital, ya que las ganancias crecieron en mayor proporción que las remuneraciones, reduciéndose por consecuencia la participación de éstas en el PIB manufacturero: de 39,48 por ciento en 1960 pasan a 34,94 en 1970 (véase cuadro 11). Esto se debió a que la combatividad del movimiento obrero para participar en los frutos de esa creciente productividad era apenas incipiente, así como a los altos niveles de concentración del mercado, que impidieron que la reducción de los costos de producción se tradujeran en disminución de precios, y pudieran así extenderse los beneficios del progreso técnico.

En los sesenta la inversión creció, tanto por el crecimiento del mercado —que impulsaba a los capitalistas a incrementar su capacidad productiva, para apropiarse en mayor medida de ese mercado creciente, y evitar así que competidores reales y potenciales se apropiasen de él— como por el creciente proceso de diversificación que la ola tecnológica de los cincuenta y sesenta permitió. Así, la mayor inversión incrementó la productividad, lo cual aumentaba la plusvalía, reducía costos de producción e incrementaba los márgenes de ganancia (relación precio-costo) con estabilidad de precios, acelerando con ello el proceso de acumulación de capital.

La previsión de que el crecimiento económico nacional e internacional iba a proseguir (lo cual garantizaba tasas de ganancias seguras y crecientes) permitió que la inversión creciera y, en cierta medida, se adelantara al crecimiento de la demanda, ocasionando altos niveles de capacidad ociosa, lo que constituyó una característica prevaleciente de los años sesenta (véase cuadro 8).[6]

Situación distinta acontece en los setenta. La inversión y la productividad no crecieron al mismo ritmo que antes, sino que lo disminuyeron. *Ello incidió negativamente en los costos y rompió la estabilidad de precios.* Ante la inviabilidad de mantener el crecimiento del proceso de acumulación de capital mediante condiciones que permitieran aumentar la productividad, y por lo tanto la plusvalía relativa y extraor-

---

[5] A mayor inversión, mayor incorporación de progreso técnico, y por lo tanto mayor productividad. El crecimiento de la productividad percápita está asociado con la intensificación del capital percápita.

[6] Dada la ausencia de estadísticas de capacidad ociosa para la industria manufacturera de México, se procedió a detectar su variación a partir de un indicador indirecto, como lo es la relación valor del producto interno bruto de la industria manufacturera y acervos netos de capital fijo, tal como se presenta en dicho cuadro. Ahí se observa que de 1960 a 1970 esa relación disminuyó, lo cual puede deberse a que parte del crecimiento de la capacidad productiva no fue utilizada.

dinaria, los capitalistas —para proteger su tasa de ganancia— incrementaron sus precios.

La economía mexicana ya desde 1970 venía manifestando baja productividad y agudos desequilibrios inter e intrasectoriales, que comprometían la estabilidad del proceso de acumulación de capital lograda en la década de los sesenta. La presión que sobre los precios y sobre el déficit comercial externo originaron estos problemas obligaron al gobierno, en 1971, a poner en marcha una *política contraccionista*.[7] Esto aumentó la desproporción entre el crecimiento de la capacidad productiva y el crecimiento de la demanda, y tendió a aumentar los niveles de capacidad ociosa, lo que desestimularía el crecimiento de la inversión privada, incidiendo negativamente en la productividad, la producción y la tasa de ganancia.

El predominio de *estructuras oligopólicas* en la industria mexicana hace que el ajuste entre la capacidad productiva y el mercado no proceda por la disminución de los precios, dada su inflexibilidad para hacerlo, sino por la disminución del ritmo de inversiones. La contracción del crecimiento de éstas, orientada a restringir el crecimiento de la capacidad productiva, genera consecuencias en cadena que inciden de nuevo sobre un menor crecimiento de la demanda, generalizando la desproporción entre la capacidad productiva y el mercado, lo que afecta por lo tanto el proceso de acumulación de capital.

El gobierno en turno se vio obligado a incrementar el gasto público a partir de 1972, para que actuara como mecanismo contrarrestante de los efectos negativos que en el empleo y la actividad económica había ocasionado la política de 1971, como también para contrarrestar la disminución del crecimiento de la inversión privada (véase cuadro 7).[8] En esta política de reactivación que se hace llamar de *desarrollo compartido* la política salarial jugó un papel importante. Los salarios reales se incrementaron. Los salarios mínimos reales para el Distrito Federal aumentaron de 1971 a 1976 en 5,7 por ciento anual (véase cuadro 10). Esto se produjo en un contexto de baja   productividad, lo cual afectó la tasa de ganancia. De hecho la participación de las remuneraciones en el PIB manufacturero de 1970 a 1976 no varió (véase cuadro 11), lo que frenó el crecimiento de la tasa de ganancia y desestimuló aún más el crecimiento de la inversión privada.

La política de *desarrollo compartido* pretendía mantener la dinámica de la economía aprovechando los niveles de capacidad ociosa

---

[7] Obsérvese en el cuadro 7 la drástica caída de la inversión pública, y en el cuadro 8, la caída de los salarios mínimos reales en ese año.

[8] En ese cuadro se señala el mayor crecimiento de la inversión pública con respecto a la privada. Así, en el periodo 1970-1975 la primera tuvo un crecimiento promedio anual de 12,4 por ciento; en cambio, la segunda creció en sólo 5,3 por ciento anual.

existentes en la industria manufacturera; pero no tomó en cuenta que los desequilibrios inter e intrasectoriales, así como la baja productividad y la disminución del crecimiento de la inversión privada, nulificarían en gran medida los objetivos dinamizadores y distributivos que perseguía. El aumento del gasto público, por lo tanto, no se dio en forma sostenida, y no logró contrarrestar la tendencia depresiva determinada por la disminución del crecimiento de la inversión privada. Todo ello generó mayor incertidumbre para la inversión privada, propiciándose por consecuencia la canalización de recursos a la inversión especulativa, por considerarse más redituable. Esto produndizó las contradicciones e incoherencias, que ya se venían presentando, del funcionamiento del sistema capitalista mexicano, ya que se relegó aún más la inversión productiva, dando lugar a mayores desequilibrios y a acelerar el proceso inflacionario.

Los problemas que enfrentaba la industria repercutían en el sector financiero, y los problemas generados en éste acentuaron los de la industria. La baja productividad y el menor crecimiento del mercado, al propiciar la inflación (ya que ésta pasa a actuar como mecanismo contrarrestante de la baja de la tasa de ganancia que tal situación origina), inciden negativamente en la captación de ahorro por parte del sector financiero, debido a que la tasa de interés pasa a estar por debajo del alza de precios. Ello disminuye la disponibilidad de crédito, lo que aunado a la política antiinflacionaria de restricción del crédito aplicada en 1974, incide en el menor crecimiento de la inversión y de la actividad económica. En ese periodo el sector financiero fue un reflejo de lo que acontece en la industria y la economía en su conjunto, y no puede revertir los problemas que ésta enfrenta, sino que los agudiza.

La política de *desarrollo compartido* terminó agudizando los desequilibrios inter e intrasectoriales, profundizó el déficit del comercio exterior, el endeudamiento externo y la inflación, poniendo en dificultades la prosecución estable del proceso de acumulación de capital. La disponibilidad de créditos externos amortiguó los obstáculos que tales desequilibrios ponen al proceso de acumulación de capital. Esto postergó la aparición de la crisis. Pero una vez llegado al límite del endeudamiento externo (en 1976) las consecuencias de los desequilibrios y las contradicciones del sistema en su conjunto afloraron nítidamente, frenando el proceso de acumulación de capital y, por lo tanto, ocasionando la crisis.[9] Ello pasa a cuestionar la política económica entonces prevaleciente, y demanda una política económica distinta. Esta situación, en principio, obligó a restringir drásticamente en 1976 y 1977 el déficit público, por la vía de la disminución del gasto público, lo que aceleró la crisis económica, ya que tal política afectó las condiciones de rentabilidad y producción. Esto actuaría como mecanismo regulador de la problemática enfrentada, pues al contraerse la actividad económica se reducen las importaciones, al igual que el déficit comercial externo y el nivel de endeudamiento, *actuando así sobre las variables que en ese momento constituían las condiciones del proceso de acumulación de capital.*

Por lo tanto, la crisis se plantea como necesaria una vez que los mecanismos de regulación que venían operando dejan de tener eficacia para mantener la estabilidad del proceso de acumulación de capital. En la medida en que se hace cada vez más difícil (por las condiciones económicas, políticas y sociales prevalecientes en la economía) la solución de los problemas que frenan el proceso de acumulación, se evidencia la necesidad de la crisis como mecanismo que replantea las formas de regulación y funcionamiento que prevalecen en el sistema capitalista, y que generaron contradicciones que obstaculizan el proceso de acumulación de capital. De aquí que la crisis tiende a crear las condiciones para la *reestructuración del proceso de acumulación*, y exige nuevos mecanismos de ajuste que regulen dicho proceso.[10] La reestructuración del sistema, en el caso de México, se plantea las siguientes tareas:

a) Aminorar las desproporciones (inter e intrasectoriales, como también entre capacidad productiva y mercado), las cuales se explican, entre otras cosas, por problemas de productividad y de inmovilidad de capitales, debido a diferenciales de tasa de ganancia y a condiciones técnicas y sociales de producción.

b) Depurar el mercado y el sistema productivo, a fin de incrementar la productividad. Esto implica la salida del mercado de las empresas más ineficientes y obliga al resto a modernizarse para satisfacer los nuevos requerimientos.

c) Regular la política salarial de acuerdo con las necesidades del proceso de acumulación de capital. Esta política pasa a constituir, como se verá más adelante, una pieza fundamental del nuevo proceso de regulación.

En el proceso de regulación que demanda actualmente el proceso de acumulación la racionalización del funcionamiento del sistema

---

[9] El proceso de acumulación pasa a enfrentar las restricciones impuestas por la agudización de los desequilibrios inter e intrasectoriales, que originan que las necesidades de importación sean mayores que la capacidad del sistema para financiarlos. Ello ocasiona altos niveles de déficit comercial y de endeudamiento externo, que, ante la inviabilidad a mediano plazo de solucionar tales problemas, desencadenan la crisis.

[10] Al respecto véase G. de Bernis, "Equilibrio y regulación: una hipótesis alternativa y proposiciones de análisis", en *Investigación Económica*, núm. 144, UNAM, México, abril-junio de 1978, pp. 51-52.

desempeña un papel clave. Se ha venido reiterando la necesidad de racionalizar la intervención del Estado en la economía, con objeto de crear mejores condiciones para el proceso de acumulación de capital, para lo cual se exige que sean los mecanismos del mercado los que regulen la actividad económica. La crisis replantea el papel del Estado en la economía, demanda una política económica distinta a la que venía prevaleciendo y exige el establecimiento de medidas que permitan el mejor desempeño del nuevo proceso de regulación.

La política económica pactada con el FMI en 1976, en la cual se delinea la estrategia a seguir, juega un papel clave en la reordenación del funcionamiento del sistema capitalista mexicano. La búsqueda del equilibrio presupuestario de la cuenta corriente del sector público no es otra cosa que la redefinición del papel del Estado en la economía y, por ello, la consecuente reorientación de su participación. Ante la inviabilidad del sistema de garantizar la rentabilidad para todos los capitalistas, se procede a actuar en favor de aquellos que puedan adecuarse a los cambios que exige el proceso de regulación. El Estado, entonces, pasa a dar prioridad a la aplicación de políticas para facilitar el libre juego de las fuerzas del mercado, para que éstas reorienten la actividad económica. En tal dirección sobresalen la *política de liberación de precios*, la *liberación creciente del comercio exterior*, la *política salarial contractiva*, la *revisión de la política de subvenciones y subsidios* que preservaban la *ineficiencia*, la *reestructuración de las empresas públicas* (cierre de las más ineficientes y cambios en los criterios de funcionamiento de las que permanecen; éstas tienden a dejar de actuar con criterio social y pasan a privilegiar el criterio de autofinanciamiento y rentabilidad) y la *legalización e impulso a la capitalización de la producción agraria*. Tales políticas van encaminadas a impulsar la modernización del aparato productivo que la solución de la crisis exige.

Estas políticas corresponden a la *estrategia neoliberal* que se está aplicando e imponiendo por los organismos financieros internacionales, como el FMI y el Banco Mundial, a la mayoría de los países capitalistas.

Las consecuencias de dicha política hay que analizarlas por su incidencia en

a) Los cambios de las condiciones técnicas y sociales de la producción, tanto de la industrial como de la agrícola. Aquí hay que resaltar la incidencia que la liberación del comercio tiene en la reestructuración de la industria manufacturera, así como la que la nueva Ley de Fomento Agropecuario tendrá en las formas de organización de la producción agrícola, con las respectivas consecuencias de ambas políticas en la concentración y centralización de la producción, y el desempleo, entre otras cosas.

b) El financiamiento y valorización del capital. Para lograr este objetivo se dirigen fundamentalmente la política de liberación de precios y la política de contención salarial, así como parte del excedente petrolero, que es empleado para disminuir los costos de producción de la industria a través del Plan Global de Desarrollo y del Plan Industrial.

2. *Crisis y regulación de la capacidad productiva y el mercado*

Los problemas de la baja productividad y de la agudización de los desequilibrios inter e intrasectoriales, así como entre la capacidad productiva y la insuficiencia de mercado, incidieron negativamente en la valorización del capital en el periodo 1970-1977.

En la crisis y en el periodo previo a ella muchas empresas enfrentaron problemas de realización (de desfase entre el crecimiento de la capacidad productiva y del mercado), que las obligaron a trabajar con altos márgenes de capacidad ociosa, afectando negativamente la tasa de ganancia.

Los problemas ya señalados que enfrentaron las empresas en ese periodo, a pesar de que incrementaban los costos de producción, no comprometieron del todo su proceso de acumulación de capital, debido a los mecanismos de respuesta que se pusieron en práctica. Así, el ajuste entre capacidad productiva y mercado no se planteó con base en un proceso competitivo de reducción de precios de mercado, para así incrementar el mercado y, por lo tanto, lograr el equilibrio entre las variables. Dada la *estructura oligopólica* predominante, el ajuste a esta situación, decíamos, se dio disminuyendo la inversión, a fin de que la capacidad productiva se redujese y se adecuara al menor crecimiento del mercado. Esto procedió manteniendo rígido, y hasta aumentando, el margen de ganancia (relación precio-costo), por la vía del incremento de precios para no ver reducida su tasa de ganancia, la que se veía comprometida por los mayores costos y por la reducción del crecimiento de la demanda. Este incremento de precios además era posible debido a que tal situación de mercado desestimuló la entrada de nuevas empresas, evitando así la competencia que podía originar la mayor ganancia a raíz del aumento de precios.

Este mecanismo de ajuste no procedió por igual para todas las empresas, debido a la heterogeneidad de tamaños y de productividad de éstas. Es decir, dependía del poder del mercado de las empresas, lo que les permitió proteger en mayor o menor medida su tasa de ganancia. Asimismo, fueron afectadas en forma diferente, según el sector y rama en que operaban. Aquellas que no vieron reducido en forma significativa su grado de utilización de la capacidad productiva tenían mejores condiciones de valorizar su capital. En esta situación las más perjudicadas son las empresas que tienen menores mecanismos de respuesta, como las pequeñas y medianas empresas. Éstas, por su baja productividad, tendrán menor tasa de ganancia y menor crecimiento, por lo que irá disminuyendo su participación en el mercado. Por su menor nivel de respuesta y de competencia, el mercado las minimiza y las margina.

Este proceso tiende a ser irreversible debido a la inviabilidad de esas empresas de modernizarse y reestructurar su proceso productivo para permanecer en el mercado con niveles satisfactorios de tasa de ganancia y crecimiento. Por lo tanto, los factores que llevan a disminuir la tasa de ganancia afectaron en mayor medida a las pequeñas y medianas empresas. En cambio, las grandes empresas, por su mayor productividad y posición oligopólica —que les permite un acelerado proceso de acumulación de capital—, recurren a mecanismos de ajuste de sus procesos productivos y a alzas de precios, con objeto de no ver afectada su tasa de ganancia.[11] Se origina, por lo tanto, una distribución de la ganancia entre las industrias en función de su grado de respuesta a tal situación.[12] En consecuencia, acontece una salida del mercado de empresas ineficientes, que no estaban en condiciones de mantenerse por las adversidades de la baja productividad y de la estrechez de mercado que padecían. Así, la crisis origina una desvalorización del capital, que crea mejores condiciones de mercado y de valorización para las empresas que permanecen, ya que el aumento de la centralización se traduce en mayores tasas de ganancia, tanto por el mayor grado de utilización de la capacidad productiva[13] que proporciona la salida de las empresas ineficientes como por los mayores precios que tal estructura de mercado les permite.

---

[11] A pesar de que en el periodo 1970-1977 muchas empresas mantuvieron y hasta aumentaron su tasa de ganancia, esto no se tradujo en mayores tasas de crecimiento de la inversión, debido a los problemas de realización del capital que enfrentaban.

[12] J. Steindl (*Madurez y estancamiento en el capitalismo norteamericano*, Siglo XXI Editores, México, caps. IX y X) analiza cómo en un periodo depresivo opera la distribución de las ganancias en favor de las industrias oligopólicas y en detrimento de las que no tienen estructuras competitivas de mercado.

[13] Cabe señalar que, de hecho, de 1970 a 1975 se observó un crecimiento del grado de utilización de la capacidad productiva (véase cuadro 8). Esto fue debido a que, ante el menor crecimiento de la inversión en dicho periodo, el crecimiento habido de la producción se realizó disminuyendo la capacidad ociosa. En tal periodo, a su vez, acontece una salida de pequeñas y medianas empresas en varias industrias, por los problemas de productividad y de mercado que padecían. Al respecto véase del autor "Características y contradicciones de la industria de transformación en México", en *Investigación Económica*, núm. 4, UNAM, México, 1978, cuadro 6.

La crisis, por consecuencia, genera las reestructuraciones del capital productivo que llevan a darle salida. Como se ha visto, la mayor centralización del capital es consecuencia de dicho proceso de regulación, ya que éste tiende a desalojar del mercado a las empresas ineficientes, aumentando el predominio de las empresas más grandes y más eficientes, capaces de comandar el proceso de modernización y los cambios del proceso productivo que la regulación exige para incrementar la producción.

La contracción de la producción y la disminución de los niveles de utilización de la capacidad productiva originan los mismos efectos sobre los niveles de empleo. La rapidez del ajuste del empleo a la caída de la producción pasa a depender en gran medida de la fuerza del movimiento obrero para defender su derecho al trabajo. Los despidos masivos de 1976 y 1977 generaron altas tasas de desempleo, evidenciando la facilidad con que se efectuó dicho ajuste, y, por consecuencia, la debilidad del movimiento obrero. La facilidad de llevar a cabo ese ajuste tiene efectos favorables para el proceso de acumulación de capital, ya que le permite al capitalista regular sus costos de producción (en este caso, costo del trabajo) a los niveles de producción con los que trabaja la empresa, y por ello no ver mermada su tasa de ganancia.

3. Regulación y crecimiento

La política de contracción del gasto público, que se acentuó en 1976-1977 —debido básicamente a los problemas del sector externo y al alto nivel de endeudamiento externo que se enfrentaban—, es dejada en 1978, ante las favorables perspectivas que ofrecían las exportaciones de petróleo.

El incremento del gasto público vendría a acelerar el crecimiento de la economía. Para la explotación creciente de los yacimientos y de las exportaciones petroleras se ha realizado un gran volumen y crecimiento de inversión pública, para lo cual se recurre en primera instancia, y fundamentalmente, al endeudamiento externo y, posteriormente, a los ingresos provenientes de las exportaciones petroleras. Esto ha propiciado el crecimiento económico, caracterizado por el auge petrolero.

El crecimiento alcanzado a partir de 1978 obedece fundamentalmente, en consecuencia, al crecimiento de la inversión ligada y derivada del sector petrolero, que ha influido tanto en la dinámica de ese sector como en la mayoría del resto de la economía. La mayor inversión pública desencadenó una dinámica que incrementó la demanda, permitiendo una mayor utilización de la capacidad productiva. Este mayor grado de utilización que la reactivación genera tiene efectos positivos en la tasa de ganancia de aquellas ramas industriales en que ello acontece, lo cual propicia el crecimiento de la inversión. Así, el crecimiento de la *inversión privada productiva* pasa a realizarse de nuevo a partir de 1978, ante perspectivas crecientes y seguras de obtener una tasa de ganancia, que ofrecía el crecimiento del mercado a raíz del auge petrolero (véase cuadro 7).

Por lo tanto, el crecimiento de la producción y exportación de petróleo crea condiciones para acelerar el proceso de acumulación de capital. Por un lado, por el mayor mercado que genera –lo que mejora las condiciones de rentabilidad y fomenta mayor inversión, remontándose así la fase recesiva–; por otro lado, por la capacidad de importación y de créditos externos, que permiten enfrentar a mediano plazo los problemas internos de la economía.

El incremento de la demanda a ritmos superiores ejerció una presión sobre los sectores productivos internos, *saturando la capacidad productiva.* Esto sucede en un contexto de baja productividad y de bajo crecimiento de la inversión privada productiva, por lo que la insuficiencia de la capacidad productiva interna con respecto a los requerimientos de la mayor demanda, al saturar rápidamente la capacidad productiva, ha propiciado no sólo mayor inversión, sino también mayor crecimiento de importaciones de todo tipo de productos y servicios, para no frenar el crecimiento económico que ello genera.

El crecimiento del mercado y de la economía que se produce a partir de 1978, al conducir a una rápida saturación de la capacidad productiva instalada, modifica la situación que tal variable presentaba anteriormente: la de altos niveles de capacidad ociosa. En el periodo actual *el crecimiento del mercado en ciertas ramas es tal que sobrepasa el crecimiento de la capacidad productiva,* y más qué por el lento crecimiento que éstas venían teniendo por los bajos ritmos de inversión de 1970 a 1977 (véase cuadro 7).

El crecimiento de la demanda viene a modificar los términos en que se venía presentando el desequilibrio entre el crecimiento de la capacidad productiva y el del mercado. Los problemas de realización han desaparecido en la mayoría de las ramas industriales, tanto por el incremento de la demanda como por el hecho de que la capacidad productiva había dejado de crecer desde inicios de los setenta, ocasionando que actualmente se esté trabajando a plena capacidad en la gran mayoría de las ramas industriales. Por esto la capacidad productiva resulta insuficiente para satisfacer el crecimiento de la demanda. Esta situación, en un contexto de protección de mercado, tiende a frenar tanto la salida de éste de empresas ineficientes como el retiro de equipo obsoleto, prolongando la vida útil de los equipos.[14]

La rápida saturación de la capacidad productiva, los bajos niveles de productividad, los rezagos del periodo de maduración de las inversiones, así como los problemas de infraestructura, de mano de obra calificada y de tecnología, han generado, por un lado, mayores importaciones para no limitar el proceso de acumulación de capital, y, por otro, propiciado la especulación. Los capitalistas han aprovechado tal situación, aumentando los precios para incrementar sus ganancias, lo cual acelera más la inflación.

El hecho de que las necesidades sociales sean mayores que las condiciones de producción internas hace que *la diferencia existente entre el precio de mercado y el precio de producción se amplíe aún más, aumentando por consecuencia la tasa de ganancia más allá de la plusvalía obtenida en el proceso de producción del sector o rama.* En este caso se absorbe plusvalía de otros sectores y ramas de la economía, lo cual incide en una mayor explotación de la fuerza de trabajo. Si esta situación de insuficiencia de la capacidad productiva con respecto a las necesidades sociales se presenta en el sector productor de bienes de consumo esencial —cuya producción determina en gran medida el valor de la fuerza de trabajo—, y si los reajustes salariales no corresponden al incremento de precios de estos bienes —debido a la inviabilidad de los capitalistas de aceptar la reducción de parte de la plusvalía apropiada—, entonces se genera un *proceso de desvalorización de la fuerza de trabajo.*

4. Regulación de los procesos productivos

Entre los problemas que tienen que enfrentar y solucionar los capitalistas para salir de la crisis, y regular el proceso de acumulación, se encuentran los bajos ritmos de productividad y de producción en los diversos sectores de la economía. El incremento de la productividad y de la producción reduciría costos, lo que contrarrestaría las presiones negativas sobre la tasa de ganancia.

Por la necesidad de avanzar en la racionalización del sistema económico, el incremento de la productividad —que permitirá aumentar la extracción de plusvalía— representa la palanca fundamental de dicho proceso. Esto se circunscribe al cambio de estrategia de crecimiento que la crisis económica exige. Se plantean también los requerimientos de competitividad para incrementar exportaciones de manufacturas y ampliar así el mercado y el crecimiento industriales. Ello tendría,

---

[14] J. Steindl, *op. cit.*, señala que "una elevada tasa de crecimiento y una alta utilización tenderán a retardar el retiro de equipo, prolongando la vida real".

además, efectos favorables en la balanza comercial, dadas las presiones que ésta venía ejerciendo sobre el proceso de acumulación de capital. Se resalta la necesidad de modificar el proceso de trabajo —proceso productivo— para incrementar la productividad. Esto adquiere mucho realce en el caso de la agricultura, para evitar de este modo las alzas de precios de estos productos, que ocasionan aumentos de costos de producción y, por lo tanto, problemas para el proceso de acumulación de capital.

Entre las medidas más recientes para tal propósito se encuentran el Sistema Alimentario Mexicano (SAM) y la Ley de Fomento Agropecuario. El SAM, con su política de precios, así como con la de subsidios e insumos baratos, crea condiciones de rentabilidad para propiciar la inversión en el campo e incrementar la productividad y la producción en las tierras de temporal. La Ley de Fomento Agropecuario, por su parte, pretende abolir las prácticas de producción no capitalistas, permitiendo la asociación entre ejidatarios y capitalistas. Esto modificará las formas de organización de la producción, acelerando la capitalización y modernización del campo, lo que permitirá incrementar la productividad y la producción en dicho sector, y a su vez incidirá en el valor de la fuerza de trabajo, teniendo efectos positivos para una mayor plusvalía en los sectores productivos.

La industria, por otro lado, para incrementar la productividad requiere aumentar la intensidad del trabajo, como también reestructurar los procesos productivos. El logro de esto último no depende exclusivamente de acciones internas, sino también del avance tecnológico de los países desarrollados.

En el periodo 1970-1977 en la industria se suceden permanentemente reajustes de personal, que llevan a aumentar la intensidad del trabajo —acelerando tiempos y movimientos— para los que permanecen en el proceso de producción.

El mecanismo de incrementar la intensidad del trabajo se origina sobre todo cuando las empresas ven mermadas sus ganancias al disminuir su grado de utilización de la capacidad productiva en forma significativa, por lo que hacen reajustes de personal. Esto implica mayor intensidad de trabajo para los que permanecen. Ello aumenta los niveles de explotación de la fuerza de trabajo y, por lo tanto, de plusvalía; reduce costos y contrarresta las presiones negativas sobre la tasa de ganancia.

La crisis obliga al sistema a racionalizar sus procesos productivos en la totalidad de los sectores y ramas, así como en el funcionamiento del sector público. La racionalidad se da en función de la búsqueda de la mayor tasa de ganancia, por lo que pasan a crecer más aquellos sectores y ramas donde ello se verifica, y a marginarse el resto. En los sectores y ramas de baja productividad y crecimiento se realizan procesos de ajuste, tal como cambios en la forma de organización de los procesos productivos —que propicien mayor inversión y modernización—, los cuales conducen a una mayor centralización del capital, a fin de incrementar la productividad y crear condiciones de rentabilidad para garantizar el proceso de acumulación de capital. Estos cambios del proceso productivo y las nuevas pautas de acumulación (mayor centralización del capital) tienen su incidencia en la estructura del empleo y en el mercado de trabajo, ya que la tendencia es la disminución del empleo productivo.

Al modificarse la estructura de mercado por la desvalorización del capital, se ocasiona cambios en el nivel y en la estructura del empleo.

Lo que sucede en el sector financiero con las tasas de interés es un reflejo, en gran medida, de lo que pasa en la esfera productiva. *El alza de precios por los problemas de productividad y de ganancia en la esfera productiva conduce a un alza de la tasa de interés, con objeto de proteger el sistema financiero a sus ahorradores y de evitar la fuga de capital financiero, ya que ello ocasionaría un colapso a dicho sistema.* Por su parte, el alza de la tasa de interés repercute en la esfera productiva, aumentando costos y encadenando un *círculo acumulativo* que no cesa si no son resueltos los problemas que afectan el proceso de acumulación del sector productivo.

La prosecución de la inflación, por lo tanto, refleja la inviabilidad del sistema de resolver los problemas de productividad y producción para así mantener la tasa de ganancia, por lo que al recurrir a los altos precios se evidencia la *permanencia de la crisis.*[15] De no resolverse los problemas de productividad y de producción que ha desencadenado la inflación, ésta no cesará. Es decir, la dificultad de reestructurar el proceso productivo para incrementar la productividad y solucionar los desequilibrios productivos y de servicios demanda la continuación del incremento de precios y el consecuente aumento de la explotación de la fuerza de trabajo, por la vía de la reducción de los salarios reales, constituyéndose en los mecanismos esenciales para mantener el ritmo del proceso de acumulación de capital. Esto es posible tanto por el control que los capitalistas ejercen sobre el nivel de la actividad económica como por la débil organización sindical, que hace recaer en los asalariados los mecanismos de ajuste para contrarrestar la baja de la tasa de ganancia.

El crecimiento de la demanda derivada del auge petrolero ha hecho más palpables los problemas de productividad y los desequilibrios existentes. La agudización de los desequilibrios inter e intrasectoriales

---

15 Un planteamiento similar se encuentra en R. Boyer y J. Mistral, *op. cit.,* p. 135.

ha alterado los precios relativos, que dada la interrelación del sistema económico generalizan la inflación. Así, ésta pasa a *sancionar* la agudización de los desequilibrios económicos que afectan el crecimiento estable del proceso de acumulación de capital. Esta alteración de la estructura de precios pretende crear condiciones de rentabilidad a nivel inter e intrasectorial, con objeto de reorientar el crecimiento de la inversión para fomentar la productividad y el crecimiento de los sectores y ramas rezagados. Se observa, por lo tanto, que los problemas de productividad y desequilibrio alteran la estructura de precios y generan inflación para regular y reordenar el funcionamiento de la economía. De esta manera, la política de liberación de precios, que en gran medida ha predominado últimamente, pretende trascender la política de precios de *economía ficción*, para que sean los mecanismos del mercado los que determinen las variaciones respectivas y la existencia de *incentivos* a la producción.

El predominio de las estructuras oligopólicas en la economía generaliza la inflación e impide la estabilidad de la estructura de precios en favor de los sectores y ramas de menor crecimiento. La generalización de la inflación pasa a crear condiciones de ganancias crecientes para la mayoría de los sectores y ramas productivas, haciendo difícil incidir en la estructura de la inversión en la orientación requerida para la solución de los desequilibrios existentes. Ello imposibilita por consecuencia la regulación del sistema productivo y del proceso de acumulación sobre bases más estables. Así, los aumentos de los precios de garantía del sector agrícola a partir de 1973 no han alterado los términos de intercambio entre la agricultura y la industria. Los mayores precios agrícolas fueron seguidos por alzas de precios industriales en mayor proporción, manteniendo los términos del intercambio a favor de la industria, y por esto manteniendo los mecanismos de transferencia de valor del campo a la ciudad.

A partir del diferencial de crecimiento de precios de las diversas actividades económicas podemos determinar la *redistribución de la ganancia* que se está generando.

El alza de costos —por la baja productividad y otros motivos— no afecta todas las industrias y empresas por igual. La incidencia de esto en los precios dependerá, como ya observamos, del grado de respuesta que permita la estructura del mercado, así como de las variaciones de la demanda. *Mientras más oligopolizado sea el mercado, se transferirá a los precios los mayores costos*, no sucediendo lo mismo con igual facilidad para las industrias menos concentradas. La disminución del crecimiento de la demanda (1970-1977), al incidir negativamente en la tasa de ganancia, llevó a los capitalistas a aumentar sus precios, dada la estructura oligopólica. De igual forma, en el periodo de 1978 a 1981 la falta de respuesta de la capacidad productiva al crecimiento de la demanda, aunada a las condiciones de baja productividad, han acelerado la inflación, además del crecimiento de las importaciones.

El crecimiento de la demanda en este periodo incrementó los niveles de utilización de la capacidad productiva, por lo que ha habido un aumento mayor del producto con respecto al capital instalado, incidiendo en los costos de producción. Los costos unitarios son menores a los prevalecientes en el periodo en que se trabajaba con altos niveles de capacidad ociosa. De aquí se concluiría que el ritmo inflacionario de los últimos años debería ser menor, situación que no se ha presentado. Esto implica que la capacidad productiva ha sido insuficiente para satisfacer el crecimiento de la demanda, lo cual, junto con la baja productividad y las desproporciones existentes, ha propiciado la especulación y configurado tasas de ganancia mayores que en el periodo anterior. Los reajustes salariales, efectuados en menor proporción que el alza de los precios desde 1977 a la fecha, refuerzan la posición de que *la inflación se ha debido fundamentalmente en este periodo al aumento de la tasa de ganancia.*

Boyer y Mistral señalan que "la inflación permite . . . operar una redistribución del ingreso real en detrimento de los ingresos que no están parcialmente indicados con el costo de vida".[16] Así, los productores y comerciantes ven incrementados sus ingresos con el alza de precios de sus productos; los banqueros se protegen con el aumento de las tasas de interés y con el diferencial entre las tasas de interés activa y pasiva. Los más perjudicados en este proceso son los asalariados, ya que los salarios no están *indexados.* Por lo tanto, *el proceso inflacionario altera la estructura de la distribución del ingreso en favor de las ganancias y en detrimento de los salarios.*

La disminución de la participación de las remuneraciones en el PIB manufacturero de 1976 a 1979 (véase cuadro 11) muestra que la inflación en este periodo no se debe a una lucha persistente de los trabajadores para no ver reducido su poder adquisitivo y su participación en el valor agregado, sino que se debe a la consecución de mayores ganancias.

En el momento en que la estructura y el crecimiento de las inversiones no están respondiendo a las necesidades de atenuar los desequilibrios sectoriales, se conduce a mayor inflación y a mayores importaciones. El proceso inflacionario ha favorecido al sector comercial en la apropiación de plusvalía. A través de las prácticas especulativas que les permiten las desproporcionalidades crecientes, así como por el control oligopólico que tienen sobre el mercado, *los capitalistas de*

---

16 *Ibid.,* p. 66.

ese sector se apropian de gran parte de la plusvalía, en detrimento de ciertos capitalistas productivos y, sobre todo, de la fuerza de trabajo. Como los sectores del comercio y de servicios no generan plusvalía, se apropian de la generada por la industria y la agricultura, así como de la obtenida por el sector petrolero, la cual es valorizada por los países importadores, sin olvidar la extracción de plusvalía que hacen a la clase obrera por la reducción de su poder adquisitivo.

Por su parte, las importaciones han permitido una menor inflación de la que se presentaría de no realizarse éstas, además de que se frenaría el crecimiento económico. Asimismo, la continuación de la inflación incentivará la mayor entrada de importaciones, y afectará el crecimiento de las exportaciones de manufacturas, *nulificando la viabilidad de crecimiento hacia afuera de dicho sector.* Esto implica que la política devaluatoria y la política de contención salarial desempeñarían un papel importante para lograr la competitividad de dicho sector, tanto en el mercado externo como en el interno. Pero dada la incidencia de la devaluación en el nivel de precios, se tendrá que recurrir a políticas devaluatorias permanentes.

La estabilidad de precios o el menor crecimiento de la inflación se consigue conforme avance el proceso de regulación y se resuelvan los problemas de productividad y producción, lo que les permitirá a los capitalistas aumentar la tasa de plusvalía y mantener el proceso de acumulación de capital en condiciones estables. El incremento de la productividad depende de la rapidez del ajuste para crear las condiciones necesarias para tal objetivo.

5. Regulación y salarios

La influencia que la crisis económica tiene sobre los salarios es muy significativa respecto al comportamiento que éstos estaban teniendo en el periodo previo (véanse cuadros 9, 10 y 11). La crisis exigía aumentar la concentración del ingreso en favor de las ganancias, y por tanto actuar en detrimento de los salarios, para impulsar el proceso de acumulación de capital, que estaba siendo afectado. La crisis viene a replantear, en consecuencia, la política salarial que venía aplicándose. La contracción de la actividad económica y la agudización del desempleo en 1976 y 1977 debilitaron al movimiento obrero y las demandas laborales, lo que permitió contener los niveles salariales.

La política de precios y salarios del actual régimen ha permitido, junto con la del petróleo, reducir el periodo de la crisis, ya que ha contrarrestado en gran medida los factores que inciden negativamente en la tasa de ganancia. Lo anterior pasa a crear condiciones para propiciar el aumento de las inversiones. Es decir, el crecimiento de las inversiones de 1978 a la fecha no sólo ha obedecido a los factores ligados y derivados del petróleo, sino también a la *política de liberación de precios* y a la *política de contracción de salarios*, que permiten aumentar la tasa de ganancia para financiar la reestructuración y modernización del aparato productivo que la actual estrategia de desarrollo requiere.

Estas políticas son producto de la necesidad de enfrentar la crisis económica, y no podían tener efectos inmediatos en 1977 (año en que se inicia en forma más acentuada su aplicación) debido a que se requería aliviar los problemas del sector externo, para lo cual el petróleo ha desempeñado un papel importante.

El éxito de estas políticas –las cuales han sido claves en el proceso de regulación actual– ha sido posible debido al control que el Estado y la burguesía tienen sobre el movimiento obrero.

El hecho de que los salarios no estén creciendo en proporción a los precios, es decir, de que se esté vendiendo la fuerza de trabajo por debajo de lo que percibía anteriormente en términos reales, o lo que es lo mismo, que los capitalistas estén pagando por la fuerza de trabajo menos de lo que antes les costaba en términos reales, no es otra cosa que *apropiación de mayor plusvalía por parte de los capitalistas*. Este mecanismo de apropiación se realiza en la esfera de la circulación, incrementando los precios en mayor proporción que los aumentos de costos, fortaleciéndose la ganancia monopólica. Esta ganancia tiende también a absorber plusvalía de otros sectores económicos, pero en el momento en que todos los capitalistas generalizan el aumento de precios, para protegerse de los mayores costos que enfrentan, se realiza una mayor transferencia de valor de la fuerza de trabajo a los capitalistas, y más en favor de aquellos que cuentan con mayor grado de monopolización.

La estructura industrial oligopólica modifica los mecanismos de regulación, a diferencia de los que se tenían en periodos anteriores. Esto hace, junto con los problemas económicos ya señalados, que el ajuste se realice en forma más violenta, recayendo en los salarios la contratendencia a la baja de la tasa de ganancia.

En la crisis del capitalismo mundial de los años treinta la depresión fue acompañada de la baja de precios, y el desempleo presionó para bajar los salarios.[17] Hoy día en los países capitalistas desarrollados *la depresión va acompañada de alza de precios, dado el predominio de las estructuras oligopólicas, y el desempleo no va acompañado de baja de salarios reales.*[18] En México en el periodo de 1970-1977, caracterizado

17 *Ibid.*, p. 180.
18 *Ibid.*

por su tendencia depresiva, el alza de precios ha estado presente, pero en cambio los mayores niveles de desempleo que se presentaron en 1976 y 1977 sí incidieron negativamente en los salarios reales, lo que evidencia que los únicos que ganaron fueron los capitalistas, por los mayores precios que cobraron y los menores salarios que pagaron. El periodo de crecimiento (1978-1980), en que aumentó el nivel de empleo, no se ha traducido en mayores salarios reales, lo cual evidencia de nuevo que tanto en la depresión como en el auge quienes han ganado han sido los capitalistas, y ha sido la clase obrera la que siempre ve empeorada su situación (véanse cuadros 9, 10 y 11).

El comportamiento de los salarios reales de 1977 a la fecha no es el mismo que tuvo hasta 1976, sino que disminuyó. Esto acontece como mecanismo contrarrestante de la incidencia negativa que en la tasa de ganancia tiene el bajo crecimiento de la productividad.

Ante la inviabilidad de mantener el proceso de acumulación por mecanismos endógenos —mejoramiento de los procesos productivos para incrementar la productividad y la plusvalía relativa—, se ha recurrido a la disminución de los salarios reales, lo cual ha sido viable tanto por el bajo nivel organizativo y combativo del movimiento obrero para defender la participación de los salarios en el valor agregado, como por la fortaleza creciente de los oligopolios de hacer prevalecer su posición de ganancias crecientes, independientemente de los niveles de productividad. Esto es lo que ha permitido contrarrestar en gran medida los problemas que llevan a diminuir la tasa de ganancia.

6. Regulación y liberación del comercio

El *proteccionismo* dominó el proceso de industrialización a partir de los cuarenta. A esta política se le atribuyen los problemas de ineficiencia, baja productividad y baja competitividad de la industria. Éstos se evidenciaron en la crisis de 1976-1977 y en el posterior crecimiento de la economía, lo cual ha replanteado la estrategia antes seguida. Se procede ahora al establecimiento de la ortodoxia del *lasser faire*, para que sean los mecanismos del mercado, es decir, las condiciones de la oferta y la demanda de un mercado abierto monopólico, los que regulen la actividad industrial y de la economía en su conjunto. Se opta por una apertura creciente del comercio exterior, para que el proceso de competencia que ello conlleva impulse la modernización y reestructuración del proceso productivo, para incrementar a su vez la eficiencia y productividad de la industria, situación que demanda la prosecución del proceso de acumulación de capital.

La apertura del mercado a la competencia internacional pasa a constituir un quiebre significativo de la estrategia de desarrollo de la economía mexicana, y en torno al cual se reestructura el funcionamiento reciente no sólo del proceso de industrialización, sino de la economía. O sea, la liberación del comercio implica un cambio del proceso de acumulación de capital, al conducir a uno competitivo a la producción interna, el cual actúa como mecanismo regulador del proceso interno de acumulación, ya que conduce a una reestructuración de los procesos productivos y los lleva —dado el incipiente desarrollo interno de la industria de bienes de capital— a adecuarse en forma más acelerada a los que prevalecen en los países capitalistas desarrollados, incrementando la internacionalización de tales procesos productivos, así como de las estructuras de mercado oligopólicas, con sus claras consecuencias para el empleo y la distribución del ingreso.

La liberación del comercio exterior, al reiniciar un proceso de competencia, permite la operatividad de la ley del valor para la regulación del sistema productivo y del proceso de acumulación de capital. Ello conduce a la desvalorización de la capacidad productiva ineficiente, que se efectúa por la salida del mercado de las empresas que son incapaces de readecuarse al proceso competitivo.[19]

El proceso de depuración interna que ocasiona el proceso de competencia tiende a aumentar los niveles de productividad de la industria en un contexto de mayor centralización de la producción, lo que impedirá que tal incremento de productividad se traduzca en baja de precios. Éstos quizás se estabilicen y no aceleren el proceso inflacionario en la medida en que la producción satisfaga los requerimientos crecientes del mercado. De no lograrse ello, continuará la inflación.

Cuando las ramas productivas internas son expuestas a la competencia internacional, los precios internos pasan a estar determinados en gran medida por dicha competencia. La apertura creciente del comercio exterior pasará a dificultar la determinación autónoma de los precios por parte de los productores internos, situación que les facilitaba la política proteccionista, que se traducía en altas ganancias. Al estar determinados los precios en gran medida por las condiciones de competencia, tenderá a obtener menos tasas de ganancia, lo que reducirá los ritmos de inversión, así como de la capacidad productiva y de la producción interna, con el consecuente aumento de la participación de las importaciones en el mercado nacional.

Cabe señalar que no todas las industrias son y serán afectadas de igual forma. Dependerá de sus condiciones tecnológicas y financieras

---

19 Independientemente de que el crecimiento del mercado tienda a dar estabilidad a las pequeñas y medianas empresas, éstas se verán afectadas en la medida en que se amplíe la liberación del comercio y tengan que competir con importaciones. De no reestructurarse tales empresas se acentuará el proceso de centralización del capital.

para reestructurar sus procesos productivos y adecuarse a dicho proceso competitivo. Esto ocasionará cambios significativos en el interior de la clase capitalista, en favor del sector más moderno y más vinculado a la internacionalización del capital.

Ante las consecuencias negativas que para la tasa de ganancia de los productores internos ocasionaría la apertura del comercio, tiende a ponerse en práctica una serie de medidas correctivas, como es la política devaluatoria. Ésta, al encarecer las importaciones, permite incrementar los precios de los productos internos, lo que protege su tasa de ganancia. Al agudizarse la inflación debido a la devaluación, se anularía en un corto periodo las diferencias de precios que permitió en su inicio la devaluación, por lo que, de no incrementarse la productividad interna a los niveles de los competidores externos, se tenderá a recurrir en forma más permanente a la devaluación.

La adecuación a las condiciones de competitividad, tanto en el mercado interno como en el externo, va acompañada también de una política salarial restrictiva, tendiente a disminuir las presiones sobre los costos de producción. En este contexto la política salarial pasa a ser determinada por los niveles de competitividad que dicho proceso exige, como también por los márgenes de ganancias con que están dispuestos a trabajar los productores.

Cabe resaltar que las políticas de subsidios, de apoyo financiero y de exenciones tributarias contenidas en el Plan Industrial van encaminadas en el mismo sentido de proteger la tasa de ganancia.

Además del objetivo de la política de liberación del comercio de propiciar la competencia interna, y así reestructurar los procesos productivos, se ha mencionado que esa liberación del comercio permitirá a México tener acceso a otros mercados, lo que permitirá incrementar las exportaciones de manufacturas, lo cual impulsará la dinámica de la industria y mejorará la situación de la balanza comercial externa, además de evitar que nuestro país se convierta en un monoexportador de petróleo.[20] El crecimiento hacia el exterior implicaría un esfuerzo de las empresas por reestructurar su aparato productivo. No todas podrán realizarlo, por lo que esta medida fortalecerá el proceso de concentración y centralización de la producción interna. Crecer hacia el exterior y enfrentarse al proceso competitivo implicará en cierta medida menor tasa de ganancia. El Plan Industrial contempla también políticas de subsidio y apoyo a los productores que exporten. Tales políticas están dirigidas a retribuir los esfuerzos de productividad y competitividad que desarrollen, permitiendo asegurar una tasa de ganancia aceptable.

[20] Estos planteamientos están presentes en las diversas publicaciones oficiales sobre el eventual ingreso de México al GATT, así como en el documento del Banco Mundial para México de diciembre de 1978.

Las exportaciones de manufacturas mexicanas tienen que competir no sólo con los productores de los países donde se destinan tales productos, sino también con las exportaciones de otros países que quieren vender sus productos. Las empresas nacionales, en lo general, no cuentan con los niveles de capacidad productiva y productividad para competir en el mercado internacional. A pesar de que el bajo costo salarial puede significar una ventaja con respecto a los países desarrollados, esto no contrarresta los altos niveles de productividad y mayor escala de producción con que trabajan esos países, lo cual excluye a las empresas nacionales del mercado mundial de manufacturas. Si a esto se agrega el creciente proteccionismo de los mercados de los países desarrollados por los problemas que enfrentan, se hace más evidente la inviabilidad del crecimiento de exportaciones de manufacturas, y más en la situación depresiva que hoy enfrentan muchos de estos países.

La viabilidad de modificar la estructura de exportaciones en favor de incrementar la participación de las exportaciones manufactureras enfrenta serios problemas, además de los anteriormente señalados. La mayoría de la producción manufacturera se ha canalizado al mercado interno, y esto no ha sido por casualidad, sino porque las empresas nacionales conocen fundamentalmente el mercado nacional, en el cual pueden incidir mejor. Las empresas transnacionales que operan en México lo han hecho básicamente para aprovechar el mercado interno, ya que en el exterior participan la empresa matriz y otras filiales. Esto ha derivado en que la capacidad productiva y tecnológica instalada está adecuada a las condiciones del mercado local, con barreras proteccionistas.

Las empresas mexicanas que exportan y que tienen filiales en el extranjero son empresas de alta productividad y de gran capacidad productiva, que han rebasado las dimensiones del mercado interno, por lo que para mantener su dinámica se están expandiendo al mercado externo. Estas empresas generalmente son las líderes de las industrias en que operan, y su dinámica se sustenta fundamentalmente en el crecimiento del mercado interno. Sus exportaciones y las filiales que operan en el extranjero son de una cuantía insignificante, que no determina la dinámica de esas empresas, ni mucho menos la dinámica industrial.

Entre las políticas tradicionales para incrementar las exportaciones de manufacturas se encuentra la política devaluatoria, la cual incide en la estructura de precios relativos entre las nacionales y las del exterior, lo que fomenta las exportaciones y restringe las importaciones. Actualmente las diferencias de precios son tan significativas con respecto al extranjero que la devaluación tendría que alcanzar grandes proporciones. Pero dado el alto contenido importado de las inversiones, ello repercutiría en un alza de costos de los bienes de producción importados, lo que afectaría la inversión de las empresas financieramente más débiles, acentuándose por lo tanto la centralización del capital y actuando, en consecuencia, como mecanismo regulador del sistema. La incidencia del alza de costos en los precios disminuirá la diferencia de precios internos respecto a los del exterior, nulificando el efecto inicialmente establecido por la devaluación.

Mientras persista la diferencia de precios en favor de los productos nacionales tenderá a haber un cambio de preferencias hacia estos productos con respecto a los importados, pero dependerá de la capacidad productiva interna para satisfacer tal cambio de estructura de demanda, sin alteración del nivel de precios. Si no existe capacidad productiva suficiente, se acelerará el proceso inflacionario y continuará la entrada creciente de importaciones, que la política de liberación facilita.

Aunque la diferencia de precios pueda persistir por cierto tiempo, esto no necesariamente incrementaría las exportaciones de manufacturas, debido a que no sólo intervienen los precios relativos en éstas, sino también factores como a) la existencia de capacidad productiva para exportar; b) condiciones de asistencia de calidad y crédito para la venta de tales productos; c) permanencia y prestigio en el mercado internacional; d) política de acuerdos bilaterales; y e) apertura de mercados externos, entre otros. Estos factores en nuestro caso no operan en sentido favorable, haciéndose más difícil por lo tanto las exportaciones de manufacturas.

La entrada creciente de importaciones —que permite y facilita la liberación del mercado—, al desencadenar un proceso competitivo con la producción interna, afectará la tasa de ganancia (en comparación con la obtenida cuando prevalecía la política proteccionista), lo que desestimulará las decisiones de inversión. Esto hará que la capacidad productiva no crezca para satisfacer los requerimientos de la creciente demanda, a pesar de las políticas salariales y de precios actuales, como también de las políticas de subsidios y estímulos fiscales contenidas en el Plan Industrial y en el Plan Global de Desarrollo, orientadas a mejorar la tasa de ganancia y a atraer la inversión. Esto profundizará los desequilibrios inter e intrasectoriales, lo que aumentará aún más las importaciones facilitadas por la liberación del comercio, que no sólo vienen a cubrir las deficiencias de la producción interna, sino también desplazan la producción nacional del mercado interno, reduciendo por consecuencia su participación en la oferta total.

A pesar del crecimiento económico de los últimos años (1978-1980), poco se ha avanzado en el proceso de sustitución de importaciones. Por el contrario, parece que éste ha retrocedido ante la política de liberación del comercio. Los problemas de los desequilibrios internos, así como el déficit del comercio exterior, plantean la necesidad de avanzar en la sustitución de importaciones. Si bien existen políticas encaminadas a ello, están prevaleciendo y desarrollándose otras políticas que conducen a limitar el proceso de industrialización y a integrar más la economía mexicana, a través del comercio, a la economía mundial. La estrategia que se está siguiendo es contraria, por lo tanto, a aquella en la que prevalecía la política comercial proteccionista y, por ende, el proceso de sustitución de importaciones.

Las importaciones no sólo afectan la producción de las industrias de bienes que han sido liberados, sino también la producción de las industrias que producen para aquéllas. Ello agudiza los desequilibrios y genera una reacción en cadena que tiende a redundar en menor crecimiento de la industria manufacturera, en menor coherencia del aparato productivo y en menor crecimiento del empleo productivo, además de su incidencia en el déficit comercial externo.

El proceso de acumulación iría, por lo tanto, dependiendo cada vez menos de la coherencia del comportamiento de los sectores productivos internos, y dependerá cada vez más de las exportaciones de petróleo y del endeudamiento externo para contrarrestar tales desequilibrios, y mediante importaciones dar la coherencia y estabilidad que demanda el proceso de reproducción del capital.

El acelerado crecimiento de las importaciones y el consecuente déficit creciente del comercio exterior plantean la necesidad de revisar la política de liberación del comercio si no se quiere llegar, por un lado, a una situación de crecientes niveles de exportación de petróleo para amortiguar los problemas que tal política está agudizando, y, por otro lado, a la aplicación de medidas tendientes a reducir las presiones sobre las importaciones, como podrían ser la política contraccionista y la política devaluatoria.

El petróleo es lo que ha estado en el centro de la política de liberación del comercio. Debemos recordar que tal política se inscribe en el principio de las *ventajas comparativas*, en el cual la apertura del comercio exterior actúa en favor de los sectores de mayor productividad y de mejores condiciones de competitividad en el mercado internacional. En nuestro caso, el poseer un recurso escaso no renovable y de interés mundial, nos hace tener ventajas comparativas con respecto a muchos otros, lo que se traduce en presiones para que México aumente las exportaciones de ese recurso energético. Los países capitalistas desarrollados han estado presionando a México para que ingrese al GATT y para que libere en forma creciente el comercio exterior. Dada la mayor ventaja competitiva de los productos manufacturados y agrícolas de esos países con respecto a la producción nacional, aquélla actúa en favor de la expansión de tales economías desarrolladas, aprovechando las condiciones de la expansión y rentabilidad de nuestro mercado, además de que mayores ventas a nuestro país se traducen en mayores exportaciones de petróleo por parte de México. Así, tal política de liberación del comercio implica una estrategia de crecimiento que tiende a convertirnos en un país monoexportador de petróleo, y a importar aquello que resulte más barato con respecto a la producción nacional, con sus consecuencias para la dinámica industrial y para la economía mexicana en su conjunto.

7. Regulación y Planes de Desarrollo

Cuando los mecanismos del mercado no logran la suficiente eficiencia –por los obstáculos que enfrentan– para regular el sistema económico, el Estado, mediante sus políticas, pasa a jugar un papel importante al impulsar dicha regulación. Al no contrarrestarse la tendencia decreciente de la tasa de ganancia, así como al no cumplirse la tendencia a la igualación de la tasa de ganancia interindustrial, señal de que existen factores que impiden la operatividad de la ley del valor, lo cual tiende a frenar la reproducción del sistema. De ahí la necesidad de la acción del Estado para asegurar la operatividad de la ley del valor y la aplicación de medidas orientadas a aumentar la tasa de ganancia y a la igualación de ésta entre sectores y ramas. Las políticas de subsidios, de exenciones tributarias, de venta de insumos productivos baratos contemplados en el Plan Global de Desarrollo, como en el Plan de Desarrollo Industrial, así como otras políticas no presentes en dichos planes, como la revaluación de activos y depreciación acelerada que se han venido aplicando, van encaminadas a reducir costos de producción y a aumentar por consecuencia las ganancias de las empresas a fin de estimular la inversión.

Los planes contemplan políticas preferenciales a determinadas ramas industriales, a fin de crear condiciones de rentabilidad para incentivar la movilización de capitales a las ramas que se pretende desarrollar. Ello permitirá contribuir a la verificación de la tendencia, a la igualación de la tasa de ganancia entre ramas, y por lo tanto, a lograr la mayor coherencia del funcionamiento del sistema capitalista. Así la acción del Estado pretende regular la economía, contrarrestando los obstáculos a la operatividad de los mecanismos del mercado para regular la tasa de ganancia entre sectores y ramas y por lo tanto mantener el proceso de reproducción del sistema.

Es necesario determinar la eficacia de las políticas contenidas en los planes para propiciar la inversión y la movilidad de capitales tendientes al logro de una estructura productiva más coherente que permita un crecimiento más indispensable y autosustentado. Por un lado, la gran participación que las empresas transnacionales tienen en la industria de transformación de nuestro país hace perder efectividad a las políticas de los planes para reestructurar el crecimiento industrial, ya que las empresas transnacionales obedecen a objetivos estratégicos determinados por su matriz, y no los fijados por los estados nacionales en que operan. Por otro lado, se debe considerar que, paralelamente a estas políticas presentes en los planes, están actuando otras que contrarrestan en gran medida los propósitos de esos planes, como es la política de liberación del comercio exterior, la cual, como ya analizamos, actúa en detrimento del avance de la industrialización y del crecimiento interindustrial coherente que persigue el Plan Industrial.

Lo anterior manifiesta los límites de tales planes —además de ser normativos— para el logro de sus objetivos. Su función, en primera y única instancia, es transformar y movilizar el capital derivado del petróleo en beneficio de la clase capitalista, ya que las políticas contenidas en dichos planes representan sacrificios fiscales y de capital compensados con ingresos tributarios derivados del petróleo. El no cumplimiento de las metas fijadas por esos planes evidencia la inoperancia de las medidas en ellos contenidas para reestructurar el desarrollo industrial; sólo se han concretado a aumentar las ganancias de los capitalistas.[21]

8. La regulación y sus problemas

Los mecanismos de regulación anteriores a la crisis perdieron eficacia y generaron contradicciones que limitaron el proceso de acumulación de capital. Esto generó y exigió nuevos mecanismos reguladores, los que a su vez tenderán a perder eficiencia y generarán nuevas contradicciones.

Las contradicciones provocadas por el proceso de acumulación tienden tanto a hacer más difícil el éxito de ajuste como a reducir la eficacia de las medidas contrarrestantes, haciendo más costoso el ajuste. El proceso de ajuste o regulación requiere la readecuación de los procesos productivos para solucionar los problemas que enfrenta el proceso de acumulación de capital. En esto la desvalorización del capital por la salida de pequeñas y medianas empresas del mercado, decíamos, desempeña un papel importante. Ello implica altos costos para esta fracción capitalista. Se evidencia que la salida de la crisis implica la depuración del proceso productivo, lo cual modifica la

---

21 Para un análisis más detallado de esos planes véanse Arturo Huerta y Emilio Caballero, "La estrategia gubernamental: planes y programas económicos en 1979", en *¿La crisis quedó atrás?*, Facultad de Economía, de la UNAM-Ediciones ACERE, México, 1980.

estructura del poder económico en el interior de la clase capitalista, originando problemas entre ella.

El sistema exige, para lograr mayor coherencia en su financiamiento, el cumplimiento de la tendencia a la igualación de las tasas de ganancia inter e intrasectoriales, y la consecuente movilidad de capitales, para lograr así los equilibrios inter e intrasectoriales requeridos.[22]

Tal proceso de ajuste es obstaculizado por las estructuras oligopólicas, así como por la existencia de formas organizativas de la producción no capitalistas (como el caso de la agricultura, que es el sector clave para la aceleración sostenida del proceso de acumulación) y por la inviabilidad del desarrollo interno de ciertas ramas productivas, debido entre otras cosas a la dependencia tecnológica. Eso obstaculiza la movilización del capital y por lo tanto la tendencia a igualar la tasa de ganancia, limitándose así la realización endógena del proceso de regulación del sistema capitalista.[23]

Mientras las condiciones para incrementar la capacidad productiva en aquellos sectores o ramas industriales que están rezagados con respecto a los requerimientos del mercado no sean fáciles, persistirán las diferencias de tasas de ganancias y de crecimiento entre los sectores y las industrias, y los rezagos entre capacidad productiva y la satisfacción de las necesidades sociales.

En la medida en que el ajuste entre el crecimiento de la capacidad productiva y el crecimiento del mercado tome tiempo —tanto por las dificultades de obtener el capital y los requerimientos tecnológicos necesarios para incrementar la capacidad productiva como por los obstáculos de abastecimiento de materias primas, así como por los problemas de realización y maduración—, se retardará el mecanismo de ajuste, por lo que persistirán los aumentos de precios de mercado más allá de los precios de producción y las diferencias de tasas de ganancia.

Por el contrario, mientras menores sean los requerimientos de capital y tecnología, y más fácil su puesta en operación, más expedito será el mecanismo de ajuste y la verificación de la igualación de las tasas de ganancia inter e intrasectoriales.

El problema es que se presenten las condiciones para que esto opere, es decir, que se dé el diferencial de precios y la movilidad de

---

[22] Nos referimos al sector para denotar actividades productivas, y en especial al sector agrícola y al industrial. Con la referencia intrasectorial nos referimos exclusivamente al interior de la industria, es decir, a las diversas ramas industriales.

[23] Al respecto G. de Bernis, *op. cit.*, señala: "está claro que si la concentración ha evolucionado profundamente, si nos enfrentamos con monopolios, no es ya muy seguro que la tendencia a la igualación de la tasa de ganancia pueda mantenerse, y que la coherencia del proceso de acumulación, es decir, el ajuste de la estructura de la producción a la estructura de la necesidad social, pueda realizarse" (p. 46).

capital para el logro de la igualación de la tasa de ganancia. Por una parte, las alzas de precios tienen ciertos límites, uno de los cuales es fijado por los problemas políticos que originan, lo que restringe la probabilidad del libre funcionamiento del mercado para la fijación de precios y continuar así el proceso de regulación. Por otra, están los obstáculos a la movilidad del capital, tanto por el alto riesgo que implica la inversión en determindos sectores (como en el caso de la agricultura, de ahí la Ley de Fomento Agropecuario, que trata de crear condiciones de estabilidad política y rentabilidad y viabilidad para la inversión capitalista) como porque el desarrollo de ciertas industrias no depende tanto de las altas ganancias, sino que las inversiones se realizan en función de una estrategia global de crecimiento (como es el caso de la inversión de las empresas transnacionales, las cuales tienen monopolizada la industria de bienes de capital en nuestro país).

Para que opere la movilidad de capital debe existir facilidad de ingreso a los sectores y ramas industriales, y que no haya respuesta adversa a tal entrada. En el caso de la agricultura existe el problema político, ya que se nulificaría el ejido y, con ello, las prácticas de producción social y la esperanza de continuar con el reparto agrario. En el caso de ciertas industrias el obstáculo estaría constituido por las barreras a su entrada, tanto por la existencia de grandes empresas oligopólicas como por los altos montos de capital requeridos y las exigencias tecnológicas y de mercado, entre otros factores, Éstos impiden la movilidad del capital y el crecimiento y competencia en esos sectores y ramas industriales, obstaculizando la tendencia a la igualación de la tasa de ganancia entre éstos, así como el logro de un crecimiento más equilibrado entre ellos.

La acción del Estado en la aplicación de medidas de política económica, como la nueva Ley de Fomento Agropecuario, la política de precios y salarios, la política de liberación de comercio y el Plan Global de Desarrollo y el Plan Industrial, tienden a dar fluidez a los mecanismos de regulación.

A pesar de que se logren aumentos de productividad en el campo, y ello permita reducir los aumentos de precios de sus productos, no se reducirá su crecimiento a un nivel tal que afecte su tasa de ganancia con respecto al resto de la economía. De no cumplirse cierta igualdad, no se mantendrá el crecimiento de la inversión y de la producción entre los diversos sectores de la economía en las proporciones que exige la solución de los problemas de desigualdad existentes.

De igual forma, si el incremento de la productividad y de la producción interna (de cualquier sector e industria) no crece a los ritmos que el mercado exige, continuará el alza de precios.

De acontecer todo esto, continuarán en forma creciente las importaciones, con sus consecuencias que provocan una menor dinámica industrial, así como el aumento del déficit comercial externo y mayores tasas de crecimiento de exportación de petróleo requeridas para financiarlo.

Dependiendo de la facilidad y rapidez obtenidas en los adelantos de la reestructuración de los sectores de baja productividad –que venían creciendo menos que los requerimientos exigidos por el mercado– es como se eliminarán las presiones a la baja de la tasa de ganancia. En el momento en que la reestructuración no se dé de manera fluida, se tenderá a frenar el proceso de acumulación de capital, ya que proseguirán los obstáculos. Al no tener viabilidad de aplicarse, o no procedan los mecanismos reguladores para enfrentar tales situaciones, se mantendrán latentes los problemas que ocasionaron la crisis económica.

La dificultad de reestructurar el proceso productivo, o el hecho de que la reestructuración implique periodos largos, hará que prosiga la baja productividad y los altos costos de producción.

La persistencia de los obstáculos endógenos del proceso de acumulación de capital, representados por la baja productividad y los desequilibrios inter e intrasectoriales, ocasiona que la dinámica del proceso de acumulación de capital pase a depender del ritmo de crecimiento de las exportaciones, de la capacidad de endeudamiento externo y de la reducción de los salarios reales. En el cuadro 12 podemos apreciar el acelerado crecimiento de las exportaciones petroleras en los últimos años. En 1978 el valor de esas exportaciones fue de un millón 774 mil dólares, y representaba el 31,3 por ciento del total de mercancías exportadas; en 1981 el valor fue de 9 millones 429 mil dólares, y representó el 61,6 por ciento del total de las exportaciones de mercancías, tomando en cuenta que en 1973 no se exportaba nada de petróleo. El sector petrolero se ha convertido en el eje dinamizador de la economía mexicana, modificando la estructura del crecimiento de la economía (véase cuadro 1), y ha configurado una nueva fase del proceso de acumulación de capital en el país. El auge petrolero viene a actuar como condicionante externo del proceso de acumulación, al dinamizar dicho proceso. Además de hacer dinámico el mercado interno, reduce los límites que impone el sector externo. Es decir, las divisas que otorgan tales exportaciones, así como la mayor disponibilidad de créditos que permiten, posibilitan financiar la mayor parte de las importaciones que la baja productividad y los desequilibrios internos obligan a hacer.

Mientras persista la posibilidad de incrementar las exportaciones de petróleo, las desproporciones existentes no limitarán el proceso de acumulación, pero esto dependerá básicamente del volumen y ritmo de las exportaciones petroleras, ya que esto posibilitará las importaciones necesarias para cubrir los requerimientos internos y evitar límites al proceso de acumulación de capital.[24] Esto hace ver lo frágil de la estabilidad del crecimiento de la economía mexicana, la cual está dependiendo de crecientes exportaciones de petróleo, lo que provocará que México se convierta en un país monoexportador de petróleo y altamente endeudado con el extranjero.

A pesar de las crecientes exportaciones de petróleo, el déficit de cuenta corriente de la balanza de pagos sigue aumentando (véase cuadro 5), lo que hace pensar que, de no ampliarse la plataforma petrolera y las exportaciones de petróleo (lo que implica superar el límite ya fijado para 1982), se limitará el incremento de las importaciones que requiere el crecimiento económico. De no zanjarse los problemas de productividad y los desequilibrios internos, el crecimiento de la economía puede continuar, por un tiempo, con base en crecientes exportaciones de petróleo, junto con la restrictiva política salarial que ha prevalecido en este periodo. Pero llegará el momento en que, por un lado, el déficit de cuenta corriente no podrá ser amortiguado con mayores exportaciones de petróleo y mayor endeudamiento externo, y, por otro lado, estará el límite de la reducción de los salarios reales, dado tanto por condiciones fisiológicas de la fuerza de trabajo como por cuestiones políticas. Esto hará que afloren los problemas anteriores, obstaculizándose de nuevo el proceso de acumulación de capital.

La estabilidad del proceso de acumulación pasa por la estabilidad del orden político y social; de ahí que la política de contracción salarial tenga su límite, y se haga más imprescindible la acción del Estado para abordar la respuesta obrera y mantener así el orden social que requiere el proceso de acumulación.

Los mecanismos reguladores del sistema capitalista mexicano hoy prevalecientes no se pueden tomar como definitivos. El proceso de regulación en su forma pura está generando contradicciones y resistencias tanto entre capitalistas como entre trabajadores. Entre los capitalistas los pequeños y medianos industriales son los más perjudicados, y los que más se oponen. La oposición de la clase trabajadora, a la política actual se hace cada vez más notoria. Ello tiende a limitar la actual política económica, y a modificarla, reduciendo por lo tanto su eficacia. La política económica y de regulación tiende a adecuarse al contexto político-social en que se circunscribe.

---

[24] Al respecto, M. Merhav señala que "El tamaño y la tasa de expansión del sector exportador determinan, a través del volumen de importaciones que posibilitan, los límites posibles de expansión del sector interno", *Dependencia tecnológica, monopolio y crecimiento*, Editorial Periferia, p. 237.

*9. Contradicciones generadas por el nuevo proceso de regulación
y características del reciente crecimiento económico de México*

a) Contradicciones del proceso de regulación

Entre las contradicciones generadas por los mecanismos actuales de regulación se pueden señalar las siguientes:

1. Las prácticas capitalistas en el sector agrícola agudizarán los problemas políticos del campo, tanto por el mayor desempleo que las nuevas formas de producción tienden a generar como por el problema de la tenencia de la tierra.
2. La disminución de salarios reales también llevará a aumentar la resistencia obrera, tendiendo a limitar los márgenes de maniobra de tal política.
3. Al recurrirse a importaciones para satisfacer los requerimientos internos y para impulsar el proceso interno de modernización, también se crearán contradicciones en el interior de la clase capitalista, debido a que las fracciones más débiles y de baja productividad serán las más afectadas, lo que se traducirá en protestas de tales grupos. Todo esto limitará la eficacia de los mecanismos reguladores, agudizando las contradicciones y reduciendo y replanteando esos mecanismos reguladores.
4. La liberación del comercio aumentará la internacionalización de nuestro mercado, lo que tenderá a reducir la viabilidad de aplicar medidas locales para desarrollar nuestra industria.[25]
5. Al no resolverse los problemas de productividad y los desequilibrios internos, llegará un momento en que las exportaciones de petróleo no podrán contrarrestar el límite impuesto por el déficit del sector externo, por lo que se frenará el proceso de acumulación de capital, provocando una nueva crisis económica.

b) Características del crecimiento

El crecimiento reciente de la economía mexicana (1978-1980) presenta ciertas características tendenciales:

1. Su crecimiento está basado en determinados sectores económicos, tales como la producción de petróleo y petroquímica, bienes de consumo duradero y algunas actividades comerciales y de servicios,

---

[25] Al relegarse la política proteccionista y al optarse por una liberación creciente del comercio, se disminuye el poder del Estado para regular el proceso de industrialización, que queda al libre arbitrio del mercado.

lo cual deriva en la agudización de los desequilibrios inter e intrasectoriales. Un rasgo característico muy importante es la pérdida
de dinamismo de la industria manufacturera, acompañada de un
significativo crecimiento de importaciones de todo tipo, lo que ha
profundizado el déficit de cuenta corriente de la balanza de pagos
y el endeudamiento externo.
2. Ritmo acelerado de inflación y pérdida del poder adquisitivo de las
clases trabajadoras. Los bajos niveles de productividad, junto con
la insuficiencia de la capacidad productiva interna para satisfacer
la creciente demanda, ha ocasionado alza de gastos, como también
ha propiciado la especulación, a pesar del crecimiento de las importaciones, lo que ha afectado sobre todo a los asalariados.
3. Aumento de la concentración del aparato productivo, tanto por las
modificaciones que están sucediendo en el proceso de trabajo, como
por la salida del mercado de pequeñas y medianas empresas, incapaces de competir con las mayores importaciones que propicia la
creciente liberación del comercio.

En las fases de crecimiento económico siempre se ha observado un
incremento de la participación de la industria manufacturera en el PIB,
ya que ésta ha sido el pivote de crecimiento. En la fase actual parece
cambiar la situación:[26] la industria manufacturera no tiene un dinamismo alcanzado en otros periodos de crecimiento; deja de ser la base
de la dinámica económica, y pasan a ser otras actividades económicas
—como el petróleo— las que tienen un crecimiento más significativo, y
a determinar la dinámica alcanzada.

La falta de desarrollo del proceso de industrialización para satisfacer
el crecimiento de la demanda de bienes manufactureros ha propiciado
cambios de la estructura de consumo en favor de los bienes de servicios
y de las importaciones. El menor crecimiento de la industria manufacturera con respecto al de la demanda ha fomentado las actividades
comerciales, como los servicios improductivos.

A partir de las características que va asumiendo el crecimiento de
la inversión y su estructura, tanto por las consecuencias de la política
económica como por la respuesta a los problemas que se enfrentan,
podemos ver las que asumirá la economía, como la incidencia que tiene
en el crecimiento y la estructura del empleo, así como en la estructura
salarial y el salario medio.

Al concentrarse el crecimiento básicamente en ciertas ramas industriales, y en las grandes empresas, se está configurando una clase obrera

---

26 Evolución de la industria manufacturera en los sesenta y setenta, y su participación en el PIB. Ver cómo no ha variado significativamente en los setenta.
Evolución del crecimiento y participación en el PIB de otros sectores.

elitista, agrupada en las ramas de más alta productividad y crecimiento. Los cambios que esto tiene en la estructura del empleo agudiza las diferencias de salarios, en favor de los trabajadores de los sectores y ramas de mayor productividad y crecimiento, y en detrimento de los trabajadores del resto de la economía. Ello disminuye el salario medio y, por lo tanto, reduce la participación de los salarios en el valor agregado, con el consecuente aumento de las ganancias.

En resumen, los cambios estructurales de las inversiones, las modificaciones de la organización y del proceso de trabajo en diversas actividades económicas, así como la mayor centralización de la actividad económica —sustentado ello en el deterioro del poder adquisitivo de los trabajadores y en crecientes exportaciones de petróleo—, están constituyendo las nuevas características del capitalismo mexicano, tendiente a reestructurarse ante las nuevas modalidades que exige el capitalismo mundial hoy en día.

En definitiva, las características que asuma el proceso de ajuste determinarán los nuevos rasgos estructurales que predominarán en el proceso de acumulación de capital en nuestro país.

CUADRO 1

Producto interno bruto (precios de 1960)
Tasa media de crecimiento anual

(En porcentajes)

	1960 a 1970	1970 a 1975	1975 a 1977	1977 a 1980
PIB	7,0	5,6	2,7	7,5
Agricultura	3,6	0,7	3,0	2,8
Petróleo	8,3	6,9	14,8	15,6
Manufacturas	8,9	5,9	3,5	7,6
Construcción	8,3	8,3	-1,9	13,2
Electricidad	13,5	8,6	7,9	7,9
Comercio	7,3	5,2	0,1	6,7
Comunicaciones y transportes	6,5	9,9	5,6	10,3
Otros servicios	5,5	4,3	1,9	4,4

Fuentes: Elaborado con base en *Información económica / Producto interno bruto y gasto*, Cuaderno 1970-1979, Banco de México, México, p. 39; e *Informe anual 1980*, Banco de México, México.

CUADRO 2

Estructura porcentual del PIB

	1960	1970	1980
PIB	100,0	100,0	100,0
Agricultura	9,8	7,1	4,9
Petróleo	3,4	3,8	6,3
Manufacturas	19,2	22,8	23,5
Construcción	4,1	4,6	5,5
Electricidad	1,0	1,8	2,3
Comercio	31,2	31,8	29,0
Comunicaciones y transportes	3,3	3,2	4,4
Otros servicios	16,5	14,3	12,1

Fuente: Véase cuadro 1.

CUADRO 3

Productividad por rama de actividad económica
Tasa media de crecimiento anual
(En porcentajes)

	1960-1968	1968-1973	1973-1978
Agropecuaria	3,35	1,20	- -
Petróleo	1,21	2,07	4,71
Manufacturas	3,61	3,46	1,54
Construcción	5,35	5,12	1,85
Electricidad	8,30	3,87	1,21
Transportes	3,42	3,80	1,67
Comercio	3,97	3,02	1,92
Otros servicios	0,83	1,01	-1,21

Fuente: Vladimiro Brailovsky, *"Industrialización y Petróleo en México / Una perspectiva de largo plazo"*, ponencia presentada en el Simposio sobre Petróleo, realizado en Oaxaca, septiembre de 1980, cuadro 1.

CUADRO 4

Índice de precios implícitos del PIB
(Base 1960 - 100)
Tasa media de crecimiento anual
(En porcentajes)

	1960-1970	*1970-1972*	*1972-1979*
PIB	3,5	5,0	20,7
Agricultura	3,4	5,5	24,5
Petróleo	0.6	0,2	23,0
Manufacturas	3,4	5,9	20,4
Construcción	4,6	5,5	22,9
Electricidad	1,4	0,0	14,2
Comercio	2,7	4,0	20,7
Comunicaciones			
y transportes	1,6	5,5	18,4
Otros servicios	5,6	7,5	18,8

Fuente: Elaborado con base en *Información Económica / Producto interno bruto y gasto*, Cuaderno 1970-1979, Banco de México, México, p. 62.

CUADRO 5

Evolución de la balanza de mercancías y servicios
(Promedio anual, en millones de dólares)

	1960-1965	*1965-1970*	*1971-1978*	*1979*	*1980*
Déficit de la balanza de mercancías y servicios	242,0	570,6	2 027,1	4 856,4	6 596,6

Fuentes: Elaborado con base en *Información sobre las relaciones económicas de México con el exterior*, Secretaría de Programación y Presupuesto, México, cuadro 1-B, pp. 28-29; e *Informe anual, 1980*, Banco de México, México, cuadro 18, p. 176.

CUADRO 6

Demanda y oferta de la industria manufacturera (precios de 1960)
Tasa media de crecimiento anual
(En porcentajes)

	1960-1970	1970-1977
Demanda interna[1]	8,1	4,9
Valor de la producción bruta[2]	8,6	5,4

Fuentes: [1] Elaborado con base en *Economía Mexicana*, núm. 2, CIDE, México, p. 54.

[2] Elaborado con base en *Información económica / Producto interno bruto y gasto*, Cuaderno 1970-1979, México, p. 55.

CUADRO 7

Inversión fija bruta*
(En millones de pesos)

	Inversión pública		Inversión privada	
	Monto	Tasas de crecimiento promedio anual (°/o)	Monto	Tasas de crecimiento promedio anual (°/o)
1965	11 504		27 550	
1966	13 093		29 422	
1967	17 021	13,7	31 139	
1968	18 822		34 159	7,6
1969	20 611		36 278	
1970	21 861		39 744	
1971	16 279	-34,3	43 032	8,3
1972	22 895	40,6	44 350	3,1
1973	30 755	34,3 12,4	47 246	6,5 5,3
1974	31 659	2,9	53 134	12,5
1975	39 172	23,7	51 510	-3,1 2,5
1976	35 753	-9,6	52 337	1,6
1977	33 351	-7,2	47 371	-10,5
1978	42 669	27,9	50 783	7,2
1979	49 681	16,4	60 860	19,8

* Se usó el deflactor implícito de la inversión total en precios de 1960.

Fuente: Elaborado con base en *Información económica / Producto interno bruto y gasto*, Cuaderno 1970-1979, Banco de México, México, p. 50.

CUADRO 8

Evolución de la relación valor del producto interno bruto de la industria manufacturera y acervos netos de capital fijo*

(En porcentajes)

	1960	1970	1971	1972	1973	1974	1975
Valor del producto intero bruto[1] Acervos netos de capital fijo[2]	1,29	1,24	1,25	1,27	1,32	1,31	1,27

* La relación se elaboró con precios corrientes.

Fuentes: [1] Datos tomados de *Información económica / Producto interno bruto y gasto*, Cuaderno 1970-1979, Banco de México, México, p. 60.

[2] Datos de la Serie Encuestas, *Acervos y formación de capital*, Cuaderno 1960-1975, Banco de México, México, p. 16.

CUADRO 9

Evolución de los salarios mínimos reales por día para el Distrito Federal

(En pesos de 1970)

	1970	1971	1972	1973	1974	1975	1976
Salarios mínimos reales	32,0	30,27	34,20	32,37	36,13	35,92	39,97

Fuente: Elaborado con base en datos de la Comisión Nacional de Salarios Mínimos

CUADRO 10

Producción, remuneraciones y empleo manufacturero
(precios constantes)
Tasa media de crecimiento anual
(En porcentajes)

	1965-1970	1970-1975	1975	1976	1977	1978	1979
PIB	8,4	5,9	3,6	3,5	3,6	8,8	8,3
Remuneraciones							
Medias	4,8	2,2	4,7	8,8	1,2	-2,6	-1,2
Empleo	4,3	2,8	2,2	2,2	-0,8	4,7	7,3

Fuente: Magdalena García H., "La marcha de la economía en 1979", en *¿La crisis quedó atrás?*, Ediciones ACERE, México, 1979, pp. 79-80.

CUADRO 11

Participación de las remuneraciones totales en el PIB
manufacturero (precios corrientes)
(En porcentajes)

	1960	1965	1970	1975	1976	1977	1978	1979
Remuneraciones totales PIB manufacturero	39,48	37,74	34,94	34,41	34,78	32,20	30,52	30,25

Fuente: Véase cuadro 9.

CUADRO 12

Valor de las exportaciones de petróleo y su participación en el total de las exportaciones de mercancías
(En millones de dólares)

	1974		1975		1976		1977		1978		1979		1980	
	Abs.	(o/o)	Abs.	(o/o)	Abs.	(o/o)	Abs.	(o/o)	Abs.	(o/o)	Abs.	(o/o)	Abs.	(o/o)
	37,7	1,3	437,7	15,3	343,5	16,4	987,7	23,6	1 774	31,3	3 764	428	9 429	61,6

Fuentes: *Información sobre las relaciones económicas de México con el exterior*, Secretaría de Programación y Presupuesto, México: e *Informe anual, 1980*, Banco de México, México.

CRISIS Y EXPORTACIÓN DE CAPITALES:
EL CASO DE MÉXICO

JORGE CASTAÑEDA

El capitalismo mexicano exporta muchas cosas: petróleo y gas, algodón y tomates, autopartes y máquinas, algo de tequila y algo de mariguana, bastante mano de obra y bastante miseria. Nada de esto es novedad; se sabe y se describe, se cuenta y se desglosa, se glorifica o se critica. Las cifras hablan por sí solas: en 1980 las exportaciones mexicanas alcanzarían unos 20 mil millones de dólares, y el país figurará entre los 20 exportadores más fuertes del mundo. El petróleo de Díaz Serrano tuvo algo que ver en esto, desde luego, ya que un 60 por ciento fue de hidrocarburos. Nuestra burguesía se enorgullece y dice: "Somos un gran país exportador." Tradúzcase: la burguesía mexicana es una gran exportadora de mercancías.

1. Las cifras globales

En México, como en cualquier país capitalista, se exportan capitales bajo dos formas. La primera, que caracteriza a los países imperialistas dominantes, es la más conocida: se trata de la exportación de capitales bajo la forma de inversiones, directas o indirectas, y de créditos. La segunda, que no suele ser pensada como una exportación de capitales, aunque en realidad lo sea, es aquella que cobra la forma de repatriamiento de utilidades de las dos maneras; incluso hoy los Estados Unidos sufren los efectos de las remesas de utilidades repatridas por el sinnúmero de empresas europeas y japonesas que se han instalado en Norteamérica en los últimos años. La primera forma de exportar capitales es típica (esquemáticamente) de países dominantes; la segunda, de países dominados.

México exporta capitales bajo ambas formas. La forma dominante es, desde luego, aquella de un país dominado: las remesas de utilidades y los pagos por préstamos y bonos. Aquí también las cifras hablan por sí mismas: considerando los dos rubros de la balanza de pagos que indican salidas de capital, se obtiene el cuadro siguiente.

Las magnitudes son impresionantes. En los últimos cuatro años la exportación de capitales por estos conceptos suma más de 25 mil millones de dólares, es decir, cuatro veces el valor de las exportaciones

CUADRO 1

Exportación de capitales bajo la forma de repatriamiento utilidades y pago de intereses y amortizaciones, 1976-1979
(En millones de dólares)

Año	Egresos relacionados con inversiones	Amortizaciones de créditos y bonos
1976	2 001	1 155
1977	2 159	2 295
1978	2 773	4 264
1979	3 881	7 285
Total	*10 814*	*14 999*
Total global		25 813

Fuente: Banco de México.

totales de PEMEX en 1978 y 1979; o, si se prefiere, 75 por ciento más que el total de las exportaciones de mercancías mexicanas en los mismos dos años.

Pero esto no es nuevo, ni particularmente interesante. Desde hace varios años críticos —desde la CEPAL hasta Andre Gunder Frank— se ha denunciado este hecho: el que, por cada dólar invertido en América Latina por empresas transnacionales, algo más de un dólar salía por distintas vías. En realidad lo nuevo, lo interesante (tal vez), y en todo caso lo que aquí se quiere recalcar, es otra cosa. Es, justamente, la exportación de capitales bajo la otra forma, bajo la forma característica de otro tipo de países: bajo la forma de inversiones, créditos y compra de todo género de activos en el exterior. Veamos lo que se pudo ver.

El Banco de México no ayuda mucho. Sólo publica, en la balanza de pagos, las cifras globales —no desglosadas, no especificadas— de salidas de capital bajo esta forma. Confiesa, incluso, su parcial incompetencia en la materia: en una pequeña, muy pequeña nota al pie de la página 41 del *Informe anual* de 1979, dice abiertamente que "Se excluyen las variaciones del acervo de activos del sector privado en el exterior debido a que su monto exacto se desconoce". En castellano esto significa que las autoridades gubernamentales no saben (o no quieren saber, o saben pero no quieren decir) cuánto dinero sale del país cada año por concepto de compras de empresas privadas, o particulares, de activos en el exterior: desde condominios en Padre Island hasta empresas siderúrgicas de ferroaleaciones en Canadá, y que pueden incluir también activos del Banco de México depositados en bancos estadunidenses. Pero si tomamos los rubros globales del Banco de México —incluyendo el de "Errores y omisiones", es decir, aquel que contabiliza, precisamente, las salidas *chuecas* de capital o desconocidas en el detalle—, se puede obtener un panorama bastante claro de la situación.

CUADRO 2

*Exportación de capitales bajo la forma de inversión, créditos
y otras compras de activos en el exterior, 1976-1979*
(En millones de dólares)

	Créditos concedidos al exterior (neto)	*Compra de empresas extranjeras (neto)*	*Activos en el exterior (neto)*	*Errores y omisiones*
1976	−47,1	−12,0	−701,6	−2 454,2
1977	−64,9	−1,0	−684,6	−458,7
1978	−15,8	−25,5	−462,8	−659,0
1979	−17,6	−48,6	−744,9	−89,3
Total	*−145,4*	*−87,1*	*−2 593,9*	*−3 661,2*
Total global		−6 487,6		

Nota: El signo (−) indica salida de capitales.
Fuente: Banco de México.

Los dos primeros rubros del cuadro no requieren mayor explicación: *créditos concedidos al exterior* y *compra de empresas extranjeras* son conceptos bastante explícitos. Ya se habló de *errores y omisiones*; sólo falta precisar que por *activos en el exterior* el Banco de México entiende *activos en el exterior, propiedad de mexicanos*. Finalmente, es preciso insistir en el sentido de la palabra *neto*: significa que las cifras no representan el total, no de créditos al exterior, ni de compras de empresas extranjeras, ni de compras de activos. Representan la diferencia entre el total de esas cantidades y el total de ingresos al país por los mismos conceptos.

Las cantidades reales brutas de exportación de capitales de México a otros países son mayores que las que aparecen en el cuadro 2, y éstas, en sí, son sumamente elevadas: más de 6 mil millones de dólares en cuatro años. Son muy superiores, por ejemplo, al total de inversiones extranjeras directas en México durante el mismo periodo. Éstas sumaron 1 327 millones de dólares en los últimos cuatro años, o sea, cinco veces menos que las exportaciones de capital.

Cabe incluir varias cosas de estas cifras globales. En primer término, es posible afirmar, sin lugar a dudas, que México es un país exportador de capitales. Segundo, la forma dominante de esa exportación (80 por ciento del total) es la de remesas de utilidades, pagos de intereses, etcétera. En tercer lugar, la exportación de capitales bajo la forma de inversiones, créditos, etcétera, es ya significativa y considerable. Y, finalmente, que todo esto puede carecer de sentido porque, según cierto razonamiento, las salidas de capital que rebelan los rubros del cuadro 2 no son más que pura compra de condominios en Padre Island y Coronado, y de Bonos del Tesoro de los Estados Unidos. Compras hechas, desde luego, por malos mexicanos.

Podría ser —antes de demostrar, con datos, que no es el caso—, valdría la pena decir, que dos consideraciones importantes pueden restarle fuerza a un argumento de este tipo: uno, que aunque así fuera, habría exportación de capitales, y bajo una forma completamente distinta de la clásica para países como el nuestro. Dos, que 6 mil millones de dólares de condominios son medios condominios. Tanto que no los hay ni en Padre Island, ni en Coronado, ni en ningún lugar más pequeño que una ciudad entera de condominios. Lo que sí es posible, incluso casi seguro, es que una buena parte de esos 6 mil millones de dólares se canalizaron a inversiones indirectas, de cartera. Cosa nada extraña: en 1914 del total de las inversiones en el exterior de la primera potencia imperialista de la época (Inglaterra), 40 por ciento estaba colocado en acciones de compañías privadas, 30 en bonos de gobiernos o de municipios, 10 en materias primas y 8 en la banca y otras áreas financieras. O sea que, si una buena parte de las exportaciones de capitales de la burguesía mexicana son del mismo tipo que el de Inglaterra a principios de siglo, no sería nada raro: le ha pasado a otros, y parece que por allí se empieza.

2. Las transnacionales mexicanas

Las cifras globales agregadas son una cosa; el detalle de éstas, es decir, la manera concreta en que la burguesía mexicana exporta capitales, es otra cosa muy distinta. Distinta sobre todo porque la información correspondiente es más escasa y mucho más difícil de obtener. Lo ideal sería, desde luego, tener el desglose de los datos del Banco de México; pero como casi todos los ideales, éste es, por ahora, imposible de lograr. Por ello presento aquí sólo una lista de 10 empresas privadas mexicanas con filiales o subsidiarias en el exterior. Sólo 10, no porque sean todas las que están, ni porque estén todas las que son: las empresas mencionadas son aquellas para las que ha sido posible recopilar una información suficiente, en un lapso relativamente reducido. No entran en la lista ejemplos evidentes, como PEMEX o FERTIMEX; por lo demás, los datos relativos a las actividades externas de las empresas enumeradas no son, ni por mucho, exhaustivos. Baste decir que las transnacionales mexicanas aquí puestas en evidencia son ejemplos que ilustran la existencia y el funcionamiento del proceso de exportación de capitales de la burguesía mexicana. Nada más, pero nada menos.

CUADRO 3

Empresas mexicanas con filiales o subsidiarias en el extranjero

Fomento de Industria y Comercio (FICSA)
Industria Centroamericana del Vidrio
Sílice de Centroamérica (Guatemala)
Sílice de Costa Rica (Costa Rica)
Centroamericana de Tapas (Costa Rica)
Distribuidora Industrial y Comercial de Centro América, S.A. (Costa
   Rica, Nicaragua)
Brasividro Limitada (Brasil)

Protexa
Asfaltos Chilenos Protexa, S.A. (Chile)
Aeroglas Brasileiras, S.A. (Brasil)
Shuller Lobo, S.A. (Panamá)
Interconsult, S.A. (Colombia)
Protexa Argentina (Argentina)

Industrias Peñoles
Peñoles Metals and Chemicals, Inc. (Estados Unidos)
Peñoles do Brasil Participaçoes, Ltdá. (Brasil)
Quirey do Brasil Industria e Comercio, Ltdá. (Brasil)

Ingenieros Civiles Asociados (Grupo ICA)
Incantrobas (República Dominicana)
Industria del Hierro Guayana (Venezuela)
Gradicon (Colombia)
Colmesa (Colombia)
Prejetel (Brasil)

Valores Industriales, S.A. (VISA)
Anthony J. Pizza Food Products, Co (Estados Unidos)
Development Overseas Business, Corp.
Dob Distributing, Corp.
Dob Food Products
Impex International, Inc.
Multinational Investment, Corp.
N.V. Indian Avestment, Corp.
Olympia Chesse Corp.
Laredo National Bank

Grupo Alfa
Hylsa International, Corp.
Electrónica Aural, Ltd.
Admiral Trade Corp.
Asociación con el exterior (comercialización):
GHH Sterkrade (Alemania Federal)
Pullman Swindell (Estados Unidos)
Kawasaki Heavy Industries (Japón)

Bufete Industrial
Bufete Industrial de Venezuela
Bufete Industrial del Perú
Miguel Angel Pimentel y Asociados, S.A. (República Dominicana)
Filial en el Ecuador

Banco Nacional de México (BANAMEX)
Banamex Holding Corp. (Estados Unidos)
Ammex Holding Corp. (Estados Unidos)
California Commerce Bank (antes Community Bank of San José, California)
Grupo Intermex, que incluye:
Intermex Holding (Luxemburgo)
International Mexican Bank, Ltd. (Londres)
Intermex International Bank, Ltd. (Nassau)
Sucursales Banamex: Nueva York, Los Angeles y Londres

Compañía Minera Autlán
Minera Autlán (Panamá), que incluye:
Hornos Eléctricos de Venezuela (Venezuela)
Autlán Metals International, Co. (Estados Unidos)
Autlán Manganese (Estados Unidos), que incluye:
Airrco Alloys, Inc. (Mobile, Alabama)

Televisión Independiente de México, S.A. (TELEVISA)
Spanish International Communication Corporation (Estados Unidos, que incluye:
Canal 56, Washington
Canal 34, Los Angeles
Canal 41, San Antonio
Canal 23, Miami
Canal 41, Nueva York
Canal 21, Fresno

Conviene examinar con cierto detalle el caso de algunas de estas empresas.

Fomento de Industria y Comercio (FICSA), o Vitro, es el grupo del vidrio; la treceava empresa del país en 1978. Sus ventas en 1979 sumaron aproximadamente 13 mil millones de pesos. Concentra más o menos el 85 por ciento de la producción de vidrio en México, explotando para ello a unos 30 mil asalariados. En 1978 exportó la cuarta parte de su producción, pero en 1979 la mayor demanda interna hizo que las exportaciones de grupo sólo sumaran 10 por ciento del total de su producción. FICSA posee 46 por ciento de las acciones de Industria Centroamericana, que a su vez es dueña de las filiales citadas en el cuadro 3. La empresa subsidiaria del Brasil, Brasividro, emplea a 645 trabajadores, y duplicó en 1980 su producción. El vidrio de Monterrey, pues, no tiene de qué quejarse.

El Grupo ICA es tal vez la transnacional mexicana que todo el mundo —y en particular sus 51 mil asalariados— conoce. Objeto de orgullo para la burguesía por sus exportaciones de tecnología, es decir, por sus actividades de construcción en toda América Latina, ICA es algo más que eso. Las cifras consolidadas en ventas de las tres grandes empresas que componen el grupo —ICA, TREMEC y Grupo Tolteca— alcanzaron aproximadamente 17 mil millones de pesos, haciendo del conglomerado de Bernardo Quintana la quinta empresa del país. Y además, efectivamente, trabaja en el exterior: del total de operaciones de ICA misma, un 25 por ciento se realiza en los países del sur, adonde se ha aventurado: República Dominicana, Panamá, Venezuela, Colombia, Chile, Brasil; tal vez muy pronto Argentina y Paraguay, para la construcción del Proyecto Yacyretá, sobre el río Paraná, el proyecto más grande de América. Éstos son los países en los que ICA construye y ha construido carreteras, presas, plantas hidroeléctricas, aeropuertos, proyectos de riego, torres de telecomunicaciones y *metros*. Habría que añadir ejes viales, cuya utilidad y cómodo proceso de construcción es de todos conocido, y edificios como los de City Bank, en Paseo de la Reforma, o de BANCOMER, en la Avenida Universidad; de gran interés social, desde luego.

Con Valores Industriales, S. A. (VISA) volvemos a Monterrey. Octava empresa del país en 1978, vendió cerveza y muchas otras cosas (véase la revista *El Machete*, núm. 3), por 17 800 millones de pesos, de los cuales una pequeña parte correspondió a ventas de filiales en el exterior: 445 millones de pesos, equivalente a lo que vendió Kraft Foods de México en 1978 más o menos en la misma rama. Por lo demás, Banca SERFIN, que forma parte de VISA, opera en el exterior a través de su sucursal en Los Ángeles, cuya cartera de préstamos alcanzaba, a finales de 1979, 200 millones de dólares. Todo esto —o sea, la explotación de 33 mil asalariados— empezando con pura cerveza: Tecate, Bohemia y Carta Blanca no son —parece— poca cosa.

Bufete Industrial se autodenomina como "la más grande y completa empresa de ingeniería en América Latina". A escala mexicana no es tan grande: ocupaba, en 1978, el lugar 51 entre *las 500*, con ventas por 2 700 millones de pesos. Pero en esta rama lo importante no es tanto el valor de las ventas, sino *la calidad* de los clientes, es decir, la participación en el mercado mexicano y latinoamericano de venta de servicios de consultoría, planeación, ingeniería, diseño, procuración y construcción. Y como lo que aquí interesa es, justamente, el mercado latinoamericano, vale la pena enumerar los clientes latinoamericanos de Bufete Industrial en el último periodo.

El Banco Nacional de México no exporta tecnología. Pero sí exporta capitales. No es un recién llegado: la primera sucursal de BANAMEX en Nueva York se inauguró hace 50 años. Sin embargo, la expansión de las actividades externas del segundo banco del país se ha gestado en el transcurso de los años. En noviembre de 1973 se incorporó en Londres el International Mexican Bank, Limited, parte del Holding Intermex, incorporado en Luxemburgo. Los accionistas del Holding, cuyos activos sumaron en 1979 más de 600 millones de dólares, son los siguientes: BANAMEX (25 por ciento), Bank of America (20 por ciento), Banco Nacional de Comercio Exterior (13 por ciento), Nacional Financiera (13 por ciento), Union Bank of Switzerland (12 por ciento), Deutsche Bank, AG (12 por ciento) y Dailchi Kangyo Bank (5 por ciento). Significa esto que las tres instituciones financieras mexicanas tienen 51 por ciento de las acciones; de ahí que el presidente del Holding Intermex sea Agustín Legorreta, presidente también de BANAMEX.

La importancia del Grupo Intermex no es despreciable: su cartera de préstamos en 1979 alcanzó 430 millones de dólares, y el Banco Intermex, como tal, ha dirigido o codirigido una gran cantidad de emisiones internacionales en los últimos años.

Pero las operaciones internacionales de BANAMEX no se limitan a Intermex. En junio de 1978 el grupo financiero compró 95 por ciento de las acciones del Comunity of San Jose (California), cuyo valor en aquel momento era de 7,8 millones de dólares. A mediados de 1980 fundió el Comunity Bank con otra filial (que desconozco) en California, para crear el California Commerce Bank, cuyo nacimiento fue anunciado con bombo y platillo en toda la prensa del país. Siete sucursales en el estado más poblado y más rico de los Estados Unidos, más de 100 millones de dólares de activos: ésta es la presencia de BANAMEX en California. El mercado potencialmente cautivo que representan los millones de mexicano-estadunidenses asegura que esta presencia se desarrollará no rápida, sino espectacularmente en los próximos años.

La Compañía Minera Autlán o Grupo Autlán, como se llama ahora, no es una gran empresa. Con 1 700 millones de pesos de ventas en

CUADRO 4

Clientes en el extranjero de Bufete Industrial, 1971-1977

Esso Standar Oil (Managua)
Refinería Petrolera Acajutla, S.A. (El Salvador)
Central Yaritagua (ingenio azucarero, Venezuela)
Industria Nacional de Papel (República Dominicana)
Industrias del Perú (papel)
Central Río Turbio (Venezuela)
Papel de Tucumán (Argentina)
Industrias del Perú (siderúrgica)
Nitrogel, S.A. (Perú)
Cervecera Nacional (Venezuela)

CUADRO 5

*Préstamos internacionales dirigidos o codirigidos
por Intermex, 1978-1980*
(En millones de dólares)

BANCOMEXT	700
NAFINSA	425
Canal de Isabel II	50
PEMEX	15
Banco Central de Chile	370
Banco Central de Reserva de El Salvador	25
Interconexión Eléctrica de Colombia	75
Banca SOMEX	225
República de Panamá	70
Eurovías, Concesionaria Española de Autopistas, S.A.	35
Cementos Anáhuac del Golfo	27
Multibanco COMERMEX	25
Comisión Federal de Electricidad	600
NAFINSA	100
Estados Unidos Mexicanos	250
Eurovías, Concesionaria Española de Autopistas, S.A.	42
Compañía de Acero del Pacífico (Chile)	42
República de Ecuador	100
Sonatrach (Argelia)	57
República de Honduras	18
Municipio de Quito	50
Celanese Mexicana	39

1978, que le dio el lugar 88 entre las firmas del país, se trata de un consorcio minero altamente especializado, que se ha convertido en la segunda empresa productora de manganeso de América Latina y la primera en la producción de ferroaleaciones. Es, en cierto sentido, una compañía completamente integrada: desde las minas hasta las plantas de ferroaleaciones en el exterior, pasando por las plantas de procesamiento del mineral en México. El valor total de sus exportaciones alcanzó 35 por ciento de las ventas globales del Grupo, sin incluir la producción vendida en los Estados Unidos por la planta de silicomanganeso situada en Mobile, Alabama, ni tampoco la producción de la planta de Venezuela. La empresa compró ambas plantas para facilitar su penetración en mercados importantes. Procedimiento clásico de toda transnacional: instalarse en los países a los que exporta mercancías para poder penetrar mejor en esos mercados. El Grupo Autlán es tal vez, y a pesar de sus reducidas dimensiones, el ejemplo más clásico de una transnacional mexicana.

TELEVISA es menos clásica, como ejemplo y como empresa. Sus dos productos de exportación más importantes son Jacobo Zabludovsky y Raúl Velasco. A muchos les daría vergüenza, pero a los Azcárraga y compañía les da otra cosa: ganancias y poder. Con ventas en 1979 por 4 500 millones de pesos, TELEVISA sigue siendo una empresa que no figura entre las más fuertes del país, en términos propiamente económicos. Pero su influencia es evidentemente enorme. Lo es también en los Estados Unidos, donde los programas que vende tienen *ratings* bastante elevados. Tan favorables que, para venderlos mejor, TELEVISA hizo lo que hace toda gran empresa: exportó capitales para exportar mejor sus mercancías. Hoy participa, directa o indirectamente, en la dirección de 48 canales de televisión, sobre todo en el suroeste de los Estados Unidos. Los televidentes de esa zona se lo agradecen, seguramente.

La burguesía mexicana exporta capitales, es un hecho. Los grandes grupos financieros del país participan plenamente en el proceso de exportación, también es un hecho.

¿México, país imperialista? Aquí las cosas se complican. No porque la afirmación anterior sea falsa, sino porque no es deducible del análisis que se ha hecho. Dicho de otro modo: que se exporten capitales no implica linealmente que el país de donde se exporten sea imperialista.

Pero la exportación de capitales, junto con la constitución del capital financiero como fracción dominante del capital social (véase la revista *El Machete*, núm. 3), sí implica algo. Implica que el desarrollo del capitalismo en México se encuentra en una fase determinada que Lenin teorizó y bautizó como *imperialismo*, recurriendo a un término de la economía e historia burguesas (Hobson y otros). Pero el problema está, justamente, en el término: a pesar de todos los esfuerzos de Lenin por demostrar que el imperialismo no es una política exterior determinada, ni una política de dominación como tal, sino una fase, el marxismo no ha podido disociar el término de sus orígenes. Torciendo el bastón hasta donde sea posible hacerlo, podría decirse que lo importante no es saber si México es o no un país imperialista; lo importante es determinar si el capitalismo en México ha alcanzado esa última fase de su desarrollo de la que hablaba Lenin.

Todo indica que el capital en México sí ha alcanzado esa fase: que tanto las formas concretas de reproducción del capital como la articulación de éstas con el Estado son propias de esa fase; finalmente, y esto es lo esencial, que la lucha de clases en México —que es lo que determina la historia del capital— y todo lo anterior bien se encuentran en esa fase. Lo cual tiene, evidentemente, implicaciones políticas de primer orden. Pero ésa es harina de otro costal, y objeto de reflexión para otro momento.

impreso en editorial romont, s.a.
presidentes 142 - col. portales
del. benito juárez - 03300 méxico, d.f.
tres mil ejemplares y sobrantes
16 de febrero de 1984

www.ingramcontent.com/pod-product-compliance
Lightning Source LLC
Chambersburg PA
CBHW021804270326
41932CB00007B/50